HR全程法律指导：企业人力资源高效管理实操手册

宋文明　编著

清華大學出版社
北　京

内 容 简 介

本书从人力资源对管理者、员工和公司的影响及人力资源的保障、薪酬、发展、保护等方面着手，系统地讲述了与企业人力资源的获取、开发、激励、保留等相关的内容。对绩效管理进行范例实操和技巧总结，并给出高效的管理建议，本书是一本实操性非常强的企业人力资源高效管理指导手册。

人力资源管理不只是人力资源管理部门的工作，还是全体管理者的工作。各部门管理者有责任记录、指导、支持、激励与合理评价下属的工作，对帮助下属成长负有责任。下属才干的发挥与对优秀人才的举荐，是决定管理者的升迁与人事待遇的重要因素。

本书在编写过程中参阅了大量的相关资料，力图通过通俗易懂的语言，深入浅出地讲解企业人力资源高效管理的精髓，并结合国内企业人力资源管理现状及出现的问题，为读者呈现人力资源在企业管理上的艺术与智慧。

本书适合企业各级管理者，尤其是人力资源管理人员阅读，同时也适用于人力资源管理的相关培训，是职业技能鉴定的备考辅导用书。

图书在版编目(CIP)数据

HR全程法律指导：企业人力资源高效管理实操手册 / 宋文明编著. -- 北京：清华大学出版社，2024. 8.

ISBN 978-7-302-66756-8

Ⅰ. D922.5

中国国家版本馆CIP数据核字第2024K93Z53号

责任编辑：张彦青
装帧设计：李　坤
责任校对：么丽娟
责任印制：刘　菲
出版发行：清华大学出版社

网　　址：https://www.tup.com.cn, https://www.wqxuetang.com
地　　址：北京清华大学学研大厦A座　　邮　　编：100084
社 总 机：010-83470000　　邮　　购：010-62786544
投稿与读者服务：010-62776969, c-service@tup.tsinghua.edu.cn
质量反馈：010-62772015, zhiliang@tup.tsinghua.edu.cn

印 装 者：北京同文印刷有限责任公司
经　　销：全国新华书店
开　　本：170mm×240mm　　**印　张**：33.75　　**字　数**：641千字
版　　次：2024年9月第1版　　**印　次**：2024年9月第1次印刷
定　　价：98.00元

产品编号：100372-01

前　言

本套“HR 全程法律指导”系列图书是专门为企业人力资源服务的法律指导用书。在企业发展战略方面，解决企业内、外部公平问题，有利于人工成本的控制，具有较强的激励效应；在企业经营方面，对战略导向和人力资源管理，对提高个人和企业组织绩效能力具有较强的可操作性，适合企业各级管理者，尤其是人力资源管理人员阅读，同时也适用于人力资源管理的相关培训，是职业技能鉴定的备考辅导用书。

本书是笔者多年人力资源管理和教学实战经验及理论知识的凝练结晶。全书行文深入浅出、图文并茂，将枯燥、生硬的理论知识用最简单的方式呈现给读者。本书内容全面，简单实用，强调实务操作，注重实战案例的展示。学好这本书，你的人力资源管理工作一定会变得简单又轻松。

本书特点

本书选取企业劳动用工管理过程中常见的典型、疑难问题，通过案例对这些问题进行法律解析，总结实操技巧，提示潜在风险，对企业日常劳动用工管理提供法律指引。

【全面性】：涉及人力资源对管理者、员工和公司的影响及人力资源的保障、薪酬、发展、保护，以及社会保险等内容，基本涵盖与劳动用工相关的所有法律关系。

【实操性】：结合实践操作经验，对企业日常用工管理中涉及的实际问题进行综合分析，提示常见风险点和提供有效解决方案。

【实用性】：每讲均附有相关法律规定，便于读者查询使用。免费赠送用工管理常用法律文书，方便即拿即用。

【时效性】：对随着社会发展产生的新型用工形式亦有所涉及，展示法官裁判的观点和判决尺度，为解决相关问题提供参考。

本书内容

本书的内容结构如下。

第一章为构建企业高绩效文化。主要内容包括以客户为中心，以奋斗者为本；长期坚持艰苦奋斗文化；融入团队，积极参与群体奋斗；奋斗者定当得到合理回报；责任结果导向，差异化激励等。

第二章为岗位与能力管理。主要内容包括岗位管理、能力管理等。

第三章为企业人力招聘管理。主要内容包括招聘流程与制度、招聘计划、招聘渠道、招聘与面试方法、招聘工作评估等。

第四章为入职、离职与基础人事管理。主要内容包括不同用工种类操作、员工入职管理、人事档案管理、员工离职管理等。

第五章为企业人力资源培训管理。主要内容包括培训流程制度、新员工培训、以师带徒、培训资源开发、培训需求分析、培训方案制定、培训实施作业流程、培训效果评估与跟踪等。

第六章为绩效目标围绕战略达成。主要内容包括持续强化企业整体经营能力、围绕企业战略设计绩效、将战略解码到组织目标中、让部门主管为组织绩效负责、个体目标要支撑组织目标实现等。

第七章为企业薪酬与福利管理。主要内容包括正确认识薪酬、工资核算方法、关键岗位薪酬设计、薪酬体系设计、员工福利、个人所得税计算方法等。

第八章为企业薪酬福利导向冲锋。主要内容包括企业分配体系与薪酬包结构；推行获取分享制，多劳多得；打破平衡，拉开价值分配差距；基层员工获得有竞争力的薪酬、员工持股制财聚人散，财散人聚；明确福利的保障意图，控制福利成本等。

第九章为企业员工关系管理。主要内容包括如何认识员工关系管理、劳动安全与卫生管理、员工意见反馈、员工援助计划、劳动争议等。

第十章为构建企业增量绩效管理体系。主要内容包括建立增量绩效管理体系的原因、如何实施增量绩效管理体系等。

第十一章为企业人力绩效辅导与沟通。主要内容包括肩负起绩效教练的责任、做好绩效反馈与沟通、绩效辅导重点关注人群、因人而异的绩效辅导等。

第十二章为多元化的企业人力精神激励。主要内容包括利用荣誉感激发更大的责任感；敢于表彰，让“遍地英雄下夕烟”；在欣赏和宽容中不断成长；用好负向激励，激发员工斗志；组织对干部和员工要有人文关怀；开展各类活动，丰富组织生活等。

第十三章为企业用机会牵引和激活人才。主要内容包括给机会，给通道，牵引人才发展；融入公司，与公司共同成长；英雄是打出来的；实施能上能下和末位淘汰机制；岗位轮换和易岗易薪，向太平意识宣战；在自我批判中，不断超越自我等。

本书附赠超值资源库

本书附赠了极为丰富且超值的资源库，具体内容如下。

1. 超值资源库

本书赠送如下电子资源库，方便HR日常工作时查找和使用(扫码即得)。

赠送常见岗位的量化绩效标准、200多个人力资源文案模板库、300套带公式薪酬绩效模板1800例、100套带公式图表绩效模板700例、169套精美商务PPT模板、

常见用工案例风险防控 200 例索引、24 类企业必备行政管理制度 1500 例、12 类企业必备人事管理制度 90 例、300 类企业必备用工文案模板 1600 例等。

2. 上述资源获取及使用

由于本书不配送光盘，书中所用及上述资源均需网络下载后才能使用，下载二维码如下。

本书适合哪些读者使用

本书非常适合以下人员使用。

- 企业各级管理者。
- 人力资源管理人员。
- 适用于人力资源管理的相关培训。
- 进行职业技能鉴定的备考辅导人员。

创作团队

本书由宋文明编著。此外，参与本书编写、资料整理工作的人员还有陈凡灵、陈梦、裴垚、冯成、姜慧慧、张文振、王兴等。在编写过程中，我们尽己所能将最好的讲解呈现给读者，但也难免有疏漏和不妥之处，敬请读者不吝指正。

编　者

目　录

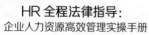

第一章

构建企业高绩效文化

随着现代企业治理方法的逐渐成熟，越来越多的企业认识到“以客户为中心，以奋斗者为本”的企业文化对企业发展的重要作用，将本企业文化应用到企业日常管理中，熏陶了一批又一批的企业工作者，促使人人争当奋斗者，尽己所能地为企业创造价值。激励员工不断进取的动力来源于企业所倡导的高绩效文化，成就客户的同时，也为员工带来了可观的回报。最终，员工的个人能力不断提升，企业也不断发展壮大，跻身行业前列。

第一节　以客户为中心，以奋斗者为本

客户，是企业生存和创造企业价值的对象。面对客户需求时，企业要尽力做到至善至美；企业经营时，要做到简单、高效，最大化地为客户创造价值。

员工的勤恳工作在企业发展中的重要性是显而易见的。只有员工充满热情、努力工作，并且企业重视员工的发展，将员工的需求和利益放在首位，两者相互结合起来，才能使员工更好地投身于工作，推动企业更好、更快地发展。

客户和员工是支撑企业发展的核心要素，对于一个成功的企业来说，二者缺一不可。优良的企业文化既要重视企业外部的客户，又要肯定企业内部员工的贡献。逐渐形成以客户需求为导向，以奋斗者的努力上进为本质的企业文化，二者相辅相成，环环相扣。形成正向的合力，进而不断推动企业向前更好地发展。

第一讲　以客户为中心是一切工作的根本

商业的本质就是“以客户为中心”，这也是企业生存的根本。一切工作都要立足于市场，着眼于市场，服务于市场，以满足客户需求为目的，并持续地为客户创造价值。从企业的角度来说，不仅要做好物质方面的准备工作，还需要做好态度、职业上的准备工作。

工作的高绩效可以支撑企业不断向前更好地发展，与此同时，公司的不断发展又保障了员工的成长需求。一般来说，企业资源管理体系中的价值创造、价值评价、价值分配三位一体的价值链管理体系，极大地推动了企业高绩效文化的落地，使公司内部形成了一种全力创造价值、科学评价价值、合理分配价值的良性循环。

【案例分享】

餐饮企业的“以客户为中心”

某家餐饮企业一直致力于提供高质量的餐饮服务和愉快的用餐体验。企业意识到，只有真正满足顾客的需求，才能取得持久的发展。因此，他们注重从客户的角度思考问题，并一直努力改进和提升他们的产品和服务。

首先，这家企业非常重视与顾客之间的沟通。他们建立了一个专门的客户服务团队，通过电话、电子邮件等各种渠道与顾客保持联系。无论是对商品有任何疑问还是提出投诉，客户服务团队都会积极地解答和处理，确保顾客能够获得及时的帮助和反馈。通过这样的沟通机制，企业可以真正了解顾客的需求和意见，并根据这些反馈不断改进产品和服务。

其次，这家企业注重个性化和定制化服务。他们认为每个消费者的需求都是独特的，因此为顾客提供个性化的餐饮选择和服务成为他们的关键策略之一。无论是提供特殊餐饮要求，还是为顾客制定特别的菜单，企业总是尽最大努力满足顾客的需求。通过这种个性化的服务，企业赢得了顾客的忠诚度，并不断扩大自身的市场份额。

最后，这家企业注重员工培训和关怀。他们意识到员工是服务的核心，只有素质高、技能强的员工，才能够向顾客提供优质的服务。因此，他们投入大量资源培训员工的专业知识和技能，并倡导员工要真诚关心和尊重顾客。通过这种员工关怀，企业建立了一个积极向上的工作环境，使员工更愿意投入更多的心力为客户提供服务。

可以看出，“以客户为中心”是一切工作的根本。这家餐饮企业通过与顾客沟通、提出个性化和定制化服务及进行员工培训和关怀等措施，不断满足顾客的需求，并建立了良好的顾客关系。正是由于企业的不懈努力，其才在激烈的市场竞争中脱颖而出，并取得了持久的发展。

迅捷电子的“以客户为中心”

迅捷电子是一家专门生产智能手机的企业，成功地在市场上确立了自己的品牌地位，并且把“以客户为中心”确立为他们的核心竞争力。

迅捷电子的成功之处在于他们对于用户需求的深入了解。公司在创立之初，投入大量人力资源进行市场调研和用户需求分析。通过与潜在用户的互动，他们不仅了解到消费者对手机功能和体验的要求，同时也意识到市场上的竞争态势。这些观察和洞察促使他们调整产品设计和制造过程，确保所推出的产品能够更好地满足用户的使用需求。

与此同时，迅捷电子还不断优化用户体验。他们组建了一个高效的客户服务团队，确保用户有任何问题或者反馈时能够及时作出回应并提供解决方案。通过推出用户友好的手机操作界面和贴心的售后服务，让消费者更加愿意选择迅捷电子的产品，从而增强了品牌忠诚度。

在迅捷电子的企业文化中，每个员工都被要求时刻保持对客户需求的关注。无论是设计师还是生产工人，他们都明白只有满足用户的需求，才能赢得市场份额。因此，公司在进行员工培训时，不仅关注技术方面的培训，也注重培养员工的顾客服务意识和沟通能力。

随着时间的推移，迅捷电子逐渐树立了良好的声誉和口碑。越来越多的用户购买他们的手机，并鼓励身边的亲友也购买。这种口口相传的口碑效应使迅捷电子经营得越来越好，市场份额不断扩大。

总的来说，以客户为中心不是哲学，不是玄学，而是实践。彼得 · 德鲁克(Peter

F. Drucker)先生说过：“企业存在的唯一目的，就是创造顾客”。“以客户为中心”是企业经营、管理的全过程，也是企业的最终目的。

第二讲　优秀人才的奋斗是高绩效的保障

在企业的发展中，只有通过管理变革项目提升公司的运作效率和整体绩效才能推动公司不断前进。例如，通过持续的管理变革，不断强化对优秀人才的管理能力，激发优秀人才的创造性。此外，还要通过对奋斗者的引导，确保实现组织的高绩效。具备了以下这些标准的人才应当视为优秀人才，如图1-1所示。

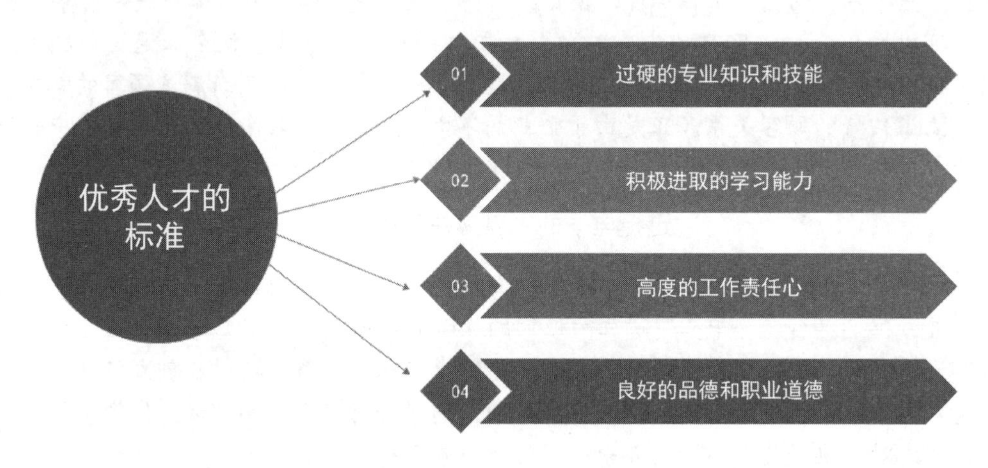
优秀人才的标准
01
过硬的专业知识和技能
02
积极进取的学习能力
03
高度的工作责任心
04
良好的品德和职业道德

图1-1　优秀人才的标准

【案例分享】

四飞公司裁员后的质变

2000年秋，互联网“经济泡沫”破裂，导致大量互联网公司倒闭。当时，四飞公司尚未实现盈利，为了度过经济“寒冬”、降低公司运营成本，创始人廷斯不得不裁掉了表现稍差的1/3的员工。结果，几个月后的圣诞季，四飞公司的DVD邮寄业务迅速增长，剩下的员工圆满地完成了任务。

为什么裁员后公司氛围会迅速好转？如何将这种积极的正能量保持下去呢？廷斯认真研究，终于意识到，原来是裁员后公司只保留了最能干的员工，人均绩效因此提高。在一个人才济济的团队里，每个人都很优秀，他们会互相学习、互相激励，工作能力也会迅速得到提升。

相反，一个团队只要有一两个表现欠佳的人，就会拉低整个团队的绩效，也会使他人围绕这些员工开展工作，团队的质量得不到保障。更严重的是，如果管理者允许他们继续留在团队，就等于向团队表明接受平庸者，这会让问题更加严重。

这就是四飞公司成功的根本原因：高绩效人才促进了整个团队，甚至整个企业的高效运转。

A 公司的人才观

A 公司是一家全球领先的信息与通信技术(ICT)解决方案供应商，专注于 ICT 领域。A 公司的发展离不开对人力资源的重视，从创立之初，他们就提出了人力资本增值要优先于财务资本增值的理念。2000 年讨论《公司基本法》时，一致确定了“以奋斗者为本”的人力资源管理指导思想，这极大地促进了国内企业“以人为本”用人观念的形成。

在 A 公司看来，“以人为本”使奋斗者、守成者、懈怠者都受到企业同等的对待，这难免会影响奋斗者的工作积极性。“以奋斗者为本”，则对不同类型的员工实施更有针对性的激励措施。对奋斗者持续关爱、培养和奖励；对守成者引导、教育和激励；对懈怠者或限期改正，或将其清理出队伍。“以人为本”为“以奋斗者为本”的人才发展指明了方向，而“以奋斗者为本”则是对“以人为本”理念的深化。

优秀人才的奋斗是企业高绩效的保障。他们的积极进取和创新精神推动企业不断发展壮大。他们的专业技能和协作能力，使企业具备更强的竞争力。他们的个人成功也是企业的成功。因此，一个企业如果能够吸引和留住更多的优秀人才，并提供良好的发展空间和激励机制，就能够实现高绩效的目标。与此同时，企业的战略、文化和管理等因素也对企业的高绩效有着重要的影响。企业应该注重人才的培养和发展，并制定合理的战略和文化，以便实现高绩效的目标。

第三讲　人力资源体系建设要支撑以奋斗者为本

对于奋斗者而言，他们可能一开始都不是真正的奋斗者，需要企业组织的力量来帮助牵引和激发。“人才不是企业的核心竞争力，对人才进行有效管理的能力才是企业的核心竞争力。”因此，人力资源体系建设要能在企业发展的不同阶段及时为员工的成长提供支撑。

【案例分享】

L 公司体系建设之路

L 公司是一家小型的电气化设备生产企业。公司成立之初，发现与其他公司相比管理差距过大，因此决定对公司的管理体系进行升级改造。经过一系列发展，L 公司逐步建立了职位体系、薪酬体系、任职资格体系、绩效管理体系等一系列能力素质模型。这些模型用来客观评价每个岗位的能力要求、风险和责任，每个岗位对应相应的级别，最终建立了 25 级的薪酬架构体系。这套人力资源体系的核心包括三个方面：

在职务晋升方面，“让最有责任心的人担任最重要的职务”；在薪资方面，“坚定不移地向优秀员工倾斜”；在股权分配方面，员工的持股份额根据“才能、责任、贡献”等情况综合确定。借助这套体系，L 公司逐渐形成了成熟的人才与干部选拔、培养、任用、考核机制。

企业只有在人力资源管理上不断地改进，不断地进步，才能组建一支真诚为客户服务的员工和干部队伍。

多年来，尽管 L 公司的组织结构在不断优化，职级体系也在变动，但是人力资源管理体系的基础架构没有大的变化，并且持续优化。在价值链管理机制下，员工的利益与公司发展紧密联系在一起，在公司内营造了人人争当奋斗者的氛围。

某公司的体系建设

某公司是国内目前比较知名的房地产企业，创始人王总是最早在中国企业推出职业经理人制度与职业契约文化的，应该说，对中国企业职业经理人制度的推进与变革起到了引导作用。该公司首先提出“阳光照亮”体系，即科学、理性、透明的人才管理机制与制度建设，所有事项都要摊在桌面上，即信息要对称。该公司这几年最大的贡献是推进中国独特的事业合伙人机制，即投资自己的事业就是最好的投资，它把这个机制不仅落实到理念上，还真正落实到实践上。

其次是 HR 一票否决制度，一个项目如果找不到合适的项目负责人就不进行，先有人，才有项目，这就是所谓的一票否决制。此外，还有该公司所推行的人力资源直线经理制。公司最早推出人才供应链建设，以及这两年公司除了事业合伙人制度之外，在方法上的一个制度创新是经济利润(EP)奖金制度。这是在经济增加值(EVA)奖金的基础上对高层领导管理团队的创新性的奖励计划，而且这个 EP 奖金制度在国有企业得到了全面推行。

总之，人力资源体系建设是实现“以奋斗者为本”的企业文化的重要保障。企业应该建立明确的奋斗者机制、科学的评估体系、良好的沟通机制、培训和发展机制，以及倡导和弘扬奋斗者文化，为奋斗者提供更好的发展平台和机会，实现企业和员工的共同成长和进步。

第二节　长期坚持艰苦奋斗文化

只有通过艰苦奋斗，才能改变命运。尽管时代在不断地发展，艰苦奋斗的具体内容和意义虽不相同，但其内在的精神却是一脉相承的。与身体上的艰苦奋斗相比，思想上的艰苦奋斗更有意义，也更能创造价值。

第一讲　人人都可以成为奋斗者

成为奋斗者需要拥有端正的态度、持续学习和实践、自律和自我管理能力、勇于接受挑战和面对困难，以及团队合作精神。只要一个人具备这些品质和行为习惯，就有可能成为奋斗者，实现自己的梦想。

【案例分享】

H 公司的奋斗者申请

在 H 公司，员工都可以自愿地提出成为奋斗者的申请，也就是申请签订一份奋斗者协议。奋斗者协议中有这样的表述："自觉履行奋斗者申请中的承诺，成为与公司共同奋斗的目标责任制员工。"如图 1-2 所示。

成为奋斗者申请书

以客户为中心，以奋斗者为本，长期坚持艰苦奋斗是公司的胜利之本。二十多年来，公司从小到大，靠的是奋斗；从弱到强，靠的也是奋斗；未来持续的领先，更是靠奋斗。公司的成长发展，要靠集体的奋斗；个人的成长发展，和公司一样，也要靠个人的奋斗，我愿意通过不懈的奋斗，实现人生价值，让青春无悔！我愿意成为与公司共同奋斗的目标责任制员工，与公司共同奋斗、成长，一起分享公司发展的成果，共同承担公司经营风险。我也理解成为奋斗者的回报是以责任和贡献来衡量的，而不是以工作时间长短来决定。

基于以上认识和理解，我自愿申请成为"与公司共同奋斗的目标责任制员工，自愿放弃带薪年休假及非指令性加班费"。我十分珍惜在公司的奋斗机会，也相信只有通过不断奋斗，才能为公司发展做出贡献，才能为家人创造美好生活，才能对社会有所贡献。

特此自愿申请"成为奋斗者"，恳请公司批准！

申请人：

申请日期：

图 1-2　H 公司成为奋斗者申请书

被批准成为奋斗者并不一定能享受到特殊待遇。在公司同意员工成为奋斗者后，员工依然要主动出击，冲锋在前。批准奋斗者协议这一行为只是表明员工有了参与奋斗和分配奋斗果实的条件，但还要看员工的现实表现，最重要的是践行。管理者要关注员工在每个阶段的践行情况，通过阶段性的考核来评价员工的贡献。

H 公司的奋斗者协议就是一种责任承诺。有了奋斗者协议，员工就能够时刻朝着正确的方向去努力。在员工看来，奋斗者协议并不是一种束缚，更多的时候，它起到一种激励和警示作用。正是因为有了千千万万的奋斗者无怨无悔的努力，才有了 H 公司今天的成功。

H 公司在创立之初并没有任何的市场基础，一切都是从零开始。为了能在市场上占有一席之地，该公司员工始终秉承"唯有更多身心的付出，以勤补拙"的信念，夜以继日地钻研和进取。他们经常为了一个项目，连续工作几个月。公司员工在办公室都放一个床垫。午休时，席地而卧；晚上加班，累了就在床垫上睡一会儿，醒了就爬起来再干。一张床垫成了他们的“半个家”，他们携着这张床垫度过了创业期，走向了国际化。

许多年前，在日本福岛核辐射泄漏事故中，H公司员工仍然展现了服务到底的精神，不仅没有因为危机而撤离，反而加派人手，一天内就协助软银、E.mobile等客户抢通了300多个基站。自愿前往日本协助的员工，甚至多到需要经过身体与心理素质筛选，只有足够强壮的人才能被派到现场。

软银LTE部门主管非常惊讶地说：“其他公司的人都跑掉了，你们为什么还在这里？”“只要客户还在，我们就一定在。”当时负责协助软银架设LTE基站的员工回答得斩钉截铁。

由此不难看出，每一个企业的成功都不是偶然的，尽管H公司现在已经成为国际化企业，成为行业的龙头，但人人争当奋斗者的文化已经深深地烙印在了每一个员工的心里。奋斗精神是企业持续发展的灵魂，而忠诚的奋斗者是企业最宝贵的财富，也是企业最值得尊敬的人。

L公司的奋斗历程

L公司是一家创办不到五年的网络科技公司，由一群年轻人组成，初期投入资金不多，团队规模不大。但他们凭借敏锐的市场洞察能力和创新的商业模式，不断推陈出新地打造出一系列颠覆性的产品。这些产品不仅风靡本国市场，还受到国际市场的高度认可，公司的业绩不断攀升。但是，仅有好的产品还不够，公司的管理团队也一直在不断努力。他们不断完善公司的组织架构，并提高员工的素质和绩效，秉承着“以用户为中心”的核心理念，始终把用户的体验放在第一位。与此同时，他们也致力于为员工创造良好的工作环境和晋升机会，使员工有更大的发展空间。

在市场竞争日益激烈的今天，这家公司依然能够在激烈的竞争中不断创新，不断超越自我。这背后是这群年轻人奋斗的汗水和智慧的结晶。他们相信，只有不断创新，不断改进，才能让产品不断升级，让公司获得更高的发展。

这家公司也有曾经的低潮期，但是他们始终保持着对产品和用户的不懈追求，不断思考并提高用户体验和提升产品竞争力。最终他们成功打破了市场的垄断，成为行业的佼佼者。

这家公司的成功故事告诉我们，一个团队只有不断努力、不断创新，才能获得成功。通过积极拥抱变革和勇于创新，难度再大的事情也都能转化为成功的基础。

小罗的奋斗之路

2021年，小罗在A公司工作已满9年。弹指一挥间，他从一名技术员成长为能够独当一面的项目总工。磨炼褪去了他身上最初的青涩，在这片热土上，跃动着属于他的奋斗青春。既然选择了这份工作，就要用心做好。这是小罗的工作信条。

在一个项目中，前期施工的基坑开挖难度比较大，最深的有11米多，最浅的有8米，施工的难度与安全隐患并存。小罗也是第一次接触综合管廊工程，面对各方提出的专业技术疑难问题，他并没有退缩，而是夜以继日地查找大量资料，并逐一回复，直到获得各方专家的认可为止。除常规施工方案外，针对传统业务未接触过的难点施工技术，他多次组织技术研讨会，群策群力、出谋划策，科学合理编制施工技术方案，针对原路面下已建大跨度、大口径给水管道支护方案、政府大楼临近支护等工作成功组织4次专家论证，为工程的顺利开展提供了技术保障。

主动出击，寻求设计变更、签证突破口。在组织现场按图施工的同时，在变更图中增加部分项目的工程量，并将80%的签证内容纳入施工图纸。其间，小罗一直奔忙在管廊公司、项目公司、设计院几家单位，积极主动与监理、设计、审计单位沟通，及时将发生的签证变更确认并签字完善，为项目利润增长点提供了保障。

总而言之，每个人都可以成为奋斗者，无论是企业的高层管理者还是普通员工。树立明确的目标、拥有积极主动的态度、持续学习和团队合作，每个人都有机会在企业中展现自己的价值，并为企业的发展做出贡献。只要我们敢于迎接挑战，勇于创新，相信每个人都能成为一个真正的奋斗者。

第二讲　不被成功迷惑，坚持思想上艰苦奋斗

艰苦奋斗精神在任何时代都是永不过时的精神传承，坚持艰苦奋斗，就是永远不停止前进的步伐，不为繁华所迷惑，始终勇往直前。奋斗是企业永恒发展的主旋律，艰苦奋斗精神不仅仅体现在身体上，思想上的坚持尤为重要。

坚持艰苦奋斗，就是要始终保持向前冲的精神。A公司如今已成为全球第一大通信设备制造商和手机制造商，于是有员工认为创业初期的“床垫文化”“奋斗文化”已经不再需要，可以开始享受生活了，工作上也放松了自我要求，怕苦怕累，对工作不再兢兢业业。但该公司的高层始终保持着清醒的头脑，他们意识到这些变化背后潜藏的危险，认为必须防微杜渐。

华为总裁任正非说过，繁荣的背后，都充满了危机，这个危机不是繁荣本身必然的特征，而是被繁荣包围的人的意识。艰苦奋斗必然带来繁荣，繁荣后不再艰苦奋斗，必然失去繁荣。历史是一面镜子，它给了我们多么深刻的启示。忘却过去的艰苦奋斗，就意味着背弃了华为文化。

【案例分享】

A公司“员工资本主义”

A公司是一家大型的高科技有限公司，2018年9月10日，A公司总裁在接受北欧多家媒体采访时，即兴创造了一个新名词：员工资本主义。他说：“公司是员工集

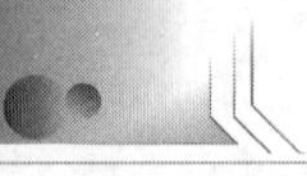

资的，这是一种新模式，也可能未来大多数企业都会使用这种模式，这种模式就是'员工资本主义'。区别于华尔街大股东资本主义，公司员工没有大富翁，但每人都持有一些股份，相当于退休保障金，可以让他们在退休以后维持一定的生活条件，生病时有一些补充的医疗费用。"

该公司总裁认为，这种模式和北欧提倡的人民资本主义是一个道理。虽然北欧是最富有的地区，但是北欧没有大富翁。挪威的超级富翁都开小汽车，住小房子。他提出"要向挪威学习"，不要一想到买汽车就买大的，买房子也要买大的。中国还是一个发展中国家，大家在心态上不能奢侈盛行，应该把钱省下来用于生产和投资，要持续地艰苦奋斗和为客户创造价值。

奋斗是永恒的旋律，虽然A公司已经成为高科技领域的一面旗帜，但创业初期形成的"床垫文化"仍在传承。公司许多员工已经不再仅仅局限于为了收入而奋斗，公司强调的艰苦奋斗也不只是身体上的，还应该包括思想上的。A公司分区总裁李某就是一个典型代表。

20世纪90年代，中国通信与半导体产业尚处在萌芽期。26岁的李某从北京大学硕士毕业后来到A公司。

作为一名女工程师，她工作起来比男同事还要努力。当然，她的努力也让她渐渐地崭露头角，并且很快被委以重任，一个人前往南京组建无线芯片团队，从事2G芯片研发。在上海的两年，李某忘我工作，拼尽全力，在技术上勇于挑战。几年后，她又被调往"硅谷"，夜以继日地忙了两年。在那里，她目睹了中、美两国在芯片设计上的巨大差距，这激励着她继续负重前行。

从高工到总工，再到中研基础部总监，在竞争激烈的A公司，李某作为一个女员工，表现得出类拔萃。2008年，公司总裁交给李某一个"惊人"的任务——研发自己的芯片。"给你3万人，每年8亿美元的研发经费，一定要站起来！"公司总裁如是说道。

虽然有人、有钱，还有老板的支持，但是研发芯片的起步仍然不容易。芯片开发是一项复杂的系统工程，技术难度大，研发周期长，没有弯道可以超车。李某对此心知肚明。每次碰到难以克服的困难、员工士气低落时，她总是给他们打气："做得慢没关系，做得不好也没关系，只要有时间，芯片研发总有出头的一天。"

事实上，一个没有艰苦奋斗精神的企业，是无法长久生存的。曾经的柯达公司，因为在胶卷时代很成功，企业内部便产生了骄傲自满的情绪，失去了艰苦奋斗的动力，结果数码时代来临后，迅速一败涂地，直到破产。

第三节　融入团队，积极参与群体奋斗

“众人拾柴火焰高”。团队的力量要远大于个人的力量。企业在鼓励员工个人艰苦奋斗的同时，也要强调协同作战，价值创造上要更强调团队的整体业绩。

第一讲　个人奋斗要融入团队

一个人的力量是有限的，所以必须依靠集体的力量去奋斗。没有团队每个成员一点一滴的贡献，也就不会有团队的辉煌成就。所以，每个团队成员对团队都是非常重要的，个体就像团队这部大机器中不可缺少的零部件。只有团队中的每个人都朝着一个共同目标努力，做好自己分内的事，才能使整个团队创造出辉煌的业绩。然而，有许多人总认为别人对自己一点作用都没有，自己脱离团队，走向了更困难的道路。这是不正确的想法，任何时候都要以公司的利益和效益为重，个人要服从集体，要把个人的努力融入集体的奋斗中去。

所谓的团队，就是一小群有互补技能，为了一个共同目标而互相支持的人。只有融入团队，在公司里才可能大有作为。

【案例分享】

H 公司的团队协作

H 公司是一家大型高科技企业。有一次，H 公司的客户经理在一次突然的工作调整中深刻体会到了什么叫群体奋斗，也正得益于团队协作，他才顺利完成了项目。

当时 H 公司代表处的无线和能源部门的两位产品经理、支持系统部的技术顾问和系统部主任都分别回国参加培训或休假。一时间，整个系统部售前部门只剩下交付经理、系统部主任和客户经理。

作为与客户沟通的唯一的接待人，在工作调整后的半个月内，客户经理接到的电话数量成倍增加，经常忙到凌晨三四点才能回复所有客户的邮件。工作接踵而来，为了争取更多与客户见面的机会，他常常一大早就出门，中午饿着肚子和客户“交锋”，傍晚才回到办公室。

客户经理事后回忆起那段时光，多次感慨地说：“如果没有交付经理陪我一起工作到凌晨，系统部主任远程给我出谋划策，代表、副代表陪我一起去见高层客户，我不可能顺利完成各项工作。在那时，我体会到了团队的价值，在我需要‘炮火’的时候，他们八方支援！”

有人自负地认为自己的能力非常强，根本没有必要依靠团队力量。但是一个人的力量就像一滴水，如果不能及时融入团队这个大海中，终究是要枯竭的。尤其是在知识经济时代，竞争已不再是单独个体之间的斗争，而是团队与团队的竞争、组织与组织的竞争，任何困难的克服和挫折的平复都不能仅凭一个人的勇敢和力量，而必须依靠整个团队。一个人是否具有团队合作的精神直接关系到他的工作业绩。几乎所有的大公司在招聘新人时，都十分注意人才的团队合作精神，他们认为一个人是否能和别人相处与协作，要比他个人的能力重要得多。所以，真正优秀的员工不仅要有超人的能力、骄人的业绩，更要具备团队精神，为团队整体业绩的提升做出贡献。如果没有团队精神，即便能力再强的人，他的发展前景也是不容乐观的。

H公司之前有一个能力很强的员工，在一次与客户的谈判中表现突出，为公司创造了良好的效益，也得到了经理的高度赞扬。这次谈判使他更加认识到自己的价值，经理的赞赏使他觉得自己非同一般，能力超群。之后，他在日常工作中，不再像以前那样和其他同事交往、沟通，而是总摆出一副自高自大、目中无人的态度，在公司里独来独往。这位员工的态度使同事们渐渐疏远了他，都不愿意与他合作。于是，他成了被孤立的人，在许多事情上都陷入了极其尴尬的境地。在一次业务工作中，他的判断失误给公司造成了不小的损失。同事的讥笑、经理的恼怒，使他无法再继续工作下去，最后，他很不体面地自行辞职离开了公司。

其实，团队是一个人得以生存和发展的保障，只有不断地和团队成员交流经验，取长补短，才能使自己有更大的发展。

融入团队能给我们带来很多好处。一方面，团队能给我们带来安全感，尤其是我们还在职业生涯初期，还处在对职业探索阶段时，我们要在探索中学习经验、知识和技能，当我们感到资源不足时，团队能给我们提供学习机会、犯错的包容和发展空间。直到职业生涯中期以后，我们的经验、能力和资源都很充足了，才可能自立门户或自行创业，即使如此，在团队中的安全感仍大于“单打独斗”。

另一方面，团队能满足我们的心理需求。在团队中可以满足归属感、亲和力、自尊心及自我实现等心理需求。归属感及亲和力，是因为工作场所已经构成了一个小型的社交、联谊中心，当我们受到挫折时，会有人安慰，甚至会有人为我们打抱不平；当我们得到奖赏时，会得到很多人的恭贺和祝福。这些心理上的需求满足，能激发我们更大的创造欲望，能使我们更充分地发挥自己的才能，甚至激发出我们自己都不知道的潜能。

第二讲　取长补短，发挥各自优势

在团队中，每个人都有自己的独特价值。只有发挥每个人的特长，增强团队的战斗力，取长补短，发挥各自的优势，团队才能所向披靡，战无不胜。狮子固然凶猛，但人们还是会用猫来捉老鼠。因此在团队中，企业要善于利用每个人的优势，让团队发挥出巨大的能量。

【案例分享】

A 公司的用人之道

A 公司是一家大型设备生产公司，公司中的员工 A 担任品质管控(QCC)圈长后不久就遇到了挑战。当时，他们不仅缺乏定量数据，而且问题分类也不明确，很多工作都要从头开始，数据收集的工作量很大。刚开始，员工 A 一直在独自奋战，几天后仍然没有一点头绪，他有点打退堂鼓了。他找到辅导员说："如果做不好前期数据分析工作，我就放弃做圈长了，否则就是让大家的努力建立在不牢靠的基础上。"

辅导员看着情绪激动的员工 A，笑着说："不用因为个人技能不足就觉得愧对圈员，可以和大家一起学习啊。"他这才恍然大悟，为什么自己不知道向圈员求助呢？

他把圈员召集起来，开始向大家征求意见，圈员也非常配合。那些熟悉数据收集工作的人主动承担起收集数据的工作，那些擅长数据分析工作的人则开始分析数据。同时，他又在 QCC 交流园地中求助，得到众多圈友的支持与许多有用的建议。他不再烦恼，开心地笑了起来。最终，员工 A 的 QCC 工作走上了正轨，数据收集工作也得到了系统的解决。

这个案例告诉我们，用人所长，不求全责备。华为总裁任正非说过，"在人生的路上，我们不能只顾着努力地去做一个完人。一个人把自己一生的主要精力用于改造缺点，等你改造完了对人类又有什么贡献呢？每个人都发挥自己的优势，也多看看别人的优点，从而减少自己心理上的压抑"。

"役其所长，则事无废功。"只要发挥一个人的长处，凡事就不会不成功。同样的道理，如果能够借助别人的长处弥补自身的不足，那么，也绝不会有完成不了的工作。

员工的优势互补

李小姐和宋小姐在同一家公司上班，李小姐主要负责文案策划，宋小姐则负责图片设计制作。她们原来并不是很熟悉，后来在工作中逐渐发现双方刚好可以取长补短，就建立起了同事之间的良好协作关系。

起初，她们各自负责不同客户的广告设计，不久，设计总监就发现她们所设计的作品在构思和风格上都存在着明显的问题。

其实，宋小姐在绘图和电脑操作方面的能力是比较突出的，但在创意方面就显得缺乏新意；而李小姐恰恰相反，她的创意和整体策划都不错，可是在绘图的表现力方面却不如宋小姐那么传神。

很多时候，她们两个人把自己的设计图稿修改很多遍后仍无法让客户完全满意。后来，在一次团队合作中，设计总监无意间发现她们两个人的设计居然有互补的倾向。于是，他让李小姐和宋小姐对同一个客户资料进行充分沟通，并且合作完成同一个产品的设计方案。

在得到设计总监的指示，并且统一了大体方向之后，宋小姐负责整个广告的文案和策划，而李小姐则进行绘图方式的表达。这样设计出来的作品不仅结合了两个人的优势，而且创意独特，让人眼前一亮，几乎没怎么修改就通过了。

通过这一次的合作，她们发现了互补的好处，合作越来越多，默契度也越来越高。因为出色的工作表现，她们成了公司，甚至是同行中知名的设计组合，也为公司赢得了越来越多的客户。

在职场这样一个共生的环境中，我们应该善于在合作中取长补短，这样不仅有利于个体的发挥，更有利于工作的开展。

作为团队中的一员，对自己的工作充满热情，能够与同事和谐相处，这才是最根本的共生之道，也是团队精神的精髓所在。

第三讲　不只有个人的英雄，更有团队的成功

“现代管理学之父”德鲁克曾经说过：“企业成功靠的是团队，而不是个人。”一个民族如果不团结将成为一盘散沙，一家企业如果没有团队精神也将无所作为。在这个充满竞争的商业社会里，单打独斗的时代已经过去，想要成功就需要一个高效的团队合作，企业的核心竞争力就是拥有经过有效磨合的优秀团队。

只有拥有强大、不可战胜的团队，每一个员工才能将个人的潜力发挥到最大，才会在工作中脱颖而出；企业才会在竞争中保持基业长青、蓬勃发展。个人和企业才能够成为真正的赢家。

一个人的努力终究是有限的，只有团队成员紧密协作，才能发挥出最大的价值。在工作中，只有每个人都朝着同一个方向努力，才能获得更大的成功。而在这个过程中，团队中的管理者要善于将团队成员紧密联系在一起，以充分发挥团队的力量。团队每个成员要想成功，就必须具有团队精神，确保团队成员思想统一、认识统一，这样才能心往一处想，劲儿往一处使，进而促进团队整体向着共同目标前进。

力量来自协作，力量来自团结，团队创造奇迹。对于中层管理者来说，自己的业绩就是整个团队的业绩，只有将这个团队运作好，发挥团队的作用，管理者才能提高自己的绩效。团队的作用是无限的，企业的经营发展离不开一个个团队的工作。作为管理者，必须首先了解团队的重要性，使团队里的每个人都能发挥自己的优势，同时朝着共同的目标奋斗，并在这一目标下形成坚不可摧的团队精神。

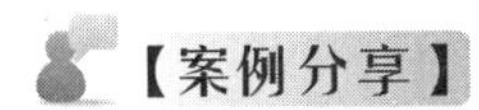

L 公司的团队协作

L 公司的资深项目管理专家刘某被公司派往沙特主持一个项目的交付。该项目是 L 公司在中东的第一个大项目，公司上下十分重视，时任片区总裁的李某表示必须拿下公司在中东的第一单。

虽然刘某是颇有经验的项目经理，但在当时的公司却从未有过“一站式”交钥匙(TK)项目的交付经验，就连海外交付经验也很少，公司在人员和技能储备上也远达不到交付项目的要求。

责任重大，公司下达了“使命必达”的命令。刘某经常在客户和工作地之间忙碌奔波，回到公司就立即带领团队梳理要点，逐渐摸清土建、光网铺设等工作的思路。为了节约时间，他一般不吃午饭，偶尔用一杯咖啡或快餐应付。

在高强度的工作压力下，项目团队开始出现一些不和谐的声音，这是刘某始料未及的事情。项目组一位老员工提醒他：“你自己当拼命三郎，不吃饭，有没有想过别人要吃饭？有没有想过别人的感受？项目管理不是一个人的事，是整个团队的事！”

这使他陷入了沉思：“以前我们总强调要自我激励，‘我是公司最棒的项目经理’，但在这个行当里时间长了，我发现项目管理的精髓还是在于发挥团队合力！需要强调‘我们是最棒的团队’。”在后续的工作中，刘某开始有意识地关注团队能力的建设。他组织全体成员开会，在会议上赋予团队使命感：“我们承担的是公司第一个 TK 工程，公司把这样一个项目交给了我们，说明我们是公司最棒的团队！”与此同时，他还加强对项目成员的能力培养和个体的关怀。2002 年 9 月，第一期项目成功交付，获得了客户的高度评价。至此，L 公司彻底打开了沙特市场的大门.在完成项目交付的过程中，刘某培养出了一个出色的团队，完成了从“我最棒”到“我们最棒”的团队建设。

从这个例子中可以看出，刘某通过良好的沟通，把团队的价值、方向、目标及改进方法等向团队成员讲清楚，让大家心向一致，形成合力，最终完成了公司的要求。

有这样一句名言：“没有一只鸟会飞得太高，如果它只用自己的翅膀飞升。”微软现任 CEO 史蒂夫•鲍尔默(Steve Ballmer)也说过类似的话：“一个人只是单翼天使，两个人抱在一起才能展翅高飞。”无论是自然界的鸟儿，还是我们人类，想要飞得高，想要有所成就，都离不开他人给你的推升之力。如果人与人之间都能相互借力、彼此提携，那么，大家前进的步伐就会加快，成功指数也会比单打独斗、孤军奋战高得多。同样地，倘若企业每个成员都能互信团结，都具有分享与协作的意识，并有为集体奉献的精神，那么，企业的竞争力则会极大提高，获胜也就成为一件必然的事了。

企业的价值创造、价值评价和价值分配的高绩效文化，正是在群体奋斗的基础上得以传承，并且被发扬光大的。

第四节　奋斗者定当得到合理回报

在企业的发展过程中，员工个人的奋斗可以是无私的，因此企业不应让奉献者吃亏。要将这种文化落实到考核和分配的细节中去，使其代代相传。

第一讲　有欲则刚：管理就是管理欲望

一家企业管理得成与败，好与坏，背后所展示的逻辑，很大一部分就是对人性管理的逻辑、欲望管理的逻辑。管理就是管理欲望，只要激励措施到位，奋斗者就会真心实意、竭尽全力地为公司奋斗，为客户创造价值。

A 公司激励员工的机制主要基于 ERG 理论。ERG，即 existence(生存)、relatedness(关系)和 growth(成长)三个词的首字母大写。它是在马斯洛需求层次理论的基础上，提出的更加接近实际经验的理论。ERG 指出，人一共存在三种核心需要：生存需要、相互关系需要及成长和发展需要。在公司管理中，A 公司将这一理论衍生得更加职业化、工作场景化，如图 1-3 所示。

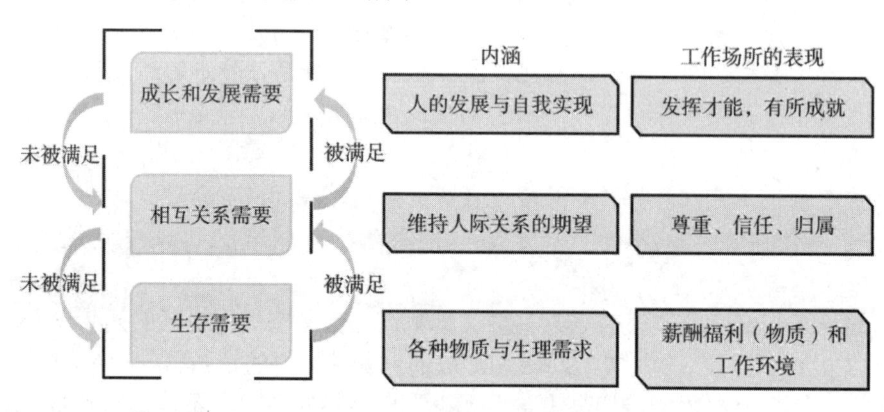

图 1-3　ERG 理论图解

在实际工作中，A 公司对上述三种核心需要进行了具体阐释：生存需要，即员工的薪酬福利(物质)和工作环境；相互关系需要，即员工在与上级、同事、下属相处的过程中有足够的尊重、信任，对自己所在的团队、部门甚至对公司有强烈的归属感；

成长和发展需要，即员工拥有充分的工作表现机会，有任职资格体系或职业发展通道促进员工发展，员工能够得到合理赋能或相应的辅导。

在公司的实际发展过程中，针对不同的员工和不同的层级要制定不同的激励机制，只有抓住不同阶层和不同员工的底层动机，才有可能通过机制将其转化为员工的工作动力。基于这样的动力，员工就能自然而然地表现出高绩效的动作和行为。

第二讲 绝不让“雷锋”吃亏，奋斗者定当得到合理回报

媒体曾经曝光一份某公司在 2017 年的校园招聘中发放给一位应届毕业生的录用书。该录用书的基本内容如下。

职位为研发类，工作地点为北京。薪酬福利包括三项主要内容：第一，税前年薪为 288 000 元，其中包括税前月薪 18 000 元，年终奖金 72 000 元(要求考核为 A)；第二，公司对入职满一年且绩效表现优秀的员工提供长期激励措施，也就是给员工配股或发放时间单位计划(TUP)；第三，除按国家法律法规给员工缴纳社会保险和住房公积金外，还承诺聘用期间为员工购买医疗商业保险。员工试用期为 5 个月，合同年限为 3 年。同年，国内其他 IT 公司的平均年薪不到 80 000 元，与此公司为应届毕业生制定的薪酬框架相比，整体回报差距较大。

企业通常靠愿景留人，靠激励留人，靠文化留人，但不能用道德绑架“雷锋”。此公司将薪酬定位在“有竞争力”的水平，员工工资水平定位于市场上有竞争力，根据员工的年度绩效，贡献越大，整体回报也越高。

一般来说，企业的人力资源可以划分为三类：奉献者(贡献大于回报)、打工者(贡献等于回报)和偷懒者(贡献小于回报)。正常情况下，奉献者、打工者和偷懒者都应该得到与其贡献相应的回报。而在一个不良的机制下，当奉献者总是吃亏时，他就会反思，对自己的行为产生怀疑，进而减少自己的贡献，使贡献与回报低层次相等，从而变成打工者。同样地，打工者也会向偷懒者转变。结果是奉献者变成了打工者，打工者变成了偷懒者，最后导致大家都变得懒散，不愿意付出和贡献。

此公司构建的是一个不让“雷锋”吃亏的薪酬分配机制。也正是因为奉行“绝不让‘雷锋’吃亏，奋斗者定当得到合理回报”的分配理念，员工的工作热情才被彻底激发，人人争当“雷锋”的风气才逐渐盛行。

第三讲 对最佳角色在最佳贡献时间段给予最佳回报

职场人在工作中要想脱颖而出，就要明确属于自己的工作方向。在最佳的时间，以最佳的角色，做出最佳的贡献。具体的解释就是，刚入职的员工要积极承担工作，因为新员工的工作态度非常重要；入职两年到四年的员工要把本职工作做好，对每一项任务都要做到一丝不苟，精益求精；入职四年以上的老员工，他们有机会进入管理

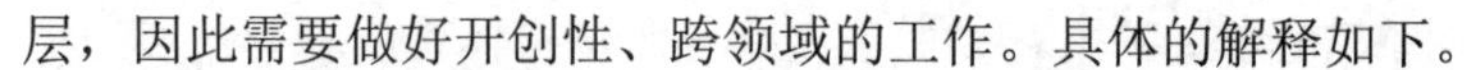

层，因此需要做好开创性、跨领域的工作。具体的解释如下。

(1) 新员工(普通员工)13、14 级不进行末位淘汰，让他们在一定的宽松环境下，尽快完成认知性的循环。在这个循环中，不努力的员工不在此列。但需要强调的是，他们必须在这段时间加快与公司的磨合，以寻找自己的着力点。

(2) 15、16 级员工(主管)，应该是干一行、爱一行、专一行，一旦选定目标，就通过自己的努力尽快提升到 17～19 级，进入主力作战部队。这些员工可以通过训战结合赋能。训战的机会无处不在，主要在项目实践中。少数优秀员工还可以通过战略预备队训战。

(3) 17～19 级人员(中层)，加强战略预备队的循环赋能。在循环赋能和项目执行过程中，加强领导力的提升。比如，要求研发人员一定要懂生产、懂交付流程……，也一定要懂商业结构模式，产品线、研究所要循环流动起来。

(4) 19 级以上人员(高管)，进一步引导跨体系、跨区域的大循环，培养其将来成长为领袖，这需要他们承受更多的压力，作出更多的牺牲。

要理解不同岗位对员工的不同需求，一方面要让不同类别的员工配置到能充分发挥其优势的岗位上，发挥出最大的贡献作用；另一方面也要注意在这些员工的最佳贡献年龄段给予其合理的回报，确保公司回报理念得到充分的落实。当然，员工具备什么特点、能否被配置到相应岗位首先取决于员工自身的持续努力和实践表现。

公司的发展需要每一位员工在自己的岗位上能够发挥最大的价值，与此同时，公司也会给予相应的回报。对于一些有发展潜力的员工和干部，企业也应该给予更多的机会让他们展现自己，当然，最终的结果也需要看他们所做的贡献，如此才能获得最佳回报。

第五节　责任结果导向，差异化激励

通过差异化激励机制让那些为企业做出贡献的员工得到足够的回报。与此同时，用“三高”机制来增强员工的行动力，使员工始终处于积极的工作状态，助推企业持续发展。

第一讲　强化责任结果导向的绩效管理

面对竞争激烈的市场，企业只有坚持责任结果导向的绩效管理，并为客户创造价值，才能生存下来。无论是面向企业(2B)还是面向消费者(2C)的公司，建立以责任结果为导向的评价考核体系的核心，都是以提高客户满意度，为客户创造价值为出发

点。企业是功利型的组织，必须提供让客户满意的产品或服务，这里所说的责任结果导向就是以客户满意为标准。

考核要考虑公平问题就必须以绩效为中心，关键行为的目的是产生结果，因此关键行为要以结果为导向。考核中应坚持有绩效、有结果，结果面前人人平等。绩效评价总的原则应当是，不能度量就无法管理。因此，必须找到度量长期贡献过程及责任意识的量化标准或事实依据，以便为主观评价建立客观的基础。

以 A 公司为例，员工如果按正常时间下班，坐班车要自己付车费，晚饭要自己解决。但如果加班到晚上九点以后，不但回程班车免费，更有公司提供的免费夜宵。这就使很多下班之后没有别的安排的员工会选择留在公司继续加班，解决回家的路费和夜宵问题。这样的态度固然是好的，但也会有一些人认为，有些没有价值的加班只会是“苦劳”，而谈不上“功劳”。因此，不懈的奋斗要以创造价值为基础。

在企业中，对于员工的绩效评价，要始终坚持责任结果导向，在结果的基础上再看过程。很多时候，不少员工会出现“自己感动自己”的现象。比如，员工每天奔波辗转于全国各地谈项目、谈合作，可最终这样的努力与劳累并没有换取到令自己、令公司所满意的成果。最后在得知自己的业绩评价不高时，这些员工就会觉得委屈，认为自己为公司做出了贡献并且创造了价值。而这个时候管理者也会发现，员工所理解的“贡献”与公司期待他们做的“贡献”的标准是不同的。因此，强调责任结果导向，不仅要从正面提出，为员工明确好工作目标，还要从反面提出，告诉他们最低标准。这样的激励和导向才能保障他们最终有正确的结果输出。

第二讲　用“三高”机制催生行动力

企业推动奋斗者不断艰苦奋斗的基本方法除了以奋斗者为本的价值导向之外，还通过高压力、高绩效、高薪酬这一“三高”机制激励奋斗者持续努力。

一是高压力。一方面，很多企业需要向员工传递危机意识，让所有员工始终能感受到外部市场竞争的压力。另一方面，内部竞争压力。企业通过引入末位淘汰机制，实行“干部能上能下，工作能左能右，待遇能升能降”的“三能”机制，将外部市场竞争压力转化为内部的竞争压力，使员工在内部人才竞争中保持警惕，不敢懈怠。

二是高绩效。企业应该强调以责任结果为导向，把机会和资源向那些高绩效者倾斜。而对于绩效管理，企业还应该建立组织绩效管理体系、个人绩效管理体系和战略绩效解码体系。组织绩效结果不同，内部员工个人绩效结果的分布比例也不同。绩效考核的结果将与员工的奖金分配、职业生涯发展等挂钩。

三是高薪酬。一般来说，企业的激励机制包括物质激励和精神激励。从物质激励来看，通常包括工资和奖金。如果外派，还会有外派补助和艰苦补助。从精神激励来看，适当地设置“最高管理”奖、“明日之星”奖、“家属”奖等奖项，以及各种部门级奖项等，增强员工对企业的归属感和责任感。

“三高”机制是企业保障高绩效的重要支撑。简单而言，员工获得高薪酬的同时就会产生一定的高压力，而在高压力下就会有高效率，高效率带来的则是高绩效和高薪酬，如图1-4所示。

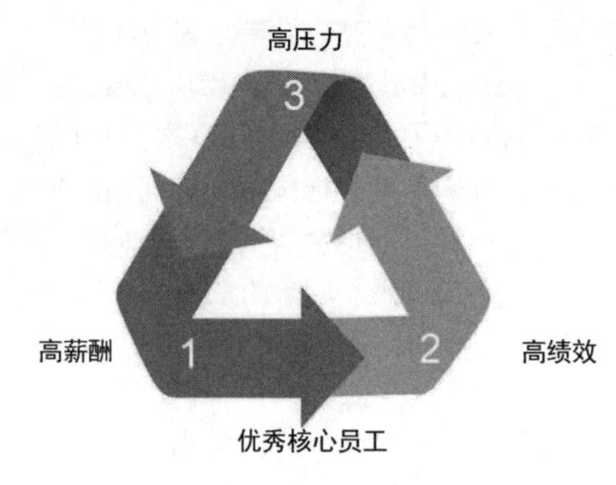

图1-4 “三高”机制图示

第三讲 差异化激励，奋斗者也要分出一二三

企业根据员工的岗位类别和实际贡献，可以大致将员工分为三类：普通劳动者、一般奋斗者和有成效的奋斗者。下面进一步说明三者的具体差异，如表1-1所示。

表1-1 评价对象分类和差异化的回报设计

员工	等级	升职机遇	工资待遇	绩效奖金
普通劳动者	刚入职的员工或未申请成为奋斗者的员工	无	平均水平	无
一般奋斗者	绩效普通，工作本分、踏实	考察阶段，等待机遇	略高于社会平均水平的福利报酬	正常奖金
有成效的奋斗者	绩效高、责任感强	及时、放心地人尽其才，给予对应的职位待遇	明显比同等级行业的平均水平要高	将更高的奖金绩效作为激励手段

1. 普通劳动者

将刚入职的员工或未申请成为奋斗者的员工归类为普通劳动者。这类人的待遇，按照法律法规的相关报酬条款执行，依法保障他们的合法权益。

2. 一般奋斗者

一般奋斗者需要平衡家庭和工作，因而并不是真正意义上的积极奋斗者，他们可以准点上班、下班。这类人，只要他们所做的贡献大于支付给他们的成本，公司就会认可他们，除了给予他们一定的工资报酬之外，还会有奖金与绩效的福利。他们除了享有普通劳动者的合法权益外，还会根据公司的相关薪酬制度获得更多的权益保障，而且会得到高于社会平均水平的报酬，以便他们可以更好地为公司服务。

3. 有成效的奋斗者

有成效的奋斗者是公司的中坚力量，也是企业发展最需要的人，他们有权以奖金和股票的方式与公司分享利益。一般的工资无法完全体现他们的价值，还要在职位上给予他们相应的尊重，不仅是物质上的激励，精神上的激励也尤为重要，比如，授予不同的“岗位称号”等，还应该让他们参与公司的重大决策会议，参与一些重大项目的设计等，企业也希望越来越多的人能够加入这个队伍。

实施差异化的激励机制，不仅可以不断地激活组织活力，激励奋斗者勇往直前，还可以有效提升企业的综合效益，这也是对员工负责的表现。只有这样，企业才能持续、健康地发展。激励方式有很多，详情如图 1-5 所示。

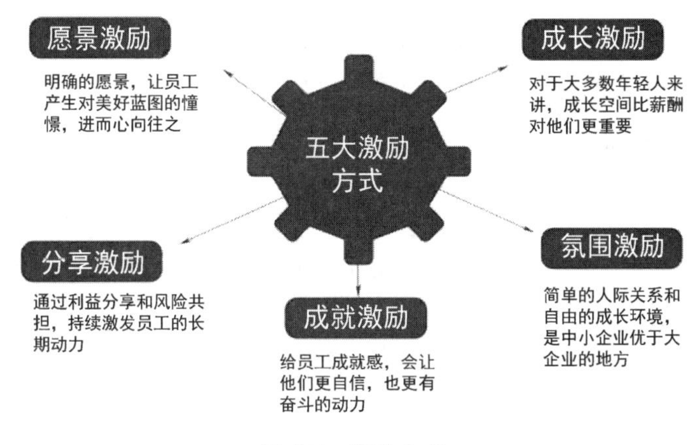

图 1-5　激励方式

另外，为了实行正确的奖励机制，管理者需要知道哪些行为应该奖励，哪些行为不应该奖励。这有助于奋斗者更好地为公司服务，增强他们的使命感和责任感。下面列举了 10 个值得奖励的工作行为。

(1) 奖励彻底解决问题的行为，而不是只图眼前利益。

(2) 奖励承担风险的行为而不是回避风险。

(3) 奖励善用创造力的行为，而不是愚蠢的盲从。

(4) 奖励果断行动的行为，而不是光说不练。
(5) 奖励多动脑筋的行为，而不是一味苦干。
(6) 奖励使事情简化的行为，而不是使事情不必要地复杂化。
(7) 奖励沉默而有效率的人，而不是那些喋喋不休的人。
(8) 奖励有质量的工作，而不是匆忙草率的工作。
(9) 奖励忠诚者，而不是跳槽者。
(10) 奖励团结合作的行为，而不是互相对抗。

第六节 答疑解惑

经过本章一系列知识的学习，相信很多人仍会存在一些疑惑，下面以简单的案例对这些问题进行简要介绍。

第一讲 以例说“法”

【案例分享】

名企 IBM 的高绩效文化

打造百年企业，必须要有过硬的企业文化。世界上所有的百年企业中，国际商业机器公司(IBM)随着企业的发展与时代的变化，对企业文化的调整堪称经典。IBM 的创始人老沃森最早把 IBM 的企业文化定义为“尊重员工”。小沃森曾经在《一个公司和它的员工》一书中对 IBM 的企业文化进行了详细描述，把“努力工作，公平、诚实、尊重及无可挑剔的客户服务，是为了更好地生活”等个人理念总结为“尊重个人、服务至上”的著名 IBM 企业文化两大原则。这两个原则当时被各大媒体和商业经典案例引用和学习，然而随着 IBM 的发展，这两个原则却渐渐成了 IBM 的精神枷锁。原因当然不是这两句话本身不对，而是随着时间的推移，这两个原则逐渐在理解和执行中变味了。

把原本的“尊重个人”变成了员工的“为所欲为”。

把原本的“服务至上”变成了员工的“自我意识”。

郭士纳在接任董事长之后，为了改善 IBM 当时的经营问题，逐渐把 IBM 的企业文化与绩效管理联系在一起，他提出“高绩效文化”的企业文化理念。强调“力争取胜、快速执行和团队精神”。IBM 鼓励员工追求卓越，期望激发员工的潜能，从而达到高绩效。在 IBM，一谈起绩效，人们通常想到的往往都是“让业绩说话”。直到今天，这句话也经常被很多公司引用。为了实施这种高绩效文化，IBM 的绩效管理体系是以一种被称为“个人业务承诺”的项目为中心来开展和运作的。个人业务承诺是由“工作成功的结果”“怎么成功的过程”“整个团队达成的目标”3部分组成的。

IBM的个人业务承诺可以分为4个具体层面，如图1-6所示。

图1-6　IBM的个人业务承诺

IBM的高绩效文化，直接落实到绩效管理的层面；IBM的绩效管理做法，又不断地影响着高绩效文化。企业文化和绩效管理相互支持、相互推动。在这种背景下，高绩效的期望最终在IBM得到了有效的推行和落实。

雀巢企业的高绩效文化

雀巢公司是由亨利·雀巢(Henri Nestle)在1867年创办的，总部设在瑞士日内瓦湖畔的韦威(Vevey)，在全球拥有500多家工厂，是世界上知名的食品饮料制造商。公司起源于瑞士，最初以生产婴儿食品起家，以生产巧克力棒和速溶咖啡闻名遐迩。2018年8月28日，雀巢以71.5亿美元收购星巴克零售咖啡业务和餐饮产品在星巴克门店以外的永久性全球许可权。2018年12月，世界品牌实验室发布的《2018世界品牌500强》中，雀巢列第22位。2022年，《财富》世界500强排行榜，雀巢公司(NESTLE)居103名。

雀巢始于1866年，英瑞炼乳公司于这一年成立。1867年，亨利·雀巢研制出一款突破性的婴幼儿食品。1905年，亨利的公司与英瑞合并，成为现在众所周知的雀巢集团。

1905年，雀巢英瑞公司拥有20多家工厂，产品售卖到非洲、亚洲、拉丁美洲和澳大利亚。第一次世界大战逐渐逼近，但是公司受益于被称为“美好时代”或“美丽时代”的繁荣时期，发展成一家全球性的乳业公司。

经过多年的发展，雀巢根据“营养、健康和幸福生活”的新战略，在消费者的健康意识日益增强的现状下，推动符合他们需求的品牌发展。公司还扩大在美国、东欧和亚洲的经营，努力成为全球饮用水、冰激凌和动物食品的领导者。如今除了传统的细分市场，雀巢继续在医疗保健领域寻找新的增长机会。公司收购了Zenpep、Vital Proteins和Aimmune等企业，以及植物营养领域的领先者Orgain公司的多数股权。与此同时，公司强化了可持续发展目标，致力于实现可回收包装和净零碳排放的目标。

持续的改良创新是雀巢不断发展的生命源泉，而创新和改革都离不开研究与开

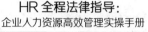

发。雀巢把创新解释为创造新的产品和工艺，改良则是不断改善产品和技术。创新需要有强大的研发机构来支持。雀巢经过多年的积累和发展，如今已建立一个覆盖全球的庞大的研发体系。从一开始雀巢就将其重点放在了研发上。如今，雀巢不仅在规模和市场价值上成为世界上最大的食品集团，在食品研发领域也是全球的领头羊。没有任何一家公司在研发领域投入这么多的人力与财力资源，这些为雀巢始终居于行业领先的地位奠定了牢固的基础。

一直以来，雀巢员工始终是将雀巢精神带到生活中的关键因素。员工是雀巢最有价值的财富。雀巢集团今日的优异业绩源于世界各地员工不断的努力和忠诚。作为一个致力于生产优质食品，创造美好生活的公司，雀巢也十分关心自己的员工。雀巢公司的管理者和员工形成了亲密无间的工作关系，使雀巢成为首选雇主。作为一个不歧视任何民族、种族、宗教、性别、年龄的世界性大公司，雀巢奉行文化和社会的多元化。雀巢坚信，只有将本土和国际人才相结合，才能最好地发挥他们的潜质和能力，从而无论何时、何地、以何种方式，都能为消费者提供优质的雀巢产品和品牌。

瑞士著名的钟表师马修在很多场合都被问到，他制造的钟表为什么总是那么准确，马修的唯一回答是，或许是因为我比较笨拙。他的这种态度也被同一国度的雀巢公司借鉴，并把这种充满哲学味道的商业精神带到全球。

如同每种生物都有它独特的生存之道一样，雀巢善于并购其他企业，也擅长应付并购后的复杂局面，甚至对于一些难以对付的公司，雀巢也可以平稳、顺畅地管理。在这方面它声名显赫。雀巢并购其他公司后，倾向于继续让这些公司的管理人员进行管理，只不过是在原有的基础上做一些整合，这比派出自己的人去接管它们要好得多。“我们想接手一家公司就是因为它有成功的管理团队，为什么我要再毁坏自己花钱买的东西呢？”彼得这样解释道。也许正是因为他有这样宽容的心态，才使雀巢这只巨鳄既有惊人的食量，也能很好地消化。

第二讲　总结与思考

在企业的持续健康发展中，高绩效的文化是必不可少的。它是企业基于长远发展方向和愿景，通过对公司战略、财务、团队建设等一系列要素的有效整合与绩效评价、考核体系的建立与完善，其核心的价值观主要围绕追求卓越绩效而言。

企业要建立一套有效的绩效管理体系，需要企业管理层和全体员工的重视。管理体系必须与执行体系相适应。如果新的管理体系推行时，执行体系的人员管理思想没有转变，或者绩效管理流程更新了，但执行绩效管理机制的人员仍然执行固有流程，那么绩效管理的实施将面临困难。绩效管理是全员共同的事情，要有全员“大绩效”观念。如果绩效管理者的思想观念没有改变，那么绩效管理又将如何落地呢？

绩效管理不仅是一个企业的人力资源管理部门的职责，它在管理过程中牵一发而动全身，涉及企业管理的各个环节，任何一个环节受阻都可能导致企业整体目标的失败。绩效管理是以结果为导向的管理活动，其最终目标是建立高绩效的企业文化，营造强激励的组织氛围。在绩效管理的实施过程中，不仅要关注结果，还应该关注过程的管理，如图 1-7 所示。

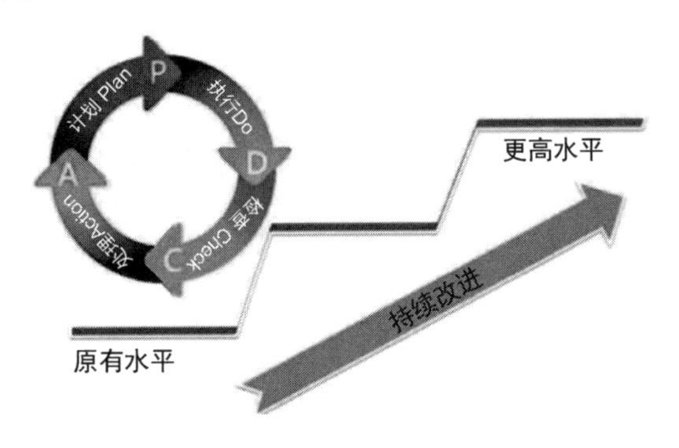

图 1-7　绩效管理

企业要想建立高绩效文化，就应该让公司的全体员工都主动、自发地认可和参与到高绩效文化的建设中来。此外，还应该提高全员高绩效的意识，具体可以在以下三大机制上作出努力，分别是利益机制、约束机制和监督机制。

1. 利益机制

利益机制就是把高绩效和员工的薪酬待遇相挂钩，绩效水平越高，员工的薪酬待遇就越高。

2. 约束机制

约束机制是让企业制定与绩效控制相关的制度、流程等标准化规范，利用制度和流程来约束员工，从而最大限度地保障员工的行为表现，继而提升绩效水平。

3. 监督机制

监督机制要求企业定期监督员工在绩效方面的工作表现。对于表现好的优秀员工，企业可以及时地给予正向激励；对于表现不好的员工，应及时地给予负向激励。

总而言之，企业要想建立高绩效文化，离不开广大员工的齐心协力，同时，企业自身的优秀文化也会带动员工的成长与发展，二者相辅相成，缺一不可。

第二章

岗位与能力管理

岗位与能力管理是人力资源管理的基础，是区分传统的人事管理与人力资源管理的界限。如果没有岗位与能力管理，人才的招聘、培训、绩效、薪酬、评估、晋升等人力资源管理工作就如无源之水、无本之木，没有了参照和依据。

第一节　岗位管理

岗位管理，是指以组织中的岗位为对象，科学地进行岗位设置、岗位分析、岗位描述、岗位监控和岗位评估等一系列活动的管理。它能够最大限度地发挥企业人力资源的作用，提高劳动效率。

第一讲　岗位体系和岗位管理体系介绍

岗位体系的基础是人力资源管理体系，它直接与绩效管理体系、薪酬管理体系和职业发展体系等相连，相互作用，保障企业持续不断地吸引、激励、保留优秀人才。岗位体系的存在，使企业可以根据职级来确定薪酬和福利的标准，这样绩效体系的结果又可以作为个人升职、降职、调薪、激励的依据。

一般来说，岗位体系设计包括划分岗位序列、划分岗位层级、进行岗位设置、岗位体系描述与管理四个步骤，如图 2-1 所示。

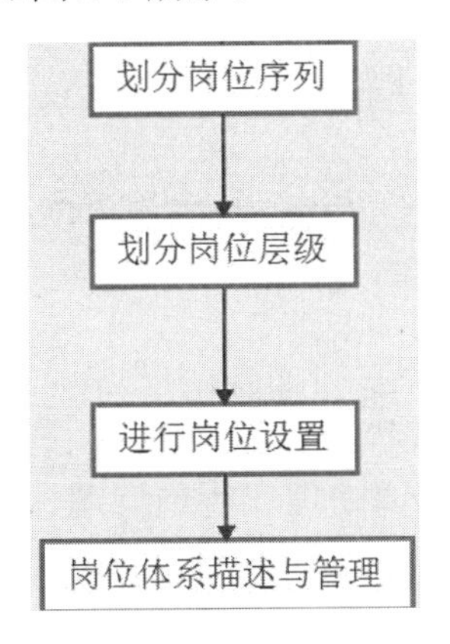

图 2-1　岗位体系设计

岗位管理体系包含岗位层级、岗位族群/序列/角色、岗位发展通道、岗位图谱和称谓、岗位管理制度。下面来具体地作出解释。

1. 岗位层级

从专业知识、岗位能力、贡献大小等维度来衡量岗位的价值，从而划分岗位层级。

2. 岗位族群/序列/角色

建立岗位族群/序列/角色体系，需要从三个方面来实现：一是为人力资源调配提供一个新的工具，实现对数量庞大的岗位进行动态管理；二是建立多通道的职业发展路径，拓宽员工在企业的发展空间，加大对核心人员的保留与激励力度；三是针对不同岗位族群制定个性化的人力资源管理配套方案，包括培训与发展、薪酬激励、人员选拔与流动等方面的人力资源管理平台。

3. 岗位发展通道

(1) 横向职业通道：采取工作轮换的方式，通过横向调动，使工作具有多样性。虽然没有加薪或晋升，但可以增加员工的新鲜感和自我价值。

(2) 双重职业通道：分为管理通道和技术通道两条通道，沿着管理通道可以通往职级更高的管理职位，沿着技术通道可以通往更高级的技术职位。这种模式可以使组织既拥有高技能的管理者，同时又拥有高技能的专业技术人员。

(3) 多重职业通道：在双重职业通道的基础上又分成多个通道，为员工提供更多的发展机会和发展空间。比如，有的企业为管理通道上发展到一定层级的职工，提供带领团队创业或者成为合伙人的机会；有的企业为技术通道上发展到一定层级的职工，提供技术带头人通道或技术管理人员通道。这种模式为员工提供了更多的职业发展机会。

4. 岗位图谱和称谓

(1) 确定图谱中的称谓。根据岗位族群、序列结果和岗位层级，在图谱中通过横纵交叉点确定图谱中的称谓。

(2) 确定岗位角色，根据岗位称谓细分工作角色。

5. 岗位管理制度

完善的岗位管理制度至少要包括目的适用范围、原则、定义、支持文件、岗位设置、岗位编制、岗位分类、岗位等级、任职资格、晋升管理(条件、方式、选拔、评定)、降级管理、转岗管理、借调管理、待岗管理、转正管理、离职管理等方面的内容。

第二讲　岗位分析的方法

【案例分享】

失败的岗位分析

波尔公司是一家小型企业，近几年，随着业务规模的增长，员工数量显著增加，渐渐地，公司的问题开始暴露。例如，由于职位之间权责缺乏明确的界限出现相互推诿的情况；用人部门的招聘标准模糊，导致新进人员能力参差不齐；部门人手分配不合理，有的部门事务多，人员需求量大，有的部门人浮于事；薪酬、晋升、绩效考核中的主观性很强；等等。为此，人力资源部门计划开展人员治理变革工作，并决定首先进行岗位分析。人力资源部门工作人员先了解岗位分析的相关内容，然后通过网络搜索找到了一份岗位分析职业信息收集问卷，将其略作修改之后便分享给公司各部门经理，希望对方下发并督促员工填写。但有些经理因为事务繁忙忘记了这项工作，直到人力资源部门催促才匆忙发放给下属。有些填写问卷的员工因为工作太忙，甚至没有仔细查看便随便作答了事。最后收集上来的问卷质量并不理想。

另外，一些人力资源部门工作人员还组织开展岗位访谈，但在访谈过程中，收到的员工抱怨较多，可用于岗位分析的有效信息较少。而对经理及以上等级的管理人员，需由人力资源经理与其进行沟通，但他们能凑在一起交流的时间也很少，总体效率较低。出于时间考虑，最后人力资源部决定在综合其他公司岗位信息的情况下编写岗位工作说明书。

如此种种，人力资源部门制定的岗位工作说明书在下发到其他部门后遭到了批评，这份岗位工作说明书被认为是无效的。人力资源部门则认为，或许岗位分析并不适用于本企业。

从这个案例来看，波尔公司的问题主要有三点：一是人力资源部门缺乏对岗位分析的了解，工作专业性差，从问卷设计到访谈等都没有经过精心的设计，外部套用过多；二是缺乏部门配合与沟通，导致岗位调查效果差；三是领导缺少重视，没有成立一个专业的岗位分析小组对工作进行督导和推进。因此，进行岗位分析时，人力资源管理部门要注重分析的专业性及其他人员的配合度，避免主观臆断，这样才能增强分析结果的有效性。

目前，岗位分析的方法有很多，这里只介绍几种比较常用的方法。

1. 访谈法

访谈法是指访谈人员就某一岗位与访谈对象，按事先拟定好的访谈提纲进行交流和讨论。访谈对象包括该职位的任职者、对工作较为熟悉的直接主管人员、与该职位工作联系比较密切的工作人员及任职者的下属。

2. 问卷调查法

问卷调查法，就是根据岗位分析的目的、内容等事先设计一套岗位问卷，由被调查者填写，再将问卷加以汇总，从中找出有代表性的回答，形成对岗位分析的描述信息。

3. 观察法

观察法就是岗位分析人员在不影响被观察人员正常工作的前提下，通过观察，将有关工作的内容、方法、设备等信息记录下来，最后将取得的信息归纳整理为适合使用的结果的过程。

4. 关键事件法

关键事件法要求岗位工作人员或其他有关人员描述能反映其绩效好坏的关键事件，即对岗位工作任务造成显著影响的事件，并将其归纳分类，最后对岗位工作有一个全面的了解。

5. 参与法

参与法，是指岗位分析人员直接参与某一岗位的工作，从而细致、全面地体验、了解和分析岗位特征及岗位要求的方法。与其他方法相比，参与法的优势是可获得岗位要求的第一手真实、可靠的数据资料，并且获得的信息更加准确。

6. 工作日志法

工作日志法是让员工以工作日记或工作笔记的形式记录日常工作活动而获得有关岗位工作信息资料的方法。

下面，就以一家中小型电子科技 A 企业为例，详细介绍定性分析方法，如观察法、访谈法、关键事件法等来开展岗位分析工作的关键步骤和技术规范。

步骤一：各类岗位信息的初步调查。

(1) 浏览企业组织已有的各种管理制度文件，并和企业组织的主要管理人员进行交谈，对组织中开发、生产、维修、会计、销售、管理等岗位的主要任务、主要职责及工作流程有一个大致的了解。

(2) 准备一个较为粗略的提纲，并确定几个关键的工作岗位和事件，以作为深入访谈和重点观察分析的参考、指南。

(3) 列出各岗位的主要任务、特点、职责、要求等。

步骤二：工作现场的初步观察。

(1) 对预先确定的关键或不太熟悉的工作岗位、现场进行初步观察。

(2) 工作现场的初步调查是使分析者熟悉工作现场的工作环境、条件，了解工作人员使用的工具、设备、机器，一般的工作条件、工作内容、工作环境特点及工作岗位对工作人员的要求和工作职责。

(3) 对复杂或不太熟悉的工作设备、流程、环境及条件亲自进行观察和了解，便于进一步分析。

(4) 最好由熟悉相关工作岗位的人员或由任职人员的上级陪同参加现场观察，便于了解各工作岗位的情况，并可随时得到有效的咨询。

步骤三：深入访谈。

(1) 确定深入访谈的对象，主要是该岗位的实际担任者，如技术开发、维修、销售人员等。

(2) 根据初步的调查、了解和所收集的岗位分析信息要求，制定较为详细的结构化访谈提纲。

(3) 每天的谈话对象最好不要超过两人，谈话过程中最好有较为详细的记录，便于分析。

步骤四：工作现场的深入观察。

(1) 深入观察工作现场，主要是为了澄清、明确或进一步充实前期调查和访谈获得的信息。

(2) 深入观察工作现场之前，应拟定需明确的有关问题、信息等。

(3) 深入观察工作现场，最好仍由最初陪同观察和访谈的基层管理人员一同参加观察。

(4) 深入观察，不应仅仅停留在观察上，应与工作人员多交流，并不断咨询相关人员，最好使用录音设备进行记录。

步骤五：岗位信息的综合处理。

这一阶段的工作较为复杂，需要投入大量的时间对材料进行分析和研究，必要时，还要用诸如计算机、统计分析等分析工具。

(1) 对根据文件查阅、现场观察、访谈及关键事件分析得到的信息进行分类整理，得到每一岗位所需要的各种信息。

(2) 针对某一岗位，根据岗位分析所要收集的信息要求，逐条列出这一岗位的相关内容。

岗位分析是人力资源管理中的重要环节，目的是要识别和描述工作岗位的主要特征和要求。它包括收集和分析有关岗位的信息，以便组织能够更好地理解和管理这些岗位。在进行岗位分析时需要收集以下八点信息。

① 岗位描述信息：明确该岗位的具体工作内容和职责。

② 工作流程：了解工作的具体流程和环节。

③ 工作条件：包括工作的时间、地点、环境等。

④ 岗位任职要求：包括技能、知识、经验等方面的要求。

⑤ 工作关系：与其他岗位或部门的关系。

⑥ 绩效评估标准：衡量工作表现的标准。

⑦ 职业发展路径：员工在该岗位上的晋升渠道和发展方向。

⑧ 风险与挑战：工作中可能面临的风险和挑战。

(3) 岗位分析者在遇到问题时，还需随时与公司的管理人员和某一岗位的工作人员进行沟通。

步骤六：完成岗位说明书的撰写。

(1) 召集整个岗位分析工作所涉及的人员，并给每位分发一份岗位说明书初稿，讨论根据以上步骤所制定的岗位说明书是否完整、准确。讨论要求仔细、认真，甚至每个词语都要认真斟酌。岗位分析专家应认真记录大家的意见。

(2) 根据讨论的结果，最后制定一份详细的、准确的岗位说明书。

第三讲　岗位资料的分析

岗位资料分析是现代人力资源管理体系建设中一项重要的基础性工作，是人力资源管理与开发的基石。岗位资料分析的结果就是形成职务说明书。

企业进行岗位分析，目的就是要为企业的招聘、培训、绩效考核和薪酬设计提供依据，优化组织结构，使工作设计更合理。岗位资料分析的方法有以下几种。

1. 工作实践法

工作实践，是指岗位分析人员实际从事该项工作，在工作过程中掌握有关工作的第一手资料。采用这种方法可以了解工作的实际任务及在体力、环境、社会方面的要求。这种方法适用于短期内可以掌握的工作，但是对那些需要进行大量训练才能掌握或有危险的工作，不宜采用此种方法。

2. 观察法

通过对特定对象的观察，把有关工作各部分的内容、原因、方法、程序、目的等信息记录下来，最后把取得的职务信息归纳并整理为合适的文字资料。采用这种方法取得的信息比较客观、正确，但要求观察者有足够的实际操作经验且使用结构性问题清单。这种方法不适用循环周期长的工作和以脑力为主的工作。

3. 问卷法

问卷法是通过结构化问卷来收集并整理信息的方法，具体包括问卷调查法、核对法。该类方法要求公司有较好的人力资源管理基础。问卷法是根据职务分析的目的、内容等编写结构性问卷调查表，由岗位任职者填写后回收整理，提取岗位信息；核对法是根据事先拟定的工作清单对实际工作活动的情况进行核对，从而获得有关工作信息的方法。具体如表 2-1 所示。

表 2-1　问卷法示例

<table>
<tr><td colspan="6">填表日期</td></tr>
<tr><td>工作部门</td><td></td><td></td><td>职务名称</td><td></td><td></td></tr>
<tr><td colspan="6">一、概述
1. 该岗位存在的目的是什么？
2. 该岗位的职责是什么？需要负责和被考核的具体成果是什么？</td></tr>
<tr><td colspan="6">二、职责内容
1. 什么是该岗位应有的职责？
2. 什么是该岗位最核心、最关键的职责？
3. 还有哪些突发的、临时性的工作？</td></tr>
</table>

续表

工作项目		处理方式及程序		所占每日工作时数	
三、职责程度 1. 工作复杂性 2. 所受监督 3. 对工作成果的负责程度(对自己、部门或整个公司负责) 4. 与人接触程度(公司内部、外部)					
四、环境是否特殊：噪声、辐射、污染、异味					
五、需要什么行为：素质、知识、经验					
填表人签字		所属部门		直接上级签字	

第四讲　岗位面谈法应用

面谈法是分析人员通过分别访问工作人员或其主管人员，以了解工作说明中原来填写的各项目的正确性，或对原填写事项有所疑问，以面谈方式加以释疑解惑的方法。

简单的岗位面谈记录，如表 2-2 所示。

表 2-2　岗位面谈记录

姓名		部门	
岗位		入职日期	
面谈日期		面谈地点	
面谈主题 (请选择)	□ 新员工入职面谈：对公司规章制度、团队合作、工作情况等 □ 日常面谈：近期工作情况、思想动态、意见与建议、工作计划及需要的协助等 □ 离职面谈：离职原因、意见与建议、工作交接情况等 □ 考核、晋升面谈：工作目标完成情况、考核确认与反馈、个人改进与工作计划等 □ 其他事项：对事项的了解、对事项的看法及建议等		
面谈记录			
被面谈人确认： 签名：		面谈人意见： 签名：	

一般来说，岗位面谈法是通过岗位分析人员与任职人员面对面的谈话来收集信息资料，包括单独面谈和团体面谈。此法较适用于行政管理、专业技术等难以从外部直接观察到的岗位。并且此法需要岗位分析人员有较好的面谈技巧。正确的岗位面谈法流程，如图2-2所示。

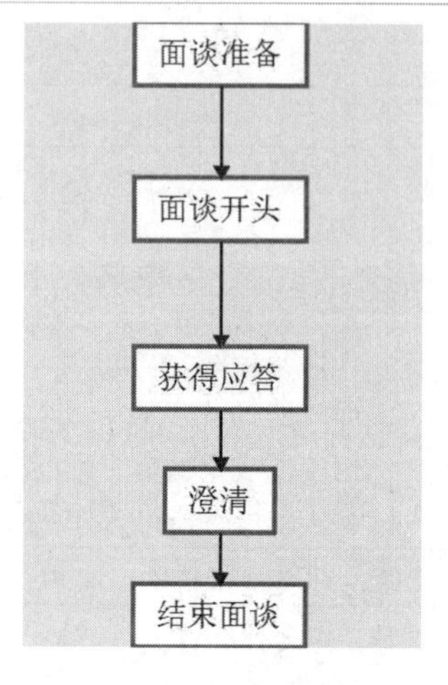

图2-2　岗位面谈法流程

【案例分享】

面谈法的使用

李某在2022年4月入职A公司，工作期间对于领导交代的事情都能不折不扣地完成，不怕苦不怕累，责任心很强，能熟练地掌握各项业务技能。然而2023年1月，李某突然向组长提出辞职。

HR与李某面谈以后，李某表示工作压力太大，难以适应，所以选择离职在安全负责人的耐心沟通下，安全负责人希望李某调整好自己的心态，适当参加体育运动来减压，安全负责人也会不定时地与其交流生活琐事，最终李某决定留下来并在该岗位为公司的发展继续做贡献。

与李某不同，3月初，A公司的值班经理在参加安全班会时，发现刚上了几天班的新员工李亮未参加安全班会。班长给他打电话也没有人接。其他员工反映李亮早上下班的时候看起来很困，回宿舍倒下就睡了，直到晚上8点才起床。值班经理立即赶往宿舍，发现新员工李亮正在收拾东西准备离开，表示要自行离职。

经过HR和李亮的谈话之后发现，李亮要自行离职的原因有以下两点。

一是李亮从来没有上过夜班，凌晨三四点的时候总是犯困，实在扛不住。以前上班都住在家里，最晚没有超过晚上11点之后睡觉(大概占70%的原因)。二是他担心自己无法坚持，公司不会给自己发工资，多做几天就多几天的损失，还不如现在就走(大概占30%的原因)。

结合李亮自己的实际情况，分析如下。

他在面试时是妹妹陪着来的，做主的是他妹妹，其本人腼腆且不善拿主意，属于意志不坚定的性格，想法容易改变。这种情况有好有坏，可以往有利的方向引导。

李亮是第一次离家出来打工，其家人对公司的工资待遇等方面表示认同，并多次嘱咐他在公司好好工作。李亮身上并没有多少钱，以前打工攒的钱都由妹妹保管。来公司后，他手上仅有的40元充了饭卡。其本人对工作的要求不高，只想安安稳稳地上班。

确定和挽留李亮的方向有如下几点。

(1) 多打感情牌，聊聊外面的工作，聊聊李亮以前的工作。同时明确告诉李亮从没熬过夜的人前几天确实很难熬。不过适应几天之后，把时差倒过来就会好很多。公司的住宿和伙食都不错，关键是这些都免费提供，员工并没有额外支出。

(2) 明确告诉李亮，只要是按规定流程工作，都会有工资，公司不会克扣员工的一分钱。建议让李亮再试试，以 5 天为期限，如果确实无法适应，按规定办离职手续就可以了。在工作中要和当班班长沟通李亮的情况，多关心，多鼓励，帮助新员工尽快适应，融入团队；夜间多沟通，多走动，避免犯困的情况发生。

(3) 告知人事李亮的情况，让人事多和李亮拉拉家常，减少李亮的陌生感，同时自己利用和李亮住一个宿舍的优势，聊天时引导李亮参与话题，或者把话题引到李亮那边，形成李亮和其他员工友好的聊天氛围，从而减少陌生感，以便可以让李亮尽快地融入团队。

3 月 10 日，李亮表示感觉好多了。到了 3 月 13 日，夜班倒白班过去 3 天了，李亮工作状态一切正常，他自己也表示愿意留下来好好工作。

总结：新员工的到来，意味着生活方式、习惯、人际关系等都是一个新的开始；前 3 天是新员工心理最脆弱的时候。在这个时间段一定要对新员工多了解，多开导。这样才能有目的、有针对性地缓解新员工来到新公司的心理压力，帮助他们更好更快地融入团队，降低离职率。

通过对访谈对象的深入访谈，了解访谈对象在任职期间所做的成功和不成功的事件，挖掘影响目标岗位的行为。然后对收集到的具体事件和行为进行汇总、分析、编码，就可以找出目标岗位的核心所在。

第五讲　岗位说明书编写

岗位说明书编写是人力资源规划中的核心工作之一。一方面，一套完善的岗位说明书能够为人力资源管理者招聘、录用员工提供依据，便于对员工进行目标管理，也是后续工作绩效考核的基本依据。

另一方面，岗位说明书在招聘过程中可以说明招聘人员的标准，从而更好地做到人岗匹配，提高适岗率。一旦企业出现试用期不适岗纠纷，岗位说明书可以为企业提供有力的证据。

一般在员工办理入职手续时就要在岗位说明书上签字，以确认员工已知晓岗位说明书的内容及相关事宜。

图 2-3 所示为岗位说明书的编写流程。

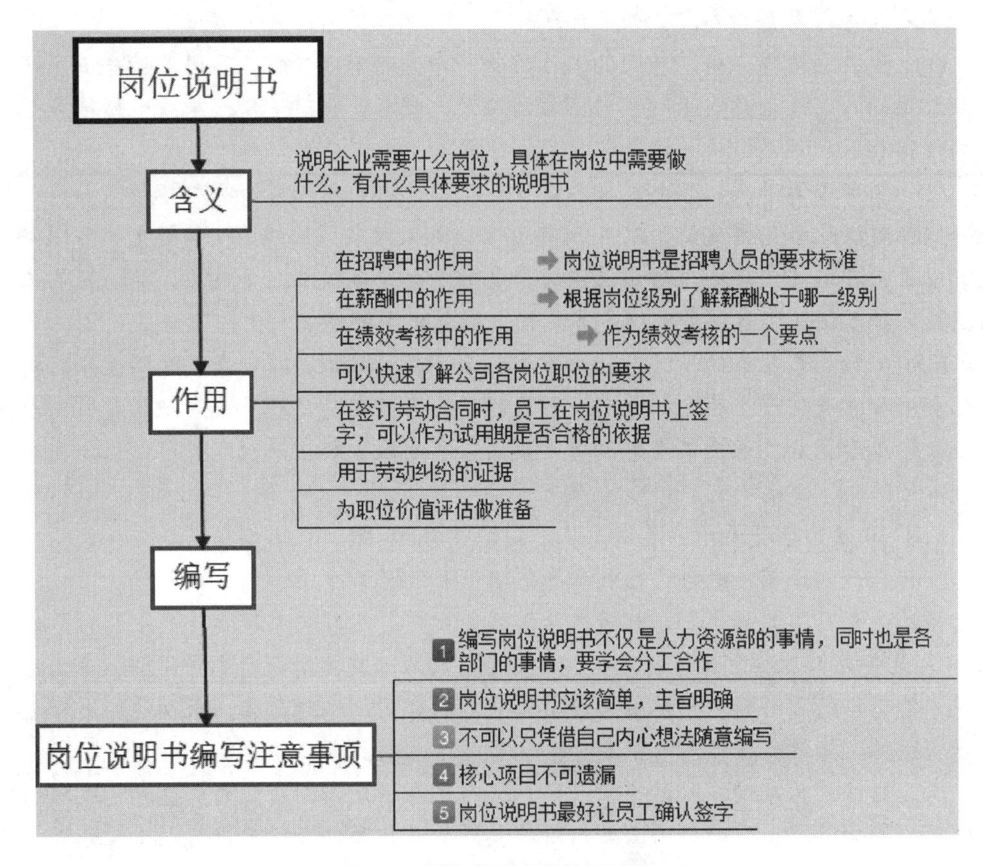

图 2-3　岗位说明书的编写流程

看完图 2-3 所示的岗位说明书的编写流程之后，下面就来明确一下岗位说明书的编写实施过程。

(1) 公司对已有资料进行收集。首先要对公司已有的相关资料进行整理、收集。这不仅包括已有的部门岗位职责说明，如《××公司员工目标责任说明书》等，还包括相应的年/季度工作报告、工作总结等。这些资料有利于了解公司各岗位工作大致的职责方向及内容。

(2) 公司员工访谈。公司员工访谈是编写岗位说明书的重要依据。访谈中需要了解的内容包括现有岗位职责、岗位权限、岗位之间的相互关系等。

(3) 公司员工问卷调查。员工问卷调查和访谈都是编写岗位职责说明书的重要内容依据，针对不同特点的公司设计不同的问卷，其调查内容一般包括个人基本情况、岗位职责、工作职责及对任职者的基本要求等。

(4) 科学资料查阅。科学资料是指资料库中相应岗位说明书模板或其他项目的岗位说明书。在收集和分析公司内部相应资料后，还需要了解相同或相似岗位说明书的一般内容，以作参考。

(5) 初步岗位说明书编写。前四个步骤主要从不同方面完成了资料的收集、整合和分析，在此基础上，将会进行初步的岗位说明书编写。

(6) 验证核实。岗位说明书的初稿完成之后，接下来就是验证核实的过程。为了保证岗位说明书的内容契合公司的岗位实际，需要将初稿和相应岗位人员进行核实，确保其真实、可靠。

(7) 终稿输出。验证核实后得到最终的岗位说明书。

熟悉岗位说明书的编写的流程之后，就进入岗位说明书的内容编写阶段，具体步骤如下。

根据不同公司和不同岗位的特点，岗位说明书的内容也不尽相同，这里主要介绍普通岗位说明书的编制内容。一般来说，岗位说明书的内容包括说明书属性、岗位基本情况、岗位目的、岗位职责、岗位主要权限、沟通工作关系和任职条件等信息。

(1) 说明书属性：描述了岗位说明书相应的属性信息，包括编制日期、页号、文件编号、修订日期、版本号、制定人、审核人和批准人等内容。

(2) 岗位基本情况：描述了这个岗位的一些基本属性，如岗位名称、所属部门、直接上级、直接下属和岗位编制等基本信息。

(3) 岗位目的：描述了企业设置这个岗位的原因，以及这个岗位设置以后将发挥的作用。

(4) 岗位职责：描述了该岗位的主要职责、具体工作等内容。

(5) 岗位主要权限：描述了该岗位有权自主处理的事务或作出的决定，一般包括建议权、审核权、审批权、执行权、考核权和知情权等。

其一，中高层的岗位权限主要包括部门相关业务的审批权、管辖部门的人事任免权、权限内的财务审批权、管辖部门的绩效考核权、对上级领导的建议权。

其二，基层员工的岗位权限主要包括两类：一是建议权，具体表现为对部门相关业务的建议权；二是申诉权，即对绩效考核结果的申诉权。

(6) 沟通工作关系。沟通工作关系主要有两方面：在企业内部，需要与企业内的其他部门或上级岗位进行交流；在企业外部，则需要与政府部门、相关企业、客户等进行沟通。

(7) 任职条件：描述了什么样的人才能担任这个岗位的职责，主要包括学历要求、外语及专业技能要求、专业知识、工作经验等内容。

表 2-3 所示为某公司员工的岗位说明书。

表 2-3　某公司员工的岗位说明书

岗位名称	游戏主播	所属部门	运营部	岗位定员	1
岗位编码	MX-01-003	部门编码	DD-YY3	薪酬等级	C2
直接上级	经理	直接下级		下级人数	
工作综述	负责各大直播平台账号的日常运营，如抖音、快手、淘宝、微店等，包括短视频录制、直播进度安排，提高用户的关注度等				
岗位职责	① 负责各大直播平台账号的日常运营，如抖音、快手、淘宝、微店等，包括短视频录制、直播进度安排，提高用户的关注度和黏度 ② 负责直播平台和短视频等新媒体渠道的产品拍摄、直播、介绍 ③ 负责带动平台气氛，能与用户形成良好的互动 ④ 向粉丝介绍公司产品，增加产品曝光度，提升成交量 ⑤ 表达能力强，具有较强的沟通能力及交际技巧，有亲和力，有销售经验者优先				
协作关系	内部：公司各部门				
	外部：相关部门				
岗位要求	① 大专学历，一年以上相关工作经验 ② 普通话标准，面对镜头不怯场，表达能力强，热情有活力，能把控直播气氛，与用户互动，即兴发挥，调动粉丝情绪，增加粉丝的活跃度 ③ 与时俱进的直播短视频新领域学习能力，有才艺者优先考虑				
任职资格	工作知识	较丰富的专业知识，了解行业情况			
	工作技能	熟练操作计算机办公软件			
	素质要求	工作认真负责，有良好的沟通能力与组织能力 责任心强，工作积极主动，有团队合作精神 有耐心，工作认真细致，逻辑性强			
	个性品质	对公司忠诚，具有良好的保密意识			
	职称证书	专业相关证书			
	身体要求	身体健康			
职业发展	经理				
工作环境	办公室				
工作时间	每日 8 小时工作制，每周工作时间为 5 天				
使用工具	计算机				

岗位说明书是企业岗位管理的基础，它可以帮助企业清晰地划分职责，明确每个员工的工作职责和任务。这样可以有效避免工作重叠和职责不清的情况，从而显著提高员工的工作效率，促进企业的稳定发展。

第六讲　岗位申请的流程

人员岗位需求申请是企业招聘和管理的重要环节，需要充分调研和分析招聘需求，遵循申请流程，准备好申请材料。只有经过严格的审批程序，才能确保申请流程的合理性和可行性。与此同时，企业还需要注重人才的培养和管理，以提高员工的工作效率和企业的竞争力。

为了保障竞聘上岗的效果，帮助企业获得与岗位匹配的人才，竞聘上岗的组织工作需要遵守以下原则。

(1) 定岗定编原则：岗位竞聘前要进行工作分析，完成组织架构的调整，进行定岗定编，根据企业对岗位配置的需要开展岗位竞聘工作。

(2) 人岗匹配原则：岗位竞聘工作要依据岗位说明书中任职资格的要求，依据岗位要求的知识结构、工作经验、素质能力等进行各岗位人员选拔。

(3) 公平、公开、公正原则：岗位竞聘要为所有公司在职员工提供公平的竞争机会，采用规范化的评价标准，对所有竞聘人员评价打分，择优聘用。

在遵守以上原则的基础上，竞聘上岗也应符合一定的操作规程，否则，不仅影响人事改革的权威性、公信力，也直接影响竞聘效果。竞聘上岗的操作规程主要有以下几个方面。

(1) 竞聘上岗的岗位须事先公布，使所有员工周知。

(2) 为保障竞聘上岗的公平、公开、公正，需成立竞聘上岗领导小组。小组内应至少有一人是企业外部专家，负责指导较专业、较科学的竞聘工作，同时保障其公正性。

(3) 所有竞聘岗位无一例外地不能提前定选对象，领导不能参与推荐、暗示或个别谈话。

(4) 竞聘岗位均要有科学完整的岗位说明书，并公告企业员工周知。对应聘条件的设计需具有普遍性，不能针对某些个体或小群体，应结合企业实际情况，确定合适的基本条件。

(5) 要注意“申请池”的大小规格，一个岗位不能只有 1 个人或 2 个人申请，比例一般不应低于 1∶6。如果“申请池”太大，应聘者的希望就会变得过于渺茫，竞聘费用也会相应增加。“申请池”的大小，通常与竞聘条件的设置有关，一旦发现“申请池”太小，则可考虑放宽竞聘条件或放弃该岗位的竞聘，待条件成熟时再进行竞聘。

(6) 面试中须规避以下错误：考官根据第一印象作出判断，从而出现偏差；给考生打分时，前后标准不一致；考生近期的表现可能会对考官产生重大影响，使考官以偏概全；考官可能受到亲戚、朋友、老同学等关系的影响，以及受到所谓的“涟漪效应”的影响等。

图 2-4 所示为某公司的岗位申请流程。

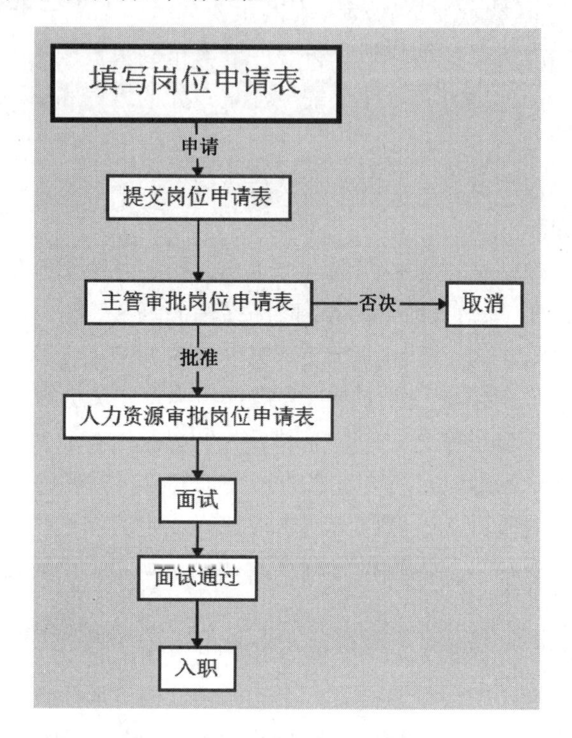

图 2-4　某公司的岗位申请流程

第七讲　岗位定编的方法

岗位定编是采取一定的程序和科学的方法，并对确定的岗位进行各类人员的数量及素质配备。它要求根据企业的业务方向和规模，在一定的时间和一定的技术条件下，遵循精简机构、节约用人、提高工作效率的原则，确定各类人员必须配备的数量。

编制管理与岗位的分析、设计是密切相关的，岗位确定过程本身既包括工作量的确定，也包括对基本的上岗人员数量和素质要求的确定。

岗位定编的原则是以组织的经营目标为中心，科学、合理、专业地进行定编。

(1) 科学。要符合人力资源管理的一般规律，精简而有效。在保障工作需要的前提下，与同行业标准或条件相同的企业所确立的标准相比较，要能体现出组织机构精干、用人相对较少、劳动生产率相对较高的特点。

(2) 合理。要从组织的实际出发，结合本组织的业务类型、专业化程度、自动化程度、员工素质、组织文化等，考虑提高劳动生产率和增强员工潜力的可能性来确定编制人数。正确处理企业直接与非直接经营人员的比例关系。正确安排管理人员与全部员工的比例关系。

(3) 专业。定编是一项专业性、技术性很强的工作，它涉及业务技术和经营管理的方方面面，它的准确与否直接影响着组织业务能否很好地运行。所以，参与定编工作的人应具备相关领域比较高的理论水平和丰富的业务经验。

不同公司、不同部门、不同岗位，定编的方法各有不同。有时组织文化不同，选择的定编方法也不同，有的组织比较偏重科学计算，有的组织比较偏重经验。下面介绍比较常用的六种方法。

1. 劳动效率定编法

劳动效率定编法是根据生产任务和员工的劳动效率及出勤率等因素计算岗位人数的方法。因此，凡是实行劳动定额的人员，特别是以手工操作为主的岗位，都适合采用这种方法。

劳动效率定编法的公式如下。

定编人数=计划期生产任务总量÷(员工劳动效率×出勤率)。

【举例】

A 企业明年计划生产的产品总任务量为 100 万件，工人平均生产效率为每天生产 10 件，工人年平均出勤率为 90%，该企业工人的定编人数应是多少？

计算过程如下。

工人定编人数=$1\times10^6\div[10\times(365-2\times52-11)\times90\%]=444$(人)

其中：

“1×10^6”是计划期内生产任务总量；

“10”是员工每天的劳动效率；

“365”是一年的天数；

“2×52”是全年周六和周日的公休天数；

“11”是每年国家法定节假日的天数；

“90%”是出勤率。

2. 业务数据分析定编法

业务数据分析定编法是根据公司业务数据变化确定员工人数的方法，通常适用于员工人数与业务数据关联性较大的岗位。这里的业务数据包括销售收入、销售量、利润额、市场占有率等。

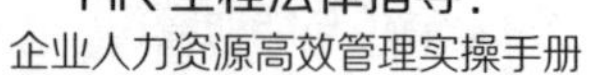

【举例】

某品牌电脑销售企业去年每月的平均销售额为1亿元，预计明年销量将增长20%。通过回归分析，每月销售额与销售人员数量的回归分析方程得数为 4.286×10^{-6}。该企业需要的销售人员定编数量应是多少？

计算过程如下。

明年销售人员定编数量=明年全国月平均销售额×回归分析方程得数

$$=1\times10^{8}\times1.2\times4.286\times10^{-6}=514(\text{人})$$

业务数据分析定编法中用到的回归分析方法是在对未来预测的基础上的。要保障计算结果的准确性，首先就要保障预测的准确性，其次要加强数据管理，保留真实的历史数据，便于用统计的方法建立回归分析方程。

3. 行业对标比例定编法

行业对标比例定编法是在某一特定行业中，用组织中某类岗位人数与另一类岗位人数的比例确定该岗位人数的方法。行业对标比例定编法的计算公式如下。

某类岗位定编人数=另一类岗位人员总数×行业内对标企业定员比例。

【举例】

某连锁酒店企业现有一线服务人员1万人，在该行业的其他对标企业中，人力资源管理人员与公司一线服务人员之间的比例一般为1∶100，该企业应配置多少名人力资源管理人员？

计算过程如下。

该企业人力资源管理人员人数=$1\times10^{4}\times1/100=100$(人)

4. 预算控制定编法

预算控制定编法是财务管控型企业最常使用的定编方法。它通过人力成本预算的金额或比例控制在岗人数，而不是对某一部门或某类岗位的具体人数做硬性规定。

【举例】

某集团公司给A子公司设定明年的销售预算额为10亿元，预算人力费用率为10%，A子公司平均每人每年的人力成本(非工资)为8万元，该子公司应配置多少人？

计算过程如下。

A公司定编人数=$10\times10^{8}\times10\%\div(8\times10^{4})=1250$(人)

其中：

“$10\times10^{8}\times10\%$”是明年的预算人力费用额。

若组织战略调整或市场环境发生较大变化，预算相应发生了重大变化，则定编人数也应相应调整。

5. 业务流程分析定编法

业务流程分析定编法是根据岗位的工作量，确定各岗位每名员工单位时间的工作量，如单位时间的产量、单位时间处理的业务数量等。

6. 管理层或专家访谈定编法

管理层或专家访谈定编法更侧重经验判断，通过与管理层或者相关专家的访谈获得下属员工的工作量、流程的饱和度，得到员工编制调整的建议。此外，还可以预测各岗位员工一定时间之后的流向，确定部门内或跨部门的晋升、轮岗及离职方案等内容。

表 2-4 所示为某公司的岗位定编汇总。

表 2-4 某公司的岗位定编汇总

<table>
<tr><th rowspan="2">序 号</th><th>定 岗</th><th rowspan="2">定 编</th><th colspan="2">定 员</th><th rowspan="2">级 别</th></tr>
<tr><th>岗位名称</th><th>定 员</th><th>名 称</th></tr>
<tr><td>1</td><td>财务部管理</td><td>1 编</td><td>1 人</td><td>财务部部长</td><td>部长</td></tr>
<tr><td>2</td><td>税务专员</td><td rowspan="3">2 编</td><td rowspan="3">2 人</td><td rowspan="3">税务(外账)
总账会计</td><td>部门专员</td></tr>
<tr><td>3</td><td>总账专员</td><td rowspan="2">部门主管</td></tr>
<tr><td>4</td><td>财务稽查审计</td></tr>
<tr><td>5</td><td>应付、费用账目专员</td><td rowspan="2">2 编</td><td rowspan="2">1 人</td><td rowspan="2">往来账会计</td><td rowspan="2">部门专员</td></tr>
<tr><td>6</td><td>应收账目专员</td></tr>
<tr><td>7</td><td>成本核算专员</td><td rowspan="2">2 编</td><td rowspan="2">2 人</td><td rowspan="2">成本会计</td><td rowspan="2">部门专员</td></tr>
<tr><td>8</td><td>资产管理专员</td></tr>
<tr><td>9</td><td>出纳</td><td>1 编</td><td>1 人</td><td>出纳</td><td>部门专员</td></tr>
<tr><td>10</td><td>资金管理</td><td>1 编</td><td>1 人</td><td>资金主管</td><td>部门主管</td></tr>
<tr><td>合计</td><td>10 岗</td><td>9 编</td><td>8 人</td><td></td><td></td></tr>
</table>

第二节 能力管理

为了更好地执行企业的生产进度安排，建立生产能力的限额或水平并对其进行度量、监控及调整的职能，称为能力管理。一般来说，能力管理体现在资源计划、粗能力计划、能力需求计划和投入/产出控制等四个层次。因此，管理者的管理能力实际就是提高组织效率的能力。

第一讲 胜任模型的构建

胜任模型，也称为胜任力模型或胜任能力模型，是指个人在特定组织的特定岗位上，为完成工作任务、达成绩效目标所应具备的一系列不同能力素质的组合。该模型的核心是员工在达成组织目标的过程中所表现出来的个性特征、知识和能力的集合，胜任模型可以判断并发现导致绩效差异的关键因素。从而使其成为改进与提高绩效的基点。构建胜任模型的步骤，如图2-5所示。

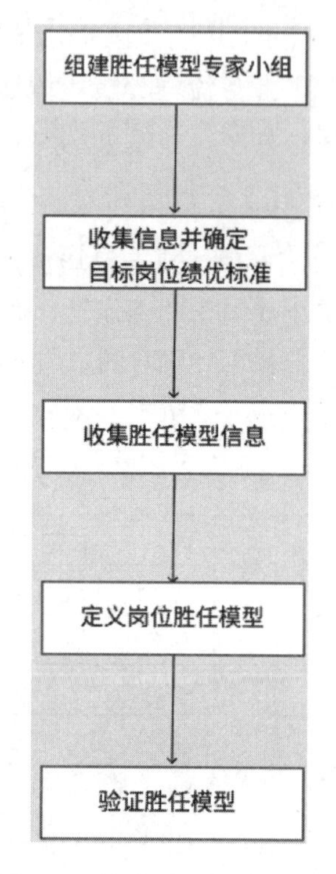

图2-5 构建胜任模型的步骤

1. 组建胜任模型专家小组

企业应当先由企业高层管理者、胜任模型专家、人力资源管理部门等人员组建专家小组，结合企业的战略发展目标，就胜任素质模型的构建工作、程序等方面达成共识，并做好工作安排。

2. 收集信息并确定目标岗位绩优标准

专家小组需将战略目标分解为岗位目标，分析为达成该目标，岗位人员需要具备哪些胜任能力，然后通过对目标岗位的每个胜任能力的综合绩效进行评估，并区分绩优员工、一般员工和状态不佳员工的表现，最后将绩优标准细化到各个任务要求中。

3. 收集胜任模型信息

专家小组要先建立样本小组，进行对比工作，一般是随机抽取一定数量的该岗位的绩优员工与一般员工，成立对比小组以分别进行调查，专家小组可通过行为事件访谈法、问卷调查法、全方位评价法等方法收集这些员工所在岗位的原始数据。其中主要采用的是行为事件访谈法，该方法要求被访谈对象罗列其主要工作职责与履行职责时的关键情境，以及在该情境中发生的几个正面事件或负面事件。

4. 定义岗位胜任模型

构建胜任模型的主要工作就是对胜任能力进行定义和行为等级划分。在该阶段，企业需要整理、提炼上一阶段得到的信息，总结胜任素质，最后根据不同的主题将胜任能力进行模块化分类，以初步形成该岗位的胜任模型。

5. 验证胜任模型

建立胜任模型后，企业还需要确定其是否有效才能决定是否应用，一般采用预测效度和同时效度两种方法进行检验。

(1) 预测效度。操作方法为随机选择相同条件的两组岗位工作人员，但只对其中一组利用初步得到的胜任模型进行能力培训，然后让两组执行相同任务，最后对两组进行绩效考核。如果通过绩效分析发现，受培训的一组绩效显著高于另一组，则该模型有效。

(2) 同时效度。操作方法为在胜任模型初步形成后，以先前确定的胜任模型的关键胜任素质为指标选取绩优员工组和一般员工组作为第二批样本，并对他们进行行为事件访谈，分析该模型包含的胜任要素能否区分绩优员工组和一般员工组。如果绩优员工测试过程中的行为表现与其在胜任模型中的关键行为基本一致，则说明胜任模型具有比较高的可信度。

如果行为表现与该模型并不一致或区分功能不明显，则企业需要重新对原始资料进行分析，只有验证有效的胜任模型才可应用到人力资源管理中。

第二讲　胜任模型的应用

胜任模型作为以胜任能力为重要基础的一系列人力资源管理职能的关键参照指标，为胜任能力理论在人才管理的运用搭建了桥梁。它被诸多企业广泛应用于人力资源管理的各个模块之中。表 2-5 所示为胜任模型在各人力资源模块中的应用。

表 2-5　胜任模型在各人力资源模块中的应用

人力资源模块	胜任素质模型应用的侧重点
工作分析	基于胜任模型研究工作绩效优异的员工，突出与优异表现相关的特征及行为，以此定义这一工作岗位的职责内容
招聘录用	基于胜任模型来选择相应的测评工具与方法
薪酬管理	基于胜任模型进行岗位薪酬因子的评价管理，解决内、外部的公平性问题
培训开发	基于胜任模型分析培训需求，将岗位的关键胜任能力作为重点培训内容，可优化培训效果
绩效管理	基于胜任模型采取考核任务绩效和行为表现的双维绩效管理措施
职业生涯管理	基于胜任模型设计分层级、分序列的课程体系，促进员工更有的放矢地提升自我

第三节 答疑解惑

经过本章一系列知识的学习，相信许多人仍存在一些疑惑，下面以简单的示例来对这些问题进行简要介绍。

第一讲 以例说“法”

某酒店有一名优秀的员工，她的服务非常及时、到位，因此深受客人的好评，并且她能记住每一位服务过的酒店常客的名字，记住他们喜欢喝什么酒，喜欢吃什么菜，有什么特殊服务要求，所以很多常客到酒店用餐都点名要求她服务。由于工作出色，酒店领导将她晋升到管理岗位，结果她管理的部门却一塌糊涂。

在企业管理中，不能做到“因才适用”是非常有害的。该员工本来是一名非常优秀的服务员，却不得不在一个自己不能胜任的管理岗位上忍受煎熬，这种情况会导致两种结果：一种是员工不胜任工作，找不到工作乐趣，无法实现自身的价值，在有压力的情况下往往会表现失常，或者心情郁闷，甚至有些人会由于被晋升而离开企业；另一种是员工被不恰当地晋升到所不能胜任的岗位，对企业来说一方面多了一个蹩脚的管理者，另一方面却失去了一名能胜任低一级岗位的优秀员工。因此，企业和个人均是这种“岗位不恰当”的受害者。因此，需要准确地对员工的岗位与能力进行科学分析，合理定位。

第二讲 总结与思考

岗位的能力管理是从动态匹配的角度来研究员工的能力管理，科学地分析所需要的核心能力，并将核心能力分解到每个岗位上，为人力资源开发和管理提供基础性的平台和工具。经过岗位梳理、岗位能力要求的确定、员工能力的评估等之后，员工的胜任能力得到提升，员工的职业化能力和就业能力得到加强，组织的核心竞争力也得到了加强和巩固。具体的能力管理一般包括以下五点。

(1) 解决问题的能力。

(2) 沟通协调的能力。

(3) 承受压力的能力。

(4) 准确辨识的能力。

(5) 制订和把控项目计划的能力。

第三章

企业人力招聘管理

在企业的发展过程中，为了实现生产经营的目标，也为了企业合理、科学的发展需要，每年会根据人力资源规划和工作分析的要求，通过招聘管理计划去招募合适的人才，为公司注入新鲜的“血液”。它是人力资源管理的首要环节，也是实现人力资源管理有效性的重要保障。

第一节 招聘流程与制度

企业为了使用人机制更加地合理、科学，特制定了一系列的招聘制度，它可以用于规范员工招聘流程和健全人才选用流程，这是人力资源管理部门开展招聘工作的重要依据。

第一讲 招聘工作流程

在企业的招聘中，招聘工作流程一般通过公司的人力资源部以制作图表的形式来向应聘者呈现。有些公司的招聘流程较为详尽，会标明不同的权责部门、工作内容、注意事项等。尽管每个企业的招聘流程不完全相同，但大致的过程还是一样的。图 3-1 所示为某公司的企业招聘流程。

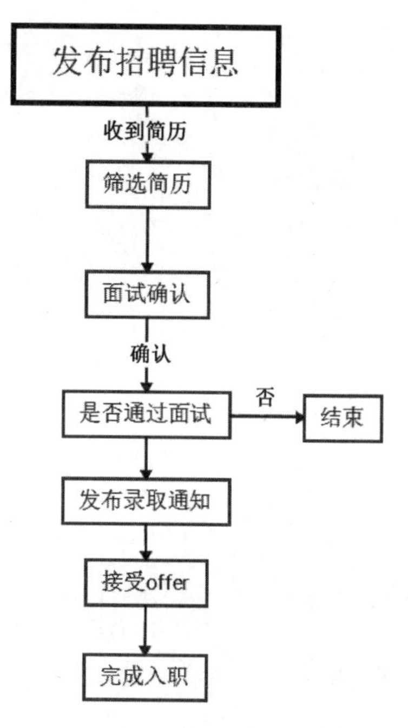

图 3-1 某公司的企业招聘流程

【案例分享】

A 公司的招聘工作流程

A 公司是一家新兴的科技公司，因为业务迅速增大，他们亟须扩大员工队伍以满足市场需求。为了应对这一挑战，公司决定进行一次全面的招聘活动。下面是他们的招聘工作流程。

1) 需求分析

A 公司首先进行需求分析，明确需要哪些岗位及每个岗位的具体要求。他们与各个部门的经理进行会议和讨论，以确定他们团队中存在的“瓶颈”并找出解决方案。通过这个过程，他们确定了需要招聘的岗位和预期的应聘者特征。

2) 职位发布与简历筛选

A 公司为每个岗位撰写职位描述，并将其发布在各个招聘网站和社交媒体平台上。申请截止日期之后，人力资源团队开始筛选简历。他们会仔细阅读简历，筛选出与岗位要求最匹配的应聘者，并将他们列入候选人名单。

3) 面试

在筛选简历的过程中，人力资源团队还会与经理和团队成员共同讨论候选名单，并安排面试。面试的形式可以是个人面试、电话面试或视频面试。在面试中，A 公司

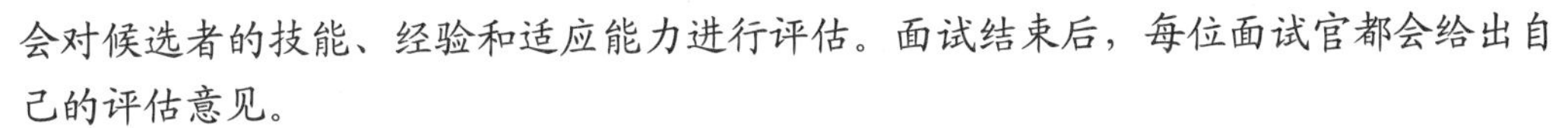

会对候选者的技能、经验和适应能力进行评估。面试结束后，每位面试官都会给出自己的评估意见。

4) 背景调查并与参考人员联系

在决定向某个候选者发出录用通知之前，A 公司会对候选人进行背景调查。这包括核实候选人提供的个人和职业信息，并与参考人员联系，以获取他们对候选人的评价。这有助于公司进一步了解候选人的能力和可信度。

5) 录用决策和报盘

在收集所有必要的信息后，A 公司将组织最终的决策会议，讨论每位候选人的优势和劣势，并最终选择一个合适的候选人。一旦选择完成，A 公司就将向该候选人发出录用通知并提出具体的工作报盘。

6) 入职和融入

一旦候选人接受了工作报盘，A 公司就将组织新员工的入职流程，并为他们提供必要的培训和指导，以帮助他们尽快融入公司文化并开始工作。

L 公司的招聘计划

L 公司是一家大型的跨国公司。该公司计划在中国分公司招聘一名高级市场营销经理。该职位需要具备丰富的市场营销经验和很强的团队管理能力。经过各方面讨论，该公司决定通过以下几个步骤来进行招聘。

1) 需求确定

由人力资源部与相关部门负责人共同确定要招聘的岗位及该岗位的具体要求和条件。根据公司的战略目标和业务需求，明确所需要的人才类型。

2) 招聘渠道选择

根据岗位级别和特殊要求，公司决定通过内部招聘、外部招聘或者人才中介机构来寻找合适的人才。对于高级岗位，公司通常会通过多个渠道同时进行招聘，以增加找到合适人选的机会。

3) 简历筛选

收集到的应聘者简历提交给人力资源部，由专业的招聘官进行初步筛选。根据岗位要求，筛选出符合条件并具备潜力的候选人。

4) 面试评估

对通过简历筛选的候选人进行面试。这通常包括初步面试和终面面试两个环节，初步面试一般由招聘官或部门负责人进行，终面面试则是由公司高层管理人员负责。在面试中，通过提问、情境模拟等方式来评估候选人的技能、经验、沟通能力及团队合作能力等。

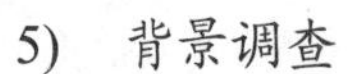

5) 背景调查

对通过终面面试的候选人进行背景调查。这可以通过联系候选人的前雇主、同事或者学校教授等来了解其工作过程中所取得的成就及是否符合公司的价值观和文化。

6) 终面面试和薪酬谈判

综合考虑候选人的面试表现和背景调查结果，公司决定邀请最终的候选人参加终面面试。如果候选人通过终面面试，公司将与其进行薪酬谈判和签约。在谈判中，公司会根据候选人的能力和市场水平为其提供合理的薪资待遇。

7) 入职安排

一旦候选人接受公司的工作邀请，人力资源部就与相关部门协调，进行新员工的入职手续办理，包括劳动合同签署、员工培训、工作岗位安排等事宜。

通过以上流程，L 公司成功地招聘到一名合适的高级市场营销经理。招聘工作流程的实施不仅减少了人力资源部门的工作量，也提高了招聘工作的效率。与此同时，该流程也帮助 L 公司招聘到了符合要求且具有潜力的人才，为公司的发展奠定了坚实的基础。

总而言之，一个成功的招聘工作流程可以有效地帮助企业找到合适的人才，提升组织的竞争力。这个流程涉及多个环节，并需要各部门的合作和高效沟通。对于任何企业来说，完善和优化招聘工作流程都是至关重要的。

第二讲　招聘管理制度

为了保证公司的各岗位能够及时、有效地补充所需的优秀人才，满足公司不断发展的需要，健全人才选用机制，需要制定相应的公司人事管理制度。一份完整的招聘管理制度一般包括招聘总则、招聘原则、招聘职责等各方面的内容，具体如表 3-1 所示。

表 3-1　招聘管理制度的具体内容

模　块	内容简介
招聘总则	简要地介绍招聘制度的目的、定义与适用范围
招聘原则	简述招聘的具体原则，常见原则包括公平、公正、公开原则，人岗匹配原则，先内后外原则等内容
招聘职责	说明招聘工作的责任主体与具体工作职责，包括从根据需求制订招聘计划到追踪评估招聘效果等一系列工作
招聘计划	介绍专项招聘计划与年度招聘计划等不同招聘类型，以及编制招聘计划的流程等

续表

模 块	内容简介
招聘流程	介绍具体的招聘流程，通常是人力资源部门根据审订后的招聘计划发布招聘信息，然后经过简历筛选环节的资格审查，经笔试、面试、评估之后，确定人选并做好背景调查，最后确定录用人员，向其发布录用通知并组织办理入职手续
招聘评估	介绍评估方法，即通过与用人部门、招聘人员的交流和满意度测评，分析和汇总招聘工作结果，与新员工进行适当的沟通，要求跟踪招聘流程的各个环节，以检查招聘效果；确定不合法、不合规招聘情节的处罚方式；规定新员工续签合同前需要进行年度绩效全面评估

【案例分享】

M 公司的招聘管理制度

M 公司是一家技术型企业，业务不断扩张，需要招聘大量人才来满足业务需求。为了确保招聘过程公平、透明，公司制定了一套严格的招聘管理制度。

首先，公司在招聘前会准备一份详细的岗位职责和任职要求，以明确所需人才的技能和素质。招聘团队会结合岗位要求设计面试题目和评估标准。

其次，公司的招聘流程非常规范。招聘团队首先会进行简历筛选，初步选出符合条件的候选人。然后，通过电话或网络会议的方式与候选人进行初步沟通，了解其基本情况和求职意向。接下来是面试环节，包括笔试、技术面试和综合面试等。每个环节都有相应的评估指标和评分标准，以保障评价的客观性和一致性。

在面试过程中，公司注重候选人的综合素质和团队合作能力。他们不仅关注候选人的专业技能，还会考察其沟通能力、团队协作能力和问题解决能力等软技能。通过多轮面试，公司能够更全面地了解候选人的优势和不足，从而作出正确的选择。

最后，公司在招聘管理上也非常注重保密性和信息安全。所有与招聘相关的文件和数据都会加密存储，并严格限制访问权限。与此同时，公司还明确了员工不得泄露候选人信息的规定，以确保招聘过程的公平性和保密性。

通过严格的招聘管理制度，M 公司成功吸引了一大批优秀人才的加入。招聘过程的透明度、公正性和保密性，为公司招聘提供了良好的保障。这不仅提高了招聘效率，也增强了公司的竞争力。

H 公司的管理制度

H 公司作为一家知名国际企业，一直注重建立健全的招聘管理制度，以确保招聘过程的公平、合法，并且精选出最合适的人员加入公司。以下是 H 公司成功实施的招聘管理制度案例。

首先，H 公司着重招聘岗位的分析和需求评估。每当公司出现新的职位需求时，招聘团队会与相关部门密切合作，深入了解该职位所需的技能、经验和资质。这有助于招聘团队在广告宣传和候选人初步筛选时更加准确地确定所需条件，确保最符合公司要求的候选人进入面试阶段。

其次，H 公司通过设立招聘委员会来保障招聘过程的公平性。招聘委员会由各个相关部门的高级管理人员组成，他们对招聘过程进行监督，并在决定员工录用方面提供建议。这种多人参与的决策机制可以减少个人主观意识对招聘结果的影响，进而保障公正性和客观性。

再次，H 公司注重选拔面试官的培训和评估。面试官是招聘过程中必不可少的一环，他们的专业性和公正性对于选择合适的候选人至关重要。因此，该公司会定期组织培训课程，以提高面试官的面试技巧和评估能力。此外，面试官还会参加模拟面试和互评活动，以使他们能够互相借鉴经验、提高水平，并且不断改进面试评估标准。

最后，H 公司实行了合理的录用标准和程序。在确定录用的条件方面，该公司制定了明确的要求，如教育背景、工作经验、语言能力等。与此同时，公司还为录用决策设立了详细的程序，包括履历筛选、面试、背景调查、薪资谈判等环节，以保障整个录用过程的透明性和有效性。

通过建立健全的招聘管理制度，H 公司在招聘过程中取得了显著的成功。这一制度不仅保障了候选人和员工的权益，也帮助公司选拔到最符合企业需求的人才。作为一个典范案例，该公司的招聘管理制度为其他企业提供了有益的借鉴和启示，促进了整个行业的招聘工作的专业化和规范化。

综上所述，一个良好的招聘管理制度对于企业的发展至关重要。它能够确保招聘过程的公平和透明，帮助企业吸引到更多的优秀人才，为企业的长远发展提供有力支撑。因此，每个企业都应制定适合自己的招聘管理制度，并严格执行。

第二节 招聘计划

招聘计划是根据企业需求和人力资源规划制订的，包括人员需求清单、招聘信息发布、应聘者的考核方案、招聘截止日期、新员工上岗时间、招聘工作时间表和招聘广告样稿等内容。它是企业内部培养和人才引进相结合的重要手段，有助于丰富企业的人力资源，为企业注入新鲜的“血液”，从而显著提高企业的生产规模。

第一讲　人力资源需求预测

人力资源需求预测，是指根据企业的发展规划和企业的内外条件，选择适当的预测技术，对人力资源需求的数量、质量和结构进行预测。

一般情况下，人力资源需求预测分为现实人力资源需求预测、未来人力资源需求预测和未来流失人力资源需求预测三部分。具体的分析步骤如下。

(1) 根据职务分析的结果，确定职务编制和人员配置。

(2) 进行人力资源盘点，统计出人员的缺编、超编情况及是否符合职务资格要求。

(3) 将上述统计结论与部门管理者进行讨论，并修正统计结论。

(4) 该统计结论即为现实人力资源需求。

(5) 根据企业发展规划，确定各部门的工作量。

(6) 根据工作量的增加情况，确定各部门还需增加的职务及人数，并进行汇总统计。

(7) 该统计结论即为未来人力资源需求。

(8) 对预测期内退休的人员进行统计。

(9) 根据历史数据，对未来可能发生的离职情况进行预测。

(10) 将(8)、(9)项的统计和预测结果进行汇总，得出未来流失人力资源需求。

(11) 将现实人力资源需求、未来人力资源需求和未来流失人力资源需求汇总，即得出企业整体人力资源需求预测。

人力资源需求预测的实际考虑情况，一般包括以下三方面。

1. 公司年度人力资源需求预测

人力资源部根据各部门上报的需求，综合考虑公司战略、组织机构调整、部门编制、员工内部流动、员工流失等因素，对各部门的人员需求预测进行综合平衡，分别制定年度人员需求预测，确定各部门人员编制，并上报总经理审批。

2. 招聘指标确定

年度人力资源需求计划审批通过后，人力资源部确定各部门和各业态的招聘指标，并通知各部门，将经总经理、人力资源部负责人批准后的人力资源需求计划表留在人力资源部备案，作为招聘的依据。

3. 临时人力资源需求

临时的人力资源需求，是指除年度人力资源需求预测之外，部门因人员离职或临时业务需求需要招聘的人才。由各部门填写临时人员需求申请表，相关领导审批通过后，人事专员进行信息整理并开始招聘。

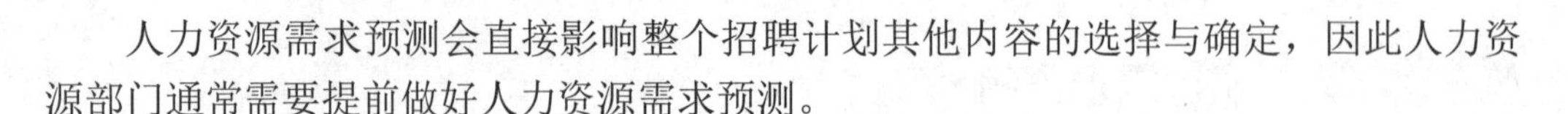

人力资源需求预测会直接影响整个招聘计划其他内容的选择与确定，因此人力资源部门通常需要提前做好人力资源需求预测。

【案例分享】

L公司的人力资源需求预测

L公司是一家日渐壮大的信息科技互联网公司，最开始只有几名核心团队成员，但随着业务的扩大，公司逐渐需要更多的人才来支持其快速发展。然而，人力招聘需要时间和资源，过度招聘将导致资源浪费，而招聘不足则无法跟上业务增长的步伐。因此，预测未来的人力资源需求成为该公司的首要任务。

L公司首先分析了过去一年的业务数据，包括用户增长、市场份额、销售数据等。基于这些数据，他们建立了一个量化模型，并将过去的业务发展与当时在职员工的数量进行相关性分析。通过对历史数据进行回归分析，他们找到了一个可信度较高的模型，用于预测未来的人力资源需求。

为了进一步提高预测的准确率，L公司纳入了其他变量，如竞争对手的市场活动、行业发展趋势等。这些变量通过收集市场调研数据和与行业专家的交流获取，并加入模型中进行综合分析。结果显示，无论是在核心团队人数上还是在辅助团队人数上，该公司的预测准确率都有了显著的提高。

此外，L公司还利用了人力资源管理系统(HRMS)来帮助人力资源需求的预测和管理。他们通过HRMS收集并整合员工的个人信息，包括能力、经验和个人兴趣等。通过这些数据，他们可以更好地评估员工的潜力和发展方向，为未来的人力资源规划奠定基础。

L公司在人力资源需求预测方面的成功案例不仅得益于科学的数据分析和模型构建，更得益于高效的执行。他们将人力资源需求预测纳入公司的战略规划，并及时调整招聘策略。例如，当预测到市场需求会增长时，他们就提前开始招聘新人，以便新员工能够顺利适应工作和团队文化。

H公司的人力资源需求预测

H公司作为一家电子产品制造商，其产品在国内市场非常畅销。最近，公司决定扩大生产规模以满足市场需求。然而，他们意识到如果在没有合理的人力安排的情况下扩大生产规模可能会导致生产效率下降和产品质量问题。因此，他们决定通过人力资源需求预测来确定所需的员工数量和技能。

为了进行人力资源需求预测，该公司采取了以下步骤。

第一步，收集历史数据。公司收集了过去几年的员工数量、生产量、市场需求和销售数据等信息。

第二步，分析数据。公司的人力资源团队使用统计和数据分析方法对收集到的数据进行处理和分析。他们使用回归分析和时间序列分析等技术，以确定员工数量和生产量之间的关系。

第三步，建立模型。基于分析结果，公司通过构建数学模型来预测未来的人力资源需求。他们考虑了多个因素，如销售趋势、产品需求的季节性变化和市场竞争等。

第四步，验证和调整模型。为了保障模型的准确性，公司将模型应用于一段时间内的实际数据，并与真实的人力资源需求进行比较。如果模型预测的结果与实际相符，那么他们将继续使用该模型；如果不符，则需要对模型进行调整和改进。

通过这些步骤，H 公司成功地实现了人力资源需求的精确预测。他们能够根据市场需求和销售数据合理安排员工数量和技能，从而提高了生产效率和产品质量，并最大限度地利用了资源。

综上所述，人力资源需求预测对于企业的发展至关重要。它不仅可以帮助企业节约成本，提高效率，还可以有效地满足市场需求并保持竞争优势。因此，企业在决策中应重视人力资源需求预测，并采取适当的方法和工具来进行准确的预测。

第二讲　招聘计划制订

招聘计划是人力资源部门根据用人部门的增员申请，结合企业的人力资源规划和职务描述书，明确一定时期内需要招聘的职位、人员数量等因素，并制定具体的招聘活动的执行方案。

招聘计划的制订，有利于企业定期或不定期地招聘录用企业所需要的各类人才，为组织人力资源系统注入新生力量，实现企业内部人力资源的合理配置，为企业扩大生产规模和调整生产结构提供人力资源的可靠保障，同时弥补人力资源的不足。避免人员招聘中的盲目性和随意性。

从某种意义上说，招聘计划是招聘工作开展的前提，图 3-2 所示为招聘计划的制订流程。

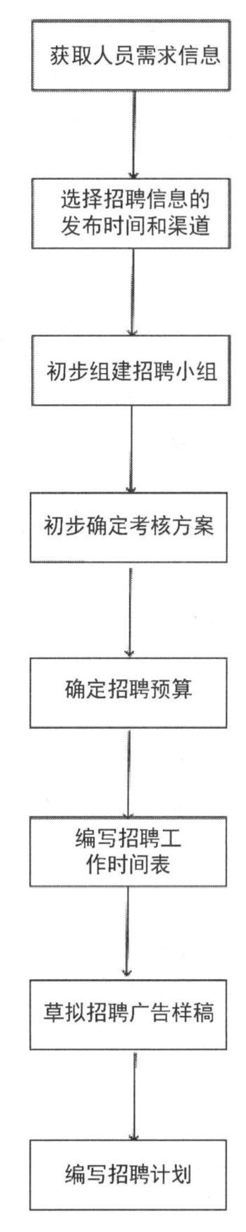

图 3-2　招聘计划的制订流程

具体的招聘计划一般包括以下内容。

(1)　招聘岗位、所需人数及任职的要求等。

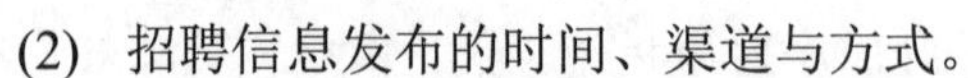

(2) 招聘信息发布的时间、渠道与方式。

(3) 招聘小组成员的姓名、职责、职务等。

(4) 招聘考核方案，包括考核场所、时间等。

(5) 招聘截止时间与新员工上岗时间。

(6) 招聘预算，包括广告费、资料费、场地费等。

(7) 招聘时间安排及广告样稿设计。

【案例分享】

A 公司招聘销售经理的计划制订

A 公司是一家大型的服装销售公司，随着业务的不断增多，该公司计划招聘一位优秀的销售经理，由其负责制定销售策略、管理销售团队并实现销售目标。因此，制订一个合适的招聘计划至关重要。

首先，需要明确招聘的目标和要求。销售经理需要有丰富的销售经验，具有良好的沟通和领导能力，并且能够在压力下高效工作。为了确保公司的招聘目标明确，可以与现有销售团队和其他相关部门进行沟通，了解他们对这个职位的期望和需求。

其次，在制订招聘计划时，需要考虑多种渠道。可以通过招聘网站、社交媒体、行业协会，以及人力资源咨询机构等多种渠道发布招聘信息。与此同时，也可以鼓励现有员工提供内部推荐，并给予相应的奖励和激励措施。通过多种渠道扩大招聘范围，可以增加找到合适人选的机会。

再次，需要细化招聘流程。招聘流程应该包括简历筛选、面试、能力测试及背景调查等环节，以确保能够全面评估候选人的能力和背景。在面试过程中，除了了解候选人的工作经验和销售技巧外，还可以通过情境问答和案例分析等形式考察候选人的应变能力和解决问题的能力。

最后，需要制定一个合理的薪酬待遇方案。销售经理是公司的关键职位之一，他们的能力和表现直接影响整个销售团队的发展和业绩。因此，应该给予他们具有竞争力的薪酬待遇，并结合绩效考核和奖励制度，激励他们积极工作并达成销售目标。

总之，招聘一个优秀的销售经理需要制订一个合理的招聘计划来确保找到最合适的人选。通过明确招聘目标和要求、多渠道发布招聘信息、细化招聘流程及制定合理的薪酬待遇方案，可以极大提高招聘效率，并招聘到一个能够推动公司销售业绩提升的优秀销售经理。

M 公司的招聘计划制订

M 公司是一家大型的跨国企业，在海内外享誉盛名。近年来，随着公司的发展，为了更好地满足市场需求和实现公司目标，M 公司决定进行一轮招聘，以优化员工团队。

首先，M 公司需要明确招聘的目标。在制订招聘计划之前，该公司需要详细分析现有员工团队的构成，并确定所需岗位的数量和类型。此外，还要根据公司发展的战略规划，确定未来一段时间内的人员需求，包括新项目、市场扩张和技术升级等方面的人员需求。

其次，M 公司需要通过内部推优和外部招聘满足人员需求。对于现有员工中符合要求的人员，应该优先考虑内部推优机会，促进他们的职业发展和建立健全的激励机制，强调内部职业晋升的机会和价值。同时，该公司也要与人力资源部门合作，及时开展员工培训和发展计划，提升员工素质和能力，使他们适应新时期的业务发展。

再次，M 公司要根据具体需求制订招聘计划，明确各个岗位的招聘数量、条件和时间节点。可以通过发布招聘广告、招聘网站、人才市场等方式来吸引合适的候选人。与此同时，该公司也可以与相关的高校、猎头公司及行业协会建立合作关系，寻求更多的招聘渠道，扩大招聘范围。

又次，M 公司应该注重人员的专业素质和能力匹配度。这涉及严格的简历筛选、面试技巧和考核方法等。该公司可以设立多轮面试和笔试环节，结合问题解决能力、沟通表达能力、团队合作能力等多个因素来评估候选人。与此同时，在面试过程中，要注重与求职者的互动和交流，了解他们的个人和职业发展期望，确保招聘的双向选择。

最后，完成招聘之后，公司要进行有效的融入和培训工作，确保新员工能够尽快适应公司环境和岗位要求。还可以组织新员工培训班，编制标准的入职手册，提供必要的培训和辅导，帮助新员工顺利过渡到公司工作中。

综上所述，制订招聘计划是优化员工团队构成的重要手段。通过明确目标、内外结合、人才匹配和融入培训等步骤，企业可以有效地吸引和选拔合适的人才，促进员工团队的优化与发展。这将为公司的长期发展奠定坚实的基础。

第三节 招聘渠道

招聘渠道，是指企业用来吸引应聘者并招聘人才的各种渠道和方式，包括网络招聘、校园招聘、展会招聘、猎头招聘及内部招聘等多种渠道和方式。

第一讲 招聘渠道选择

企业招聘的途径有内部招聘和外部招聘两种。内部招聘，指企业从现有员工中获取人力资源；外部招聘则是企业从外部获取人力资源。两种途径各有利弊，互为补充。

以内部招聘为例，一般来说，内部招聘通常有以下三种方式。

1. 搜索人力资源数据库

人力资源部门通过搜索组织的人力资源数据库，把工作需求与现有员工的背景资料和知识技术、能力等信息进行匹配，从而选出合适的人员。

2. 内部推荐

内部推荐目前是企业招聘中比较新颖的一种招聘方式，它通过企业内部员工的推荐，绕过猎头公司、招聘网站等中介，使应聘者和招聘企业零距离地对接。

3. 工作告示

工作告示，指企业通过自身内部的电子邮件、企业官网、海报等形式将空缺岗位的信息传达给企业内的每一位员工，并邀请所有符合条件的员工前来申请。企业在告示中应写明空缺岗位的名称、工作职责、待遇及任职资格等。

另一种则是外部招聘，而外部招聘的方法包括网络招聘、校园招聘、展会招聘、猎头招聘等四种方式，如表3-2所示。

表3-2 外部招聘的方法

方 法	介 绍	优 点	缺 点
网络招聘	网络招聘是目前企业招聘中比较流行的一种招聘方法，主要分为用人单位通过网络直接发布招聘信息和通过人才交流机构/中介机构来发布招聘信息	成本低，时效性强，覆盖面广	简历筛选工作量大，信息真实性难以分辨
校园招聘	校园招聘一般由学校的毕业生分配部门负责，该部门通过在合适的场所举办招聘会促使用人单位与学生面谈	面向年轻学生，其学历和整体可塑性强，应聘者的背景真实，可信度高	普遍缺乏工作经验，只能在固定时间招聘，不能临时录用
展会招聘	企业以招聘会的形式招聘需要的人才	双方可以面对面直接面试，节约时间、应聘者集中且广泛，企业的选择余地较大	有一定的地域限制，仅适合招聘中层、基层人员

续表

方 法	介 绍	优 点	缺 点
猎头招聘	猎头公司是帮助企业在市场上招募比较紧缺的高级人才和尖端人才的专门性人员配置代理机构	招聘质量比企业自己招聘的要好，效率也较高	招聘周期通常较长，且需要向猎头公司支付一定的费用

第二讲 网络招聘流程

网络招聘，也称为电子招聘。它是指通过技术手段帮助企业的人事经理完成企业招聘工作。具体地说，就是企业通过自己的网站、第三方招聘网站等平台，使用简历数据库或搜索引擎等工具来完成招聘过程。

某公司最近的网络招聘流程如图 3-3 所示。

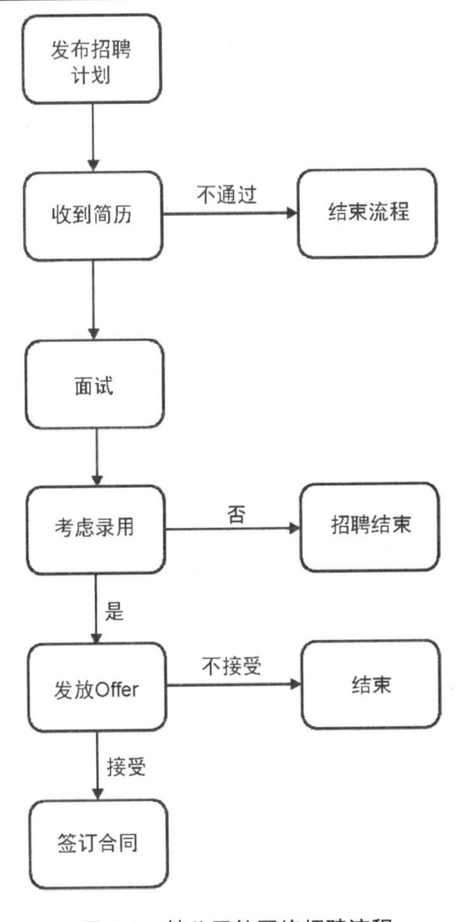

图 3-3 某公司的网络招聘流程

【案例分享】

A 公司的网络招聘

A 公司是一家知名的互联网公司，致力于电商平台的开发和运营。由于业务规模不断扩大，企业需要大量的技术人才来支持公司发展。然而，传统的线下招聘渠道存在着时间成本高、招聘难度大等问题，因此他们决定尝试通过网络招聘来解决这些问题。

首先，A 公司选择了多个知名的招聘网站作为招聘渠道，如智联招聘、前程无忧等。这些招聘平台具有较高的知名度和影响力，能够吸引更多的求职者。

其次，A 公司根据自己的实际需求，精心制定了招聘岗位的详细要求和职责，并将其上传至招聘平台。通过详细的岗位描述和要求，能够吸引合适的人才并筛选掉不符合要求的求职者。

再次，A 公司还在招聘平台发布了有关企业文化、发展前景和福利待遇等相关信息，以吸引更多有意向的求职者。与此同时，他们还提供了在线申请和简历上传功能，方便求职者随时随地投递自己的简历。

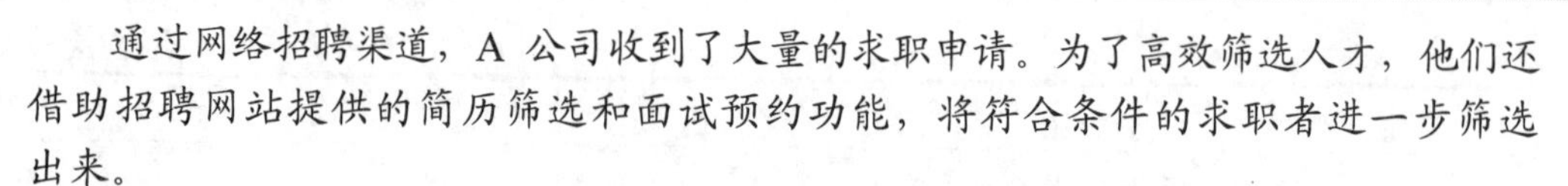

通过网络招聘渠道，A 公司收到了大量的求职申请。为了高效筛选人才，他们还借助招聘网站提供的简历筛选和面试预约功能，将符合条件的求职者进一步筛选出来。

最后，A 公司成功地从众多求职者中筛选出了合适的人才，并进行了面试和录用工作。他们发现，通过网络招聘，不仅大幅降低了时间成本，而且帮助公司吸引了更多的优秀人才。

可以说，通过网络招聘，A 公司顺利解决了传统招聘方式存在的问题，提升了招聘效率和质量。而这也只是企业通过网络招聘所取得的一部分成果，随着互联网技术的不断发展，网络招聘必将得到更广泛的应用。

H公司的网络招聘流程

H 公司是一家知名的互联网科技公司，在业内拥有良好的口碑和市场地位。随着公司规模的不断扩大，其对人才的需求也越来越大。为了找到更适合的人才，公司决定利用互联网平台进行招聘。

首先，公司创建了一个专门的招聘网站，详细介绍了公司的背景、文化及岗位需求。通过该网站，求职者可以方便地了解公司的情况，并准备相应的简历材料。与此同时，公司还在网站上设置了在线申请的通道，使求职者可以直接向公司提交申请。

其次，公司积极使用各大招聘网站的资源。通过在招聘网站上发布岗位需求，公司可以直接获得大量求职者的简历，并从中筛选出最合适的人选。这种方式不仅节省了公司的时间和成本，而且扩大了招聘的范围，使更多的人有机会了解和加入公司。

除了网站和招聘网站，公司还将招聘信息发布在各大社交媒体平台上。通过微信、微博等平台的推广，公司可以将招聘信息传播到更多的人群中，吸引更多人的关注和申请。

通过网络招聘，公司成功地招聘到一批优秀的人才。这些人才不仅具备专业的技能和知识，而且对公司的理念和文化也有深刻的认同。他们为公司带来了新的动力和活力，推动了公司的发展。

综上所述，企业通过网络招聘可以提高招聘的效率和质量，为企业带来更多的选择。通过建立招聘网站、利用招聘网站资源及在社交媒体平台上推广，企业可以吸引更多合适的人才并实现快速招聘。网络招聘的成功案例不仅适用于互联网行业，其他行业也可以借鉴这种方式，从而获得更好的招聘效果。

第三讲 校园招聘流程

在企业的招聘活动中，校园招聘是一种比较特殊的招聘途径。这是因为它所招聘的对象都是学校各类各层次的应届毕业生，一般包括高等教育院校、中等专业学校或者政府举办的毕业生招聘活动。

图 3-4 所示为某公司的校园招聘流程。

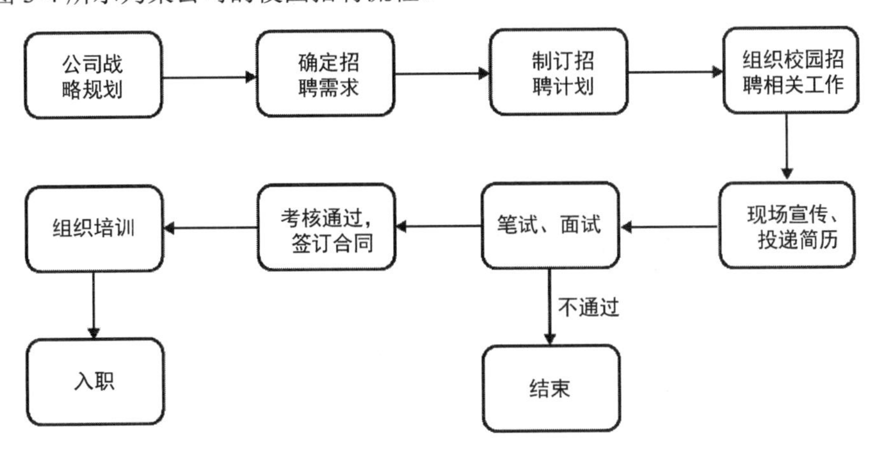

图 3-4　某公司的校园招聘流程

【案例分享】

H 公司的校园招聘

H 公司是一家知名的互联网科技企业，总部位于北京。由于业务规模的不断扩大，该公司亟须招聘大量的软件开发工程师。为了解决这一难题，该公司决定加大校园招聘力度，并积极参与各大高校的就业洽谈会。

首先，H 公司制订了一个具体而详细的招聘计划。他们筛选了全国各地顶尖高校，其中包括 985、211 高校及其他知名院校。他们了解到在这些学校里，拥有大量优秀的学生群体。然后，公司确定了参展高校和具体的招聘时间安排。他们投入大量时间研究每个学校的特点，并为每场招聘活动做了充分的准备。

其次，H 公司积极策划宣传活动。他们设置了醒目的展台，并设计了专业而吸引人的宣传文案和海报。此外，他们还邀请了部分在该公司就业的前辈校友参加活动，分享他们在该公司的职业发展经历。通过这些宣传活动，他们提高了公司在学生中的知名度和吸引力。

在招聘现场，H 公司采取了一系列有效措施，以保障招聘活动的成功。第一，他们组织了一支专业而具有丰富招聘经验的团队，负责接待、筛选和面试应聘者。团队成员都经过严格选拔，无论是技术能力还是人际交往能力都有出色的表现。第二，他们也积极倾听应聘者的需求和关切，并为他们提供详尽的岗位介绍和有竞争力的薪资待遇。

最后，H 公司在招聘结束后进行了全方位的跟进工作。他们主动联系已面试的学生，提供反馈并了解他们是否对该公司的职位感兴趣。与此同时，他们也向录取的学生提供了全面的培训和入职支持。这一系列的跟进措施有效地增强了公司与校园招聘

学生之间的互动和联系。

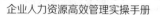

上述措施的成功实施，使H公司在校园招聘中取得了显著成果。他们不仅吸引了大量优秀的软件开发工程师加入公司，还树立了良好的企业形象。这些新加入的人才为公司的技术提升和创新发展做出了重要贡献。

L公司的校园招聘流程

L公司是一家远近闻名的互联网公司。该公司一直注重从校园挖掘“潜力股”，并给予培养，助其成长为优秀的人才。去年，该公司来到某一所重点大学进行校园招聘，旨在挑选出具备创新能力和团队合作精神的学生。

首先，通过宣传和招聘会，L公司吸引了大量的应届毕业生前来应聘。公司特别注重推动营销相关专业的学生。参与的学生表达了自己对这家公司的浓厚兴趣，并通过在线测试和面试环节来展示自己的专业知识和能力。

在此阶段，L公司对应聘者进行了初步筛选，并筛选出一批具有潜力的学生。他们被邀请参加以公司文化和团队合作为主题的实践考核。应聘者被分成若干小组，分别赋予不同的团队任务。通过观察和评估他们的表现，公司得以了解他们是否具备创新思维和良好的沟通能力。

在整个招聘过程中，L公司还为应聘者提供多次面试机会，以了解他们的价值观、工作态度和发展潜力。最终，通过层层选拔和筛选，该公司招到了最优秀的应届毕业生并给予他们这个珍贵的就业机会。

当然，校园招聘也有一些挑战。首先，由于应届毕业生经验较少，他们可能在实践中遇到一些问题。因此，企业需要给予他们充分的培训和指导，帮助他们更好地适应工作环境。其次，随着竞争的加剧，不同企业对于优秀人才的争夺也日趋激烈，企业需要提供良好的福利待遇和广阔的发展空间来吸引和留住人才。

总体而言，校园招聘对于企业和个人来说都是双赢的机会。它为企业提供了大量潜力股的储备，也为年轻人提供了实现自己梦想的平台。通过不断完善招聘流程和人才培养计划，企业可以更好地发掘和培养校园人才，实现人与企业的共同成长。

第四讲　展会招聘流程

展会招聘是企业招聘的一个重要招聘途径，它主要是企业和人才通过第三方提供的场地进行直接面对面的对话，从而在展会现场完成招聘面试的一种方式。与此同时，大部分的展会招聘都会有特定的主题，比如“应届毕业生专场”“研究生学历人才专场”及“IT类人才专场”等，通过这种学历层次、知识结构、专业技能等方面的区分，使企业可以很方便地选择适合的专场，从而设置招聘摊位进行人才招聘。

图3-5所示为某企业的展会招聘流程。

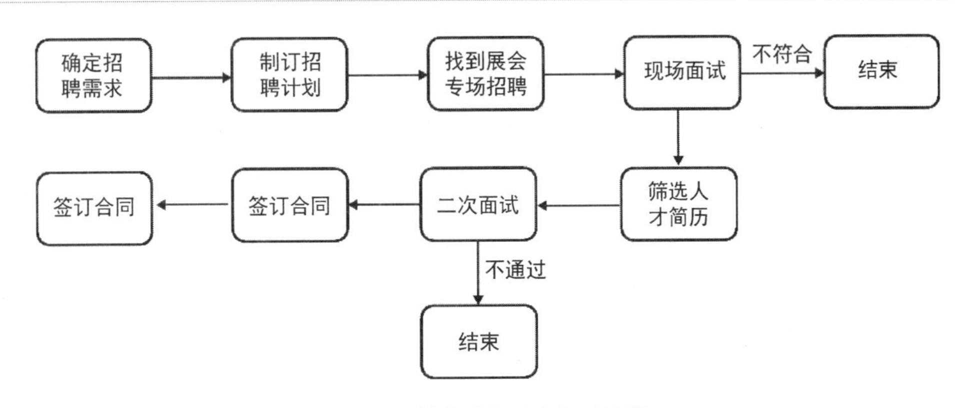

图 3-5　某企业的展会招聘流程

【案例分享】

某公司的展会招聘

某公司是一家大型的信息科技公司，成立于 2005 年，专门从事计算机软件开发及技术服务。最近，该企业举办了一场规模宏大的展会招聘，为了吸引更多有才华的人才加入，他们决定在展会现场进行招聘。下面是他们的招聘流程。

首先，在展会招聘开始之前，企业招聘团队精心设计了展位，并在展位上展示了公司的品牌形象、产品特点和发展方向，以吸引潜在应聘者的注意力。与此同时，在展位周围放置了宣传资料和招聘海报，方便参观者随时获取相关信息。

其次，企业招聘团队设置了一个专门的招聘咨询区域，为感兴趣的人提供详细的岗位介绍和面试预约等服务。招聘团队成员通过与参展者面对面交流，了解他们的背景、技能和求职意向，以便将他们与合适的岗位对接起来。

对于符合条件的应聘者，招聘团队对其进行初步筛选，并安排面试时间。在展会期间，企业特意安排了一些面试和笔试环节，以实时评估应聘者的能力和技能。这一举措不仅方便了参展者，也为企业提供了更多的机会来挖掘人才。

在展会结束后，招聘团队收到了大量的简历和申请表。为了更好地进行后续的招聘工作，他们采用了现代化的招聘管理系统，将所有应聘者的信息进行统一存储和分析。通过这个系统，招聘团队可以轻松地筛选出符合要求的应聘者，并发送面试通知或进一步的测试任务。

最后，整个招聘流程完成后，企业招聘团队对展会招聘进行了全面的评估与总结。他们不仅考察了整个流程的执行效率和效果，还评估了招聘团队的表现及参与展会应聘者的反馈。这些评估结果可以为企业未来的招聘策略提供有力的参考。

某科技公司的展会招聘

某科技公司是一家国际知名的 IT 服务提供商。最近，为了招聘更多优秀的人

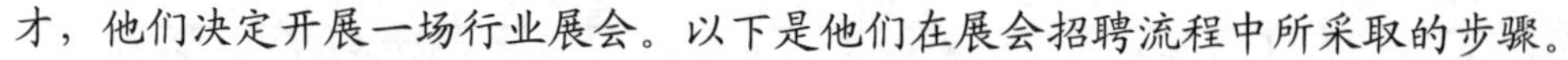

才，他们决定开展一场行业展会。以下是他们在展会招聘流程中所采取的步骤。

1. 准备工作

在展会开始之前，该公司的人力资源团队开始着手准备。首先，他们确定需要招聘的职位和具体岗位要求。其次，他们制订招聘计划，包括展会期间需要准备的材料和宣传资料。

2. 展位布置

在展会开始之前，该公司的员工会去展会场地布置他们的展位。他们会设置展位标识并展示公司产品的样品。此外，他们还准备了一些招聘宣传册和简历收集表格，以便于与潜在应聘者进行交流和收集个人信息。

3. 宣传和吸引人才

展会期间，该公司的人力资源团队会积极展示公司文化、规模和发展前景，用以吸引潜在应聘者的关注。他们会说明公司的优势和福利待遇，并介绍目前的职位空缺。与此同时，他们会进行面对面的交流，解答应聘者的疑问。

4. 简历收集和筛选

在展会期间，该公司会收集潜在应聘者的简历和个人信息。他们会要求应聘者填写招聘表格，并留下简历。这些收集到的信息将帮助公司更好地了解应聘者，并进行后续筛选和面试。

5. 面试安排和评估

根据简历收集情况，该公司的人力资源团队将筛选出一些潜在应聘者，并安排面试。面试通常在展会结束后的几天内进行，以便于公司人力资源团队更深入地了解应聘者的能力和适合度。面试官将根据应聘者的表现进行评估，并记录评分和意见。

6. 录用和跟进

最后，根据面试结果和公司需求，该公司会向合适的应聘者发放录用通知书，并安排后续的入职事宜。与此同时，对于未被录用的应聘者，公司也会发送感谢信并与他们保持联系。

通过展会招聘，该公司成功招聘到许多优秀的人才，并为实现自己的发展目标做出了贡献。展会不仅提供了公司与潜在应聘者互动的机会，还让公司能够更好地推广自己的品牌形象。展会招聘已成为公司持续发展和壮大的重要因素。

总体而言，展会招聘作为一种重要的人才招聘方式，对于企业来说，具有独特的优势。通过合理规划招聘流程，并在展台上展示企业的实力和魅力，不仅可以吸引更多优秀的求职者，还能提升企业的形象和竞争力。值得注意的是，展会招聘并非简单的宣传和面试，需要企业精心策划和良好执行，如此才能取得良好的效果。

第五讲　猎头招聘流程

猎头招聘是专门为企业或特定行业寻找高级人才的招聘途径，它是猎头公司运用自己一定的资源和渠道，以及独特的招聘方式来帮助企业找到最适合的人才。

猎头招聘和普通招聘最大的区别在于，猎头招聘的目标往往都是聚焦在高端人才和专业人才上。他们通常都是由一些具有丰富的招聘经验，并且深入了解某些特定行业的顶尖人才组成的团队，在招聘过程中会运用各种先进的招聘技巧和手段，尽快地找到最合适公司的应聘者。另外，猎头公司在对应聘者进行筛选的过程中，还会对其进行全方位的背景调查、面试及能力测试等多方面评估，以确保该应聘者真正符合客户的要求。

图 3-6 所示为某公司的猎头招聘流程。

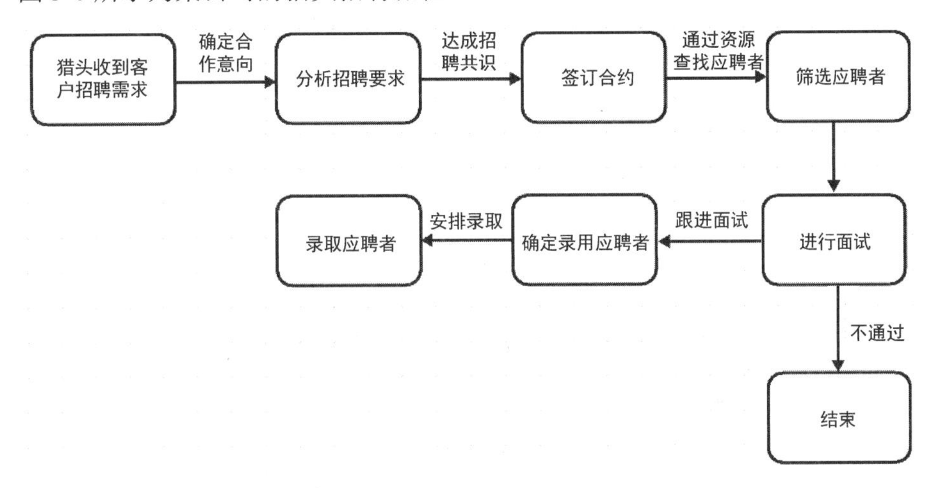

图 3-6　某公司的猎头招聘流程

猎头招聘流程主要包括需求确认、招聘计划制订、应聘者筛选、面试推荐、面试结果反馈和最终录用等环节，通过专业的招聘过程和方法，猎头公司能够帮助委托方找到最符合其需求的高级人才。

第六讲　内部招聘流程

内部招聘，是指单位出现职务空缺后，从单位内部选择合适的人选来填补这个位置。内部招聘可分为广义内部招聘和狭义内部招聘两种。

广义内部招聘，是指公司内部的员工通过自荐或推荐亲朋好友及子女的方式让他们来公司工作；狭义上内部招聘，是指招聘范围仅限于公司内部的在岗员工，相当于人员的内部调动。随着外部招聘的风险和招聘成本越来越大，现在很多企业开始青睐

内部招聘，尤其是那些经济欠发达地区，人才资源匮乏，知名度较低，招聘资金预算有限的企业更是如此。

图 3-7 所示为某公司的内部招聘流程。

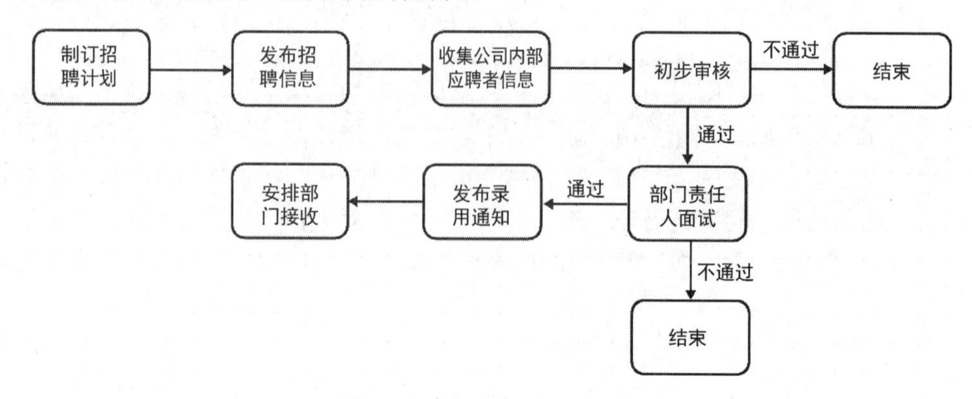

图 3-7　某公司的内部招聘流程

【案例分享】

A 公司的内部招聘

A 公司是一家大型跨国企业，一直为员工提供内部晋升机会。为了确保公平和透明，A 公司建立了一套严格的内部招聘制度。

首先，公司会将内部空缺的职位进行公告。这些公告通常在公司内的公告板、公司网站或内部电子邮件中发布。公告中详细列出了该职位的岗位要求、任职条件和申请截止日期。

任何对这个职位感兴趣并符合要求的员工都可以在线申请并提交申请。A 公司的在线申请系统允许员工上传简历和附加文件，如推荐信或证书。

一旦到申请截止时间，公司的人力资源部门会对所有申请进行初步筛选。他们会仔细评估每个申请人的背景和技能，以确定他们是否与职位要求相符合。因此，只有那些初步通过筛选的申请人才能进入下一轮面试。

通常来说，A 公司会组织一系列面试环节，以评估申请人的能力和适应性。这些面试可能包括行为面试、技能测试和组织文化匹配面谈。此外，公司还可以邀请申请人参加小组讨论或模拟工作任务，以更好地了解他们的工作能力和团队合作能力。

面试结束后，面试官将对每个申请人进行评分和讨论。最终，A 公司的高级管理层会根据面试结果和申请人的工作记录和绩效评估作出最终决定。

最后，公司会向获得内部晋升机会的员工发出书面通知，并对他们原先的职位进行适当的补充安排。与此同时，公司也会向所有经过面试但未获聘用的员工提供反馈和建议，以帮助他们在未来的内部招聘中取得成功。

A 公司的内部招聘流程注重公平、公正和透明。通过明确的岗位公告、申请筛选、多轮面试和综合评估，公司可以选拔到最适合的应聘者，并为他们提供职业发展的机会，同时提升整个组织的运作效率和员工满意度。

某公司的内部招聘

某公司是一家大型的知名企业，主要从事信息技术、电子产品、机械设备等技术开发业务。近日，该公司的 HR 部门收到一个针对项目经理岗位的内部招聘申请。该职位要求具备项目管理经验和团队管理能力，并且需要对公司的产品和业务有深入的了解。

首先，HR 部门发布了内部招聘通知，向公司内部员工宣传并鼓励他们申请这个职位。通知中列出了项目经理岗位的具体要求、职责和福利待遇，同时也注明了申请截止日期和面试安排。

其次，HR 部门使用内部招聘系统收集并筛选所有申请表。他们评估每位申请者的背景、工作经验和技能，以及他们对公司的了解程度。根据初步筛选结果，HR 部门选择了五位最符合岗位要求的应聘者进行面试。

在面试阶段，HR 部门与公司的高级管理层密切合作。他们准备了一套标准的面试问题，同时还考虑到每一位应聘者的个人需求和职业目标。这一步是为了确保每位应聘者都能有公平的机会展示自己的才能和为公司做贡献的潜力。

面试结束后，HR 团队与高级管理层就每一位应聘者的表现进行了评估和讨论，以确定谁最适合这个岗位。他们综合考虑了应聘者的面试表现、工作经验、技能、培训需求和职业发展意向等因素。

最终，HR 部门和高级管理层共同决定了一个应聘者，他们认为这个人最具备担任项目经理的能力和潜力。随后，他们通知了被选中的员工，并告知了他接下来的培训和过渡安排，以便尽快上岗。

总的来说，企业通过内部招聘可以更好地了解和利用内部员工的潜力，同时也为员工提供了职业发展的机会。这不仅帮助公司实现了人才的优化配置，同时也减少了外部招聘的成本和风险。

第四节　招聘与面试方法

面试是企业筛选那些不符合招聘要求的应聘者。在面试的过程中，面试官会着重地测试应聘者的相关能力与技能，包括工作经验、工作能力等。同时，面试官还需要向应聘者解释该应聘职位的具体要求与条件，同时还需要进一步地询问，从而明确应聘者在求职材料中描述不清楚的内容。

第一讲 个人信息模板

个人信息模板，是指以特定格式的方式罗列出求职者的个人信息，并加以整理、管理的模板。在数字化飞速发展的今天，每个人的个人信息也越来越受到重视，但与此同时，也应该时刻保障自己的信息安全。总而言之，它是一种可以帮助管理个人信息的工具，对用户求职、填写信息等方面是很有用的。

个人信息模板既可以是表格的形式，也可以是其他形式。一般来说，它应该包括以下几项内容。

(1) 个人资料。包括姓名、性别、出生年月、家庭地址、政治面貌、婚姻状况、身体状况、兴趣、爱好、性格等内容。

(2) 所在学校的基本信息。包括就读学校、所学专业、学位、外语、所获荣誉等内容。

(3) 所获荣誉。包括学校的三好学生、优秀团员、优秀学生干部、专项奖学金等。

(4) 本人特长。包括计算机、外语、驾驶、文艺、体育等。

图3-8所示为简单的个人信息模板示例。

<table>
<tr><td>姓名</td><td></td><td>性别</td><td></td><td rowspan="4">贴照片</td></tr>
<tr><td>民族</td><td></td><td>身高</td><td></td></tr>
<tr><td>出生年月</td><td></td><td>政治面貌</td><td></td></tr>
<tr><td>现所在地</td><td></td><td>联系电话</td><td></td></tr>
<tr><td colspan="5">求职意向</td></tr>
<tr><td>人才类型</td><td colspan="4"></td></tr>
<tr><td>应聘职位</td><td colspan="4"></td></tr>
<tr><td>求职类型</td><td colspan="4"></td></tr>
<tr><td>可到职日期</td><td colspan="4"></td></tr>
<tr><td colspan="5">教育背景</td></tr>
<tr><td>毕业院校</td><td colspan="4"></td></tr>
<tr><td>学历</td><td></td><td>专业</td><td colspan="2"></td></tr>
<tr><td rowspan="2">受教育培训经历</td><td>起始年月</td><td>终止年月</td><td colspan="2">学校（机构）</td></tr>
<tr><td></td><td></td><td colspan="2"></td></tr>
<tr><td colspan="5">个人技能</td></tr>
<tr><td>外语等级</td><td></td><td>计算机等级</td><td colspan="2"></td></tr>
<tr><td colspan="5">个人联系方式</td></tr>
<tr><td>通信地址</td><td colspan="4"></td></tr>
<tr><td>邮编</td><td></td><td>E-mail</td><td colspan="2"></td></tr>
</table>

图3-8 个人信息模板

第二讲　简历评估方法

简历评估方法是人力资源部门在招聘过程中广泛使用的一种工具。它可以帮助招聘公司筛选出最适合岗位的求职者，并提高招聘效率。下面，介绍几种常见的简历评估方法。

首先，基于学历和专业背景的评估是最常见的一种评估方法。招聘公司会关注求职者的教育背景和所学专业是否与岗位要求相符。他们认为，拥有相关的学历和专业背景能够为求职者在岗位上的表现打下坚实的基础。

其次，工作经验的评估也是一个重要的方面。招聘公司会根据求职者过去的工作经历中所承担的职责和取得的成就来评估其是否适合岗位。优秀的工作经验能够证明求职者的能力和潜力，使招聘公司更加信任他们的能力。

此外，技能和能力的评估也是不可忽视的一项内容。招聘公司会关注求职者是否具备所需的技能和能力，如沟通的能力、团队合作的能力、解决问题的能力等。这些能力使求职者在工作中更具竞争力，并能有效履行岗位职责。

另一种评估方法是面试。通过与求职者进行面对面的交流，招聘公司可以更好地了解求职者的思维方式、沟通能力和应对问题的能力。面试也有助于招聘公司判断求职者是否适合公司文化和团队环境。

最后，参考信和推荐信也是评估求职者的重要依据。这些信件通常由求职者的前任雇主或同事撰写，通过他们的评价来评估求职者工作中的表现和潜力。这些信件可以为招聘公司提供更全面的信息，以帮助他们作出更准确的决策。

【案例分享】

L 公司的简历评估

L 公司是一家大型的跨国服务公司，随着海外业务的不断增加，该公司需要一名专业的营销经理来进行日常公司业务的主持工作。于是，在进行高级市场营销经理的招聘中，L 公司收到了大量的应聘简历。为了快速而准确地选拔出合适的应聘者，该公司采用以下三个步骤进行简历评估。

首先，他们对简历进行初步筛选。在初步筛选中，他们关注应聘者的基本信息，如工作经验、学历和专业背景是否与岗位要求相匹配。此外，他们还关注应聘者在过去的职位上承担的责任和取得的成绩。如果应聘者的简历在这些方面没有引起他们的注意，那么他们将被淘汰出局。

其次，他们进行了技能和能力的评估。他们会仔细研究应聘者的技能清单，判断其是否与岗位的要求相符合。此外，他们还会查看应聘者是否具备相关的认证或培训经历。对市场营销经理这个职位来说，扎实的市场分析、市场推广和团队管理等技能是必备的。所以，他们通过评估应聘者在简历中提到的相关经验和技能来判断其是否适合这个职位。

最后，他们还进行了背景调查。虽然这一步骤可能会花费一定的时间和精力，但它是确保招聘公司招聘到可靠和诚实应聘者的关键一环。他们会联系应聘者列出的参考人，并询问应聘者过去的工作表现、与同事和上司的关系及是否有不当行为的记录。借助这些背景调查，他们可以更加全面地了解应聘者的工作能力和品德。

通过以上三个步骤的综合评估，L 公司成功地筛选出一位合适的高级市场营销经理。这位应聘者具备丰富的市场营销、团队管理和项目执行经验。他在之前的公司中表现出色，取得了显著的成果，并且得到了前同事和上司的高度评价。通过背景调查，该公司进一步确认了这位应聘者的可靠性和诚信度。

小李的简历评估

小李是一名大学毕业生，目前正在寻找一份市场营销专员的工作。他的简历中详细列出了他的学历、实习经历和技能。然而，小李并没有在简历中根据该职位的特定要求进行相应的调整。

在小李将简历提交给一家知名企业后，该企业的人力资源部门使用了关键词扫描的评估方法。他们设定了一个包含市场营销相关要求和技能的关键词列表，并通过自动扫描程序对简历进行筛选。

最终的结果显示，小李的简历与关键词列表的匹配度较低。尽管小李在实习经历中拥有相关的市场营销经验，也具备所需的技能，但是他没有在简历中清晰地突出这些方面。因此，他的简历被认为不符合该岗位的要求。

针对这个问题，小李可以通过以下方法完善他的简历。

1. 使用关键词

在简历中明确提及与市场营销相关的关键词和短语，以便与岗位要求相匹配。例如，他可以强调自己在市场调研、社交媒体管理和品牌推广方面的经验。

2. 结构清晰

将简历按照岗位要求的不同方面进行分段，确保重点内容能够被面试官快速看到。例如，他可以在简历开头的摘要部分突出自己的市场营销技能和专业背景。

3. 量化成果

在实习经历或项目经历中，使用具体的数据、数字或百分比来说明自己的成就和贡献。例如，他可以提及自己通过某个市场活动带来的销售增长或客户增加量。

通过以上的完善措施，小李将能够提高他的简历与招聘岗位的匹配度，并增加被邀请面试的机会。

关键词扫描是一种常见的简历评估方法，用于筛选最符合职位要求的应聘者。求职者可以根据关键词列表调整简历内容，从而提高其在大量简历中的可见性和竞争力。

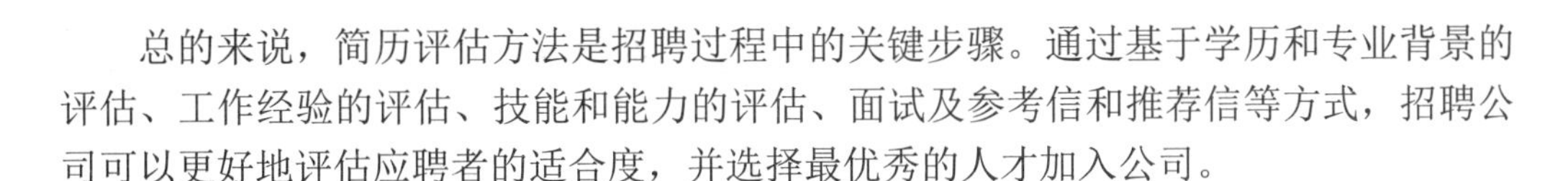

总的来说，简历评估方法是招聘过程中的关键步骤。通过基于学历和专业背景的评估、工作经验的评估、技能和能力的评估、面试及参考信和推荐信等方式，招聘公司可以更好地评估应聘者的适合度，并选择最优秀的人才加入公司。

第三讲 电话面试方法

电话面试是企业招聘中常用的面试方法之一，通过电话面试可以使人事部门对求职者的基本情况有一个初步的了解，包括自我介绍、工作经历、工作经验等内容。一般来说，电话面试不同于传统的面对面的面试，电话面试不需要事先安排 HR 与求职者的会面，所以面试时可以省下这种时间安排，特别在筛选大量求职者简历时，这样的面试就显得特别有用且灵活。下面，简单地介绍一下电话面试的有关方法。

(1) 选择通话时间。接到面试电话的地点可能在任何地方，如街道、商场、公共汽车站等，这些地方往往声音嘈杂，不利于沟通。这时，你可以主动要求另约时间进行面试。

(2) 主动选择通话地点。主动选择你可以安静地坐下来，拿着纸笔进行记录的地点来进行电话沟通。安静的环境能保证你和招聘公司双方都能听清楚对方的话，不会有漏听或误听。同时，用纸笔对面试问题要点进行记录，也可以适当地记录回答的要点。

(3) 接听电话时要使用“您好”“谢谢”等礼貌用语，绝不能说“喂”，这样给人的印象就会大打折扣。礼貌用语是职业化的一种表现。

(4) 电话面试的语速不要太快。无论对方在电话面试时是语速很快，还是不紧不慢，应聘者的回答语速都不要太快，要注意口齿清晰，语调轻松自然。如果你太紧张，可适当通过深呼吸进行情绪调节，使自己放松下来，冷静、自信是电话面试成功的关键之一。

(5) 询问 HR 的问题。电话面试的双方是对等的，HR 在问了你一些问题后，也会反问你是否有什么需要了解的情况。此时，你可以询问下一步的招聘流程、面试时间、岗位期望的上岗时间等。需要注意的是，在双方合作的意向还没有进入实质性阶段时，最好不要询问薪酬问题，以免显得过于功利。

电话面试的时间一般控制在半小时以内，其主要目的是核实应聘者的相关背景、经历、技能及语言表达能力，从而判断应聘者是否符合岗位所要求的素质能力，据此判断是否给予其进一步面试的机会，所以应聘者一定要认真对待，不能马虎大意。

【案例分享】

小明的电话面试

小明是一名应聘者，他在网上投递简历后很快收到了一家公司的面试邀请。公司

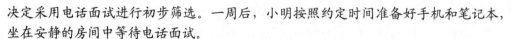

决定采用电话面试进行初步筛选。一周后，小明按照约定时间准备好手机和笔记本，坐在安静的房间中等待电话面试。

电话响起，“喂，你好，请问是小明先生吗？”电话那头传来了一位面试官的声音。

小明礼貌地回答道：“您好，我是小明，请问我应该怎么称呼您呢？”

面试官自我介绍并告知小明，他们将在 20 分钟内进行一系列的问题讨论，以了解小明的经验、技能和适应能力。首先，面试官提出了问题：“请问小明先生，您能向我介绍一下您的工作经历吗？”

小明准备充分，详细地描述了过去的工作经验，特别注重与申请岗位相关的项目和职责。他使用简洁明了的语言和具体的数据展示了自己的工作成果，让面试官对他的能力有了初步的了解。

接着，面试官问小明：“在工作中，您是如何处理团队合作和沟通问题的呢？”

小明回答道：“我非常重视团队合作，我认为良好的沟通是团队成功的关键。因此我会与团队成员保持密切的沟通，营造积极的工作氛围，确保每个人都明确自己的角色和责任。同时，我也善于聆听他人意见，总结并及时解决问题，以保证工作的顺利进行。”

面试过程中，面试官还提出了一些技术性的问题，以评估小明的专业知识和应变能力。虽然有些问题小明不太熟悉，但他能够坦诚地表达自己的不足，并展示出会学习和适应的态度。

最后，面试官总结道：“小明先生，我对您的表现印象深刻。您的经验和能力符合我们公司的要求。接下来，我们将安排面对面的二轮面试，请问您是否有时间参加？”

小明非常高兴地表示自己可以参加面对面的二轮面试，并就具体时间进行了确认。电话面试结束后，小明通过短信向面试官表示感谢，并表达了自己非常期待进一步的沟通。

通过电话面试，公司能够在初步筛选中了解应聘者的基本情况和能力，然后决定是否进行下一轮面试。而对于应聘者来说，电话面试是一次展示自己专业知识、表达能力和沟通技巧的机会。因此，在电话面试中，应聘者需要充分准备，清晰地回答面试官的问题，并用积极的态度展现自己的优势，以增加获得下一轮面试机会的可能性。

小张的电话面试

小张作为一名销售专员，在求职网站上投递了一个公司的职位申请。通过初步筛选，他成功收到了公司的电话面试邀请邮件，并安排第二天早上 10 点进行面试。小张提前将公司的业务范围、市场竞争情况及自身的销售经验进行了系统学习和整理，做好了充分的准备。

在电话面试中，小张自信地回答了面试官提出的问题，充分展示了自己与岗位要求相匹配的销售技巧和经验。面试中，小张还主动提问了关于公司的团队建设、升职机会等方面的问题，进一步展示了对岗位的关注和承诺。

面试结束后，面试官告知小张将继续参加下一轮面试，并要求他提供一个销售报告作为考核。小张在感谢面试官并告别后，立即开始准备销售报告。通过电话面试，小张获得了下一轮面试的机会，成功迈出了求职的第一步。

总的来说，电话面试作为一种高效、灵活的招聘方式，能够帮助企业了解求职者的基本情况，并初步评估其适合度。对于求职者而言，电话面试则是一次展示自己能力和了解企业更多信息的重要机会。因此，在电话面试前，合理安排时间，充分准备，在电话面试中展示积极的态度和专业的口语能力，能够增加求职者成功的机会，也为企业选择合适人才提供了参考依据。

第四讲 面试通知方法

邀约面试的水平会直接影响应聘者的应试率，因此，企业人力资源管理者要重视邀约面试的一系列工作。企业邀约面试环节需要了解的重点内容为筹备邀约面试、通知面试及面试的方法。下面，介绍企业通常使用的面试通知方法。

一、打电话通知对方

现在许多的求职者都是通过网络投递简历，然后等待企业的电话联系或电子邮件回复。但考虑到有的人没有随时查看电子邮箱的习惯，并且电话可以将信息迅速传达给对方，因此人力资源管理者要习惯使用电话通知的方式。另外，在进行电话通知时，不要居高临下，要用平等的口吻来通知。同时，也要在电话中说明固定的面试时间、地点及联系人等信息。

下面，展示一则电话通知的标准用语以供参考。

您好，请问您是×××吗？这里是×××公司人力资源部。(确认对方身份并介绍自己)您现在方便通话吗？(确认可以进行后续谈话)

我们在××渠道收到您应聘我们公司××部门×××职位的简历(表明简历来源，减少对方的不信任感)，经过初步筛选后，现邀请您在××月××日上午/下午来我们公司参加面试，请问您方便来吗?(确定面试时间)

(如果不方便，则说)那我们安排好下一轮面试的时间再通知您。(或者可根据企业具体情况询问对方方便面试的时间并敲定时间)

(如果方便，则说)我们公司的具体地址是××××××。

(如果地址好记，则说)好的，希望您到时候准时参加面试。(如果地址不方便记，则说)如果可以，您可以记一下面试的具体地点，或者我稍后以邮件/短信的方式发送给您，请注意查收。如果您有时间的变更，请拨打我的电话或者给我发短信，我会尽

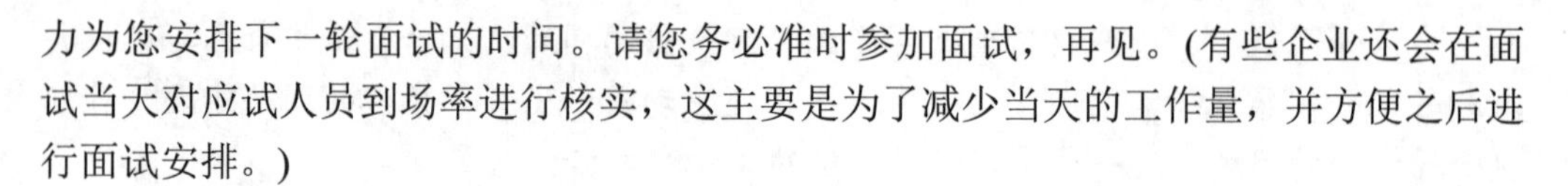

力为您安排下一轮面试的时间。请您务必准时参加面试，再见。(有些企业还会在面试当天对应试人员到场率进行核实，这主要是为了减少当天的工作量，并方便之后进行面试安排。)

二、电子邮件或短信通知

为了节约招聘成本及出于方便的考虑，许多企业会通过电子邮件或短信发送面试通知。这类面试通知通常包含面试时间、面试地点及联系人等重要信息，其标准用语如下。

××先生/女士：

您好！我公司人力资源部通过××收到您的简历，感谢您对我公司的信任。经过人力资源部的初步筛选，我们认为您基本具备××岗位的任职资格，因此正式通知您来我公司参加面试。

具体要求如下所示。

1. 面试时间：××××年××月××日上午9点。

2. 面试地点：××××××。

3. 具体路线如下。

(1) 自驾路线：直接导航搜索“××有限公司”即可查到相关的路线。

(2) 公交/地铁路线：地铁×号线××站×出口，步行400米；公交×站(乘坐×路、×路公交车可直达我公司)。

4. 联系方式：××××××；联系人：×××

××公司

××××年××月××日

第五讲　面试前的准备

面试是面试官与求职者就某一特定工作岗位以相互交流信息为目的并判断求职者是否适合此职位的会谈过程。面试是面试官评估求职者是否符合岗位要求至关重要的招聘方法，决定着组织能否成功吸引并招聘到合适人员。不过，众多的面试官欠缺面试前的准备工作，没有进行有效的面试前准备，导致面试评估欠缺针对性和可靠性，无法有效招聘到合适的人选。因此，作为面试官，应有计划地进行面试前的准备工作，以有效开展面试活动，增强面试的针对性和有效性，提高招聘的准确度。

在面试时，面试官需要注意以下事项。

(1) 面试时的着装应整洁，举止行为规范、合理。例如，戴好工牌、正装出席，面试前避免食用有异味的食品，在面试过程中不嚼口香糖、不抽烟，与应聘者沟通时面带微笑、语速适中等。

(2) 要事先熟悉应聘者的简历，做到知己知彼。

(3) 明确面试的基本目标，以达到更好的招聘效果。

(4) 可考虑制定面试评价标准，例如，仪表、知识、能力、性格等不同方面的评分占比，并划定优秀、一般、较差等不同的评分等级。

第六讲　面试提问技巧

在面试中，招聘者需要了解应聘者在不同方面的情况，如心理特点、行为特征、能力素质，由于要测评的内容很多，这就要求面试官根据评定内容的不同来采取相应的面试提问方式。下面，简单地介绍几种面试的提问技巧。

1. 封闭型问题

封闭型问题是要求应聘者作出简单回答的问题，只要求应聘者说“是”或“否”，或者用一个词或一个简单的语句来回答。

【举例】你在大学所学的专业是经济管理类吗？有过实习经验吗？

2. 开放型问题

所谓开放型问题，是指提出的问题要求应聘者不能使用简单的“是”或“不是”来回答，必须另加解释才能回答完整。因此，面试官提出的问题如果能够引导应聘者给出详细的说明，则符合开放式提问的要求。面试官最好采用开放式的提问，以便引出应聘者的思路，真实地考察其水平。

【举例】什么原因促使你在两年内换了三次工作？

3. 连串型问题

连串型问题，即面试官向应聘者提出一连串相关的问题，要求应聘者逐一回答。这种提问方式主要考察应聘者的反应能力、思维的逻辑性和条理性等，但也可用于考察应聘者的注意力、瞬时记忆力、情绪稳定性、分析判断力、综合概括能力等。

【举例】你在过去的工作中出现过什么重大失误？如果有，是什么？从这件事中你吸取的教训是什么？如果今后再遇到此类情况，你会如何处理？

4. 假设型问题

在假设型问题中，面试官为应聘者设定一种情境，让应聘者在这种情况下作出反应，并回答提出的问题。这可以考察应聘者的应变能力、解决问题的能力、思维能力。有时为了委婉地表达某种意思，面试官也可采用此种提问方式。

【举例】假如上级对你的工作不认可或者绩效评价结果为不合格，你将如何处理？

5. 压迫型问题

一般来说，面试官要尽力为应聘者创造一个亲切、轻松、自然的氛围，以使应聘者消除紧张、充分发挥。但在某些情况下，面试官可能会故意制造一种紧张的气氛，给应聘者一定压力，通过观察应聘者压力情况下的反应，来考察其反应能力、自制力、情绪稳定性等。这种提问多通过“找到应聘者的痛处或短板”或从应聘者的谈话中引出问题。

【举例】通过简历可以看出你已经多次跳槽，那么，你如何让我们相信你能在进入我们公司后保持稳定？

6. 引导型问题

引导型问题中，提问者提出的是特定的问题，要求回答者给出特定的回答。面试官问一句，应试者答一句。这类问题主要用于征询应聘者的某些意向，需要一些较为肯定的回答。

【举例】你担任车间主任期间，车间有多少工人？主要生产什么产品？

同一个面试问题并非只有一个答案，而同一个答案并非在任何面试场合都有效，关键是应聘者掌握规律后，对面试的具体情况进行把握，有意识地揣摩面试官提出问题的心理背景，再逐步回答问题。

第七讲　薪酬谈判方法

在面试的最后一步，HR 还承担着相当重要的责任，那就是与合适的应聘者进行薪资谈判。

在招聘的过程中，其实经常会出现以下情况：应聘者在面试过程中表现良好，但到了最后的薪资谈判阶段，他们可能会感觉掌握主动权，趁机开出高价，导致整个招聘团队陷入僵局。在这种困境下，HR 带领的考官团队，既担心错过最适合的人才，又不愿意打破企业的薪酬标准，给企业内部造成不平衡，对企业内部的人力资源管理体系造成冲击，那么，HR 究竟应该如何面对呢？

1. 清楚薪酬的上、下限

在进行薪酬谈判之前，我们一定要明确薪酬谈判的目的。薪酬谈判的最终目的绝对不是把人才期望的薪酬压到最低，而是为企业找到最适合的人才，并且给出一个双方都能够接受的薪酬。

2. 不要过早透露薪酬的底牌

在薪酬谈判的过程中，面试官不要过早透露所有的底牌。其实许多 HR 在问应聘

者问题的时候已经无意中透露了企业的标准，但是自己却还不知道对方心里期望的薪酬待遇是多少。

3. 避免使用模棱两可的说法

在薪酬谈判的过程中，要让应聘者开诚布公地直接说出期望的薪酬并不容易。许多应聘者会觉得自己说出数字的时候，企业就会占据主动权，可能会让自己在应聘的过程中丧失优势。应聘者不想说出具体薪酬要求主要是担心自己如果报的价高了，可能得不到这个工作机会，企业在知道自己的薪酬要求之后，可能会选择条件相似，但是薪酬要求比较低的应聘者；同时也担心如果报的价低了，可能自己的权益会受损，有可能在自己说了具体的薪酬要求之后，本来企业可以给到比较高的年薪，结果因为自己说的薪酬比较低，最后就按照比较低的给薪了。

4. 运用整体薪酬的概念

薪酬，可以拆开看，分为薪和酬两部分。薪是指薪水，包括工资、津贴、奖金、分红、福利等一切可以用财务数据量化的个人物质层面的回报。酬，是指报酬，包括非货币的福利，如组织的认可、更有兴趣的工作、更大的成就感、学习的机会、发展的机会等，是一种更侧重个人精神层面的酬劳。在和应聘者谈薪酬的时候，不要忽略薪酬的整体概念。

5. 注意谈判的态度和语气

要注意薪酬谈判过程中的态度和语气。薪酬谈判的过程是一个商务谈判的过程，整个过程体现的是双方的职业素养。在整个薪酬谈判的过程中，不论应聘者提出的要求有多么过分，都不要在态度或语气上表现出轻蔑，不要在薪酬谈判中耍花招。商务谈判注重双方基本的尊重和诚信，不要把薪酬谈判变成市场讨价还价。

在薪酬谈判中，采取正确的方法非常重要。合适的谈判技巧和策略可以使你在谈判过程中更有优势，收到更满意的结果。以下是一个薪酬谈判方法的案例。

【案例分享】

小孙的薪酬谈判

小孙是一家大型公司的高级销售经理。由于他在过去几年为公司创造了显著的销售业绩，他觉得自己应该获得更高的薪酬。因此，他决定与公司进行一次薪酬谈判。以下是他采取的谈判方法。

1. 提前准备

在薪酬谈判之前，小孙仔细地评估了自己的价值和贡献。他了解了与自己职位相似的行业标准薪资，以及公司的薪酬结构和政策。此外，他还准备了一份详细的工作画像，列出了过去几年他所取得的成就和对公司的贡献。

2. 创造性提议

小孙意识到单纯地要求涨薪可能无法成功。因此，他创造性地来提出了自己的要求。他建议可以通过调整薪酬结构来提高自己的收入，例如，增加销售奖金和佣金的比例，或者给予额外的股票期权。

3. 强调自己的价值

在谈判的过程中，小孙不仅列举了自己的工作成绩，还强调了了自己对公司的价值。他提及了自己与客户的良好关系，以及他能够挖掘新业务机会和拓展市场的能力。通过强调自己的重要性和贡献，他试图让公司意识到他应该得到更好的薪酬。

4. 善于借助他人支持

小孙知道谈判中有他人的支持往往更有利于自己争取到更好的结果。因此，他找到了一些同事和上级，获得了他们的支持，并请求他们在谈判中发表自己的意见和看法。

5. 进行适度妥协

尽管小孙希望获得更高的薪酬，但他也意识到最终结果可能会有所妥协。在谈判过程中，小孙愿意听取公司的反馈意见，并根据具体情况作出适度的调整。他表达了自己的期望，但也愿意为公司考虑其他合理的方案。

最终，小孙成功地与公司达成了较为满意的薪酬协议。通过提前准备、创造性提议、强调自己的价值、借助他人支持及适度妥协等谈判方法，小孙有效地进行了薪酬谈判，并取得了积极的结果。

小李的薪酬谈判

小李是一家知名公司的高级销售经理，他在公司工作了三年，并取得了卓越的业绩。由于市场竞争激烈，小李希望通过薪酬谈判提高自己的收入。以下是他成功的薪酬谈判方法。

1. 做足功课

在谈判之前，小李积极了解市场行情和同行的薪酬水平，准确把握自己的价值。他从网络和专业咨询渠道获取信息，确保自己有充分的依据进行谈判。

2. 制定目标

小李明确知道自己期望的薪酬水平，并设定了一个相对理想的目标。然而，他也清楚公司的经济实力和现有的薪酬体系，确保自己的要求与公司能够接受的范围相符。

3. 准备资料

在谈判过程中，小李准备了一些数据、证据和案例来支持自己的主张。他整理了

过去三年的销售数据、客户反馈及其他同行业的成功案例用来证明自己的价值。

4. 强调贡献

小李在谈判中重点突出自己为公司创造的价值和贡献。他提到了自己带来的销售增长、客户满意度的提升及团队建设等方面的成绩，以此说明自己的薪酬要求是合理的。

5. 灵活谈判

小李了解到公司的薪酬议题存在某些限制，因此他及时调整策略，提出一些替代方案，如增加奖励机制、提供额外的福利待遇等，以实现双方的利益最大化。

通过以上谈判方法，小李成功地获得了显著的薪酬提升，在公司的职业发展上有了更好的机会。

总的来说，薪酬谈判成功的关键在于合理的目标设定、充分的准备和灵活的谈判策略。借鉴以上案例的谈判方法，大家可以更好地应对薪酬谈判，为自己争取公平、合理的薪酬待遇。与此同时，无论作为员工还是雇主，谈判过程中都应该注重双赢的原则，以实现长期的合作和共同发展。

第八讲 背景调查方法

企业招聘员工是有风险的，因为简历作假时有存在，求职者对工作经历等信息进行美化，以此进入更好的单位，获得更高的职位与薪资，但这对于用人单位来说，则意味着员工不具备足够的能力，甚至让缺乏职业操守的人担任重要岗位。通过背景调查来核实候选人的信息，发现不良记录，可以有效控制风险。下面，介绍几个简单的背景调查的方法以供参考。

1. 学校学籍管理部门

在学校学籍管理部门查阅应聘者的教育情况，能够得到最真实、可靠的信息，“真假李逵”立刻分辨，持假文凭者此时即现原形。

2. 曾经就职过的公司

从雇主那里可以了解到应聘者的工作业绩、表现和能力，但雇主的评价是否客观还需要加以识别。有的雇主为了防止优秀员工被挖走，故意恶评手下干将，以打消竞争对手的挖人意图。

3. 档案管理部门

一般而言，从原始档案里可以得到比较系统、原始的资料。目前，档案的保管部门是国有单位的人事部门和人才交流中心，按照规定，他们对档案的管理有一套严格的保密手续。因此，档案的真实性比较可靠，而此时员工手中自带的档案的参考价值就会大打折扣。但目前人才中心保管的档案普遍存在资料更新不及时的问题，员工在流动期间的资料往往得不到补充，完整性较差。相较而言，国有单位人事部门对自己员工的资料补充较好，每年的考评结果都会归档。但由于国有单位的应聘者往往不愿意让单位知道自己跳槽的动机，因而他们不愿在新单位决定录用之前与原单位摊牌，有很多实际的顾虑，因此，在进行背景调查时，一定要考虑应聘者的心理压力，以及如何与其人事部门联系，这需要一定的技巧。

背景调查的方法主要有打电话、访谈、要求提供推荐信等。背景调查核实也可以聘请专业的调查代理机构进行，这些代理机构通过与求职者过去的雇主、邻居、亲戚和证明人进行书面或口头沟通来收集资料。

【案例分享】

A 公司的背景调查

A 公司是一家经营多年的酒店管理公司，近日，为了更好地迎接国庆的到来，招待顾客，该公司要招聘一名高级销售经理，以加强其销售团队的销售能力。他们收到一份李先生的简历，李先生声称有多年的销售经验，并在其他酒店管理公司担任过类似的职位。

在开始背景调查之前，A 公司首先确认了李先生的基本信息，并联系了他列出的以前就职公司。公司的人力资源部门致电了这些公司，并通过口头询问确认了李先生的工作经历和职位。

随后，A 公司还进行了一次学历背景调查。他们联系了李先生所上学校的注册办公室，并核实了李先生的学历信息。经证实，李先生确实拥有他所说的学位。

除了学历和工作经历的调查外，该公司还进行了一次信用背景调查。他们委托了一家专业的信用调查机构，从李先生的银行和信贷机构获取他的信用报告。李先生的信用报告表明，他在过去的几年里有良好的信用记录，没有欠债或拖欠付款的情况。

最后，A 公司还联系了两名以前与李先生合作的同事和上级，以获取他工作表现和个人品德的参考。这些同事也都给出了积极的评价，表示李先生是一个出色的销售人员，具备领导力和团队合作精神。

通过背景调查，A 公司得出结论，认为李先生是一个合适的应聘者，并决定邀请他参加面试。最终，李先生成功通过了面试并加入了该公司的销售团队。

通过调查李先生的工作经历、学历、信用记录和人际关系，公司能够对他的背景进行全面评估，并确保他与公司的需求和价值观相匹配。背景调查为公司招聘决策提供了重要的依据，有助于减少雇佣风险，并最终选择合适的应聘者。

L 公司的背景调查

L 公司是一家大型的新兴科技公司，目前，正在招聘一名高级市场经理，该岗位需要有丰富的市场营销经验和卓越的沟通能力。在进行面试和初步筛选后，公司决定对两位应聘者进行背景调查，以进一步确认他们的专业能力和个人品质。

李明，毕业于知名大学，具有五年市场营销经验。他之前在一家知名企业担任高级市场经理，曾领导团队成功推出多款产品，并在业内赢得了良好声誉。公司通过电话联系了他的前雇主，并与几位与其合作过的同事和客户进行了交流。结果显示，李明工作认真、负责，能够独立思考并提出创新的市场策略。与此同时，他与同事和客户的合作态度友好和蔼，深受信任。

王红，毕业于一所普通大学，有三年市场营销工作经验。她之前在一家小型公司担任市场部门经理，负责推广和销售产品。同样，公司也联系了她的前雇主，以及与她合作过的同事和客户。调查结果显示，王红工作勤奋努力，但缺乏主动性和创新能力。她在处理困难时常常依赖上级，需要领导的指示才能解决问题。此外，她的沟通技巧和人际关系管理能力也需要提升。

综合上述调查结果，公司决定录用李明为高级市场经理。他的丰富经验、出色的表现和良好的口碑都使他成为最佳选择。至于王红，虽然她也具备相关经验，但由于她在独立思考、主动性和人际关系等方面存在一些不足，公司认为她需要进一步培训和提升。

总的来说，背景调查对于保护企业的利益和降低风险非常重要。通过对应聘者的背景进行仔细调查，公司可以更好地了解应聘者的能力、诚信和可靠性，从而做出明智的决策。在雇用新员工或与新业务合作伙伴洽谈时，背景调查无疑是一项必要的程序，可以为公司带来更大的信心和保障。

第九讲　面试结果通知

确定录用人选后，人力资源管理部需要向所有求职者提供面试反馈，即向被录用的求职者发放录用通知，同时对其他求职者发放辞谢信。

1. 录用通知

如果求职者被录用，企业一般会向其发放录用通知，录用通知也称“offer”。撰写录用通知相对简单，通常来说，只要使用礼貌用语，对方就会欣然接受，图 3-9 所示为一个简单的录用通知示例。需要注意的是，录用决策一旦作出，就应该马上通知被录用者，以免造成企业人力资源的损失。

录用通知书

尊敬的XXX先生/小姐：

我代表XXXX公司XX分公司很高兴地通知您，您已经通过了公司的笔试 /面试考核，公司拟录用您为正式员工并拟与您签订正式劳动合同。欢迎您加入公司，担任 ________ 职位，目前您的汇报对象是 ________________________。您入职后的工作职责请与您的直属上级确认。

您入职后的薪酬待遇：

您转正后的税前月固定工资是人民币 ________元整，全年 _____个月薪资，月绩效基数 元，随月度工作情况浮动发放，试用期薪资是转正后薪资的 %，试用期 个月。公司将从您的月工资中按国家劳动法规定代扣您个人所得税的个人缴纳部分。

您入职后的福利待遇：

社会福利：按照国家及地方政府规定缴纳的养老保险、失业保险、基本医疗保险、工伤保险、生育保险、住房公积金，公司将从您的月工资中代扣个人应缴部分；

公司福利：带薪休假、年度体检、生日礼物等。

您入职后的年度薪酬调整：

公司每年将结合市场薪酬水平、岗位调整、个人绩效考核的结果进行薪酬调整。

本通知书的确认及报到

请您于 年 月 日前回复确认接受此录用通知书并于 年 月 日携带已签字确认的录用通知书到公司报到。第一天入职时，您需要携带以下文件：

离职证明原件（由您工作过的最近一家单位人事部门开具，需加盖人事部门章或者公司公章）

图 3-9 公司录用通知书模板

2. 辞谢信

辞谢信容易导致求职者产生消极情绪。有研究表明，对求职者智力、人格、管理能力等因素的消极评价，会造成其 6 个月后仍表现出自我评价低、对今后的工作失去热情的情况。因此，从人本主义管理的角度考虑，对于决定不予录用的求职者，企业要注意措辞委婉，尽量让对方得到心理上的安慰，如在辞谢信中对求职者的支持表示感谢。以下为辞谢信的示例。

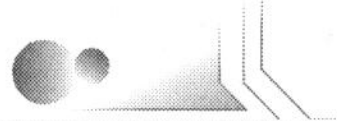

辞谢信

______先生(女士):

非常感谢您应聘本公司招募的职位。经面试，您的学识和综合素质均给我们留下了良好的印象，只是某些方面暂时与本次招募的职位不太匹配，所以我们很遗憾地告知：您在此次面试中未被录用。但您的个人简历及相关材料已存入我公司人才储备库，如有适当机会，我公司将及时与您联系，另行借重。

再次感谢您对本公司的支持，我们真诚地祝您生活愉快。

××公司

××××年××月××日

第五节　招聘工作评估

一个完整的招聘，最后应该有一个评估阶段。招聘工作评估是在完成招聘各阶段工作的基础上，对整个招聘活动的过程及结果进行评价和总结。只有认真地总结，才能发现问题并不断改进以后的招聘工作。因此，招聘工作评估也是人力资源部招聘的一个重要环节。

第一讲　招聘数量评估

招聘数量评估，是企业人力资源管理中非常重要的一项工作。随着社会的发展和企业的壮大，招聘成为重要的一环。然而，招聘的数量如何评估往往是困扰企业的一个问题。

首先，招聘数量评估需要根据企业的实际需求来进行。企业在制订招聘计划时，需要仔细考虑所需岗位的职能及所涉及的部门和业务范围，进而确定所需的招聘数量。这需要与企业的战略目标相结合，确保所招聘的员工能够为企业带来实际价值。

其次，招聘数量评估需要考虑企业的人力资源预算。在招聘的过程中，企业需要投入大量资源，包括招聘费用、培训费用及员工福利等。因此，企业需要根据自身的财务状况和预算情况，合理评估招聘数量，保障招聘活动的可持续性。

再次，招聘数量评估还需要考虑市场的供需情况。如果某个行业或领域的就业形势较为紧张，企业可能需要增加招聘数量以吸引更多的人才。而如果市场供应过剩，企业则需要减少招聘数量，避免员工闲置，造成浪费。

最后，招聘数量评估还需要根据企业的经营状况和发展需求进行调整。企业所处的行业环境、竞争态势及发展策略都会影响招聘数量的评估。在公司快速扩张阶段，企业可能需要增加招聘数量以满足企业业务需求；而在公司整合资源阶段，企业可能需要减少招聘数量以提高工作效率。

【案例分享】

A 公司的招聘数量评估

A 公司作为一个新兴企业，在经过短时间的大规模扩张后意识到招聘数量带来的负面影响。虽然公司短期内成功地吸引了大量的人才，并完成了多个项目，但同时也面临着人事管理困难、成本不断增加等问题。

为了解决这一问题，公司决定进行一次招聘数量评估。首先，公司成立了一个由人力资源部、各部门负责人和财务部等相关人员组成的评估小组。该小组负责收集、分析和解读与招聘相关的数据，以便制定最佳的招聘策略。

针对招聘数量的评估，该小组设计了以下步骤。

1. 收集数据

小组成员通过与各部门沟通和数据的调研，收集了与招聘相关的数据，包括各部门的岗位需求、员工离职率、平均招聘周期等。

2. 分析数据

通过对收集的数据进行统计分析，小组成员得出了一些关键信息。例如，在某个部门中，每年有 10%的员工离职，该部门平均招聘一个新员工的周期为 1 个月。

3. 制定指标

根据分析结果，小组成员认为企业应该考虑员工流失率和招聘周期两个指标。他们认为，如果员工流失率高，企业就需要增加招聘数量来保持运营的持续性；如果招聘周期长，企业则需要提前计划并适度增加招聘数量。

4. 提出建议

通过对数据的分析和指标的制定，评估小组提出了以下建议。

(1) 建立更好的离职预测模型，以提前准确预测员工流失情况。

(2) 制订招聘计划，根据各部门的需求和员工流失情况，制定合理的招聘数量，避免过度或不足。

(3) 优化招聘流程，减少招聘周期，提高效率。

通过招聘数量评估，A 公司成功地解决了招聘带来的问题。在小组的建议下，公司适时增加了招聘数量，并优化了招聘流程。结果表明，公司人事管理更加规范，员工流失率得到了有效控制，同时成本也有所降低。这为公司未来的发展打下了坚实的基础。

L 公司的招聘数量评估

L 公司是一家大型的电子元件生产公司，在业内享有很高的声誉。在过去的几年里，该公司一直保持着稳定的发展趋势，但是最近几个季度，公司的发展速度明显放缓，不再像以前那样快速。为了找出问题所在，公司决定对招聘数量进行评估。

首先，人力资源部门收集了过去几年的人才流动数据，并进行了分析。数据显示，过去几年，公司的员工流失率一直处于较低的水平，只有 5%左右。这表明，员工的满意度和忠诚度很高，员工流失不是公司发展放缓的原因。

接下来，人力资源部门对每个部门的工作量进行了详细的评估。他们发现，虽然公司的发展速度放缓，但各个部门的工作量并没有明显增加。这引起了人力资源部门的注意。

为了更好地了解问题，人力资源部门决定进行员工满意度调查。调查显示，大部分员工对公司的发展前景仍抱有信心，但对部门之间的协作和沟通存在不满意的情况。他们认为公司内部的分工较为模糊，导致工作效率低下。

基于员工调查结果和部门工作量评估，人力资源部门提出了一些建议。首先，他们建议公司重新评估各个部门的工作量，并根据实际情况调整部门之间的人员配备。其次，他们建议加强部门的协作和沟通，明确各个岗位的职责和工作流程，提高工作效率。最后，他们建议制定一个有效的招聘策略，避免某些部门招聘过多，而其他部门却人手不足的情况发生。

在人力资源部门的努力下，L 公司重新评估了各个部门的工作量，并对招聘计划进行了修订。通过改进内部协作和沟通，公司的工作效率得到了提高。与此同时，多渠道的招聘策略也帮助公司完成了人员配备的优化。

总之，招聘数量评估是企业人力资源管理中不可或缺的一环。它需要综合考虑企业需求、预算情况、市场供需和发展需求等多个因素，并作出科学的决策。只有通过合理评估招聘数量，企业才能有效地配置人力资源，进而提升组织的绩效和竞争力。

第二讲　招聘质量评估

招聘质量评估实际上是在人员选拔过程中对录用人员的能力、潜力、素质等进行的各种测试与考核的延续。它也可根据招聘的要求或工作分析中得出的结论，对录用人员进行等级排列，以确定其质量，方法与绩效考核方法相似。当然，录用比和应聘比这两个数据也一定程度上反映了录用人员的质量。

招聘质量也就是招聘效果，可以用试用期通过率和员工表现两个指标进行考察。试用期通过率可以用公式表示为

$$p=m/M\times100\%$$

其中，p：试用期通过率；

m：某一时期内录用人数通过试用期的数量；

M：该时期内所有录用的人员数量。

另外，关于招聘质量的衡量因素包括以下几个方面。

(1) 招聘周期。招聘周期，是指从发布招聘信息到招聘完成所需的时间。它直接影响企业的人才储备和发展。如果招聘周期过长，可能导致企业人才储备不足，进而影响企业的发展。因此，企业应该优化招聘流程、提高招聘效率来缩短招聘周期。

(2) 招聘成本。招聘成本，是指企业在招聘过程中所花费的费用，包括招聘广告费、面试费、人力资源部门的人力成本等。招聘成本直接影响到企业的经济效益。因此，企业应该优化招聘流程、降低招聘成本来提高经济效益。

(3) 招聘效率。招聘效率，是指企业在招聘过程中所花费的时间和精力，包括招聘流程、面试流程、人才筛选等环节。招聘效率直接影响到企业的人才储备和发展。因此，企业应该优化招聘流程、提高招聘效率等来提高人才储备和发展。

(4) 员工绩效。员工绩效，是指员工在工作中所表现出来的能力和贡献。员工绩效直接影响到企业的经济效益和发展。因此，企业应该优化招聘流程、提高招聘质量等来提高员工绩效。

【案例分享】

H公司的招聘质量评估

H公司是一家大型的市场管理公司，目前，该公司亟须招聘一名高级市场营销经理，以促进产品销售的增长。公司通过多渠道发布了招聘广告，并收到了大量的简历。在初步筛选后，公司共选定了5名应聘者参加面试。

首先，H公司组织了笔试环节。笔试主要考查应聘者对市场营销理论的基本掌握，包括市场调研、竞争分析、产品定位等。通过对应聘者的答题情况进行评估，公司确保应聘者具备了必要的理论基础。

其次，H公司安排了面试环节。这次面试主要由公司高级管理层和相关部门负责人组成的面试小组进行。每一名应聘者都需要回答一系列与市场营销工作密切相关的问题，如如何制定营销策略、如何开展市场推广活动等。在面试过程中，公司特别注重考查应聘者的沟通能力、分析能力和解决问题的能力。通过面试评估，公司可以进

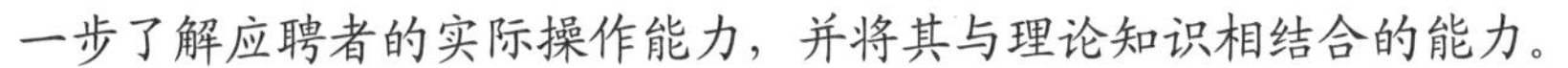

一步了解应聘者的实际操作能力，并将其与理论知识相结合的能力。

最后，H 公司通过背景调查对应聘者进行进一步的评估。通过联系应聘者的前雇主或其他相关的人士，了解应聘者的个人品德、工作态度和表现等情况。这一环节的目的是确保应聘者具备良好的职业道德和稳定的工作态度。

根据以上评估结果，H 公司最终选择了一名拥有丰富市场营销经验并具备出色沟通技巧、问题解决能力的应聘者担任高级市场营销经理。

L 公司的招聘质量评估

L 公司是一家大型的跨国企业。2003 年，在进行招聘时，公司发现新员工的离职率较高，并且进入岗位后很快表现出不适应和难以融入团队的问题。为了找出原因，L 公司决定进行一次招聘质量评估。

L 公司与已入职员工进行了一对一的深入访谈，以了解他们的实际工作情况、对公司文化的理解和认同程度，以及对招聘流程的评价。通过上述访谈，L 公司发现了以下几个问题。

首先，公司的招聘流程存在一些漏洞，导致一些应聘者的实际能力与简历上所写的不符。也就是说，在简历筛选和面试环节并没有充分考察应聘者的综合素质和技能水平。例如，有个员工面试时表现得非常自信，但进入岗位后却无法胜任工作，因为他在面试中夸大了自己的经验和能力。

其次，公司的招聘过程相对缺乏标准化和统一的评估标准，导致不同招聘负责人对应聘者的评估标准存在一定的差异。这使一些本应被淘汰的应聘者通过初步筛选。

最后，公司未能充分考虑应聘者与公司文化的匹配度。一些员工在进入公司后表示对公司的文化和价值观了解不足，导致他们无法适应公司的工作环境，从而选择离职。

为了提升招聘质量，L 公司采取了以下措施。

首先，公司完善了招聘流程，增加了更多的面试环节和考查岗位能力的方式，以保障应聘者的真实水平能够得到有效的评估。

其次，公司建立了明确的评估标准和评价体系，并对每个应聘者进行全面的评估，避免了招聘负责人主观判断情况的出现。

最后，公司在招聘广告和面试环节加强了对公司文化和价值观的介绍和考查，以确保应聘者与公司的文化匹配度更高，减少员工在岗位上产生的不适应问题。

经过一段时间的改进，L 公司的招聘质量得到了显著提升，员工离职率也得以降低。这表明通过对招聘质量进行评估和优化，可以帮助企业解决招聘中的问题，提高员工的满意度和工作质量。

总的来说，招聘质量评估对企业的长远发展至关重要。只有通过科学、全面的评估，企业才能获得合适的人才，进而提高整体竞争力。因此，在招聘过程中，公司应该不断探索和创新评估方法，提高招聘效率和准确性，为企业的发展壮大提供强有力的人才支撑。

第三讲　招聘费用评估

随着企业的发展壮大和发展需要，招聘新员工成为必不可少的工作。但是，招聘过程中的费用可能会给企业造成一定的负担。因此，对招聘费用进行评估是非常重要的。

首先，招聘费用包括两个方面：内部费用和外部费用。内部费用主要是指企业内部在招聘过程中所产生的开支，如人力资源部门的薪资开销、招聘广告费用及面试和培训过程中的费用等。外部费用则是指企业需要支付给招聘机构或者介绍人的费用。

在进行招聘费用评估时，首先要对内部费用进行核算。企业可以通过对过去几次招聘活动进行详细的分析和统计，计算出每一次招聘的内部费用总金额。这样可以了解企业的平均招聘费用及招聘活动中的各项费用。通过对内部费用的核算，企业能够更好地掌控招聘成本，并在后续招聘活动中作出相应调整，以达到效果最大化和成本最小化。

其次，对于外部费用的评估，企业要事先明确招聘是否需要借助专业的招聘机构或者介绍人。如果需要，企业应该对不同的招聘机构或者介绍人提供的服务内容和费用进行比较，并选择对企业最有利的合作方式。在与招聘机构或者介绍人达成合作协议之前，企业需要详细了解服务范围、服务质量及费用支付方式等相关信息。通过有效的比较和评估，企业能够在招聘过程中节省费用，并确保获得符合要求和质量的员工。

再次，招聘费用评估还需要考虑其他因素，如时间成本和潜在经济效益。随着招聘活动的推进，企业需要投入大量的时间和资源来筛选简历、面试应聘者及进行后续培训。因此，在评估招聘费用时，企业需要综合考虑时间成本，并在确定适当的面试流程和培训计划上作出合理的安排。

最后，企业在开展招聘活动时，也需充分认识到招聘所带来的潜在经济效益。通过招聘合适的员工，企业可以提高团队的整体素质和竞争力，进一步促进企业的发展和壮大。因此，一定程度上投入一部分费用是值得的，可以获得相应的回报。

【案例分享】

A公司的招聘费用评估

A公司是一家大型的电子设备制造企业，2012年，该公司计划拓展业务并增加新

员工，为此，他们决定进行一次大规模的招聘活动。为了预先了解招聘活动花费多少，A公司决定进行招聘费用评估。

首先，A公司决定在招聘活动开展前对目标岗位进行分析，明确需要招聘的人数及技能要求。针对每个岗位，他们制定了详细的岗位描述，以便更好地理解所需的能力和特征。

其次，A公司对各个招聘渠道进行了调研，并评估了每个渠道的效果和费用。他们确定了几个主要的招聘渠道，包括在线招聘平台、社交媒体和招聘机构。通过比较不同渠道的成本和预期收益，他们能够作出更明智的决策。

再次，A公司开始评估面试阶段的费用。他们考虑了面试官的工资、面试地点的租金、员工的差旅费和住宿费等各个方面。通过制定详细的预算，公司能够计算出每个岗位的面试费用，并将之纳入总体招聘费用评估中。

又次，在评估的过程中，A公司还考虑了员工离职率的因素。他们意识到，如果新员工在短时间内离职，将会增加企业的招聘成本。为了尽量减少这种风险，他们决定加大培训和发展的投入力度，以提高新员工的工作满意度和留任率。

最后，通过对所有费用进行综合评估，A公司确定了一个相对准确的招聘费用预算。这使他们能够更好地规划和管理招聘活动，并避免高额招聘费用对企业的财务造成不利影响。

杭州某科技有限公司的招聘费用评估

杭州某科技有限公司是一家集专业设计、生产、销售于一体的淋浴房电脑板，镜灯感应控制器，咖啡机控制板、家用电器等微电脑控制器的高科技企业。最近，他们面临一次招聘销售经理的挑战。公司高层希望招聘一位经验丰富且能够促进销售业绩提升的人才。为了保障招聘过程的质量和效率，该公司决定进行一次招聘费用评估。

首先，他们对该岗位的需求进行了详细的分析和人员规划。他们考虑到销售部门的人员结构及现有团队的实际情况，确定了所需要的销售经理的职责和能力要求。确定需求后，他们进一步将这些信息转化为量化的指标，并设置了相应的评估标准。

其次，该公司开始评估招聘的各项费用。他们从以下几个方面进行了评估：人员查询费用、广告发布费用、面试和选拔费用及背景调查费用。综合考虑这些费用，他们制定了一套详细的预算。

再次，他们进行了供应商的调研和选择。他们将招聘工作委托给专业的人力资源服务机构，以保障招聘过程的专业性和高效性。与此同时，他们还与不同的供应商进行了比较，选择了价格合理且服务质量高的合作伙伴。

最后，该公司进行了招聘过程的实施和控制。他们积极参与面试和选拔活动，并始终保持着明确的目标导向。在整个过程中，他们注重费用的控制和效果的评估。并

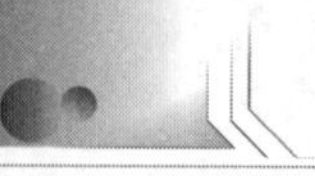

且，他们提前预留了一定的费用供应急情况使用，以防突发状况。

经过一段时间的努力，该公司最终成功聘用了一位能够胜任销售经理职位的人才。招聘费用评估使他们在招聘过程中能够全面、科学地评估费用，提高了招聘活动的效益。与此同时，也为今后类似招聘工作提供了一个参考和借鉴。

综上所述，对招聘费用进行评估是非常重要的。通过对内部费用和外部费用的核算和比较，企业能够更好地掌握招聘成本，并在后续招聘活动中作出相应调整。同时，还需综合考虑时间成本和潜在经济效益，以实现成本最小化和效果最大化的目标。因此招聘费用的评估对企业招聘活动会产生积极的影响，有助于公司实现长期健康发展。

第四讲　招聘效率评估

招聘，是企业发展中至关重要的环节，企业的成功与否往往与招聘效率的高低直接相关。为了提高招聘效率，许多企业使用招聘评估工具来评估招聘流程的有效性和效率。

招聘效率评估主要通过以下几个方面进行。

首先，招聘流程的时效性是评估招聘效率的重要标准之一。招聘流程应该高效且快速，能够迅速找到合适的应聘者。这需要招聘团队具备高效的沟通协调能力，能够迅速处理应聘者的申请，并对其进行评估和面试。此外，招聘流程还应注重时间管理，合理安排每个阶段的时间，确保整个流程顺利进行。

其次，人员配置的合理性是评估招聘效率的另一个标准。招聘团队应根据需求合理配置人员，包括招聘经理、人力资源专员和面试官等。合理配置的人员能够有效分担工作量，提高工作效率。与此同时，团队成员之间的协作也至关重要，他们应该在招聘过程中紧密合作，充分发挥团队优势。

再次，信息的准确性和完整性也是评估招聘效率的重要指标。招聘流程中的信息应当及时、准确地传递给相关人员，确保所有人都有全面的了解。此外，招聘信息还应详尽清晰，避免含糊或模糊。只有这样，才能避免因为信息不准确或不完整导致沟通障碍和延误。

最后，应聘者满意度也是评估招聘效率的重要考量之一。招聘流程中应注重应聘者的体验，从简历提交到面试安排再到录用结果的沟通，每个环节都要确保应聘者得到妥善对待并感受到专业性。通过定期收集应聘者的反馈意见，企业可以了解到他们对招聘流程的评价，并根据反馈进行改进和优化。

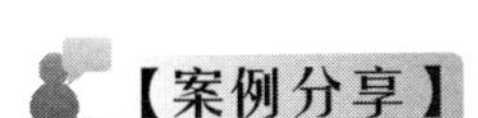

某国际公司的招聘效率评估

某国际公司是国内最大的猪肉食品企业之一，近日，随着公司业务需求的不断增加，该公司决定扩大员工规模，招聘了 100 名新员工。为了评估招聘效率，他们采取了以下步骤。

1) 制定明确的招聘目标

公司确定了需要招聘 100 名新员工，并设定了时间期限，希望在两个月内完成招聘工作。

2) 设计招聘流程

公司设计了一套完整的招聘流程，包括职位发布、简历筛选、面试、录用等环节。每个环节都有明确的责任人和时间节点。

3) 监控招聘指标

公司建立了一套招聘数据监控系统，对于每个环节的进度和质量进行跟踪和记录。他们主要关注招聘进度、面试通过率、应聘者接受率等指标。

4) 分析招聘数据

公司定期对招聘数据进行分析，比较实际数据与目标数据的差距，并进行原因分析。他们发现，简历筛选环节花费时间较长，应聘者接受率较低。

5) 针对问题制定改进方案

针对简历筛选环节，公司决定引入招聘技术，利用人工智能进行初步筛选，以提高招聘效率；针对应聘者接受率低的问题，公司决定加强对公司文化和福利待遇的宣传，以增强吸引力。

6) 跟踪评估改进效果

公司在推行改进方案后，继续监控招聘数据，并与之前的数据进行对比。经过几个月的实施，简历筛选的效率明显提高，应聘者接受率也有所提升。

通过以上步骤，该公司成功评估了招聘效率，并采取了相应的改进措施。这些措施一定程度上提高了招聘工作的效率，并帮助企业顺利完成了扩大员工规模的目标。

某公司的招聘效率评估

某公司是一家大型的尼龙化工产品生产基地，为了更好地进行人员更新，注入新鲜“血液”，该公司希望评估其招聘效率，并决定进行一项案例研究来了解问题所在。因此，他们回顾了去年的招聘数据，并发现了以下一些关键指标。

首先，招聘周期是一个衡量招聘效率的重要指标。该公司发现，其平均招聘周期为 60 天，这意味着从发布招聘广告到员工入职，平均需要两个月的时间。然而，在某些职位上，招聘周期更长，甚至超过了 90 天。这表明招聘流程中存在一些瓶颈和

延迟。

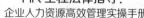

其次，新员工流失率较高。企业注意到，在过去的一年中，大约有30%的新员工在6个月内离职。这引起了公司的担忧，因为员工的流失不仅增加了招聘成本，还对团队的稳定性和生产力产生了负面影响。

进一步分析数据，公司发现招聘流程中存在着一些问题。一是招聘团队对应聘者进行的筛选可能不够严格。该公司主要依赖简历筛选，而没有充分考虑应聘者的面试表现和工作经验。二是与应聘者的沟通不及时。有时候，应聘者需要等待很长时间才能收到公司的回复，这往往导致他们转向其他公司应聘。

针对上述问题，该公司决定采取一系列措施以改善招聘工作。一是加强了对应聘者的面试流程，引入了更多的面试环节，包括技术测试和团队讨论，以更全面地评估应聘者的能力和适应性。二是增加了与应聘者的沟通频率，并使用了更高效的沟通工具来保持与应聘者之间的良好关系。

通过这些调整，该公司的招聘效率得到了提升。招聘周期平均缩短到45天，某些职位甚至缩短到30天左右。同时，新员工流失率下降到了20%左右，这意味着更多的新员工选择留在公司并决定为公司发展做出贡献。

综上所述，招聘效率评估是企业提高招聘流程效果的重要途径。通过评估招聘流程的时效性、人员配置的合理性、信息的准确性和完整性以及应聘者的满意度，企业可以发现问题并及时进行改进，提高招聘效率，进而为企业的发展打下坚实的人才基础。

第五讲　解决一线员工招聘难问题

对于许多劳动密集型企业来说，每年的一线员工招聘工作都会成为企业的难题，许多时候，并不是人力资源部门不努力，而是因为各种条件限制，人力资源部门不可能提供过高的薪酬待遇。当企业遇到招聘难的问题时，可以从以下四个方面进行思考。

1. 相应的报酬

员工之所以到企业来工作，首要的就是为了通过自己的劳动，能够为企业贡献价值，从而获得相应的经济收入。因此，如果一个企业出现招工难，首要的是分析自己提供的薪酬福利在本地市场是否具有竞争力，是否具有充分的吸引力，可以吸引员工来公司应聘和入职，这是吸引员工来应聘最基本的条件，也是企业招聘中最重要的因素之一。

2. 相应的尊重

许多企业经常会出现因为工作安排不科学，挫伤员工积极性的问题；也经常因为许多管理人员的素质不高，管理中存在简单粗暴的问题。针对这些问题，领导会有无数种处理的方式，可能是警示提醒，也可能是严厉批评，还可能是罚款。不同的处理方式，会给员工带来不同的心理感受，但不管是怎样的处理方式，都要给予员工最基本的尊重。

3. 拥有良好的发展前景

对于每一个员工来说，职业生涯都不短，需要大半辈子的时间来工作、提升，不同的岗位需要不同的能力，不同的岗位又会拥有不同的待遇和收入，所以，大部分的员工都希望通过自己的努力提升自己的综合能力，从而能够在企业内从事更重要的工作岗位，获得更多的收入和更好的待遇，拥有良好的发展前景。

4. 有一个良好的公司氛围

对企业来说，每个员工都是企业组成的一部分，在员工与员工之间、员工与领导之间、领导与下属之间，他们之间的关系相处得是否融洽，日常的工作是否方便高效等这些方面的内容，都会对员工的工作成果及工作心理产生重要的影响；还有一些单位的企业文化建设过于偏激，过分强调“狼性文化”，从而忽略了对员工的理解、关心和支持，导致员工在这个企业内没有存在感；特别是当员工遇到重大困难时，企业若不能及时施以援手，给予关心，更容易导致员工对这个企业失去信心。

【案例分享】

某国际公司的员工招聘

某餐饮连锁企业作为国内首屈一指的龙头企业，在拓展业务过程中，有时候也不可避免地会遇到一线员工招聘难的问题。该企业的门店分布广泛，需要大量的服务员、厨师等一线员工来满足不同地区的需求。然而，传统的招聘方式并没有取得理想的结果，公司经常出现人员短缺的情况，进而影响了业务的运营。

为了解决这一问题，该企业采取了多种创新措施。首先，他们与当地高中、职业学校建立了紧密的合作关系。该企业开设了一门培训课程，旨在向学生介绍餐饮行业的相关知识和技能，并提供实习机会。这样一来，学生可以更好地了解一线员工工作的要求和特点，有助于他们更好地适应职场。

其次，该企业还积极与当地政府合作，推动一线员工的培训和就业。他们与当地就业服务中心签署合作协议，通过举办招聘会、提供培训资源等方式，为失业人员提供获得一线员工工作机会的渠道。与此同时，他们还与相关培训机构合作，为有意从事餐饮行业的人士提供专业的培训课程，提高他们的竞争力。

最后，该企业还注重员工激励和培养。他们建立了一套完善的激励机制，包括提供良好的福利待遇、晋升机会和培训资源等。此外，他们还开展“员工之星”评选活动，每月评选出优秀的一线员工，并给予表彰和奖励。通过这些措施，该企业成功吸引了一批优秀的一线员工，并增强了员工的归属感和忠诚度。

经过一系列创新措施的实施，该公司终于成功解决了一线员工招聘难的问题。他们的门店得到了足够的员工支持，保障了业务的正常运营。同时，他们与当地学校和政府的合作也提升了企业的形象和声誉，进一步推动了企业的发展。

某企业的员工招聘

某企业是国内知名的电子产品制造商，不少员工从事组装、包装和质检等一线工作。行业竞争激烈、员工士气下降、轮班制度频繁变动等原因，企业在招聘一线员工时面临很大的困扰。

为了解决这个问题，该企业采取了一系列措施。首先，他们调整了轮班制度，提高了员工的休假和加班补贴福利，从而提高了员工的工作积极性和满意度。其次，企业加大了招聘渠道的宣传力度，通过线下招聘会和校园招聘等方式扩大了招聘范围。再次，企业还对员工进行定期培训和技能提升，以提高员工的专业素质和岗位竞争力。最后，为了提高员工的满意度和凝聚力，企业建立了一套完善的激励机制，奖励表现突出的员工。

通过这些措施，该企业成功地解决了一线员工招聘难的问题，并取得了良好的效果。调整轮班制度和福利政策之后，员工的幸福感提高了，而且工作积极性也明显增强。与此同时，招聘渠道的扩大和员工培训的推进使企业可以从更广阔的人才市场中招到合适的员工，并提高了员工的专业素质。此外，激励机制的建立，不仅激发了员工的工作热情，也增强了员工对企业的忠诚度。

总的来说，在解决一线员工招聘难的问题时，企业需要全面考虑吸引、培养和留住员工的需求。只有在员工获得发展机会和舒适工作环境的情况下，他们才能发挥出更大的能力和潜力。这不仅有利于企业的稳定发展，也是建设性的人力资源管理方式。

第六讲　帮助“空降兵”落地

“空降兵”，是指那些被直接外聘到企业中担任高级管理岗位的人才。上层领导往往对这些“空降兵”寄予厚望，希望他们来到后能够大刀阔斧地进行改革工作或者能力挽狂澜地去拯救公司。然而，有关资料表明，“空降兵”能够留住并有效发挥作用的却只占据很少的一部分，能“存活”两年的比例仅占 11%。更多的人都坚持不了三个月，或者过不了多久就会主动离职。对于这些现象，要想真正帮助“空降兵”落地，人力资源部要做好以下工作。

1. 先问“为什么”

在招聘之前一定要明确招聘“空降兵”的目的。是为了领导的一时兴起，还是真正为了能帮助公司达成某个具体或特定的目标，是经过了一定的思考、讨论、验证、确认之后下的结论，还是只是领导随口的一句话。如果领导随意决策，而人力资源管理人员也随意执行，那结果可想而知。

只有明确了“为什么”，才知道要“做什么”，才能有明确的方向，才能判断这件事是否与公司的战略发展相匹配，才能为“空降兵”的岗位制定考核和评价的依据。

2. 土壤是关键

要让“空降兵”在企业“扎根”，就需要有一定的“土壤”支持。那么，什么是土壤？组织文化、团队氛围、团队成员的素质、组织对工作的支持和理解等都是“土壤”。如果土壤有问题，即使再好的植物也会“水土不服”，难以生存；如果土壤肥沃，所有扎根的植物便都能得到滋养并茁壮成长。

3. 把多数人的精力转移到激励上

作为“空降兵”，不要只想着批评员工，而要多鼓励，鼓励那些和你站在一个方向的下属，鼓励那些做事情有效率、有成绩的员工，这样优秀的人被你表扬后，会使他们更积极工作，自然而然地就会这样努力下去。

4. 明确考核和任务

许多“空降兵”到岗后，并不清楚自己的岗位职责、任务目标和考核方式。在这种情况下，“空降兵”只能按照自己的理解和想法开展工作，这就可能造成“空降兵”作出的努力并不是公司需要的。因此，人力资源管理部门一定要发挥好自己的作用，对“空降兵”的岗位制定相应的考核与任务，让他们明白自己的任务是什么，如此才能更好地进行工作。

总而言之，人力资源部在招聘“空降兵”之前，只有提前做好“空降兵”用与留的安排，提前为他创造一些利于其留下来的“土壤”，提前为他确定明确的职责、任务或目标，才有可能让他“落地”。

第六节　答疑解惑

经过本章一系列知识的学习，相信很多人仍存在一些疑惑，下面，以简单的示例来对这些问题进行简要介绍。

第一讲　以例说“法”

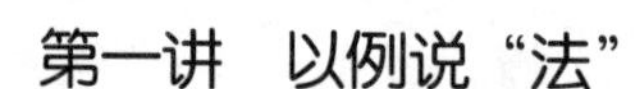

【案例分享】

某公司的招聘制度

某公司是一家全球领先的信息与通信技术(ICT)解决方案供应商，专注于 ICT 领域。在一次招聘活动中，该公司共收到 2 万份左右的有效求职简历，这些求职简历分别来自网络、报纸广告、员工推荐和猎头公司等 4 个渠道，其中，来自网络的简历最多，来自猎头公司推荐的较少。这些简历既包括针对性的招聘职位，也包括非针对性的职位空缺。

该公司的录用比例为 4%，最后共招聘了 800 人左右。在该公司内部建有专门的人才库，当公司内出现较高级的管理职位空缺时，该公司一般提倡从内部提拔，内部提升为公司的广大员工提供了更多的发展机会，并充分利用内部人力资源。在该公司，从内部提拔的员工比例低于从外部招聘而来的员工的比例(2%)，但这部分人对公司的影响很大，因为他们都在比较重要的岗位上。在内部提升时，公司对不同工龄的员工都一视同仁，无论是一年工龄还是十年工龄，只要是内部员工都可以公平地参与竞争。

该公司对应聘者的考试侧重于全面的素质考察。一般会使用一个考察工具，按照这个工具设计面试的问卷，再加上一些考察环节，形成了完整的面试考察体系。测试应聘者的“预示指数”也是其中的一个环节，它可以测试出应聘者是否诚实地回答了问题。这些问题大部分是定性的，没有绝对的对与错之分。

由于面试的工作量很大，而该公司自己的人力资源管理部门一般不做具体工作，而是分包给一些合作公司或其他外企去做。通常而言，这些公司会对有效简历进行第一轮筛选，选出专业与空缺职务相吻合的应聘者，然后进入第二轮面试。

在第二轮面试时，根据不同职位会有不同考察。例如，在业务方面，业务部门经理负责业务专业知识的考察。不同的部门经理可能会有不同方式，有的经理可能会问“你在工作中怎么处理突发事件?”有的经理可能会把应聘者带到现场直接处理技术故障，还有的经理会采用书面考察的形式。

通常来说，求职者没有通过面试的主要原因可能有以下几个。

求职者的业务能力可能并没有其简历所说的那么深刻，工作经验可能并不尽如其所言，缺乏激情和热情，对一些问题的回答没有达到公司的期望等。但该公司并不拒绝那些没有通过聘用程序的应聘者，这些人仍可以继续给该公司投递简历，不必担心上次面试结果的影响，该公司对“屡败屡试”者依旧敞开大门。

在该公司目前的员工中，就有这样的应聘者。但对于被公司辞退的员工，该公司

明文规定不允许再回来工作。

对于主动从公司辞职的员工，该公司一样敞开大门欢迎。这些员工回到该公司后，并不会因此影响其待遇。

某公司的人力招聘管理

某公司是一家快速发展的科技公司，专注于软件开发和云计算领域。随着公司业务的扩大，他们需要招聘更多的人才来支持其发展。然而，他们在人力招聘管理方面面临着一些挑战。

(1) 人才需求不断增加。随着公司规模和项目数量的扩大，公司需要招聘更多的员工来满足业务需求。但是，从市场上找到合适的人才并不容易。

(2) 高度竞争。科技行业竞争激烈，优秀的人才往往供不应求。其他竞争对手也在积极争夺招聘市场上的人才资源。

(3) 招聘流程耗时。当前的招聘流程相对烦琐，需要消耗大量时间和资源，有时耽误了招聘进度并让公司错失好的应聘者。

为了解决以上问题，某公司决定改进其人力招聘管理流程。以下是他们采取的措施。

(1) 网络招聘平台。与传统的报纸广告相比，某公司开始积极利用各大招聘网站和社交媒体平台发布招聘信息。这样做可以扩大招聘范围，更好地吸引到潜在的应聘者。

(2) 优化岗位描述。为了吸引有才华的应聘者，某公司重新审视了他们的岗位描述和职位要求。他们确保岗位描述清晰明了，具体说明应聘者所需的技能和经验，以便只有合适的应聘者会申请。

(3) 创新筛选方法。公司采用在线测试和面试评估工具来快速筛选应聘者。这样可以减少人力资源部门在初步筛选过程中的时间和精力，并增强筛选的准确性。

(4) 制订内部推荐计划。某公司鼓励员工参与招聘，推荐自己认为合适的人选。这不仅可以缩短招聘周期，而且可以通过员工的背景和经验找到更匹配的应聘者。

通过采取上述措施，某公司成功改进了其人力招聘管理流程，并取得了可喜的成果。

(1) 招聘效率提升。公司进一步优化了招聘流程，缩短了招聘周期，从而更快地找到合适的应聘者并填补空缺。

(2) 人才吸引力提高。经过改进的岗位描述和招聘策略，某公司能够更好地吸引和留住优秀的人才。公司声誉的提升也使他们在市场上具有了竞争优势。

(3) 团队质量提升。通过在线测试和面试评估工具的使用，某公司筛选出更符合要求的应聘者，从而提高了团队的整体素质和绩效。

人力招聘管理对于企业的成功至关重要。通过采取创新的方法和改进流程，可以解决公司在人力招聘方面的挑战，并实现更好的招聘结果。

第二讲　总结与思考

本章主要介绍了员工招聘的含义、计划、渠道和方法，以及招聘工作的评估等内容。招聘包括招募和评估两个部分，招聘是实施人力资源管理的基础。组织在招聘前，要做好人力资源规划和工作分析工作，这是招聘工作的前提和依据。要追求招聘过程的有效性、高效性和公平性。有效性体现在招聘到合适的应聘者，并准确辨别应聘者是否胜任工作；高效性体现在及时和有效地利用资源；公平性体现在对招聘者平等、诚实、宽容，并提供有效的招聘框架，以使各类应聘者都可以充分展示他们的才能。

为此，组织必须制订一个可行的招聘计划，明确招聘的政策和步骤。与此同时，要注重招聘过程中使用可行的、灵活的方法，不被标准的组织程序束缚。多种多样的招聘途径和评估技术及方法可以单独使用，也可以相互结合起来使用，专业的招聘者应该明确每一种方法使用的范围、优点和局限性，并从中作出正确的选择。招聘过程是一个双向选择的过程，只有相互信任和相互尊重，才能使招聘者和应聘者都达到期望的目标。

目前劳动力市场总体上供大于求，招聘者虽然处在优势的位置上，但是更应该尊重应聘者的选择。一封辞谢信会使应聘者感到组织是真诚的、可信赖的，增强其对组织的忠诚度和信任感，增加潜在应聘者的数量，有助于树立组织良好的形象和声誉。

第四章

入职、离职与基础人事管理

人难管，管人难，这是令很多管理者头疼的问题，同时也是企业必须处理好的问题。企业管理的关键就在于人员管理。管理好员工，企业自然会步入正常轨道。员工管理推动和保障着企业技术、生产、经营等的发展。

日常的人事变动主要有员工新入职、离职、岗位调动和试用期及转正等方面内容，这些都是人力资源部最基础的人事管理工作。可以说，一个企业要发展，要做大，就必须树立全新的人事管理理念，建立起高效的人事管理体系，如此才能最大限度地发挥企业的人力优势，在激烈的市场竞争中立于不败之地。

第一节　不同用工种类操作

了解不同的用工形式对于求职者和雇主都非常重要。求职者可以根据自己的需求和能力选择合适的用工形式，而雇主则可以根据自己的需求和预算选择合适的用工形式。与此同时，了解不同的用工形式也可以帮助我们更好地理解现代劳动市场的变化和趋势。本章将带领大家了解一些不同用工种类的操作，看看他们的区别到底在哪里。

第一讲　全日制用工操作

全日制用工，即全日制劳动者。《劳动法》规定，国家实行劳动者每日工作时间不超过 8 小时、平均每周工作时间不超过 44 小时的工时制度。下面，来简单地认识一下全日制用工操作。

(1) 对于全日制用工而言，每日工作时间不超过 8 小时，是指法定正常付出劳动时间，也就是义务劳动时间，超过这一时间的工作即视为额外劳动，用工单位需支付额外的加班工资。累计工时每周超过 24 小时就应该属于全日制用工。全日制用工，按照《劳动合同法》的规定，用人单位与劳动者应当订立书面劳动合同。

(2) 对于解除劳动合同或劳动关系经济补偿方面：按照《劳动合同法》的规定，在全日制用工的劳动合同解除或者终止时，除劳动者因本人原因单方面解除劳动合同或者因违纪被用人单位解除劳动合同外，符合法定情形解除劳动合同的，用人单位均须向劳动者支付经济补偿。

(3) 对于缴纳社会保险费的规定方面：按照法律规定，用人单位招用劳动者后，应在 30 日内到社会保险经办机构办理登记手续，应依法缴纳养老、医疗、工伤、生育、失业等社会保险费。

(4) 对于工资支付周期方面：全日制用工应当按月以货币形式定时向劳动者支付工资。

(5) 对于试用期约定方面：全日制用工中，除以完成一定工作任务为期限的劳动合同和 3 个月以下固定期限劳动合同外，其他劳动合同可以依法约定试用期。

以下为某公司的全日制劳动合同书范本。

全日制劳动合同书

甲方(单位)全称____________________________________

单位类型________法定代表人(或负责人)________________

登记注册地_______________________邮编_______________

实际经营地_______________________邮编_______________

劳动保障证号______________组织机构代码证号___________

联系部门________联系人________联系电话______________

乙方(职工)姓名_________性别_______文化程度________

出生年月_________在本单位工作起始时间______________

居民身份证号______________劳动保障卡号_______________

户籍所在地_______________________邮编_______________

实际居住地_______________________邮编_______________

职业资格证书名称及等级______________________________

就业登记证号__________________联系电话______________

根据《劳动合同法》及有关法律法规规定，甲、乙双方本着平等自愿协商一致，合法公平，诚实信用的原则，签订本劳动合同，并承诺共同遵守。

一、劳动合同期限

甲、乙双方约定采用下列第( )种方式确定劳动合同期限。

(1) 固定期限劳动合同：自_______年____月____日起至_______年____月____日止，合同期满，经双方协商一致可以续订；双方有一方不愿续订的，本合同终止，若乙方出现《劳动合同法》第四十二条情形之一的，本合同依照第四十五条规定顺延至情形消失时终止。

(2) 无固定期限劳动合同：自_______年____月____日起，乙方符合《劳动合同法》第十四条规定情形之一，提出或同意签订无固定期限劳动合同的，双方应当订立无固定期限劳动合同。

(3) 自_______年____月____日起始，以完成______________工作任务为合同终止时间(该工作为甲方事先确定并且完成目标是确切具体的)。

二、工作内容和工作地点

1. 工作内容：甲方安排乙方在_________________岗位从事______________工作，甲方安排乙方从事工作的内容和要求应当符合国家制定的劳动基准。

2. 工作地点：____。

3. 乙方应当提高职业技能，按相关标准及甲方依法制定并公示的劳动规章和合同约定履行劳动义务。

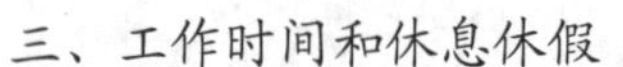

三、工作时间和休息休假

1. 工作时间：乙方的岗位实行(标准，综合计算，不定时)工时工作制。其中，标准工时工作制度为(常白班，____班____运转工作制)，每天工作____小时，每周休息日为____。

实行综合计算工时工作制或不定时工时工作制的岗位(工种)，应当经甲方报劳动行政部门批准。

2. 乙方享有法定休息休假权利，乙方具体休息办法和时间按甲方规定由双方商定，甲方因工作需要安排乙方延长工作时间或在节假日加班的，应与工会和乙方协商同意，依法支付加班加点工资，或按规定安排补休。

3. 乙方休息休假期间的工资支付或扣减办法按国家相关规定执行。

四、劳动报酬

每月____日为甲方工资发放日，工资发放形式为(现金直接发放、委托银行发放)。乙方的工资标准采用下列第(　)方式确定。

(1) 月薪制：每月为____元，具体办法按照甲方依法制定的相关规定执行，加班加点工资按国家规定的加班工资的计发基数标准计算。

(2) 基本工资和绩效工资相结合的工资分配办法：乙方的基本工资为每月____元(实行年薪制的每月预付工资为____元)；绩效工资考核发放办法按乙方的业绩和甲方依法制定的相关规定考核确定。

(3) 计件工资制：计件工资的劳动定额管理按照甲方依法制定的相关规定，乙方的定额单价为____元。甲方确定、调整劳动定额的标准应当保证本单位与乙方同岗位90%以上的劳动者在法定工作时间内能够完成。超过法定工作时间及标准以外的劳动定额，应当按照法定加班工资的标准计算计件工资。

(4) 其他工资分配形式如下。

① 乙方从事可能产生职业病危害的岗位工种，夜班劳动、高温等作业的津贴、补贴，按国家和甲方有关规定或集体合同执行。

② 甲方向乙方支付工资时，必须出具工资清单，包括乙方姓名、发放时间，应付工资、实发工资、代扣和扣减工资等项目内容，由乙方签字确认。

③ 甲方应当根据本单位的经济效益增长情况、当地政府发布的工资指导线、工资指导价位等标准，通过工资集体协商及工资正常增长制度，合理增加乙方工资报酬。

五、社会保险

1. 自劳动关系建立之月起，甲、乙双方应当依法参加社会保险，按时足额申报缴纳社会保险费，其中乙方应缴纳的社会保险费由甲方代扣代缴。

2. 甲方应当每年至少一次向本单位职工代表大会或本单位住所的显著位置公布本单位和个人全年社会保险费缴纳情况，并接受乙方监督。

3. 合同履行期间，乙方依法享受国家规定和双方约定的福利待遇。

六、劳动保护、劳动条件和职业危害防护

1. 甲方保证执行国家关于特种作业、女职工等特殊保护的规定，对可能产生职业病危害的岗位向乙方履行如实告知义务，对乙方进行劳动安全卫生教育，防止劳动过程中的伤亡事故，减少职业病危害。乙方从事有职业危害作业的，甲方应当定期为乙方进行健康检查，并在乙方离职前进行职业健康检查。

2. 甲方承诺，为乙方提供符合国家规定的劳动安全卫生条件和必要的劳动防护用品，乙方应当严格遵守国家和甲方规定的劳动安全规程和标准。

3. 甲方及其管理人员应当保障乙方在工作场所内的生命安全和身体健康。乙方有权拒绝甲方管理人员违章指挥，强制冒险作业，并不视为违反本合同。乙方对危害生命安全和身体健康的行为，有权提出批评、检举和控告。

4. 乙方因工作遭受事故伤害或患职业病，甲方应当负责及时救治。并按规定为乙方申请工伤认定和劳动能力鉴定，保障乙方依法享受各项工伤保险及相关待遇。乙方患病或非因工负伤，甲方保证其享受国家规定的医疗期和相应的医疗待遇。

七、其他约定条款

1. 试用期：乙方试用期自________年____月____日起至________年____月____日止。试用期乙方的工资待遇为____元/月(或合同约定工资的____%)。

2. 培训服务期：乙方由甲方出资进行专业技术培训的，双方可依法约定服务期；乙方违反服务期约定的，承担的违约金不超过服务期尚未履行部分所应分摊的培训费用。双方约定的培训和服务期协议为本合同的附件。

3. 保密和竞业限制：乙方依法负有保守甲方商业秘密和知识产权的义务。乙方的保密范围为：__________________，竞业限制的范围为：__________________，竞业限制的区域为：__________________，竞业限制的期限为__________________。竞业限制期间，甲方按月向乙方支付经济补偿_____元。

双方约定的保密和竞业限制协议为本合同附件。

4. 其他(补充保险、福利待遇等)约定：__________________。

八、本合同履行过程中，若甲方变更名称、法定代表人或者主要负责人、投资人等事项，不影响本合同履行；若甲方发生合并或分立等情况，本合同继续有效，由承继单位继续履行。

涉及劳动者切身利益的条款内容或重大事项变更时，双方应当协商一致，以书面方式变更本合同。

九、本合同的解除或终止，应当按照法定的条件、程序和经济补偿规定标准执行。甲方违反法律规定解除或终止本合同，按《劳动合同法》第四十八条规定处理。

双方依法终止和解除劳动合同的，甲方应当自解除或终止劳动合同之日起 15 日内，办理完毕乙方档案和社会保险关系转移等手续；甲方依法应当支付的经济补偿金、医疗补助费等相关费用，在乙方履行完交接手续时支付。

十、本合同未尽事宜，法律法规有规定的，按法律法规规定执行；法律法规没有规定的，由双方协商解决；若双方协商不成或者发生劳动争议，应当依法向调解机构申请调解，或者依法申请劳动争议仲裁、向人民法院起诉。

十一、本合同一式______份，自双方签字盖章之日起生效；双方至少各执一份。甲方应按规定建立职工名册备查，并自本合同签订之日起 30 日内到劳动就业管理机构办理备案手续。

甲方(盖章)

乙方(签名)

第二讲　非全日制用工操作

根据《劳动合同法》第六十八条的解释，非全日制用工，是指以小时计酬为主，劳动者在同一用人单位一般平均每日工作时间不超过 4 小时，每周工作时间累计不超过 24 小时的用工形式。

非全日制用工工资的计算公式为

非全日制用工工资=小时工资标准×实际工作小时数

例如，张亮在某单位从事清洗工作，约定的小时工资标准为 8 元，9 月累计工作 60 小时，计算其当月实得工资。(非全日制用工劳动报酬结算支付周期最长不得超过十五日，每天最多工作四小时。支付周期内工作小时最多为 60 小时)

根据公式可得：当月实得工资=8×60=480(元)

非全日制劳动是灵活就业的一种重要形式。近年来，我国非全日制劳动用工形式呈现迅速发展的趋势，特别是在餐饮、超市、社区服务等领域，用人单位使用的非全日制用工形式越来越多。促进非全日制劳动的重要意义主要有以下几个方面。

(1) 它满足了企业降低人工成本、推进灵活用工的客观需要。在市场经济条件下，企业用工需求取决于生产经营的客观需要，与此同时，企业为追求利润的最大化，也要尽可能降低人工成本。

(2) 促进下岗职工和失业人员再就业。在劳动力市场供过于求的矛盾十分尖锐、下岗职工和失业人员的就业竞争压力较大的情况下，非全日制劳动在促进下岗职工和失业人员再就业方面发挥着越来越重要的作用。

(3) 有利于缓解劳动力市场供求失衡的矛盾，并减少失业。在劳动力大量过剩、劳动力供求关系严重失衡、就业机会短缺的背景下，企业实行非全日制用工制度，可以使企业在对人力资源的客观需求总量不变的条件下，给广大劳动者提供更多的就业机会。

以下为某公司的非全日制用工劳动合同范本。

非全日制用工劳动合同

甲方:

乙方:

身份证件类型及号码:

甲、乙双方经平等自愿协商，根据《劳动合同法》订立本合同，供双方共同遵守。

一、合同期限

自________年____月____日起至________年____月____日止。

二、工作内容和工作地点

1. 乙方同意按甲方工作需要，在________岗位(工种)工作。按时、按质、按量完成该岗位(工种)所承担的各项内容。

2. 甲、乙双方确认工作地点为: ____________。

3. 乙方每天工作时间不超过 4 小时(上午_____至_______，下午____至____)，每周不超过 6 天，双方关系为非全日制劳动关系。

三、劳动报酬

1. 乙方劳动报酬按如下标准: ____________________。

2. 乙方同意劳动报酬按月结算。甲方于每月_____日左右发放上月劳动报酬。

3. 甲方不承担有关缴纳社会保险的义务，也无须向乙方返还有关社会保险费用。

四、劳动合同的变更、解除、中止和终止。

1. 经甲、乙双方协商一致，本合同可以解除。

2. 甲、乙双方均可提前 7 日通知对方解除本合同，无须向对方支付经济补偿。但合同解除前的劳动报酬应据实结算。

3. 乙方在本合同解除或终止后三日内，应当按照诚实信用原则办理工作交接手续，归还甲方所有财产。

五、声明与确认

1. 乙方确认，甲方已如实告知乙方工作内容、工作条件、工作地点、职业危害安全生产状况、劳动报酬，以及乙方要求了解的其他情况。

2. 乙方确认，本合同之签订与履行不会损害任何第三方利益，并且已经得到乙方原受聘单位的同意，如由此导致纠纷，由乙方完全负责。

3. 乙方确认，甲方有关文书(包括有关聘用关系变更和解除的通知)在无法直接送

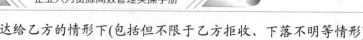

达给乙方的情形下(包括但不限于乙方拒收、下落不明等情形)，乙方在本合同中所写的通信地址为甲方邮件送达地址。甲方以 EMS 或以信件邮寄至该地址的，视为已送达。

4. 为更好地履行本合同，乙方提供如下联系方式。

(1) 邮寄地址：____________________。

收件人：____________________。

邮编：____________________。

(2) 电子邮件：____________________。

电话：____________________。

甲方通过上述联系方式之任何一种(包括电子邮箱)，就本合同之履行向乙方发送相关通知等，均视为有效送达并告知乙方。通过上述电子邮箱发出的邮件，视为乙方已接收。

5. 甲方依法制定的规章制度(包括《员工手册》)，乙方确认已充分阅读并理解甲方的规章制度且愿意遵照执行。

六、违反劳动合同的责任

1. 聘用期间乙方因非工作原因发生人身损害或疾病，乙方应自行负责，甲方依法不承担报销、赔偿或补偿责任。

2. 如甲方为乙方购买了保险(包括但不限于意外伤害保险、医疗保险等)，则一旦发生应由甲方承担责任的事宜，保险赔付金额应计算在甲方的赔偿金额之中。

七、其他

1. 合同未尽事宜，按照甲方依法制定的规章制度执行；如果甲方的规章制度未作规定，则按国家有关法律法规政策执行。

2. 本合同一式两份，双方各执一份，具有同等法律效力。

3. 本合同自双方签署之日起生效。

签署时间：_____年_____月_____日

甲方(盖章)：

乙方(签字)：

第三讲　学生实习操作

实习是学生快要工作之前的一个培训阶段，利用实际工作中对知识的应用来检验

所学到的理论知识，从而锻炼自己的工作能力。因实习期还是学生的在校期间，所以学生还无法作为劳动力办理录用手续和缴纳社会保险。一般情况下，公司招聘在校的实习生，实习工作期间公司会适当支付生活费，具体标准因公司不同而有所不同，但通常会比正式员工的工资低很多。

以下是某学校学生实习操作申请表。

学生实习操作申请表

学生姓名：____________________

班级学号：____________________

实习单位：____________________

实习单位地址：_______________

实习起止时间：_______________

申请原则如下。

1. 在校期间表现良好，已经与实习单位签订《学生实习操作合同》。

2. 自愿参加实习，并认真执行学院《学生实习操作管理办法》。实习期间服从学校教学安排，按期到校报到、注册、取得学籍。注重工学兼顾，加强自学，在规定时间内完成规定学业任务。按学院规定时间结束实习，返校完成毕业工作。

3. 自觉遵守国家法律、法规，不做违法乱纪的事，对自己的行为负法律责任。

4. 服从实习单位管理，认真完成实习任务。

学校公章：

学生签名：

________年_____月_____日

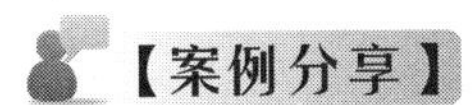

小明的实习

小明是一名电子工程专业的大学生，他在大二暑假期间获得了一个到一家电子制造公司去实习的机会。在实习的前一周，小明通过公司提供的培训课程学习了有关电子制造的基本知识和操作技巧。

实习的第一天，小明被分配到负责电子元件固定的部门。他的工作任务包括将焊接好的电子元件按照设计要求进行固定，然后进行功能测试。刚开始，小明对这项工作任务感到有些陌生，但他积极地向同事请教，努力熟悉整个操作流程。

在实际工作中，小明遇到一些困难。有时候，他固定电子元件不够稳固，导致元件松动，影响产品的质量。面对这个问题，小明不气馁，他向同事请教，并认真总结经验。最终，他学会了使用适当的工具和固定方法来保障电子元件的稳定性。

实习了一个月之后，小明逐渐熟悉了自己的工作，并且能够按时完成任务。他通过实践掌握了固定电子元件的技术，也加深了对电子制造流程的理解。此外，他还学会了与同事合作来解决问题和克服困难。

在小明实习结束的评价中，公司对他的工作表现给予了高度赞扬。他的主管表示，小明在整个实习期间表现出色，工作勤奋，积极配合，并迅速地适应了实际的电子制造环境。公司还邀请小明继续在公司实习，并表示愿意为他提供更多的培训机会。

小李的实习

小李是一名计算机科学与技术专业的大学生，他正在一家软件公司实习。实习的第一天，公司给他分配了一个项目，要求他开发一个简单的手机应用程序。虽然小李在学校里学过相关的知识，但他对实际应用还不太熟悉。

在实习指导老师的帮助下，小李开始进行项目的开发工作。他首先进行了需求分析，仔细听取了客户的要求，并与团队讨论如何实现这个应用。然后，他利用所学的知识编写了程序的框架，并逐步完善功能。在开发的过程中，小李遇到了很多问题，他积极地向同事请教，并通过查阅资料解决了这些问题。

随着时间的流逝，小李的工作逐渐熟练起来。他能够独立完成一些小的任务，并将其整合到应用程序中。此外，他还学会了如何测试和调试程序，以保障它们的正确性和稳定性。

项目结束时，小李向公司提交了完整的手机应用程序。经过评审，公司认为这个应用程序符合客户的需求，并成功地上线了。公司的负责人非常满意小李的工作，并决定给予他一份全职的工作机会。

通过这次实习，小李不仅提升了专业知识水平和实践能力，而且体验到了真实的工作环境。他学会了团队合作，并养成了良好的职业素养。

学生实习操作对于学生的成长和发展有着积极的影响。它能够帮助学生将理论与实践相结合，培养学生的实践能力和职业素养。希望学生能够利用实习的机会，积极参与实践，不断提升自己的能力，为将来的职业生涯打下坚实的基础。

第四讲　劳务用工操作

劳务用工操作，是国家提倡的一种新的用工模式，是与西方经济模式相接轨的一种尝试。这种用工模式，不仅可以使用人单位在招聘员工、缴纳社会保险和工伤事故、劳动争议处理等方面摆脱繁杂的劳动保障事务负担，赢得时间，集中精力，还可以规避用人单位在劳动保障管理及劳动争议等方面的风险和责任。

一般情况下，劳务用工操作通常会按照以下办法办理。

(1) 用工单位应详尽提供劳务工姓名、身份证号码、工资额度及用工方与劳务人员签订的副合同，由代理方和劳务工签订正式劳务主合同，但主合同随副合同的成立而成立，随副合同的失效而失效。

(2) 因用工单位生产经营的需要，如需增加或减少人员，代理方将随时办理相应的增员或减员手续，以满足用工单位的用工需求。

(3) 用工单位按月向代理方以支票形式交存用工人员的工资、保险费、劳务代理服务费。

(4) 代理方按月准时向用工单位以现金形式支付人员工资并缴纳工伤险。

劳务用工的劳务派遣关系如图 4-1 所示。

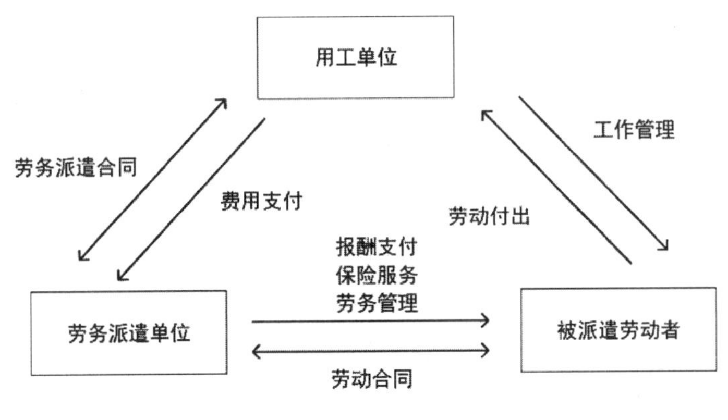

图 4-1　劳务派遣关系

劳务派遣作为一种灵活的用工方式，具有一定的积极意义，也被越来越多的企业认识和使用。与此同时，我国相继出台了《劳动合同法实施条例》、《劳动合同法》(2012 年修正)、《劳务派遣暂行规定》等一系列法律法规，并在其中的相关章节对劳务派遣进行了规范，配置劳务派遣关系中被派遣劳务者、劳务派遣单位和用工单位三者间的权利义务关系，以期达到保障劳动者的合法权益，使劳动力市场健康、有序发展的目的。如此才能真正使企业获得长足的发展，使社会正气得以弘扬。

【案例分享】

A 公司的劳务用工

A 公司是一家制造业企业，由于市场竞争激烈和订单数量的增加，该公司面临着人员不足的困扰。为了尽快解决这一问题，他们决定采用劳务用工的方式来补充人力资源。

首先，A 公司与专业的劳务公司建立了合作关系。劳务公司拥有丰富的人力资源

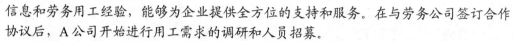

信息和劳务用工经验，能够为企业提供全方位的支持和服务。在与劳务公司签订合作协议后，A公司开始进行用工需求的调研和人员招募。

通过劳务公司提供的人力资源信息和自身的用工需求，A公司明确了需要招募的岗位和人数，并对应聘者的要求进行了详细规定。随后，劳务公司根据这些要求向企业推荐了一批合适的应聘者，并帮助企业进行了面试和选拔。

经过一轮严格的面试和选拔，A公司最终选定了一批符合要求的劳务用工人员。与此同时，劳务公司协助企业与选定的人员签订劳动合同，并负责监督和管理他们的工作情况。为了保障劳动力的稳定供应，A公司与劳务公司建立了长期的合作关系，实现了用工的连续性和可持续性。

通过劳务用工，A公司获得了以下几方面的好处。首先，劳务用工减轻了公司的用工压力，缓解了人力资源短缺的困境。其次，劳务用工可以根据企业的需求灵活调整人员数量，以适应市场变化和订单量的波动。最后，与直接招聘人员相比，劳务用工可以节省成本和时间，减少招聘流程和人力资源的管理成本。

李某公司的劳务用工

李某是一家建筑公司的总经理，他决定引进劳务人员以提升公司的施工能力。他首先与一家专门提供劳务用工服务的公司合作，签订了合作协议。根据协议，劳务公司负责招募、培训和派遣劳务人员，李某的公司则支付相应的费用。

在实际的操作中，李某首先向劳务公司提供了公司的施工计划和需要的劳动力数量。劳务公司根据这些信息，在人力资源市场积极招募符合要求的劳务人员，并进行面试和背景调查，以保障他们的素质和背景符合要求。

人员招募完成后，劳务公司对这些劳务人员进行岗前培训，包括安全操作规范、技能培训和工地纪律等。培训完成后，劳务公司将这些劳务人员派遣到李某的公司进行工作。在派遣过程中，劳务公司还负责与劳务人员签订合同、缴纳社会保险和提供必要的工具和设备。

在李某的公司，劳务人员被分配到相应的岗位上，与正式员工一起工作。在施工的过程中，他们需要按照公司的工作流程和标准进行操作，保障施工质量和安全。同时，李某的公司也会对这些劳务人员进行监督和管理，保障他们的工作符合公司的要求。

通过劳务用工，李某的建筑公司成功地提高了施工能力，并在市场竞争中获得了优势。劳务用工不仅可以提供灵活的用工模式，还可以降低公司的用工成本。然而，为了确保劳务用工的顺利进行，公司需要与劳务公司保持密切联系，进行及时的沟通和协调。

总之，劳务用工是建筑行业常见的用工方式，通过引进劳务人员来增加施工能力。在实际操作中，公司需要与劳务公司合作，进行招募、培训和派遣等工作。通过合理的劳务用工操作，建筑公司可以有效地提高施工效率，赢得市场竞争。

第五讲　外籍用工操作

外籍员工，是指在中国境内工作的非中国籍劳动者。外籍员工在中国境内工作，享有与中国籍员工相同的劳动权益，只有用工单位严格遵守相关法律法规，保障外籍员工的合法权益，才能建立和谐的劳动关系，促进企业的可持续发展。下面，简单地解释一下用工单位如何保障外籍用工的合法权益。

1. 劳动合同

外籍员工与用工单位签订劳动合同时，应当明确外籍员工的工作内容、工作时间、工作地点、工资报酬等内容。用工单位应当保障外籍员工的合法权益，不得因外籍员工的国籍、种族、宗教信仰等因素歧视外籍员工。

2. 工作时间

外籍员工的工作时间应当符合国家规定。外籍员工每日工作时间不得超过 8 小时，每周工作时间不得超过 44 小时。用工单位应当合理安排外籍员工的工作时间，以保障其身心健康。

3. 工作内容

外籍员工的工作内容应当符合国家规定。外籍员工不得从事危险性、有毒性、有放射性等特殊工种的工作。用工单位应当合理安排外籍员工的工作内容，以保障其身心健康。

4. 语言翻译

用工单位应当为外籍员工提供中文培训、翻译服务等，更好地帮助外籍员工适应工作环境。

5. 文化交流

用工单位应当为外籍员工提供了解中国文化的机会，促进中外文化交流。

6. 社会保障

外籍员工应当参加社会保险、医疗保险和工伤保险，用工单位应当为其缴纳社会保险、医疗保险和工伤保险，保障他们的合法权益不受侵害。

【案例分享】

H 公司的外籍用工

H 公司是一家大型的跨国公司，在中国建立了一个生产基地，近日，该公司决定

雇用一批外籍员工提供专业技能支持。为了保障外籍员工的合法性和安全性，H 公司与专门的劳务公司合作，负责为外籍员工办理工作签证手续并提供相关的居留许可证件。

然而，在办理工作签证手续的过程中遇到了一些麻烦。由于劳务公司的疏忽，一名外籍员工的签证申请材料存在错误，导致申请被拒绝。这给 H 公司的生产进程造成了一定的影响。

面对这种情况，首先，H 公司迅速采取了行动。他们联系了当地的移民局官员，并解释了情况。通过与劳务公司合作，他们重新整理了申请材料，并及时提交了更正后的申请。

为了避免类似情况再次发生，H 公司采取了几项改进措施。首先，他们与劳务公司签订了更加详细的合同，明确了双方的责任和义务。签署合同之前，公司会对劳务公司的资质和信誉进行审查，确保其具备相关的专业知识和经验。

其次，H 公司还建立了一个专门的团队，负责对外籍员工的签证申请进行监督和管理。该团队与劳务公司保持密切联系，及时调整并更新申请材料，以确保申请的顺利进行。

最后，H 公司还加强了对外籍员工的培训和社交活动的组织。他们意识到，外籍员工在适应中国的工作和生活环境时可能会面临一些困难。通过提供培训和社交活动的机会，H 公司帮助外籍员工更好地融入中国文化，并加强了与本地员工之间的沟通和合作。

通过这些改进措施，H 公司成功地提高了外籍员工的办事效率和工作满意度。此外，H 公司也意识到了外籍用工操作的重要性和复杂性，进一步促使他们改进现有流程，并与劳务公司建立更加紧密的合作关系。

L 公司的外籍用工

L 公司是一家在互联网领域拥有领先技术和创新产品的知名企业，公司位于美国华盛顿。为了提升竞争力，L 公司决定引进一些高技能的软件工程师，以提升产品的技术含量和创新能力。经过调研和考虑，公司决定在中国开设一个办公室，招聘外籍员工，吸引优秀的中国软件工程师。

首先，L 公司与中国当地政府部门进行了沟通和协商，了解了当地的用工政策和程序。他们了解到，为了合法地引进外籍员工，必须满足一系列条件，如公司对员工工资和福利的合理待遇、与中国合作方的合同等。公司积极与中国相关部门合作，完成各项手续，确保外籍员工合法工作。

其次，L 公司制定了一套完善的招聘流程。他们与中国的人力资源机构合作，在各大高校和互联网企业展开人才招聘，并通过面试和测试等环节筛选优秀的应聘者。在选择外籍员工时，公司注重专业技能和软件工程领域的经验，同时也考虑到员工的跨文化沟通能力和适应性。

最后，L公司为外籍员工提供了全方位的支持和管理。他们为员工办理了合法签证和工作许可，并提供安家费、住房补贴和医疗保险等福利待遇。此外，公司还组织了一个专门的团队，负责处理外籍员工的日常生活和工作问题，并提供培训和指导，以帮助外籍员工更好地融入公司文化和团队。

这家高科技公司的外籍员工引进工作取得了很大的成功。外籍员工的技术水平和创造力对公司的产品和服务产生了积极的影响。外籍员工中，不仅有中国的软件工程师，还有其他国家的高级设计师和市场营销人员，为公司提供了丰富的国际化视角和实践经验。

总的来说，外籍用工操作需要公司积极地与当地政府合作，并按照当地法律和政策进行操作。与此同时，公司还要制定完善的招聘流程，选择适合的应聘者，并为员工提供全方位的支持和管理。只有这样，才能成功引进外籍员工，并让他们为企业发展做出积极贡献。

第二节 员工入职管理

员工入职管理，是指组织或企业在新员工加入后，对其进行管理和支持的一系列措施和流程。员工入职管理的目的是帮助新员工尽快适应新环境，顺利融入组织，并实现工作的预期目标。

有效的员工入职管理不仅有助于员工更快地融入新的企业及所在团队，也有助于促进员工与企业及团队成员之间的良性互动。与此同时，也可以降低员工的流失率，提高团队的整体绩效，对组织与个人而言，都具有重要意义。

第一讲 员工入职流程

入职管理流程通常包括做好入职准备、办理入职手续、开展入职培训及用人部门接待管理等环节。入职准备是指在新员工报到之前，人力资源部门应做好的准备工作，包括通知领导和新员工入职时间、准备好入职材料、协同各部门帮助新员工入职等。

办理入职手续是指人力资源部门在新员工入职过程中完成的收集资料、核对信息、整理归档、基础事务办理等一系列工作。开展入职培训是指企业尽快对新员工进行培训，帮助其适应工作环境。用人部门接待管理是指向新员工介绍部门及岗位的情况，促使其尽快开始部门工作。员工入职管理流程如图4-2所示。

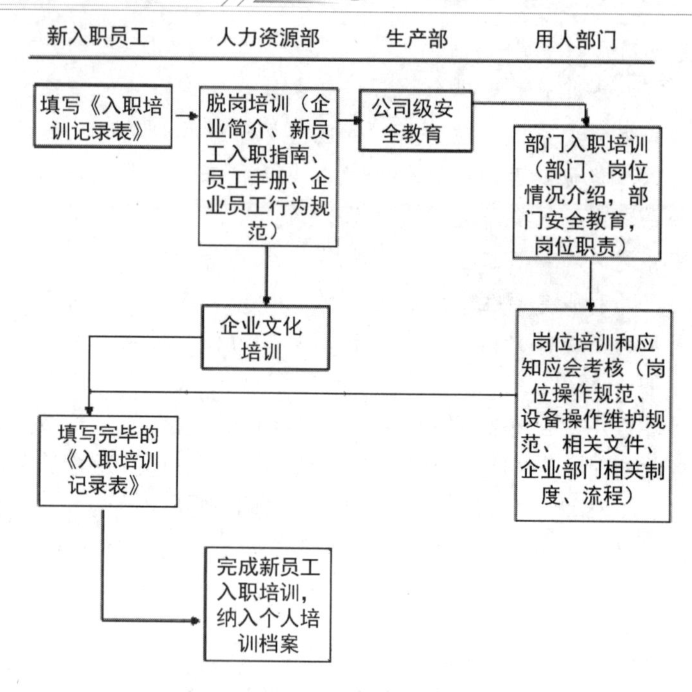

图4-2　员工入职管理流程

【案例分享】

小明的入职流程

某公司，是全球最大的农业生产、加工及制造公司，以生产油籽、玉米及小麦加工闻名于世界。下面以小明为例，介绍2003年该公司员工的入职流程。

小明在接到入职通知后，通过邮件提交了自己的入职材料，包括个人简历、身份证复印件等。公司人事部收到材料后立即进行核实，并安排了小明的面试。

第二天，小明准时参加了公司的面试。面试中，小明表现出色，与面试官畅谈自己的优势和心得。面试结束后，小明被告知通过了面试，并要求其在三天内完成健康体检。

第三天，小明按要求前往指定医院进行健康体检。在医生的全面检查下，小明身体健康，符合公司的入职标准。

三天后，公司人事部通知小明顺利通过了健康体检，并向他提供了正式的入职通知。入职通知明确了小明的入职岗位、薪资待遇、工作地点等详细信息，并告知他入职当天携带个人的有效证件到公司报到。

入职当天，小明准时到达公司。前台接待人员热情地迎接了他，并为他办理了临时员工卡和电脑账号。随后，人事部的同事带领小明参观了公司的办公环境，并介绍了公司的各项规章制度。

之后，小明参加了公司的入职培训。他学习了公司的发展历程、文化价值观和工作流程等重要内容。通过培训，小明对公司有了更深入的了解，并明确了自己在公司中的角色和职责。

最后，小明被分配到了适合他的工作岗位。他与领导和团队成员进行了简单的交流，并开始了自己的工作，公司提供了必要的设备和工具，并安排了具体的工作任务。

厦门某公司的入职流程

厦门某集团有限公司是 1966 年 5 月成立的厦门市属重要的投资发展企业，集团注册资本达 20 亿元，资产总额超过 300 亿元，小李是刚通过该公司面试的一员，该公司为了保证新员工顺利入职，特地设计了一套完善的入职流程。

第一步，签署入职合同后，小李收到了一封欢迎信。信中详细介绍了公司的发展历史、文化价值观及一些重要的入职注意事项。通过这封信，小李对公司的背景有了更深入的了解，并且知道了入职时需要准备的一些资料。

第二步，小李被邀请参加了一个新员工训练营。在这个训练营中，其他新员工也都齐聚一堂，共同进行培训。这个培训涵盖了公司的产品知识、工作流程、工作场所规范及相关的系统和工具使用。通过培训，小李获得了丰富的行业知识和工作技能，并且与其他新员工建立了联系。

第三步，小李前往公司人力资源部完成入职手续。在这里，他提交了所有必要的入职文件，包括税务登记、社会保险等手续。与此同时，他也获得了一份公司员工手册和岗位说明书，详细了解了自己的职责和权益。

第四步，小李领取了办公用品。公司为每位新员工准备了一套基本的办公设备，如电脑、电话等，并且介绍了公司内部的相关软件和工具的使用方法。

第五步，小李参加了一个欢迎会。在这个欢迎会上，他有机会与公司高层领导及其他部门同事见面，并且了解到公司各个部门的职能和相互协作的重要性。这个简短的欢迎会旨在帮助新员工尽快地融入公司文化和团队。

通过这样完善的员工入职流程，小李很顺利地开始了新工作。他对公司的安排和照顾感到非常满意，并且充满了干劲和学习的动力。随着时间的推移，小李逐渐成长并展示出出色的工作表现，同时也为公司带来了更多的价值。

总的来说，企业通过合理的规划和安排，为新员工提供了良好的学习环境和发展机会，帮助他们尽快适应和融入新的工作环境，并且激励他们积极进取。只有积极设计这样的入职流程，公司才能更好地吸引和留住优秀的人才，实现长期发展的目标。

第二讲　员工保密操作

随着知识经济的发展和员工流动性的增加，用人单位越来越重视对本单位的技术和商业秘密的保护。目前，越来越多的用人单位在与劳动者签订劳动合同时，都会附加一份保密协议。

需要进行保密的技术、商业秘密是指有关信息不为公众所知，但又具有现实的或者潜在的商业价值，能为权利人带来经济利益、具有实用性，并能为权利人带来竞争优势的，权利人为防止信息泄露所采取的与其商业价值等具体情况相适应的合理保护措施的技术信息和经营信息。从一般意义上来讲，保密协议包括竞业限制协议的内容，但保密协议可适用于所有员工，而竞业限制协议仅限于用人单位的高级管理人员、高级技术人员和其他负有保密义务的人员。在用人单位与劳动者解除或者终止劳动合同后，保密行为一般不需要支付劳动者保密费，但竞业限制是需要用人单位按月给予劳动者经济补偿的。

以下为某公司的员工保密协议合同范本。

员工保密协议

甲方：______________

法定代表人：__________地址：_____________________电话：_______________

乙方：______________

身份证号码：____________________ 身份证地址：_________________________

现住址：________________________ 联系电话：___________________

1. 甲方已于____年____月____日与乙方签订《劳动合同》，甲方聘请乙方进行工作。乙方在甲方任职，将获得甲方支付的相应报酬，乙方有义务保守甲方之商业机密。

2. 经友好协商，甲、乙双方就乙方任职期间及离职以后保守商业机密的有关事项，制定下列条款，以资共同遵守。

第一条　名称与定义

1. 商业机密。

本协议中的商业机密是指不为公众所知悉，能为甲方带来经济利益的技术信息和经营信息，或泄露后对甲方造成名誉及经济利益损失的信息。

(1) 指甲方及员工、客户(供应商)以口头的、书面的、电子文本或其他载体形式向乙方披露的、任何在披露时标注或被陈述为“机密”“秘密”或“绝密”的信息。

(2) 信息在披露时虽没有标注或被陈述为“机密”“秘密”或“绝密”，但乙方清楚此信息的泄露会对甲方、甲方的客户(供应商)造成损失。

(3) 若保密信息首次是以口头或影像形式披露出去的，披露方应在意识该信息为保密信息时及时通知乙方，以使乙方确知该信息为保密信息，并在披露后 3 日内以书面形式向甲方确认。该保密信息的性质并不以披露方是否意识到为准。

(4) 甲方采取了其他合理保密措施的，包括但不限于指定专人保管、限制接触人员范围等措施。

2. 任职期间。

本协议中所称的任职期间，以乙方在甲方公司不论是专职员工还是兼职员工，均以从甲方领取报酬为标志，并以该项报酬所代表的工作期间为任职期间。任职期间包括乙方在正常工作时间外加班的时间，而无论加班场所是否在甲方的工作场所。

3. 第三方。

第三方是指除甲、乙双方外的任何第三方，如甲方的其他员工、乙方的亲属师友等也属于第三方。但甲方员工中按照规定有权或可以知晓该信息的人员不包括在内。

第二条　本协议提及的商业机密，包括但不限于以下内容

1. 任何在披露时被标记为“机密”“秘密”或“绝密”的甲方信息。

2. 商业机密：甲方公司的会议记录、会议纪要，尚未付诸实施的战略规划、项目计划；客户/供应商的情报，营销计划；采购资料/价格方案；分配方案；财务资料；管理制度及方法；企业发展规划；协议、合同、意向书与可行性分析及报告；合作渠道及合作伙伴的名称、联系方式；等等。

3. 本协议提及的其他商业机密，包括甲方依照法律规定或者有关协议的约定，对外承担保密义务的事项。

4. 上述商业信息，无论甲方是否采取保密措施，均不影响其作为商业机密的构成。

第三条　协议双方同意将以下信息排除在商业机密信息范围之外

1. 在披露前，信息接收方已经知道的信息。

2. 乙方从不承担保密义务的第三方处合法获得的信息。

3. 非经甲方披露，已为公众获悉的信息。

4. 甲方自行向乙方披露，且并未要求该方进行保密的信息。

遇有上述情况，乙方应在接收该类信息的同时毫不延迟地以最便捷的方式通知甲方，以排除本方对该类信息的保密责任，并在其后 3 日内以书面形式向甲方正式确认。

无论在何种情况下，如乙方未向甲方按前款要求提出通知并以书面形式正式确认，则视为其已经自动排除本方适用本条款排除保密信息的权利。

第四条　知识产权归属

乙方因履行职务或者主要是利用甲方的物质技术条件、业务信息等产生的发明创造、出版物、技术秘密或其他秘密信息等，有关的知识产权均属于甲方所有。甲方可以充分自由地利用这些发明创造、技术秘密或其他秘密信息进行生产、经营。甲方有需要时，乙方应当按照甲方的要求提供一切必要的信息和采取一切必要的行动，包括

申请、注册、登记等，协助甲方取得和行使有关的知识产权。

第五条　保密行为

1. 未经甲方书面授权，乙方不得以打印、复印、拷贝、电子数据传输、告知、公布、发布、出借、赠与、出租、转让或者其他任何方式向第三方(指除甲、乙双方外的任何第三方，如甲方的其他员工、乙方的亲属师友等也属于第三方)泄露本协议规定的商业机密、技术秘密或其他秘密信息等。未经甲方同意，乙方不得更改、删除商业机密、技术秘密或其他秘密信息，也不得将甲方商业机密用于与履行职务无关的事项，也不得擅自实施可能侵犯他人知识产权的行为。

2. 甲方的保密规章、制度没有规定或者规定不明确之处，乙方亦应本着谨慎、诚实的态度，采取任何必要、合理的措施，维护其任职期间知悉或者持有的任何属于甲方或者虽属于第三方但甲方承诺有保密义务的商业机密，以保障其机密性。

3. 乙方应当于离职时或甲方提出请求时，返还全部属于甲方的财物，包括记载甲方秘密信息的一切载体。但当记录秘密信息的载体是由乙方自备的，且秘密信息可以从载体上消除或复制出来时，可以由甲方将秘密信息复制到甲方享有所有权的其他载体上，并把原载体上的秘密信息消除。此种情况甲方无须将载体返还，同时甲方也无须给予乙方经济补偿。该文件、资料的返还和销毁并不免除乙方的保密义务。

4. 乙方离职之后仍对其在甲方任职期间知悉的属于甲方或者虽属于第三方但甲方承诺有保密义务的商业机密、技术秘密和其他秘密信息，承担如同任职期间一样的保密义务和不擅自使用有关秘密信息的义务。而无论乙方因何种原因离职。

5. 劳动合同到期或任一方提出解除劳动合同，在解除劳动合同后两年内，乙方不得在与甲方生产、经营同类产品或提供同类服务的其他企业、事业单位、社会团体内担任任何职务，包括股东、合伙人、董事、监事、经理、职员、代理人、顾问等，也不得生产与甲方同类产品或经营同类业务。

6. 乙方认可，甲方在支付乙方的工资报酬时，已考虑了乙方离职后需要承担的保密义务，故而无须在乙方离职时另外支付保密费。

第六条　保密期限

除法律有其他的强制性规定外，乙方离职后承担保密义务的期限为乙方离职之次日起终身或直至甲方宣布解密或者秘密信息实际上已经公开。

第七条　保密经济赔偿及违约责任

1. 乙方同意其任职期间及离职以后，无条件保守甲方的商业秘密。

2. 乙方的泄密造成甲方的经济损失，乙方应当赔偿甲方全部损失且甲方均有权不经预告立即解除与乙方的劳动关系。具体损失赔偿标准如下所示。

(1)　包括甲方为开发、培植有关商业秘密所投入的费用，乙方的违约行为导致甲方服务或产品销售量减少的金额，以及依靠商业秘密取得的利润减少金额等。

(2)　依照(1)款计算方法难以计算的，损失赔偿额为乙方因违约行为所获得的全部利益；按乙方所获全部利益仍难以计算的，则按_____万元计算。

(3)　甲方因调查乙方违约行为而支付的合理费用，以及甲方因追究乙方违约责任、侵权责任而支付的诉讼费、律师费、公证费、取证费、交通费等一切相关费用，均由乙方承担。

若乙方违反承诺导致甲方遭受第三方的侵权指控，乙方应当承担甲方为应诉而支付的一切费用(包括且不限于各类赔偿、补偿诉讼费、仲裁费、鉴定费、评估费、公告费、律师代理费及差旅费等)；甲方因此承担侵权赔偿责任时，有权向乙方追偿。上述应诉费用和侵权赔偿可从乙方的工资报酬中扣除。若赔偿数额较大，甲方将和第三方一起以侵犯商业秘密罪提起刑事附带民事诉讼，追究其法律责任。

第八条　法律效用及争议解决方法

1. 本协议的订立、效力、解释、履行、修改和终止等，均适用中华人民共和国法律。

2. 本协议引起的或与本协议有关的争议，双方应在平等基础上通过友好协商解决，不能通过友好协商解决的，可向甲方所在地有管辖权的人民法院提起诉讼。

3. 任何一方因不可抗力不能履行本协议，根据不可抗力的影响部分或者全部免除责任。受不可抗力影响的一方应当即刻向另一方发出具体书面通知及说明有关原因。

第九条　其他

1. 本协议如与双方以前的口头或书面协议有抵触，以本协议为准。

2. 本协议一式两份，甲、乙双方各执一份，具有同等法律效力。

3. 本协议经甲方盖章、乙方签字后生效。

甲方(盖章)：

法人代表签字：

日期：____年____月____日

乙方(签字)：

日期：____年____月____日

第三讲　竞业限制操作

竞业限制是《劳动合同法》的重要内容，根据该法第二十三条、第二十四条的规定，它是用人单位对负有保守用人单位商业秘密的劳动者，在劳动合同、知识产权权利归属协议或技术保密协议中约定的竞业限制条款。

具体来说，竞业限制，是指用人单位和知悉本单位商业秘密或者其他对本单位经

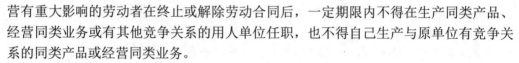

营有重大影响的劳动者在终止或解除劳动合同后，一定期限内不得在生产同类产品、经营同类业务或有其他竞争关系的用人单位任职，也不得自己生产与原单位有竞争关系的同类产品或经营同类业务。

根据《劳动合同法》第二十四条的规定，竞业限制的人员限于用人单位的以下人员。

1. 高级管理人员

高级管理人员是指公司经理、副经理、财务负责人、上市公司董事会秘书和公司章程规定的其他人员。

2. 高级技术人员

高级技术人员是指高级研究开发人员、技术人员、关键岗位的技术工人等容易接触到商业秘密的人员。

3. 其他负有保密义务的人员

其他负有保密义务的人员是指其他可能知悉企业商业秘密的人员，如市场销售人员、财会人员、秘书等。

下面是某公司的竞业限制合同范本。

竞业限制合同范本

甲方：(企业)营业执照码：

乙方：(员工)身份证号码：

鉴于乙方知悉的甲方商业秘密具有重要影响，为保护双方的合法权益，双方根据国家有关法律法规，本着平等自愿和诚信的原则，经协商一致，达成下列条款，双方共同遵守。

一、乙方义务

1. 未经甲方同意，乙方在职期间不得自营或者为他人经营与甲方同类的行业。

2. 不论因何种原因乙方从甲方离职，离职后2年内不得到与甲方有竞争关系的单位就职。

3. 不论因何种原因乙方从甲方离职，离职后2年内不得自营与甲方有竞争关系的企业或者从事与甲方商业秘密有关的产品的生产。

二、甲方义务

从乙方离职后开始计算竞业限制时起，甲方应当按照竞业限制期限向乙方支付一定数额的竞业限制补偿费。补偿费的金额为乙方离开甲方单位前一年的基本工资(不包括奖金、福利、劳保等)。补偿费按季支付，由甲方通过银行支付至乙方银行卡上。如乙方拒绝领取，甲方可以将补偿费向有关方面提存。

三、违约责任

1. 乙方不履行规定的义务，应当承担违约责任，一次性向甲方支付违约金，金额为乙方离开甲方单位前一年的基本工资的 50 倍。同时，乙方因违约行为所获得的收益应当归还甲方。

2. 甲方不履行义务，拒绝支付乙方的竞业限制补偿费，甲方应当一次性支付乙方违约金人民币 5 万元。

四、争议解决

因本协议引起的纠纷，由双方协商解决。如协商不成，则提交当地仲裁委员会仲裁。

五、合同效力

本合同自双方签订之日起生效。本合同的修改，必须采用双方同意的书面形式。

双方确认，已经仔细审阅过合同的内容，并完全了解合同各条款的法律含义。

甲方：(盖章)
日期：____年____月____日

乙方：(签名)
日期：____年____月____日

【案例分享】

某公司的竞业限制

某汽车制造公司是行业中的领先企业，它一直注重技术创新和市场占有率的稳定增长。为了保护自己的技术优势和商业机密，该公司实施了严格的竞业限制政策。

小明是这家汽车制造公司研发部门的一名高级工程师，他在公司工作了五年，在汽车设计和技术方面积累了丰富的经验。然而，小明决定离开公司，并计划加入一家竞争对手企业，因为他希望在新的工作中能够获得更多的挑战和发展机会。

根据小明离职时签署的合同中的竞业限制条款，他在离职后的三年内不能加入任何与汽车制造相关的竞争对手企业，也不能从事与该行业直接竞争的任何活动。这个限制条款在地理范围上限制在小明曾负责的区域内。此外，小明还被要求保守公司的商业机密，不得泄露给其他企业。

然而，小明无视与公司签订的竞业限制合同，毫不顾忌地加入了一家与汽车制造有关的竞争对手企业，并从事与他在原公司负责的领域相同的工作。这违反了他与其前雇主签订的协议。

该汽车制造公司发现这一情况后，立即采取了法律措施。他们联系了律师团队，准备对小明提起诉讼，要求其遵守竞业限制合同，并索赔对公司造成的经济损失。

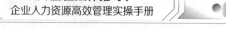

在法庭上，法官认为签署竞业限制合同是小明自愿的，并考虑到该限制是为了保护公司的商业利益而合法存在的，因此支持了汽车制造公司的主张。小明被判决违约，需要停止与竞争对手企业的合作，并赔偿公司因其行为导致的经济损失。

L 公司的竞业限制风波

L 公司是一家大型的科技公司，在全球都享有盛誉，其所提供的产品和服务在市场上非常有竞争力。为了保护自身的商业利益和核心技术，该公司引入了竞业限制条款作为雇用合同的一部分。

小李是该公司高级软件工程师的合同员工，在合同到期前结束了他的合同。根据合同的约定，小李离职后两年内不得在同行业从事与该公司的业务相类似的活动，并且不能加入竞争对手的公司。此外，小李在离职前还向公司交还了所有的商业机密和技术文件。

然而，事情并没有按照约定的发展。小李离职后很快就加入了一家竞争对手公司，并在该公司从事与原公司相类似的工作。原公司得到消息后立即采取法律行动，起诉小李违反合同中的竞业限制条款。

法庭对此案进行了审理，并最终判决小李违反了竞业限制条款。原因是虽然他在离职前交还了商业机密和技术文件，但这并不意味着他已经完全消除了对原公司的影响。小李在原公司工作期间累积的专业知识和商业关系依然会给竞争对手带来利益。而且，小李在加入竞争对手的公司后，短时间内成功地将原公司的客户资源带到了新公司，导致原公司业绩下滑。

根据判决结果，小李被要求立即停止在竞争对手公司的工作，同时赔偿原公司因他的违约行为遭受的巨额损失。此外，法庭还对竞争对手公司进行了处罚，要求他们立即解雇小李以维护公平竞争的原则。

总的来说，法律是保障雇主和员工的权益的，确保公平竞争和商业机密的保护。对于员工来说，签署竞业限制合同可能会限制他们的未来就业选择，但这也是为了保护公司的商业机密和创新。因此，职工在离职时遵守竞业限制合同非常重要，以避免法律纠纷和经济损失。

第四讲　试用期及转正

试用期是指包括在劳动合同期限内，用人单位对劳动者是否合格进行考核，劳动者也对用人单位是否符合自己的要求进行评估的期限，这是雇佣双方进行双向选择的一段时期。试用期一般需要满足以下条件。

一是双方签订了劳动合同；二是劳动合同期限在 3 个月以上或非以完成一定工作任务为期限。试用期可以说是雇佣双方的“过渡期”，在这期间双方相互熟悉，给予彼此选择的余地。《劳动合同法》规定，同一用人单位与同一劳动者只能约定一次试用期。而劳动合同期限为 3 个月以上不满 1 年的，试用期不得超过 1 个月；劳动合同期限为 1 年以上不满 3 年的，试用期不得超过 2 个月；3 年以上固定期限和无固定期限的劳动合同，试用期不得超过 6 个月。劳动者在试用期的工资不得低于本单位同岗位最低档工资或者劳动合同约定工资的 80%，且不得低于用人单位所在地的最低工资标准。

用人部门须在试用期结束前 15 个工作日内，根据转正定岗资格要求及新员工的实际工作表现确定是否同意其转正并拟定岗位，如果用人部门在新员工试用期间发现其能力不符合岗位要求，不同意转正，则须通知人力资源部门在试用期结束前解除劳动关系并通知本人；如果同意转正，则根据企业实际情况安排新员工参加转正考试，通过后可进入转正申请流程。若新员工在试用期间表现优秀或做出突出贡献，用人部门可以申请让其提前转正定岗。此时，新员工需要填写试用期员工转正评估表，如表 4-1 所示。

表 4-1　试用期员工转正评估表

<table>
<tr><td>部门</td><td></td><td>姓名</td><td></td><td>工号</td><td></td><td>岗位</td><td></td></tr>
<tr><td>受雇日期</td><td></td><td>考评期</td><td></td><td>评估人</td><td colspan="3"></td></tr>
<tr><td>栏目</td><td colspan="2">具体要求</td><td colspan="5">评估结果</td></tr>
<tr><td rowspan="2">价值观</td><td colspan="2" rowspan="2">能与公司价值管理体系相适应，在其本岗位工作表现中体现出其对公司价值的认同</td><td colspan="5">优秀□
优良□
一般□
良好□
较差□</td></tr>
<tr><td colspan="5"></td></tr>
<tr><td rowspan="2">工作态度</td><td colspan="2" rowspan="2">适应性强，热爱本岗位，有很高的工作热情，完全遵守公司各项规章制度</td><td colspan="5">优秀□
优良□
一般□
良好□
较差□</td></tr>
<tr><td colspan="5"></td></tr>
<tr><td rowspan="2">工作质量</td><td colspan="2" rowspan="2">在工作上表现出对技能的重视，认识个人贡献对别人的重要性。专业知识达到岗位要求，准确、及时完成工作</td><td colspan="5">优秀□
优良□
一般□
良好□
较差□</td></tr>
<tr><td colspan="5"></td></tr>
</table>

续表

工作效率	有效地安排和运用时间及其他资源。完成目标，并不断进取	优秀□ 优良□ 一般□ 良好□ 较差□
工作主动性	不过分计较个人得失，能主动、积极地完成上级交办的工作任务，并积极参与工作改善	优秀□ 优良□ 一般□ 良好□ 较差□
纪律性	不随意离开本岗位，遵守作业指导书作业规定，爱护本岗位配备的工具，遵循“5S”规则，工位整齐、清洁	优秀□ 优良□ 一般□ 良好□ 较差□
团队合作	在群体工作过程中，以互相合作和互相交流的精神投入工作。与其他人合作并给予支持，适当提供协助或意见，共同参与改善	优秀□ 优良□ 一般□ 良好□ 较差□
评估结果		
口合适，同意转正 口延期____个月后再评估 口不合适，不同意转正		上级主管签字：
厂长/经理签字：		人力资源部经理签字：
被评估人意见：		

经用人部门负责人、人力资源部门负责人和总经理等审批通过之后，新员工即可正式上岗。表4-2所示为试用期员工转正审批表。

表 4-2　试用期员工转正审批表

<table>
<tr><td>姓名</td><td></td><td>所属部门</td><td></td><td>试用岗/职位</td><td></td></tr>
<tr><td>毕业院校
及专业</td><td colspan="2"></td><td>试用期
起止时间</td><td colspan="2">____年____月____日起至
____年____月____日</td></tr>
<tr><td>试用期限</td><td colspan="4">一个月☐
两个月☐
三个月☐</td><td></td></tr>
<tr><td>试用部门
意见</td><td colspan="5">不符合录用条件☐
按期转正☐
提前转正(转正日期：____年____月____日)　☐
延期转正(转正日期：____年____月____日)　☐
签字：
__________年____月____日</td></tr>
<tr><td>人事部
意见</td><td colspan="5">签字：
__________年____月____日</td></tr>
<tr><td>总经理
批示</td><td colspan="5">签字：
__________年____月____日</td></tr>
</table>

第五讲　工时制度选择

工时制度，即工作时间制度。我国目前有三种工作时间制度，即标准工时制、综合计算工时制、不定时工时制。下面，对三种不同的工时制度进行具体的分析。

(1) 标准工时制度：这是我国运用最为广泛的一种工时制度。在标准工时制度下，《劳动法》第三十六条、《国务院关于职工工作时间的规定》第三条规定，工人每天工作的最长工时为 8 小时，每周最长工时为 44 小时。

(2) 综合计算工时制：是指单位以标准工作时间为基础，以一定的期限为周期，综合计算工作时间的工时制度。实行综合计算工时制的岗位，需要企业报经当地区、县劳动保障局批准。未经批准，则不得任意扩大范围。

(3) 不定时工作制：也称为无定时工时制，它没有固定工作时间的限制，是因为生产特点、工作性质的特殊需要或职责范围的原因，需要连续上班或难以按时上下班，无法适用标准工作时间或需要机动作业的职工而采用的一种工作时间制度。不定进工作制是中国现行的基本工作时间制度之一。

关于三种工时制度的比较，如表4-3所示。

表4-3　标准工时制、综合计算工时制、不定时工作制综合比较

种类	标准工时制	综合计算工时制	不定时工作制
性质	工作时间定工作量	工作时间定工作量	直接确定工作量
范围	一般劳动者	特定的三类人员(从业人员、管理人员和专业技术人员)	特定的三类人员(从业人员、管理人员和专业技术人员)
内容	8h/天，40h/周	一个周期内平均 8h/天，40h/周	无固定时间要求
要求	不需要批准	须劳动部门批准	须劳动部门批准
加班	工作时间超过标准时间就是加班；休息日、法定节假日安排工作也是加班	一个周期内超过总标准工作时间，就属于加班；节假日安排工作也是加班	

第六讲　入职注意事项

在员工入职管理期间，人力资源管理者需要重视以下问题。

(1) 注意背景调查。在招聘过程中，对于高层管理者、技术人员或拥有一定客户资源的优秀销售人员，企业为了核实新员工所提供信息的准确性，可能会对其进行背景调查。出于谨慎，企业可首先在面试环节告知应聘者或取得应聘者对背景调查的授权，然后通过委托调查、电话调查等途径获取想要求证的信息。

(2) 可要求员工出示体检报告，或者由企业安排体检，以核实员工的身体状况，根据录用条件判断对方是否符合入职要求，同时要注意规避歧视的风险。

(3) 用人单位可以解除劳动合同的情形包括“在试用期间被证明不符合录用条件的”“严重违反用人单位的规章制度的”，其中，录用条件和规章制度是企业尤其需要注意的，企业要有明确合法、合规的相关条款，以合法程序建立并备案。对于规章制度，企业除了需要以公告的形式向劳动者公示外，还要将其写入劳动合同附件，确保其属于劳动合同条款，让员工在入职前学习并签字确认。

(4) 人力资源管理者应及时跟进试用员工的工作情况，分阶段与试用员工及其同事、帮带老师等沟通，了解试用员工的工作表现和工作感受、用人部门对其的关心与帮助，以及其同事与帮带老师对其的评价等，据此得出结论，并就其工作中的不足提出建议和意见。

(5) 通过与试用员工和用人部门沟通，了解员工试用期的各种情况，总结人力资源部门在招聘、面试、试用期方面存在的不足和可优化的工作，以促进企业招聘等相关工作进一步优化。

(6) 根据需要补充劳动合同附件。有些企业的部分工作会接触企业的商业机密和核心技术，因此，为了保障企业的信息安全和相关利益者的合法权益不受侵害，企业可与员工签订相关保密协议，此外，还有竞业限制协议及关于工资的诸多条款等，这些内容可作为劳动合同的附件或写入劳动合同的补充协议之中。

【案例分享】

小刘的入职过程

小刘是一家大型企业的新员工，他在入职之前做了充分的准备工作，以保障能够顺利适应新的工作环境。

首先，小刘在面试过程中详细了解了公司的文化和价值观，这对他了解公司的工作方式和期望非常有帮助。他还研究了公司的产品和市场地位，以便更好地融入团队，并有自己的想法和见解。

在入职的第一天，小刘便早早地来到公司，他打扮得体，表现出对工作的重视和尊重。他经过精心准备，将简历和个人资料整理好，以便随时提供给需要的人。他及时向前台报到，并接受了必要的安全培训和入场手续。

小刘作为新员工，知道自己需要做很多事情，而且不能事事等别人指导。他主动与同事建立联系，并向导师请教一些关于公司流程和规则的问题。他还利用业余时间阅读公司的手册和政策文件，以便更好地了解公司的运营和管理模式。

在工作中，小刘采取了积极、主动的态度，并尽量地避免出现常犯的新手错误。他仔细倾听，对领导和同事的意见和反馈保持开放心态，不断改进自己的工作表现。他还在处理问题的时候善于寻求帮助，而不是单打独斗，这提升了团队合作的效率。

小刘还注重与同事建立良好的人际关系。他参加公司内外的活动和培训课程，以便扩大人脉并与他人建立联系。他积极参与团队的工作和讨论，成功地在公司站稳了脚跟，从而展现出了自己的能力和价值。

李某的入职

李某是一家公司的新员工，今天是他第一天上班。他非常激动，但也有些紧张，因为他不知道这家公司的工作环境和文化如何。为了确保他能够成功地融入团队并顺利工作，他提前准备了一些入职注意事项。

首先，李某提前进行了背景调查并了解了公司的一些基本信息。他通过阅读公司

网站和在社交媒体上搜索以了解公司的历史、业务范围和价值观。这样，他在面试中能够更好地回答问题，并对公司有初步的了解。

其次，李某在入职前与未来的同事进行了沟通。他主动联系了人力资源部门，了解了入职流程和需要携带的文件。此外，他还联系到了未来的直属领导，询问了关于团队的介绍、期望及工作目标等问题。这样，他能够更好地准备，并对公司的团队结构有了初步的了解。

再次，李某准备了入职的必备物品。他准备了笔记本和笔，以便他在入职的第一天记录重要信息。他还准备了一些个人必备物品，如名片和便携式电脑。这样，他可以更好地完成工作，并展示出自己的专业形象。

最后，李某在入职的第一天注重了自己的仪表和着装。他选择了一套得体的商务装，并确保干净整洁。他知道第一印象非常重要，所以他保持了自信和微笑，表达出他的积极态度和对工作的热情。

李某在入职的第一天表现出色。他准时到达，并准备了一个简短的自我介绍。他仔细聆听领导的介绍，并提出了一些建设性的问题。他还与同事交流并尽快融入团队。

通过这些入职注意事项，李某成功地开始了他的新工作。他展现出了他的专业素养和适应能力，并为自己的未来发展打下了良好的基础。

总而言之，入职新公司是一个充满机遇和挑战的开始，适当地注意各项规定和提前准备充足，可以帮助个人更好地适应新环境，顺利融入团队，从而实现个人与职业发展的目标。

第七讲　入职风险提示

企业劳动用工风险防范首先要做到严格员工入职管理，把好用工管理的第一关。实践中，很多用人单位由于招聘过程简单化、形式化，轻视入职审查，给其用工带来很大风险。下面，对相关的入职风险作简要的介绍。

(1) 用人单位有权了解劳动者与劳动合同直接相关的基本情况，劳动者应当如实说明。

(2) 用人单位招用劳动者，不得扣押劳动者的居民身份证和其他证件，不得要求劳动者提供担保或者以其他名义向劳动者收取财物。

(3) 以欺诈手段使对方在违背真实意愿的情况下订立的劳动合同无效或者部分无效。

(4) 用人单位招用与其他用人单位尚未解除或者终止劳动合同的劳动者，给其他用人单位造成损失的，应当承担连带赔偿责任。

(5) 与争议事项有关的证据若由用人单位掌握管理，用人单位应当提供；用人单位不提供的，应当承担不利后果。

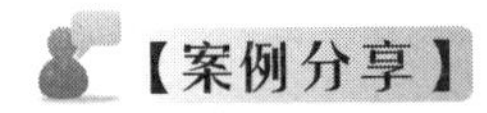

张某的入职风险

张某于2012年1月1日进入A公司从事电工工作，双方签订了一份一年期的劳动合同，约定每月工资为3 000元。2012年4月，张某与其主管因工作琐事发生争吵并引发肢体冲突，张某因此被公司口头警告。之后，他出现了与主管闹情绪、不服从主管工作安排的情况。公司根据2012年5月至8月的每日工程维修表、工程维修日记录表、监控查询明细等证明张某存在消极怠工、不服从主管的工作安排的行为，同时根据《员工手册》中的条款，“侮辱、诽谤、恐吓、威胁、谩骂、殴打、危害上级、同事，或者相互打斗，或者作出不道德的流氓行为”和“无故不服从公司安排或者拒绝工作的行为”为理由，于2012年9月1日以张某严重违反公司规章制度为由通知其解除劳动合同并出具解除通知书。张某对此不服，称其从未看到过《员工手册》，也不清楚里面的条款，将公司告上了区劳动人事争议仲裁委员会，要求公司支付违法解除劳动合同的赔偿金。

用人单位解除员工的劳动合同都需要一个合理合法的理由，《劳动合同法》规定了用人单位可以解除劳动合同的情形之一是员工“严重违反用人单位的规章制度”，用人单位以此为由解除劳动合同，需要承担相应的举证责任，提供充分的证据。用人单位规章制度制定的程序要合法，即必须与工会或者职工代表平等协商确定，确定后的规章制度要向全体员工公示。同时用人单位规章制度的内容也要合法，不能与法律法规及政策性文件相抵触。规章制度的程序和内容合法，是用人单位规章制度是否有效的前提条件。如何举证员工违反了规章制度，是用人单位在日常人力资源管理中就应当有所准备的，而不是等到要解除劳动合同时才临时去收集各种证据，因为部分证据在平时不经意中可能已经灭失了。

张某所在公司虽然制定有《员工手册》，但并未向所有员工尽到告知义务，也没有让员工阅读、签收。尽管张某确实与其主管发生了争执，但公司并没有及时向张某发出严重违反公司规章制度的书面警告，而仅仅是对其进行了口头警告等处理，因此公司提供的证据不足以证明张某严重违反公司的规章制度。公司不得不承担违法解除劳动合同的后果，仲裁委员会最终支持了张某的诉请。

小明的入职风险提示

小明是一家跨国公司的大学实习生，在为期一年的实习结束后，他被该公司录用为全职员工。小明对自己的新岗位非常期待，并满怀信心地开始新的工作。

然而，在入职的前几个月里，小明意识到自己所面临的挑战可能比他预想得要大得多。首先，他需要适应新的工作环境和熟悉新的职业责任。一切都很陌生，他需要花时间来了解公司的业务流程、规章制度及团队成员的职能。

其次，小明发现自己在与同事的协作中遇到了困难。他发现有些同事并不愿意与他分享他们的专业知识和经验，甚至有时故意回避他。小明感到沮丧和不安，因为他意识到如果没有同事的支持和合作，他很难在新岗位上取得成功。

最后，小明发现自己在工作时间的管理方面也存在问题。大学期间，他习惯了灵活的作息时间，但是在公司，他必须遵守固定的工作时间。这对于小明来说是一个挑战，因此他经常迟到或早退，导致他的形象受损。

然而，小明并没有让这些风险和挑战打败他。相反，他决心面对这些问题并寻找解决办法。第一，他主动寻求帮助和指导，并与同事建立了积极的沟通关系。通过交流，他了解到有些同事可能是因为忙碌或者担心竞争而不愿意与他分享，于是他尝试与他们建立互信和合作的关系。此外，他还主动参加公司内部的培训和学习机会，不断提升自己的专业技能和丰富自己的知识。

第二，小明学会了更好地管理时间。他制订了每日计划，并设置了提醒来确保按时完成任务。他也养成了早起的习惯，经常提前到达公司以避免迟到的情况。

最终，小明克服了种种挑战，取得了巨大的进步。他适应了新的工作环境和职责，并与同事建立了良好的合作关系。他还逐渐改善了自己的时间管理能力，能够保持良好的工作纪律。

总的来说，员工在入职初期可能会面临各种风险和挑战，但只要勇敢地面对并采取积极的态度，就能够克服这些困难，取得成功。与此同时，这也提醒了广大员工在入职之前一定要做好充分的准备和了解，以便尽可能地降低入职风险。

第三节　人事档案管理

人事档案管理是人力资源部门的基础管理工作，其主要目的是建立健全员工的基本信息与工作业绩档案，为企业决策提供依据。新员工报到入职之后，企业人力资源部门通常会为其建立企业内部的人事档案，并使用企业统一的人事档案袋。人事档案管理有严格的管理要求，下面从人事档案的组成、接收、转出与借阅 4 个方面进行介绍。

第一讲　人事档案组成要素

尽管每个企业的要求和情况是不同的，但人事档案基本上都会包含以下基本内容。

(1) 应聘人员登记表。

(2) 记载了员工本人经历、基本情况与成长历史的履历，如个人简历、大学生毕业就业推荐表、优秀员工证明等。

(3) 劳动合同及补充劳动协议或其他相关协议的文件。

(4) 身份证复印件，原件应审验，二代身份证的正反面都应复印在同一张 A4 纸上，新员工应在复印件空白处标注“此为本人真实身份证之复印件”，并签字确认。

(5) 证书复印件，包括职称证书、职业技术资格证书或从业资格证书、学位证、学历证明，原件应审验。

(6) 近期免冠 1 寸彩照两张。

(7) 离职证明。

(8) 体检报告(如有岗位要求)。

(9) 转正审批表。

(10) 保密或竞业禁止协议正本。

此外，员工的转正审批表、人事任免通知、调配申请审批表、薪资变动资料、考勤汇总表等有关人事变动与人事考评的各种补充资料也可以放入员工的人事档案之中。

大学毕业生的人事档案通常是由学籍档案转换而来的，其中，包括初/高中毕业登记表、高考相关材料、在校期间的奖惩资料、填报志愿表、大学学习情况、毕业前的体检表等。大学生毕业后，有人事档案保管权的企业可以接收并与其签订就业协议的员工的档案；如企业无人事档案保管权，可将员工的档案集体委托保存于所属辖区的人力资源公共服务机构。

第二讲　人事档案接收流程

拥有人事档案保管权的企业在接收员工的档案时，需要为员工出具商调函或接收证明，这样才能将档案从人力资源公共服务机构顺利调到所在企业。档案接收完毕后，企业首先要对材料进行鉴别，确认其是否符合归档要求。若发现材料缺失，档案核查人员应出具清单和追查档案材料公函，由人力资源部门负责追回并分类处理缺失的材料，若缺失的材料无法追回，须由当事人以书面形式确定遗失材料清单并装入档案袋。缺失的材料追回后，人力资源部门应按档案属性、内容确定归档位置，并录上补登材料及有关内容，然后将新材料放入档案，由人力资源部门指定专人负责档案的管理。

企业若是自建新员工人事档案，则可按图 4-3 所示的流程进行，首先收集新员工的人事材料，如企业规定的相关资料，再将其分类并编制目录、明细，审批通过后对其进行编号，最后加上标识并归档入库。同时，企业应做好电子档案的录入工作，促进企业人力资源管理的电子化、数字化。

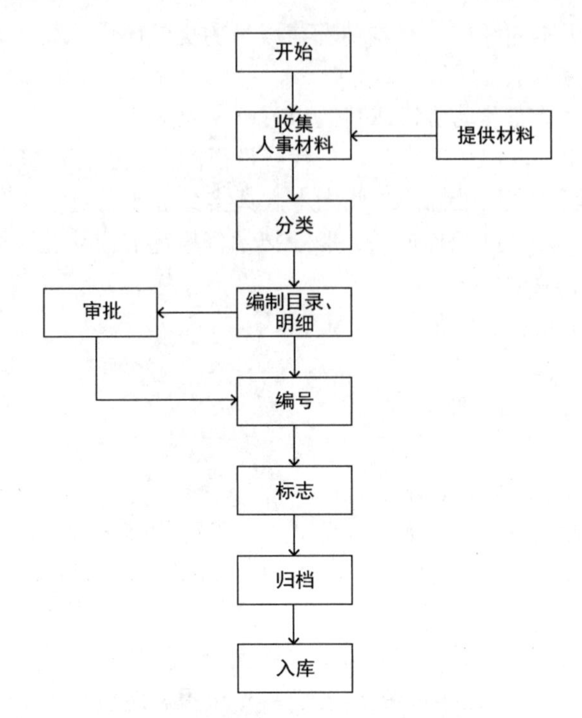

图 4-3　新员工人事档案建立流程

【案例分享】

A 公司的人事档案接收

A 公司是一家总部设在中国上海的国有控股跨国企业集团，业务涵盖房地产、能源、金融及酒店等投资领域。在 A 公司，每位新员工入职时，人事部会首先发一份入职须知给新员工，其中包含一份员工手册、劳动合同、保密协议等必要文件。与此同时，也会要求新员工填写一份个人信息表，并提供相关证件复印件，如身份证复印件、学历证书等。

接下来，人事部会安排一次入职培训，对新员工进行企业文化、制度规定、职责要求等方面的介绍和培训。同时，他们会为新员工领取公司员工工牌，并指导其进行考勤系统的注册和使用。

入职培训结束后，人事部会将新员工的个人信息和相关证件复印件整理归档，并建立专门的个人档案，包括基本信息档案、劳动合同档案、绩效考核档案等，这些档案将被妥善保存并进行分类存放。

建立好档案之后，人事部还可以通过数字化信息管理系统进行备份和存储，来确保档案的安全性和便捷的检索。

除此之外，在员工离职时，人事部也会负责收回员工的工牌，并办理离职手续。他们会将离职员工的个人档案从活动文件中分离，并按照公司规定的保管期限进行妥善保管。

在整个过程中，人事部需要保持高度的保密性和保护员工隐私的意识，确保档案信息不外泄。与此同时，也需要制定相应的政策和控制措施，防止档案丢失或被非法篡改。

某集团的人事档案接收

某集团是一家始创于改革开放初期，经过 30 余年的艰苦拼搏，现已发展成稳居中国企业 500 强前列的村企合一的大型民营股份制企业集团，拥有近万名员工。每当新员工加入或员工离职的时候，公司都需要进行人事档案的接收。

首先，《劳动合同》和相关文件会作为员工进入公司的关键文件进行准备。在新员工入职前，该公司的人力资源部门首先会向新员工提供一份《劳动合同》，并让新员工签署。此外，还会提供一些其他重要文件，如个人信息表、保密协议等。这些文件都是为了保护员工的权益和公司的利益而制定的。

一旦员工签署了《劳动合同》及其他文件，人力资源部门就会对这些文件进行归档。第一，他们会检查所有的文件是否都已填写完整。第二，他们会将这些文件复印至数字化的人事档案系统中，以方便随时查询和管理。同时，原始文件也会被保存在公司的档案室。

其次，当员工离职时，人力资源部门同样负责接收并处理员工的离职手续。员工离职前，他们需要填写一份离职申请表，并与相关部门进行结算，以确保员工的工资、奖金等全部支付完毕。离职手续完成后，人力资源部门会更新员工的离职信息，并将其档案移至离职员工档案柜中，以便日后查阅。

此外，该公司还有一个基于数字化技术的人事档案系统。该系统能够对员工档案进行分类、存储和管理，以减少人工操作的工作量，并提高档案的准确性和安全性。使用这个系统，人力资源部门可以随时查询和更新员工的信息，也可以生成各种统计报表，以便监控员工流动情况和用人需求。

在这家公司，人事档案接收流程是非常重要的一环。通过规范的流程和数字化的管理系统，他们能够高效地接收、整理和维护员工的人事档案，保障了员工信息的准确性和保密性。同时，这也提升了员工的工作效率和企业管理的水平。

总的来说，公司的人事档案接收流程包括发放入职须知、填写个人信息表、建立个人档案、进行数字备份和存储等环节。这一系列流程的落实能够提高人力资源管理的效率和准确性，有利于保护员工的隐私和公司的利益。

第三讲　人事档案转出流程

员工因抽调、离职或其他原因需要将档案转出时，相关人员需要按照档案转递流程办理。图4-4所示为档案转递流程。

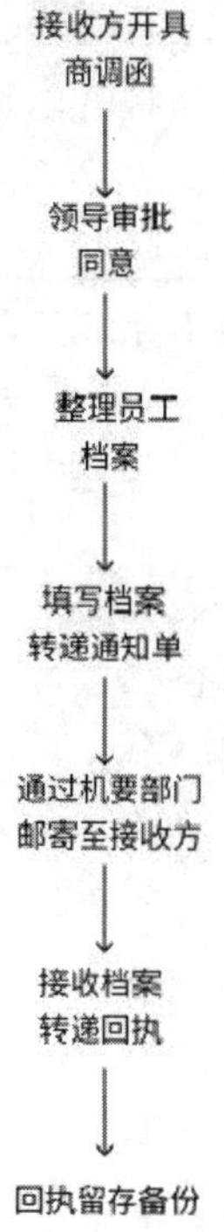

(1) 人事档案转递需要由接收方开具商调函，其格式如下。

商调函

______________：

因工作需要，商调贵处______(档案号：__________)等______名同志到我公司工作，如蒙应允，请将其人事档案转递至我部，待研究后函告。

多谢合作！

公司人力资源部(公章)

________年____月____日

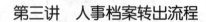

接收方开具商调函
↓
领导审批同意
↓
整理员工档案
↓
填写档案转递通知单
↓
通过机要部门邮寄至接收方
↓
接收档案转递回执
↓
回执留存备份

图4-4　档案转递流程

(2) 收到商调函后，企业需要出具“行政介绍信”“工资介绍信”及各种证明材料，如果是档案转出，则需要填写人事档案转出审批表，待相关领导和人力资源部门审批同意后，进行档案转出操作。

(3) 根据个人申请或商调函上的内容和要求，找出相对应的员工档案，并对其进行整理审查。

(4) 对需要转递的档案，填写档案转递通知单，然后按发文要求包装密封后通过机要交通运输部门邮寄至接收方，不能交本人自带。接收方接收档案并确认无误后在回执单上签字、盖章，并及时退回。档案转递通知单是档案转递的重要凭证，档案转递通知单存根的格式如下。

档案转递通知单　存根

________字第____号

已将____同志的档案共____卷，材料共____份，转往________________。

发件人(签名)：　　　　　　　　　　发件单位(盖章)：

________年____月____日

其中，档案转递通知单的存根由企业留存，档案转递通知单和回执联交给员工，员工携档案转递通知单到新单位办理档案接收手续，之后将已盖章的回执送返原企业，原企业将其贴到档案转递通知单的存根上，长期保存。接收方应将档案转递通知单按收到时间粘贴成册，按规定密封并妥善保存。

(5) 进行人事档案转出登记并在“人事档案管理中心”网上更新信息。人事档案转递登记表如表 4-4 所示。

表 4-4　人事档案转递登记表

序　号	姓　名	转往何单位	正　本	副　本	转出时间	经 办 人	转递单号

需要注意的是，档案转出之后，企业必须及时查收回执，如果一个月内未收到回执，需与接收方联系，确认对方是否收到档案，若已收到则应催要回执。

【案例分享】

某公司的人事档案转出

某公司是一家大型的国内造纸公司，该公司从创立之日起，就对人事档案管理制定了完善的流程。近日，该公司的人力资源部门收到一份人事档案转出申请。申请者是该公司的一位员工，由于个人发展原因，需要将自己的人事档案转移到另一家公司。

首先，申请者需填写一份《人事档案转出申请表》，主要包括个人基本信息、转出原因、目标公司名称等内容。申请者需要在申请表上签名确认，并附上个人身份证及相关证明文件的复印件。

提交完整的申请材料后，人力资源部门会对申请材料进行初步审查，并确保申请表的完整性，核对所提供的身份证明文件是否完备和真实、有效。如果初步审核通过，人力资源部门会安排面谈申请者，进一步了解其转出意向和目标公司的情况。

在面谈过程中，人力资源部门会与申请者沟通，明确申请者的转出动机和目标公司的背景情况。与此同时，员工也可以询问人力资源部门关于人事档案转出的相关规定和流程细则，以帮助自己更好地完成转出申请流程。

在确认申请者的转出意愿和目标公司的可靠性后，人力资源部门会向目标公司发出转出申请函。该函件会附上申请者的个人基本信息和简历，以供目标公司了解申请者的背景和经历。同时，函件还会表明该申请是申请者个人的意愿，并征得目标公司对其是否接受的确认。

一旦目标公司确认接受转入，并签署确认函件后，人事档案转出手续就正式启

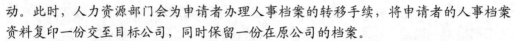

动。此时，人力资源部门会为申请者办理人事档案的转移手续，将申请者的人事档案资料复印一份交至目标公司，同时保留一份在原公司的档案。

在完成人事档案转出手续后，人力资源部门会通知申请者及时与目标公司联系，并核实档案是否成功转移。若有需要，申请者可以前往目标公司核对个人档案的完整性，并将结果反馈给原公司人力资源部门。

小王的人事档案转出

某集团创建于 2002 年，是一家经营范围涉及钢铁冶炼、地产置业、市政服务、金融投资、交通运输、贸易物流、教育产业等多个领域的现代化大型企业集团。近日，该公司员工小王决定离职，并计划将自己的人事档案转到新的公司。以下是他的人事档案转出流程。

1. 通知部门负责人

小王在决定离职后，第一步是通知所在部门的负责人，并说明自己的离职原因和离职日期。这是为了让部门负责人做好相关管理安排，安排其他员工接替小王的工作。

2. 填写离职申请表

小王需要向人力资源部提交离职申请表，申请表中需要填写个人信息、离职原因、离职日期等信息。人力资源部则会根据这些信息作出相应的处理和安排。

3. 工资结算

人力资源部接收到离职申请表后，将开展工资结算工作。这包括核对小王的工资、奖金、加班费等情况，并与财务部门进行沟通，确保小王的薪资能够按时发放。

4. 档案复核

人力资源部会安排相关人员对小王的人事档案进行复核。他们将检查小王的个人资料、合同、培训记录等，保障档案的完整性。

5. 档案转接

复核通过后，人力资源部将通知小王到场办理离职手续。离职手续办理的过程中，小王需要签署离职证明、保密责任书等文件，并将个人物品归还给公司。

6. 档案转出申请

小王需要向人力资源部提出人事档案转出申请。这意味着小王同意将自己的人事档案转交给新公司，并授权人力资源部将档案发送给新公司。

7. 档案发送

根据小王的要求，人力资源部将小王的人事档案制作好相关复印件，并寄送给新公司。与此同时，人力资源部还需要保存小王的电子档案备份，以便日后查询和管理。

总的来说，人事档案转出流程包括填写申请表、初步审核、面谈、目标公司确认、人事档案转移等环节。这一流程确保了申请者的个人意愿和目标公司的接受，同时也保障了原公司的人事档案完整性和安全性。通过合理有序的流程，人事档案的转出可以顺利完成，保障了公司和员工的合法权益。

第四讲　人事档案借阅流程

企业要建立严格的人事档案借阅制度，让借阅者按照一定的程序和要求办理档案借阅手续，尤其要注意界定阅档权限，做好档案的规范管理。图 4-5 所示为档案借阅流程。

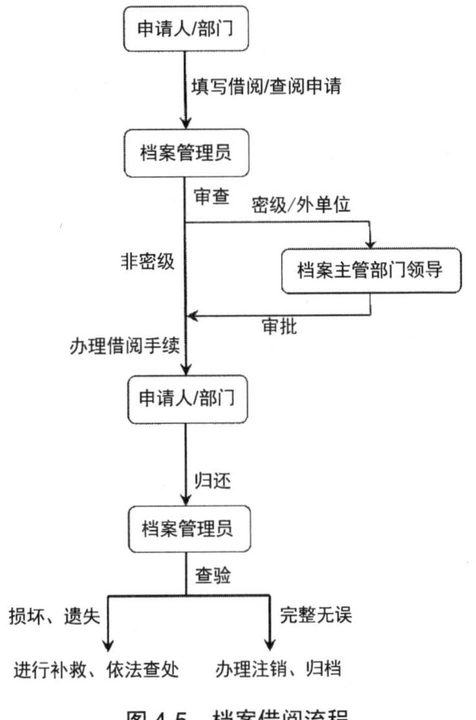

图 4-5　档案借阅流程

(1) 档案一般仅供借阅者在档案室查看，且借阅者需要先填写查档报告，报告写明查阅对象、目的、理由、材料等，由借阅者的部门负责人签字盖章，经人力资源部门审批之后方可查看，且只允许查阅有关部分。如需部分摘抄、复制，则须经总经理批准。立卷的文件、资料可外借，外借者须办理登记手续。

(2) 凡要使用档案者，均须填写按企业规定制作的档案调阅单，然后依据调阅权限，经各级领导签批后方能调阅，未经批准不得给无关人员传看。调阅时间不得超过调阅单中规定的期限，借阅者应到期归还；如需再借，应办理续借手续。

(3) 外单位人员借阅档案时，应持有单位介绍信，经总经理批准后方可借阅，并要做好“借档”登记；最后归还时，须在外借登记上进行注销。

(4) 借阅档案者应爱护档案，保障档案的完整性，不得擅自涂改、勾画、剪裁、抽取、拆散或损毁档案。交还借阅档案时，档案管理者须当面查看，如发现遗失或损坏，应及时报告主管领导并依法查处。

【案例分享】

某公司的人事档案借阅

某集团有限公司成立于 1979 年，是一家在我国改革开放大潮中发展起来的全国重点国有企业，总部位于江苏盐城。公司作为一家规模巨大的重点企业，其人事档案

管理则是尤为重要的。而在这样的背景下，如何优化人事档案借阅流程，提高人事管理的效率和准确性成为亟待解决的问题。

第一，人事档案借阅的第一步是申请。员工需要向人事部门提出借阅申请，并填写相应的表格。该申请表格明确了借阅的目的、时间及涉及的档案材料等信息。此步骤的设计有助于让员工清晰地了解借阅流程及管理层对其进行的监督。

第二，人事部门收到申请后，将对申请进行审核。审核主要从申请合法性、借阅目的是否合理等角度进行评估。例如，若某员工因个人原因频繁借阅档案，就可能引起其他员工的注意。如果申请合法且目的合理，人事部门将批准借阅申请。

第三，借阅申请获得批准后，人事部门会通知档案管理人员进行相应的操作。档案管理人员根据借阅记录精确地确定被借阅档案的位置，并进行登记和出库。这一步骤的科学性和准确性至关重要，可以通过引入电子档案管理系统等工具来提高操作效率和减少人为错误。

第四，员工在指定的时间按照借阅约定前往指定地点阅读所需档案。他们可以在指定区域内查看档案，但不能擅自带走档案材料。为保障档案的安全性和防止丢失，员工需要在借阅过程中尽量避免忘记归还、翻乱和涂改档案材料，以免影响其他员工的借阅体验。

第五，借阅期满后，员工须将档案归还给人事部门，档案管理人员负责核实档案是否完整。如发现损坏或丢失等问题，将追究借阅者的责任。该流程的最终环节能促使员工自觉爱护档案，从而减少人为引起的损失。归还档案后，档案将重新入库，具体位置等信息将由档案管理人员更新。

综上所述，人事档案借阅流程是一项复杂的工作，它涉及多个层面的协调配合。通过精心设计和优化该流程，不仅能提高人事管理的效率和准确性，也能推动企业整体发展。

第四节　员工离职管理

离职管理，就是管理员工离开公司的行为。目前企业的人力资源管理，或多或少地存在不够重视离职管理的现象。离职管理是人力资源管理最后的一个重要环节，其能够给企业带来很多好处。

从人力资源管理的角度来看，离职管理是企业对人才“选用育留”的最后一环，也是最重要的一环，留人的成功与否直接决定着前三个环节是否有效。因此，离职管理在整个人力资源管理中的重要地位日益凸显。同时，离职管理也是企业文化的体现。如果做得好，它能够在同行业中树立人力资源管理的形象，为以后吸引高级人才打下基础。

第一讲　离职作业流程

员工离职管理是企业预防劳动纠纷的最后一道防线。离职分为被动离职与主动离职，两者的流程并不完全相同，如图 4-6 所示。

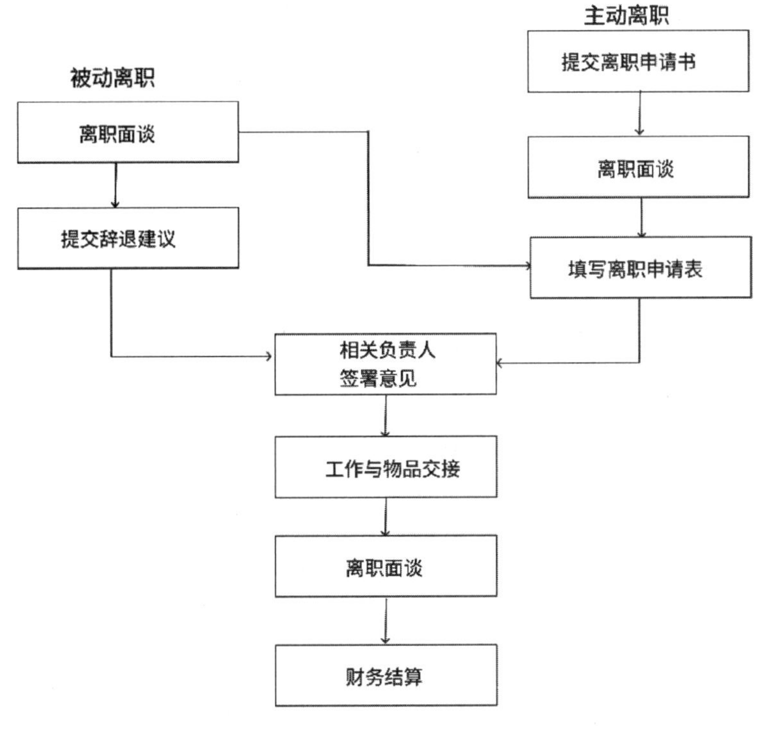

图 4-6　离职作业流程

其中，被动离职，即员工被企业主动辞退，企业通常会对严重违反企业规章制度的，并给企业造成重大损失的及企业认为其不适合继续工作的人员进行辞退、劝退，通过与之进行离职面谈，给予对方恰当的辞退理由，让对方主动请辞，并启动员工离职程序；或者由部门主管提供员工辞退的依据，并上交员工辞退建议及审批报告单(见表 4-5)至人力资源部门备案。人力资源部门在收到辞退建议后，会核实辞退人员的详细情况，一旦确认辞退理由合理、合法后，便会提请总经理审批，该报告单获得批准后，人力资源部门则联系被辞退员工所在的部门安排离职交接事宜。

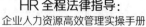

表 4-5　员工辞退建议及审批报告单

辞退人员姓名		所在部门		职务	
辞退原因	部门主管签字： ________年____月____日				
人力资源部门意见	部门主管签字： ________年____月____日				
总经理审批	总经理签字： ________年____月____日				

主动离职的员工需要提前一个月递交书面的离职申请书或者辞职信，人力资源部门会与之进行面谈，了解其离职的具体原因和情况，并探讨解决其工作困扰的可能性，必要时，可填写辞职约见表。若员工确认离职，本人须亲自领取并填写离职申请表(见表 4-6)。

表 4-6　离职申请表

姓名		所在部门		职务	
工号		入职日期		合同有效期	
申请日期			预计离职日期		
离职类型	辞退 □ 辞职 □ 开除 □ 合同到期 □ 其他 □				
离职原因	(离职类型为辞职时，此栏由员工自填，其他情况下则由部门主管填写)				
所属部门意见	部门主管签字： ________年____月____日				
人力资源部门意见	未面谈□ 已面谈□ 面谈要点： 部门主管签字： ________年____月____日				
总经理意见	总经理签字： ________年____月____日				

人力资源部门将回收的离职申请表交由部门主管审批，审批通过后，员工即可办理离职交接手续，填写离职人员交接表(见表 4-7)。

表 4-7　离职交接表

<table>
<tr><td>姓名</td><td colspan="2"></td><td>所属部门</td><td colspan="2"></td></tr>
<tr><td>职务</td><td colspan="2"></td><td>离职时间</td><td colspan="2"></td></tr>
<tr><td>会签部门</td><td>移交类型</td><td colspan="2">移交内容
(内容较多时准备附件)</td><td>经办人签字</td><td rowspan="4">部门主管签字：

______年__月__日</td></tr>
<tr><td rowspan="3">所在部门</td><td>电子文件</td><td colspan="2"></td><td></td></tr>
<tr><td>纸质文件</td><td colspan="2"></td><td></td></tr>
<tr><td>其他</td><td colspan="2"></td><td></td></tr>
<tr><td>行政部门</td><td colspan="2">办公用品□
钥匙□
固定资产□
书本□
其他□</td><td colspan="2">工作牌□
业务账号□
员工手册□
工作服□</td><td>部门主管签字：

______年__月__日</td></tr>
<tr><td>财政部门</td><td>薪资：</td><td>未报销款：</td><td>其他：</td><td>总计金额：</td><td>部门主管签字：

______年__月__日</td></tr>
<tr><td>当事人
确认</td><td colspan="5">本人同意移交以上事项中提到的所有内容，有关离职手续已按规定办妥。本人已将公司的重要资料交还并确保不外泄本人在职期间所了解的公司相关商业、技术机密。本人确认即日起与公司解除劳动关系，今后所从事的一切活动与公司无关。

当事人签字：
______年__月__日</td></tr>
<tr><td>总经理
审批</td><td colspan="5">总经理签字：
________年____月____日</td></tr>
</table>

签订解除劳动关系合同，移交各类工作并归还属于企业的各种办公用品。交接工作完成后，人力资源部门可再次与员工进行离职面谈，对员工可能产生的问题给予解答，征求离职员工对企业的相关建议，同时提醒员工必须履行的保密及竞业限制责任。最后，双方进行财务结算，结清薪资及薪资以外的款项。

第二讲　离职面谈方法

离职面谈，指人力资源管理者与待离职员工就离职相关问题进行的面谈。在企业人力资源管理工作中，离职面谈是非常必要的环节。对于主动离职的员工，企业可以通过面谈安抚、挽留员工以期让对方继续留在企业工作；或者了解员工离职的原因，收集相关建议，并实现和平离职，避免后期产生纠纷。对于被动离职的员工，离职面谈的主要作用则是劝退。通常来讲，员工主动离职的情况较为常见，因此，此处主要介绍针对主动离职员工的离职面谈。

1. 选择合适的时机

离职面谈通常发生在员工提出离职申请或表达离职意向之后，此时员工的离职意向是比较明确的，如果企业想要挽留员工，此时并不是最好的沟通时机，因此建议在员工工作效率明显下降、请假时间显著增加、工作态度较为散漫等离职苗头出现时便与其进行面谈，以做到防患于未然。

2. 选择恰当的地点

面谈地点的选择要考虑交谈的环境与对员工隐私的保护，建议选择明亮且少噪声、杂音干扰的安静场所，如办公室等。

3. 确定面谈内容

如果员工还未正式提出离职申请，人力资源管理者可以与员工谈论其最近的行为异常，关心其生活和工作中是否遇到了问题，看企业能否采取行动帮其解决问题。如果员工已提出离职申请，人力资源管理者则可具体了解其离职原因，对于其提出的原因尽量表示理解，与对方共情，并判断是否有挽留员工的可能。

如果可能的话，人力资源管理者可以与员工进行利弊分析，寻找能让双方都满意的解决方案。如果员工表示需要考虑，人力资源管理者可以给对方一周左右的时间考虑；如果对方执意离职，人力资源管理者则可以征询他对企业的意见，了解其离职后的去向，以便后期进行改进。

4. 了解面谈的注意事项

进行离职面谈时，人力资源管理者需注意以下事项。

(1) 面谈之前了解离职员工的背景、工作情况、同事及领导对其的评价、上下级关系、可能的离职原因等，以预测面谈中可能出现的情况并提前设计好应对方案。

(2) 面谈时要注意换位思考，理解对方的想法，找准对方的真正需求。

(3) 语气、措辞应尽量平和，避免使用判断性的语句和封闭性的语句，例如，

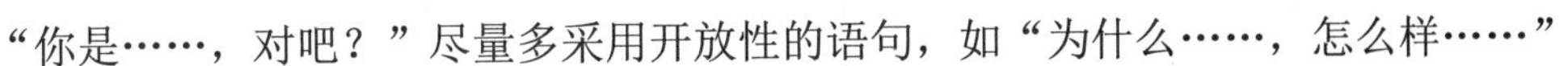

“你是……，对吧？”尽量多采用开放性的语句，如“为什么……，怎么样……”

(4) 要以平等的态度沟通，不要给对方压迫感，以免影响面谈质量。

【案例分享】

小宋的离职面谈

在一家跨国公司工作多年的小宋最近向他的上级提出了辞职申请。为了了解小宋离职的原因和他的发展计划，公司安排了一次离职面谈。

当天，小宋来到办公室，看到人力资源部的经理正在等他。他们坐下来，开始了这次离职面谈。

人力资源经理首先向小宋表示感谢，并询问他的离职原因。小宋解释说自己希望在新的工作中追求更高的职业目标，并表达了对公司一直以来的支持和感激之情。他还提到了公司的一些局限性，比如缺乏晋升机会和团队合作氛围不够浓厚。

人力资源经理听完小宋的解释后，表示理解并接受他的决定。他强调，公司非常重视每一位员工的职业发展，并致力于提供更多的晋升机会和培训计划。他欢迎小宋将来有机会再回来工作，并表示愿意为他提供最大的支持和帮助。

在后续的对话中，人力资源经理询问了小宋的离职感受和对公司的建议。小宋坦率地表达了自己对公司的好感和怀念。他提到了工作中遇到的困难和挑战，但也称赞了团队合作、公司文化和领导的支持。作为对公司的建议，小宋提到了提高内部沟通和团队凝聚力的重要性。

人力资源经理深入倾听并感谢小宋分享这些宝贵的建议。他承诺将把这些意见反馈给公司的高层管理层，并表示将尽力改进相关问题。

最后，他们共同总结了小宋在公司里的工作经验和成就，并商讨了一些退出程序和交接事项。人力资源经理鼓励小宋保持联系，并提到公司未来可能的合作机会。

这次离职面谈给予了小宋一个机会，可以在离开前与公司高层进行真诚的沟通。整个过程涉及了职业发展规划、意见交流及公司对员工的重视。通过这次面谈，小宋感受到了企业对员工个人成长的关心，并且他也坦诚地表达了自己的想法和意见。

小王的离职面谈

小王是一家知名公司的项目经理，与公司共度了五年的美好时光。然而，最近几个月，小王感到自己的工作环境越来越压抑。他和同事之间的沟通也变得困难，上级部门对项目的支持也逐渐减少。为此，小王决定与上级领导进行面谈。

面谈那天，小王坦诚地向上级领导表达了自己的离职意愿，并说明了进行离职面谈的目的是表达自己的不满。总经理考虑到小王在公司的贡献及他的离职可能对公司形象造成的影响，同意了离职面谈的请求。

在面谈中，小王指出以下两个问题。

(1) 沟通瓶颈。小王表示，由于团队扩大，最近几个月沟通变得更加困难。他提到一些重要信息需要迅速传达给团队成员，但是由于人数众多和缺乏高效的沟通渠道，信息传播变得缓慢，影响了项目的进度。

(2) 上级支持问题。小王指出，目前项目所需的资源和支持越来越少。他认为，对于一个有效的项目管理来说，上级部门应提供必要的支持，但是近期却缺乏这些支持。这导致了项目的延迟和效率的下降。

总经理表示理解小王的不满，并承诺他将立即采取措施解决这些问题。在接下来的几个星期内，他组织了一个专门的团队负责沟通流程的改善，并增加了几个高效的沟通渠道。同时，他还为小王提供了一个直接向上级汇报项目进展的机会。另外，总经理也加大了对项目的资源投入和支持力度，以确保项目顺利进行。

这一系列的改变重新激发了小王的工作热情。他能够更好地与团队成员进行沟通，项目的进度也开始快速推进。此外，上级部门的资源支持也再次到位，为项目的成功奠定了基础。

通过离职面谈，小王表达了自己的意见并获得了上级领导的支持和解决方案。这一案例告诉我们，面对职业困境时，积极主动地与上级进行沟通，表达自己的想法和不满，是解决问题的关键。当优秀的员工要离职时，公司应当努力解决问题，以促进员工的持续发展和公司的稳定发展。

总而言之，离职面谈不仅是一个结束，更是一个新的起点。对于离开公司的员工来说，这是一次宝贵的机会，可以回顾过去的工作经历并分享想法和建议。与此同时，这也是公司了解员工所需改进之处的机会，以便提高员工的满意度和拓展员工的职业发展空间。

第三讲　离职分析方法

离职分析，是指企业对员工离职原因、离职率和流失率等数据进行深入的分析，以便更好地识别和解决人力资源管理方面的问题。离职分析对企业来说十分重要，因为员工的流失不仅会影响企业的运营和效益，还会带来高额的招聘和培训成本及人力资源管理压力。下面，简要介绍一些离职分析的方法。

1. 对人才流失的原因进行分析

人才流失的原因通常有个人原因、公司原因和主动淘汰三大类。其中，个人原因包括家庭、地域、个人职业发展、退休等；公司原因包括薪酬、领导风格、同事关系、工作环境、晋升受阻等；主动淘汰是指因企业业务调整、经济不景气、技术变革等原因导致企业主动采取裁员措施。根据需要，离职原因分析可以更细致，既可以按序列/角色或部门/岗位分析，也可以按职等/职级分析，还可以按入职年限分析。

2. 对人才流失情况的预测

预测即将流失的人才，可以为公司提前储备人才。可能流失的人才通常包括三年内将要退休的人员、孕期的人员、已婚未孕的人员、曾经提出过要离职的人员、绩效评分排末位的人员。

3. 对关键人才流失的情况进行分析

对那些从事关键岗位时间较长或者对绩效有较突出贡献的人才流失可以列成表格，单独分析。一般而言，可以分为关键管理岗位、关键技术岗位、5 年以上员工、3～5 年员工的离职情况等类别。

4. 对人才流向进行分析

对人才流向的分析，是对商业竞争的预警，也是对潜在危机的洞察。人才流失后是去了同业或竞业，还是去了其他行业，对本企业的意义和影响完全不同。如果是去了其他行业，那本企业的损失只是人才流失造成的直接成本；如果去了具有竞业业务的单位，相当于为竞争对手培养了人才，还可能存在客户丢失、关键技术泄露、商业秘密泄露等难以发现的间接成本。

离职分析是企业管理中不可或缺的一环。通过细致的数据统计和深入的数据研究，企业能够了解员工离职的真实原因，并紧密围绕员工需求和关注点制定正确的人力资源管理策略，从而使企业能够留住人才，更好地发展和前行。

【案例分享】

A 公司的员工离职分析

A 公司是一家中型制造企业，成立于 2013 年。近期，该公司经历了一波员工离职潮，其中包括主管级别的员工。针对这一现象，该公司展开了调查研究，并选择其中一位离职员工进行深入分析。

离职员工小李曾是 A 公司一个重要部门的核心人员。他在 A 公司工作超过五年，担任着重要的技术职务。然而，他在 2020 年年底宣布了辞职。经过对其离职原因的调查分析，该公司得出以下结论。

(1) 缺乏晋升机会。小李表示，他在过去三年的工作中没有获得任何晋升机会，尽管他是该部门的一名优秀员工。他感到自己的努力未被领导看到和认可，缺乏晋升机会导致了职业发展的瓶颈。

(2) 工资待遇不公。与同行企业相比，小李觉得自己的薪酬并没有得到合理的增长。尽管他的贡献一直很显著，但薪资没有得到相应调整。这种不公平的待遇让他对公司产生了失望和不满。

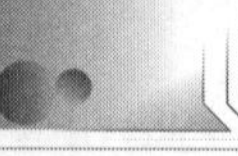
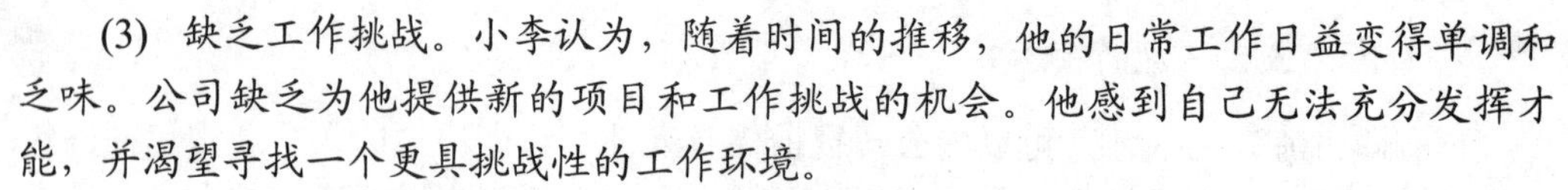

(3) 缺乏工作挑战。小李认为，随着时间的推移，他的日常工作日益变得单调和乏味。公司缺乏为他提供新的项目和工作挑战的机会。他感到自己无法充分发挥才能，并渴望寻找一个更具挑战性的工作环境。

小李的离职给 A 公司带来了不可忽视的影响。首先，他的离职引发了其他员工的担忧和动摇，可能进一步加剧员工流失的趋势。其次，公司在技术方面具备专业知识的人才资源减少，可能对项目和进度产生不利影响。

针对以上问题，人力资源部门提出了以下建议。

(1) 建立清晰的晋升通道。公司应该为员工设立明确的晋升途径，根据员工的表现和能力，制订相应的晋升计划。这样做不仅能够激励员工的工作积极性，也有助于留住优秀人才。

(2) 公平薪资体系。公司应该建立公平、合理的薪资体系，根据员工的表现和市场行情，合理调整薪资待遇。这样可以提高员工的满意度和归属感。

(3) 提供挑战性工作机会。公司应该重视员工的职业发展需求，给予他们机会，接触新的项目和好的挑战。通过个人发展计划和培训机会，激发员工的潜力和创造力。

王先生的离职分析

近日，一则关于王先生离职的消息引起了其公司的广泛关注和讨论。作为一名资深销售经理，在公司工作了近十年的王先生突然宣布辞去自己的职位，选择离开公司。这一突然的离职决定给公司带来了一些困扰。然而，进一步的分析表明，这个决定并非王先生的一时冲动，而是他在对自身情况进行综合评估与分析后得出的结果。

首先，待遇不合理是王先生离职的主要原因之一。在过去的几年里，虽然王先生的工作成绩一直很出色，但他的薪资却没有得到相应的提升。与此同时，公司在其他方面的福利待遇也没有明显改善，如晋升机会、培训发展等。尽管公司口头上承诺会增加投入，但实际上并未得到有效落实，使王先生感到公司忽视了他的贡献和价值。

其次，工作压力过大也是王先生决定离职的重要因素之一。作为销售经理，他每天面临着巨大的工作压力和挑战，需要不断开拓市场、完成销售目标。然而与此同时，公司对他的工作负荷也迅速增加，经常要求他加班加点去完成任务。长期以来，这种高强度的工作状态对王先生的身心健康产生了负面影响，进而使他对现有工作感到不满和疲惫。

最后，公司文化的转变也对王先生产生了重要影响。公司在刚开始成立的时候，王先生一直积极参与并拥护公司的发展目标和文化价值观，不断努力为公司创造价值。然而，近年来，随着公司规模的扩大和管理层的变动，公司的文化氛围逐渐发生了转变。传统的人文关怀和员工关系越来越次于对金钱利益的追求，这让王先生感到对公司的归属感和认同感减弱，最终选择离职。因此王先生的离职决策是经过充分的分析和综合考虑后作出的。待遇不合理、工作压力过大及公司文化的转变是他作出这一决定的主要原因。

总的来说，企业应该认真对待员工的离职问题，即需要重视员工的个人成长和发展需求，合理安排工作强度与薪酬待遇，并维护好公司的文化氛围和核心价值观。只有这样，才能真正提高员工的工作积极性和忠诚度，降低离职率。

第四讲　离职风险提示

员工离职是企业员工流动的一种重要方式，但若管理操作不当员工离职可能会给企业经营带来一定的风险，下面，介绍几种针对不同离职风险的处理方法。

1. 用人单位存在过错情形下员工离职的风险

用人单位在违反《劳动合同法》第三十八条的规定，存在过错的情形下，劳动者可以单方面解除劳动合同，且不用提前三十日通知，单位需要支付其经济补偿金。因此用人单位应更熟练地掌握相关法律法规，合理利用，规范制度，以防范风险。

2. 员工离职可能导致技术或商业秘密泄露的风险

离职员工有可能会泄露公司机密，给用人单位带来不利影响。用人单位应与公司技术人员签订包括商业秘密和竞业限制的协议，并在协议中明确员工遵守公司商业秘密和竞业限制的权利与义务。其中，竞业限制期限不得超过两年；对于技术人员离职前，应设置解密期限，以降低此类风险。

3. 员工离职不配合办理工作交接手续的风险

为确保员工的离职不影响工作的连续性，用人单位在员工入职签订劳动合同时，应对离职工作交接作出相关约定，并明确违约责任，以便员工离职时，用人单位有依据约束其离职行为，避免因员工离职不配合交接工作带来的风险。

4. 办理离职后用人单位未出具离职证明的风险

出具解除劳动关系的证明是用人单位的法定义务，若用人单位不履行该法定义务，不给离职员工出具离职证明，可以由劳动行政部门责令其出具。如果离职员工因缺少离职证明找不到工作或者无法办理失业保险遭受损失的，可以要求公司赔偿。用人单位可通过邮寄的方式及时给员工寄出离职证明，并留存相关凭证。

5. 离职后未及时为员工办理档案交接和社会保险转移手续的风险

用人单位应当在解除或者终止劳动合同时出具解除或者终止劳动合同的证明，并在 15 日内为劳动者办理档案和社会保险关系转移手续。否则可能面临行政处罚，给员工造成损失的，应予以赔偿。需要注意的是，只要员工在职一天，用人单位就要为员工缴纳社会保险。在审批员工离职申请的时候，用人单位应尽量将离职时间定在月末，以确保为离职员工缴纳当月的社会保险。

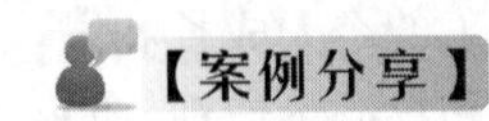

【案例分享】

王某的离职风险提示

王某于2016年2月进入A公司，从事技术开发工作，他与A公司签订了3年的劳动合同。但在2018年5月，A公司以王某不能胜任该岗位的工作为由，单方面通知王某被解雇了，并给其结算了当月工资。

王某因不满A公司的处理方式，在离开A公司后提出劳动仲裁，因为其工作已满两年，平均月薪为6 500元，所以他要求A公司支付违法解除劳动合同赔偿金26 000元。但A公司以公司管理制度的相关规定为由，认为王某不符合A公司的用人要求，被辞退是合理的。劳动争议仲裁委员会要求公司拿出足够的证据，证明该员工确实无法胜任该工作，且还需证明对方经过培训或调岗后依然无法胜任工作。后由于公司无法提供相关证据，未能有效举证，其被判决落实对王某的补偿。

L公司的离职风险提示

L公司是一家小型的国内制造业企业，该公司处于行业变革的关键时期。经历了三次合并重组后，该公司的运营状况相对不稳定。与此同时，市场竞争也更加激烈，产品价格下降，员工士气低落。

离职风险的因素分为内部因素和外部因素，具体内容如下。

1. 内部因素

(1) 组织架构调整：公司合并重组后，存在无法避免的组织架构调整。一些职位被取消、合并或替代，这可能导致员工感到不安和不满。

(2) 工作不确定性：公司转型期间，员工的工作任务和职责不断发生变化。不稳定的工作内容可能加剧压力，进而影响员工的工作满意度。

(3) 薪酬压力：在行业竞争激烈的情况下，公司可能会削减员工薪资、福利及奖金。一旦员工发现自己的收入不再具有竞争力，离职的风险就会增加。

(4) 领导风格：不良的管理风格，如缺乏授权、不公平决策等，容易引发员工的不满和抵触情绪，进而诱发离职风险。

2. 外部因素

(1) 经济不景气：经济形势不好会导致企业业务活动减少、企业营收锐减，从而影响员工的职位稳定及薪资待遇。

(2) 行业竞争加剧：市场上新的竞争对手的涌现可能给员工带来更多的选择，增加他们寻求新机会的可能性。

(3) 就业环境变化：技术变革可能使一些岗位被淘汰，例如，自动化技术的引进可能使一些员工无法适应，导致他们会主动寻找新的就业机会。

员工离职的风险管理与预防措施如下。

(1) 规划职业发展：HR 应该谨慎规划员工职业发展，考虑行业的发展趋势和公司的稳定性。HR 应及时了解公司的战略转型计划，与领导密切沟通，为员工争取更多的发展机会。

(2) 提升技能：促使员工应保持学习的状态，不断提升员工的专业知识水平和技能，以适应行业的变化和公司的需求。

(3) 解决内部问题：如与上级领导或同事之间存在冲突，应尽早与相关方进行沟通，寻找解决之道。

离职风险并非仅由于个人的主观因素，某种程度上也受到公司内外环境的共同影响。提前了解可能的风险因素，并采取相应的预防措施，可以帮助公司更好地应对潜在的离职风险，以免影响公司发展及员工未来的发展机会。

第五节 各类证明模板

在一个单位工作不满意要跳槽的时候都会先办理离职手续，单位开具离职证明。入职新单位的时候，很多单位都要求提供离职证明、收入证明等之类证明，本节将对这些证明进行具体的介绍。

第一讲 在职证明

在职证明是日常的生产、生活和经营活动中，所需要的对个人在职情况及收入的一种证明，一般办理在职证明主要是出国签证使用。办理方式有以下两种。

(1) 可以找单位人事部或者委托朋友公司代为办理。

(2) 可以找市面上的代办公司，但一般需要支付几百元的代理服务费。

开具在职证明时，需要注意以下事项。

(1) 在职证明要注意书写格式，如果是跟旅行社走，可以向他们索取范本格式。

(2) 开在职证明必须加盖“鲜章”，也就是在职证明复印是无效的。

(3) 加盖的章必须是单位的公章，而且必须是圆形章。

(4) 有的国家还需要提供企业营业执照副本复印件并加盖公章。

(5) 除了拥有在职证明和执照副本外，有的领事馆还要进行电话回访，这一点需要特别注意。

下面是某公司的在职证明范本。

在职证明

兹证明______：
身份证号码：_________。
自________年____月____日起在我公司工作至今。
现担任本公司____一职。

特此证明！

公司盖章：__________有限公司
公司负责人签名：
日期：____年____月____日

第二讲 离职证明

离职证明书是指员工在离开原企业时，由原企业开具的关于该员工的受雇职位等信息的证明。

《劳动法》第九十九条规定，用人单位招用尚未解除劳动合同的劳动者，对原用人单位造成经济损失的，该用人单位应当依法承担连带赔偿责任。这也引发了劳动者再次就业应持有离职证明书、原用人单位应为劳动者出具离职证明书的社会议论。借鉴国际经验，为维护劳动力市场秩序和劳动者的权益，《劳动合同法》第五十条明确了用人单位应当出具解除或者终止劳动合同证明书的法定义务，即用人单位应当在解除或者终止劳动合同时出具解除或者终止劳动合同的证明，并在十五日内为劳动者办理档案和社会保险关系转移手续。

下面是某公司员工的离职证明范本。

离职证明

兹证明______：
身份证号码：_________。
职务：_________
自____年____月____日入职我公司，至____年____月____日因个人原因申请离职，在此间无不良表现，经公司研究决定，同意其离职，已办理离职手续。
特此证明！

公司盖章：__________有限公司
公司负责人签名：
________年____月____日

第三讲　收入证明

收入证明是在日常的生产、生活和经营活动中，所需要的对经济收入的一种证明。一般在办理签证、银行贷款、信用卡等业务时会被要求由当事人单位出具的对经济收入的证明。

在申请信用卡或者办理其他银行业务的时候，收入证明是必不可少的证明材料。许多人在要求单位开具收入证明的时候并不知道标准的收入证明是什么样的格式，导致很多收入证明无法使用。收入证明是信用卡审核时确定初始信用额度的主要参考内容之一，直接反映了申请人的还款能力。

在开具收入证明时，应注意以下事项。

(1) 开具收入证明时要注意格式。在开具收入证明的时候，应当提前问一下贷款银行对于收入证明格式是否有要求。因为有些银行有统一的格式规定。

(2) 开具收入证明必须要加盖“鲜章”，也就是说，一定要去单位加盖公章，并提交原件。

(3) 收入证明上加盖的章一定是贷款人单位的财务章或者是单位的公章，而且很多银行都有规定必须是圆形章。

(4) 需要提醒的是，年收入其实不仅包括每个月发放到银行卡里的钱，还应当包括奖金、福利等，并扣除个人所得税、保险金等项目。

下面是某公司员工的收入证明范本。

收入证明

兹证明________(先生/女士)目前为我单位(全职/兼职)员工。

身份证号码：____________。从____年____月至今在此从事____工作，目前职位：________。固定月工资(大写)人民币__________元，奖金、红利等其他收入月平均(大写)人民币___________元。平均全年总收入(大写)人民币___________元。

本单位对该证明的真实性负责！

以上情况，特此证明！

本单位信息(均为必填，公章加盖于所填内容之上)：

单位性质：________

单位地址：________

单位领导：________

单位电话：________

________年____月____日

第四讲　劝退不合格的员工

在企业的运作过程中，时常会出现员工绩效不达标、沟通不畅等问题，为了保障企业的长期发展，有时候需要劝退员工。但劝退员工需要高超的情商和沟通能力，如果不恰当地处理这个问题，可能会对员工、公司和业务产生严重的连锁反应，因此，需要慎重处理。下面，介绍如何正确地劝退员工，既不伤和气，又不失人心，让企业保持良好的形象。

(1) 提供辅导和帮助。在考虑辞退员工之前，可以先试着提供培训和辅导，以帮助员工改善工作表现。如果员工表现依然不尽如人意，则需要进行进一步的调整。

(2) 建立明确的员工标准。确保公司制定明确的员工绩效标准，以便可以合理地评估员工的工作表现。这个标准应该是可量化的、可衡量的和可验证的，从而能够清楚地评估员工的工作表现，并为将来作出决策提供充足的依据。

(3) 安排合理的离职流程。离职流程应该是透明、公正和人性化的。辞退员工之前，应向员工提供合理的通知和辞职日期，并与员工讨论离职事宜。此外，公司也应该妥善处理员工的社会保险和政策福利等问题，以确保员工的合法权益受到保障。

(4) 了解当地法律法规。在处理员工离职问题时，要遵守当地的劳动法规和劳动合同，以确保合法合规。劳动合同应当清晰规定雇佣双方的权利和义务。

辞退员工之前，应对员工进行有效的培训和辅导，提供机会让员工改正其行为。同时，要提供合理的离职流程，确保员工合法权益受到保障。最后，处理过程中要遵循当地的法律法规，确保合法合规。下面，是某公司的员工劝退证明范本。

劝退证明

兹有我公司员工：________，性别：________，身份证件号：________，原任本单位职务为________，因________原因，经本人所在单位主管与行政部门协商一致，已于________年____月____日办理完辞退手续，结清各项费用及薪资。与我单位解除一切劳动关系。

因未签订相关保密协议，遵从自由择业。我单位愿意承担本证明内容不实的法律责任

特此证明！

单位公章：

________年____月____日

第五讲　员工非正常离职的应对策略

现实的生活中充斥着各种各样的诱惑，尤其是工作方面。有些公司为了吸引人才，可能会提供更高的薪资和更好的待遇；有些员工感觉工作压力大，故意逃离工作

岗位等。下面，对这些非正常离职员工的解决办法作进一步的介绍。

首先，当遇到员工擅自离职的情况时，用人单位应当以书面形式送达通知书，限定员工在指定时间内回公司上班，并提出如限期内不上班的处理措施。

其次，如果员工擅自离职达到可以辞退标准的，用人单位应当将解除劳动关系的事宜公开，并以书面形式送达辞退通知书给员工，通知其前来办理交接工作及离职手续。

至于通知书的送达，用人单位应采取挂号信或 EMS 形式，将通知书送至员工信息登记的住址、身份证地址或者紧急联系人地址，并保存好回执。送达日期以签收日期为准。若员工不签收，或邮寄信被退回，用人单位应当完好保留邮寄信。如有争议发生，开庭时可当着仲裁员的面打开邮寄信，以证明用人单位履行了通知义务和用人单位解除劳动合同的意愿。必要时，用人单位还可以在报纸上刊登声明，自通告之日起满 30 天即视为送达。

另外，如果员工违反劳动合同约定的保密义务或者竞业限制，造成用人单位遭受损失的，用人单位可以申请仲裁，要求员工赔偿损失。如果用人单位为员工支付了培训费用，而员工在合同期满前离职，用人单位可以要求劳动者赔偿培训费。如果员工未与公司办理离职手续就到其他公司上班，造成原公司损失的(须有实际数字证据)，公司也有权要求员工赔偿损失。

【案例分享】

某公司员工的非正常离职

某保险集团股份有限公司是一家集财险、寿险、资产管理、基金管理于一体的综合性金融保险集团，注册资本为 38 亿元，总部设在北京。该公司在人力资源管理方面一直严格要求。然而，该公司最近发生一起员工非正常离职事件。员工张某在离职的前一天突然带走大量重要客户资料，并向公司施加了威胁。面对这场危机，公司高层快速行动并采取合适措施，维护了公司利益和员工的安全。

(1) 快速反应与调查：公司高层及时发现异常情况后立即召开紧急会议，并成立专门小组调查事件真相和内部泄露原因。

(2) 合理灵活操作：公司领导与法律团队密切合作，根据相关法律法规和劳动合同条款，展开合理灵活的行动措施，确保合法合规。

(3) 信息追踪与保护：通过电脑日志和数据监测手段，对员工张某的离职前行为进行全面追踪，同时加强公司内部网络信息保护，以防止类似事件再次发生。

(4) 和谐协商与解决：在事件处理的过程中，公司高层与员工进行了诚恳对话，加强了沟通与理解，并针对员工离职原因和个人情况提供了合适的支持和解决方案，既维护了公司声誉，又保障了员工的合法权益。

应对策略及解决方案如下。

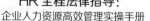

(1) 加强劳动法规培训：对员工和管理层展开定期劳动法规及企业政策的培训，使其了解权责和条例，并掌握正确处理非正常离职事件的方法。

(2) 风险预警机制：建立完善的风险预警和安全保护机制，监控员工离职行为，并采取相应的措施，减少潜在风险。

(3) 加密重要信息：对公司内部敏感信息进行严格管控和加密，特别是涉及客户资料、薪酬福利等重要数据。

(4) 留存员工技能：公司应与员工建立良好的关系，提供员工持续发展和晋升机会，以减少员工流失和非正常离职情况。

某集团的员工非正常离职处理办法

某集团创建于 1998 年，总部位于深圳，是一家持续、稳健发展的综合产业控股集团。近年来，该集团的业务快速发展且规模不断扩大。这主要得益于广大员工为公司所做出的巨大贡献。然而，在公司蓬勃发展的同时，也出现了员工非正常离职的情况。

张某是公司研发部门的主管。其在公司工作了三年，并且表现得一直非常优秀和可靠。他领导着一个高效团队，展现出卓越的技能和领导能力。然而，最近几个月，张某开始表现出一些异常举动。他频繁请假，未能按时完成任务，并对公司工作流程提出不合理要求。此外，他开始与同事疏远，没有有效沟通，也没有给予团队足够的支持。

公司管理层非常重视张某的情况，不希望看到他的表现持续恶化。因此，人力资源部门的经理决定与张某进行一次私下会谈，以了解他的情况。在会谈中，张某透露他个人生活出现了一些问题，导致他情绪不稳定，并且对工作逐渐失去了兴趣。然而，张某没有提供具体的解决办法或时间表，与公司合作并没有改善的迹象。

在与张某进一步交流后，人力资源部经理决定采取以下措施来处理这个非正常离职情况。

(1) 给予支持：首先，向张某传达出公司对他的理解和关心，并表示愿意为他提供支持。可以提供心理咨询、员工辅导等资源，帮助他处理个人问题，从而使其恢复工作状态。

(2) 加强沟通：建立一个良好的沟通渠道，让张某能够分享他所面临的困扰和难题，并与相关人员讨论解决方案。通过密切关注张某的情况，及时调整工作安排和项目计划，并提供合理的支持和协助。

(3) 留住人才：如果张某表示对工作已经失去兴趣，并希望寻找其他机会，公司可以考虑将他调到其他部门，给他提供新的挑战和发展机会。该举措既能留住人才，也能缓解张某在研发部门可能产生的负面影响。

(4) 教育其他员工：将员工非正常离职情况作为一个经验教训，通过内部培训和分享会告诉其他员工如何管理和应对类似情况。这将提高组织内部的危机意识，并帮助他们更好地理解和处理类似问题。

总而言之，遇到非正常离职的员工，公司应该积极面对并妥善处理。通过及时沟通、给予支持和提供新的发展机会，可以为公司建立更加健康和有成效的工作环境，使员工更加稳定和愿意与公司共同成长，从而保障企业稳定运营和员工的合法权益。

第六讲　如何降低员工的流失率

员工流失尤其是核心员工的大量流失，不仅可能造成客户资源流失，人心浮动，还可能造成企业核心机密的流失，给企业带来极其惨重的损失，因此对于企业来说，除了需要淘汰的员工外，企业要确保其他正常员工相对稳定，也应该采取一定的措施来降低企业员工的流失。下面，简单地介绍一些降低员工流失率的方法。

1. 严把进人关

把好人才入门关，在最开始的人事决策时就要考虑好人员自身的性格、价值观、家庭环境等非工作因素，招聘时除了为企业选到能力强、层次高的人才，更要考虑企业未来的发展及这些人才的培养和任用计划，在第一道关就为企业留下关键人才打下坚实的基础。

2. 明确用人标准

企业在招聘员工时，一定要结合企业的用人需求，不能不结合实际盲目地提高用人标准，因为企业招聘相应职位的岗位，只会给予这些岗位相应的待遇和级别，而这些人进入企业后，如果发现实际情况不是自己预期的，就会感到受骗，从而选择离开。

3. 端正用人态度

现在许多企业为了招揽人才，往往会在开始承诺高薪待遇，等员工入职后逐渐降低待遇或承诺的东西不予兑现。许多企业和老板往往把这看作自己的“用人高招”，但是企业这样做只会潜伏着巨大的风险，因为这些员工一旦识破企业的真实意图，就会大批地流失。

4. 发展激励

培训和晋升是激励员工不断进取和努力工作的重要方式。绝大多数员工都希望通过自身工作的努力来获取培训和晋升的机会，以获得个人在事业上进一步的发展，如果能够兼顾公司和个人共同发展，员工流失率必定会显著降低。

员工流失的确是不可避免的，但是管理者可以站在员工的角度去思考，去理解他们的感受，从而为他们提供更好的工作环境与薪酬福利，进而提升员工对企业的满意度，让他们安心地留在企业工作，创造更多的绩效。

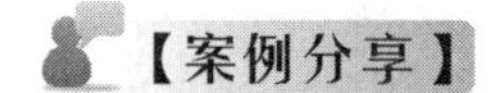
【案例分享】

某公司降低员工流失率的做法

某电子科技有限公司成立于2005年1月，实缴注册资金1 000万元，是集研发、生产、销售为一体的仪器仪表高科技企业。在蓬勃发展的信息技术行业中具备竞争力。然而，由于市场竞争激烈，该公司面临着员工流失率超过行业平均水平的问题。员工离职导致公司失去不少核心人才，也使企业的发展受到了不小的影响。因此，该公司决定采取一系列措施来降低员工流失率，同时增强员工的忠诚度和参与度。

措施一：优化人才招聘和选拔。为了确保公司招到与企业文化相匹配的员工，该公司加大了对人才招聘和选拔过程的投入力度。他们引入面试技巧培训，加强对应聘者的背景调查，以及对招聘经理进行全方位的专业指导。这样，公司能够更准确地选择到适应企业发展、志同道合的员工，从源头上避免了员工流失的问题。

措施二：提供有竞争力的薪资和福利待遇。该公司意识到薪资和福利是吸引和留住员工的重要因素之一。因此，他们进行了内部、外部薪资和福利的市场调研，并确保其薪资和福利在行业中处于领先地位。不仅如此，该公司还提供给员工广阔的晋升空间和培训机会，为员工的职业发展提供有效支持。这些举措有效地提高了员工的满意度和忠诚度，减少了员工流失的可能性。

措施三：关注员工的工作环境和文化建设。为了营造良好的工作环境和团队文化，该公司提供了舒适的办公设施，并鼓励员工之间的合作与交流。此外，他们还组织各种员工活动，并为员工提供定期的培训和技能提升机会。这些措施不仅增强了员工的归属感，也使员工更加愿意留在公司，发挥个人才华。

通过这些措施，该公司成功地降低了员工的流失率。

某科技公司降低员工流失率的做法

某公司是一家位于中国深圳的互联网科技公司，拥有数百名员工。然而，在过去的几年中，该公司面临着员工流失率持续走高的问题。在一次公司内部调查后，他们发现了一些原因，如缺乏职业发展机会、工作压力大及薪资待遇不公等。为了解决这些问题，该公司采取了以下措施。

(1) 提供职业发展机会：该公司实施了一套完善的职业发展计划。他们鼓励员工参加行业培训和专业认证，并且为他们提供晋升机会。此外，公司还建立了导师制度，为员工提供个性化的职业规划指导和技能培训，帮助员工个人成长。

(2) 管理工作压力：公司意识到员工压力是其流失的主要原因之一。为了减轻员工的工作压力，他们采取了一系列措施，如优化工作流程、合理分配任务、提供灵活的工作时间安排等。此外，公司鼓励员工参加团队建设活动和员工福利项目，提高员工的工作满意度和幸福感。

(3) 公平薪资与福利待遇：该公司重视公平和透明的薪资和福利制度。他们进行了全面的薪资调研，并确保员工的薪资水平符合市场标准。此外，公司还提供了丰富的员工福利，如健康保险、带薪休假和年度奖金等。这些措施不仅提高了员工的满意度，也增强了员工对公司的忠诚度。

通过提供职业发展机会，改善工作环境并提供公平的薪资与福利待遇，员工对公司的忠诚度和满意度不断提高。同时，员工流失率也显著下降，为公司的稳定发展提供了坚实的基础。

总而言之，降低员工流失率的关键是给予员工更多的发展机会、改善工作环境和提供公平的薪资与福利待遇。只有这样，员工才能感受到被公司重视和关爱，从而增强对公司的忠诚度，提升企业的整体竞争力。

第六节 答疑解惑

经过本章一系列知识的学习，相信很多人仍存在一些疑惑，下面以简单的示例来对这些问题进行简要介绍。

第一讲 以例说“法”

【案例分享】

张某的离职风波

张某于 2016 年 4 月入职某公司并担任工程师一职，月薪为 8 000 元。2020 年 7 月，张某以“想要换个环境”为由向该公司提交离职申请，申请离职时间为 2020 年 9 月，离职申请表于当日经由班组长及部长经理签字确认。该公司规定普通员工辞职须提前 30 天提出离职申请。2020 年 8 月 30 日，该公司通知张某当日去办理离职手续，张某以未到离职日期为由拒绝办理，该公司随即注销其门禁卡，并停止为其缴纳社保。张某申请仲裁，要求公司支付单方面解除劳动合同的赔偿金共计 72 000 元。

分析如下。

一种观点认为，张某因自身原因向该公司提出离职申请，约定在 30 天后离职，并经公司部门负责人同意，应当属于《劳动合同法》第三十六条规定的劳动者与用人单位协商一致解除劳动合同之情形，视为张某提出解除劳动合同，并就解除劳动合同及具体时间达成合意，实际上也是对劳动合同终止时间的变更。该公司在未到双方约定离职日期，即通知张某办理解除劳动关系手续，在被张某拒绝后，该公司强行单方注销其门禁、停缴社保的行为侵犯了劳动者的合法权益，视为单方解除劳动关系，应当依法支付违法解除劳动合同赔偿金。

另一种观点认为，张某系属《劳动合同法》第三十七条劳动者提前 30 日以书面形式通知用人单位解除劳动合同，该 30 日之规定主要是为了保障用人单位的生产经营秩序，用人单位可以主动放弃这一权利，该公司可以提前要求张某离职。

劳动争议人事仲裁委员会认为，该公司规定普通员工提出辞职须提前 30 天填写离职申请表，并要求经公司批准同意这一程序，系对员工提出协商解除劳动合同的程序性规定。而劳动者提前 30 日书面通知用人单位解除劳动合同则属无须用人单位同意即可行使的解除权，劳动者只需按法定程序履行到位即可。本案显然属于劳动者提出的协商解除之情形，该公司未到双方约定日期即提前单方解除与张某的劳动关系，应当支付违法解除劳动合同赔偿金。

在实践中，较多用人单位在员工离职管理上采用员工离职申请表这一模式，且均有要求员工填写离职日期，并设计了相关管理人员审批栏目。但在管理上又大多较为随意，如相应岗位人员招聘到位即要求拟辞职员工即行离职，建议用人单位在此类情形下，应当与劳动者就离职日期再行协议确定，并签订规范的书面离职协议。

李先生的人事管理办法

李先生是一家科技公司的人力资源部经理。他负责招聘、培训和管理员工，以保障公司顺利运营。最近，公司面临一些挑战，特别是在入职、离职和基础人事管理方面。

首先，由于招聘需求增加，HR 团队常常在入职流程中感到忙碌。然而，由于流程不规范，很多入职员工在办理入职手续时出现延误和混乱的情况。这导致新员工对公司的印象不佳，并影响了他们的融入与工作效率。为了解决这个问题，李先生决定重新审视入职流程，采用更高效的方法，如在线填写入职表格和电子签署合同。此外，他还加强了与各部门的协作，确保新员工能够顺利地获得必要的培训和资源。

其次，离职也成为一个问题。公司的离职率逐渐上升，导致人力资源团队不得不频繁处理员工离职的手续，并且新员工需要花费大量时间进行岗位转移和培训上的支持。李先生认识到，除了加强员工的职业发展和满意度外，规范离职程序也非常重要。因此，他采取了一系列举措，如改善离职流程、开展离职面谈和改善内部沟通，以了解员工离职的真实原因，并尽量留住他们。此外，他也与其他部门紧密合作，确保离职员工离职的知识和技能顺利转移，以减少公司在员工流动中的损失。

最后，基础人事管理的重要性不容忽视。在李先生接手人力资源部之前，许多员工的档案和合同管理是手工操作，存在大量的错误和遗漏。为了提高工作效率和减少错误，李先生决定引入人事管理系统。该系统使公司能够电子化管理员工的档案、合同和薪资信息等。这不仅提高了管理的准确性和效率，也方便了员工查阅和更新个人信息。

通过以上的改进措施，公司在入职、离职和基础人事管理方面有了显著的改善。新员工能够更好地融入团队、快速上手工作；员工流动率也有所降低，公司节省了培训和招聘的费用；基础人事管理的电子化提高了工作效率和准确性。

综上所述，入职、离职与基础人事管理对于组织的顺利运营至关重要。只有使其不断改进和适应企业发展的需要，才能保持高效率和稳定的人力资源管理。

第二讲　总结与思考

在本章中，我们详细地介绍了不同用工的种类、人员在入职/离职的流程规范，以及一些常用的人事档案管理，使大家对人员的基础管理有更深刻的了解与掌握，尤其是对各种证明模板的介绍，它们是企业避免陷入劳务纠纷的重要凭证。

通过本章的学习，可以极大地实现企业与人员之间建立良好的劳资关系，使企业各项工作更加系统化、规范化，在一定程度上可以避免雇主与雇员关系不和谐的问题。入职、离职与基础人事管理对企业运营非常重要。良好的入职流程可以帮助企业招聘到合适的人才；恰当的离职管理可以减少负面影响并促进企业形象；而基础人事管理则有助于提高整体绩效和员工满意度。因此，企业应重视这些方面，并不断优化和完善其人事管理制度。

第五章 

企业人力资源培训管理

企业人力资源培训管理在现代组织中具有至关重要的地位。它不仅有助于提高员工的知识技能，而且可以促进企业的长期发展。本章将探讨企业人力资源培训管理的关键内容，通过设定明确的目标、设计合理的方案、严格的实施流程和全面的效果评估，从而提高员工的技能水平，增强企业的竞争力，为企业的长期发展提供保障。

第一节 培训流程制度

培训流程制度已成为企业和组织不可或缺的一部分。这些制度可以帮助员工更好地了解公司的文化和价值观，提高自身技能水平，提供更好的职业发展机会。

有效的培训流程制度应该考虑员工的需求和公司的目标，以保障培训计划的有效性和可持续性。这需要一套完整的流程来规划、组织、实施和评估培训项目，并且不断地进行改进和更新。当然，培训流程制度的实施需要充分尊重员工的权益和自主性，同时也需要保障公司的利益和业务发展。只有这样，才能真正实现员工和企业的共赢。

第一讲 培训管理原则

在竞争激烈的商业环境中拥有一支高效、能力卓越的团队至关重要。而培训管理原则是打造卓越团队的秘诀之一。本讲将从不同角度分析培训的重要性，以及如何运用相关原则来提升员工的绩效和全面能力。

1. 设定明确目标：培训规划的关键

明确目标是提高员工绩效的关键。为了保障培训计划的有效性，首要任务是设定明确的培训目标。明确的目标能够使培训更加有针对性和专业化，确保员工的学习和发展与组织的战略方向紧密相连。只有明确目标，才能更好地评估培训成果和质量。

2. 个性化培训计划：满足员工需求

个性化培训计划是激发员工潜能的法宝。每个员工的学习需求和能力都是独特的，因此，个性化培训计划是必不可少的。根据员工的工作职责、发展阶段和兴趣爱好，制定个性化的培训方案，既能满足员工的需求又能切实提升其综合素质。通过个性化培训，每个员工都将得到更加有效的学习和成长机会。

3. 多元化教学方法：激发学习动力

多元化教学方法是激发学员积极性的关键。采用多元化教学方法是培训管理不可或缺的一环。通过结合讲授课程、小组讨论、案例分析、角色扮演等多种教学形式，能够激发学员的积极性，增强学习的互动性，提升培训的有效性。培训师应根据不同员工的学习风格和喜好，灵活运用各种方法，确保培训内容的易理解性和可操作性。

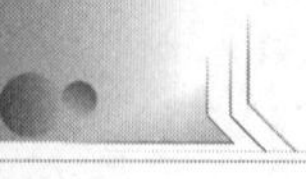

4. 持续评估和反馈：优化培训效果

持续评估和反馈是实现培训目标的关键。培训之后的持续评估和反馈是确保培训效果的必要环节。通过定期评估学员的学习成果和应用能力，及时调整培训方案，解决潜在问题，并提供个性化的反馈和指导。有效的评估与反馈机制将帮助组织不断优化培训计划，并实现预期的培训目标。

【案例分享】

培训管理原则在A公司的应用

A 公司是一家以电子产品制造为主的企业。公司秉承“人才是最宝贵的资产”的理念，注重员工的培训和发展。为了提高员工的专业素质和工作效率，A 公司始终坚持以下几个培训管理原则。

1. 明确培训目标

在A公司，每次培训活动都设定了明确的目标和期望结果。例如，在为销售团队进行产品知识培训时，希望通过培训增加员工对产品的了解度和销售技巧，从而提升销售业绩。

2. 根据需求制订培训计划

A 公司会根据员工的实际需求和岗位要求制订相应的培训计划。例如，新员工入职后将接受基础技能培训，而具备一定工作经验的员工则会参加更加专业和深入的培训课程。

3. 利用多样化培训方法

A 公司充分利用各种培训方法，包括面对面授课、在线学习、实践操作等。公司会根据员工的需求和特点选择最合适的培训方法，以达到最佳效果。

4. 进行培训评估和反馈

A 公司非常重视培训效果的评估和反馈。公司会安排培训结束后的评估测试，以检验员工的培训成果。与此同时，还会收集员工对培训内容和方式的意见和建议，以不断提升培训质量。

5. 建立持续学习机制

A 公司鼓励员工建立持续学习的机制。公司会提供各种学习资源，如图书、教育网站和培训课程，并设立奖励机制，激励员工自觉地进行学习和提升。

6. 投资培训资源

A 公司将培训视为一项长期投资，投入大量资源来培训员工。除了培训费用，公司还提供师资、场地、设备等支持，确保培训顺利进行。

通过以上培训管理原则的应用，A 公司的业绩取得了显著提升。员工的专业能力不断提高，产品的市场份额也逐渐增长。公司实现了以人为本的发展战略，进一步巩固了自身在行业内的竞争优势。

培训管理原则是A公司提高员工专业能力和工作效率的重要保障。只有明确培训目标、根据需求制订计划、利用多样化培训方法、进行培训评估和反馈、建立持续学习机制和投资培训资源等措施相结合，才能够实现成功的培训管理。随着时间的推移，A公司继续秉持培训管理原则，不断提升员工的综合素质，以为企业的可持续发展做出更大贡献。

某公司的管理培训原则

某公司是一家大型软件开发企业，致力于为客户提供高质量的软件解决方案。然而，在过去的几年中，他们一直面临着组织绩效不稳定、员工流失率高等挑战。面对这些挑战，公司决定实施一套全新的培训管理原则，以期提高组织绩效和员工满意度。

首先，公司进行了全面的需求分析，了解了员工在技能、知识和行为方面的现状。同时，他们还评估了公司内部的培训资源，并与员工进行了深入的访谈和调查。通过这些努力，公司发现存在以下问题：培训资源利用率低、培训计划与业务目标不匹配、培训内容与员工实际需求不符等。

基于以上分析，公司确定了培训管理原则的第一个关键点——定制化培训。他们决定根据员工的个人能力和团队需要，结合业务目标为员工提供个性化的培训方案。针对初级员工，公司安排了基础岗位技能培训，并引入了师徒制度，让新人能够从经验丰富的老员工那里获得指导。对于高级员工，公司提供了进阶培训，鼓励他们培养领导能力和项目管理技巧。

其次，公司强调“学以致用”的培训原则。为了确保员工能够将所学知识和技能应用到实际工作中，公司将培训内容与关键业务项目相结合，并定期组织实践环节，让员工能够运用新学的技能解决实际问题。此外，公司还建立了反馈机制，员工可以分享他们工作中所遇到的挑战和应对策略，以促进其他员工的学习和成长。

最后，持续评估与改进。公司认识到培训并非一次性事件，而是一个持续不断的过程。因此，他们设立了培训效果评估团队，定期收集员工反馈、观察业绩提升情况，并与员工进行面对面的沟通。根据这些反馈和数据，公司不断改进培训方案，优化培训资源的使用效率，保障培训的持续有效性。

通过实施这些培训管理原则，该公司取得了长足的进步。员工满意度显著提升，组织绩效稳定增长。新员工的入职时间明显缩短，人员流失率也大幅下降。此外，公司内部的沟通和合作水平也明显提高，团队的凝聚力和创新能力得到了增强。

总之，高效团队的建设需要有效的培训管理原则来实现。明确培训目标、实施个性化培训计划、利用多元化教学方法及持续评估和反馈是打造卓越团队的重要步骤。

只有运用这些原则，组织才能帮助员工充分发掘潜力，提升整体绩效，实现持续成长和成功。

第二讲　培训管理方法

培训管理是组织不可或缺的一部分。它涉及规划、组织和实施培训项目，以帮助员工发展技能并提高绩效。下面，简单地介绍一些有效的培训管理方法。

1. 了解员工需求

开始任何培训之前，都要首先了解员工的需求。这意味着要进行个体评估，了解他们的技能水平、知识缺口和职业目标。通过与员工交流，你可以更好地理解他们的需求，并有针对性地制订培训计划。

2. 设定明确的目标

要保障培训的有效性，必须设定明确的目标。这些目标应该是可量化和可衡量的，以便培训完成后进行评估。例如，目标可以是提高员工销售技巧的成功率，或者提高客户服务评分。明确的目标使培训程序有针对性，并且能够实现预期的结果。

3. 制订定制化培训计划

基于员工需求和设定的目标，制订一个定制化的培训计划。这意味着要根据员工的角色和职责，提供相关的培训课程和材料。例如，销售部门的员工可能需要接受产品知识培训和销售技巧训练。根据不同岗位的要求定制培训计划，能够更好地满足员工的需求。

4. 采用多种培训方法

为了提高培训成效，采用多种培训方法是必要的。人们有不同的学习风格和偏好，通过结合面对面培训、在线培训、实践和反馈可以满足不同员工的需求。此外，提供参考资料和资源，如书籍、文章和教学视频，能够帮助员工深入学习，并在需要时进行复习。

5. 持续评估和反馈

培训过程不应该止步培训期间。持续评估和反馈是培训成功的关键。定期与员工交流，了解他们的学习进展和反馈意见。这样可以发现任何潜在的问题并及时加以解决。与此同时，通过测验、问卷调查等方式，对培训效果进行评估，以便进一步改进培训计划。

6. 提供激励和奖励

为了激励员工参与培训并持续学习，提供激励和奖励是必要的。这包括奖金、晋

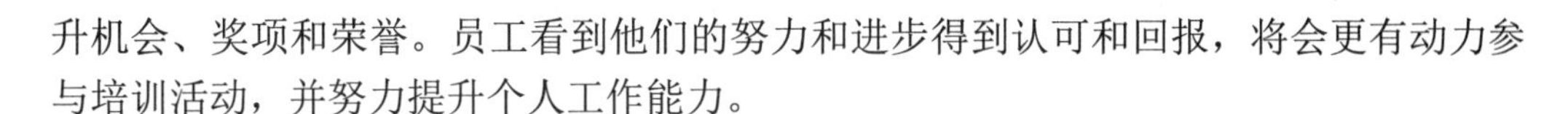

升机会、奖项和荣誉。员工看到他们的努力和进步得到认可和回报，将会更有动力参与培训活动，并努力提升个人工作能力。

7. 不断改进

培训管理是一个持续的过程，需要不断改进。要收集员工的反馈意见，并关注行业的最新趋势和技术发展。根据这些反馈和趋势进行调整和更新培训计划，以确保其与时俱进，并能够满足不断变化的组织需求。

【案例分享】

A 公司培训管理方法的成功之道

A 公司是一家电子科技公司，专注于开发创新的产品和解决方案。为了实现竞争优势，公司意识到培训和发展员工的重要性，并决定采取先进的培训管理方法。下面是 A 公司所采用的成功培训管理方法的分析。

(1) 培训需求分析：公司首先进行了一次全面的培训需求分析以了解员工的实际需求和现有技能水平。通过调查问卷、部门会议和个别面谈，公司对不同岗位员工的培训需求有了深入的了解。

(2) 制订培训计划：基于培训需求分析的结果，公司制订了详细的培训计划，包括各个部门和岗位的培训内容、目标和时间表。培训计划被纳入公司的年度发展计划，并由高层管理层亲自监督执行。

(3) 培训资源准备：为了有效地实施培训计划，公司投入充足的培训资源。这些资源包括培训师资、培训设施、培训材料和技术设备等。公司还与专业培训机构建立合作关系，以保障培训质量和效果。

(4) 培训实施和评估：公司根据培训计划，组织和实施了一系列培训活动，包括课堂培训、工作坊、沟通交流会议等。与此同时，公司利用内部和外部评估方法对培训的效果进行评估和监测。通过及时收集反馈和调整培训策略，公司不断改进培训效果。

(5) 激励和奖励机制：为了鼓励员工参与培训并增强培训效果，公司建立了激励和奖励机制。员工参加培训后，可以通过知识测验、项目表现和评估结果来获得晋升机会、奖金和其他福利待遇。

通过以上培训管理方法的实施，A 公司取得了显著的成果。

(1) 提高员工技能水平：通过系统的培训，员工的专业知识和技能得到了有效提升，使他们能够更好地应对工作中的挑战和需求。

(2) 提高工作效率：培训使员工能够更加熟悉和掌握公司的工作流程和标准，从而提高生产效率和产品质量。

(3) 创造创新环境：培训不仅关注员工的基本技能，还注重培养员工的创新能力。通过培训，员工逐渐习得主动学习、持续改进和创新思维的能力，为公司的发展和创新提供源源不断的动力。

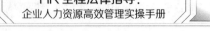

L公司的培训管理方法研究

L公司是一家大型跨国企业，拥有数千名员工。随着公司的发展，L公司意识到提升员工的技能和知识水平对于提高公司整体绩效具有重要意义。然而，由于公司规模庞大且分布在不同地区，传统的培训方法效果并不理想。因此，公司决定采用一种全新的培训管理方法。

(1) 需求分析。首先，公司组织了一次全面的需求分析调研，以了解每个部门和员工的培训需求。通过调查问卷、面谈等方法，公司收集了详尽的培训需求信息。

(2) 制订培训计划。根据需求分析的结果，公司制订了具体的培训计划。计划包括培训目标、内容、时间表、负责人等详细信息。与此同时，公司将培训分为不同级别和类型，以便根据员工的岗位和需求进行分类管理。

(3) 选择培训方式。公司采用多种培训方式，包括面对面培训、在线培训、外部专家讲座等。通过结合不同方式，公司更好地满足员工的学习需求，并提供更灵活的培训选择。

(4) 实施培训计划。培训计划开始前，公司将计划通知给相关员工，并提供必要的培训材料和资源。接着，公司组织培训师资力量，为员工提供高质量的培训服务。

(5) 培训评估与反馈。培训结束后，公司进行培训效果评估。通过问卷调查、测试成绩等方法，公司收集员工对培训内容和方式的反馈，从而改进培训计划和提高培训质量。

通过上述培训管理方法，L公司取得了显著的成效。首先，公司员工的技能和知识水平得到了显著提升，这为公司业务发展提供了更有力的支持。其次，公司内部沟通和协作能力得到了显著增强，团队合作效率提高。最后，员工对公司的满意度明显提升，员工流失率下降。

总而言之，采用先进的培训管理方法可以显著提升员工的技能水平和工作效率，并创造一个持续发展和创新的企业环境。因此，在如今竞争激烈的市场中，公司应该重视培训管理方法的应用，并将其纳入企业发展的战略计划，不断改进和完善。这将有助于提高企业的竞争力和推动企业的可持续发展。

第三讲　培训管理流程

培训管理被认为是提高员工素质和竞争力的重要手段。一个高效的培训管理流程不仅可以帮助员工掌握所需技能，提高工作效率，也可以提升整体组织绩效。下面，将介绍一套全面的培训管理流程，包括需求分析、设计与开发、实施和评估等环节，旨在帮助企业实现培训管理的最佳实践。

1. 需求分析：准确把握培训目标与员工需求

需求分析是培训管理流程中的首要环节。在此环节，需要与各部门进行沟通，以了解员工及组织的培训需求及目标。以此为基础，明确培训的类型、内容和规模，并建立完善的需求分析档案。关注员工技能缺口和岗位职责，这有助于提供有针对性的培训计划，进而满足不同层次员工的学习需求。

2. 设计与开发：精心策划培训计划和教材

设计与开发是根据需求分析结果制订培训计划及教材的过程。首先，根据企业要求确定培训师资、培训方式和形式。其次，制定详细的课程和教材，确保培训内容科学、合理且易于理解。最后，为培训提供必要的技术设备和支持，以保障培训效果的最大化。

3. 实施：高质量培训的关键步骤

实施阶段是培训管理流程中最重要的一环。为了保障高质量的培训，应选择经验丰富的培训师进行讲解，并借助互动讨论、实际操作等多种方式充实培训过程。此外，建立有效的反馈机制，及时解答员工疑问，帮助他们更好地消化和吸收培训内容。在此过程中，还应不断追踪和调整培训进度，确保培训按计划进行。

4. 评估：培训效果与改进的关键依据

评估是培训管理流程至关重要的一部分。通过对培训效果进行评估，可以了解培训的实际效果，并据此决定是否需要改进培训。评估应从多个角度进行，包括学员的满意度、知识和技能的掌握程度及实际工作的表现情况等。基于评估结果，及时调整和优化培训管理流程，提高培训的质量和效果。

【案例分享】

H 公司培训管理流程的成功之道

H 公司作为一家专注技术研发的高科技公司，深知培训对提升员工能力和增强企业竞争力的重要性。然而，在过去的几年中，该公司面临着培训资源分散、培训需求不明确及培训效果不稳定等问题。为了解决这些问题，该公司决定重新设计培训管理流程。

首先，H 公司成立了专门的培训部门，并聘请了经验丰富的培训专家团队。培训部门负责统筹规划全公司的培训需求，并确保培训资源的整合和优化利用。培训专家团队则负责设计和开发各类培训课程，根据不同岗位和级别的员工需求，提供量身定制的培训方案。

其次，H 公司建立了一个完善的培训需求收集机制。员工可以通过内部网站、调

查问卷等方式提出自己的培训需求，并由培训部门进行核实和分析。通过上述方式，公司能够更准确地了解员工的实际需求，有针对性地开展培训活动。

再次，H 公司采用了多种培训方式，包括线上学习、面对面培训、团队合作等。对于少数需要离岗参加培训的员工，公司还给予差旅费用补助。这些丰富的培训方式不仅方便了员工的学习，还提高了培训效果。

最后，H 公司注重培训后的跟踪和评估。每次培训结束后，培训部门都会组织相关员工进行反馈和评价，并与参加培训的员工进行个别沟通，了解他们培训中的收获和困惑。通过这种方式，公司能够及时调整培训方案，提供更优质的培训服务。

通过以上的改进措施，H 公司的培训管理流程得到了有效优化，并取得了显著成效——员工的能力得到了全面提升，工作效率大幅提高。与此同时，员工对培训的满意度也显著提升，培训成果得到更好的保障。

未来，H 公司将继续深化培训管理流程，加强内外部培训机构的合作，进一步提升员工的创新意识和核心竞争力，为公司高质量发展提供有力支撑。

某公司的培训管理流程优化

某公司是一家大型制造业企业，在持续发展和变革的背景下，对员工进行培训以提升他们的技能和素质至关重要。然而，过去的培训管理流程存在一些问题，如流程繁杂、效率低下等。为了解决这些问题，该公司决定优化培训管理流程，增强培训效果。

流程优化目标如下。

(1) 简化培训管理流程，减少不必要的环节和耗时。

(2) 提高培训资源的利用率，确保培训资源的合理配置。

(3) 强化培训评估和反馈机制，及时了解培训效果并进行改进。

流程优化步骤如下。

(1) 需求识别：通过与各部门负责人沟通，确定各部门的培训需求。并综合考虑企业发展战略，明确主要培训方向。

(2) 培训计划编制：根据需求识别阶段的结果，制订年度培训计划，并将其与公司的业务发展计划相结合。明确每个部门的培训目标、内容、形式和计划。

(3) 培训资源准备：根据培训计划，及时安排培训师资和场地，并确保资源的合理利用和配置。此外，公司还与一些专业培训机构建立合作关系，以扩大培训资源的来源。

(4) 培训实施：按照培训计划，组织员工参加培训活动。与此同时，公司通过内部培训和外部培训相结合的方式，提高员工的培训体验和效果。在培训过程中，公司注重培训的互动性和实操性，提高学员的参与度和动力。

(5) 培训评估和反馈：培训结束后，进行培训效果的评估和反馈。公司通过问卷调查、面谈等方式，收集员工对培训效果的评价和反馈，并根据反馈结果进行改进。

(6) 培训成果跟踪：公司定期对员工进行培训成果的跟踪，并与业务发展需求相适应。通过跟踪，公司可以了解培训的实际应用情况，并与员工共同探讨培训成果的有效转化。

优化结果如下。

通过对培训管理流程的优化，该公司取得了显著的成效。首先，培训管理流程变得更加简单、高效，减少了不必要的环节和耗时。其次，培训资源得到了更好地利用和配置，提高了培训效果。最后，公司建立了完善的培训评估和反馈机制，及时了解培训效果并进行改进。

一个完善的培训管理流程不仅可以提高员工的工作能力和满意度，也能提升组织的竞争力和持续发展能力。通过精心策划的需求分析和设计与开发，以及有效执行的实施和评估，企业可以培养更加专业和适应市场需求的人才队伍。因此，建立并落实一套科学、合理的培训管理流程，对每个企业都是非常重要且必不可少的。

第二节　新员工培训

新员工培训是企业发展的重要一环，它不仅可以帮助新员工更好地适应工作，也对企业的发展起到关键的作用。通过系统的培训和持续的支持，新员工能够更快地适应新公司的工作，并为企业的发展做出贡献。

第一讲　新员工培训的操作流程

新员工培训是每个企业都非常重视的一项工作。培训的目的是帮助新员工尽快适应工作环境，掌握岗位技能，提高工作效率。新员工培训的操作流程，如图 5-1 所示。

一、培训前准备

1. 确定培训目标和内容

在进行新员工培训之前，需要明确培训的目标和具体内容。通过设定明确的培训目标，可以保障培训的有效性和针对性。

2. 制订培训计划

制订详细的培训计划是保障培训顺利进行的重要步骤。要明确每个培训环节所需的时间和培训资源，并合理安排培训日程。

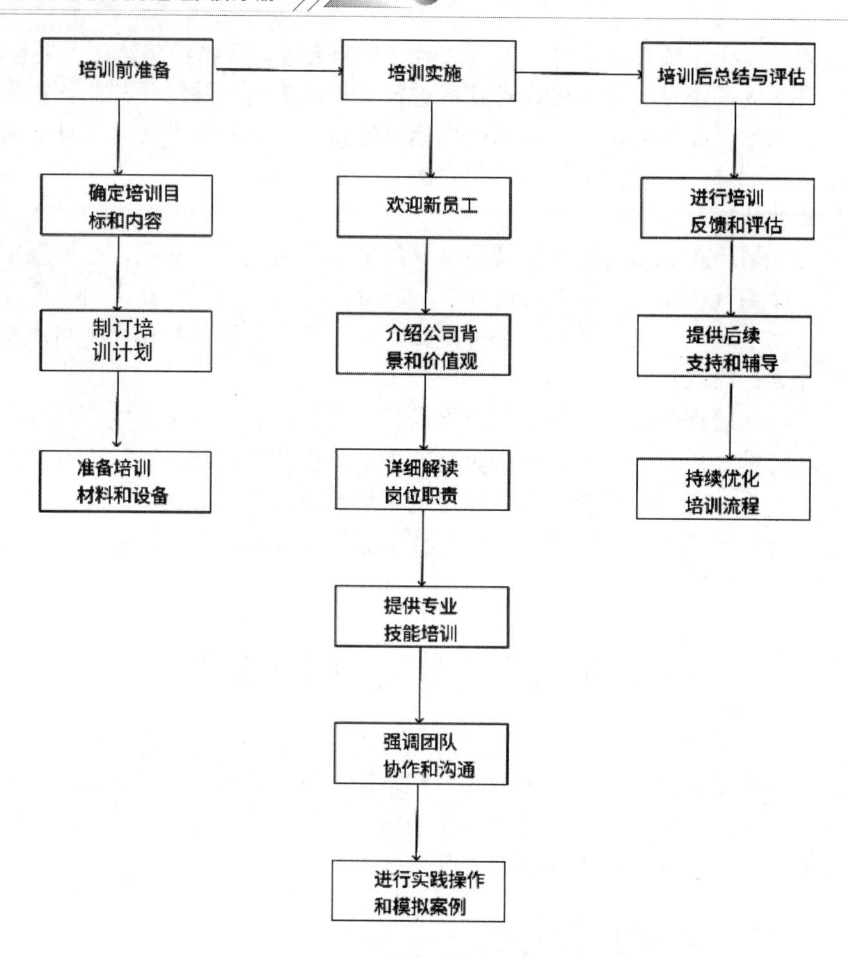

图 5-1　新员工培训的操作流程

3. 准备培训材料和设备

在培训开始之前，需要准备相关的培训材料和设备，包括培训手册、PPT 演示文稿、培训视频等，以及保障培训场地设备正常运转。

二、培训实施

1. 欢迎新员工

培训开始时，应该向新员工表示热烈的欢迎，并介绍培训的目的和意义，以使他们感受到公司对他们的重视和支持。

2. 介绍公司背景和价值观

为了帮助新员工更好地融入公司和熟悉公司文化，应该向他们介绍公司的背景和

核心价值观。这可以增强新员工的归属感，并增强他们对公司的忠诚度。

3. 详细解读岗位职责

新员工需要清楚自己的岗位职责和要求。应详细解读每个岗位的职责，并对相关工作流程进行说明，以便新员工能够准确地理解和执行。

4. 提供专业技能培训

在新员工培训中，还需提供相关专业技能的培训。这包括软件操作教学、产品知识介绍等内容，以便他们能够顺利胜任工作并达到预期效果。

5. 强调团队协作和沟通

团队协作和有效沟通是公司成功的关键因素。要向新员工强调团队合作的重要性，并提供相关培训，以帮助他们更好地理解和应用团队协作的技巧。

6. 进行实践操作和模拟案例

理论培训只是培养新员工的一部分。为了更好地巩固所学知识和技能，还应该让新员工进行实践操作和模拟案例分析，以使他们在实际工作中更加熟练和自信。

三、培训后总结与评估

1. 进行培训反馈和评估

培训结束后，应该与新员工进行反馈交流，并进行培训效果的评估。这可以帮助了解新员工在培训过程中存在的问题，并及时进行改进。

2. 提供后续支持和辅导

培训结束并不意味着新员工就能独立完成所有工作，还要为他们提供适当的后续支持和辅导，确保他们能够将所学知识更好地运用在实际工作中。

3. 持续优化培训流程

随着公司的发展和变化，培训流程也需要不断优化和改进。要从实际效果出发，定期评估和调整培训流程，以保障培训的持续有效性。

【案例分享】

公司新员工培训的操作流程

某集团创办于 1990 年 6 月，总资产达 130 亿元，是一家以化工新材料为主，以金融、新能源、港口物流、加工贸易等为辅的大型民营股份制企业。随着公司业务的扩展，公司决定招聘并培养一批新员工以增强公司实力。经过初步筛选和面试，公司最终选定了30名合适的新员工，并正式启动新员工培训的操作流程。

1. 培训需求评估阶段

针对不同岗位的新员工，人力资源部与各部门经理会进行详细沟通和评估，确保培训计划与业务需求相匹配。同时，制定出不同岗位的培训大纲和目标。

2. 培训计划制订阶段

培训计划是整个培训操作流程的重要环节。根据评估阶段的结果，人力资源部与培训部门共同制订全面的培训计划，包括培训内容、培训方式、培训时间等，并分配相应的培训资源。

3. 入职前培训阶段

入职前，培训旨在为新员工提供必要的全面背景知识，使其对公司的业务、人事制度等方面有基本的了解。培训内容主要包括公司介绍、组织架构、工作流程、安全规范等，并通过在线培训和面对面培训相结合的方式进行。

4. 应用技能培训阶段

应用技能培训是针对不同岗位的新员工进行的专业技能培训。培训主要以实践为主，包括业务操作指导、项目管理方法、沟通技巧等方面，以确保新员工能够独立工作。

5. 岗位适应期培训阶段

上岗后，新员工将进入岗位适应期培训阶段。在接受具体工作任务的同时，培训部门将指派专门的导师为新员工提供一对一的辅导和支持，帮助他们逐步适应工作环境和职责。

6. 培训成果评估阶段

培训结束后，培训部门将对新员工进行成果评估，检查培训效果和满意度。根据评估结果，对培训操作流程进行总结和改进，以提升培训质量。

7. 培训后跟踪支持阶段

培训结束并不代表新员工的学习完成，公司将为新员工提供持续的后续培训支持，如定期的技能培训、团队建设活动等，以加强员工的继续学习和发展动力。

某公司新员工培训的操作流程

某公司成立于1988年，总部坐落在具有创新“硅谷”之称的深圳高新技术产业园，拥有员工3万多名。最近，该公司招聘了一大批新员工，为了确保他们能够快速适应公司的工作环境和工作要求，该公司决定进行全面的新员工培训。以下是这家公司制定的新员工培训的操作流程。

第一步：向新员工介绍公司概况。

在新员工入职当天，公司安排了一次全体会议向他们介绍公司的概况和核心价值观。此次会议由公司高层主持，他们详细解释了公司的发展历程、市场地位和目标，并鼓励新员工积极融入团队。

第二步：岗位培训。

每个新员工都会接受与其具体岗位相关的培训。该培训由分管的部门经理或专业领域的资深员工负责。培训的内容包括相关业务知识、工作流程和业务系统的使用，以及团队合作和沟通技巧等方面。在这个过程中，新员工将学会如何快速掌握工作技能，并能够与其他团队成员协调合作。

第三步：安排实地考察。

为了帮助新员工更好地了解公司业务和市场竞争环境，公司安排了实地考察活动。新员工将参观公司的生产与研发基地、销售渠道及客户服务中心等关键部门，与相关团队成员交流并亲自体验公司的产品和服务。这有助于加深新员工对公司整体运作的认识，培养其对公司的归属感。

第四步：交叉培训。

为了使新员工能够全面了解公司的各个部门和职能，公司会进行一段时间的交叉培训。新员工将有机会在不同部门间轮岗，与不同团队合作，从而更好地了解公司的运营机制和协同效应。这样的交叉培训能够培养新员工的多元思维和团队合作意识。

第五步：评估和反馈。

培训结束后，公司将进行一次针对新员工的综合评估，评估内容包括工作表现、工作技能和职业素养等方面。与此同时，公司会主动收集新员工的反馈意见，以便进一步完善新员工培训计划。这种双向的评估和反馈机制有助于公司更好地了解培训效果和新员工的需求，为未来的培训工作作出调整。

通过以上操作，该公司成功地帮助新员工快速适应并融入了公司的工作环境。相信这些新员工会成为公司未来的中坚力量，在大家的共同努力下，推动公司不断发展壮大。

总的来说，一个良好的新员工培训的操作流程可以帮助企业更好地引导新员工融入和适应工作环境，并使其尽快具备独立工作的能力。与此同时，良好的培训操作流程也能提高新员工的工作满意度和忠诚度，为企业的长远发展奠定坚实的基础。

第二讲　新员工培训的核心内容

对于企业来说，通过制定新员工的培训内容，介绍企业的发展历史、发展战略、组织架构、发展前景和愿景等，对新员工有很大的激励作用。同时，他们可以进一步系统地了解和熟悉企业。下面，对新员工培训的几个核心内容进行简单的介绍，如图 5-2 所示。

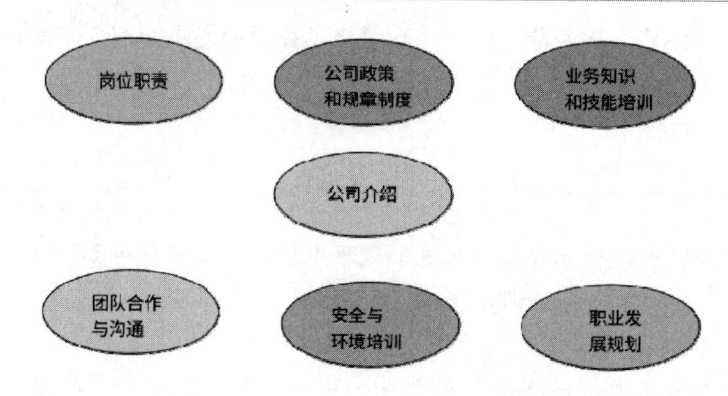

图5-2　新员工培训的核心内容

(1) 公司介绍：向新员工介绍公司的背景、发展历程、组织结构、经营范围等信息，以帮助他们更好地了解公司的运作机制和文化。

(2) 岗位职责：详细介绍新员工岗位的具体职责和工作内容，让他们清楚自己的职责和工作，理解公司对其所期望的工作表现。

(3) 公司政策和规章制度：向新员工传达公司的各项政策和规章制度，包括劳动合同、工作时间、请假制度、奖惩机制等，让他们清楚公司的规定和要求。

(4) 业务知识和技能培训：根据不同岗位的需求，进行相应的业务知识和技能培训，以帮助新员工尽快掌握工作需要的专业知识和操作技能。

(5) 团队合作与沟通：培养新员工良好的团队合作意识和沟通能力，加强他们与同事之间的互动和合作，提高工作效率和工作质量。

(6) 安全与环境培训：教育新员工在工作中注意安全和环境保护，并传达相关的安全操作规程和环境保护要求，保障工作场所的安全和健康。

(7) 职业发展规划：引导新员工了解公司的职业发展机会和路径，并帮助他们进行个人职业规划，为未来的发展打下坚实的基础。

通过以上的培训，新员工可以更快地适应工作，提高自己的工作能力和综合素质，从而为公司的发展做出贡献。

【案例分享】

某集团股份有限公司新员工培训的核心内容

某集团股份有限公司是一家从事基础设施建设、房地产开发(一级资质)及进出口贸易的上市企业。近期，该公司招募了一批新员工，为了确保他们能快速适应工作环境并有相应的能力胜任工作，公司决定进行一次全面而系统的新员工培训。以下是这次培训的核心内容。

第一部分：公司介绍。

培训开始时，公司高层亲自向新员工介绍公司的发展历程、规模和目标。新员工通过详细了解公司的背景和文化，可以更好地融入公司并理解公司的使命和愿景。

第二部分：岗位职责及规范。

各部门的主管和经理将向新员工详细介绍各个岗位的职责和要求，并讲解公司的各项规范政策。通过深入了解自身岗位的职责和公司的运作方式，新员工可以更好地明确自己的工作范围，并严格遵守公司的规章制度。

第三部分：工作技能培训。

为了提高新员工的工作能力，公司将组织相关部门的专家授课，教授岗位所需的知识和技能。例如，市场部门的人员将教授市场调研和销售技巧，财务部门的人员将传授财务管理知识等。通过专业的培训，新员工可以更好地了解如何在实际工作中运用所学到的技能。

第四部分：团队合作与沟通。

公司将组织团队建设活动和沟通技巧培训。通过共同参与团队建设活动，新员工可以更好地认识到团队合作的重要性，并了解如何有效地与他人沟通和协作。这对于他们在日后的工作中与同事顺利合作非常重要。

第五部分：企业文化与价值观。

公司文化和价值观是新员工与公司产生共鸣并形成合作关系的关键因素。因此，公司将介绍企业的文化和价值观，帮助新员工了解并融入公司的文化氛围。

第六部分：综合培训与实践训练。

在培训过程的最后阶段，公司将安排新员工进行一些实操训练和综合测试。通过这样的实践训练，能够检验新员工是否掌握了所学的知识和技能，并帮助他们将理论应用到实际中。

某集团新员工培训的核心内容

某集团创建于 1988 年，是国家重点企业集团和国家重点扶持的 50 家行业排头兵之一，拥有员工 20 000 人，是一家注重人力资源培养的企业。为了确保每位新员工能够尽快适应并胜任工作，该公司制订了一套完整的新员工培训计划。

1. 公司文化培训

新员工加入该公司后，第一步便是进行公司文化培训。该培训旨在帮助新员工更好地理解公司的使命、愿景和价值观，并对公司文化有一个清晰的认识。通过学习和互动，新员工会了解公司的发展历程、组织架构及各部门的职责和协作方式，从而加深对公司整体运营的理解。

2. 相关部门介绍

在公司文化培训之后，新员工将有机会与各部门的主管进行面对面的交流，了解

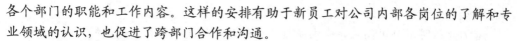

各个部门的职能和工作内容。这样的安排有助于新员工对公司内部各岗位的了解和专业领域的认识，也促进了跨部门合作和沟通。

3. 岗位职责培训

为了使新员工能够胜任自己的工作，公司为他们准备了全面的岗位职责培训。这包括岗位工作流程、操作规范、关键技能的学习等。通过理论学习和实践演练相结合的方式，新员工能够更深入地了解自己岗位的具体要求和应对方案，提高工作效率和质量。

4. 产品知识培训

该公司鼓励新员工对公司的产品有较深的了解和认识。因此，他们安排了专门的产品知识培训，以帮助新员工熟悉公司的产品线、特点和优势，从而提升销售和服务能力。

5. 心理素质培训

在新员工的培训过程中，该公司注重培养员工的心理素质。他们会为新员工提供一些针对团队合作、沟通技巧和压力管理的培训课程，使其更好地适应工作环境并处理与同事和客户的关系。

该公司的新员工培训核心内容涉及公司文化、部门介绍、岗位职责、产品知识和心理素质等方面。通过这些全面的培训，新员工能够更好地了解公司的战略目标和运作方式，逐步成长为能力突出且有成就感的员工。与此同时，这也为公司打下了良好的人才培养基础，保障了企业的持续发展。

总而言之，通过公司对新员工进行核心的培训，新员工将能够更好地适应公司的工作环境，掌握所需的知识和技能，并与公司形成紧密的合作关系，为公司的发展做出积极贡献。

第三讲　新员工培训的常见问题

在新员工培训过程中，常见的问题与解决方法包括以下几方面。

(1) 工作流程和规定不清楚：新员工可能对公司的工作流程、规定不够了解，不清楚应该如何进行工作。

解决方法是向新员工提供详细的工作手册、流程图和相关文件，同时安排专人进行解答和指导。

(2) 知识和技能不足：新员工可能在某些方面的知识和技能存在一定的不足，无法胜任工作。

解决方法是根据个人实际制订相应的培训计划，提供相关的培训课程和学习资源，加强知识和技能的培养。

(3) 沟通与合作困难：新员工可能在沟通和合作方面遇到困难，不熟悉团队的工作方式和沟通渠道。

解决方法是通过团队建设活动、团队会议等方式，提升新员工的沟通能力和合作能力，并指导其与同事配合工作。

(4) 心理适应问题：陌生的环境和工作压力等因素使新员工可能会面临心理适应问题，如焦虑、紧张等。

解决方法是积极关心新员工的情绪和心理状态，并开展心理辅导和支持，帮助新员工逐渐适应新的工作环境。

(5) 岗位期望与实际不符：新员工可能对岗位职责和工作内容的理解出现偏差，与实际工作存在一定的不符。

解决方法是加强对岗位要求的明确沟通和说明，并在培训中充分了解新员工的期望，做好工作角色的对接。

针对以上问题，公司可以制订相应的培训计划和策略，加强与新员工的沟通和互动，并给予必要的支持和帮助，以便新员工能够顺利适应工作，并展现出良好的工作状态和能力。

【案例分享】

A 公司新员工培训的常见问题

A 公司是一家大型跨国企业，每年都会招聘大批新员工。为了帮助新员工尽快适应工作环境和提高他们的工作能力，A 公司制订了一套完善的培训计划。

小明是一名刚到 A 公司的新员工，他被分配到销售部门工作。在培训的过程中，小明遇到了一些常见问题。

首先，小明对于公司的产品了解不够深入，不清楚如何准确描述产品特点，也不知道如何应对客户的不同需求。为了解决这个问题，A 公司设计了一系列的产品介绍课程和模拟销售场景的训练，以帮助新员工掌握产品知识和销售技巧。与此同时，公司还安排了资深员工作为导师，与新员工进行经验交流和实际操作指导。

另外，小明在接待客户时，有时候还需要使用英语进行沟通，但他的英语水平有限，难以顺利地与外国客户进行交流。为了提高员工的英语能力，A 公司组织了英语培训班，并邀请外教及有丰富外贸经验的员工进行教学和指导。通过系统的培训，小明的英语水平逐渐提升，能够更好地与客户沟通交流。

此外，新员工在工作和生活的平衡上也遇到了困扰。由于工作强度大，小明经常加班到很晚，因此缺乏休息和娱乐时间，这给他带来了一定的身心压力。A 公司为了解决这个问题，推行了弹性工作制度，鼓励员工根据自己的实际情况合理安排工作时间，提高工作效率。与此同时，公司还组织了团建和员工旅游等活动，让员工在工作之余有机会放松身心，增进彼此的交流和团队合作。

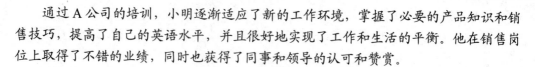

通过A公司的培训，小明逐渐适应了新的工作环境，掌握了必要的产品知识和销售技巧，提高了自己的英语水平，并且很好地实现了工作和生活的平衡。他在销售岗位上取得了不错的业绩，同时也获得了同事和领导的认可和赞赏。

某集团新员工培训的常见问题

某集团有限公司成立于1995年，是以发电、电解铝生产及产品深加工为主的大型企业集团，小李是一名新入职的软件工程师。他刚加入团队不久，正处于新员工培训的阶段。虽然小李在学校表现出色，但他对公司的文化、流程和团队工作还不够了解，所以他在培训过程中遇到了一些常见问题。

问题1：信息过载。

小李第一天参加公司的新员工培训课程时感到有些不知所措，因为培训内容包含了大量的信息。培训课上，他听到了很多新概念、新术语和新流程，感觉有些吃不消。为了解决这个问题，小李主动请教了导师，并向同事请教。他们给小李一些建议，如记录重要信息、反复复习和与同事交流。通过这些方法，小李逐渐掌握了培训的关键内容。

问题2：团队协作。

小李加入的团队非常庞大，成员也来自各个不同的背景和专业领域。初期，小李有些困惑——如何和他们有效沟通和合作。他想要获得更多信息和支持，但又不想给别人添麻烦。为了解决这个问题，小李主动加入了团队的内部社交平台，并在平台上寻求帮助。他还请教了导师，导师鼓励他与团队成员进行更多的讨论和互动。渐渐地，小李变得更加开放和自信，能够更好地与团队合作。

问题3：时间管理。

新员工培训期间，小李发现自己很难平衡好时间。培训课程、项目任务和团队会议之间的安排让他感到手忙脚乱。小李向导师寻求了一些建议，导师建议他优先处理重要任务，利用时间管理工具(如番茄钟)，并与导师和同事合理规划和分配任务。通过这些技巧，小李逐渐掌握了时间管理的要领，提高了自己的工作效率。

最终，小李经过一段时间的培训和适应后，成功地融入了团队，并展现了出色的工作能力。他的问题主要是缺乏经验和对公司环境的熟悉，但通过不断学习、请教和尝试，他克服了困难，最终获得了成功。

总的来说，只有通过全面的培训，新员工才能更好地了解公司的战略目标和运作方式，逐步成长为能力突出且有成就感的员工。同时，这也为公司打下了良好的人才培养基础，从而保障了企业的持续发展。

第三节　以师带徒

以师带徒是一种非常有效的培训和传承方式，它可以提高新员工的学习效果和适应能力。通过以师带徒的方式进行培训，新员工可以在工作中快速成长和适应环境，同时也能够加深员工之间的沟通和合作，提高整体团队的协作效率。这种培训方式不仅有利于新员工的个人发展，也促进了公司的长期、稳定发展。

第一讲　以师带徒操作方法

以师带徒，是一种通过师傅的指导和培训帮助新员工适应工作环境和提高工作能力的方法。以下是以师带徒的具体操作方法。

(1) 制订详细的培训计划：在以师带徒之前，应制订一份详细的培训计划。这个计划应该包括培训的时间安排、培训的内容和目标、评估方法等，确保培训有条不紊地进行。

(2) 选择合适的导师：选择经验丰富、业务能力强并且具有良好教学能力的员工担任师傅。他们应该对新员工的工作职责和要求有深入的了解，并且愿意分享自己的经验和知识。

(3) 建立师徒关系：明确师傅和徒弟的身份、角色，并建立起良好的师徒关系。师傅应该给予徒弟足够的信任和支持，鼓励徒弟提问和探索。

(4) 培训过程中的实践：培训不仅是传授理论知识，还应该注重实践。师傅可以将实际工作场景引入培训，让徒弟亲身体验并解决实际问题，加深对知识的理解和应用能力。

(5) 及时地反馈和指导：师傅还应该定期与徒弟进行沟通，及时地给予反馈和指导。这可以帮助徒弟及时发现问题和纠正错误，提高工作效率和质量。

(6) 培养独立思考和解决问题的能力：在培训过程中，师傅应该鼓励徒弟养成独立思考和解决问题的习惯。师傅在适当的时候可以提供一些建议和引导，但是尽量让徒弟自己去寻找解决方案。

(7) 定期评估培训效果：定期评估培训的效果和徒弟的学习成果。这可以通过考核、笔试、实际操作等方式进行，以保障培训的效果和质量。

(8) 持续跟进和支持：培训结束后，应该继续关注徒弟的工作情况，并提供必要的支持和指导。这可以帮助徒弟逐渐独立地完成工作，并顺利融入团队。

通过以上操作方法，以师带徒可以有效帮助新员工适应工作环境，提高工作能力，并且促进组织的人才培养和传承。

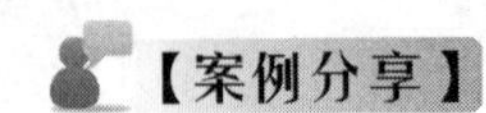

【案例分享】

某集团的以师带徒分析

某集团是一家以纺织业为主业，棉纺为核心，集棉纺织染、针纺织染、毛纺织染、制衣于一体，兼营酒店、房地产业的大型股份制企业。拥有总资产 100 多亿元，占地面积为 3 000 多万平方米，员工有 40 000 余名，在纺织生产线上，经验丰富的老员工李师傅负责带徒教学，新员工小王则是他的学徒。因为纺织行业要求严格的操作规范和良好的操作技巧，所以李师傅深知只有通过实际操作才能让小王真正掌握这些技能。

首先，李师傅向小王进行了系统的理论培训，包括生产线每一道工序的要求、设备的操作规程及可能遇到的问题和解决办法。此外，他还向小王介绍了相关的操作手册，让他可以随时查阅。

其次，李师傅开始进行实际操作。他带着小王一起走过整个生产线，逐一演示每一个步骤的正确操作方法。在演示的过程中，李师傅不仅重点强调每个步骤的关键要点，还解答了小王的问题，并告诉他可能出现的常见错误和注意事项。

最后，李师傅让小王自己实际操作。实际操作之前，他再次强调操作的步骤和注意事项，并提醒小王对设备运行情况和产品质量进行监控。在小王操作的过程中，李师傅时刻关注他的动作，并及时纠正错误。

小王熟悉基本操作技能后，李师傅开始指导他应对特殊情况的方法。比如，当机器发生故障时，李师傅指导小王如何快速排除故障并恢复正常生产。与此同时，他还教给小王一些解决常见问题的经验，如如何快速调整设备参数以提升生产效率等。

经过几个月的以师带徒学习，小王逐渐掌握了整个生产线的操作技能，成为一名独立的合格员工。这不仅得益于李师傅的耐心教学和经验传授，更重要的是小王自身的努力和对工作的热情。

某公司的以师带徒

东北某集团创办于 1985 年，经过 40 多年的艰苦创业，现已发展成专注从事林木深加工的大型贸、工、农一体化企业集团。在该集团的生产线上，年富力强的老师傅成了技术的“宝库”。他们操作娴熟，对木材处理、雕刻艺术有着深入的理解和丰富的经验，而那些正在学习的徒弟则渴望进一步提高自己的技能和专业素养。

一开始，每个徒弟都分配到一个老师傅的身边，成为他的学生。老师傅从最基础的木工操作开始教授，亲自示范如何使用工具并引导学生熟悉各项工艺流程。

在整个学习过程中，老师傅注重逐步指导和循序渐进。他们对每个细节进行耐心的解释，并提供实例演示。学生则聚精会神地观摩、模仿并逐渐融入实际操作。

为了让徒弟更好地理解和掌握技艺，老师傅还举办了一系列讲座和研讨会。他们分享自己多年来的工作体会，解答学生们的疑问，并鼓励他们亲身实践，不断探索和尝试。

在徒弟有了一定的基础技能后，老师傅开始安排挑战性的项目，并让他们独立完成，但仍然给予必要的指导和监督。这样的训练使徒弟们不仅可以熟练应对常见的工作任务，还能较好地处理意外情况和问题。

经过一段时间的培训，那些曾经只是匠人的徒弟逐渐成长为有实力的木工师傅。他们熟练掌握了各项操作技能，能够根据客户需求制作出高质量的家具。

这种以师带徒的操作方法在该公司取得了巨大的成功。通过师傅的悉心教授和指导，徒弟不仅获得了专业技能，也逐渐形成独立思考和解决问题的能力。

总的来说，以师带徒的操作方法是一种非常有效的培训方式。通过师傅的悉心教导，新员工可以更加快速地熟悉工作流程和规范，掌握操作技巧，并且能够在遇到问题时得到及时的指导和帮助。这种合作模式不仅有助于提高工作效率和质量，同时也能够促进团队合作和员工发展。

第二讲　师傅如何帮带徒弟

师傅在帮助徒弟成长和提高工作能力时，可以采取以下步骤。

(1) 传授知识和经验：作为师傅，可以分享自己工作中积累的知识和经验。通过讲解和示范，帮助徒弟理解工作原理、规定和流程，以及解决问题的方法。

(2) 提供指导和建议：在徒弟工作时，师傅可以给予及时的指导和建议。根据徒弟的表现和存在的问题，提供专业的意见和改进方案，帮助徒弟更好地完成工作任务。

(3) 培养独立思考的能力：师傅应该培养徒弟独立思考和解决问题的能力。当徒弟遇到困难时，可以引导他们分析问题、寻找解决方案，并给予适当的支持和肯定。

(4) 定期进行反馈：师傅可以定期与徒弟进行面对面的反馈，包括工作表现的优点和改进的不足。这可以帮助徒弟认识到自己的进步并持续改善工作。

(5) 培养团队合作意识：师傅应该帮助徒弟培养团队合作意识和良好的人际关系。鼓励徒弟与其他同事密切合作，分享资源和经验，共同完成工作任务。

(6) 提供机会和挑战：师傅可以给予徒弟一定的机会和挑战，让他们有机会接受新的工作内容和挑战。这样可以促使徒弟不断拓展自己的工作能力和视野。

(7) 关注个人发展：师傅应该关注徒弟的职业发展，并提供适当的发展建议和支持。帮助徒弟设定职业目标，提供培训和学习机会，推荐进修课程和参加相关活动。

(8) 保持耐心和关怀：师傅要保持耐心和关怀，理解徒弟在成长过程中遇到的困难和挫折。鼓励他们保持积极的心态，持续努力学习和改进。

通过以上步骤，师傅可以有效地帮助徒弟成长和提高工作能力，激发他们的潜力，并实现个人和组织的共同发展。

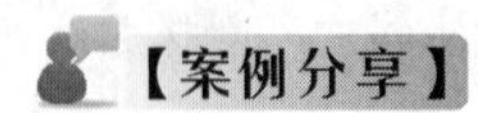

某集团的师傅带徒弟分析

某集团有限公司是一家以建筑业和地产业为核心业务、年销售额超 30 亿元的大型企业集团。在该企业，老李是一位经验丰富、技艺精湛的师傅，他的工作能力一直备受同事的赞赏。有一天，新来的小张成了老李的徒弟，他很幸运能够得到老李的指导和传授。

老李是一个知识渊博、耐心细致的人，他明白作为师傅需要尽力帮助徒弟成长和提高。首先，老李主动与小张进行交流，了解他的个人背景、兴趣和学习目标。通过这些，老李能够更好地制订培训计划和教学方法。

其次，老李注重培养小张的基本技能。他安排小张跟随自己工作，并亲自示范，手把手地教给他正确的操作方法和技巧。与此同时，老李鼓励小张多去实践和尝试，遇到问题时给予及时的指导和帮助。此外，老李还教会小张用科学的思维方式解决问题，并告诉他重要的安全常识和操作规范。

再次，老李重视知识的传承和分享。他鼓励小张主动学习并提问，不吝惜自己的知识和经验，随时与他交流和分享。老李开设了每周一次的小组培训，邀请其他有经验的员工分享他们的成功经验和实践技巧。这样的举措不仅加深了师徒之间的交流，也促进了整个团队的合作和共同进步。

最后，老李注重塑造小张的职业道德和态度。他教导小张要专注于工作中的每一个环节，对待工作要有责任心、主动性和耐心。老李通过自身的实际行动，教导小张做事要有认真负责的态度和正确的价值观。

经过一段时间的培养和指导，小张逐渐长成为一名出色的工人，他的工作质量和效率都得到了领导和同事的认可。小张深感自己有幸得到老李师傅的指导，并开始向企业的新人传递着老李教给他的知识和经验。

A 集团的师傅带徒弟分析

A 集团有限公司始建于 1982 年，目前已经发展成一家总资产及年销售额均突破 200 亿元的多元化企业集团。在该企业的生产线中，有一位王师傅，他工作经验丰富，受到了公司的高度赞扬和尊敬。最近，公司新招了一批实习生，并将其中一位指派给了王师傅，让他负责培养和指导。

王师傅知道徒弟的学习结果与自己的带教能力直接相关，所以，他非常重视这个任务。第一天，他带领徒弟小宋参观整个工厂，详细介绍了各个车间的工作流程和职责。王师傅耐心地解答了小宋提出的问题，让他对企业的运作有了整体的了解。

接下来的几天，王师傅让小宋亲身参与了一些简单的操作工作，并全程指导他。每当小宋犯错或不太熟悉时，王师傅都会耐心地纠正他，并解释正确的操作方法。王师傅注重培养小宋的动手能力和逻辑思维，他会对小宋进行启发性的提问，让小宋主动思考和解决问题。

王师傅还定期与小宋进行约谈，以了解他对工作的感受和困惑，并根据情况调整培养计划。他鼓励小宋多与其他员工交流学习，推荐一些相关学习材料给他，并帮助他建立学习目标。与此同时，王师傅也向小宋展示了自己工作中的优秀表现和技能，激发了小宋的学习热情和进取心。

经过一段时间的培养，小宋逐渐掌握了工作的核心技能，并能够独立完成一些简单的任务。王师傅看到小宋的进步，感到非常欣慰，并继续关注着他的成长，从现场操作转向管理能力的培养。他给小宋分配了一些领导职责，让他参与团队安排和资源调度，并指导他如何与其他部门合作。王师傅鼓励小宋积极表达自己的意见和建议，帮助他培养自信和领导能力。

小宋实习结束的时候，公司进行了一次评估。小宋在评估中取得了优异的成绩，受到了公司的表扬。王师傅为小宋感到骄傲，他知道自己的教导和指导起到了重要的作用。

总的来说，师傅如何帮带徒弟是一门艺术。师傅不仅要教会徒弟技能，更要培养徒弟的思维方式和工作态度。耐心、关爱、引导和激励，是师傅成功带领徒弟成长的关键要素。当徒弟取得成功时，师傅也能从中获得成就感和满足感。因此，在企业里，师傅帮带徒弟的过程是双赢的，既帮助了徒弟，也提高了整个企业的综合素质和竞争力。

第四节 培训资源开发

培训资源开发，是指为培训目的而制作、设计和开发各种教育材料和资源的过程。它涉及收集、组织和制作各种相关内容，以便有效地传达所需的知识和技能。通过合理的设计和开发，培训资源可以提供个性化、灵活的学习体验，促进学习者积极参与和知识传递。

第一讲 培训讲师开发与管理

培训讲师开发与管理，是指对培训讲师进行培养、管理和评估的过程，旨在确保培训讲师具备良好的教学能力和专业素养，并能够有效地传授知识和技能。以下是培训讲师开发与管理的一些关键步骤和方法。

(1) 招募与选拔：根据培训需求，制定讲师招募标准，广泛宣传并吸引具有相关专业背景和教学经验的人才。通过面试、演讲示范等环节，选拔合适的候选人。

(2) 培训与发展：为新招聘的讲师提供系统化的培训，包括教学方法、教学资源的使用、课堂管理等方面的培训。此外，定期进行专业发展培训，提升他们的学科知识和教学能力。

(3) 监督与指导：建立讲师的监督机制，如定期观摩课程、听课评估和成立教学工作坊等，对讲师的授课进行评估和指导。通过反馈和辅导，帮助他们不断改进和提高教学效果。

(4) 交流与分享：组织讲师进行经验交流和教学资源分享，促进彼此的学习和成长。可以定期开展教学研讨会、集中备课活动等，让讲师相互借鉴、分享成功经验和教学创新。

(5) 激励与认可：建立激励机制，如评选优秀讲师、授予教学荣誉称号等，以激励讲师积极投入培训工作中。与此同时，及时给予讲师肯定和认可，以增强他们的自信心和工作动力。

(6) 评估与反馈：建立有效的讲师评估机制，包括学员反馈、教学评估和教学效果评估等，及时发现问题和改进空间，并提供相应的反馈和支持。

通过以上的开发与管理措施，可以提高培训讲师的专业能力和教学水平，保障培训活动的质量和效果，进而提升学员的学习体验和成果。

【案例分享】

L公司的培训讲师开发与管理

L公司是一家从事高科技化工产品研发、生产和销售的上市公司。公司总部位于江苏省南京市，拥有国际先进的化工生产设备和技术。近日，该公司为了提升员工的技能和知识水平，经过市场调研和内部需求分析，决定组建一支专业培训团队。他们通过招聘、内部选拔等方式筛选了一批培训讲师，并委任一位高级培训经理管理和发展这支团队。

作为培训团队的经理，他首先明确了团队的目标——提供高质量的培训课程，以提升员工的技能和知识。为了达到这个目标，他采取了以下几个步骤。

(1) 需求评估：经理与各级部门领导沟通，了解员工的培训需求和优先级。根据这些需求制订培训计划和课程。这样可以保障培训课程的针对性和实用性。

(2) 讲师招聘与培养：经理负责招聘培训讲师，并进行面试和考核，选拔合适的人选。为了提高讲师的专业能力，经理组织他们参加培训师资培训课程和学习活动。此外，经理还与讲师进行定期工作评估和反馈，以帮助他们改进教学技巧和课程设计。

(3) 资源管理：经理负责分配和管理培训团队的资源，包括教材、技术设备和场地。他与各部门合作，确保及时提供培训所需的资源，并提高资源使用效率。

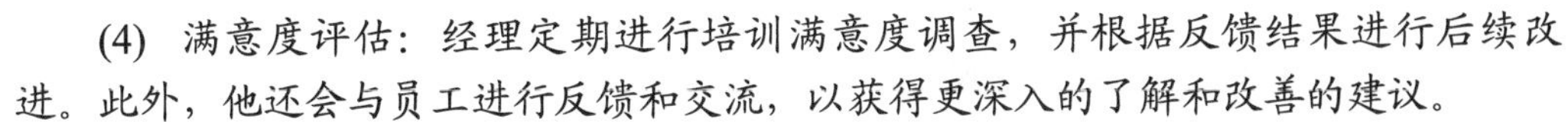

(4) 满意度评估：经理定期进行培训满意度调查，并根据反馈结果进行后续改进。此外，他还会与员工进行反馈和交流，以获得更深入的了解和改善的建议。

这位经理通过有效的培养和管理，成功地将企业的培训团队打造为高效、专业的团队。他们开发并提供了一系列的培训课程，满足了员工的培训需求。在经理的领导下，团队的讲师不断提升自身的专业素养，提供优质的培训服务。与此同时，经理还注重资源的合理配置和满意度的评估，确保培训工作的高效运转和持续改进。

H 公司的培训讲师开发与管理之道

H 集团有限公司始创于 1993 年，现拥有员工 5 000 余人，销售收入超过 200 亿元。在 H 公司，领导非常重视员工的培训和发展。为了提高员工的素质和能力，他们决定成立一个培训部门，并招聘培训讲师。然而，由于缺乏经验和专业知识，这个培训部门在一开始的几个月遇到了很多问题。

首先，他们面临的挑战是如何招聘合适的培训讲师。在市场上，虽然有许多培训讲师，但是质量参差不齐。为了解决这个问题，该公司决定采取以下措施。

(1) 设立岗位要求和招聘标准。公司明确地定义了培训讲师的职责和技能要求，并制定了相应的招聘标准。这样一来，公司能够根据这些标准筛选和评估应聘者。

(2) 与专业机构合作。为了找到优秀的培训讲师，该公司与一些专业的培训机构合作。通过与这些机构合作，公司能够从他们那里获得有经验和高质量的培训讲师。

通过这些措施，公司成功地招聘了一些优秀的培训讲师。然而，培训讲师的开发和管理仍然是一个挑战。

首先，公司需要保障培训讲师的专业知识和技能不断更新。为此，公司制订了一个持续学习的计划，并要求培训讲师每年参加一定数量的培训课程和研讨会。此外，公司还组织了定期的内部培训，以帮助培训讲师了解公司的最新发展。

其次，公司需要对培训讲师进行有效的管理。为了使培训讲师能够按时完成任务，并提供高质量的培训，公司采取了以下措施。

(1) 设定明确的目标和指标。公司与培训讲师一起制订了培训计划，并设定了明确的目标和指标。这样一来，双方都知道应该做些什么，并且可以互相监督和评估。

(2) 提供必要的资源支持。为了帮助培训讲师完成任务，公司为他们提供了必要的资源支持，包括教材、设备和技术支持等。

通过这些措施，H 公司成功地培养了一批优秀的培训讲师，并在培训和发展方面取得了显著的成果。

总的来说，企业培训讲师的开发与管理是至关重要的。通过有效的需求评估、讲师招聘与培养、资源管理和满意度评估，可以建立一个专业、高效的培训团队，从而为员工的职业发展和企业的发展做出贡献。

第二讲　培训课程开发与管理

培训课程开发与管理，是指设计、组织和监督培训课程的过程，旨在使培训目标的达成和培训效果的最大化。下面是培训课程开发与管理的关键步骤和方法。

(1) 需求分析：首先明确培训的目的和受众群体，并进行需求分析，了解受众的背景、学习需求和培训期望，以便为他们提供切实、有效的培训内容。

(2) 制订培训计划：根据需求分析的结果，制订培训计划，包括培训的时间、地点、授课方式等，同时确定所需的资源和预算。

(3) 编写课程大纲：基于培训目标和需求分析编写详细的课程大纲，包括课程内容、教学方法、教材和教辅材料的选择等。确保课程内容逻辑清晰、层次分明。

(4) 设计教学活动：根据课程大纲设计教学活动，如授课、讨论、案例分析、团队项目等。结合不同的学习风格和教学目标，选择恰当的教学方法，以提高学员的参与度和学习效果。

(5) 开发教材和教辅材料：根据课程大纲编写教材和制作教辅材料，包括教案、课件、练习册等。确保教材内容准确、易于理解，并能够支持教学活动的顺利进行。

(6) 师资培训与支持：为培训师提供专业的培训和指导，使其具备良好的教学能力和知识背景。同时，提供教学资源和支持，帮助他们更好地组织和交流课程内容。

(7) 实施和评估：按照培训计划执行培训课程，通过教学观察、学员反馈等进行评估和反馈。收集学员对课程内容、教学方法和教材的意见和建议，不断改进和优化培训课程。

(8) 后续跟进：培训课程结束后，对学员进行跟进和支持，通过考核、认证或提供后续的学习机会巩固培训成果，确保学员能够将所学知识和技能应用于实际工作中。

通过以上步骤和方法，可以有效地开发和管理培训课程，并提高培训的质量和效果，确保学员所需的知识和能力得到有效的提升。此外，还需要根据实际情况进行调整和改进，以确保培训课程能够有效地满足学员的需求。

【案例分享】

M集团的培训课程开发与管理

厦门M集团有限公司是1996年10月成立的厦门市重要的投资发展企业，集团注册资本为50亿元，资产总额超过350亿元。近日，M集团为了提高广大员工的技能水平和竞争力，决定在公司内部开展培训课程开发与管理工作。

首先，该企业成立了一个专门负责培训开发与管理的部门，该部门由具有丰富教育培训经验的专业人员组成。部门的主要职责是根据企业的发展战略和员工的需求制订并实施相关的培训计划。

为了保障培训课程的有效性和针对性，企业采取了以下几个步骤。

(1) 培训需求调研：企业定期进行调查，以了解员工的培训需求和意愿。通过问卷调查、面对面交流等方式收集员工的意见和建议。

(2) 培训目标设定：根据调研结果和企业的战略目标制定明确的培训目标，如提高员工的沟通能力、技术能力和团队合作能力等。

(3) 培训课程设计：根据培训目标制订相应的培训计划和课程。这里需要注意的是，课程设计应根据员工的不同职位和岗位需求进行个性化设计。

(4) 培训师资储备：为了保障培训课程的质量，企业与外部专业机构建立合作关系，聘请一些行业内的专家和讲师。与此同时，内部也培养了一批具有培训能力的员工担任培训讲师的角色。

(5) 培训效果评估：培训完成后，企业会进行培训效果的评估。通过测试、反馈调查等手段，了解员工对培训的满意度和收获情况，并根据评估结果持续改进培训计划和课程。

通过上述措施，M 集团的培训效果得到了显著的提升。员工的技能水平得到了提高，团队的合作能力也得到了增强，企业的市场竞争力也随之提升。

A 公司培训课程开发与管理

A 公司是一家以软件开发为主的科技公司。随着公司规模的不断扩大，员工的培训需求也越来越迫切。为了提高员工的专业技能和业务水平，A 公司决定开展培训课程，并建立相应的培训管理体系。

问题与目标如下。

在开始的时候，A 公司面临以下问题。

(1) 没有明确的培训计划和目标，导致培训课程无法针对性地提高员工的工作能力。

(2) 缺乏专门的培训师资和资源，无法保障培训质量。

(3) 培训成果无法有效评估，缺乏长期效益。

为解决这些问题，A 公司制定了以下目标。

(1) 建立完善的培训课程开发与管理体系，提供系统化的培训服务。

(2) 持续提高员工的专业素养与技术能力，提高工作效率和质量。

(3) 建立有效的培训评估机制，保障培训成果可持续发展。

为了实现这些目标，A 公司采取了以下方法与步骤。

(1) 培训课程开发。A 公司成立了专门的培训开发团队，由具有丰富经验和专业知识的员工组成。团队通过调研员工需求和分析岗位要求，制订了一系列的培训课程计划。这些计划包括技术培训、管理培训、职业素养培训等，满足不同员工的需求。

(2) 培训师资和资源。A 公司与知名培训机构合作，邀请专业的培训师进行授课。与此同时，企业建立自己的培训师资库，并在内部员工中进行培训师的选拔与培养，提高内训师的数量和质量。此外，A 公司还配备了先进的培训设施和资源，为员工提供良好的学习环境。

(3) 培训课程管理与评估。A 公司引入了培训管理系统，实现了培训课程的在线报名、签到和学习记录等功能。通过系统统计和分析，企业能够及时了解员工的培训情况，并提供相应的辅导与支持。此外，A 公司每年都会定期进行培训效果评估，通过问卷调查、考试和实际操作等评估员工在培训课程中的学习成果和应用能力。

经过一段时间的努力，A 公司取得了以下成果与效益。

(1) 员工的专业素养和技术能力得到大幅的提升，工作效率和质量明显提高。

(2) 培训课程的针对性和实用性得到了员工的认可和好评。

(3) 企业节约了大量的培训成本，提高了培训资源的利用效率。

(4) 员工的培训需求得到了有效满足，提高了员工的工作满意度和忠诚度。

通过建立完善的培训课程开发与管理系统，A 公司成功地提高了员工的专业能力和业务水平，为企业的发展提供了重要保障。与此同时，企业还通过培训成果评估机制，不断优化与改进培训服务，实现了培训的持续发展。

总的来说，培训课程开发与管理是企业提升竞争力和培养人才的重要手段。通过科学的方法和策略，企业可以有效地进行培训计划的制订、课程的设计和培训效果的评估，实现员工和企业共同成长的目标。

第五节　培训需求分析

培训需求分析有助于我们了解受众群体的背景、学习需求和培训期望。通过进行培训需求分析深入了解受众的需求，有效地开发和管理培训课程，从而提高培训的质量和效果。

第一讲　培训需求分析原则

培训需求分析是确定培训目标和制订培训计划的重要步骤。其原则主要包括以下几个方面。

(1) 目标导向性原则：培训需求分析的核心是明确培训的目标。通过了解组织或受训人员的现状和期望，将目标转化为具体的培训需求，以指导后续的课程设计和开发。

(2) 多方参与原则：培训需求分析应该充分征求多方面的意见和建议，包括受训

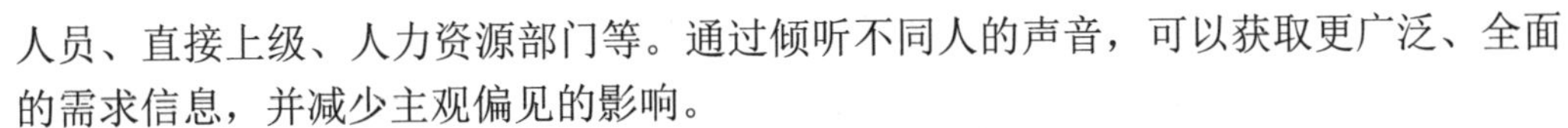

人员、直接上级、人力资源部门等。通过倾听不同人的声音，可以获取更广泛、全面的需求信息，并减少主观偏见的影响。

(3) 数据收集原则：培训需求分析需要根据实际数据进行，而不仅仅是根据主管或决策者的个人观点和判断进行。可以采用各种方法进行数据收集，如面谈、问卷调查、实地观察等，以使收集的需求数据客观、真实。

(4) 分析与优先级确定原则：在收集需求数据的基础上，对不同的培训需求进行分析和评估。通过综合考虑培训的重要性、紧迫性和可行性等因素，确定培训需求的优先级次序，以合理分配资源和制订培训计划。

(5) 确定原因分析原则：除了明确培训需求之外，还需要深入了解培训需求背后的原因和根本问题。通过分析培训需求的原因，可以更准确地制定解决方案和培训措施，以解决问题并达到预期效果。

(6) 持续改进原则：培训需求分析不是一次性的活动，而是一个持续的过程。随着组织和环境的变化，培训需求也会发生变化。因此，应该建立持续的反馈和评估机制，及时调整和改进培训计划，以适应不断变化的需求。

在实际操作中培训需求分析的原则应该灵活运用，并结合具体情况和实际需求进行调整。这样可以保障培训计划的有效性，并满足组织和受训人员的期望。

【案例分享】

某集团的培训需求分析

某集团是世界轮胎二十强、全国十大轮胎生产厂家和全国 1 000 户最大工业企业之一，公司占地面积为 100 万平方米，建筑面积为 90 万平方米，拥有职工 10 000 人，其中包括 2 600 多名工程技术人员，总资产达 80 亿元。但是最近，该公司遇到了一些问题：生产效率下降、员工流动率上升、产品质量不稳定等。为了解决这些问题，该公司决定进行培训，从而提升员工的知识和技能水平。

在进行培训前，公司首先进行培训需求分析，以确定具体的培训目标和内容。他们雇用了一家专业的培训机构来帮助他们进行需求分析。

培训机构首先与公司的管理层进行深入的访谈和交流，以了解公司面临的问题，并明确了提升生产效率、降低员工流动率、提高产品质量等是公司培训的主要目标。

接着，培训机构进行了员工调查，通过问卷调查和个别访谈的方式了解员工在工作中的实际需求和瓶颈。他们发现，员工普遍反映对新技术和新工艺缺乏了解，需要进一步学习和培训，同时也存在沟通能力不足、团队合作意识不强等问题。

培训机构根据所获得的调查数据和访谈结果，制订了具体的培训计划。他们建议培训中重点做好以下几个方面内工作：提供新技术和新工艺的培训，帮助员工提升专业技能；开展沟通与协作能力的培训，提高员工的团队意识和相互配合的能力；组织管理和领导力培训，提升管理人员的能力。

该集团采纳了培训机构的建议，按照培训计划进行培训。经过一段时间的培训，他们发现生产效率得到了明显提升，员工流动率下降，产品质量的稳定性也大幅增强。

某公司的培训需求

某集团是一家大型的制造企业，资产总额达350亿元，职工人数超过3万人，主要从事专用汽车、汽车零部件、机械电子产品的生产经营与制造，在市场竞争日益激烈的背景下，为了更好地提高员工的技能水平和职业素质，该公司决定进行一次全面的培训。在制订培训计划之前，他们进行了一次全面的培训需求分析。

首先，该公司组织了一次员工技能评估。通过评估，他们了解了员工在各项技能上的得分情况，包括操作技能、技术知识、沟通能力等。评估结果显示，公司大部分员工的技能水平相对较低，特别是在新技术应用和团队协作方面存在较大的差距。因此，提高员工的技术能力和团队协作能力成为培训的关键。

其次，该公司还进行了一次员工需求调研。他们通过问卷调查和面对面访谈，了解了员工工作中面临的挑战和需要提升的能力。调研结果显示，员工普遍认为他们需要提高沟通与协作能力、项目管理能力及解决问题的能力。与此同时，他们还表达了对新技术和行业动态的了解不足的担忧。

最后，该公司结合了员工技能评估和需求调研的结果，确定了培训的目标和内容。一是他们决定开展技术培训课程，包括新技术应用、机器操作技能等。二是他们开展一系列团队建设活动，培养员工的团队协作能力。此外，他们还将邀请行业专家进行专题讲座，增强员工对行业动态的了解。

通过这次培训需求分析，该公司成功地制订了一套针对员工需求的培训计划。通过培训，员工的技能水平得到了提升，工作效率和产品质量也随之提高。而企业也因员工的进步在市场中获得了竞争优势。

总的来说，培训需求分析是企业制订培训计划的重要一步。通过评估员工的能力和了解他们的需求，帮助企业确定培训的目标和内容，从而提升员工的综合素质和企业竞争力。

第二讲　培训需求分析方法

培训需求分析方法是为了确定组织或个人所需的培训内容和方式而进行的一系列系统性的调查和研究。以下是常用的培训需求分析方法。

1. 面谈法

通过与相关人员进行面对面的访谈，以了解其培训需求和期望。面谈可以直接收

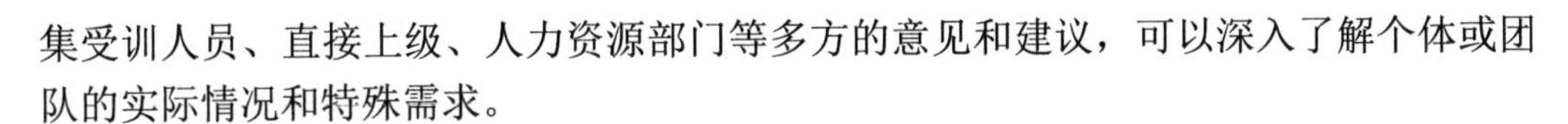

集受训人员、直接上级、人力资源部门等多方的意见和建议，可以深入了解个体或团队的实际情况和特殊需求。

2. 问卷调查法

设计并发放调查问卷，征求受训人员对培训需求的意见和建议。问卷调查可以覆盖更广泛的受训人员，同时也可以通过量化的数据收集和统计分析，得到对培训需求的整体把握，发现问题和优化需求。

3. 观察法

通过直接观察受训人员在工作场景中的表现和需要改进的地方来识别培训需求。观察法可以发现隐性的需求和问题，对于一些技能和行为方面的培训需求尤为适用。

4. 文件分析法

通过分析组织内部的相关文件，如岗位职责说明书、绩效评估报告等来获取培训需求的线索。文件分析法可以解析已有的岗位要求和绩效指标，找出现有人员的短板和提升空间，从而进行针对性的培训。

5 小组讨论法

组织受训人员或相关人员进行小组讨论，收集培训需求的意见和建议。小组讨论可以激发思维碰撞和经验分享，帮助识别不同群体或团队的特定需求，并促进共识的形成。

6. 关键事件回顾法

回顾过去的关键事件或项目经验，总结其中存在的问题和挑战，以及对应的培训需求。通过回顾关键事件，可以发现个体或团队在特定方面的能力不足，并确定相应的培训方向和目标。

在进行培训需求分析时，可以综合运用以上方法，并根据具体情况选择最适合的方法。与此同时，还要考虑培训资源的可行性和组织的整体战略目标，保障培训需求与组织发展目标的一致性。

【案例分享】

L 公司的培训需求分析方法

L 公司是一家大型制造企业，拥有 5 000 名员工，主要从事电子产品的研发和生产。随着技术的不断进步和市场竞争的加剧，该公司决定进行培训需求分析，以提高员工的技能水平和工作效率。下面是 L 公司所采用的方法。

(1) 明确目标。首先，该公司明确培训的目标和目的，即提高员工的技能水平以适应市场需求和提升产品质量。

(2) 收集信息。为了了解员工的现状和需求，该公司组织了一次员工满意度调查和个人面谈。员工满意度调查包括问卷调查和员工反馈，以评估员工对现有培训项目的满意程度和存在的问题；个人面谈主要是与员工进行一对一交流，以了解他们对自身技能缺陷和需求的意见。

(3) 分析数据。通过对员工满意度调查和个人面谈的数据进行分析，该公司确定了员工培训需求，并将其归类为技术培训、管理培训和职业素养培训三个方面的需求。

(4) 确定优先级。根据不同岗位和部门的需求，该公司确定了各种培训需求的优先级。例如，技术人员可能需要更多的技术培训，管理人员可能需要更多的管理培训。

(5) 制订培训计划。基于对培训需求的分析和优先级的确定，该公司制订了一份详细的培训计划。这份计划包括培训的内容、方式、时间、地点及培训的目标和评估方法等。

(6) 实施培训。根据培训计划，该公司组织了一系列培训活动，如内部培训、外部培训和在线培训等。这些培训活动旨在为员工提供必要的知识和技能，以满足他们的工作需求。

(7) 评估效果。随着培训的完成，该公司进行了培训效果评估，以了解员工的反馈和学习成果。评估的方法包括员工满意度调查、培训成绩记录和实际绩效的改善情况等。

通过培训需求分析与实施，该公司的员工技能水平得到了显著提升，产品质量和工作效率也得到了提高。此外，员工满意度和忠诚度也得到了提高，为公司的可持续发展创造了良好的基础。

总之，培训需求分析是企业确保员工能够适应市场需求和提高绩效的重要方法。通过收集和分析员工的需求，制订相应的培训计划，并持续评估和改进，企业能够为员工提供针对性的培训，提高员工的技能水平，从而为企业创造商业价值。

第六节　培训方案制定

培训方案制定是一项关键的任务，它不仅对企业的持续发展和员工的职业发展都起到重要的作用，而且它对企业和员工都有着重要的意义。一个好的培训方案需要明确目标、满足员工需求、合理安排和持续改进。只有制定适合企业和员工的培训方案，才能够提升团队的竞争力，实现共同的发展目标。

第一讲　培训方案包含的要素

制定有效的培训方案是确保员工能够迅速融入新角色和展现出色绩效的关键。一个综合而清晰的培训计划能够提高员工满意度、降低培训成本及提升整体生产力。本讲将详细介绍培训方案包含的要素。

1. 目标和期望

一个成功的培训方案需要明确培训的目标和期望。既然培训是为了提升员工技能和知识水平，那么确立明确的目标有助于量化培训的成果和效果，并且指导培训的设计和实施。

2. 受众分析

对受众进行全面分析是制定完善培训方案的必要步骤。通过了解受众的背景、职能和学习风格，可以量身定制培训内容，使培训方案更加贴合受众的需求，从而提高培训的有效性和吸引力。

3. 课程设计

精心设计的课程是保障培训方案成功的关键。在课程设计中，应确保内容准确、全面并结构化，以便梳理和传递知识。与此同时，利用多样化的教学方法和互动活动，以增加受众的参与度和学习效果。

4. 资源准备

提供充足而适当的培训资源对于员工的学习至关重要。这包括材料、工具、设备和支持系统等。通过为员工准备好所需资源，可以确保他们能够充分参与培训并取得良好成果。

5. 培训交付

培训方案的成功在于交付方法的选择和实施。根据受众的特点和培训内容可以选择最合适的交付方式，如面对面培训、在线培训或混合培训。与此同时，通过使用互动性高、引人入胜的讲授技巧，可以提高员工的学习效果和满意度。

6. 培训评估

培训方案的评估是一个持续改进的过程。通过使用有效的评估工具和测量方法，可以了解培训的成效，并根据结果进行必要的调整和优化。定期的反馈和评估有助于确保培训方案持续满足员工的需求和组织的目标。

一个完善的培训方案应该综合考虑以上要素，以帮助组织提高员工的技能和知识

水平，并最大限度地发挥他们的潜力。通过正确的目标设定、受众分析、课程设计、资源准备、培训交付和培训评估制定一个成功且可持续的培训方案，为员工和组织的发展奠定坚实基础。

【案例分享】

某集团培训方案的完善

青岛某集团公司是以生产化肥、农药、原盐等，集科、工、贸于一体化的大型综合性化工企业。公司总资产达 50 亿元，职工人数为 2 万余人。近年来，随着竞争的加剧和技术的不断更新换代，各个企业对于培养高素质人才的需求日益迫切。为了提升员工的综合素质和专业能力，集团企业在制定培训方案时经过精心设计和实施，取得了显著的成效。下面，简单地介绍一下该企业完善培训方案所涵盖的要素。

1) 培训目标明确

在制定培训方案之前，该集团首先确立了明确的培训目标。通过与各部门沟通，并针对不同岗位和层级的员工设定不同的目标，确保每位员工都能准确了解自己需要提升的能力和知识点。

2) 需求分析全面

对员工进行需求分析是培训方案制定的关键环节。该集团通过调查问卷、面谈等方式，综合收集员工的实际需求和职业发展计划，并结合公司需求进行全面分析，使培训方案与员工培训需求相匹配。

3) 个性化培训内容

根据不同岗位的员工需求，该集团量身定制了一系列个性化的培训课程，包括技术培训、沟通能力培养、领导力培训、团队合作等。每位员工可根据自己的实际情况选择适合自己发展的课程，增强培训效果和学习兴趣。

4) 多样化培训形式

为了增加培训的趣味性和参与度，该集团采用了丰富多样的培训形式，如线上培训、线下研讨会、现场教学等。此外，该集团还引入了一些现代化的培训方法，如虚拟现实(VR)技术和模拟实战演练，以提高培训的质量和互动效果。

5) 考核评估与追踪反馈

培训方案的最终目标是提升员工的能力和业绩。该集团在培训结束后进行考核评估，并建立了定期跟踪反馈机制，对培训效果进行监控和评估。通过考核结果与员工实际表现的对比，为培训方案的优化和改进提供指导。

L 集团的培训方案要素

L 集团有限公司创建于 1995 年，是一家以研制港口机械、建筑塔机、减速机为主业，房地产开发、建筑防腐等为辅业的大型企业集团，是国家级高新技术企业，总

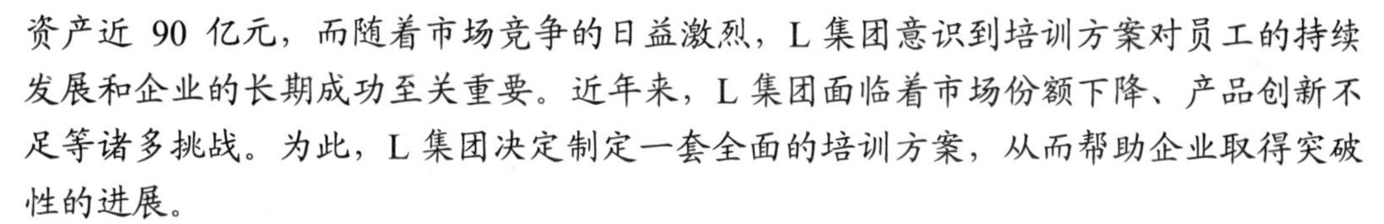

资产近 90 亿元，而随着市场竞争的日益激烈，L 集团意识到培训方案对员工的持续发展和企业的长期成功至关重要。近年来，L 集团面临着市场份额下降、产品创新不足等诸多挑战。为此，L 集团决定制定一套全面的培训方案，从而帮助企业取得突破性的进展。

1)　需求分析与目标确立

L 集团首先进行了市场和员工需求分析，以了解员工现有技能和知识的差距，掌握潜在的培训需求。在此基础上，L 集团确定了培训方案的目标，通过提升员工的专业能力和创新思维，推动企业的产品创新和市场份额增长。

2)　内容设计与形式选择

基于需求分析结果，L 集团开发了一系列针对不同岗位和层级的培训课程。例如，他们组织了产品创新研讨会、市场调研培训、团队协作能力提升课程等，旨在加强员工的专业知识和技能，并激发他们的创造力和沟通能力。此外，L 集团还采用了多种培训形式，例如，线下面授、在线学习及实践项目，以满足不同员工的学习方式和时间安排的需求。

3)　培训师资与资源准备

为确保培训方案顺利实施，L 集团聘请了经验丰富的培训师，他们在相关领域都有着深厚的学术背景和实践经验，并能够根据企业的需求进行个性化的教学设计。与此同时，L 集团还为培训课程提供了充足的物质资源和技术资源，如现代化培训设施、实验室和软件工具等，以便员工能够在实际操作中应用所学知识。

4)　评估与反馈机制

为了保障培训效果的可靠性和持续性，L 集团建立了一套完善的评估和反馈机制。他们通过课后测验、项目评估和员工意见调查等方式及时了解培训效果，并根据结果进行调整和改进。此外，L 集团还设立了内部奖励制度以激励员工积极参与培训活动，并支持他们在实践中运用所学技能。

通过以上要素的综合应用，L 集团成功推出了一套创新培训方案，并逐渐取得了突破性的进展。不仅员工的专业能力和创新思维得到显著提升，企业的产品质量和创新能力也得到了有效提升。L 集团通过培训方案的引入，增强了企业的竞争力，确立了市场的领导地位，成为行业的佼佼者。

总的来说，一个成功的培训方案应包含培训目标明确、需求分析全面、个性化培训内容、多样化培训形式及考核评估与追踪反馈等要素。只有不断地优化与改进企业的培训方案，才能为员工的职业发展创造更好的条件，从而为企业的可持续发展奠定坚实的基础。

第二讲　培训方式比较与选择

随着现代社会的快速发展，培训方式已成为提升个人能力的重要考虑因素。下面，将对不同的培训方式进行比较与选择，希望企业可以找到最适合自己的方法。

1. 面对面培训：专业知识交流的首选

面对面培训是一种传统而有效的培训方式。通过与讲师及其他学员的沟通互动，学习者可以获得直接实时的指导与反馈。这种培训方式有助于解决问题，提高技能，并且有利于建立人际关系网络，以便在职场中更好地发展。

2. 在线培训：随时随地的灵活选择

随着科技的不断进步，在线培训成为越来越受欢迎的培训方式之一。不论身处何地，学习者都可以通过网络轻松参加各种培训课程。在线培训提供的学习资源丰富多样，学习者可以根据自己的需求和兴趣选择不同阶段和主题的培训内容。此外，还可以按照自己的节奏安排学习时间，实现更加自主和灵活的学习体验。

3. 培训机构：专业化全面教学

培训机构是为学习者提供多元化培训服务的专业机构。通过参加培训机构的课程，学习者可以获得由经验丰富的讲师传授的深入知识和实用技巧。这些机构通常提供全方位的教学资源，如课堂教学、案例分析及模拟实践等。在培训机构学习也有利于学习者与其他同学互相交流、切磋，共同进步。

4. 自学：灵感和毅力的结合

自学是一种独立学习的方式，学习者可以根据个人的兴趣和需求进行学习。这需要学习者具备一定的自我管理能力，准确把握学习目标，并积极寻找相关学习资源。从网络教程到图书资料，自学提供了丰富的学习资源供您选择。自学还培养了自主学习能力和解决问题的能力，对于个人成长和职业发展都具有积极影响。

【案例分享】

A机械集团的混合培训

浙江A机械集团有限公司始建于1975年，原为国家重点骨干企业，1980年改制为股份合作制企业，注册资本为5 000万元，是国家汽车零部件出口基地企业。公司总资产达150亿元，生产区共占地6 000余亩，现有六个生产厂区，其中包括汽车轮毂、摩托车轮毂和电动车车轮三大生产基地。近年来，随着信息技术的快速发展和商业竞争的日益激烈，培训方式的比较与选择成为企业管理者必须面对的重要问题。A

机械集团经过深入讨论和分析，对比了不同的培训方式。

该企业一直致力于员工的持续培训和发展，以提高员工的专业素质和竞争力，从而更好地适应市场变化。在培训方式的选择上，该企业通过调研和评估，总结归纳出以下几种方式：线下培训、在线培训及混合培训。

首先，线下培训是传统的培训方式，它包括面对面的授课、实地参观和实践操作等。线下培训具有互动性强、实战性强的特点，可以更好地满足员工的学习需求。然而，线下培训存在时间成本高、空间受限等问题，对全公司范围的培训实施具有一定的挑战。

其次，在线培训是近年来兴起的培训方式，它利用信息技术手段，通过网络平台提供教学内容和学习资源。在线培训具有时间灵活、地点自由的特点，可以满足员工随时随地进行学习的需求。然而，在线培训缺乏互动性和实践操作，有时会对员工的学习效果产生一定的影响。

最后，混合培训是线下培训和在线培训的结合，兼具了两种方式的优势。混合培训可以通过线下课堂教学与在线学习相结合，使学习过程更加灵活和个性化。比如，员工可以通过在线平台预习和复习相关知识，然后参加线下讲座和实践活动来进一步巩固应用。这种培训方式综合了线下培训的交互性和实战性及在线培训的便捷性和灵活性。

考虑到该企业厂区分散，员工数量众多且地域分布广泛，A 机械集团决定将混合培训作为主要的培训方式。通过提供在线学习平台和安排定期的线下培训活动，A 机械集团成功地实现了员工不同时间和地点都能够接受高质量培训的目标。与此同时，通过不断调整培训内容和方式，A 机械集团也进一步提高了培训的效果和影响力。

某集团的混合培训模式

某集团创建于 1996 年，是一家拥有总资产近百亿元,员工 6000 多名的现代企业集团。产业涉及轻工文具、新材料电子、投资与贸易等多个领域，产品行销全球 100 多个国家和地区。近期，由于公司业务发展迅速，需要员工掌握最新领域的专业知识。该公司考虑为员工制订一项新的培训计划，以提高他们的技能和知识水平。因此，他们需要选择一种适合员工发展的培训方式。

该集团首先考虑了传统的面对面培训。他们认为面对面培训能够提供互动和实时指导，有助于员工更好地理解和应用所学内容。然而，这种方式需要安排专门的培训场地，并且需要员工离开工作岗位参加培训，这可能会对生产造成一定的影响。

随后该集团研究了在线培训的优势和不足。在线培训具有时间和空间的灵活性，员工可以根据自己的安排和需要随时随地进行学习。此外，该集团还可以使用专业的在线培训平台，提供高质量的培训资源。然而，在线培训也存在缺点，例如，缺乏实时互动和个别指导，可能会让员工感到孤立和缺乏动力。

经过仔细权衡两种培训方式的利弊后，该集团决定采取一种结合传统面对面培训和在线培训的混合模式。他们决定将基础知识的学习内容通过在线培训平台呈现给员工，员工可以根据自己的时间和进度进行学习。而高级课程和实践经验则安排专门的面对面培训，以便员工可以实地应用所学内容并与导师进行互动。

该集团还为员工提供了在线讨论和辅导的机会，以弥补在线培训缺乏互动和指导的不足。员工可以在讨论区中交流和分享经验，并向导师请教问题。此外，该集团还鼓励员工参加相关行业的研讨会和活动，以拓宽他们的视野和获取更多的实际经验。

通过这种混合培训方式，该集团成功地解决了培训方式选择的难题。员工既能够灵活地根据自己的需求进行学习，又可以享受到面对面培训带来的互动和指导。这种培训模式不仅提高了员工的技能，还有助于公司保持竞争优势并与行业发展同步。

综上所述，不同的培训方式各有特点，在选择培训方式时，企业应根据自身的需求和资源情况进行评估和选择。在实际操作中，混合培训可以充分发挥线下培训和在线培训的优势，满足员工的学习需求，从而提高企业的竞争力。

第七节　培训实施作业流程

培训实施作业流程是一个系统、有序的过程，通过明确培训目标和需求、制订培训计划、准备培训材料、进行培训活动和评估总结等环节，可以有效提高培训的效果，帮助员工提升工作能力，并解决工作中遇到的问题。

第一讲　培训准备工作

培训是一个有效的学习和增强员工工作能力的方式，但在进行培训之前，准备工作则是非常重要的。合理的准备工作可以确保培训顺利进行并取得良好的效果。下面简单介绍一些培训准备工作的要点。

1. 确定培训目标

培训准备工作首先需要明确培训的目标。有了明确的培训目标，才能够有效地制订适当的培训计划和教学方法，以保障取得好的培训效果。

2. 分析培训背景和需求

在进行培训准备工作之前，还需要对培训的背景和需求进行深入的分析。了解培训背景可以更好地选择培训内容和方法，以满足学员的实际需求。

3. 制订培训计划

制订一个详细的培训计划是培训准备工作的重要一步。培训计划应包括培训的时间安排、内容大纲、教学活动设计等。制订培训计划，能够有条不紊地进行培训，提高培训的效果。

4. 准备培训材料

在培训准备工作中，准备好培训材料也是非常重要的。培训材料包括教材、课件、练习题等。准备充分的培训材料能够帮助学员更好地理解培训内容，提高他们的学习效果。

5. 设计评估方法

进行培训准备工作时，还需要考虑如何评估学员的学习效果。设计合适的评估方法能够了解学员的掌握程度，以及时调整培训策略。评估方法包括测试、作业、小组讨论等。

6. 评估培训效果并进行后续跟进

培训结束后，及时对培训效果进行评估，了解培训是否达到了预期的目标，并根据评估结果进行后续跟进。培训的效果评估可以通过测试、问卷调查等方式进行，根据评估结果来调整和改进培训方案。

综上所述，培训准备工作的重要性不可忽视。只有进行充分、合理的准备工作，才能确保培训顺利进行，并取得良好的培训效果。

【案例分享】

A 公司的培训准备

A 公司是一家小型的销售企业，近日，为了提升销售团队的销售能力和服务质量，增加公司的销售额和客户满意度。A 公司计划进行一次销售技巧的培训，首先，在进行培训准备工作之前，企业先确定了培训的目标和内容，此次培训的目的是使销售人员掌握更多的销售技巧和销售技能，并应用到实际工作中。

其次，企业制订了详细的培训计划。他们首先确定了培训的时间和地点，并做好培训的前期准备工作。为了提高培训的效果，企业决定邀请市场专家为主讲人，以保障培训内容的专业性和可行性。

再次，企业开始准备培训材料。他们梳理了销售技巧的相关知识点，并编写了详细的培训讲义和案例。为了增加学员的参与度和培训的趣味性，企业还制作了相关的 PPT 演示，并准备了互动游戏和讨论环节。

在培训前一周，企业积极地进行宣传和预热工作。他们通过内部通信工具发布了

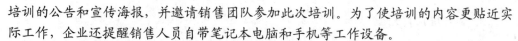

培训的公告和宣传海报，并邀请销售团队参加此次培训。为了使培训的内容更贴近实际工作，企业还提醒销售人员自带笔记本电脑和手机等工作设备。

最后，培训当天，A公司将培训场地布置得很温馨和有活力，以营造良好的学习氛围。培训期间，A公司还为学员提供了丰富的茶歇和午餐，并确保培训过程中有充分的休息时间。为了使培训效果能够持久，企业还计划在培训结束后进行跟踪和评估，以了解学员是否掌握了相关的知识和技能，是否能将其应用到实际工作中。

某公司的培训准备工作

浙江某电子股份有限公司在制造业领域具有相当的竞争优势，近日，为了在市场竞争中保持领先地位，公司决定对员工进行定期培训，以提高其技能和专业素养。

在过去的培训活动中，由于缺乏充分的培训准备工作，结果令人失望。参与培训的员工没有充分理解培训目标和内容，导致培训效果不佳。为了改善这种状况，该公司决定进行全面的培训准备工作。

1) 明确培训目标

公司首先与各部门负责人沟通，确定培训的主要目标和需求。通过调研和分析，明确员工需要提升的具体技能，以满足公司的发展需求。

2) 制订培训计划

公司制订详细的培训计划，包括培训内容、培训形式、培训时间和地点等。通过合理安排培训计划，确保员工可以参与其中并不影响日常工作。

3) 选择合适的培训师资

公司通过与专业培训机构合作或自行筛选，选择经验丰富、具有相关知识和技能的培训师资。这些培训师资应具有良好的教学技巧，能够有效传授知识和技能。

4) 准备培训材料

为了支持培训顺利进行，公司准备了高质量的培训材料，包括幻灯片、案例研究、实践演练等。这些材料清晰、简洁，以便员工易于理解和吸收。

5) 提前沟通宣传

为了确保员工对培训活动有充分的了解和认可，公司在培训前进行宣传，向员工阐述培训的重要性和意义。此外，公司还通过多种沟通渠道，如邮件、内部通知等，提前告知员工培训的时间、地点和安排。

通过以上的培训准备工作，该公司有效提升了员工的专业技能和专业素养。培训后的测评结果表明，员工对培训内容的理解度明显加深，并能将所学知识应用到实际工作中。此外，员工间的协作能力也得到了提升，为公司的发展带来积极的影响。

总的来说，培训准备工作是提升员工技能的关键要素之一。只有充分地准备，根据具体需求确定目标、精心组织培训计划、选择合适的师资及提供优质的培训材料，才能确保培训活动取得预期的效果。因此，企业在开展培训前应重视培训准备工作，为培训活动的顺利实施提供坚实的基础。

第二讲　培训期间工作

人力资源是组织中至关重要的因素。为了确保员工能够持续发展和提高工作效率，企业往往会制订人力资源培训计划。在这个过程中，工作内容如何安排则显得尤为重要。本讲将从多个角度探讨培训期间的工作安排。

1. 设定目标

在培训期间，制定明确的培训目标至关重要。只有设定明确的目标，才能使培训流程更加高效且具有针对性。这些目标包括提升员工专业技能、提高团队合作水平及促进个人成长等。通过合理设定目标，培训工作将更加有方向性。

2. 制订培训计划

一份详细的培训计划不仅能够提供参与者所需的信息，还能通过合理的时间安排和课程内容设计提高培训的效果。在制订培训计划时，应充分考虑员工的需求和实际情况，选择适当的培训方式和教材，并合理安排培训的持续时间和频率。

3. 提供多元化的学习方式

不同员工对学习方式的偏好有所不同，因此在培训期间，提供多样化的学习方式能够满足不同员工的需求。这包括传统的课堂培训、在线学习平台、沙龙式讨论及实地考察等。通过提供多元化的学习方式，能够更好地激发员工学习的兴趣和动力。

4. 引入实践操作环节

理论知识的学习是培训不可或缺的一部分，但为了更好地掌握和运用所学知识，实践操作环节也同样重要。通过模拟实战、案例分析或者实际工作项目的参与，员工能够将理论知识应用到实际工作中，并且在操作中不断总结经验、教训。

5. 提供反馈与评估机制

为了保障培训的有效性和进展，提供良好的反馈与评估机制就显得至关重要。企业可以通过定期的测试、答疑、个人反馈及绩效评估等方式，及时获得培训效果的反馈。针对员工在培训过程中的问题和提升空间，进行及时的修正和迭代。

【案例分享】

某公司的培训期间工作

某电缆股份有限公司成立于 1997 年，总部位于上海市金山区，注册资金为 5 000

万元，该公司在过去的几年中面临着市场竞争加剧和技术进步的压力，因此陷入困境。为了重新焕发生机，他们决定进行全面的转型，以适应新的市场需求。在此前的规划中，公司意识到员工的技能和知识水平需要提升，因此安排了一段培训期间工作。

首先，公司组织了一系列专业技能培训，包括软件开发、市场推广和客户服务等方面的知识。公司内部的专业人员被聘请为培训师，利用自身的经验和专业知识教授员工相关技能。培训期间的工作既提高了员工的专业能力，又提升了团队合作和沟通能力，使员工能够更好地适应转型后的工作。

其次，为了鼓励员工积极参与培训期间工作，公司设立了一系列奖励机制。例如，设立了“最佳培训生”和“最有创新力”的奖项，并给予相应的奖金和晋升机会。这不仅极大地激发了员工的学习热情，也提高了他们在培训中的投入度和积极性。

最后，培训结束后，该公司进行了一次全面的总结和评估。他们针对培训期间工作的不足之处和带来的成效进行反思，并对下一阶段的转型作出了合理的调整和规划。这种持续的改进机制使企业能够快速适应市场变化，并在竞争激烈的行业中保持领先地位。

李某的培训经历

李某是一家知名企业的新员工，在入职后的第一个月他参加了为期一周的培训课程。课程涵盖了公司的各个部门和岗位的基本知识和技能培训，以及实习工作的机会。

培训结束后，李某被分配到生产部门实习。他被指派到一条生产线上，负责监督和管理生产过程中的质量。

李某实习的第一天，他很紧张，因为这是他第一次亲身参与到真正的生产环境中。但与此同时，他也充满了期待，因为他知道实习是锻炼自己技能的好机会。

李某的导师是一位经验丰富的资深员工，他负责教导李某如何正确地检查产品质量，并在发现问题时及时采取措施。导师很耐心地指导李某，并告诉他如何分辨产品有无质量问题，以及如何记录和反馈问题。

李某从导师那里学到了很多质量控制方面的知识，也逐渐熟悉了工作流程。他开始能够快速而准确地判断产品的质量，并且能够准确地填写相关的质量报告表格。

然而，在实习期间，李某遇到了一个问题。他在一次检查中发现了一批产品存在明显的质量问题，但是他不确定该如何处理。他马上向导师请教，并得到了宝贵的建议。导师告诉他，首先要及时停止整个生产线，然后尽快找到出现问题的原因，并采取措施进行修正。与此同时，还要记录产品数量、批次号和具体问题的描述，以备之后的分析和改善措施。

李某按照导师的建议行动，他积极参与协调解决问题，并帮助团队恢复了正常的生产。在这个过程中，他意识到质量控制的重要性及预防和改进的必要性。

通过这次实习，李某不仅提高了自己的实际操作能力，也深入了解了企业的生产流程和质量控制标准。他通过与导师的互动和团队合作，不断完善自己的工作表现，并取得了显著的进步。

实习期结束后，李某向导师表达了诚挚的感谢，并表示将继续努力提升自己的能力，为企业的发展做出更大的贡献。

在培训期间的工作中，设定明确目标、制订详细计划、提供多元化的学习方式、引入实践操作环节及提供反馈与评估机制等，都是为了确保培训的有效性和员工的综合能力提升。只有精心策划和科学组织，企业才能够充分发挥人力资源的潜力，从而实现高效的培训成果。

第三讲 培训后续工作

面对不断变化和竞争激烈的市场环境，企业意识到培训不仅是员工发展的关键，也是组织成功的重要因素之一。然而，仅仅停留在培训本身并不能够完全胜任工作。为了充分发挥培训的效果，企业应该重视接下来的培训后续工作。本讲将探讨如何优化企业培训后续工作，以最大限度地提升员工的学习成果和组织绩效。

1. 建立有效的培训评估体系

企业人力资源培训后续工作的第一步是建立一个有效的培训评估体系。通过对培训效果进行评估，企业可以及时发现培训存在的问题和需要改进的措施。关键指标如员工满意度、知识储备、技能水平及工作表现等应纳入评估体系，以提供有关培训成果的客观数据。

2. 制订个性化的发展计划

根据培训评估结果，企业应制订个性化的发展计划。不同员工在培训过程中有不同的需求和优势，因此，“一刀切”的培训方案往往难以达到最佳效果。针对每个员工的具体情况，制订个性化的发展计划可以更好地满足其工作需求，提升其在岗位上的绩效。

3. 胜任力评估及延伸培训

除了在培训过程中进行评估外，企业还应对员工进行胜任力评估，并根据评估结果进行延伸培训。评估员工工作中的表现，发现其潜在的瓶颈和不足之处，再结合相应的培训课程进行针对性的培训，以提升员工的能力和素质，进而进一步提升整体业绩。

4. 建立有效的反馈机制

在企业人力资源培训的后续工作中建立有效的反馈机制至关重要。即使培训课程安排得再好，但如果没有进行及时的反馈和指导，员工也无法有效地将所学知识应用到工作中。因此，建立日常的反馈机制，包括定期的沟通和交流，以及解答员工遇到的问题，有助于巩固员工的培训成果，并提高员工的工作效率。

5. 总结与巩固知识的重要性

培训后续工作的核心是总结与巩固知识。培训只是一个开始，需要通过实践和复盘来巩固所学知识，并将其运用到实际工作中。企业应鼓励员工积极将所学知识融入日常工作，并定期组织复盘会议，分享经验和教训，以推动知识的持续传递和应用。

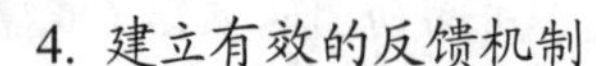

【案例分享】

A公司培训后续工作的实施

A公司是一家中小型的生产制造企业，近日，为了提升员工的技能和知识水平，公司决定组织为期一个月的培训项目。这个培训项目旨在帮助员工掌握特定领域的最新技术，以提高他们的绩效和解决复杂的业务挑战。一个月的培训结束后，A公司经过多方面的讨论研究，对如何将培训项目的成果充分应用于实际工作中，如何有效地实施后续工作提出了如下建议。

1) 培训后续工作策划

培训项目结束后，A公司需要制定明确的后续工作策略，以确保培训的投资获得最大回报。这包括以下几个方面。

(1) 确定负责人：指定一位负责人来协调后续工作，负责跟进培训项目的实施和评估。

(2) 制定时间表：根据培训项目的内容和员工的日常工作安排制定一个明确的时间表，保障后续工作顺利进行。

(3) 确认目标：明确后续工作的目标和预期成果，如改善绩效、提高工作效率或推动业务创新增长等。

(4) 制订行动计划：根据培训项目的内容和员工的实际需求，制订具体的行动计划，包括实施阶段、时间点和责任分配等。

2) 内部知识共享

培训项目结束后，A公司应该鼓励员工将他们所学的知识和经验分享给其他同事。这可以通过以下方式实现。

(1) 组织内部分享会议：安排一次内部会议，让培训项目的参与者向其他员工分享他们在培训中学到的重点和实践经验。

(2) 建立电子知识库：建立一个电子知识库，员工可以将他们学到的知识和资料上传到该平台，供其他人查阅和学习。

(3) 实施导师制度：培训项目的参与者可以成为其他员工的导师，帮助他们在实践中应用所学知识，并提供指导和反馈。

3) 建立回顾和评估机制

回顾和评估是确保后续工作顺利进行的关键环节。A公司决定定期组织回顾会议和评估讨论，以评估培训项目的效果和后续工作的进展，并及时作出调整和改进。

(1) 员工反馈：定期收集员工对培训项目和后续工作的反馈意见，了解他们实践中的体验和问题。

(2) 评估报告：根据培训项目的目标和预期成果，制定评估报告，对培训的效果和业务的影响进行评估。

(3) 改进措施：根据评估结果及时采取相应的改进措施，如调整后续工作计划、重新进行培训或提供更多的支持资源等。

通过组织合理的后续工作，A公司可以最大化地利用培训项目所带来的知识和技能，以促进员工的个人成长和业务发展。要制定明确的策划、鼓励内部知识共享及建立回顾和评估机制，以确保培训项目的成果能够得到有效的应用和持续的提升。

H公司培训后续工作安排

H公司是一家规模中等的制造业企业，拥有200多名员工。为了提高员工的专业能力和生产效率，企业决定开展内部培训。这次内部培训旨在提升员工的沟通技巧、问题解决能力及团队合作能力。

培训过程如下。

H公司首先与一家专业培训机构合作，制订了培训计划。该计划包括了一系列的培训课程和活动，如沟通技巧培训、团队建设活动和问题解决讨论会等。每一个培训活动都设计了具体的目标和内容，以保障培训的有效性和实用性。

培训后续工作安排如下。

1) 应用到工作中

培训结束后，H公司要求参加培训的员工将所学的知识和技能应用到实际工作中。为了帮助员工进行有效的应用，H公司制定了实践任务，让员工将培训内容与工作场景相结合，解决实际问题。此外，H公司鼓励员工相互分享学习心得，以促进彼此的成长和交流。

2) 跟踪和评估

H公司在培训后设置了一些关键绩效指标，用以衡量员工培训后的表现和工作效果。与此同时，企业还建立了反馈机制，鼓励员工提出他们在应用培训内容时遇到的问题和困难，并提供相应的帮助和支持。

3） 团队建设

为了巩固培训成果，H公司还组织了一系列团队建设活动。这些活动包括团队旅行、团队分享会及团队合作案例研究等，旨在增强团队协作能力，促进团队成员之间的了解和信任。

通过培训后续工作的安排和实施，H公司取得了显著的效果。

1） 提高团队能力

员工通过培训后的实践任务和团队合作活动，增强了他们的团队合作能力和沟通技巧。这有助于团队更加高效地开展工作，提高协同效率和工作效果。

2） 促进个人成长

培训的后续工作安排使员工能够将所学知识应用于实际工作中，并提供一个共享学习和交流的平台。这样的安排激发了员工的学习动力，帮助他们不断学习和成长。

3） 提高企业竞争力

通过培训后续工作的有效安排和实施，企业的团队整体能力得到提升，生产效率得到提升，进而提高了企业的竞争力和市场地位。

总的来说，培训的后续工作安排是非常重要的。仅仅进行培训是远远不够的，企业需要跟踪和评估培训成果，将所学知识和技能应用到实际工作中，并促进员工之间的学习和交流。这种综合安排可以最大限度地提升团队能力，提高工作效率，从而为企业的发展和个人的成长打下坚实基础。

第八节　培训效果评估与跟踪

培训是组织中人力资源开发和管理的重要手段之一。无论是企业、学校还是政府机构，都会投入大量的资源进行员工培训或者教育培训，以期提高员工的工作绩效和工作能力。然而，仅仅进行培训并不能保证其能够取得预期的效果，因此，对培训效果进行评估与跟踪就显得非常重要。

它是保障培训活动的有效性和可持续性的关键环节。通过评估和跟踪，可以及时发现问题并加以解决，为个人和组织的进步提供指导，同时也为未来的培训工作提供经验和教训。因此，必须重视并将其纳入培训工作的规划和实施。

第一讲　培训效果评估

随着企业对员工培训重视程度的不断提高，评估培训效果变得越发关键。企业培训的目标是确保员工获得必要的知识和技能，提升工作绩效，最终为企业带来可观的利益回报。然而，真正了解培训是否达到预期目标，并找出可能存在的问题并加以解决并非易事。因此，企业需要进行全面的培训效果评估以确定培训带来的实际价值。

培训评估的关键步骤包括以下几个方面。

1. 设定评估目标

在进行培训评估之前，企业需要先设定明确的评估目标。评估目标应与培训的目标相对应，并且应该能够量化和可衡量。例如，评估目标既可以是提高员工销售技巧的百分比，也可以是增加客户满意度的分数。

2. 收集数据

为了评估培训效果，企业需要收集相关的数据。这些数据包括培训前后的员工问卷调查、员工表现的统计数据、客户反馈等。通过收集全面、准确的数据，企业可以更好地了解培训的实际效果。

3. 分析数据

收集到数据后，企业需要对其进行分析。通过对数据进行统计和比较，企业可以得出培训效果的结论。例如，分析员工问卷调查时，可以计算培训前后满意度的变化，并与预期目标进行对比。

4. 提出改进建议

根据对数据的分析，企业提出相应的改进建议。这些建议包括调整培训内容、改善培训方法或加强培训师资力量等。企业通过持续改进培训计划，不断提升培训效果，以实现更好的员工发展和公司发展。

【案例分享】

某集团培训效果评估研究

某集团是一个从事房地产开发、金融、投资、酒店等第三产业的集团，始建于1951年，目前拥有资产50多亿元，职工3 000多人。近年来，越来越多的企业认识到培训是现代企业提升员工能力和竞争力的重要手段之一。然而，许多企业往往缺乏有效的方式来衡量培训效果，忽视了实际投资的回报。因此，该集团为了更好地支持管理层的决策，近期评估了它们最近一次培训活动的效果，并提供了相关的数据以供集团参考。

1)　方法

为了评估培训的效果，该集团采用了多种方法。首先，他们调查了参与培训的员工对课程内容、教学方式和培训师的满意度。其次，公司收集了培训后员工的绩效数据，包括销售额、客户反馈等指标。最后，公司进行了一系列知识测试，以评估员工

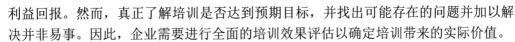

培训后的知识水平提升情况。

2) 结果

通过分析调查数据和绩效评估结果，集团得出以下结论。

(1) 员工对培训内容和教学方式的满意度为正面评价，整体满意度达到75%以上。

(2) 培训后，参与员工的绩效指标呈现显著的增长趋势。销售额平均增长了15%，客户满意度提升了10%。

(3) 在知识测试中，员工的平均得分显著提高，证明培训对员工知识技能的提升起到了积极的作用。

3) 讨论与建议

本次研究表明，该集团的培训活动具有显著提升员工绩效和知识技能的效果。基于这些结果，公司高层建议公司在未来的培训项目中应该继续做好以下几点工作。

(1) 更加深入地了解员工的实际需求，根据不同岗位制订个性化培训计划。

(2) 加强培训师的专业能力培养，确保培训质量的持续提升。

(3) 收集更多的绩效数据并进行定期跟踪评估，以便更好地了解培训对企业整体绩效的影响。

L公司的培训效果评估

L公司是一家大型的制造业公司，拥有在职员工2万余人。近日，L公司为了提升生产效率和质量，公司决定开展员工技能培训，他们组织了一次为期三天的培训班，邀请了专业的培训师来讲解和示范最新的生产技术和操作方法。培训的目标是让员工熟练掌握新技术和提高操作效率。

为了评估培训的效果，L公司采用了以下几种评估方法。

(1) 知识测试：在培训结束后的第四天，公司进行了一次知识测试，以了解员工对培训内容的理解和掌握程度。测试包括培训所涉及的技术知识和操作流程。结果显示，约70%的员工达到了预期的结果。

(2) 操作评估：除了知识测试，公司还对员工进行了操作评估。他们派遣了专业人员实地考察员工工作中应用新技术和操作方法的情况。这种实地考察评估了员工的操作技巧、效率和准确性。结果显示，绝大多数员工能够熟练运用所学技术，工作效率有所提升。

(3) 员工反馈：该公司还采纳了员工的反馈意见，通过发送匿名的调查问卷，了解员工对培训内容、培训师和培训方式的满意度和建议。根据问卷调查结果，员工普遍对培训内容和教学方式表示满意，但也有一些员工认为培训时间过长。

通过综合评估结果，L公司得出以下结论。

(1) 培训的知识测试结果表明，大部分员工掌握了新技术和操作方法，达到了预期目标。

(2) 操作评估确认了员工工作中应用新技术的能力，工作效率有所提高。

(3) 员工反馈对培训的整体满意度较高，但也有一些改进的空间，如缩短培训时间。

基于这些评估结果，L公司提出了一些改进培训的建议。

(1) 缩短培训时间：考虑到员工对培训时间的反馈，公司决定将培训时间缩短为两天，以提高效率并减轻员工的工作负担。

(2) 增加实际操作时间：培训中增加更多的实际操作时间，使员工在真实场景中更好地掌握技术和方法。

(3) 持续跟踪和反馈：定期跟踪员工工作中应用技能的情况，并及时提供反馈和支持，以确保他们的技能得到巩固和进一步提升。

总的来说，培训效果评估与跟踪是企业提升员工能力和知识的重要方式。通过评估培训的实际效果，企业可以了解培训的成效，评估员工表现，合理利用资源。在评估的过程中，制定明确的评估目标，收集全面、准确的数据，进行数据分析，并提出改进建议是关键步骤。只有通过不断改进，企业才能够超越其他竞争对手，取得长期的成功。

第二讲　参训人员追踪

参训人员追踪作为企业培训管理中的一个重要环节，是保障培训效果的关键一环。通过对参训人员进行跟踪和评估，企业可以更深入地了解培训的质量和效果，并及时调整培训计划，从而提高员工的学习成果和绩效表现。下面，简单地介绍一些参训人员追踪的方法。

1. 制定有效的参训人员追踪策略

参训人员追踪是一个有针对性的过程，以充分发挥培训成果。企业需要制定一套有效的参训人员追踪策略，如明确的目标和相关指标，以保障追踪的准确性和一致性。这样企业可以更好地了解培训的实施情况，及时发现并解决问题，提高培训的效果。

2. 灵活运用各种追踪工具

在进行参训人员追踪时，企业可以灵活运用各种追踪工具，如问卷调查、个别面谈、实地观察等，以全面了解参训人员的学习进展和反馈意见。通过这些工具的有效运用，可以收集到更准确的数据和信息，为企业决策提供有力支持。

3. 培养有效的评估技巧

企业在进行参训人员追踪时，还需要培养员工拥有一定的评估技巧。他们需要正确地解读和分析收集到的数据和信息，并以科学的方法进行评估。只有这样，企业才

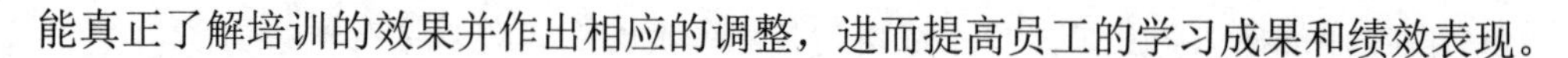
能真正了解培训的效果并作出相应的调整，进而提高员工的学习成果和绩效表现。

4. 鼓励参训人员积极参与

为了让参训人员追踪工作更加顺利和有效，企业还应鼓励参训人员积极参与。他们可以提供反馈意见、分享学习心得以及参与后续培训活动等积极参与培训追踪过程。这样不仅可以加深参训人员对培训内容的理解和掌握，也可以提高企业对培训效果的了解和评估。

5. 持续改进和优化追踪机制

企业还需要保持对参训人员追踪机制的持续改进和优化。通过总结经验教训、借鉴先进经验和技术手段，不断完善参训人员追踪机制，以适应企业发展的需要。只有持续改进和优化，才能保障参训人员追踪的有效性和准确性，提高企业的培训效果和员工的学习成果。

【案例分享】

L公司的参训人员追踪

L公司创立于2008年，拥有员工1.5万余人。近日，该公司为了提升员工的业务能力和职业素养，举办了一次为期三天的培训班。这次培训主要涉及销售技巧、沟通技巧和团队合作等内容。为了保障培训效果，公司决定对参训人员进行追踪。

首先，培训开始前，L公司组织了一次调研，了解员工对培训内容的需求和期望。根据调研结果制订了详细的培训计划，并邀请了相关领域的专家担任讲师。与此同时，也利用内部资源邀请了一些优秀员工担任助教，以提供更多的指导和辅导。

在培训期间，L公司通过多种方式进行参训人员的追踪。首先，每天课程结束后，公司设置一次小测验，以检查学员掌握的知识和技能。此外，还安排了师生座谈会，学员可以借此机会向讲师提问和分享学习心得。

其次，L公司在培训班结束后安排了一次综合评估。这次评估主要包括考察学员培训中所掌握的知识和技能，并对他们在实际工作中的应用情况进行分析。通过多轮面试和模拟销售等环节，对学员的表现进行全面评估，并给予针对性的反馈和建议。

最后，为了保障培训效果的延续性，L公司制订了一份个人发展计划，根据学员的培训成绩和潜力，制订了详细的培训和晋升计划。与此同时，公司还成立了培训跟踪小组，定期与学员进行沟通和辅导，帮助他们实现个人目标并提高绩效。

通过参训人员的追踪，L公司不仅了解了员工的学习情况和进步，还为员工的个人成长与职业发展提供了有效的支持和指导。这使培训活动不再仅仅是一场短期的学习，也是企业人才培养的重要环节，为公司的持续发展奠定了坚实的基础。

某集团的参训人员追踪

江苏某集团始建于 2015 年，基于海外矿产资源和全球人才资源的优势，于 2022 年创设集团，坐落于苏州市。近日，该企业举办了一次为期两天的培训活动，共有 100 名员工参加。为了更好地跟踪参训人员的学习情况和成果，企业采用了一套有效的参训人员追踪机制。

首先，在培训活动开始之前，该集团做足了准备工作。他们利用内部人力资源管理系统建立了一个专门的培训档案，记录每个员工的基本信息、岗位职责及培训需求。这样，企业就能根据员工的不同背景和需求，制定出合理的培训内容和安排。

其次，在培训过程中，该集团采用了互动式的学习模式，注重培训与实践相结合。他们邀请了行业内的专家和前辈来讲解相关知识和经验，并组织了小组讨论和案例分析等活动。与此同时，该集团还设置了在线学习平台，供参训人员随时学习和交流。这种互动式的学习模式不仅增强了学习的趣味性和参与度，还能够更好地培养员工的实际操作能力。

最后，培训结束后，该集团进行了及时的参训人员跟踪和评估。他们通过发放调查问卷和组织面对面的反馈会议，了解每个员工对培训的满意度以及实际应用情况。与此同时，该集团还建立了一个内部沟通渠道，供员工分享学习心得和遇到的问题，从而形成一种互相促进的学习氛围。

通过这样的参训人员追踪机制，该集团有效地提升了培训活动的效果和员工的能力、水平。他们发现，参训人员的满意度明显提高，实际工作中运用所学知识的情况也大幅增加。此外，该集团还发现，这种跟踪机制也有助于发现培训中存在的问题和不足，进一步改进培训内容和方法。

总的来说，建立一个科学、有效的参训人员追踪机制，企业可以更好地了解培训的质量和效果，及时调整培训计划，提高员工的学习成果和绩效表现。参训人员追踪是企业培训工作不可或缺的一环，只有做好追踪工作，企业才能实现培训的目标和意义。

第三讲 让公司各级管理人员重视培训

在当今竞争激烈的商业环境中，要使公司保持竞争力和创新能力，培训是不可或缺的。然而，很多公司在实施培训计划时会遇到各种挑战，特别是公司各级管理人员对培训的重视程度不一。本讲将探讨一些有效的方法，帮助公司各级管理人员更加重视培训，从而促进组织的整体发展。

1. 制定明确的培训目标

为了让公司各级管理人员认识到培训的重要性，需要制定明确的培训目标。通过

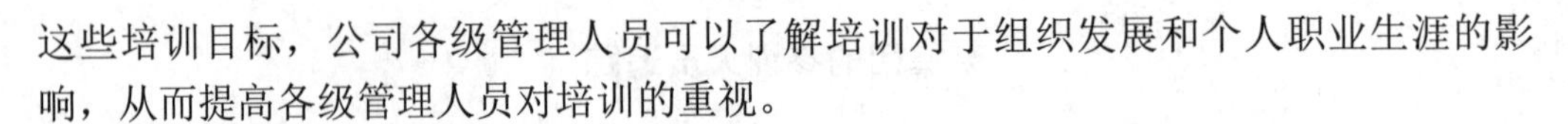

这些培训目标，公司各级管理人员可以了解培训对于组织发展和个人职业生涯的影响，从而提高各级管理人员对培训的重视。

2. 强调员工个人成长

培训不仅仅是为了提高员工的技能和知识水平，更重要的是为员工的个人成长提供机会。强调培训对个人职业发展的积极影响，可以激发公司各级管理人员对培训的兴趣。员工经过培训后，他们能够更好地适应变化的工作环境，提高工作效率和产出。

3. 制定奖励机制

为了鼓励公司员工积极参与培训，可以制定相应的奖励机制。例如，设立培训绩效评估指标，并将其纳入公司绩效考核体系。通过奖励那些积极参与培训并取得优异成绩的员工，来激励更多公司的各级管理人员关注和参与培训活动。

4. 提供灵活的培训方式

不同级别的员工具有不同的学习需求和时间安排。为了满足公司各级员工的培训需求，应提供灵活的培训方式，如线上学习、面对面培训、研讨会等。这样，员工能够根据自身情况选择最适合自己的学习方式，以提高培训的接受度和效果。

5. 建立良好的培训文化

要让公司各级管理人员重视培训，建立良好的培训文化至关重要。领导可以树立榜样，积极参与培训并对其进行推广。与此同时，鼓励员工分享培训心得和经验，让培训成为一个积极、开放的话题。不断强调培训的重要性和好处，可以形成一种积极向上的培训文化。

通过以上方法，使公司各级管理人员更加重视培训，使培训成为组织发展的一部分，并为提升企业实力和员工个人成长打下坚实基础。只有公司各级管理人员共同关注和重视培训，才能实现持续创新和增强竞争力的目标。

【案例分享】

某公司的培训开发

深圳市某实业有限公司成立于 2004 年，是一家实力雄厚，从事投资兴办实业、自有物业租赁等经营活动的多元化发展公司。自 2023 年年底起，面对日益激烈的市场竞争，技术领先的优势逐渐减弱，这给公司的发展带来了压力。为了提升员工的能力和竞争力，公司决定推行全员培训。但在开始阶段，很多员工对培训并不感兴趣，公司各级管理人员对培训也存在不重视的现象。

解决方法一：塑造正确的培训文化。

为了让公司各级管理人员对培训重视起来，公司高层制定了一系列措施。首先，

将培训纳入年度绩效考核指标，并且对通过培训提升的员工给予奖励；其次，鼓励员工分享自己的学习心得和培训成果，以激发其他员工的学习热情；最后，设立全员培训委员会，由各级管理人员组成，负责制订具体的培训计划，并监督执行情况。

解决方法二：建立跨部门合作机制。

除了塑造正确的培训文化外，公司还建立了跨部门合作机制，以加强培训的效果。每个部门被要求与其他部门共享培训资源和经验，促进相互学习。为了推动部门之间的协同培训，公司定期举办跨部门培训研讨会，邀请专家分享最新的行业发展趋势和技术知识。

解决方法三：推行导师制度。

为了培养员工的专业能力，公司推行了导师制度。每位新员工入职后都将有一位资深员工作为自己导师，并负责指导他们的学习与成长。导师定期与新员工进行交流，分享自己的工作经验和职业规划，并帮助新员工解决工作中遇到的问题。导师制度的引入，极大地改善了员工的学习体验，激发了他们培训的积极性。

通过以上措施的实施，该公司取得了显著的培训效果。在公司各级管理人员的重视下，员工的参与度明显提高，培训课程的满意度也大幅提升。公司内部形成了良好的学习氛围，员工之间相互学习和分享的现象随处可见。培训效果的提高进一步促进了公司的发展，使其在市场竞争中保持了领先位置。

A公司的员工成长培训体系

A公司是一家新兴的科技企业，由于行业竞争激烈，公司面临着人才流失、创新力不足等问题。为了提高员工的综合素质和竞争力，公司决定对员工进行培训，打造全员参与的员工成长培训体系，并希望通过系统化的培训，实现员工和企业的双赢。

开始实施培训计划之前，公司面临着一些挑战。首先，由于业务需求快速变化，公司部分中层管理人员觉得培训无法及时跟上脚步，缺乏持续学习的意识。其次，员工普遍缺乏培训资源和机会，这使他们的职业发展受到限制。最后，培训在公司内部的地位相对较低，缺乏高层领导的支持。

解决方案如下。

为了解决上述挑战，A公司决定采取以下措施来确保公司各级管理人员都能重视培训，并有效推进员工的成长。

(1) 制订明确的培训计划：公司成立了培训部门并制订了明确的培训计划，明确培训目标、内容和时间表，将培训纳入员工发展规划。

(2) 建立内外部培训资源库：公司建立了内部培训师团队，并与外部专业教育机构合作，开设各类培训课程和讲座。员工可以根据自身需求，选择参加适合的培训项目。

(3) 鼓励持续学习：公司通过设立奖励制度，激励员工参与培训和持续学习。在年度评估中，将培训成果和职业发展作为重要指标。

(4) 重视中层管理人员培训：公司特别注重对中层管理人员的培养，将他们视为培训和学习的主体，并通过定期举办中层管理层培训和交流会议，提升他们的综合素质和能力。

(5) 高层领导支持：公司高层领导发挥表率作用，积极参与培训活动。由领导主持培训课程，分享经验和观点，向员工传递重视培训的信息。

通过以上措施，A 公司取得了一系列显著的成果。首先，员工普遍意识到培训对职业发展的重要性，积极参与培训活动，提升了自身的竞争力。其次，公司中层管理人员的培训意识明显增强，他们不断学习、跟进市场和行业动态，提高了决策能力和创新思维。最后，高层领导对培训的重视传递到公司全员，形成了以培训为主导的学习文化，促使公司不断创新发展。

总之，培训对于公司的各级部门都是至关重要的。只有打造员工成长培训体系，让员工持续学习和提升工作能力，才能够在激烈的市场竞争中立于不败之地。公司应该充分认识到培训的重要性，加强组织培训规划和执行，形成全员参与的培训氛围，以提高员工的综合素质和竞争力，实现公司的可持续发展。

第四讲　预防培训后离职损失

探索有效的预防培训后离职的方法是企业成功发展的重要一环。在如今竞争激烈的市场环境中，保持优秀员工的忠诚度和留存率对于企业的长期发展至关重要。本讲将为您介绍几个可行的步骤和策略，帮助企业降低培训后员工的离职率。

1. 制订全面的迎新计划：确保员工融入新环境

在员工新加入企业的早期阶段，制订一个全面且温馨的迎新计划是非常重要的。这涉及为员工提供充足的培训以满足其工作需求，同时也需要加强领导力培训，确保新员工能够适应公司文化和团队合作。

2. 持续关注和激励：建立积极的沟通机制

与员工建立良好的沟通机制是降低离职率的关键。通过定期的绩效评估和一对一沟通，管理层可以了解员工的工作情况、需求和潜在的问题。此外，适当的激励措施也是必不可少的，如奖励计划、晋升机会和灵活的工作安排等，都可以提高员工的满意度。

3. 提供职业发展机会：吸引员工并促进个人成长

员工职业发展的机会和前景是留住其好好工作的关键。公司可以通过培训计划、轮岗和跨部门合作等方式为员工提供广阔的发展空间。这样不仅能够激励员工，并增加其对公司的忠诚度，也有助于员工进行长期的职业规划。

4. 建立良好的工作环境：增强员工福利和企业文化

营造一个积极、健康的工作环境对于降低员工离职率至关重要。因此，公司应该重视员工的福利待遇，并提供灵活的工作安排和良好的工作生活平衡。此外，塑造积极向上的企业文化和团队合作氛围，公司可以吸引更多优秀的员工并提高他们对公司的忠诚度。

【案例分享】

L公司减少培训后离职损失的措施

L公司是一家大型的电子元件生产企业，作为一家具有领先地位的企业，公司高层深知人才是其最宝贵的财富。然而，该公司近期频繁发生员工离职的情况，这不仅带来人员流失的损失，也直接影响到公司的业务运营。为了解决这一问题，公司决定制定一系列预防培训后离职损失的措施。

L公司首先成立了一个专门的团队，负责制订和执行预防培训后离职损失的计划。该团队由公司高层管理人员、人力资源部门和相关部门负责人组成，他们具备丰富的管理经验和全面的专业知识。

第一步，L公司制订了员工培养计划，将所有岗位的员工分为不同级别，根据其职业规划和个人需求提供相应的培训和晋升机会。通过培养和激励员工，帮助他们实现个人职业目标，增强他们对公司的归属感和忠诚度，从而减小员工离职的可能性。

第二步，L公司加强了内部沟通与交流。定期举行员工大会和团队建设活动，让员工了解公司的发展战略和未来规划，并增强他们的凝聚力和认同感。此外，还鼓励员工提出意见和建议，并及时给予反馈，保持与员工的良好关系。

第三步，L公司优化了薪酬福利制度。通过调研回报率、加强绩效考核和晋升机制，激发员工的工作动力和积极性。此外，L公司还为员工提供灵活的工作安排和福利待遇，以满足不同员工的个性化需求。

第四步，L公司建立了一套完善的人才培育体系。通过制订个人发展计划和技能培训课程，帮助员工提升职业素质和技能水平。与此同时，还开展内部轮岗、外派和交流等方式，丰富员工的工作经验，增加他们对公司发展的认知和理解。

经过一段时间的努力，L公司取得了显著的成果。员工的离职率大幅下降，整体团队的稳定性得到了明显提升。与此同时，公司的业务运营也出现了积极的变化，生产效率和创新能力明显增强，进而提升了企业在市场上的竞争力。

某集团预防培训后离职损失的措施

某控股集团有限公司是一家集化工、制造、新能源、房地产及投资于一体的大型综合性民营企业集团。由于近几年行业竞争激烈，该公司非常重视员工的培训，以确

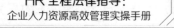

保他们具备最新的知识和技能。然而过去几年，一些受过培训的员工在培训结束后都选择离职，这给公司造成了很大的损失。

为了解决这个问题，公司采取了以下措施。

1) 制订培训计划

该集团制订了一个全面的培训计划，明确每个员工的培训需求和目标。通过确立明确的目标，使公司能够更好地满足员工的需求，提供有针对性的培训，提高员工的满意度。

2) 提供发展机会

该集团提供了许多发展机会，让员工在培训结束后能够继续提升自己的技能和知识水平。例如，公司为员工提供了定期的技能培训班和学习资源，鼓励他们不断学习和成长。

3) 预防补偿措施

该集团对接受培训的员工采取了一些预防补偿措施，以减小他们离职的可能性。例如，公司与员工签订了一份补偿协议，规定培训结束后一定期限内离职的员工需要支付一定的培训费用。

通过以上措施，该集团成功地避免了培训后离职损失的情况。员工知道如果他们选择离职，将要支付培训费用，这使他们更倾向于留在公司并提高个人技能。此外，公司提供的发展机会也增强了员工的忠诚度和满意度。

总之，预防培训后离职损失需要公司采取一系列措施来提高员工的参与度和忠诚度。制定培训规划、提供发展机会和设置补偿措施是有效的方法，能够帮助公司降低离职率，保持人才稳定。

第五讲　某公司培训总结报告模板

公司培训总结报告模板

一、培训目的及背景

在这部分，将探讨本次培训的目的和背景，为大家提供全面的背景信息。

1. 培训目的

通过本次培训，旨在加强员工的专业知识与技能，提升工作效率和员工满意度。

2. 培训背景

在竞争激烈的市场环境下，公司意识到只有不断提升员工的综合素质，才能保持竞争力。

二、培训内容和方法

在这一部分，将详细介绍培训的具体内容和培训方法。

1. 培训内容

培训内容包括但不限于以下几个方面：市场营销策略、团队协作、沟通技巧、客户服务等。通过培训，员工将获得更新的知识和技能，以适应快速变化的市场需求。

2. 培训方法

培训采用多种形式，如讲座、案例分析、角色扮演、小组讨论等。通过灵活多样的培训方式，帮助员工更好地理解并应用所学内容。

三、培训效果评估

在这一部分，将对培训效果进行评估和总结。

1. 培训效果评估方法

通过问卷调查、小组讨论、个人反馈等方式，对员工的学习效果进行评估，以了解他们对本次培训的反馈和收获。

2. 培训效果总结

根据评估结果，可以得出本次培训的效果总结。通过培训，员工的专业知识水平和技能得到了显著提升，而且也增强了团队协作和沟通能力。

四、培训意见和建议

在这一部分，将针对本次培训提出具体的意见和建议，以期后续工作的不断改进。

1. 培训意见

综合员工的反馈，公司认为本次培训的整体效果较好，但还有一些需要改进的地方，如增加实践环节、加强个性化培训等。

2. 培训建议

基于培训意见，公司建议在下次培训中增加实际操作的机会，并提供个性化的学习资源和辅导，以满足不同员工的需求。

五、结论

通过本次培训，公司的员工得到了全面而有效的提升，为公司的发展注入了新动力。在未来的工作中，公司将继续以培训为基础，不断提高员工的素质和能力。

六、致谢

在报告的最后，公司向组织者、培训师和参与培训的员工表示由衷的感谢，感谢他们为本次成功的培训做出了重要的贡献。

希望此份培训总结报告能对公司今后的培训工作有所帮助，并帮助公司实现更好的发展！

第九节　答疑解惑

经过本章一系列知识的学习，相信很多人仍存在一些疑惑，下面以简单的示例来对这些问题进行简要介绍。

第一讲　以例说“法”

【案例分享】

A公司的多级培训制度

A公司是一家全球著名的电子产品公司，创立于1896年，至今已有100多年的历史。该公司的业务遍布世界各地，涉及能源、通信、工业、交通、信息、医疗、电子元器件、工业自动化、家用电器等领域，是当今全球电子电器行业中较大的综合型跨国公司之一。公司从创业初期的几个人发展到现在的上万人，能够成长为电子电器行业的佼佼者，其高效的人才培训制度发挥了非常重要的作用。在人才培训方面，A公司创造了独具特色的培训制度。1910年，A公司就开始为内部人员开设正式的培训课程，后来更是形成了庞大的企业教育体系。该公司的全体员工每年都会参加各种定期或不定期的培训，而且公司每年都会投资数亿元在人才培训上。其培训均针对各部门及员工的实际需要，且为适应技术进步和管理方式的变化，培训课程的内容每年有20%以上的调整，大部分培训项目都是根据公司当前生产、经营和应用技术的需要而设置的，且很大一部分培训是在工作岗位上完成的。A公司的人才培训包括新员工培训、大学精英培训及员工在职培训，通过对员工业务技能、交流能力和管理能力等进行一系列的培训，该公司储备了大量的生产、技术和管理人才。

(1) 新员工培训。新员工一周工作5天，3天在公司接受工作培训，另外2天在职业学校学习知识。这样，新员工不仅可以在职业学校接受相关基础知识的教育，还可以在企业里学到基本的技术。

(2) 大学精英培训。A公司每年要在全球范围内招收3000多名大学毕业生，并对这些大学生的专业知识、工作能力和团队精神等进行综合考核，根据考核结果为其安排适当的工作岗位。此外，A公司还会从大学生中选出30名尖子生，分3个阶段对其进行为期10个月的领导力培训。第一阶段，让他们全面熟悉公司的情况，学会从网络上获取信息；第二阶段，让他们进入一些商务领域工作，全面熟悉本公司的产品，并加强他们的团队精神；第三阶段，将他们安排到下属公司承担具体工作，并在实际工作中获取实践经验和知识技能。

(3) 员工在职培训。A公司每年投入的培训经费的60%用于员工在职培训。员工在职培训分为5个级别，各级别培训均以前一级别的培训为基础，从第五级别到第一级别所获技能的难度依次提高。培训内容根据管理学知识和公司业务的需要确定，且每年不断更新。

A公司的人才培训制度极大增强了公司和员工的竞争力，达到了开发员工的管理潜能、培养公司管理人才的目的。

某公司的人力资源培训管理

某公司是一家国际化的大型外贸企业，拥有数百名员工。面对日新月异的市场变化和竞争压力，公司高层深刻认识到员工培训对企业的重要性。因此，他们制订了精细的计划并投入大量资源进行人力资源培训管理。

首先，该公司建立了完善的人力资源培训规划体系。该体系由公司高层、各部门经理和培训专家共同制定，并确保与企业战略目标紧密结合。通过定期评估员工的培训需求和公司发展的需求，他们制订了每年的培训计划，并分配了相应的培训资源。

其次，该公司非常注重培训师资的素质和培训方法的创新。他们与知名高校和专业机构合作，邀请行业内的专家进行内部培训。此外，还鼓励员工在相关领域开展学术研究，并将其成果应用到企业实践中。通过不断提升培训师资的水平和创新培训方法，公司保障了培训的有效性和可持续性。

最后，该公司积极倡导学习型组织的文化。他们鼓励员工参加各种培训活动，并提供奖励机制来激励员工的学习热情。此外，公司还搭建了知识管理平台，方便员工互相分享和学习。通过创造良好的学习氛围和学习机制，公司促进了员工的自我发展和企业知识的积累。

该公司在人力资源培训管理方面取得了显著的成效，员工的综合素质和专业技能也均有提升，企业的竞争力也得到了显著提升。然而，实践中也暴露了一些问题和经验教训。例如，制订培训计划时，要更加准确地把握员工需求与公司发展的平衡点；在培训师资选拔方面，要注重兼具实战经验和专业能力的人选；在知识管理平台的建设上，要推动员工积极参与并形成良好的反馈机制。

总的来说，企业在人力资源培训管理方面的成功是离不开其完善的规划体系、优质的培训师资和创新的学习文化的。企业要结合自身特点和需求，制定适合的人力资源培训管理策略，如此才能提升员工的整体素质和企业竞争力。

第二讲　总结与思考

本章主要讲述了企业人力资源培训的含义、作用、内容，基本制度和方案的制定；培训新员工培训的方法、培训需求分析；培训规划的内容，制订员工培训计划的步骤和方法；员工培训组织与实施的基本工作程序和方法，培训课程的实施与作业流程；培训效果的信息种类、收集渠道及评估指标，员工培训的核心内容、培训常见问题等内容，使大家对人力资源培训管理的相关内容有了更进一步的认识与了解。

第六章

绩效目标围绕战略达成

在企业管理中，绩效目标的设定是公司成功实施战略的关键。一个好的绩效目标不仅能够明确员工的职责和期望，还能够促使员工专注于战略的实施，提高整体绩效和业绩。绩效目标围绕战略达成是企业管理中至关重要的一环。通过与战略目标紧密结合、具备衡量性和可达成性、激发积极性和能力发挥及定期评估和调整，可以最大限度地发挥绩效目标的作用，推动公司的战略实施，促进企业的持续发展。

第一节　持续强化企业整体经营能力

持续强化企业整体经营能力是企业生存和发展的关键。制定明确的长期发展战略，改善内部管理，注重市场营销和客户关系建设及培养员工，企业可以在竞争激烈的市场中保持优势，并实现持续发展。只有不断加强企业整体经营能力，才能应对市场的变化和挑战，创造更加美好的未来。

第一讲　提高贡献利润率，保持长期有效增长

在当今竞争激烈的市场环境中，企业要想保持长期有效增长，提高贡献利润率是一个很大的挑战。贡献利润率，是指企业从销售中获得的净利润与销售额的比率，它反映了企业产品或服务的盈利能力。只有提高贡献利润率，企业才能在市场竞争中占据优势，并实现持续发展。以下是一些提高贡献利润率，保持企业长期有效增长的建议。

1. 优化成本结构

要提高贡献利润率，首先要对成本结构进行优化。企业应该对自身的运营过程、生产流程及供应链进行全面分析，找出成本浪费和低效率的环节，并采取相应的措施进行改进。通过降低制造成本、优化采购策略及推进内部流程的自动化，企业可以实现成本的控制和降低，从而提高贡献利润率。

2. 创新产品和服务

要想提高贡献利润率，企业还应该注重创新产品和服务的开发。通过研发具有差异化竞争优势的产品，企业能够提高市场份额并实现定价权的提升，从而带来更高的贡献利润率。与此同时，针对不同的客户需求，提供个性化的服务也是提高贡献利润率的有效手段。通过赋予产品和服务以独特的价值，企业可以吸引更多的客户，并获得更高的利润。

3. 建立良好的品牌形象

品牌形象的建立也是提高贡献利润率的关键因素。企业应该积极投入资源来加强品牌推广和宣传，提升消费者对品牌的认可和好感度。一个拥有良好品牌形象的企业能够在竞争激烈的市场中脱颖而出，并吸引更多的忠诚客户，以实现更高的贡献利润率。

4. 加强市场营销

要想提高贡献利润率，企业还要加强市场营销。深入了解目标市场和客户需求，企业可以制定有针对性的市场营销策略，以此推动销售额的增长。与此同时，利用市场营销工具和渠道来提升品牌知名度和产品曝光度也是至关重要的。通过加强市场营销，企业能够赢得更多的市场份额和客户，从而实现贡献利润率的提升和持续增长。

【案例分享】

某集团的贡献利润率

某集团是一家成长中的综合类绩优上市公司，主要以水泥、证券为主业，医药、商贸为辅业，始创于1995年，总资产近60亿元，是国内首屈一指的企业。他们通过对市场趋势和消费者需求进行深入研究，不断调整产品组合并推出新款产品。这项策略是通过提供具有差异化的产品来吸引更多的消费者，从而实现贡献利润率的提升。

首先，该企业投入了大量的研发资源来开发新的产品。他们与专业机构合作，制定独特的产品配方。在保证产品安全和质量的前提下，他们不断尝试新的制作工艺，以满足消费者对质量和价格的需求。

其次，该企业重视市场营销和品牌建设。他们积极参加各类交流活动，在社交媒体上与消费者进行互动以提高品牌知名度。通过与知名大学和研究机构合作，他们还得到了有关产品有效性和科学依据的认可，进一步增强了品牌在消费者心目中的信任度。

再次，该企业注重渠道拓展和供应链优化。他们与各家企业紧密合作，创建多个经销商，并积极寻找新的分销渠道。建立了高效的仓储和物流系统，他们能够更好地满足不同渠道的需求，同时降低成本并提高运营效率。

最后，该企业注重员工发展和团队建设。他们通过进行岗位培训和绩效激励，激发员工的创新意识和工作动力。此外，他们还营造了一个积极向上的工作环境，鼓励员工彼此合作，共同追求公司长远发展的目标。

通过以上的策略和措施，该企业成功地提高了贡献利润率，并保持了长期有效的增长。他们的产品深受消费者喜爱，品牌知名度和市场份额不断提升，同时他们的生产和运营效率也得到了显著提升。

A集团的利润率增长措施

A 集团有限公司是一家以高科技为主导的全球化企业集团，业务板块涵盖新能源材料、贵金属材料、智能装备等领域，2018年，公司营业收入突破150亿元，全球员工超过 8 000 人。去年随着市场竞争的不断加剧，该公司的利润率有所下降。为了提高贡献利润率，该公司采取了以下一系列措施。

首先，该公司重新评估了内部管理体系，并优化了流程和决策机制。他们通过引进现代管理理念，改变传统的集中式管理模式，赋予员工更大的决策权和责任。此外，他们还加强了内部沟通和团队协作，提高了效率和工作质量。这些改进帮助企业节约了成本并提高了生产效率，从而提升了贡献利润率。

其次，该公司注重产品创新。他们成立了一个专门的研发团队，致力于开发新技术和产品。通过与客户进行深入的交流，并了解市场需求，他们定期推出满足客户需求的新产品。这些创新产品不仅赢得了消费者的青睐，也为公司带来了更高的利润。

再次，该公司积极开拓新市场。他们通过参加行业展览和交流会议，与潜在客户建立联系，并提供定制化服务。此外，他们还与其他企业合作，进行跨界合作，拓展产品的应用领域。这些市场拓展措施帮助企业增加了新的盈利机会，进一步提高了贡献利润率。

最后，在执行以上措施的过程中，A 公司注重长期规划和持续改进。他们设立了明确的目标，并制订了详细的实施计划。与此同时，他们定期评估和调整策略，根据市场反馈作出相应的调整。这种持续改进和迭代的做法有利于企业长期有效发展。

总的来说，在竞争日益激烈的商业环境中提高贡献利润率并保持长期有效增长是每个企业都应该重视的。理解贡献利润率的重要性，优化成本结构，创新产品和服务，建立良好的品牌形象及加强市场营销，企业可以取得竞争优势，实现可持续发展和成功。

第二讲　增强土壤肥力，持续保持竞争的优势

在当今充满竞争的商业环境中，企业需要不断提升自身的土壤肥力，以持续保持竞争的优势。本讲将探讨如何来增强企业的土壤肥力，从而创造更大的商业价值，如图 6-1 所示。

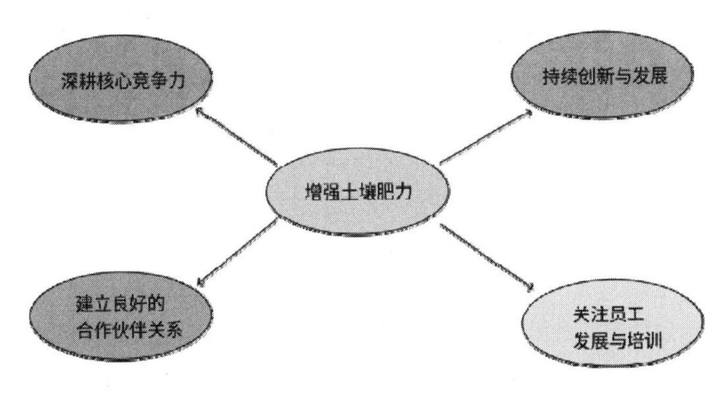

图 6-1　增强土壤肥力

1. 深耕核心竞争力

每个企业都有自己的核心竞争力，这是其与其他企业进行竞争的重要保障。要增强企业的土壤肥力，首先要深入了解企业的核心竞争力，并在市场上突出展示。也就是说，需要通过精确定位和目标市场选择，将企业的独特价值传达给潜在客户。

2. 持续创新与发展

在提高土壤肥力的过程中，企业必须进行持续的创新与发展。创新可以帮助企业在市场上保持竞争优势。不断追求进步，企业可以开发出独特的产品或服务，并提供更好的解决方案。这样，企业能够满足客户不断变化的需求，并在竞争激烈的市场中脱颖而出。

3. 建立良好的合作伙伴关系

一个企业要想增强土壤肥力并持续保持竞争的优势，就不能孤立地行动。建立良好的合作伙伴关系可以使企业共同成长，并实现互惠互利的合作。通过与供应商、合作伙伴和行业其他重要利益相关者密切合作，企业可以共同推动创新、资源共享及市场拓展。

4. 关注员工发展与培训

员工是企业发展的核心和支撑，关注员工的发展与培训对于增强企业的土壤肥力至关重要。企业应该为员工提供良好的培训机会，帮助他们不断提升技能和知识水平。与此同时，创建积极的工作环境和激励制度，可以激发员工的潜力并增强企业的绩效。

【案例分享】

M集团增强土壤肥力的方法

M集团创始于1988年，经过30多年的创新发展，已经成为一家以绿色动力电池的生产制造为核心业务，销售额超千亿元的大型实业集团。该公司在全球市场一直处于领先地位，且始终保持着稳定的销售额和利润增长。即便如此，他们也意识到市场环境和技术创新的快速变化正对其竞争力产生潜在威胁。为了保持领先地位，公司决定不断提升内部创新能力，打造一个有竞争力、创新思维和团队合作氛围的企业文化来增强土壤肥力。

首先，该公司注重人才培养和引进。他们建立了完善的人才管理制度，提供吸引并留住高级专业人才的福利待遇。此外，公司还与国内外顶尖大学和研究机构合作，共同开展创新项目，培养高素质的研发团队。这些措施不仅引入了最新的科技成果，也为公司提供了源源不断的创新动力。

其次，该公司注重技术创新和产品研发。为此，他们设立了专门的研发部门，并将大量的资源投入研发，不断推出具有市场竞争力的新产品。为了加快研发进程，公司还与供应商和合作伙伴建立了密切的合作关系，共同研发创新产品。通过持续的技术创新，该公司不断满足客户变化的需求，提供更高品质和更具竞争力的产品。

最后，该公司注重企业文化的建设。他们鼓励员工提出创新思路和新产品的想法，并设立奖项激励员工的创新行为。公司还定期举办内部培训和知识分享活动，提升员工的专业知识水平和技能。积极的企业文化使公司营造了一个积极向上、开放包容的工作环境，更好地激发了员工的创造力和潜力。

通过以上努力，M 集团成功增强了自身的土壤肥力，并保持了持续的竞争优势。他们不断吸引和培养高素质人才，推进技术创新和产品研发，并营造积极的企业文化。这些举措使公司能够及时适应市场变化，提供具有竞争优势的产品和服务。在日益激烈的竞争中，该公司始终保持着领先地位，稳步发展。

某公司增强自身土壤肥力的方法

某电子有限公司成立于 1977 年，1999 年在台湾证券交易所上市，目前拥有员工万余人，厂区面积达 65000 平方米。2005 年营业额逾 8 亿美元，该公司以卓越的品质和技术在市场上取得了长期竞争优势。然而，为了保持持续的成功，公司意识到有必要重视和增强其土壤肥力。

首先，该公司通过持续的研发投入不断推出新产品和解决方案，以满足市场需求。公司组建了一个专门的研发团队，并与大学和研究机构建立紧密的合作关系，以确保在技术革新方面处于领先地位。公司注重对市场需求进行调研和分析，并根据结果进行产品创新和改进。这种不断创新帮助公司保持了竞争优势。

其次，该公司注重培养和吸引人才。公司采用多种方式来吸引高素质的员工，如提供具有竞争力的薪酬、福利和晋升机会。公司还注重员工的培训和发展，为他们提供不断学习和成长的机会。这些努力使公司拥有一支专业、高效的团队，能够持续创新和适应市场变化。

再次，该公司注重与供应商和合作伙伴的紧密合作。公司重视建立长期稳定的合作关系，与供应商共同进行研发和生产，并通过信息共享和资源整合提高效率。此外，公司与渠道伙伴合作，共同开发市场，扩大销售网络。这种紧密合作的方式为公司创造了更多机遇，并提高了其在市场中的竞争地位。

最后，该公司注重品牌建设和市场营销。公司把产品质量和客户满意度视为最重要的指标，提供优质的产品和服务树立品牌形象。此外，公司积极开展市场推广活动，提高市场知名度和产品认可度。公司利用互联网营销手段，积极开展社交媒体和线上营销活动，保持与客户的紧密联系。

通过以上策略，该公司不仅增强了自身的土壤肥力，获得了持续的竞争优势，还拓展了市场的份额和盈利能力。

总的来说，深耕核心竞争力，持续创新与发展，建立良好的合作伙伴关系及关注员工发展与培训，可以使企业不断增强自身的土壤肥力，并保持持续竞争的优势。这些策略和方法将帮助企业在商业竞争中脱颖而出，实现长期可持续发展。

第三讲　建立均衡的管理体系，有效支撑经营

在当今竞争激烈的商业环境中，建立一个均衡的管理体系对于企业来说至关重要。这一体系不仅要能够适应市场变化，还需要提供有效的支持来推动经营发展。本讲将探讨如何建立一个均衡的管理体系，以实现经营的有效支撑，如图 6-2 所示。

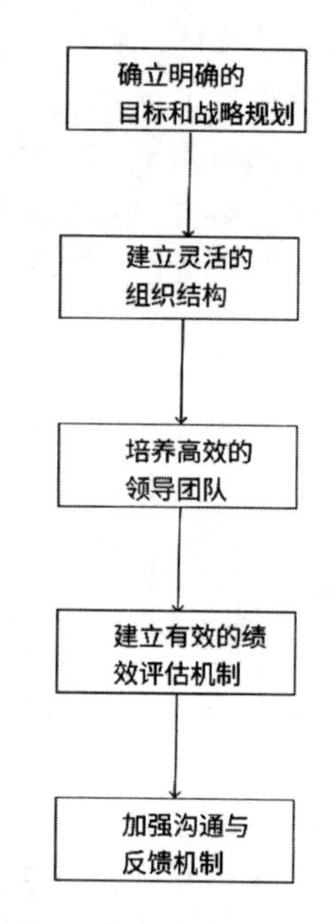

图 6-2　建立均衡的管理体系

1. 确立明确的目标和战略规划

一个均衡的管理体系要有明确的目标和战略规划。制定明确的目标，企业能够更好地了解自身的发展方向，并为管理决策提供依据。与此同时，有效的战略规划能够帮助企业在竞争激烈的市场中找到自己的定位，并制订相应的行动计划。

2. 建立灵活的组织结构

一个均衡的管理体系需要建立一个灵活的组织结构，以满足不断变化的市场需求和企业发展需求。该结构应具有适当的层级，并强调跨部门合作和信息共享。通过这样的结构，企业能够更加高效地分配资源，优化决策流程，并加强团队之间的协作。

3. 培养高效的领导团队

一个均衡的管理体系需要培养一支高效的领导团队。这个团队应该具备专业知识和管理经验，能够有效地指导和激励员工。与此同时，该领导团队还应注重培养领导力和团队合作精神，以推动企业创新和发展。

4. 建立有效的绩效评估机制

一个均衡的管理体系需要建立一个有效的绩效评估机制。这个机制应有明确的目标和关键业绩指标，并结合员工的实际表现进行评估。通过这样的机制，企业能够及时发现问题和纠正问题，并激励员工不断提升自己的绩效。

5. 加强沟通与反馈机制

一个均衡的管理体系要加强沟通与反馈机制。良好的沟通能够使不同部门之间更好地协调工作，促进信息共享和合作。与此同时，建立有效的反馈机制能够收集员工的意见和建议，从而改进管理决策并提升员工的满意度。

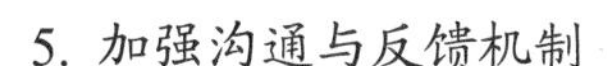

【案例分享】

H 集团的管理体系

H 集团是我国规模较大、发展较早的现代流通企业之一。截至 2019 年，员工已超过 10 万名。该公司非常重视建立一个均衡的管理体系，以保障企业的可持续发展。首先，公司制定了长期的战略规划，明确了企业的愿景、使命和核心价值。这些战略目标不仅考虑了内部资源和能力，还结合了市场趋势和竞争对手的动态。通过明确的战略规划，企业建立了发展方向，为员工提供了明确的工作导向。

其次，公司优化了组织架构，确保各个部门之间的协调与配合。公司明确划分了各级岗位职责，并设计了流程规范和信息沟通渠道，以使信息流转和决策更加高效。此外，公司注重团队协作与跨部门合作，积极开展培训和团队建设活动，提升员工的工作技能和团队合作精神。通过优化组织架构，公司有效地调动了各个部门的积极性和创造力，提高了团队整体的绩效。

最后，公司实施了有效的绩效评估机制。公司制定了明确的目标和指标，并定期对员工进行评估和考核。评估结果既可以作为激励手段，也可以作为改进经营策略的依据。此外，公司加强员工培训和发展，并提供了广泛的培训机会和职业发展通道，激励员工不断学习和成长。通过绩效评估机制，公司促进了员工的个人发展，同时也为企业的优秀人才储备提供了保障。

通过建立均衡的管理体系，II 集团在竞争激烈的市场中取得了巨大成功。公司始终坚持战略规划，根据市场需求和竞争形势进行灵活调整。与此同时，公司通过优化组织架构，实现了高效的团队合作和信息流转。最重要的是，通过绩效评估机制，公司激励了员工的积极性与创造力，提高了企业整体的绩效水平。

L 公司的管理体系

某科技集团旗下的 L 公司成立于 2005 年，是全球领先的产品集成企业，主要从事各类智能终端产品的研发设计和生产制造，业务涵盖手机、平板、服务器等众多领域。近年来，公司面临着市场变化和内部管理问题的双重挑战。而为了更好地应对这些挑战，企业选择引入企业资源规划(ERP)系统，实现了跨部门和跨地域的信息整合与共享。通过 ERP 系统，企业得以全面掌握供应链、生产流程和销售情况等关键信息，从而提高内部联动效率。此外，为了保障系统有效运行，企业还投入了大量的人力与财力进行培训和技术支持。

除此之外，L公司在组织架构和人事管理方面也作出了积极的转变。通过取消过时的层级制度和推行扁平化管理，企业实现了快速决策和灵活机动的优势。与此同时，企业意识到员工的重要作用，重视员工发展和激励，通过举办培训班、建立奖金制度等方式，提高了员工的技能水平和工作积极性。

此外，L公司还注重质量管理与客户服务。通过引入国际质量管理标准ISO9001，并建立完善的质量管理体系，企业实现了持续的质量控制和改进，有效地提升产品品质。与此同时，企业借助客户关系管理(CRM)系统，及时收集和分析客户反馈意见，从而更好地了解市场需求，提供个性化的解决方案，满足客户的期望。

随着这一系列综合性举措的落实，企业获得了显著的成果。首先，在市场份额方面，企业不断扩大自己的市场份额，实现了稳定的增长。其次，在生产效率方面，ERP系统的应用使生产流程更加高效，资源配置更加合理，大大提升了生产效率和企业竞争力。再次，在质量管理方面，企业的产品质量得到了消费者的一致认可，树立了良好的企业形象。最后，在员工激励和态度方面，企业员工的幸福感和归属感得到了提高，员工流失率大幅下降，从而为企业留住了重要的人才。

不断改进和调整是企业建立均衡管理体系的关键。L公司在实施过程中遇到了很多困难和挑战，但通过持续的改革思维和对效果的不断评估，他们能够及时调整策略和方法，逐步实现了经营目标。

总的来说，建立一个均衡的管理体系是每个企业都需要面对的重要任务。通过确立明确的目标和战略规划，建立灵活的组织结构，培养高效的领导团队，建立有效的绩效评估机制及加强沟通与反馈机制，企业能够建立一个既稳定又灵活的管理体系，有效支撑经营，并超越其他竞争对手。在不断变化的商业环境中，均衡的管理体系将成为企业取得成功的关键因素。

第二节 围绕企业战略设计绩效

企业战略设计的好坏是企业成功与否的关键。在全球经济竞争日益激烈的环境下，企业需要一套合理的战略来保障其实现长期的可持续发展。然而，仅有战略还不够，企业也需要考虑如何评估和衡量战略的绩效。

围绕企业战略设计绩效是重要的一环。企业应该设定明确的目标和愿景，并制定适当的指标来衡量企业战略设计的绩效。此外，不同层级的绩效评估也是必要的，以便进行针对性的改进。企业还应该定期审查和调整战略，以适应不断变化的环境。只有在绩效评估的基础上进行持续优化，企业才能在竞争激烈的市场中取得成功。

第一讲　深入洞察市场，理解战略目标

随着市场竞争的日益激烈，企业只有加强对市场的深度洞察，才能在竞争中获取最大的商机。理解企业战略目标是实现这一目标的关键。本讲将探讨如何深入洞察市场，并将其与企业战略目标相结合，以提供高效的文案写作。

1. 市场调研——洞悉消费者需求

市场调研是了解消费者需求和行为的有效工具。通过分析市场数据、趋势和竞争对手的行为，企业可以洞悉到底是什么让消费者购买某种产品或服务。仔细研究并把握消费者的心理和偏好，有助于发现新兴市场，满足不同群体的需求。

2. 目标定位——找准目标受众

公司战略目标的实现需要明确的受众定位。针对特定的目标受众，能够更加精准地定位内容和语言风格，以便传递与其需求相匹配的信息。通过了解目标受众的特点、兴趣和需求，制定更具吸引力且有效的文案策略，使企业与受众之间建立起深入的联系。

3. 品牌塑造——传递企业核心价值观

企业战略目标的实现需要强大的品牌认知度和塑造，这可以通过文案来传递企业的核心价值观。通过强调企业的独特优势、创新能力和社会责任等，能够打造一个引人注目且具有独特性的品牌形象。该品牌形象将帮助企业在市场中脱颖而出，赢得客户的忠诚与信任。

4. 创意营销——与受众产生情感共鸣

创意营销是吸引受众，并让其与产品或服务产生情感共鸣的重要手段。采用创新的营销策略，如故事化内容、幽默元素和情感触动，能够在激烈的市场竞争中突破重围。创造出引人注目的营销内容，从而牢牢抓住受众的注意力，并树立起积极的形象。

5. 效果评估——优化企业策略

市场环境的不断变化要求企业时刻关注产品的效果，并不断进行评估和优化。通过监测反馈数据、调查问卷和市场反应了解策略的有效性，并作出相应调整。这可以不断提高策略的吸引力和影响力，确保企业的信息更好地传递和理解。

【案例分享】

A企业的战略眼光

A企业是一家集咖啡生产与经营于一体的综合性企业，自成立以来一直致力于提

供高品质的咖啡产品和服务。然而，随着市场竞争的加剧和消费者需求的不断变化，A 企业意识到需要重新制定其战略目标，并深入了解市场动态以保持竞争优势。

为了更好地了解市场，A 企业开始进行市场研究和调查。他们聘请了专业的市场研究团队，通过定量和定性研究方法进行广泛的数据收集和分析。研究中，他们发现，其他竞争对手也在努力提高产品质量和服务水平，这导致 A 企业失去了一部分市场份额。

然而，这些研究也揭示了一些机会。他们发现，随着人们生活节奏的加快，越来越多的人喜欢外出购买咖啡并且愿意为高品质的咖啡支付更高的价格。此外，他们还发现，年轻人对特色咖啡与社交媒体的结合非常感兴趣。

基于这些发现，A 企业开始调整其战略目标。首先，他们决定提升产品质量，确保每一杯咖啡都有独特的风味和口感，以吸引更多的消费者。其次，他们改进了店面设计和舒适度，并引入了高科技设备，以提升顾客体验。

此外，A 企业还抓住了年轻人对咖啡文化和社交媒体的兴趣。他们开发了一个手机应用程序，让顾客可以轻松地点餐、订购咖啡并与其他咖啡爱好者分享他们的体验。通过在社交媒体平台进行营销和推广，A 企业成功地吸引了更多年轻人的关注并扩大了市场份额。

通过深入洞察市场，理解战略目标的必要性，这家咖啡企业重新定位自己，销售额取得了显著的增长。他们不仅在市场竞争中保持了竞争优势，还满足了消费者对高品质咖啡和社交体验的需求。

某公司的战略目标

某电子科技有限公司是一家专注于智能移动设备制造和销售的企业，在职员工达 6000 人，总资产达 40 亿元。随着智能手机市场的日益成熟和竞争的加剧，公司面临着越来越大的压力。为了保持竞争优势和增长市场份额，公司决定进行全面的市场调研和战略规划。

首先，该公司组建了一支专门的市场调研团队，负责对目标市场进行详细分析。团队采取了多种研究方法，包括定量调查、重点访谈和竞争对手分析，以全面了解消费者需求、市场竞争情况和行业趋势。通过这些调研公司发现，智能手机市场已经进入一个新的阶段，消费者对于功能和价格的追求已不再是唯一的关注点，而是更加注重品牌形象和用户体验。

在深入了解目标市场后，该公司制定了明确的战略目标。首先，他们决定提升产品的品牌形象，打造一个高端、时尚、值得信赖的品牌形象。为了实现这一目标，公司采取了一系列行动，包括改进产品外观设计、与国内知名设计师建立合作关系等。

其次，公司意识到用户体验是消费者选择智能手机的决定性因素之一。因此，他们努力优化产品的软件功能和硬件功能，提供流畅、便捷、个性化的用户体验。与此同时，他们还研发了一款新的智能手机操作系统，以与其他竞争对手区分开来。

最后，公司利用市场调研结果找到了一个新的增长点，即年轻消费者市场。通过针对这一人群的营销活动，他们成功吸引了更多的年轻消费者，并扩大了市场份额。

通过深入洞察市场并理解战略目标，该公司取得了令人瞩目的成果。他们成功地提升了产品品牌形象，并通过优化用户体验使市场份额有所增加。与此同时，他们还发现了新的增长点，并开拓了年轻消费者市场。

总的来说，深入洞察市场并紧密结合企业战略目标，是提高竞争力和获取商机的关键一步。通过市场调研、目标定位、品牌塑造、创意营销和效果评估等手段，能够创造出有差异性、有吸引力且能与受众建立起情感共鸣的企业产品。通过不断优化企业策略，将帮助企业树立领先地位，从而不断赢得市场份额。

第二讲 明确当前和未来的战略机会点

在今天竞争激烈的市场环境下，企业需要不断创新和寻找新的战略机会，以保持竞争优势并实现可持续发展。本讲将带领大家探讨当前和未来的战略机会点，以帮助企业超越其他竞争对手。

1. 深入洞察市场趋势——抓住未来发展机遇

随着科技的不断进步和消费者需求的不断变化，企业应密切关注市场趋势，以抓住未来的发展机遇。全面了解市场需求和竞争状况，企业可以制订更加有效的战略计划，以使企业适应未来的动态环境。

2. 重视数字化转型——创造竞争优势

当今时代，数字化转型已成为企业发展的必由之路。通过合理利用大数据、人工智能等先进技术，企业可以获得巨大的竞争优势。随着数字化技术的普及，企业可以实现生产效率的提升、客户体验的改善，以及创新商业模式，进而开拓新的业务领域。

3. 特别关注可持续发展——推动企业长远发展

在全球环境和社会问题日益突出的背景下，可持续发展已成为企业面临的重要挑战和机遇。企业应积极重视环境保护、社会责任等方面，推动企业的可持续发展。通过绿色技术创新、循环经济模式，企业既能满足市场需求，又能满足消费者对可持续产品的需求，实现双赢。

4. 加强品牌建设——塑造企业形象

品牌是企业在市场的核心竞争力之一。加强品牌建设，企业可以塑造积极、正面的企业形象，增加品牌价值。加强品牌建设关键在于了解目标受众，制定有效的品牌策略，并通过优质的产品、卓越的服务来树立品牌形象，从而赢得消费者的信任和忠诚。

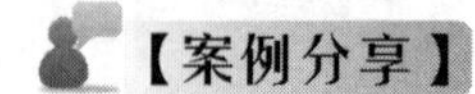

某汽车集团的战略机会点

某汽车集团股份有限公司于2003年9月成立，注册资本达6 000万元，是一家集汽车整车、专用汽车、新能源汽车、汽车零部件等研发、制造、销售，以及金融、教育等业务于一体的多元化集团公司。随着我国电动汽车市场的快速发展，汽车行业迎来了许多新的机遇。该汽车集团通过深入洞察市场趋势及领先技术的研究，成功抓住了当前和未来的战略机会点，实现了企业的长期发展。

首先，该汽车集团对当前的战略机会点进行了准确的判断。在电动汽车市场竞争激烈的环境下，他们意识到消费者对性能卓越、充电便捷和舒适体验的需求不断增长。为了满足这一需求，该公司推出了一款高性能的电动跑车。该车辆搭载最新的电池技术，续航里程达到了400公里，且充电时间只需30分钟。此外，车内配备了豪华座椅、大尺寸触控屏和先进的智能驾驶系统，为用户提供了卓越的驾驶体验。这个明确的战略机会点使该企业在竞争中脱颖而出。

其次，该汽车集团对未来的战略机会点有着清晰的预见。他们通过深入研究和市场调查发现，随着人们环保意识的增强，电动汽车市场潜力巨大。为了在未来继续保持竞争优势，他们决定进一步拓展产品线，推出更多款式的电动汽车，以满足不同消费者的需求。与此同时，他们加大了研发投入力度，致力于提升电池技术、智能驾驶系统和充电设施的发展。这样，企业能够适应未来电动汽车市场的发展趋势，并在激烈的竞争中保持领先地位。

通过明确当前和未来的战略机会点，该汽车集团成功实现了长期的发展。他们不仅满足了消费者对高性能、舒适体验的需求，还抓住了电动汽车市场潜力的发展机遇。因此，他们的销售业绩和市场份额取得了显著的增长。

某科技公司的战略眼光

江苏某电子科技有限公司成立于2021年，是一家专注于提供小型电器智能控制产品的高科技企业。公司拥有多项专利，以领先的智能控制方案创造美好的生活。公司每年研发100多款新产品，年产量达400万套以上。近年来，随着科技的快速发展和市场竞争的加剧，企业纷纷以创新为驱动力，不断探索当前和未来的战略机会点。作为一家电子科技企业，该电子科技有限公司也积极与时俱进，在变革中寻找自己的机会。

首先，该电子科技有限公司明确了当前市场的机会点。随着智能手机和电脑等消费电子产品的普及，人们对电子产品更高分辨率、更高性能、更高效能的需求越来越迫切。因此，该公司决定增加在显示技术领域的投入，精心研发具有竞争力的显示屏产品。通过提供超高清晰度、广色域、高对比度的显示屏，该企业成功抓住了市场机会，赢得了全球众多客户的青睐。

其次，该电子科技有限公司不仅抓住了当前市场机会，还积极布局未来的战略机会点。经过前期调研和市场分析后，该企业发现人工智能(AI)技术的应用潜力巨大。因此，该公司决定将研发重点转移到 AI 相关领域，以满足未来智能化产品的需求。通过建立强大的研发团队，该公司成功开发出一系列与人工智能相关的创新产品，包括智能家居设备、智能生活辅助器、智能机器人等。这些产品不仅满足了消费者对智能化生活的期待，也在市场竞争中独树一帜。

最后，该电子科技有限公司还积极布局数字化转型领域。在数字化时代的浪潮下，企业必须跟上潮流，将业务、管理和服务数字化，以提高效率和竞争力。因此，该公司利用自身技术优势和经验，推动组织内部的数字化转型。通过建立全球统一的信息系统平台，实现数据共享和流程优化，该企业成功把握了数字化转型的机会，并大幅提升了运营效率和客户满意度。

总的来说，该电子科技有限公司在明确当前和未来战略机会点上取得了显著成果。通过准确定位市场需求并投入资源进行研发和创新，成功构建了具有竞争力的显示屏产品，并在数字化和人工智能领域进行了布局。这让该企业持续保持了市场地位，并为未来的发展奠定了坚实基础。

总的来说，明确当前和未来的战略机会点对企业的成功至关重要。通过深入洞察市场趋势、重视数字化转型、特别关注可持续发展及加强品牌建设，企业可以抓住新的机遇，超越竞争对手，实现长期发展目标。企业应紧密结合自身实际情况，制定并执行切实可行的战略规划，为未来的成功奠定坚实基础。

第三讲　组织绩效和个人绩效紧紧围绕战略

在当今竞争激烈的市场环境，对组织绩效和个人绩效进行有效管理至关重要。将组织绩效与个人绩效紧密结合起来，以实现最大化的战略目标，是企业的重要举措之一。本讲将探讨如何通过优秀的组织绩效和个人绩效管理，来打造一个卓越的企业团队。

1. 了解战略目标

为了使组织绩效和个人绩效与战略目标紧密相连，首先要深入了解公司的战略方向。这包括公司的使命、愿景和核心价值观等。只有明确了战略目标，才能更好地制定相应的绩效指标和评估标准。

2. 设定明确的目标指标

在确立战略目标的基础上根据大纲提供的信息，确定组织绩效和个人绩效的具体目标指标。例如，可以设定团队整体业绩、客户满意度、创意质量等作为组织绩效的目

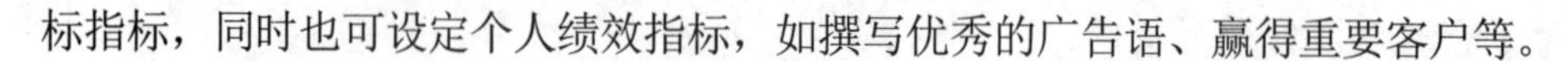

标指标，同时也可设定个人绩效指标，如撰写优秀的广告语、赢得重要客户等。

3. 制定智能化绩效评估体系

为了能够全面、公正地评估组织绩效和个人绩效，智能化的绩效评估体系是必不可少的。该体系应包括多个关键绩效指标，并通过合理的权重分配，深入评估各项工作的贡献度及质量。此外，还可以利用技术手段，如数据分析和客户反馈，提供真实、可信的评估结果。

4. 激励和奖励措施

有效的激励和奖励措施可以提升组织绩效和个人绩效。除了常规的薪酬和晋升机制外，还可以采取一些创新的方式。例如，定期表彰优秀作品、举办团队竞赛、提供专业培训等，以激发团队成员的工作热情和创造性。此外，领导层的亲自表扬和关怀也能起到激励作用。

【案例分享】

L公司的绩效管理

L公司是一家新兴的跨国汽车制造公司，注册资本为5 000万元，在职员工达6 000余人。近年来，越来越多的企业开始关注组织绩效和个人绩效与战略之间的紧密关系。L公司为了实现增加市场份额、提高利润及通过技术创新成为行业领导者等这些目标，公司领导层认识到需要协调一致的组织和员工绩效管理系统。

首先，L公司对组织绩效进行了全面的规划和管理。它采用了基于平衡计分卡的绩效管理框架，明确了关键绩效指标，如市场份额、销售增长率、利润率、员工满意度等。这些指标与企业战略紧密相连，帮助实现战略目标。

其次，L公司注重个人绩效与组织绩效的紧密联系。它明确了各个职位的关键绩效指标，并将其与个人目标和奖励机制相结合。例如，在销售部门，销售人员的绩效指标与销售增长率和市场份额相关联。如果个人达到或超过预定目标，将获得相应的奖励和激励，从而激发员工的积极性和工作动力。

除此之外，L公司还通过设置明确的沟通渠道和开展培训活动来加强组织与个人绩效之间的联系。定期的员工培训和交流会议可以帮助员工了解企业战略和绩效目标，以及他们个人的角色和职责。这种开放和透明的文化有助于员工理解自己在组织目标中扮演的重要角色，并将个人绩效与组织绩效紧密相连。

总的来说，L公司的成功经验表明组织绩效和个人绩效是相互关联、相互影响的。只有当个人的努力和绩效与组织战略一致，并通过明确的沟通和激励机制予以支持，才能实现企业的长期发展目标。

某电子公司的绩效策略

浙江某电子公司是一家大型专注于生产并销售高端消费电子产品的企业，注册资本达 3 000 万元。由于市场竞争加剧，该企业决定制定新的战略以增加市场份额和利润。新的战略包括开发创新产品、提升生产效率和拓展新市场。为了实现这些目标，公司必须使组织绩效和个人绩效与新战略保持一致。

首先，该企业设计了一个绩效管理系统，旨在评估整个组织的绩效并与战略目标保持一致。该系统包括设定明确的战略指标，并将其分解到各个部门和团队。例如，公司设定了创新产品开发数量、生产效率提升和新市场拓展的具体指标。每个部门和团队都有自己的绩效目标，以确保整个组织朝着共同的战略目标努力。

其次，该企业还实施了激励机制来激发员工的个人绩效。公司认识到只有通过个人的努力和业绩才能推动整个组织向前发展。因此，他们设立了一个奖励系统，根据员工的个人绩效评估来分配奖金和晋升机会。这种奖励机制鼓励员工积极参与组织的战略目标，并努力实现他们的个人目标。

通过以上做法，该企业成功地将组织绩效和个人绩效与战略目标相结合，也取得了显著的业绩。创新产品的数量增加，生产效率提高，新市场份额扩大。此外，员工意识到他们的努力和贡献直接与公司的成功相关，工作的积极性和满意度也增强了。

总的来说，在一个团结、高效的企业团队中，组织绩效和个人绩效与战略目标密不可分。通过深入了解战略目标、设定明确的目标指标、建立智能化绩效评估体系及激励和奖励措施，可以为组织带来更多的利润。

第三节　将战略解码到组织目标中

战略解码是指通过可视化的方式，将组织的战略转化为全体员工可理解、可执行的行为过程。

战略解码的过程就是将企业的战略规划分解到产品线、销售线(行业或客户)，再进一步分解到企业各个部门的过程。也就是说，把企业的战略目标分解为不同的子目标，并落实到各个部门，让各个部门去实现。

通过战略解码，企业可以划分清楚各部门、各岗位职责边界，以此确定部门考核、员工个人考核的指标，促使企业绩效管理以战略目标为导向，助力企业战略有效实施。

第一讲　遵循平衡计分卡原则，保证战略目标承接

在当今激烈的市场竞争中，企业只有制定并追求明确的战略目标，才能保持竞争优势。然而，战略目标的实施要面临许多不确定性和挑战。为了保证战略目标承接，企业需要遵循平衡计分卡原则，综合考虑各个关键指标，以实现战略目标的均衡发展。

一、战略目标的制定与追求

1. 制定明确的战略目标

根据企业的愿景和使命，制定具体、可量化的战略目标，从而使全体员工具有明确的奋斗方向和奋斗目标。

2. 与利益相关者进行有效沟通

及时与股东、员工、客户等利益相关者沟通战略目标，并将他们的反馈纳入决策，以提高战略的共识和实施效果。

3. 制订灵活的战略计划

制订灵活的战略计划，能够根据市场环境和内、外部因素的变化进行调整，确保战略目标顺利实施。

二、平衡计分卡原则的核心原则

1. 整体观考虑

平衡计分卡原则要求企业不仅要关注财务指标，还要综合考虑非财务指标，如市场份额、员工满意度等，以实现全面发展。

2. 长期与短期平衡

平衡计分卡原则强调长期与短期目标的协同推进，避免单纯追求短期利益而忽视长期发展。

3. 内部与外部平衡

制定战略目标时，要兼顾企业内部各部门及外部环境之间的平衡，使各项因素相互协作，推动整体发展。

三、运用平衡计卡分原则的关键步骤

1. 建立平衡卡计分体系

根据战略目标，建立一个涵盖财务和非财务指标的平衡计分卡体系，并量化各个指标。

2. 分析关键指标关系

综合评估各关键指标之间的相互关系，识别重点指标和关键驱动因素，以提升战略目标的整体效果。

3. 设定目标和制订行动计划

设定具体、可衡量的指标目标，并制订相应的行动计划来推动目标实现。

4. 实施和监控进度

根据设定的目标和制订的行动计划，积极推进实施过程，并定期监控进度，及时进行调整和改进。

通过遵循平衡计分卡原则，企业可以实现战略目标的有效承接。这需要企业制定明确的战略目标，与利益相关者进行有效沟通，制订灵活的战略计划，并运用平衡计分卡原则的核心原则和关键步骤，确保指标之间的协调和平衡。运用平衡计分卡原则虽然面临一些挑战，但仍然是企业实现长期发展的关键策略之一。

第二讲　抓住关键成功要素，设计相应的衡量指标

企业成功的关键在于抓住关键成功要素，并设计相应的衡量指标。这些要素和指标可以帮助企业更好地了解、管理和评估自身的绩效和发展。下面，将介绍企业如何抓住关键成功要素(见图 6-3)，并根据这些要素设计相应的衡量指标。

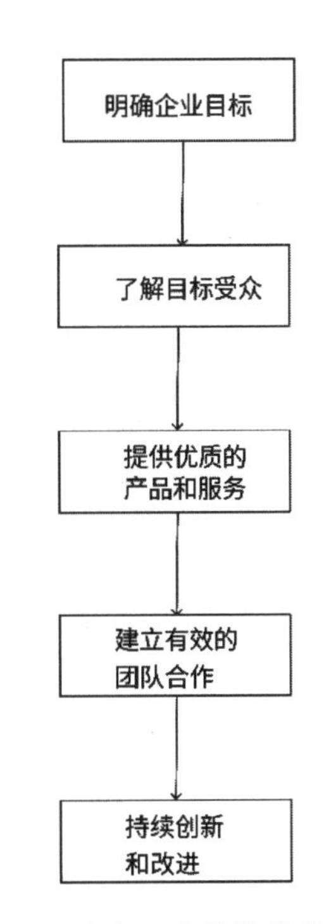

图 6-3　如何抓住关键成功要素

1. 明确企业目标

要保障企业成功，首先要明确企业的目标。企业目标应该是具体、可衡量的，并且与企业的使命和愿景相一致。例如，如果企业的目标是增加市场份额，那么，衡量指标就可以是每个季度的市场份额增长率。

2. 了解目标受众

一个成功的企业应该了解并满足其目标受众的需求和期望。通过深入了解目标受众，企业可以设计更符合其需要的产品和服务。因此，衡量指标包括目标受众的满意度调查结果及重复购买率等。

3. 提供优质的产品和服务

提供优质的产品和服务是企业成功的关键。企业需

要保障其产品和服务符合高质量标准，并能够满足客户的需求。衡量指标包括产品或服务的质量控制检查结果、客户投诉率及客户参与度等。

4. 建立有效的团队合作

一个成功的企业需要有一个高效、协作的团队。通过建立有效的团队合作，企业可以更好地利用各个成员的专长和经验，实现目标并取得成功。衡量指标包括团队的工作效率、沟通效果及团队成员的满意度等。

5. 持续创新和改进

一个成功的企业应该具有创新和改进的能力。通过持续追求创新和改进，企业可以在竞争激烈的市场中保持竞争优势。衡量指标包括新产品或服务的推出速度、研发投资比例及专利申请数量等。

设计相应的衡量指标是抓住关键成功要素的重要步骤。企业应该根据自身的情况明确目标、了解目标受众、提供优质的产品和服务、建立有效的团队合作，并持续创新和改进。通过这些努力，并设计恰当的衡量指标，企业可以更好地了解自身的绩效和发展，并超越其他竞争对手，在激烈的市场竞争中获得持续发展。

第三讲　重点工作任务是实现战略目标的抓手

就一个组织或企业的发展而言，制定战略目标是非常重要的。战略目标为组织或企业的发展方向提供了清晰而明确的指导，并规划了未来的发展路径。然而，仅有战略目标还不够，我们需要确定和实施一系列的重点工作任务，并将其作为实现这些战略目标的抓手。

首先，要明确实现战略目标所需的具体工作任务，这些任务应与战略目标相互匹配且相互支持。比如，如果战略目标是提高产品质量，那么，相关的工作任务可能包括建立严格的质量控制体系、加强员工技能培训等。设定明确的工作任务有助于组织内部各个部门和个人明白自己在整体发展中的位置和角色，也便于协同合作，共同推动战略目标的达成。

其次，要设定合理可行的工作任务，确保其能够顺利实施并对战略目标产生积极的影响。这就需要对企业或组织的资源进行充分的评估和利用。考虑可行性、人力资源、时间和预算等因素，确定合适的工作任务。与此同时，也需要根据实际情况设定工作任务的优先级，有针对性地推动和实施。

再次，要监督和评估工作任务的执行情况，及时进行调整和改进。实施战略目标的过程是一个动态的过程，不能一蹴而就。企业通过设置工作任务的时间节点和衡量指标，对任务的完成情况进行实时跟踪和评估。如果发现任务执行出现偏差或长期无进展，需要及时调整和改进计划，避免浪费资源和时间。

最后，要注重沟通和协调，确保工作任务的有效完成。战略目标往往是一个庞大而复杂的体系，需要各部门和个人的配合和协同来实现。在设定和执行工作任务的过程中，领导者应该与各部门建立良好的沟通关系，确保信息的流通和共享。此外，还需要加强团队之间的协作，共同面对挑战和解决问题，以推动战略目标的实现。

【案例分享】

H 公司实现战略目标的重点工作任务

H 公司是一家大型的电子产品销售公司，在职员工达 5 000 余人。最近，该公司制定了一个战略目标——要在市场上提升品牌知名度并增加销售额。为了实现这个目标，H 公司决定通过线上来拓展销售渠道，并注重品牌形象的塑造。在这个战略目标的推动下，H 公司确定了两个重点工作任务——建设电商平台和开展网络宣传活动。

首先，H 公司决定搭建一个专门的电商平台，以提供线上销售的渠道。为此，他们成立了一个专门的团队，该团队负责平台的设计、开发和维护工作。他们通过与第三方技术公司合作，创建了一个用户友好的网站界面，方便顾客购物和浏览产品信息。与此同时，他们还与公司的生产部门紧密合作，保障线上销售的产品品质和库存充足。这个电商平台成功地打破了地域限制，将销售渠道扩展到全国范围。

其次，为了提升品牌知名度，H 公司也开展了一系列的网络宣传活动。他们聘请了专业的营销团队，制订了详细的宣传计划。他们通过社交媒体平台建立了一个公司官方账号，并定期发布和分享与产品相关的内容。此外，他们还与一些行业的意见领袖合作，邀请他们代言公司的产品，以增加品牌的影响力和认可度。通过这一系列的网络宣传活动，公司在市场上逐渐建立一个积极向上、信誉良好的品牌形象。

通过实施以上两个重点工作任务，H 公司成功地实现了战略目标。他们通过电商平台的建设，为顾客提供了更加便捷的购物体验，促进了销售额的增长。与此同时，通过网络宣传活动，公司提升了品牌的知名度和认可度，进一步巩固了市场地位。这两个重点工作任务成为实现战略目标的抓手，为公司带来了实实在在的成果。

上海某科技公司实现战略目标的重点工作任务

上海某科技有限公司成立于 2004 年，位于中国上海市，是一家以从事科技推广和应用服务业为主的企业。企业注册资本为 2 200 万元。该公司制定了一系列战略目标，包括扩大市场份额、推出更多创新产品等。为了实现这些目标，公司制定了许多重点工作任务。

首先，该公司深入分析市场需求，并确定了核心竞争力。通过市场调研和用户反馈，公司了解到用户对智能家居产品的迫切需求。因此，公司将智能家居作为重点领域，投入大量人力、物力和财力进行研究和开发，以满足用户需求并提升市场竞争力。

其次，该公司注重团队建设，保障战略的顺利实施。公司成立了由多个部门组成的专项小组，负责智能家居产品的研发、设计和营销。小组由不同领域的专业人士组成，包括软件工程师、硬件工程师及市场营销人员等。他们密切合作，共同推进项目进展，并及时解决遇到的问题。

再次，该公司积极与供应链合作伙伴合作，保障产品质量和供应能力。为了提高生产效率和降低成本，公司与多家供应商建立了战略合作关系。通过与供应链合作伙伴共同研发和生产，公司能够快速将产品推向市场，并保障产品质量优良。

最后，该公司注重建立良好的用户体验和售后服务系统。公司为用户提供了全方位的售前咨询和售后服务，以确保用户的满意度并促进用户口碑传播。公司开展产品体验活动，邀请用户参与，并及时收集用户反馈，不断改进产品性能和功能。

通过以上重点工作任务，该科技公司成功实现了战略目标。另外，该公司还推出了多款受欢迎的智能家居产品，使市场份额大幅提升。与此同时，公司不断推出创新产品，进一步拓宽了产品线，活跃了市场的竞争。

总之，重点工作任务是实现战略目标的抓手。明确、准确和具体地设定工作任务，合理利用资源，监督和评估任务的执行情况，并加强沟通和协调，有效地推动战略目标的达成。这需要领导者的正确决策和部署，以及组织内部成员的团结和合作，共同努力实现组织或企业的整体发展和成功。

第四节　让部门主管为组织绩效负责

对一个组织来说，绩效是衡量其经营组织的重要标准之一。而作为组织的中层管理者，部门主管在实现组织绩效目标方面则发挥至关重要的作用。部门主管不仅需要关注自己所领导的团队绩效表现，还要确保与整个组织的目标保持一致，并为此负起责任。

清晰地了解组织绩效目标，提供必要的支持和资源及对团队成员的绩效进行评估和反馈，部门主管可以有效地推动团队工作并最大限度地提升组织绩效水平。因此，让部门主管为组织绩效负责是每个组织应该重视和追求的。

第一讲　组织绩效与管理者个人绩效的关系

组织绩效，是一个企业或组织实现其目标并达到卓越成果的衡量标准。管理者个人绩效则是指管理者在组织中的表现、成就和贡献。这两者之间存在着密切的关系，相互影响和互为因果。

首先，管理者的个人绩效对组织绩效有着直接的影响。管理者作为组织的领导者和决策者，其能力和表现直接影响组织的方向和执行力。如果管理者的个人绩效比较出色，即具备有效的沟通能力、领导能力和决策能力等，则他们更容易激发员工的潜力，并促进组织内部的合作与创新，从而提高组织的整体绩效。

其次，组织绩效也会对管理者的个人绩效产生影响。当一个组织的绩效很好，实现了预期的目标并取得了优异的成绩时，这也反映了管理者的能力和领导效果。这样的成功将使管理者在组织内部的声誉和影响力增强，并为其个人绩效的提升提供了更广阔的发展空间。

最后，组织绩效还可以调动管理者的积极性和动力。当一个组织面临挑战并努力提高其绩效时，这将促使管理者投入更多的努力和资源，以达到组织设定的目标。管理者会注重发展自己的领导能力和知识技能，并通过不断的学习和创新来推动组织的进步。相反，如果组织长期处于低迷状态，管理者的积极性和动力则会受到影响，从而导致个人绩效下降。

【案例分享】

某科技公司的绩效管理

江苏某科技公司是一家快速发展的高科技企业，专注于信息技术服务。企业追求卓越的组织绩效，以提高竞争力并为客户提供最佳的解决方案。然而某一阶段，企业陷入了困境，出现许多运作和管理上的问题。这时，公司高层决定对绩效管理进行全面评估，以找出问题所在。

1)　分析组织绩效的关键因素

首先，评估发现公司的绩效管理流程存在明显的缺陷。例如，绩效目标不明确，部门间缺乏协作和沟通，导致资源浪费和重复工作。其次，该科技公司的绩效评价指标和激励机制存在问题，使目标缺乏灵活性和目标导向。最后，公司的员工发展计划不完善，缺少培训和发展机会，导致人才流失和绩效下降。

2)　管理者个人绩效的重要性

进一步调查发现，管理者个人绩效是影响组织绩效的关键因素。管理者个人的领导能力、决策效果及团队管理水平直接影响组织的运作效率和绩效。在这家企业中，优秀的管理者带领他们的团队充满激情，并且能够与其他部门协作高效地解决问题。相反，表现不佳的管理者常常导致团队士气低迷、决策被动和工作进度滞后的情况。

3)　改善措施

为了提高组织绩效，该科技公司采取了以下改善措施。首先，重新制定了明确的绩效目标，并建立了有效的交流渠道，增加了各部门之间的合作和沟通。其次，针对管理者个人绩效，公司实施了全方位的培训和发展计划，帮助管理者提升领导能力和团队管理技巧。最后，公司重新设计了绩效评价指标和激励机制，使之更加适应企业的发展需求。

经过一段时间的改进和努力，该科技公司的组织绩效明显提升。有效的绩效管理体系和重视管理者个人绩效的举措，成为企业取得成功的重要保障。与此同时，管理者也感受到了个人成长和发展的机会，他们以更高的积极性投入工作，为企业创造了更大的价值。

某科技企业的改革

甘肃某科技股份有限公司成立于 1995 年，是一家主营高性能改性塑料研发、生产和销售的高科技上市公司。公司注册资本为 30 亿元。近日，公司高层为了提高组织的绩效和管理者的个人绩效，决定对企业进行一次全面的改革。

首先，公司高层对企业的组织结构进行了重新调整，明确划分了各个岗位的职责和权限。每个部门都设立了负责人，并制定了具体的工作目标和 KPI。这样，每个管理者就清楚地知道自己的职责，以及该如何完成他们的工作任务。

其次，在绩效考核方面，公司高层引入了一套科学的绩效评估体系。根据每个管理者的工作职责和岗位特点明确了关键绩效指标，并制定了相应的达成目标。与此同时，建立了一套激励机制，将管理者的个人绩效与其薪酬挂钩，使管理者有动力去努力工作。

最后，公司高层加强了对管理者的培训和发展，并提供各种相关的培训课程和学习机会，帮助他们提升自己的管理能力和技术水平。通过不断学习和进步，管理者能更好地了解和适应企业的发展需求，进而提高组织的绩效。

通过以上措施，企业的组织绩效和管理者的个人绩效都得到了显著提升。在组织层面上，公司各个部门之间的合作更加协调，工作效率显著提高，生产效益明显增加。而在个人层面上，管理者也都充满动力去完成自己的工作任务，并有持续的进步和成长。

此外，这种关系不仅是单向的，同时也会形成一种良性循环。优秀的组织绩效需要由高绩效的管理者推动，而优秀的管理者又可以促进组织绩效的提高。因此，通过改善组织绩效和管理者个人绩效的关系，企业不断迭代提升，实现可持续发展。

总的来说，组织绩效与管理者个人绩效存在着双向的关系。良好的个人绩效有助于提升组织的整体绩效，进一步巩固管理者在组织中的地位和影响力；而优异的组织绩效则有利于调动管理者的积极性和动力，促进个人绩效的提升。因此，企业和组织应该重视这两者的相互作用，综合考虑个人绩效和组织绩效的关系，为实现共同的目标而共同努力。

第二讲 部门主管要辅助下属制定绩效目标

在现代企业的管理中，绩效目标的制定是一项重要的工作。部门主管在组织中扮演着核心角色，不仅要完成自己的工作，还要辅助下属制定合理的绩效目标，以保持团队高效运作。以下是一些部门主管辅助下属制定绩效目标的有效方法，如图 6-4 所示。

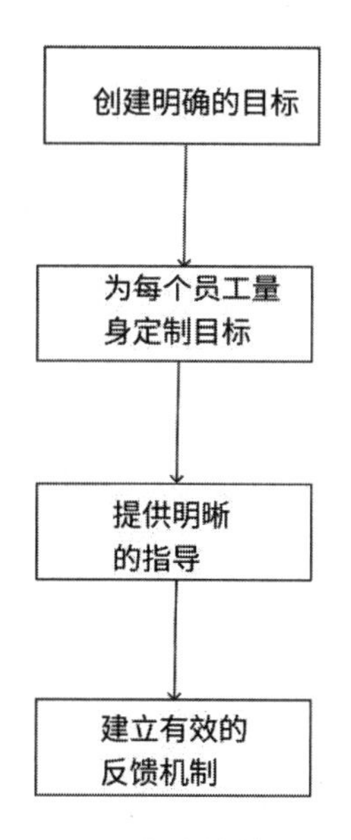

图 6-4 制定绩效目标

1. 创建明确的目标——为实现卓越奠定基础

辅助下属制定绩效目标时，首先是保障目标明确。明确的目标可以帮助团队成员更好地理解自己的工作重点和期望结果。与此同时，确保目标可衡量和可达成，使下属能够清晰地评估自己的绩效和进步。

2. 为每个员工量身定制目标——增强个人动力

每个员工都是独一无二的个体，他们拥有不同的能力、经验和潜力。部门主管需要根据员工的特点和职责，与员工进行深入的交流，为每位员工量身定制目标，确保目标既能够增加他们的动力，又能够发掘他们的潜力。

3. 提供明晰的指导——确保目标顺利实施

部门主管不仅要创建明确的目标，还要提供明晰的指导。部门主管应该向下属详细解释目标的背景、目的和关键细节。与此同时，为了增强下属对目标的理解和接受

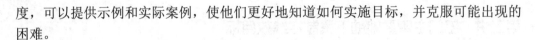

度，可以提供示例和实际案例，使他们更好地知道如何实施目标，并克服可能出现的困难。

4. 建立有效的反馈机制——持续改进绩效

目标制定并不是一次性的活动，而是一个持续的过程。为了目标顺利实现和团队绩效不断提升，建立一个有效的反馈机制则是至关重要的。定期与下属进行绩效评估，提供针对性的反馈和建议，并激励他们不断完善自身的表现。

【案例分享】

小李对下属的绩效目标管理

A 公司是一家大型的销售公司，该企业的部门主管小李近日意识到下属在制定绩效目标方面存在着一些困惑和问题。为了提高团队的绩效，并促使下属更加明确自己的工作目标，小李决定花时间与他们共同讨论并制定适合每个人的目标。

首先，小李安排了一个小组会议，邀请了所有的下属参加。会上，小李向大家阐述了绩效目标的重要性及如何制定符合自己能力和责任范围的目标。他指出，制定明确的绩效目标不仅可以帮助个体更好地了解预期结果，还可以激励个体更加努力地达成目标。

接着，小李鼓励每个人分享他们过去制定绩效目标的经验和教训。通过共享这些经验和教训，大家从彼此身上学到了很多有价值的经验，并避免了重复犯错。小李还通过提问、引导和举例帮助下属更好地理解目标的设定过程，同时也鼓励大家积极参与讨论。

会议中，小李提出了几个关键问题，以帮助下属制定可行的绩效目标。首先，他询问大家关于业务、市场和客户方面的最新情况和趋势，可以确保目标与外部环境相符，不会过分乐观或悲观。其次，小李引导每个人思考自己的长期目标，并将之转化为具体的、可衡量的短期目标。这样可以帮助下属更好地追踪自己的进展，并适时进行调整。

除了一对一辅导之外，小李还鼓励团队成员相互交流、共同学习。他组织了小组内部的知识分享、经验交流和案例研究活动，以促进团队共同进步。在这些活动中，每个人都有机会从其他团队成员的经验中学习，并将其应用到自己的实际工作中。

通过小李的辅导和团队共同努力，销售部门的绩效得到了显著的提升。每个人也都意识到制定明确的绩效目标是工作中不可或缺的，而不再是模糊的任务。他们也学会了如何将长期目标转化为可实施的短期目标，并在小李的指导下不断完善和调整自己的目标。

李先生的绩效目标管理

H 公司是一家新兴的市场营销公司，成立于 2022 年，注册资本为 500 万元。近期，该公司的销售部门主管李先生注意到他的团队成员王小姐最近的工作表现不尽如人意。作为一个负责任的主管，李先生决定帮助王小姐制定绩效目标，以帮助她恢复并提高工作质量。

首先，李先生与王小姐进行了一对一的谈话，了解她的工作情况和工作中遇到的问题。通过与王小姐的交流，李先生发现她最近缺乏动力和明确的工作目标，对公司的市场需求和目标了解较少。因此，李先生认为，制定具体的绩效目标可以激励王小姐，并使她更专注于工作。

根据与王小姐的讨论，李先生提出了以下几个关键的绩效目标。

(1) 销售目标：根据市场情况和公司要求制定一个具体的销售目标，例如，每月销售额增长 20%。

(2) 客户满意度：通过深入了解客户需求并亲自与客户沟通，提高客户满意度。可以设定达到 90%以上的客户满意度为目标。

(3) 团队协作：加强团队合作，提高工作效率。可以定期组织团队会议，促进信息共享和交流。

(4) 自我发展：鼓励王小姐参加行业相关的培训和研讨会，以提升自己的工作能力，并将新习得的知识应用到工作中。

李先生与王小姐一起讨论了这些绩效目标，并根据实际情况进行了适当的调整和修改。此外，他还给出了一些建议和行动计划，以帮助王小姐实现这些目标。

随后，李先生定期跟踪和评估王小姐的工作进展，保障她按照目标的要求完成工作。在每个月月底的绩效评估中，李先生与王小姐一起回顾过去的工作，并对她的表现和成果进行评价和反馈。

通过李先生的帮助和支持，王小姐逐渐提高了工作质量，并完成了绩效指标。她的销售业绩得到了显著提升，客户满意度也大幅上升。此外，团队协作和沟通也得到了改善。

这个案例表明，部门主管在辅助下属制定绩效目标方面发挥着重要的作用。部门主管通过与下属的沟通，了解他们的需求和问题，并给予适当的指导和支持，帮助员工制定清晰的工作目标，并激励他们提高工作表现和实现公司目标。

总之，帮助下属制定绩效目标是部门主管的重要职责之一。部门主管通过了解下属的能力和特长、充分沟通和讨论、设定具体可衡量的目标及提供必要的培训和资源支持，可以帮助下属实现绩效目标，提高整个团队的工作效率和绩效水平。这种合作和共同努力将促进团队的成功和个人的成长。

第三讲　强化奋斗者精神，落实目标责任

这个时代是充满竞争与挑战的，每个企业都追求不断地发展和成长。为了在激烈的市场环境中立于不败之地，企业非常有必要重视强化奋斗者精神，并落实目标责任。本讲将探讨企业如何来实现这一目标。

1. 培养激励奋斗者的内、外环境

为使员工拥有强烈的奋斗意愿和专注精神，公司要注重塑造积极向上的内、外环境。提供良好的工作条件，鼓励交流合作以及提供适当的奖励机制，激发员工的热情和动力，培养员工的奋斗者精神。

2. 树立明确的目标和责任

一个企业只有制定清晰明确的目标，才能引领员工朝着正确的方向奋斗。与此同时，也应对每个岗位的职责和任务进行明确的界定，以确保每个人都清楚自己的责任范围。只有这样，企业才能更加高效地实现目标，并落实责任。

3. 激发潜能，提升技能

企业应注重培养员工的潜力和技能。通过制订培训和发展计划，为员工提供学习和成长的机会。与此同时，公司还应鼓励员工参与项目和团队合作，以不断提升他们的专业能力和团队合作精神。只有不断发展个人潜能，企业才能强化奋斗者精神，实现目标，落实责任。

4. 建立激励机制，奖励职业发展

除了提供良好的薪酬和福利，企业还应建立有效的激励机制，激励员工在工作中取得优异成绩。例如，可以设立晋升制度，表彰优秀员工及提供职业培训，让员工感受到自己的付出和努力得到了公司的认可与回报，从而更加积极地投入工作，实现目标，落实责任。

【案例分享】

H企业的奋斗者精神

H企业是一家制造业企业，成立于2021年，位于广东省肇庆市，注册资本达500万元，主要从事高科技产品的研发和生产。面对市场的变化和竞争的挑战，该公司认识到只有以奋斗者精神为指导，全员参与目标责任的落实，才能保持持续发展。

首先，H企业注重培养员工的奋斗者精神。为此，该公司组织了一系列的培训和活动，提升员工的自信心和责任意识。每年定期举办团队建设活动，既加强了团队之

间的合作，又激发了员工的积极性。此外，该公司还注重员工的职业发展，定期进行岗位培训，激励员工不断提升自己的能力，并为企业的发展做出更大的贡献。

其次，H 企业积极落实目标责任。该公司制定了明确的目标和任务，对每个员工都进行明确的分工和绩效考核。在每周的团队会议上，各部门负责人向团队汇报工作进展和目标达成情况，并针对存在的问题进行讨论和解决。与此同时，公司还建立了有效的奖惩机制，激励员工积极工作和完成任务，对不能达到目标的个人或团队进行相应的考核和跟进。

这些努力和措施使该公司在市场竞争中始终保持强劲的发展势头。员工始终拥有奋斗者精神，以高度的责任感和使命感投入工作。在目标责任的引导下，H 企业取得了一系列重要的科研成果和创新产品，并成功拓展了国内外市场。与此同时，H 企业的市场份额和品牌声誉也得到了显著提升。

上海某科技公司的奋斗者精神激励措施

上海某科技公司成立于 1998 年，是一家以从事科技推广和应用服务业为主的企业，注册资本达 2000 万元。该公司的首席执行官郑总一直秉持着“奋斗者精神，无所不能”的理念，并将其灌输给公司的每一位员工。他认为，只有当员工愿意努力追逐目标并承担起责任时，企业才能够开创更好的未来。因此，他在公司内部建立了一套激励机制，以强化员工的奋斗者精神。

首先，公司鼓励员工积极参与培训和学习。每位员工每年都有一定的培训经费，用来提升自己的技能和知识水平。公司还定期组织内外部的专业讲座和研讨会，让员工有机会接触到最新的行业动态和技术发展，增强他们的竞争力。通过上述举措，员工的学习积极性得到了极大的提高，同时也促进公司与时俱进。

其次，公司注重员工的职业发展规划。郑总亲自指导每一位员工，与他们一起制定个人目标，并帮助他们制定详细的规划和执行方案。他鼓励员工不断提升自己的能力，积极参与项目并获取更多的工作经验。此外，公司还设立了良好的晋升机制，根据员工的表现和成果进行评估，并提供相应的晋升渠道。这种做法让员工感受到了企业的关怀和培养，激发了他们的主动性和进取心。

最后，公司坚持以目标为导向并落实目标责任。每个季度开始前，郑总都会召开全员会议，向员工传达公司的年度目标和季度任务，并明确责任和奖励机制。员工会在会后将目标细分成个人任务，并记录在个人的目标清单中。这样，员工不仅明确了自己的具体任务，还能与公司整体目标保持一致，进而提高团队协作的效率。每季度结束后，公司都会进行绩效考评，对完成任务较好的员工进行表彰和奖励，进一步激发他们的斗志和责任感。

通过这些措施，企业的利润增长了 30%，员工的工作积极性也大幅提升。与此同时，这种强化奋斗者精神和落实责任的做法，也为其他企业提供了有益的借鉴。

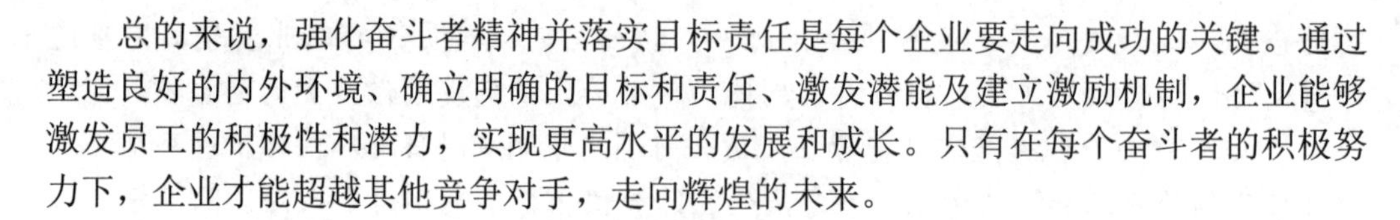

总的来说，强化奋斗者精神并落实目标责任是每个企业要走向成功的关键。通过塑造良好的内外环境、确立明确的目标和责任、激发潜能及建立激励机制，企业能够激发员工的积极性和潜力，实现更高水平的发展和成长。只有在每个奋斗者的积极努力下，企业才能超越其他竞争对手，走向辉煌的未来。

第五节　个体目标要支撑组织目标实现

个体目标是支撑组织目标实现的重要保障。它们必须与组织目标相一致，具有可衡量性和可行性，并与个人发展和动机保持一致。个体通过适当的支持和激励措施，可以更好地实现工作目标，从而为组织目标的实现做出贡献。只有在个体目标与组织目标紧密结合的情况下，组织才能实现长远发展。

第一讲　让员工充分理解组织目标

在现代商业环境中，组织领导的成功与否取决于员工对组织目标的理解和认同情况。为了确保员工工作中能够更好地服务于组织的目标，并为其做出积极贡献，下面探讨如何帮助员工充分理解组织目标。

1. 明确目标：关键信息要清晰

一个组织要求所有员工朝着相同的目标努力，必须提供明确、清晰的目标和关键信息。这可以在内部通信中强调目标和重要信息实现。例如，公司可以定期向员工发送电子邮件或举行会议，重申组织的长期愿景、核心价值观和战略目标。

2. 制定个人目标：将个人目标与组织目标相结合

在员工的工作计划中，确保每位员工的个人目标与组织目标紧密结合。这可以与员工进行目标设定会议，确保每个人都了解自己的职责，并明确表达如何与组织目标对齐。与此同时，组织可以建立激励机制，奖励那些能够实现个人目标与组织目标协同的员工。

3. 强调目标重要性：使组织目标具体化

组织需要将目标与员工的工作联系起来，让员工明确自己的工作对组织目标的重要性。可以分享成功故事和成果，以便员工了解到他们的贡献是有价值的。此外，定期与员工进行绩效评估和反馈，进一步加强他们与组织目标之间的联系。

4. 提供培训和发展机会：增强员工的能力

为了帮助员工更好地理解和实现组织目标，组织可以提供培训和发展机会。通过培训和发展，员工可以掌握新的技能和知识，从而更好地服务于组织的目标。此外，组织还可以鼓励员工参加行业会议、研讨会等活动，以拓宽他们的视野和知识领域。

5. 建立沟通渠道：打破信息壁垒

组织要建立畅通的沟通渠道，确保目标传达到每位员工。可以使用多种沟通方式，如定期的团队会议、内部社交媒体平台、信息发布和员工互动等。与此同时，组织鼓励员工提出问题、反馈和建议，以进一步优化工作流程并加强员工对组织目标的参与感。

【案例分享】

南京某科技集团的组织目标

南京某集团股份有限公司成立于 1998 年，是一家以科技园区业务、平台服务业务、投资金融业务为主体的公司。近日，该集团为了更好地帮助员工充分理解组织目标，并将其融入日常工作开展了一系列活动。

首先，该集团意识到有效的沟通是员工理解组织目标的关键。因此，他们建立了透明、互动性强的沟通渠道，如定期召开全员会议和部门会议，以及利用内部社交平台进行交流。在这些会议上，该公司的高管和领导通过分享有关组织目标的信息和数据，向员工解释这些目标对公司未来发展的重要性。与此同时，他们鼓励员工提出问题和意见，以保持双向沟通的畅通。

其次，该集团采取了一系列培训措施，以提高员工对组织目标的理解和重视。例如，他们组织了定期的培训课程，涵盖了公司的愿景、使命和战略规划等内容。此外，他们还提供了针对不同岗位的专业培训，帮助员工了解如何将个人工作与组织目标相结合，并发挥更大的影响力。

最后，该集团还建立了一套激励机制，以激励员工积极参与并实现组织目标。除了常规的薪资和福利待遇外，该公司还为员工制定了绩效奖励机制，根据个人和团队的目标完成情况，给予相应的奖励与荣誉。这激发了员工的工作动力和积极性，使他们为实现组织目标付出努力。

通过以上措施，成功地帮助了员工充分理解组织目标，并将其贯穿到日常工作中。员工开始将自身的工作与组织目标紧密结合，明确了自己的贡献价值，从而提高了整体团队的凝聚力和工作效率。与此同时，员工也感受到了公司对他们的重视和认可，增强了员工对组织的忠诚度和归属感。

某集团的公司目标与员工目标

浙江某集团股份有限公司成立于 1995 年，位于浙江省杭州市，是一家以从事纺织业为主的企业。企业注册资本达 5 000 万元。近年来，公司的发展一直受限于员工

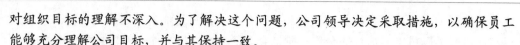

对组织目标的理解不深入。为了解决这个问题，公司领导决定采取措施，以确保员工能够充分理解公司目标，并与其保持一致。

首先，该公司领导意识到传达组织目标的重要性，并积极参与其中。他们亲自召开内部会议，向员工传达公司的长期愿景和战略目标。这样做是确保员工能够亲自听到高层管理人员对组织目标的解释和承诺，从而激发他们的工作动力和归属感。

其次，该公司组建了一个特别的培训团队，负责制订和实施培训计划，以帮助员工更好地理解公司的目标。这个团队由不同部门的员工组成，他们拥有丰富的工作经验和知识，能够用实际案例和故事来说明组织目标对每个人的重要性。

在培训的过程中，团队成员使用了多种教学方法，如小组讨论、角色扮演和案例分析。通过这些互动和实践活动，员工能够更好地理解组织目标与他们日常工作的关联，并明确知道如何在工作中贡献个人力量以实现组织目标。

最后，该公司还建立了一个奖励机制，激励员工主动参与并实现组织目标。每年公司会举行一次评选活动，表彰那些工作中表现出色、积极贡献并帮助公司实现目标的员工。这不仅增强了员工对组织目标的重视，还激发了员工的积极性和自豪感。

通过这些努力，该公司的经营业绩明显提升。员工逐渐意识到公司的使命和目标，并与之形成了良好的共鸣。他们开始主动思考如何将个人的目标与公司的目标相结合，并充分发挥自己的潜力。最终，该集团的企业整体绩效得到了显著提升。

总的来说，当员工充分理解组织目标时，他们将更有动力、更有目的地工作。通过明确目标、制定个人目标、强调目标重要性、提供培训和发展机会以及建立沟通渠道，组织可以帮助员工深入理解并实现组织的目标，不断超越其他竞争对手，取得长期成功。

第二讲　将个体绩效与组织绩效捆绑起来

在现代竞争激烈的商业环境中，拥有高效的个体绩效和优异的组织绩效是企业成功的关键。然而，很多组织在实践中却忽视了个体绩效与组织绩效之间的相互关系，而是单独关注其中之一。本讲将探讨如何将个体绩效与组织绩效有机结合起来，为企业创造更出色的业绩。

1. 个体绩效：激发潜能，释放活力

每一个组织都由无数个体组成，个体的绩效对组织的绩效有重要的影响。因此，激发个体的潜能，充分利用他们的才华是至关重要的。明确目标，提供适当的培训和发展机会，以及建立有效的激励机制，可以激励个体发挥最佳水平。与此同时，给予个体充分的自主权和决策权，鼓励他们积极参与并贡献创新想法，从而进一步提高个体绩效。

2. 组织绩效：从共同目标到协同合作

组织绩效是由组织内各个个体的协同合作决定的。一个成功的组织应当致力于塑造高效的组织文化，营造良好的团队氛围。设立明确的目标和绩效标准，建立有效的沟通渠道，并采取适当的团队建设措施来促进协同工作，可以提升组织的整体绩效。此外，重视知识共享和持续学习，鼓励员工相互学习和共同成长，有助于培养团队的能力和竞争优势。

3. 个体绩效与组织绩效的联动：共创辉煌

个体绩效与组织绩效相辅相成，而不是相互独立存在的。当个体绩效达到最佳水平时，组织的整体绩效也会相应增加；反之亦然。为了实现个体与组织绩效的联动，要营造一种重视贡献并激励表现的文化氛围。给予个体积极的奖励和认可，同时确保个体的利益与组织目标相一致，不仅可以激发个体的积极性和归属感，还能促进他们为组织持续创造价值。

【案例分享】

苏州某集团的绩效管理

苏州某集团成立于 1988 年，是一家以房地产开发为主业，集房地产投资、开发、建设、物业管理等业务于一体的多元化经营企业集团。近期，该集团为了进行系统化的绩效管理，采取了以下一系列措施。

首先，在起点上，该集团制定了具体的组织绩效目标，例如，产品研发周期缩短、市场份额提升等。这些目标被分解为各部门和个人绩效目标，并与员工的薪酬挂钩。这样，每个员工都清楚自己在实现组织绩效目标中的具体工作职责。

其次，该集团强调个体绩效的量化与评估。设立绩效考核体系，对员工进行定期的个人绩效评估和沟通。此外，激励机制也起到了重要的作用。公司为员工设立了晋升通道，并提供了薪酬激励和其他福利待遇，以鼓励员工不断提升个人绩效。

再次，该集团注重团队协作和沟通。每个部门都召开定期的团队会议，以促进成员之间的信息共享和协作。通过合理的任务分配和项目管理，确保每个员工的个体绩效贡献到整体组织绩效的提升中。

最后，该集团还制订了培训和发展计划，为员工提供技能和知识的学习机会。这样一来，员工可以不断地更新自己的知识和技能，提高个体绩效，并为组织创造更大的价值。

通过以上措施，该集团成功地将个体绩效与组织绩效结合起来。每个员工对于组织的目标和使命都有清晰的认知，明白自己在整个绩效中的位置和作用。个体绩效的提升为组织绩效的持续改进提供了坚实的支持。

上海某集团的绩效体系

上海某集团成立于 1998 年，是一家植根中国、创新驱动的全球化医药健康产业集团。该公司在员工绩效管理方面建立了一套全面的体系。

首先，他们制定了明确的绩效目标和指标，以确保员工明确任务和期望。他们将绩效评估与个人发展计划相结合，每个员工都被要求设定个人发展目标，并定期与经理进行反馈和讨论。

其次，该集团为员工提供了广泛的培训和发展机会，以帮助他们提升技能和知识水平。通过培训，员工可以更好地了解并适应公司的业务需求，从而提高他们的工作绩效。

再次，该集团建立了激励机制以鼓励员工实现优异的绩效。除了普通的薪酬体系外，该集团还设立了丰富多样的奖励制度，如年度最佳员工、最具潜力员工等，以及额外的福利和补贴等。

最后，该集团注重团队合作和文化建设，通过定期举办团队活动和知识分享会，促进员工的合作和交流。这种团队精神的传播不仅提高了团队的整体绩效，也激励个体员工通过协作和协同创造更大的价值。

通过以上措施，该集团实现了个体绩效与组织绩效之间的有机结合。个体员工在实现自身发展的同时，也为公司的整体目标做出了贡献。公司的业绩和盈利能力逐年提升，展现出强大的竞争力和市场影响力。

总的来说，个体绩效与组织绩效之间的有机结合是实现商业成功的关键要素。通过激发个体潜力、塑造高效组织文化，并实现个体与组织绩效的双向增长，企业可以打造一个相辅相成的成功模式。只有将个体绩效与组织绩效紧密结合，在优秀的个体和协同高效的团队之间找到平衡，企业才能更好地应对变化，取得持久的竞争优势。

第三讲　个人绩效目标因岗位不同差异化

有效管理员工绩效已成为现代企业的一个关键挑战。了解并应用差异化的个人绩效目标对于促进员工发展和组织成功至关重要。不同岗位的员工发挥着不同的作用，因此他们的绩效目标也应相应地有所不同。通过制定个性化、具体且可衡量的目标，组织可以激励员工全力以赴，实现工作目标并取得更好的工作业绩。

1. 深入了解员工的岗位职责

制定个人绩效目标时，首先要深入了解员工的岗位职责。通过与员工进行定期的沟通和交流，管理人员可以获得更多关于岗位细节和要求的信息。理解员工在组织中所扮演的角色，帮助管理人员更好地制定适合每个员工的个人绩效目标。

2. 建立明确的目标

差异化的个人绩效目标应该是明确的和具体的。管理人员应该与每个员工一起讨论并制定能够衡量目标达成的指标。这些指标应该量化且可衡量，从而使员工能够清晰地了解他们需要如何改进，以取得更好的绩效。

3. 激励员工实现个人目标

为鼓励员工积极追求个人目标，管理人员可以提供适当的激励措施。这些激励包括奖励、晋升机会或其他形式的认可和回馈。激励机制可激发员工努力实现个人绩效目标，并为组织绩效做出贡献。

4. 提供持续的反馈和指导

差异化的个人绩效目标需要管理人员提供持续的反馈和指导。定期的绩效评估会议和一对一沟通是有效的沟通渠道，帮助员工了解他们在目标达成方面的进展，并提供必要的支持和建议。

5. 考虑员工发展需求

个人绩效目标应该考虑员工的发展需求。不同的员工可能有不同的职业发展目标和兴趣爱好。管理人员可以与员工合作，制定促进他们个人发展并支持他们职业目标的绩效目标。

6. 及时调整绩效目标

由于组织和员工需求的变化，及时发现变化并相应调整绩效目标，使员工能够适应新的工作环境和要求，并更好地实现他们的个人目标。

7. 持续关注和改进

有效管理个人绩效目标需要持续关注和改进。管理人员应该与员工保持密切联系，了解他们在目标达成方面的挑战和需求，并根据反馈不断修订绩效目标。

下面，简单介绍几个根据岗位不同来差异化制定个人绩效目标的案例。

1)　行政助理

作为公司的行政助理，准确、高效的工作是至关重要的。制定个人绩效目标时，需要关注以下几个方面。

(1)　多任务处理能力：提高自己相同时间内处理不同任务的能力，即提高工作效率。

(2)　文件管理和组织能力：将文件整理有序，保障重要文件的安全性和易查性。

(3)　团队协作能力：与团队成员积极合作，与各部门沟通配合，提供高质量的行政支持。

2) 销售经理

作为销售经理，工作重点是促进销售业绩的提升。以下是制定个人绩效目标时应考虑的几点。

(1) 销售目标实现：制定具体的销售目标，并努力达成，提高销售业绩。

(2) 客户关系建立：建立良好的客户关系，与客户保持紧密联系，提供优质的售前服务和售后服务。

(3) 团队管理能力：培养团队成员的销售技能，通过激励和指导实现团队的共同目标。

3) 技术专家

作为技术专家，需不断学习新技术，并在项目中发挥重要作用。以下是制定个人绩效目标时需要关注的几个方面。

(1) 技术能力提升：在相关领域持续学习，掌握先进技术，提升自身的技术水平。

(2) 项目质量保障：确保项目按时完成，并提供高质量的技术支持。

(3) 团队合作能力：与团队成员积极合作，共同解决技术问题，提高项目整体效果。

根据岗位的不同制定差异化的个人绩效目标，组织可以激励员工充分发挥自己的潜力，实现个人绩效和组织绩效的双重提升。差异化的绩效目标将帮助员工更清晰地了解他们所需完成的任务，并为他们提供实现高绩效的目标和动力。有效管理个人绩效目标将确保组织拥有一支高效能的团队，并为组织的长期发展奠定基础。

第六节 答疑解惑

经过本章一系列知识的学习，相信很多人仍存在一些疑惑，下面以简单的示例对这些问题进行简要介绍。

第一讲 以例说“法”

【案例分享】

某公司的考核策略

某公司的管理之道一直被人们誉为管理学的典范，而其考核制度则是其管理策略的重要篇章。

某公司的考核内容包括工作业绩与价值观考核两部分。综合这两部分的结果就是考核的最终结果，可以用二维坐标图来表示。

1)　年终考核需要四张表格

四张表格里，前三张是自我鉴定表。其中，第一张是个人学历记录表；第二张是个人工作记录表(包括在以前的公司的工作情况)；第三张是对照年初制定的目标自评任务的完成情况，根据一年里的表现和取得的成绩，对照某公司的价值观、技能要求等确定自己的强项和不足、提高自我的方式与需要得到公司的哪些帮助、在未来的一年或更远的将来有哪些展望等；第四张是经理评价表，经理在员工个人自评的基础上，参考前三表格，填写评价，经理填写的鉴定必须与员工沟通，取得一致的意见。如果经理和员工有不同的意见，必须有足够的理由来说服对方；如果员工对经理的评价有不同的意见，员工可以与经理沟通但必须以事实为依据；如果员工能够说服经理，经理可以修正其以前的评价意见；如果双方不能取得一致意见，将由上一级经理来处理。相互沟通、交流时必须用事实来证明自己的观点意见，不能用任何想象的理由。

考核的目的是发现员工的优势和不足，提高员工的工作效率；考核的结果与员工第二年的薪酬、培训、晋升、换岗等利益密切关系。

员工的综合考核结果在二维坐标图中不同区域时的处理如下。

(1)　当员工的综合考核结果在第四区域，即价值观和工作业绩都不好时，处理非常简单，这种员工只能被辞退。

(2)　综合考核结果在第三区域，即业绩一般但价值观考核良好时，公司会保护员工，给员工第二次机会，包括换岗、培训等，根据考核结果制订一个完善的计划，在 3 个月后再根据计划考核一次，在这 3 个月内员工必须完善自己、达到目标计划的要求。如果 3 个月后的考核不合格，员工必须辞职。当然这种情况比较少，因为人力资源部在招聘时已经对员工做过测评，对员工有相当的把握与了解，能够加入该公司的都是比较优秀的员工。

(3)　如果员工的综合考核结果在第二区域，即业绩良好但价值观考核一般时，员工不再受到公司的保护，公司会辞退。

(4)　如果员工的综合考核结果在第一区域，即业绩考核与价值观考核都优秀时，那他就是公司的优秀员工，将会有晋升和加薪的发展机会。

2)　考核时间的具体安排

全年考核与年终考核结合，考核贯穿全年的工作，对员工的表现给予及时的反馈，员工表现好时及时给予表扬肯定，表现不好时及时与其沟通。

3)　目标计划的制订

目标计划是全年考核的基础，目标计划必须符合五个标准，即“SMART”。目标计划的制订必须与公司、部门的目标一致，制订目标计划必须与员工反复沟通协

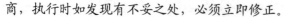

商，执行时如发现有不妥之处，必须立即修正。

4) 及时反馈

考核是为了激励与提高完善员工，信息要及时给予反馈，员工表现好时要及时予以肯定表扬；在员工表现不好时，要及时提醒。到了年终考核时，所有的评价都是根据平时的表现，不仅有说服力，而且人力资源部的工作也不繁重，因为全年不断地积累素材，平时把工作做到位了。

5) 良好的沟通

各部门的上下级之间、人力资源部与其他部门之间，应保证沟通顺畅。这样员工和经理才能得到比较全面的信息。该公司的环境是开放的，员工可以很轻松地与经理甚至总裁交流。良好的沟通也是该公司的价值观所要求的，应乐于听取各方的意见，致力于群策群力。良好的沟通不仅包括面对面的交流，员工的自我评定也是一种沟通渠道，员工有什么想法，有什么要求，希望得到公司哪些帮助等都可以在考核时写清楚。

6) 视“六个量化”考核为生命

管理人员、公关人员的考核不易量化，是考核的难点。该公司一开始就给管理人员、领导人员确立了一个行为准则，这些行为准则不仅是面对领导、管理人员的，也是面对员工的。管理人员根据这些行为准则，对照自己的行为，可以清楚、明白地知道自己哪些方面做得好、哪些方面做得不好。与此同时，员工也可以根据行为准则，评价管理人员或领导。这样对管理人员和领导的考核就可以很具体、很清楚。能量化的尽可能用六个标准量化，如公关人员的工作量化可以用接了多少个电话、回了多少个电话、用多少时间、安排了多少采访等来衡量。价值观等考核也是不易量化的，该公司解决这一难题的有效方法是，把工作放在事前，凡是加入该公司的员工，首先被告知该公司的价值观，然后会有与价值观有关的各种培训，员工对价值观的感悟会不断地得到强化。培训不是让员工背诵价值观的内容，而是用发生在公司的事实行为来说明价值观，考核时也是每个结论都必须用事实来证明，绝不能凭空想象。

7) 360° 考核

360° 考核使用并不频繁，一般是考核领导和员工为了自我发展、自我提高时使用，做考核评价的是上级、下级、同事、客户，由被考核者自己在这些人中各选择几个人来做评价。对于考核的结果则由外部专业机构来分析，这样可以保障结果的客观性与科学性(外部机构是专门做这种分析的，同时他们完全不知道被评价者是谁，可以更客观、更科学)。这种考核不用担心员工在选择考核者，即评价者时只选择与他关系好的人，而导致考核结果的不客观、不真实。因为这种考核是为了发现员工自己的不足，找到提高完善自己的方式。

员工绩效评价标准分为工作态度、工作能力、工作成绩三部分。一般管理人员年度绩效评价标准如表 6-1 所示。

表 6-1　一般管理人员年度绩效评价标准

评价目标		评价标准					得分
工作态度(25 分)	责任心	消极被动，不负责任	有时责任心强，但大多数情况下则缺乏责任心	有一定的责任心并敢于对自己的工作负责，知错就改	责任心强，能清楚地知道自己的责任，并勇于负责	对任何事情都有强烈的责任心且积极付诸行动	得分
	分值 5	0	1	2～3	4	5	
	积极性	工作挑挑拣拣，避难就易	遇到问题和困难就垂头丧气，不出成果	不知疲倦，不断进取	求知欲强，并把知识用于实践，弥补自己工作中的短处，永不满足	勇于挑战，不畏困难；为实现目标竭尽全力	得分
	分值 5	0	1	2～3	4	5	
	原则性	原则性差，是非不分	原则性较差，有时为了情面放弃原则	一般可以坚持原则，但不能硬碰	原则性较强，是非分明，能自我批判	原则性强，敢于硬碰，能同违法乱纪的现象进行斗争	得分
	分值 5	0	1	2～3	4	5	
	协调性	不推不动，但求自己方便合适	只考虑本职工作，对其他事情不闻不问	理解领导意图，主动为领导分担，乐于助人	充分理解群体，愿意为群体目标的实现做出贡献	不惜牺牲自我，通力合作	得分
	分值 5	0	1	2～3	4	5	
	纪律性	组织纪律性差，有违法乱纪行为	组织纪律性较差，规章制度执行不严，偶有违纪现象	有一定组织纪律性，能遵守党纪国法和各项规章制度	组织纪律性较强，能自觉遵守规章制度	组织纪律性强，带头遵守党纪国法和各项规章制度，并督促他人遵守	得分
	分值 5	0	1	2～3	4	5	
工作能力(30 分)	专业知识	缺乏本职专业理论知识	对本职专业理论知识只有粗浅了解	一般性掌握本职专业知识	掌握本职专业理论知识，具有一定的深度	系统、全面掌握本职专业理论知识，对某些问题有独立见解，是本专业的行家	得分
	分值 5	0	1	2～3	4	5	
	本职业务能力	本职业务能力差，难以胜任本部门日常工作	本职业务能力较差，在具体指导下能处理日常工作	本职业务能力一般，能独立处理本部门日常工作	本职业务能力强，能独立处理较复杂的业务工作，是业务骨干	本职业务能力强能妥善解决本部门关键复杂的业务问题，事业上的带头人或尖子	得分
	分值 5	0	1	2～3	4	5	
	创新能力	很少有创新，消极，不愿打破现状	缺少创新，多半墨守成规	有创新，能改进自己的工作，年度创新两项	富于创新、多智谋。态度积极、年度创新三项	实施改进自己。推动创新工作，年度创新四项	得分
	分值 5	0	1	2～3	4	5	
	决断能力	无魄力，优柔寡断，缺乏主见	魄力小、遇事迟疑，不能当机立断	有一定的魄力，能对一般问题作出决断，偶尔有失误	魄力较大、能在较复杂的情况下作出正确的决断	魄力大，有战略眼光，能把握时机，作出高明的决断	得分
	分值 5	0	1	2～3	4	5	

续表

评价目标		评价标准					得分
工作能力(30分)	沟通能力	谈话说服力差，态度生硬，缺乏谈话技巧，难以被人接受	谈话说服力较差，不善于疏导，有时不易被别人接受	谈话说服力一般，有一定的疏导技巧，尚能被别人接受	谈话说服力较强，态度诚恳，善于疏导，说服效果较好	谈话说服力强，谈吐亲切和蔼，语言诙谐幽默，富有魅力，能自然、有技巧地说服别人	得分
	分值 5	0	1	2～3	4	5	
	书面表达能力	书面表达能力差，文章结构零乱不规范，语病和错别字多	书面表达能力较差，文章不通顺，有语病	有一定的书面表达能力，文章通顺，表达清楚，语病较少	书面表达能力好，文章结构合理，文字简洁	书面表达能力很好，结构严谨，文章流畅、简练、生动，文章质量高	得分
	分值 5	0	1	2～3	4	5	
工作成绩(40分)	目标完成情况	没有完成规定目标	基本上完成规定目标	规定目标完成较好	比规定目标完成得多	比规定目标完成得既好又多	得分
	分值 10	1	2～3	4～5	6～7	8～10	
	工作效益	没有完成工作目标，工作成绩甚微，常处于落后状态	基本上完成规定目标，工作成绩平常，起色不大，年管理创新 2 万元	规定目标完成较好，工作有一定成绩，能较好地完成任务，年管理创新 5 万元	比规定目标完成得多，工作成绩较大，能扭转被动局面，处于领先地位，年管理创新 8 万元	比规定目标完成得既多又好，工作成绩大，能开创新局面，年管理创新 10 万元	得分
	分值 10	1	2～3	4～5	6～7	8～10	
	工作质量	工作质量低劣，经常出差错	一般能完成工作任务，质量处于平均水平	能完成任务，工作质量比较好	按期完成任务，工作质量好，无重大失误差错	提前完成任务，工作质量突出，无差错	得分
	分值 10	1	2～3	4～5	6～7	8～10	
	工作效率	工作效率低，经常完不成任务	工作效率较低，需要别人帮助才能完成任务	工作效率一般，能按时完成任务，基本保障质量	工作效率较高，能及时保质保量完成任务	工作效率高，完成任务速度快，质量高，效益好	得分
	分值 10	1	2～3	4～5	6～7	8～10	
总分值		工作态度		工作能力		工作成绩	得分

H 集团的战略目标

H 集团是一家拥有多家豪华酒店的连锁企业，注册资本达 3 亿元，在职员工为 8 000 余人，是国内首屈一指的酒店集团。面对激烈的竞争，H 集团深知只有通过提供卓越的服务品质和完善的客户体验，才能在市场上站稳脚跟。因此，公司制定了一个战略目标——成为顾客心目中的首选酒店品牌。

基于这个战略目标，H 集团又制定了一系列绩效目标，以确保战略目标能够有效实施。首先，他们将员工培训和员工素质提升作为关键的绩效目标。公司明确表示，所有员工都应该接受持续的培训，以提高专业素养和服务技能。为此，H 集团在每个季度举办培训课程，并制定了一个目标，要求员工至少参加两次培训，并在工作中运用所学知识。

其次，H 集团将客户满意度视为核心的绩效指标之一。他们明确规定，每个酒店每月都要进行客户满意度调查，并制定一个目标，要求调查结果的满意度得分必须超过 90%。为了达到这个目标，酒店经理被授权采取各种合适的措施，如提供更好的服务、改进设施等，以确保客户满意度的持续提高。

最后，H 集团还制定了一个绩效目标，即市场份额的增长。公司明确表示，他们希望在未来三年将市场份额提升到行业前五名。为了实现这个目标，H 集团制定了一系列市场拓展的策略，包括开展推广活动、与旅行社建立良好的合作关系等。与此同时，公司对每个酒店制定了特定的市场份额增长目标，并根据实际情况进行定期评估和调整。

通过将绩效目标围绕战略目标达成，H 集团在竞争激烈的酒店市场中获得了巨大的成功。他们不仅提供了优质的服务和卓越的客户体验，而且稳定地增加了市场份额，使 H 集团成为顾客心目中的首选品牌。

总的来说，绩效目标围绕战略目标的达成对于企业的长期发展至关重要。只有通过确立与战略目标相一致的绩效目标，并不断评估和调整，企业才能持续地提高自身的竞争力，实现战略目标并取得成功。

第二讲 总结与思考

本章主要讲述了绩效目标围绕战略达成去增强企业整体经营能力，围绕企业战略来设计绩效，部门主管如何制定组织绩效目标，个体目标支撑组织目标等内容。通过从各方面对绩效目标达成进行详细的解读，使读者对企业绩效的相关内容有了更进一步的认识与了解。

在组织内部，绩效目标是制定和实现组织战略的重要手段。绩效目标的制定和实施需要与组织的战略目标保持一致，并为其提供支持。组织的战略目标是指引组织前进的路线图，是组织未来发展的重要依据。如果绩效目标和战略目标不一致，将会阻碍组织的整体发展和实现预期成果。因此，制定绩效目标时，必须与组织的战略目标密切结合，确保两者之间保持一致。

总而言之，制定和执行绩效目标时，应时刻关注战略目标，确保绩效目标与之契合，以实现组织的长期发展。

第七章

企业薪酬与福利管理

企业薪酬与福利管理是一项非常重要的人力资源管理工作，对企业的发展和员工的激情、忠诚度起着至关重要的作用。在当今竞争激烈的市场环境下，企业必须制定合理、公正的薪酬体系和福利政策，以吸引和留住优秀的人才。

科学、合理地制定和管理薪酬与福利政策，可以激励员工的工作动力，增加员工的归属感与忠诚度，提高企业的竞争力和盈利能力。只有注重员工的价值和福利，才能实现企业与员工共赢的局面。

第一节　正确认识薪酬

薪酬，是指企业或机构按照一定的规定和制度向员工支付的薪资。对每位工作者而言，薪酬是职业发展和生活质量的重要保障，因此，正确认识薪酬对于个人的职业规划和心态调整显得非常重要。

第一讲　薪酬组成要素

在如今竞争激烈的人才市场中，提供有吸引力的薪酬组成要素方案是吸引和留住优秀人才的关键。通过合理结构化的薪酬福利体制，公司能够提高员工的满意度、激励他们的表现，并为企业发展奠定坚实基础。本讲将探讨薪酬组成要素方案的关键要点，以帮助企业在激烈的人才市场中站稳脚跟，如图 7-1 所示。

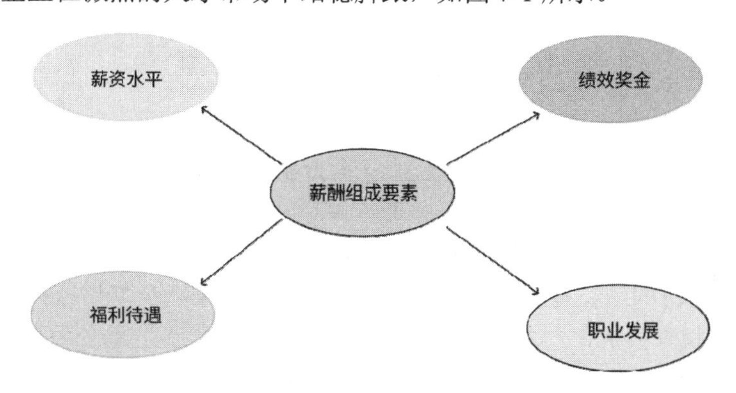

图 7-1　薪酬组成要素

1. 薪资水平：公正合理的薪资水平是吸引和留住优秀人才的首要条件

薪资水平应基于市场调研和行业标准设定。企业需要评估同行业相似职位的薪资水平，并根据员工的资历、经验和贡献程度进行个体化的调整。公开透明地与员工沟通薪酬标准，能够增强员工对薪资公正性的认同感，进而提高他们的工作动力和忠诚度。

2. 绩效奖金：通过激励绩效，推动员工追求卓越

绩效奖金是一种有效的激励方式，能够对员工的工作表现给予肯定并提供额外奖励。企业应制定明确的绩效评估标准，建立公正透明的绩效考核体系，并制定具有挑战性的目标。合理分配绩效奖金与员工实际绩效表现相匹配，能够激发员工的工作动

力，促使他们不断超越自我。

3. 福利待遇：关注员工全面发展和福祉

福利待遇是薪酬组成要素的重要组成部分，体现企业对员工整体幸福感的关心。除了基本的社会保险和福利外，公司还应提供一些非金钱方面的福利，如弹性工作时间、员工健康计划、培训发展机会及丰富多彩的员工活动。这些福利措施不仅提高了员工的工作满意度和忠诚度，还增强了企业的吸引力，在人才市场中赢得良好的口碑。

4. 职业发展：帮助员工实现事业目标

职业发展机会是吸引优秀人才并使其保持忠诚度的一项重要因素。公司应该为员工提供个人成长和发展的机会，如内部培训、外部培训、晋升机会及专业认证支持等。建立良好的职业发展规划和导师制度，能够帮助员工实现自身事业目标，并增强员工对企业的认同感。

【案例分享】

A集团的薪酬体系

A集团成立于2003年，是一家拥有两家上市公司、国内外20个生产基地、15万名员工、3 000亿元总资产的特大型企业。其业务涉及热电、纺织、家纺、铝业、服装等众多领域。近期，A集团进行了一次员工薪酬体系的调整，旨在提高员工的工作积极性。新的薪酬体系主要包括以下几个要素。

首先，固定薪酬。公司根据市场行情及员工的岗位等级和工作经验，制定了一个相对稳定的基本工资标准，这部分薪酬将保持一定的稳定性。通过设置固定薪酬，公司给予员工一个稳定的经济基础，满足员工的日常生活需求。

其次，绩效奖金。为了激发员工的积极性和提高工作效率，公司引入了绩效奖金机制。每个年度末，公司将根据员工的年度绩效评估结果发放相应的奖金。绩效奖金的多少取决于员工的表现，这既鼓励了员工的个人发展，也促进了团队的协作与合作。

再次，福利是员工薪酬组成中不可或缺的一部分。除了基本的社会保险和公积金外，A集团还为员工提供了其他丰厚的福利待遇，如带薪年假、弹性工作时间、员工关怀和培训等。这些福利不仅可以提高员工对公司的忠诚度，也能增强员工的工作满意度。

最后，股权激励。为了进一步激发员工的归属感和参与度，A集团实施了股权激励计划。通过向员工提供股票期权或购买股票的机会，公司让员工成为公司股东的一员。这不仅能够直接关联员工的收入与公司的业绩，还有助于吸引和留住优秀的人才，为公司的长期发展提供动力。

通过这些薪酬组成要素的调整，A 集团的运作取得了显著的效果。员工的积极性和工作效率明显提高，公司的业绩也有了较好的增长。与此同时，员工的工作满意度和对公司的忠诚度也明显提升。这表明薪酬组成要素的合理设计与调整，对企业的持续发展起到了促进作用。

上海某集团的薪酬体系设计

上海某集团创立于 1996 年，是石化炼化、新能源、新材料、高端纺织全产业链一体发展的国际化高新技术产业集团。近期，为了激励员工的工作热情和提高工作效率，该集团设计了一个包含多个要素的薪酬体系。

首先，该集团的薪酬体系以基本工资和绩效工资为主要要素。基本工资是员工根据相关岗位级别和综合能力确定的固定薪酬，而绩效工资则是根据员工的绩效表现来决定的变动薪酬。每年企业会对员工的工作表现进行评估，并根据评估结果发放相应的绩效工资，以激励员工不断提高自己的绩效。

其次，该集团还制定了一项奖金制度作为薪酬组成的要素之一。这项奖金制度通过评估员工的贡献度和团队表现，给予他们额外的奖金作为激励和认可。奖金金额根据员工的贡献度和业绩表现不同而有所不同。这一制度可以激励员工积极参与团队活动，提高工作合作效能。

再次，该集团还关注员工的职业发展，并将培训和晋升作为薪酬组成的要素之一。该集团会定期组织培训课程，帮助员工提升专业技能和领导能力，以提高员工的绩效和职业竞争力。与此同时，该集团也会通过提供晋升机会来激励员工，进一步提升他们的工作动力和承诺度。

最后，该集团还将福利待遇作为薪酬组成的要素之一。福利待遇包括生育津贴、节日礼物、年终奖金等。这些福利待遇不仅能够满足员工的个人需求和家庭需求，还能提高员工的幸福感和忠诚度。

总的来说，一个成功的薪酬组成要素方案是公司吸引和留住优秀人才的重要保障。通过合理制定薪资水平、激励绩效奖金、关注福利待遇和提供职业发展机会等措施，企业可以增强员工的满意度和忠诚度，并为企业发展提供坚实的人才基础。在竞争激烈的市场中，不断完善和优化薪酬组成要素方案是每个企业都需要重视和实现的目标。

第二讲 常见岗位津贴

岗位津贴，是指企业根据员工所从事的职位和工作特点，额外支付给员工的一种补贴。它的主要目的是激励员工的积极性，提高员工的工作效率，并对员工在特殊岗位上的付出给予肯定和鼓励。

岗位津贴主要有以下4种。

1. 基本津贴

基本津贴，是指每个员工都能够享受到的津贴形式。它通常是根据员工的级别、工作年限和基本工资水平来确定的，是员工劳动报酬的一部分。基本津贴的设置能够保障员工的基本福利待遇，提升员工的工作满意度和归属感。

2. 绩效奖金

绩效奖金是根据员工的工作表现和业绩水平发放的津贴。通过评估员工的工作质量、工作态度及达成的目标等因素，能够激励员工积极进取，提高工作绩效。

3. 团队激励津贴

团队激励津贴是为了鼓励员工加强合作，增强团队凝聚力而发放的津贴。它通常基于整个团队的业绩或目标达成情况来确定发放标准，并激励员工共同努力完成团队任务。

4. 特殊岗位津贴

特殊岗位津贴是针对某些具有特殊工作环境、操作条件或风险程度较高的岗位所发放的津贴。这些岗位可能涉及特殊技能要求或特殊身体条件，发放额外的津贴来认可和补偿员工在这些岗位上的付出。

岗位津贴的管理与策略如下。

1. 全面评估津贴政策

企业应根据自身情况和发展需求全面评估岗位津贴的建立和执行政策，并保障公平、合理。

2. 激励机制与绩效挂钩

岗位津贴应与员工的绩效直接挂钩，通过明确的绩效评估指标和标准促使员工在工作中不断追求卓越。

3. 设置透明的发放规则

企业应当建立公开透明的岗位津贴发放规则，让员工能够清楚知晓各类岗位津贴的发放标准与依据，增强员工对津贴制度的信任感和认同度。

4. 定期审查和调整

津贴制度需要与企业的战略目标和市场环境保持一致，并定期进行审查和调整，以保障其有效性和合理性。

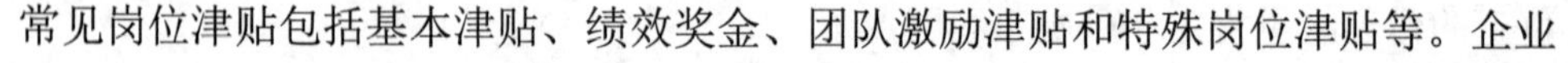
常见岗位津贴包括基本津贴、绩效奖金、团队激励津贴和特殊岗位津贴等。企业

应合理设置津贴政策，使其与员工的绩效挂钩，通过透明的发放规则和定期的审查与调整来激励员工的积极性和工作表现，从而达到提高企业效益的目标。

第二节 工资核算方法

工资核算方法，是企业用来计算和支付员工薪酬的一种方式。它由工资标准、计薪周期、绩效考核等因素所确定。通过合理设定薪酬结构、关联绩效考核、计算加班津贴、扣除社会保险和个人所得税等，企业能够保障员工薪酬的公平性、规范性和准确性。建立并正确使用工资核算系统可以提高企业的管理效率，使员工更加满意，并助力企业持续发展。

第一讲 计时工资计算方法

计时工资是一种常见的薪酬计算方式，它能够更准确地反映员工的工作时长和工作质量。本讲将介绍计时工资的计算方法，并探讨如何优化这一过程以提高工作效率。

1. 了解计时工资的基本原理

计时工资是根据员工工作时间内所花费的小时数来决定工资的一种薪酬制度。其核心原理是将员工的工作时间划分为不同的计时周期，再根据不同的计时周期进行薪酬的计算。计时周期可以根据公司的需求灵活设置，通常以小时为单位。

2. 计时工资的计算公式及要点

1) 基本工资的计算

基本工资是计时工资的基础，通常以每小时工资乘以员工实际工作的小时数来计算。这里的每小时工资可以是固定的，也可以根据员工级别或绩效而定。

2) 加班工资的计算

当员工在计时周期内超出规定的工作时长时，就会涉及加班工资的计算。加班工资的计算方式既可以是每小时工资的某个倍数，也可以是额外的津贴或奖金。

3) 节假日工资的计算

节假日工资，是指员工在法定节假日或公司规定的休息日工作所获得的特殊补贴。其计算方式通常是每小时工资的某个倍数再加上额外的津贴。

3. 优化计时工资计算过程

为了提高计时工资的计算效率和准确性，可以借助一些工具和技术来优化这一过

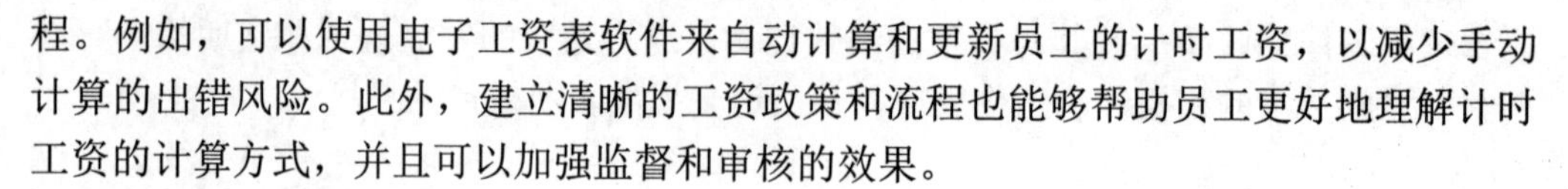

程。例如，可以使用电子工资表软件来自动计算和更新员工的计时工资，以减少手动计算的出错风险。此外，建立清晰的工资政策和流程也能够帮助员工更好地理解计时工资的计算方式，并且可以加强监督和审核的效果。

【案例分享】

小张的计时工资

小张在一家餐厅上班，每天工作时间是8小时，上班总天数为30天。他的基本工资是每小时20元。除了基本工资，他还能获得每天的餐费补贴10元。

首先，我们需要计算小张一个月的基本工资总额。小张每天工作8小时，一个月共工作30×8=240小时。按照每小时20元的工资，他的基本工资总额是240×20=4 800元。

其次，我们需要计算小张一个月的餐费补贴总额。小张每天可以获得10元的餐费补贴，一个月共有30天，所以他的餐费补贴总额是30×10=300元。

最后，将小张的基本工资总额和餐费补贴总额相加，即可得到他一个月的总工资，即将4 800元和300元相加，可得到小张一个月的总工资是5 100元。

小明的计时工资

小明是一家快递公司的员工，他的工作是按照客户订单进行包装和配送。公司规定小明的工资是根据他所花费的工作时间计算的。

根据公司的计时工资计算方法，小明需要在上班日每天记录自己的上班时间和下班时间，以及午休时间。公司规定每天工作8小时，其中包括1小时的午休时间，所以小明的实际工作时间为7小时。假设一个月工作日为26天，小明每天的工作时间应为7小时。

小明在某个工作日的记录如下。

上班时间：9:00

下班时间：12:00

午休时间：12:00—13:00

继续工作时间：13:00—17:30

根据上述记录可知，小明的工作时间如下。

上午工作时间：9:00—12:00，共3小时

下午工作时间：13:00—17:30，共4.5小时

所以，小明当天的工作时间实际为7.5小时。

根据公司的计时工资计算方法，小明每小时的工资为10元。所以小明当天的工资计算如下。

7.5小时工资=小时工资×有效工作时间=10元/小时×7.5小时=75元

所以，小明当天的工资是75元。

除了计算每天的工资，公司还要求小明月底提交工作时间的汇总表。小明要将每天的上、下班时间记录在汇总表中，并按照公司的要求整理汇总。

经过整理汇总，小明计算出自己一个月的工作总时间为 186 小时。

所以小明一个月的工资计算如下。

工资=小时工资×总工作时间=10 元/小时×186 小时=1860 元

所以，小明一个月的工资是 1860 元。

通过计时工资计算方法，小明清楚地了解了自己的实际工作时间和工资。这种计算方法可以使小明的工资与他的工作付出相对应，公平且合理。

在实际工作中，小明需要认真记录自己的上、下班时间和午休时间，以免造成误差。与此同时，小明也要遵守公司规定的工作时间，按时上班和下班，以最大限度地提高工作效率。

总的来说，计时工资是一种能准确反映员工工作时长和工作质量的薪酬计算方式。掌握计时工资的基本原理和计算方法对提高薪酬管理效果至关重要。优化计时工资计算过程，可以提高工作效率和准确性，进一步推动企业的发展。

第二讲　计件工资计算方法

了解计件工资的计算方法能够帮助雇主和雇员更准确地评估和管理工作。本讲将介绍计件工资的相关内容，包括计件工资的定义、计算公式及考虑因素等内容。

一、计件工资的定义

计件工资是一种按照完成具体任务数量而确定收入的薪酬制度。其不同于按小时或月薪支付工资的方式，计件工资的提供者根据完成的实际工作量来计算工资金额。这一制度不仅可以激励雇员提高工作效率和生产力，同时也为雇主提供了对工作质量的可衡量标准。

二、计算公式

1. 定义每个任务的工价

每个任务的工价是计件工资确定的基础。雇主需要根据市场行情、工作复杂性和技能要求等来确定每个任务的工价，使工价既能体现任务的价值，又能符合雇员的期望。

2. 统计完成的任务数量

雇主可以不同的方式统计完成的任务数量，如使用专门的软件、人工记录或者集成在工作流程中的计数器。保障统计的准确性和实时性，以便进行后续的计算和分析。

3. 计算工资金额

根据完成的任务数量和每个任务的工价，雇主可以用以下公式来计算工资金额。

工资金额=完成的任务数量×每个任务的工价

三、考虑因素

1. 工作质量

计件工资制度可以鼓励员工高效率地工作，但同时也要保障工作质量。为了使雇员不只追求数量还重视质量，雇主可以制定一些质量指标，例如，通过客户满意度调查或者内部审核来评估工作质量。

2. 任务复杂性

不同任务的复杂性会影响完成任务的速度和难度。雇主应该根据任务的复杂程度来适当调整工价，以便更公平地反映不同任务的难度。

3. 团队合作

计件工资制度可能会导致员工之间产生竞争，但良好的团队合作是成功的关键。为了促进团队合作，雇主可以建立奖励机制，如给予团队完成任务的额外奖金或者团队绩效激励。

【案例分享】

小张的计件工资

小张是一家电厂生产线上的工人，负责组装电视机壳体。根据合同约定，小张的工资将按照每个壳体完成组装的数量来计算。他的基本工资为每月 2 000 元，每个壳体的计件工资为 10 元。

在某个月的工作期间，小张共完成了 120 个壳体的组装任务。根据计件工资计算方法，他的工资将根据任务数量来计算。

首先，小张的计件工资将根据完成的任务数量乘以每个壳体的计件工资。在这种情况下，他将获得 120 个壳体乘以 10 元的计件工资，即 1 200 元。

然后，将计件工资与基本工资相加，便得到小张的总工资。在这种情况下，小张的总工资为基本工资 2 000 元加上计件工资 1 200 元，即 3 200 元。

因此，小张在这个月将获得 3 200 元的工资。

计件工资的好处是能够鼓励员工提高工作效率和产量。当小张完成更多的壳体组装任务时，将获得更高的工资，这激励他更加努力地工作。

当然，计件工资也存在一些不足。例如，如果数量优先于质量，那么员工可能会牺牲产品质量以追求更高的数量，这可能会给产品的品质带来风险。

小明的计件工资

小明是一家电子制造厂的操作工，负责组装电视机的零部件。他的工作是将电视机的不同部件按照固定的流程完成组装，他每天要完成 100 台电视机的组装任务。根据公司的计件工资标准，每完成一台电视机的组装，小明可以得到 3 元的报酬。

早上 8 点，小明准时来到工作岗位，开始忙碌地进行组装工作。他熟练地拿起一个电视机壳体，将里面的主板和显示屏安装好，然后连接喇叭、电源线和遥控器接收器。接着，他将组装好的电视机放到指定的区域，取出新的壳体开始下一次的组装。小明一边专注地工作，一边保证产品质量。经过多年的经验积累，小明已经掌握了高效率的组装技巧。

一天很快过去了，下午 5 点时，小明顺利地完成了他的组装任务。按照计件工资标准，他今天应该得到的工资是：100(数量)×3(单价) = 300 元。

小明对计件工资计算方法感到满意。他觉得通过计件工资，自己的努力和生产效率得到了公正的回报。每天都有明确的目标和任务量，这可以激发他更好地完成工作。与此同时，他还可以通过提高工作速度和技术水平来增加自己的收入。小明深信，只要自己能够高效地工作，就能够获得更多的报酬。

总的来说，计件工资的计算方法为雇主提供了一种灵活、准确和公正的薪酬制度，激励雇员提高工作效率并实现任务目标。与此同时，雇主也需要考虑工作质量、任务复杂性和团队合作等因素来保障制度的有效运行。合理设定工价和及时统计任务数量，计件工资制度能够为公司带来更高的生产力和竞争力。

第三讲　假期工资计算方法

身处职场，我们时常遇到假期工资的计算问题。假期工资作为员工福利待遇的一部分，不仅涉及个人收入，还关系到企业管理的公平和效率。因此，掌握假期工资的计算方法成为每一个雇员和雇主都必须面对和解决的难题。

1. 理解假期工资的计算方式

假期工资的计算方法首先涉及时薪的概念。时薪，是指员工每小时所领取的工资。假期工资通常是根据员工的时薪计算的。

在假期工资的计算中，基础工资也是重要的一项。基础工资，是指员工在正常工作期间的固定薪酬，假日补贴是在员工休假期间给予的额外补偿。

2. 如何计算假期工资

《劳动法》规定，法定节假日是员工享有休假权利并且能领取到一定比例工资的

假期。计算法定节假日工资时，可以参考以下公式。

假日工资=时薪×法定节假日工作的小时数

带薪年假的计算方法，可以按照如下公式计算。

假期工资=(基础工资+假日补贴)÷年度工作日数×实际休假天数

3. 假期工资计算中的注意事项与现实应用

计算假期工资的过程中，可能会遇到一些特殊情况和复杂因素，如加班时间、调休等。因此，我们需要在计算时留意这些异常情况，并进行相应处理。

企业管理者在计算假期工资时，不仅要考虑员工的权益，还需兼顾企业管理和效率问题。合理制定和执行假期工资计算策略，可以提高管理效率，维护良好的员工关系。

以上内容仅供参考，具体的假期工资计算方法仍应根据国家的法律法规和公司的规章制度进行调整和执行。

【案例分享】

小明的假期工资

小明是一家电子公司的员工，他享受了 5 天的带薪年假。根据公司的制度，假期工资按照员工的基本工资来计算。以下是小明休假期间的工资计算过程。

第一步，确定基本工资。

小明的基本工资为每月 5 000 元。

第二步，计算每天的工资。

根据公司的规定，每个月的工作天数为 22 天，所以小明的每天工资=5 000 ÷ 22 ≈ 227.27 元。

第三步，计算假期工资。

小明的年假为 5 天，即休假期间缺勤的天数为 5 天。根据每天工资计算可知，小明的假期工资=小明的每天工资×缺勤的天数=227.27×5=1 136.35 元。

第四步，总结。

根据以上计算，小明在休假期间的工资为 1 136.35 元。

值得注意的是，以上计算方法只适用于小明休 5 天年假的情况。如果小明休的假期超过了年假天数，那么，超出的时间将不会按照每天工资计算。

例如，如果小明休假 7 天，其中 5 天属于年假，另外 2 天为加班调休，那么，假期工资的计算将为：年假工资+调休工资。

假设调休工资为 250 元/天，那么小明的假期工资=小明的每天工资×年假天数+调休工资×调休天数=227.27×5+250×2=1 636.35 元。

小宋的假期工资

小宋是一家饭店的服务员，他每周工作 6 天，每天工作 8 小时。小宋很期待假期里能够享受到假期工资。

饭店的假期工资计算方法是按小时计算的，每小时支付工资 50 元。因此，想要计算小宋的假期工资，就要知道他的工作天数及每天的工作小时数。

在过去的一个月里，小宋在饭店里工作了 26 天，中间没有请任何假。根据每天工作 8 小时的情况，可以得知他总共工作了 26×8=208 小时。

接下来，还需要知道他在假期工作了多少小时。饭店放假 4 天，小宋在这 4 天里都没有去工作。也就是没有加班。

现在可以计算小宋的假期工资了。根据饭店的支付标准，每小时支付 50 元，小宋工作了 208 小时，那么他的总工资应该是 208×50=10 400 元。

不过，由于小宋假期中没有工作，所以他不会获得任何假期工资。这意味着他只能得到他平时工作所得的工资，而没有额外的假期津贴。

虽然小宋有点失望，但他明白这是饭店的规定。他决定假期结束后继续辛勤工作，为自己赚更多的薪资。

总的来说，学习和掌握假期工资的计算方法对于员工和雇主都是非常重要的。只有深入了解计算规则，才能更好地保障员工权益，提高企业运营效率。因此，应该持续学习和关注假期工资计算方法的相关知识，不断提升自己的专业水平。

第四讲　加班工资计算方法

工作之外的加班在职场中是很常见的。然而，如何准确计算加班工资却是一个需要人们重视的问题。本讲介绍一种高效且公正的加班工资计算方法，以帮助雇主和员工对加班工资进行准确结算。

1. 加班工资标准的设定

合理的加班工资标准对于雇主和员工都是公平的。通常来说，《劳动法》规定，加班工资应高于正常工资水平。因此，确定一个适当且公正的加班工资标准至关重要。这个标准既可以由双方协商确定，也可以遵循当地的法律规定。

2. 加班时间的计算

计算加班工资之前，首先要清楚加班时间的计算方法。一般来说，加班时间是超出正常工作时间的工作时长。准确记录加班的开始时间和结束时间，并扣除休息时间和用餐时间，可以得到精确的加班时间。

3. 加班工资的计算公式

确定了加班时间后，接下来就要套用一个合适的加班工资计算公式。常见的计算方法是加班时间的小时数乘以加班工资率。例如，如果加班工资率为正常工资的 1.5 倍，一个员工每小时的正常工资是 100 元，那么，他一小时的加班工资就是 150 元。

4. 特殊情况的考虑

有一些特殊情况，如法定假日或休息日的加班，根据法律法规，工作人员应该享有更高的加班工资待遇。这时就需要根据《劳动法》规定的加班工资倍率进行计算，确保员工能够获得应有的权益。

5. 加班工资的支付方式

最后，加班工资的支付方式也需要注意。通常来说，加班工资可以与其他工资一起结算，包括月薪和奖金等。在结算的过程中，应确保员工清晰了解自己的加班工资金额，然后及时支付给员工。

【案例分享】

小张的加班工资

小张是一家公司的普通员工，每月基本工资为 5 000 元，按照标准工时 8 小时/天、5 天/周的计算方式，正常工作时间为每月 160 小时。假设小张一个月内加班了 12 小时。根据公司新规定，小张的加班工资计算方法如下。

计算每小时工资：按照小张的基本工资除以标准工时可以得到每小时工资。

每小时工资=5 000 元 ÷ 160 小时=31.25 元/小时

计算加班工资：根据每小时工资和加班时间，按照不同的加班时间段计算加班工资。

第一阶段：前 3 小时的加班时间，小张的加班工资如下。

加班工资=每小时工资×1.5×加班小时数

小张加班了 3 小时，第一阶段加班工资=31.25 元/小时×1.5×3 小时=140.63 元

第二阶段：加班超过 3 小时但不超过 12 小时的时段，小张的加班工资如下。

加班工资=每小时工资×2×加班小时数

小张加班了 12 小时，第二阶段加班工资=31.25 元/小时×2×(12−3) 小时=562.50 元

于是，小张的总加班工资如下

总加班工资=第一阶段加班工资+第二阶段加班工资=140.63 元+562.50 元=703.13 元

通过以上的计算，小张本月的加班工资为 703.13 元。

小王的加班工资

小王是一家 IT 公司的员工，根据公司的规定，每月需要完成一定的工作任务量。然而，由于项目紧张和其他各种原因，小王经常要加班方能完成任务。这一天，他加班到了晚上 10 点，他想知道他能获得多少加班工资。

根据公司的政策，加班工资按照每小时正常工资的 1.5 倍计算。小王的正常工资为每小时 60 元。因此，他的加班工资为每小时 90 元。

小王的加班时间为晚上 7 点到晚上 10 点，总共 3 小时。所以，小王的加班工资为 90 元/小时×3 小时=270 元。

然而，小王还要考虑公司对加班工资的额外规定。公司规定，如果员工加班超过 8 小时，超出部分将按照每小时正常工资的 2 倍计算。因此，小王还要看他的加班是否超过了 8 小时。

小王仔细查看自己的出勤记录，发现他这个月加班 20 小时。这意味着他超出了 8 小时的部分为 20 小时−8 小时=12 小时。

因此，小王的加班工资有两部分：8 小时按照每小时 90 元计算，而 12 小时则按照每小时 120 元计算。

8 小时的加班工资为：90 元/小时×8 小时=720 元。

12 小时的加班工资为：120 元/小时×12 小时=1 440 元。

将两部分加班工资相加，即小王这个月的加班工资总额=720 元+1 440 元=2 160 元。

小王算了一下，如果不考虑加班工资，他的工资每月是 8 000 元。因此，加班工资对他来说是一笔相当可观的收入。

总的来说，准确计算加班工资是维护雇主与员工关系的重要手段。通过制定合理的加班工资标准、采用准确的加班时间计算方法及合适的加班工资计算公式，能够对加班工资进行公正的计算。

第五讲　年终奖金计算方法

在竞争激烈的职场环境中，企业为了吸引和留住优秀人才，往往会将年终奖金作为激励手段。年终奖金不仅是对员工过去一年工作成果的认可，也是激励员工持续努力的重要动力源泉。下面将简单介绍一下年终奖金的计算方法。

一、年终奖金发放标准的制定要点

(1) 考核指标的确定：根据公司的发展战略及员工岗位的职责，确定相应的考核指标。

(2) 考核权重的分配：根据不同的岗位和职能，合理地分配考核指标的权重，使考核公平、公正。

(3) 考核结果评估：对每个员工的考核结果进行全面的评估，并进行数据分析，以确保客观公正与科学。

(4) 基础薪酬和绩效奖金的结合：将基础薪酬和绩效奖金结合起来，并根据每个员工的工作表现和贡献程度给予不同数额的年终奖金。

二、年终奖金计算公式的制定

(1) 基础薪酬：将员工的基础薪酬作为年终奖金计算的基础，以体现员工的工作水平和职位等级。

(2) 绩效系数：根据员工考核指标的得分情况，确定相应的绩效系数。绩效系数反映了员工的工作质量和执行力。

(3) 年度绩效奖金基数：将公司自身的盈利情况及业务增长等因素考虑在内，确定年度绩效奖金基数，并与基础薪酬相加。

(4) 个人奖金额度：将员工的基础薪酬与绩效系数相乘，再与年度绩效奖金基数相乘，计算出个人的年终奖金额度。

三、年终奖金发放流程及激励效果

(1) 年终奖发放流程：制定好年终奖金的计算公式后，公司应当明确奖金发放的时间、方式和流程，以使发放公开透明和公平公正。

(2) 激励效果：合理公正的年终奖金制度能够有效激励员工的积极性和创造力，提高工作质量和效率，增强员工对公司的归属感和忠诚度。

【案例分享】

小明的年终奖金

小明是一家大型企业的销售代表。一年过去了，他期待着年终奖金的发放。然而，为了让员工更加认可和满意公司，公司决定采用一种新的年终奖金计算方法。

首先，公司设定了基础年薪，这是每位员工的固定收入。小明的基础年薪为 3 万元。此外，公司还制定了年度销售目标和奖励方案。根据销售目标的完成情况，小明可以获得额外的销售佣金。公司设定的销售目标是 100 万元，如果小明的销售额达到或超过这个数字，他就有资格获得销售佣金。

为了激励员工更加努力地工作，公司将销售目标分为几个阶段，并为每个阶段设置不同的奖励。下面是奖励方案的具体细节。

(1) 如果销售额达到 60 万元，小明将获得销售额的 5%，即 3 万元。

(2) 如果销售额达到 80 万元，小明将获得销售额的 10%，即 8 万元。

(3) 如果销售额达到 100 万元，小明将获得销售额的 15%，即 15 万元。

小明在过去的一年里一直非常努力地工作。他的销售额为 110 万元，超过了公司设定的 100 万元的销售目标。根据公司的计算方法，他将获得基础年薪和销售佣金的相应比例。

因此，小明的年终奖金计算如下。

基础年薪：3 万元

销售佣金：15%×110 万元=16.5 万元

总奖金金额为基础年薪加上销售佣金：3 万+16.5 万元=19.5 万元。

小明非常高兴地发现，他的年终奖金有了明显的增加。他觉得这种新的年终奖金计算方法激励他更加努力地提升销售业绩，并且让他感到自己的付出得到了公正的回报。

小刘的年终奖金

小刘是一家知名公司的销售经理，到年底了，公司决定根据员工的绩效给予相应的年终奖金。于是，小刘开始了他的年终奖金计算。

首先，公司通过一整年的考核和评估，将小刘的绩效分为五个等级：A、B、C、D、E，分别对应优秀、良好、合格、差和不称职。而小刘在这一年的绩效被评为了 B 级，说明他的工作表现为良好。

其次，公司确定了年终奖金的计算公式，该公式主要由两部分组成：基本工资乘以绩效系数加上年度奖励。公司规定，小刘的基本工资为 5 000 元。

绩效系数是根据绩效等级来确定的，A 级绩效系数为 1.5，B 级为 1.2，C 级为 1，D 级为 0.8，E 级为 0.5。因此，小刘的绩效系数为 1.2。

同时，公司还考虑到团队协作的重要性，决定给予小刘一个团队协作奖励，具体金额为 5 000 元。

因此，最后的年终奖金计算公式简化为：(基本工资×绩效系数)+年度奖励+团队协作奖励。

通过代入数值，小刘的年终奖金为：(5 000×1.2)+0+5 000=11 000 元。

年终奖金计算完成，小刘对自己的工作表现感到非常满意。他知道，这是过去一年自己努力工作的结果，也是公司对他工作的认可和肯定。

综上所述，年终奖金计算方法的制定对于企业的发展和员工的激励具有重要意义。只有合理确定年终奖金发放标准并制定科学、公正的计算公式，才能在员工中起到积极的激励效果，并推动公司不断向前发展。

第三节　关键岗位薪酬设计

关键岗位薪酬设计对于企业的发展至关重要。它能够为公司吸引和留住高素质的

人才，激励员工保持高水平的绩效，并提升员工的工作满意度和归属感。因此，公司在关键岗位薪酬设计上应注重市场导向，确保薪酬待遇与人才的价值相匹配。

此外，公司还应制定一套公平、透明和具有激励性的薪酬政策，以使员工能够在公平的环境下共同成长与进步。只有这样，公司才能建立凝聚力强的关键岗位团队，为企业的可持续发展提供强大支撑。

第一讲　销售岗位薪酬设计

高效而有竞争力的薪酬设计是吸引和留住优秀销售人员的关键。一个合理的销售岗位薪酬设计方案，既能激励销售人员获得卓越的业绩，又能保障公司的利益最大化。以下是一份为了帮助企业设计一个完善的薪酬体系而对销售岗位设计的薪酬大纲。

1. 提高销售人员的动力与激励

在这个信息爆炸的时代，市场竞争异常激烈，销售人员变得至关重要。为了有效地激发销售人员的工作积极性和提高他们的绩效，一个具有竞争力、公平合理，并能够长期激励销售人员的薪酬设计方案必不可少。

2. 薪酬结构设计：兼顾激励与稳定

薪酬结构的设计应根据销售人员的不同层级和职责进行细致的划分。合理设置基本工资和绩效奖金比例，以满足销售人员的基本生活需求，同时又激励他们为公司创造更多的业绩。此外，还可以建立高额销售额奖金和长期激励机制，以增强销售人员的忠诚度和稳定性。

3. 绩效评估标准：量化目标与客观指标

为了确保公平、公正的薪酬分配，应该制定明确的绩效评估标准。销售岗位可根据销售额、销售额增长率、市场份额等指标来评估绩效。通过设定量化目标与客观指标让销售人员明确工作目标，同时也为公司更加准确地评估销售人员的业绩和贡献提供依据。

4. 特殊奖励措施：激发潜能和创新

为了更好地激励销售人员的工作积极性和创新能力，除了基本薪资和绩效奖金之外，还可以考虑采取特殊奖励措施。这些奖励可以是非货币性激励，如旅游奖励、名誉奖励等，或者是货币性激励，如高额销售提成等。这些特殊奖励措施可以更好地激发销售人员的工作热情，进而实现销售业绩的持续增长。

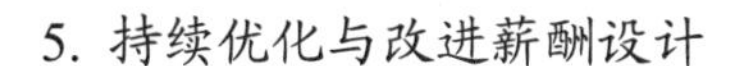

5. 持续优化与改进薪酬设计

销售岗位薪酬设计是一个动态的过程，需要不断地进行优化与改进。随着市场环境和业务需求的变化，企业应该根据实际情况对薪酬方案进行调整，以保障其竞争力和有效性。与此同时，定期进行员工反馈和调研，以了解员工意见和需求，并针对性地进行改进，能够更好地满足销售人员的期望和实现公司的目标。

【案例分享】

江苏常州某集团的销售岗位薪酬设计

江苏常州某集团是一家产业多元化、市场全球化的公司，成立于 1998 年。近日，为了更好地激励员工和提高公司销售业绩，该集团制定了一套薪酬设计方案来激励销售团队。他们首先对销售团队的目标进行了细致的分析和设定，并将其分为两个主要部分：销售额和客户满意度。

销售额被视为核心目标，因为它直接影响公司的收入和市场份额。公司决定将销售额与销售人员的薪酬直接挂钩，以激励他们实现更高的销售业绩。根据该集团的销售预算和行业竞争数据，该公司决定制定以下销售额奖励机制。

(1) 达成个人销售额目标的销售人员将得到基本薪资和固定销售提成的组合。该集团的基本薪资是销售人员每月固定的底薪，为他们提供基本收入保障。

(2) 达成个人销售额目标的销售人员将根据销售额目标的完成程度获得额外的提成。销售人员达到 50%目标时将获得 10%的提成；达到 75%目标时将获得 15%的提成；达到 100%目标时将获得 20%的提成。这样，销售人员的奖励便随着其工作表现而逐渐增加。

除了销售额之外，该集团还非常注重客户满意度。公司认识到忠诚的客户可以带来长期的业务和积极的口碑宣传。因此，公司决定将客户满意度与销售人员的薪酬挂钩，以激励他们提供出色的客户服务。以下是公司制定的客户满意度奖励机制。

(1) 销售人员将参与客户满意度调查，并根据他们的客户满意度评分获得奖励。更高的客户满意度评分带来更高的奖励。

(2) 该集团将根据销售人员的客户满意度评分设定奖金等级。达到一定评分的销售人员将获得额外的奖金作为客户满意度奖励。

通过将销售额和客户满意度结合起来，该集团制定了一个综合性的薪酬制度，既可以激励销售人员实现更高的销售目标，又可以鼓励他们提供优质且卓越的客户服务。

M 集团的销售岗位薪酬设计

M 集团创立于 1992 年，注册资本为 1000 万元，如今已成长为一家集钢铁焦化、智慧物流、再生资源、能源环保为一体的大型综合实业集团。为了吸引并激励优秀的销售人员，该公司制定了一套创新的销售岗位薪酬设计。

首先，M集团采用了基本工资与提成相结合的方式来发放销售人员的薪酬。基本工资是固定的，并保证销售人员能够获得一定的稳定收入。提成则是根据销售人员的销售绩效来计算，以激励他们在市场中取得更好的业绩。

其次，为了确保销售人员有足够的动力和激情去推销公司的产品，M集团制定了阶梯式的提成比例。销售额达到一定的水平后，提成比例也会相应提高。这样设计的好处是那些能够突破业绩的销售人员，他们可以获得更高的报酬，进而激发他们的工作积极性，并且公司也能从中受益。

再次，M集团还建立了团队奖励机制。销售人员需要团队协作才能完成销售任务，因此团队合作的意义重大。公司根据团队的整体销售绩效给予额外奖励，以鼓励团队之间协作和竞争，从而提高整个销售团队的效率和业绩。

最后，为了进一步激励销售人员的积极性，M集团还制订了个人成长计划。销售人员通过参加培训课程、进行行业认证等方式提升自己的专业水平。一旦他们取得了认证或者在培训中表现出色，他们就会获得相应的补贴或奖励。

通过这套创新的销售岗位薪酬设计，M集团吸引了大量的优秀销售人员。他们在市场中全力推销产品，取得了显著的销售业绩。销售团队之间的合作更加紧密，整体销售效率也大幅提升。与此同时，销售人员通过不断的学习和成长，不仅提高了自身的专业能力，也为公司创造了更多的价值。

总的来说，合理的薪酬结构、明确的绩效评估标准和特殊奖励措施都有助于激发销售人员的工作积极性和创造力。最后，还要持续优化与改进薪酬设计，使其能够始终保持有效性和竞争力。

第二讲　客服岗位薪酬设计

在当今竞争激烈的市场环境中，为了留住优秀的客服人员并激发他们的工作动力，一个科学的薪酬设计是至关重要的。本讲将介绍如何制定合理的客服岗位薪酬设计，以吸引和留住优秀的客服人才。

1. 薪资结构：保障公平竞争

为了保障公司内部公平竞争，应当合理设计客服岗位的薪资结构。首先要制定一个基准工资，该工资应与业界水平相当，能够吸引有经验且高素质的人才。其次，根据员工的工作表现、责任范围和技能水平等因素，采用绩效工资、提成或奖金制度来激励员工不断提升自己的绩效表现。

2. 绩效考核：量化评估员工表现

对于客服岗位来说，绩效管理是非常重要的。制定明确的绩效指标和绩效评估标

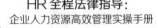

准，公司可以量化地评估每位员工的工作表现。在评估的过程中，可根据服务质量、客户满意度、问题解决能力等关键指标进行考核，并将员工的绩效与相应奖金联系起来，以激励员工积极工作并提高服务水平。

3. 职业发展：提供晋升机会和培训支持

为了吸引和留住优秀的客服人才，公司要提供职业发展的机会和培训支持。建立完善的晋升通道，员工可以循序渐进地提升自己的工作能力。同时，定期的培训也是必不可少的，以帮助员工提升专业技能和软实力，提高他们在客服岗位的能力和竞争力。

4. 弹性福利：做好工作与生活的平衡

为了保障员工的积极性和工作有动力，公司可以为客服人员提供一些弹性福利政策。例如，灵活的工作时间安排、远程办公和带薪休假等福利可以使员工更好地平衡工作与生活，减轻工作压力，提高员工的满意度和工作效率。

【案例分享】

H 集团的客服岗位薪酬设计

H 集团成立于 1996 年，是一家集商业运营、地产开发、物业服务为一体协同发展的多元化、综合型集团公司，集团总部位于江苏省南京市。为了更好地激励员工的工作积极性，该公司根据自身的业务需求，制定了一套完善的客服岗位薪酬设计方案。目前该公司设有初级客服、高级客服和客服经理三个职位等级，分别对应不同的薪资待遇和晋升机制。

在初级客服职位上，薪资主要以底薪为基础，并制定绩效奖金机制。初级客服的岗位职责是回复客户咨询、处理投诉和解答问题，要求工作效率较高。每月初级客服的薪资由底薪和绩效奖金组成，底薪保障基本生活需求，而绩效奖金则取决于工作质量和效率。公司通过制定指标量化绩效，如客户满意度调查、工作时长等，以激励初级客服提高工作效率和服务质量。

在高级客服职位上，薪资构成相对复杂。H 集团将高级客服岗位进一步分为两类：技术型高级客服和团队管理型高级客服。技术型高级客服要求在解答问题之外还要具备较强的产品知识和技术能力，因此其薪资较为丰厚；而团队管理型高级客服则需要在日常管理中发挥领导才能，对团队运营和客户满意度有直接影响，因此，其薪资也相对较高。除了底薪和绩效奖金外，高级客服还可以获得额外的津贴和奖金，以及晋升机会。公司根据高级客服的技能和表现设定不同的技能等级，并根据技能等级来提升薪酬待遇和职位职责。

客服经理职位方面，H 集团设定更高的薪资水平和福利待遇。客服经理是整个客

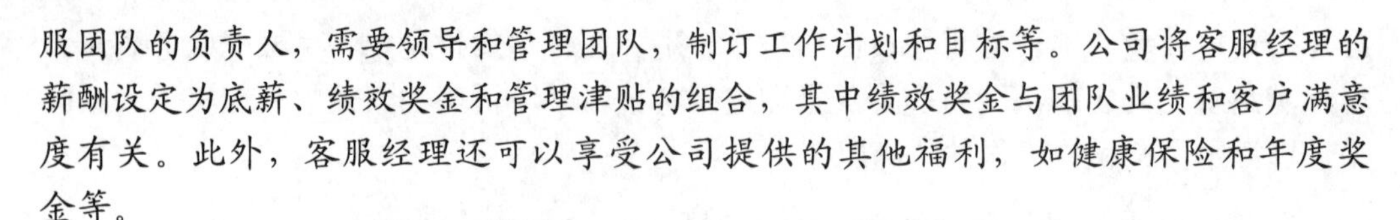

服团队的负责人，需要领导和管理团队，制订工作计划和目标等。公司将客服经理的薪酬设定为底薪、绩效奖金和管理津贴的组合，其中绩效奖金与团队业绩和客户满意度有关。此外，客服经理还可以享受公司提供的其他福利，如健康保险和年度奖金等。

上述客服岗位薪酬设计方案充分考虑了不同职位级别的工作内容和能力要求，并根据个人贡献和成果进行差异化激励。通过这样的薪酬设计，H 集团可以更好地吸引和留住优秀的客服人才，并提高客户满意度和企业运营效率，实现可持续发展。

L 公司的客服岗位薪酬设计

L 公司是一家专注在线贷款业务的企业。在客服岗位方面，L 公司组建了线上和线下两个团队，分别负责处理用户在平台上提出的问题和纠纷。根据客服工作的特点和业务需求，公司制定了以下薪酬设计策略。

(1) 基本薪酬：客服岗位的基本薪酬与员工的经验和能力相关。新入职的客服人员将获得一个相对较低的基本工资，但同时公司也为他们提供了培训和学习的机会，以便他们尽快适应工作环境并提升自己的工作能力。通过一定的工作经验积累和能力提升，客服人员的基本薪酬也会相应增加。

(2) 绩效奖励：为了激励和鼓励客服人员提供更好的服务，L 公司制定了一套绩效奖励制度。客服人员根据其个人表现和团队整体表现，获得相应的绩效考核分数。表现优异的客服人员可以获得额外的奖金和晋升机会。例如，每月按照绩效排名，排在前 10 的客服人员可以获得一定比例的绩效奖金。

(3) 工作时间和福利：客服岗位的工作时间相对灵活，L 公司为客服人员提供了弹性工作制度和各类福利待遇。例如，客服人员可以根据自己的情况和需求调整工作时间，以便更好地平衡工作与生活。此外，L 公司还提供丰富的团队建设活动和员工福利，以增强员工的归属感。

总的来说，一个合理的客服岗位薪酬设计能够有效吸引和留住优秀的人才，提高客户服务质量。通过公平竞争的薪资结构、量化评估的绩效考核、职业发展的机会和培训支持，以及弹性福利政策的提供，公司可以建立一个激励机制，激发员工的工作激情，带来更高的业绩和更好的客户满意度。因此，为了在市场中脱颖而出，合理的客服岗位薪酬设计势在必行。

第三讲　技术岗位薪酬设计

技术领域一直是市场竞争激烈且迅速发展的领域。对于各种公司来说，招聘和留住优秀的技术人才是至关重要的。一个合理且具有竞争力的薪酬设计是吸引和留住这些人才的关键因素。下面，简单地介绍一下技术岗位薪酬设计的几种方法。

1. 高薪基准：吸引人才的最低保障

制定技术岗位薪酬设计时，首先要确定一个合理的高薪基准。这个基准应该反映当前市场上技术人才的平均水平，并一定程度上高于其他企业的薪酬水平，以吸引并留住优秀的人才。

2. 考虑技能和经验的差异：差异化薪酬策略

技术人才的技能和经验水平各不相同。因此，在进行技术岗位薪酬设计时，必须考虑到这些差异。给予具有特殊技能和丰富经验的员工更高的薪资，可以增强员工的满意度和提升绩效。

3. 提供奖励机制：为卓越表现激励

为了鼓励技术人才在岗位上有卓越表现，制定一个奖励机制是必要的。提供绩效奖金、股权奖励或其他相关福利，可以给予员工额外的激励，使他们愿意更努力地工作，并为公司创造更大的价值。

4. 保持薪酬透明化：有效沟通关键信息

保持薪酬透明化对于建立员工信任、减少猜疑和不满是至关重要的。企业应该向员工清楚地说明薪资结构、晋升机会及与薪酬相关的政策和流程。这样可以使员工了解自己的成长空间和奖励机会，提高其对公司的认同感和忠诚度。

5. 不断调整薪酬方案：与市场变化保持同步

技术行业发展迅速，市场需求和薪酬标准也在不断变化。因此，企业应定期评估和调整技术岗位的薪酬方案，以保持与市场变化的同步。这样可以确保公司能够吸引和留住优秀的技术人才，并保持竞争优势。

【案例分享】

H 公司的技术岗位薪酬设计

H 公司是一家大型的电子产品销售企业，成立于 2000 年，注册资本达 500 万元。近日，H 公司决定建立一个针对技术职位的薪酬体系，以跟上现代行业趋势并将公司的发展与员工绩效联系起来。

首先，H 公司决定制定三个关键绩效指标(KPI)来评估员工的技能水平和绩效，分别是工作质量、项目完成情况和团队合作能力。这三个指标被认为是能够准确衡量员工绩效的重要指标。

其次，H 公司通过和同行业公司进行市场调研以了解相应职位的薪资水平，然后在此基础上调整薪酬标准。为了激励员工努力工作，该公司决定不仅提供基本工资，还提供绩效奖金和福利。绩效奖金将根据员工在 KPI 指标上的表现进行评估和奖励。福利方面，公司提供医疗保险、培训补贴和灵活工作时间等额外福利。

再次，为了吸引和留住优秀人才，H 公司还制订了职业发展计划。根据员工的资历和技能水平，不断提供培训和晋升机会。H 公司鼓励员工参与外部培训，提高他们领域内的专业知识和技能。

最后，H 公司还考虑到工作环境对于员工满意度和绩效的重要性。他们致力于营造一个良好的工作氛围，包括开放的沟通渠道、积极的反馈文化和公正的晋升机会等。公司还注重员工的工作与生活平衡，允许弹性工作时间和远程办公等灵活工作方式。

通过以上措施，H 公司建立了一个科学、合理的技术岗位薪酬设计体系。这个体系不仅考虑到市场行情和员工贡献，而且着眼于培养和留住优秀人才。这将有助于提高员工满意度和绩效，并为公司的长期发展奠定基础。

A 公司的技术岗位薪酬设计

A 公司是一家以软件开发和信息技术服务为主的企业。由于技术岗位市场上的竞争异常激烈，该公司面临着持续引进和留住高级技术人才的挑战。针对这个问题，公司决定重新设计技术岗位的薪酬体系。

目标如下。

(1) 吸引顶级技术人才。

(2) 激励员工表现出色。

(3) 提高员工的满意度和忠诚度。

(4) 保持业内竞争力。

(5) 促进团队协作和创新。

策略如下。

1. 制定基本薪资水平

公司依据市场调研和岗位价值评估，制定每个技术岗位的基本薪资水平。此基本薪资水平应该能够吸引具备相应技能和经验的人才。

2. 引入绩效奖金

为了激励员工努力工作，公司制定了绩效奖金制度。该制度根据员工的个人和团队绩效来评定奖金的数额。在建立绩效评估体系时，公司侧重于客观指标，如项目交付质量、效率、创新能力等。

3. 提供福利和待遇

除了基本薪资和绩效奖金外，公司还提供一些有吸引力的福利和待遇，如弹性工作时间、培训与发展计划、健康保险和额外的年假等。这些福利和待遇既满足了员工的个人需求，又提高了他们的工作满意度和忠诚度。

4. 建立晋升通道

为了激励员工不断成长和进步，公司提供了明确的晋升通道。员工可以通过完成特定项目、取得专业认证及参与开发关键项目等方式获得晋升机会。晋升除了薪资上的提升，还要求员工具备更高级的技术和管理能力。

通过以上策略，A公司取得了以下显著的效果。

(1) 增加了员工的满意度和忠诚度，员工流失率显著降低。

(2) 成功吸引了大量顶级技术人才加入公司，提升了公司的技术实力。

(3) 提高了团队的创新能力和合作能力，项目交付质量和效率得到了明显提高。

(4) 公司在业内建立了良好的声誉，并与其他科技公司竞争力持平。

总的来说，一个合理且具有竞争力的技术岗位薪酬设计对于吸引和留住优秀的技术人才至关重要。通过确定高薪基准、考虑技能和经验的差异、提供奖励机制、保持薪酬透明化及不断调整薪酬方案，企业可以有效地吸引和激励技术人才，为其持续发展提供坚实的基础。

第四讲　生产岗位薪酬设计

随着现代企业竞争的加剧，制定一套合理的生产岗位薪酬设计方案对于吸引和留住优秀员工尤为重要。本讲将探讨如何设计生产岗位的薪酬体系，以使员工的工作动力与企业目标保持一致。

1. 确定岗位等级体系

岗位等级体系是制定薪酬设计的基础框架。它通过确定不同岗位的级别、职责和技能要求来实现薪酬的差异化。生产岗位可以按照工作内容、难度和贡献度等因素进行分类，建立多级别的岗位等级体系。例如，将生产线负责人、操作工人和监察员等岗位分为高、中、低三个级别。

2. 设定薪资范围

薪资范围，是指每个岗位等级所对应的工资水平区间。根据市场调研和内部公平原则，设定合理的薪资范围可以使员工的薪酬公正、透明且具有竞争力。薪资范围的上限和下限应与岗位等级相对应，同时考虑员工的绩效和能力等因素。例如，高级生产线负责人的薪资范围可以设定为每月8 000～12 000元。

3. 制定薪酬激励机制

薪酬激励机制是让员工积极工作的激励因素。建立绩效考核体系，并将绩效和薪酬挂钩，可以激发员工的工作动力和主动性。采取设置绩效奖金、年度调薪和晋升等激励措施，以及定期评估和沟通反馈，以保持员工对工作的热情和投入。

4. 引入福利待遇

除了基本薪酬外，引入福利待遇也是吸引和留住优秀员工的重要手段之一。例如，提供员工的全面医疗保险、养老保险和意外伤害保险等福利，并提供多种培训和职业发展机会。这些福利待遇不仅可以满足员工的基本需求，还可以提高他们的归属感和忠诚度。

5. 定期评估和调整

生产岗位薪酬设计不是一次性的工作，而是一个需要定期评估和调整的持续过程。随着市场环境和企业策略的变化，岗位的需求和人才市场也会随之变化。因此，需要定期评估薪酬体系的有效性和公平性，并根据实际情况进行必要的调整，以保障薪酬设计的持续有效性。

【案例分享】

某公司的生产岗位薪酬设计

某公司成立于 2000 年，是一家以生产汽车零部件为主的企业，公司拥有多条生产线，并进行了流程优化和自动化的改造。随着市场竞争的日益激烈，公司意识到只有提高员工的工作效率和激发其创造力才能使企业实现长期发展。因此，他们决定进行生产岗位薪酬设计的优化。

首先，公司对各个岗位的工作内容和难度进行详细分析，确定了生产线工人、操作员和技术员等不同层级的岗位。

其次，公司制定了基本工资和绩效工资两个方面的考核指标。基本工资是根据岗位等级和行业平均工资水平来确定的，旨在保障员工的基本生活需求。绩效工资则是通过考核生产效率和产品质量等指标来评估的，并设置了相应的奖励机制。通过这样的设计以激励员工通过提高工作效率和质量来实现个人绩效工资的提升。

再次，公司还制定了全员绩效考核机制，鼓励员工相互合作和培育团队精神。全员绩效奖金是根据企业整体的经济指标来确定的，每个员工根据其工作中的表现和贡献获得相应的资金。

最后，为了激励员工的学习和自我提升，公司还制定了技能等级晋升制度。员工通过参加培训和考试来获得技能等级的提升，并随之获得相应的薪酬调整。

通过采取以上的生产岗位薪酬激励措施，该公司成功地激发了员工的工作动力和创造力，提高了生产效率和产品质量，并在市场上取得了一定的竞争优势。员工的薪酬和福利与其个人的努力和付出紧密相关，也促使他们更加积极地投入工作。

某企业的生产岗位薪酬设计

某制造业公司主要生产汽车零部件，目前正面临着员工流失率高、招聘难度大等

问题。经过调查研究后，公司管理层发现，薪酬设计不合理是导致这些问题的主要原因。为了解决这个问题，他们决定重新设计生产岗位的薪酬体系。

首先，公司明确了自己的目标：吸引人才、留住优秀员工并激励他们持续工作。在此基础上，他们做了以下工作。

(1) 岗位评估：通过对所有生产岗位进行全面评估，确定每个岗位的重要性、技能要求和工作条件等因素。例如，岗位分为操作工、技术工、团队长等，不同岗位的要求和职责不同。

(2) 薪酬调研：通过对竞争企业和同行业公司的薪酬进行调研，了解市场上同等岗位的薪酬水平。这样可以确定公司的薪酬水平是否具有竞争力。

(3) 薪酬结构设计：根据岗位评估和薪酬调研的结果，制定薪酬结构。公司决定综合考虑各种因素，包括基本工资、绩效奖金、津贴和福利等。与此同时，为了鼓励员工发展和学习，他们还制订了职业发展计划，并设立了薪酬晋升通道。

(4) 绩效评估与激励机制：为了更好地激励员工，公司建立了全面的绩效评估机制，考核员工的工作表现来确定绩效工资和奖金的发放。此外，公司还设立了一些额外的奖励，如年度最佳员工奖、技能提升奖等，以增加员工工作的积极性。

(5) 持续改进：薪酬设计不是一蹴而就的，而是需要持续改进和调整的。公司承诺定期进行绩效评估、市场调研和员工满意度调查，以优化薪酬体系，并随时根据市场情况进行调整。

通过以上的措施，该制造业公司成功地重新建立了生产岗位薪酬体系。员工流失率明显降低，招聘难度也有所减小。此外，员工的满意度和工作积极性都极大提高，公司在同行业中建立了良好的声誉。

总的来说，一个合理的生产岗位薪酬设计对于企业的发展至关重要。综合考虑确定岗位等级体系、设定薪资范围、制定薪酬激励机制、引入福利待遇、定期评估和调整薪酬设计等，企业可以有效地解决员工流失和不稳定问题，并提高员工的工作绩效和工作满意度。

第五讲　高管岗位薪酬设计

为了吸引和留住优秀人才，高管岗位的薪酬设计显得至关重要。一个合理且具有竞争力的薪酬体系能够激励高管不断努力工作，并确保他们的业绩与公司长期发展目标一致。下面，简单地介绍一下高管岗位的薪酬设计方法。

1. 薪酬总体原则

建立以绩效为导向的薪酬体系是非常重要的。此外，还要保障薪酬的公平性、透明度和可持续性，以避免因薪酬问题引发员工的不满情绪。

2. 基本工资与津贴

为高管设定合理的基本工资是让他们稳定工作的关键因素。基本工资应根据岗位级别、工作职责和市场标准进行合理调整。此外，根据员工的个人情况，还可以提供一些特殊津贴，如住房津贴、交通津贴等。

3. 绩效奖金和股权激励计划

制订有效的绩效奖金和股权激励计划，公司可以激励高管取得更高的业绩。绩效奖金可以根据个人、团队和公司的业绩来制定，而股权激励计划可以通过股票期权的形式，让高管的个人利益与公司的长期利益相结合。

4. 长期福利和退休计划

为了吸引高管留在公司并保持长期稳定发展，公司应制订具有吸引力的长期福利和退休计划。这些福利可以包括养老金计划、医疗保险、子女教育补贴等，以确保高管离开公司后依然拥有高品质的生活。

5. 公司文化和工作环境

制定薪酬体系时，不可忽视公司的文化和工作环境对高管的重要性。优秀的公司文化和积极向上的工作环境可以吸引更多高素质的高管，并增强他们留在公司的意愿。

【案例分享】

H公司的高管岗位薪酬设计

随着市场竞争的不断加剧，H 公司也越来越意识到高管的重要性，因为他们的决策和能力将直接影响到公司的长期发展。因此，制定一个合理的高管薪酬设计方案，以吸引和留住优秀的高级管理人才，成为公司发展的关键问题。针对这一问题，H 公司进行了一系列研究和调查，最终制定以下高管岗位薪酬设计方案。

(1) 基本工资：公司为高管制定了一定的基本工资标准，这是他们在岗位上完成基本工作的报酬。基本工资的数额与高管的工作经验、职位等级和市场薪酬水平相匹配，确保其具有竞争力。

(2) 奖金：公司制定了一套绩效评估体系，对高管的实际业绩进行考核，并根据其贡献的大小给予数额不等的奖金。这种奖金制度不仅可以激励高管更加努力地工作，还能够提高整个团队的凝聚力和执行力。

(3) 股票期权：为了使高管的利益与公司的发展紧密相连，公司决定给予高管股票期权。这使高管能够分享公司的增长价值，并积极参与到公司战略、业务发展中。股票期权不仅能够有效激励高管更努力地工作，也增加了他们对公司业绩和股东利益的关注度。

通过上述综合的薪酬设计方案，该公司成功地吸引并留住了多位优秀的高管人才。高管在薪酬激励的鼓励下，充分发挥自己的专业能力和领导才干，积极推动了公司的战略目标实现。与此同时，基于股票期权的薪酬也提高了高管对公司业务和股东利益的关注度，使他们更加努力地工作，为公司的长期发展贡献自己的力量。

某公司的高管岗位薪酬设计

某公司是一家全球快速消费品企业，发展始终处于行业竞争的前沿。为了留住优秀的高管人才，公司决定调整高管薪酬制度。薪酬设计的目标是，吸引、发展和激励高级管理人员，推动公司业绩增长并提高股东回报率。

首先，公司将高管薪酬设计为一个多元化的体系，包括多种元素，如基本工资、绩效奖金、长期激励计划和福利待遇。这样的设计可以激励高管为追求长期的业绩增长而努力工作，并使他们的目标与公司目标保持一致。基本工资提供了一定的稳定收入；绩效奖金则根据个人和公司绩效来决定，以鼓励高管为企业创造价值。长期激励计划通常通过股票或期权形式给予高管股权奖励，并使他们在一定的时间内保持对公司的忠诚度；福利待遇如医疗保险、退休金等，旨在为高管提供安全感和长期福利。

其次，公司采用了绩效管理系统来评估高管的表现。该系统基于明确的目标设定，包括业绩目标和行为准则。高管的薪酬与他们的表现密切相关，优秀的表现将得到相应的回报。与此同时，公司通过引入 360° 反馈机制，让员工参与对高管的绩效评估，以便全面评估他们的领导能力和团队合作能力。

最后，公司建立了透明和公正的薪酬政策和决策流程。高管薪酬的确定不仅依赖于企业绩效，还考虑了市场竞争、行业参照和个人市场价值等因素。高管的薪酬决策由董事会和薪酬委员会共同负责，并在适当的时候向股东披露相关信息。这样的设计保障了公司高管薪酬的公平性和透明度，避免了内部纷争和对公司形象的负面影响。

总的来说，一个完善的高管岗位薪酬设计要考虑多个因素，如薪酬总体原则、基本工资与津贴、绩效奖金和股权激励计划、长期福利和退休计划，以及公司文化和工作环境等。合理且激励的薪酬体系为公司吸引并激发高管的潜力，从而使他们为公司的长期发展带来持续的竞争优势提供了重要保障。

第四节　薪酬体系设计

薪酬体系设计是一项非常重要的任务，其涉及组织内部的公平、激励、竞争力等方面。一个科学且合理的薪酬体系设计能够有效地激发员工的工作积极性和创造力，提高整个组织的绩效，并吸引和留住优秀人才。

第一讲　薪酬体系设计规范

薪酬体系对任何组织都是至关重要的，它不仅能吸引和留住人才，还能激励员工努力工作。本讲将深入探讨一个高效的薪酬体系设计规范，确保实现公平、透明和可持续的薪酬管理。

1. 建立基准工资结构

建立一个合理的基准工资结构是薪酬体系设计必不可少的。首先，需要参考市场调研数据，了解同行业、同岗位的基本薪资水平。其次，根据员工的职位和能力进行分级，并设置相应的工资档次。这样的基准工资结构将确保员工的薪资与市场一致。

2. 制定绩效奖金机制

绩效奖金是激励员工提升工作表现的有效保障。在薪酬体系的设计中，绩效奖金机制应当明确、公平和可衡量。首先，需要制定明确的绩效目标，并与员工共同制定可衡量的指标。其次，根据实际绩效评估结果，给予相应的奖金。这样的机制能够鼓励员工积极、主动地追求卓越。

3. 提供完善的福利和奖励制度

除了直接薪资外，福利和奖励也是吸引和留住员工的重要因素。在薪酬体系的设计中，提供多样化的福利和奖励制度，以满足员工的不同需求和期望，弹性工作时间、员工培训、健康保险和节假日福利等。完善的福利和奖励制度将增强员工的满意度和归属感。

4. 制定透明的薪酬政策

透明的薪酬政策对于员工是非常重要的，它能够消除员工之间的猜疑和不公平，并建立起员工信任和合作的基础。在薪酬体系的设计中，制定透明的薪酬政策，并向所有员工进行清晰的沟通。政策中包括薪资结构、绩效奖金机制、福利和奖励制度的详细说明，以及如何进行薪资调整的规定。

【案例分享】

X公司薪酬体系设计规范

X公司是一家大型制造企业，一直秉承公平、公正的原则，为员工提供良好的薪酬待遇。为了保障薪酬体系的科学性和透明度，公司对其进行了全面的设计和规范，使其与员工的业绩和贡献相匹配。以下是该公司为薪酬体系设计规范所做的工作。

(1) 职位等级划分：将公司职位划分为不同等级，根据岗位的复杂性、责任和技能需求来确定。公司设立了高层、中层和基层三个等级，并为每个等级制定具体的职责和要求，以衡量员工的工作价值。

(2) 薪资调查和市场竞争力：定期对同行业的其他企业进行薪资水平调查，使公司的薪资待遇与市场保持一致。根据员工的工作表现和市场需求，为每个职位等级划定合理的薪资范围。

(3) 薪资结构：采用绩效工资制度，薪资由基本工资和绩效奖金两部分构成。基本工资根据员工的职位等级和工作年限确定，而绩效奖金则根据员工的个人工作表现和团队协作成果进行评估。

(4) 绩效评估：采用定期的绩效评估来衡量员工的工作表现和贡献度。评估标准包括工作目标的完成情况、工作质量、团队合作和专业技能等方面。将员工的绩效与岗位要求和公司目标相匹配，确定员工的薪资水平。

(5) 调薪机制：根据绩效评估结果，对员工进行调薪或晋升。高绩效员工将获得较大幅度的薪资增长或晋升机会，以激励员工不断努力工作。与此同时，公司也制定了一套公正的晋升规则，确保晋升的公平性和透明度。

(6) 其他福利待遇：除了绩效奖金和基本工资外，公司还提供了一系列福利待遇，如社会保险、子女教育补贴、年终奖金和节日福利等。这些福利待遇的设置旨在使员工对公司的薪酬体系更加满意，并提升员工的归属感和士气。

通过以上规范设计，X 公司的薪酬体系保障了公平、公正和科学性。该薪酬体系使员工的薪资与其工作表现相匹配，并激励员工在工作中不断努力。与此同时，公司的绩效评估和晋升机制也为员工的职业发展提供了清晰的指引。

L 公司薪酬体系设计规范

L 公司是一家新兴的 IT 公司，这家公司非常重视员工的工作业绩和个人能力的提升，因此制定了一个完善的薪酬体系设计规范。

首先，L 公司建立了一个明确的绩效考核体系。每个员工都有自己明确的岗位职责和工作目标，通过进行定期评估和反馈，能够清楚地了解自己的表现，并与公司的标准进行比较。这样的设计规范既增加了员工之间的公平性，又能够激发员工的工作积极性。

其次，该公司重视员工个人能力的提升。他们制订了一个培训和发展计划，并提供多种学习机会和培训课程，帮助员工不断提升自身的专业知识水平和技能。根据员工的岗位需求和个人发展需求，公司提供不同的培训机会，并将这些成果纳入薪酬体系设计规范的考核指标。这样的设计规范能够有效地激发员工自我提升工作动力。

再次，该公司注重员工的福利待遇。他们根据市场调研和员工需求，制定了一套具有竞争力的薪酬体系，包括基本工资、绩效奖金、年终奖金、股权激励等。此外，

公司还提供了灵活的工作时间和福利，如弹性工作制度、健康保险、员工活动等。这些设计规范既能够吸引和留住优秀人才，又能够让员工感受到公司的关怀和重视。

最后，该公司注重透明和公正的薪酬决策过程。他们设立了一个薪酬委员会，委员会由公司高层领导和人力资源部门的代表组成，负责制定和调整薪酬策略。该委员会会定期评估市场薪酬趋势和公司业绩，保障薪酬体系的公正性和合理性。公司也会定期公布薪酬政策和标准，让员工对整个薪酬过程有透彻的了解，并提出建议和意见。

L 公司通过建立绩效考核体系、重视员工个人能力的提升、注重员工的福利待遇及注重透明和公正的薪酬决策过程，建立了一个规范的薪酬体系。这样的设计既能够激励员工的工作积极性和创造力，也能够吸引和留住优秀人才，为公司的长期发展奠定良好的基础。

总的来说，一个高效的薪酬体系设计规范对组织的成功至关重要。在建立基准工资结构、制定绩效奖金机制、提供完善的福利和奖励制度，并制定透明的薪酬政策的基础上，组织能够吸引、留住并激励优秀的人才。这将为组织带来持续的发展和竞争优势。

第二讲　薪酬体系设计流程

一个公司的薪酬体系设计对公司而言是至关重要的，它直接影响员工的工作动力、绩效提升和公司的整体发展。一个优秀的薪酬体系应该既能激励员工的积极性，又能保持公司的竞争力。下面将简单地介绍薪酬体系的设计流程。

1. 制定薪酬策略

在设计薪酬体系之前，要对公司的愿景和战略目标有一个清晰的了解。将薪酬与公司的长期发展目标相结合，可以为员工提供明确的方向和工作动力。与此同时，确定公司薪酬的定位和相对竞争优势，有助于吸引和留住高素质的人才。

2. 制定工资等级和薪酬结构

公司可以根据员工的工作岗位和职级制定不同的工资等级，并使工资等级之间的差距合理。此外，制定合理的薪酬结构也是关键。除了基本工资，还可以考虑一些津贴或奖金制度，以激励员工更努力地工作。

3. 制定绩效评估标准

为了量化绩效和进行公正、客观的评估，公司需要制定明确的绩效指标和评估方法。这样可以使员工清楚地知道自己的工作表现，并为他们提供工作的方向。建立一个公正、客观的评估体系，可以避免主观偏见的影响，并增加员工对薪酬体系的信任。

4. 制定薪酬调整机制

薪酬调整是一个持续的过程，公司需要确定薪酬调整的频率和方式。与此同时，考虑市场因素和员工的表现来进行薪酬调整是必要的。市场上的薪酬趋势和员工表现的差异都应该予以综合考虑，以保障薪酬体系的公平性和激励效果。

5. 制定透明的沟通机制

在设计薪酬体系时，公司需要主动向员工传达相关的信息，以让他们了解公司对薪酬的规划及自身的发展机会。制定一个透明的沟通机制，为员工提供与管理层交流和反馈的机会，有助于增强员工对薪酬体系的认同感和参与度。

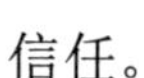【案例分享】

某公司薪酬体系设计流程

某公司是一家新成立的创业企业，为了吸引和留住优秀人才，决定建立一套合理公正的薪酬体系。以下是该公司设计薪酬体系的流程。

第一步，需求分析。

在设计薪酬体系之前，该公司首先进行了需求分析，明确了设计薪酬体系的目的、范围和目标。他们希望通过薪酬体系激励员工努力工作，提高员工的满意度和忠诚度，同时也要考虑企业可持续发展所需的资金投入。

第二步，岗位评估。

为了确定薪酬体系的基准，该公司对所有岗位进行了评估。他们考虑了不同岗位的工作职责、技能要求、工作环境及工作条件等因素，并对各个岗位进行了分类和级别划分。

第三步，薪资调查。

为了制定合理的薪资水平，该公司进行了薪资调查。他们调查了同行业其他公司的薪酬水平，并借鉴了行业内的薪资标准和背景调查报告，以及结合公司自身的财务情况，制定了员工薪资水平的参照标准。

第四步，绩效考核。

为了与薪酬挂钩，该公司建立了绩效考核体系。他们制定了一套科学、公正、可操作的绩效考核指标，根据员工的工作绩效来决定其薪资调整幅度。与此同时，该公司也制订了优秀员工奖励计划，以激励员工努力工作。

第五步，薪资管理。

为了使薪酬体系有效实施，该公司建立了薪资管理制度。他们制定了明确的薪资计算方法和作业流程，并保障薪资发放的准确性和及时性。在对薪资管理的过程中，

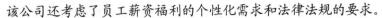

该公司还考虑了员工薪资福利的个性化需求和法律法规的要求。

第六步，监控和调整。

薪酬体系的设计是一个动态的过程，该公司意识到定期的监控和调整是必要的。他们制定了一个监控和评估机制，通过员工反馈和内部数据分析等方式监测薪酬体系的运作情况，并及时进行调整和优化。

通过以上设计流程，该公司成功地建立了一套合理、公正的薪酬体系。这个薪酬体系不仅能够激励员工的工作积极性和创造力，也为公司的发展提供了稳定的人才支持。与此同时，该公司还明确强调了薪酬体系的公开度和透明度，提高了员工对薪酬体系的认可度和满意度，有效提升了组织绩效。

X 公司薪酬体系设计流程

X 公司是一家大型科技企业，拥有数千名员工。由于该公司迅速发展，现有的薪酬体系已不能满足员工的期望和激励效果。因此，亟须建立一套公平、合理、激励性强的薪酬体系，以下是该公司薪酬体系的设计流程。

第一步，需求分析。

为了保障需求分析的准确性，X 公司采用了多种方式收集数据。例如，员工调查、面谈，以及与部门领导及高层经理的讨论。通过这些方法，公司了解员工对现有薪酬体系的不满意之处，以及他们对公平、激励和竞争力的期望。

第二步，方案制定。

收集足够的数据后，X 公司开始制定新的薪酬体系方案。为了保障方案的科学性和可行性，公司成立了由人力资源专家、高层经理和员工代表组成的薪酬委员会。

薪酬委员会首先分析了收集的数据，并根据员工的需求和公司的战略目标进行讨论。他们将薪酬设计为绩效导向型，既在一定程度上保障基本工资的合理性，又通过变动奖金和股权激励等方式提高员工的激励效果。此外，他们还制定了晋升和晋级机制，以及个人发展计划，以帮助员工实现职业发展。

第三步，方案实施。

薪酬委员会的审议通过后，X 公司开始实施新的薪酬制度。他们制订了详细的实施计划，并举行了内部培训和沟通活动，以使员工对新的薪酬方案有清晰的认识。此外，他们还建立了监测机制，以便及时跟踪监测薪酬体系的运行情况，并根据实际情况进行调整和改进。

X 公司的薪酬体系设计流程充分体现了制定薪酬体系时需要全面考虑员工需求和公司战略目标的重要性。通过透明、公正的需求分析及科学合理的方案制定，并实施监督机制，X 公司成功地建立了一套激励性强、符合员工期望的薪酬体系，从而为公司的发展提供了可靠的人力资源保障。

总的来说，通过遵循前文所述的步骤和原则，可以设计一个优化的薪酬体系，激励员工努力工作，提升绩效以实现公司的长期目标。一个合理且具有竞争力的薪酬体系不仅能吸引和留住人才，还能帮助公司在行业中取得竞争优势。

第五讲　岗位价值评估方法

岗位价值评估是人力资源管理中的一个重要工具。它有助于组织确定员工岗位在公司战略中的地位，并为员工提供公正的薪酬激励，促进员工的平衡发展与成长。本讲将介绍几种重要的岗位价值评估方法，帮助企业高效、公正地进行薪酬制度的制定。

1. 点数法：量化工作价值

点数法是一种广泛使用的岗位价值评估方法。它通过将岗位的各项关键指标进行量化并赋予权重，得出一个总分衡量工作的价值。这些关键指标包括技能要求、责任程度、工作复杂度等。通过点数法，公司可以有依据地进行薪酬制度的设计，确保员工的工资公平、合理。

2. 薪酬市场分析：考虑市场因素

薪酬市场分析是一种基于市场薪酬水平的岗位价值评估方法。通过与竞争对手企业的薪酬水平进行对比，确定岗位的相对价值。与此同时，还要考虑不同地区和行业的薪酬差异。这种方法能够帮助企业更好地把握市场动态，吸引和留住高素质的员工。

3. 关键绩效指标法：以成绩为导向

关键绩效指标法是一种将岗位与绩效直接挂钩的岗位价值评估方法。通过对与岗位相关的关键绩效指标进行权衡，评估员工在工作中取得的成绩和做出的贡献。这种方法非常适合注重绩效激励的企业，能够激发员工的工作动力和创造力。

4. 专家评估法：凭借专业知识评判

专家评估法是一种基于专家判断的岗位价值评估方法。专家通过对岗位进行描述和职责的分析，结合自身的专业经验和知识对岗位价值进行评估。这种方法适用于公司内部专家评审或聘请外部专家进行评估。通过专家评估法，企业可以获得专业、权威的岗位价值评估结果。

【案例分享】

A 公司的岗位价值评估方法

A 公司是一家专注软件开发的技术公司，目前正面临团队调整和岗位重塑的挑战。为了更好地组织人力资源、合理分配薪酬及提升员工的工作积极性，公司决定使用岗位价值评估方法对各个岗位进行评估。

步骤一：制定评估指标。

公司成立了一个由不同部门的专业人士组成的评估小组。评估小组根据公司的业务需求确定评估指标，包括工作内容的复杂度、技能要求、工作环境和与他人协作的程度等。

步骤二：信息收集。

评估小组对各个岗位进行了详细的调研和信息收集，包括与该岗位相关的职位描述、工作任务和所需技能等。

步骤三：评估和打分。

评估小组根据制定的评估指标，对每个岗位进行评估，并对每个指标给出相应的分数。这些评分基于评估者对该岗位的了解和信息收集结果。

步骤四：计算总分和排名。

根据各个评估指标的权重和各个指标的分数，评估小组计算出每个岗位的总评分，并对所有岗位按照评分进行排序。

步骤五：结果应用。

通过岗位价值评估方法的分析结果，公司得到了每个岗位的价值排序，从而更加科学地制定激励政策和薪酬体系。较高价值的岗位可以获得更高的薪酬和福利待遇，这有助于提高员工的工作积极性和工作效率。与此同时，公司也可以根据评估结果调整团队结构，提升岗位的组织性和协同性，提高团队整体的绩效。

X 公司销售岗位的价值评估方法

X 公司是一家大型的电子设备生产企业，成立于 2015 年，注册资本达 3 000 万元。随着市场竞争的加剧，销售岗位也越来越重要。然而，如何正确评估销售岗位的价值成为公司的一个挑战。X 公司决定采用岗位价值评估方法来确定销售岗位的合理薪酬和福利水平。

首先，公司组织了一系列销售岗位价值评估会议。会议邀请了不同部门的管理层和销售专家参与讨论，以保障评估结果的客观性和准确性。在会议中，参会者对销售岗位的主要职责、技能要求和工作条件等进行了详细的介绍和讨论。

其次，公司采用多种评估指标来评估销售岗位的重要性和贡献度。例如，销售业绩是最直观的评价标准之一，包括销售额的增长率、市场份额的提升等。与此同时，销售过程中的客户满意度、客户保持率和市场反馈也被列为重要指标。另外，销售人员的专业知识、人际沟通能力和团队合作精神也被列入评估指标。

再次，公司还借鉴了同行业或类似公司的销售岗位薪酬水平和福利方案，以确保公司的薪酬和福利方案在市场上具有竞争力。与此同时，公司也参考了相关法律法规和劳动条例，以使评估结果合法、合规。

最后，经过多轮评估和讨论，公司得出了销售岗位的综合评估结果。根据评估结果，公司决定为销售岗位制定一套具体的薪酬和福利方案。该方案包括基本工资、提成制度、年终奖金和其他福利待遇等，以激励销售人员的工作积极性和潜力。

通过岗位价值评估方法，X 公司成功地确定了销售岗位的合理薪酬和福利水平。这不仅为销售团队提供了公平、公正的奖励制度，也为公司的销售业绩的提升奠定了坚实的基础。此外，该评估方法还为公司的人力资源管理提供了一个有力的参考，使公司能够更好地吸引、培养和留住高素质的销售人才。

总的来说，选择合适的岗位价值评估方法对于企业的人力资源管理至关重要。不同的评估方法适用于不同的公司和岗位，公司需要综合考虑公司战略、薪酬市场和员工绩效等因素。只有通过科学、公正的岗位价值评估，企业才能更好地激励员工努力工作，促进组织长期发展。

第六讲　薪酬调研方法应用

建立一个合理、公平且具有竞争力的薪酬制度时，薪酬调研是不可或缺的一步。采用适当的薪酬调研方法，企业可以收集准确且全面的数据，以便更好地吸引、激励和留住优秀员工。本讲将介绍如何应用薪酬调研方法来确保薪酬制度的成功。

1. 制定调研目标：明确薪酬调研的整体目标和具体问题

在进行薪酬调研之前，企业需要制定明确的调研目标。这包括所要调研的具体问题，如了解市场薪酬水平、比较不同职位的薪资差异、分析业界薪酬趋势等。制定明确的调研目标有助于提高调研的准确性和针对性，确保所收集到的数据满足企业的需求。

2. 选择适当的数据收集方法：面谈、问卷调查等多种方式

进行薪酬调研时，选择适当的数据收集方法非常重要。一种常见的方法是通过面谈与员工交流，了解他们的薪酬期望和对市场薪酬的认知。此外，还可以设计和分发问卷调查，以便获得员工的真实意见和观点。另外，公司也可以借助外部机构和数据库来获取行业和地区的薪酬信息。

3. 保护员工隐私：保障数据的机密性和匿名性

进行薪酬调研时，保护员工的隐私尤为重要。保障数据的机密性和匿名性可以使员工更加放心地参与调研，真实地表达自己的看法和期望。企业要采取相应的内部保密措施，例如，合理设置访谈和问卷调查的范围，将数据仅用于内部分析，并对相关人员进行培训，以保障数据的安全性。

4. 数据分析与解读：整合数据并制定具体薪酬策略

收集到薪酬数据后，企业需要进行数据分析与解读。通过整合和比较数据，企业可以了解市场薪酬趋势、职位薪资差异等信息。基于这些数据，企业可以制定具体的薪酬策略，如调整现有薪酬结构、优化绩效评估体系、提供额外福利和奖励等，以更好地激励和留住优秀员工。

【案例分享】

某电子科技公司的薪酬调研

某电子科技公司作为一家快速发展的初创企业，为了吸引和留住高素质的人才，决定进行薪酬调研。他们希望通过调研了解市场上同类型公司的薪资水平，从而根据实际情况作出相应的调整。

首先，该公司制定了调研的目标。他们希望了解同行业、同类型公司的岗位薪资情况，并能够以科学的方式确定自己公司各个岗位的薪资水平，以便更好地激励和保留员工。

其次，该公司进行了市场调研。他们调查了同行业的十家企业，包括知名企业和初创企业，覆盖了不同规模和地区的公司。通过调研问卷，他们收集了每个岗位的薪资水平和福利待遇。此外，他们还参考了一些行业薪酬调研报告，以获得更全面的行业趋势信息。

再次，该公司对收集到的数据进行分析。他们根据各岗位的工作内容、技能要求、工作经验、教育背景等因素，对不同岗位的薪资进行了比较和归纳。与此同时，他们还将自己公司的薪酬体系与市场平均水平进行了对比，找出差距并确定调整方向。

最后，该公司根据调研结果制订了薪酬调整计划。他们结合公司的财务状况和经营战略，对各个岗位的薪资进行了适当的调整，并考虑了绩效奖金、福利待遇等方面的优化。与此同时，为了维护薪酬的公平性和透明度，他们还制定了明确的薪酬政策和激励机制。

经过实施调研结果的薪酬调整计划，该公司的员工满意度有了明显提高。高绩效员工得到了更好的薪资激励，他们的工作积极性和创造力也进一步被激发出来。与此同时，调整后的薪资水平更加符合市场竞争力，该公司在吸引优秀人才方面也取得了显著的成果。

某跨国公司的薪酬调研

某跨国公司成立于1996年，注册资本达30亿元，在全球拥有数万名员工，他们分布在不同的岗位上。由于员工的不同背景和价值观的差异，以及不同的生活成本，该公司意识到需要进行一次全面的薪酬调研。

首先，制定调研目标。该公司的人力资源部门首先制定了调研的目标：了解各个级别和职能的薪酬水平，以及与同行业相比的竞争力，以便更好地制定合适的薪酬策略。

其次，公司决定使用定性和定量方法来进行调研。定性调研是通过深入访谈和问卷调查来获取员工对薪酬体系的主观感受和意见。定量调研则是使用统计数据和薪酬标准来比较公司内部各个岗位的薪酬与行业标准的差距。

为了获得可靠的数据，该公司选择了一个代表性样本，并邀请员工参与调研。他们保障调研的匿名性，以便员工能够放心地发表自己的意见。在问卷中，员工被要求提供他们对当前薪酬水平、薪酬体系的意见及他们期望的改进方向等信息。

再次，调研结束后，人力资源部门分析了收集的数据，并与外部薪酬咨询公司的专家进行讨论。根据调研结果，该公司发现在某些职能和地区存在一些薪酬差距，有些岗位的薪酬偏低，而有些岗位的薪酬却高于行业平均水平。与此同时，员工对薪酬体系的公正性和透明度也提出了一些意见。

最后，基于调研结果，该公司制定了一套新的薪酬策略。第一，他们进行了薪酬调整，将薪酬较低的岗位进行了提升，以提高员工的满意度和工作积极性。第二，他们改善了薪酬体系，增加了透明度和公正性，并提供了更多的晋升机会。

新的薪酬策略实施后，该公司的员工满意度明显提升，员工的离职率也大幅降低。此外，在竞争激烈的人才市场中，该公司吸引了一批优秀的人才，并保持了竞争力。

总的来说，建立一个成功的薪酬制度时，薪酬调研是至关重要的一环。正确应用薪酬调研方法，企业能够获取准确、全面的薪酬信息，并据此制定准确的薪酬策略。这样不仅可以提高企业的竞争力，还能增加员工的满意度，最终实现共赢的目标。因此，合理、科学地应用薪酬调研方法对企业具有重要意义。

第七讲　薪酬结构设计方法

薪酬结构，是指组织内部为各个职位设置的薪资体系。设计合理的薪酬结构对于激励员工，提高绩效至关重要。本讲将介绍一些薪酬结构设计方法，以帮助组织建立有效的薪酬体系。

1. 根据市场调研制定基准薪资

市场调研是制定基准薪资的重要前提工作。只有了解行业内相似职位的薪资水平，组织才能制定具有竞争力的基准薪资。这有助于公司吸引和留住优秀人才。

2. 制定薪酬差异化方案

不同职位之间存在差异化的薪酬要求。根据职位的重要性、技能要求和市场需

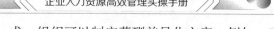

求，组织可以制定薪酬差异化方案。例如，高层管理人员可以享有更高的薪资增长空间，而销售团队可以有基于绩效的奖金制度。

3. 建立绩效评估体系

绩效评估是薪酬管理的核心之一。建立科学的绩效评估体系，并根据员工的实际表现来确定薪资调整和奖励。这有助于提高员工的工作动力和团队的整体绩效。

4. 考虑福利待遇

除了薪资之外，福利待遇也是吸引和留住员工的关键因素之一。应组织提供弹性工作时间、健康保险、培训发展等福利待遇。这些福利可以作为薪酬结构的一部分，以增加员工的满意度和忠诚度。

5. 定期评估和调整

薪酬结构设计需要定期进行评估和调整。随着组织内部和外部环境的变化，需要对薪酬结构进行相应的调整。定期的评估可以保障薪酬体系的有效性和公平性。

【案例分享】

A公司的薪酬结构设计

A公司是一家创业初期的科技企业，致力于开发软件解决方案。经过一年多的运营，公司迅速扩大规模，雇用了50名员工。然而，公司缺乏完善的薪酬结构，且员工的薪资水平和职业发展透明度也存在一定的问题。因此，为了提高员工的满意度和凝聚力，A公司决定重新设计其薪酬结构。

设计薪酬结构之前，A公司进行了广泛的调研和分析。他们参考了同行业的薪酬报告，也咨询了专业人士，了解了不同职位的市场薪资水平和待遇。

基于调研结果，A公司将薪酬结构划分为不同的等级。首先，他们制定了不同职位的基础薪资水平，并根据员工的工作经验和技能水平进行适当的调整。其次，公司为高绩效员工设立了额外的绩效奖金，以激励员工提升工作质量和工作效率。

为了增加员工的职业发展透明度，A公司制定了清晰的晋升机制。公司制定了明确的能力要求和评估标准，将员工按照其表现和工作能力划分为不同的晋升阶段，并相应地调整其薪酬等级。

除了基本的薪资和绩效奖金外，A公司还制定了其他福利和激励措施。例如，公司提供股票期权，让员工有机会共享公司的发展成果。此外，公司还为优秀员工提供培训和职业发展机会，以提高他们的专业技能，并提供灵活的工作安排，以增加员工的工作、生活平衡感。

薪酬结构设计并非一蹴而就的，进行定期评估和调整是必要的。为了确保薪酬与市场的薪资水平保持一致，公司定期进行薪酬调研，并根据员工反馈和业绩表现对薪酬进行必要的调整。

经过薪酬结构的重新设计，A 公司在员工满意度和凝聚力方面取得了显著的改善。员工更加清晰地了解自己的薪资水平和晋升机会，同时也感受到了公司对优秀员工的重视和激励。这种薪酬结构的设计使 A 公司能够在竞争激烈的市场环境中留住了人才，并提高了员工的工作动力和工作效率。

某公司的薪酬结构设计

某公司成立于 2015 年，业务快速发展，员工数量也迅速扩张，但由于原有薪酬体系已经无法满足公司需求，因此，需要对薪酬结构进行重新设计。

第一步，分析与目标制定。

公司分析和评估了现有的人力资源需求及市场行情。根据分析结果，公司制定了以下目标。

(1) 吸引和留住优秀人才：为了更好地吸引和留住优秀人才，公司决定在薪酬结构中提供具有竞争力的基本工资水平。

(2) 激励员工表现：为了激励员工努力提高绩效，公司采取了奖金和福利等激励措施。

(3) 公司战略与员工期望的匹配：公司内部要进行绩效评估和个人发展计划的制订，以确保公司战略目标与员工期望相匹配。

第二步，设计薪酬结构。

基于分析和制定的目标，公司采用了以下方法来设计薪酬结构。

(1) 基本工资水平：公司根据市场行情制定了一个具有竞争力的基本工资水平，并根据员工的职位等级进行划分。

(2) 绩效考核与奖金：公司引入了绩效考核系统，并将员工的绩效表现与奖金直接挂钩。绩效优秀者可以获得额外的奖金激励。

(3) 福利待遇：除了基本工资和绩效奖金外，公司还为员工提供了一系列福利待遇，如健康保险、年假、职业发展培训等。

(4) 薪酬调整机制：公司制定了定期的薪酬调整机制，以跟随市场变化和员工表现，确保员工的薪酬水平与市场趋势保持一致。

第三步，实施与评估。

公司实行新的薪酬结构后，定期进行评估和调整。慢慢地，公司发现绩效考核与奖金制度激发了员工的工作积极性，并能更好地吸引和留住优秀人才。与此同时，公

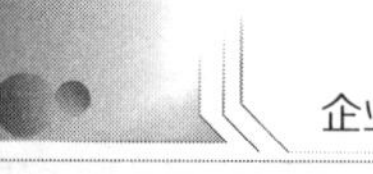

司通过定期调整薪酬水平，使员工的薪酬保持在市场水平之上，显著提高了员工的满意度和工作积极性。

总的来说，正确的薪酬结构设计可以激励员工的工作积极性，提高绩效并留住人才。根据市场调研制定基准薪资、制定差异化薪酬方案、建立绩效评估体系、考虑福利待遇及定期评估和调整等，可以帮助组织建立合理、有效的薪酬体系。这将使组织在激烈的竞争中脱颖而出，并超越其他企业吸引和保留人才。

第八讲　常见的错误薪酬模式

薪酬模式对一个公司的发展和员工激励起着至关重要的作用。然而，通常出现的常见错误可能会导致员工流失、士气低落及公司整体绩效下降。下面，讨论一些常见的错误薪酬模式，并提供一些建议，以便公司能够避免这些错误。

第一个常见的错误是不合理的薪酬分配。有些公司的部分员工因为个人关系、职位等原因而获得过高的薪酬，而其他员工则只能得到基本薪资。这种不公平的薪酬分配不仅破坏团队合作精神，还导致员工流失。解决这个问题的方法是采用公平、透明的薪酬制度，根据员工的贡献和表现来确定薪资水平。

第二个常见的错误是缺乏与绩效挂钩的薪酬体系。有些公司并没有建立一个明确的与绩效挂钩的薪酬体系，这就无法给予员工正确的激励，也无法准确评估员工的贡献。建立一个与绩效挂钩的薪酬体系不仅有助于激发员工的积极性和创造力，也能够帮助公司识别并奖励那些表现优秀的员工。

第三个常见的错误是过于依赖单一薪酬奖励制度。某些公司只采用单一的薪酬奖励制度，如年度奖金或股票期权。然而，这样的制度无法充分满足员工的多样性需求和激励。为了解决这个问题，应采用多元化的薪酬奖励制度，包括提供培训机会、福利待遇、晋升机会等，以满足不同员工的需求和激励。

第四个常见的错误是忽视薪资调整的时机。有些公司只在年度评估时进行薪资调整，忽视了员工一年中的表现和贡献。这样的做法可能导致员工的士气下降，也使优秀的员工感到被忽视。为了有效进行薪资调整，建议公司定期进行绩效评估，并在员工表现出色时进行适当的薪资调整。

总的来说，设计薪酬模式时，公司要避免以上的常见错误。建立一个公平、透明、与绩效挂钩的薪酬体系，并采用多元化的激励方式，不仅可以帮助公司提高员工的士气和绩效，也可以提升公司的整体竞争力。与此同时，定期评估和调整薪酬模式也是保持其有效性的关键。只有正确而科学的薪酬模式才能够吸引、激励并留住优秀的人才，实现公司的长期发展。

第五节　员工福利

员工福利，是指企业为员工提供的各种额外福利和优惠待遇。员工福利作为企业管理的一项重要策略，其好坏直接影响员工的工作积极性、团队凝聚力及企业的竞争力。提供良好的福利待遇，可以增强员工的忠诚度和提升员工的工作效率，吸引和留住优秀人才，从而推动企业持续发展。

第一讲　弹性福利设计

随着竞争的日益激烈和市场的快速变化，企业面临着许多挑战。为了应对这些挑战并保持竞争优势，企业的灵活性和适应能力变得至关重要。在这种情况下，弹性福利设计成为企业成功的关键因素之一。

首先，弹性福利设计可以帮助企业满足不断变化的市场需求。随着技术进步和消费者偏好的快速变化，企业需要及时调整和完善他们的产品和服务，以满足不同的需求。弹性福利设计可以确保企业的产品和服务具有可塑性，能够快速响应市场需求的变化。

其次，弹性福利设计可以提高企业的创新能力。创新是企业在商业竞争中生存和发展的关键。弹性福利设计可以鼓励员工提出新的想法，并将其运用到产品设计和业务运营中。通过与不同的利益相关者合作和采纳各种意见，企业能够开发出更具竞争力的产品和解决方案。

再次，弹性福利设计还可以增强企业的适应能力和灵活性。在遇到意想不到的情况或市场动荡时，企业能够迅速适应并作出调整。弹性福利设计可以帮助企业建立灵活的流程和系统，以便快速、有效地做出反应。这种灵活性还可以使企业能够抓住机会并在变革中脱颖而出。

最后，弹性福利设计也可以增加企业与客户之间的互动，拉近彼此关系。通过为客户提供符合其需求和期望的产品和服务，企业可以与客户建立更加紧密的关系，并使客户忠诚度提高。弹性福利设计可以使企业更好地了解客户的需求，并为其提供定制化的解决方案。

综上所述，弹性福利设计对企业是至关重要的。它不仅帮助企业适应市场的快速变化，提高创新能力，还能增强企业的适应能力和灵活性，并改善企业与客户之间的互动，拉近彼此关系。在如今竞争激烈的商业环境中，弹性福利设计已成为企业成功的关键因素。

第二讲 如何发放福利

企业发放福利，不仅是员工权益的体现，也是激励员工、提高员工幸福感的重要手段。下面，探讨企业如何科学、合理地发放福利。

首先，企业应该根据员工的需求和特点制定福利政策。这就需要企业先进行调研，了解员工的家庭情况、经济状况及福利的期望。例如，有子女的员工可能更关注子女教育补贴或托儿所设施的支持；健康意识强的员工则注重健身房或健康检查的福利。深入了解员工需求，并为员工提供适宜的福利，以提升员工满意度。

其次，企业可以提供个性化的福利来拉近与员工的关系。个性化福利是根据每个员工的具体情况量身定制的福利方案。例如，根据员工的年龄、职位等设定不同的福利档次；根据员工的工作表现给予不同的奖金或晋升机会。这样的个性化福利能够让员工感受到被关注和重视，增强员工对企业的归属感。

再次，企业可以通过让员工参与福利管理来增强福利的有效性。企业可以成立福利委员会，并由员工代表参与其中，共同制定福利政策、审核福利方案，及时收集员工对福利的反馈意见。员工参与福利管理，不仅能够增加员工的参与感和获得感，还能够更好地满足员工的需求，增强福利政策的针对性和科学性。

最后，企业应该持续关注福利的发放效果，并根据实际情况进行调整。企业可以开展定期的福利满意度调查、员工反馈会议等，以了解员工对福利的满意度和需求变化。与此同时，企业也需要考虑福利发放对企业经济实力和可持续发展的影响。如果发现某项福利并没有带来预期的效果，企业就需要及时调整福利政策，确保资源的优化配置。

总而言之，企业如何发放福利是一个复杂且重要的问题。不同的企业需要根据员工的需求、特点和实际情况制定科学、合理的福利政策，通过个性化的福利和员工参与福利管理，不断完善福利发放体系，从而提高员工满意度和幸福感，促进企业持续发展。

第六节 个人所得税计算方法

个人所得税，是指个人根据其取得的个人收入支付给国家的税款。个人所得税计算方法是根据《个人所得税法》规定的税率和税基进行计算的。具体规定会因国家和地区的不同而有所差异，纳税人应根据相应的税法规定进行计算并履行纳税义务。本节将对个人所得税的计算方法进行具体的介绍。

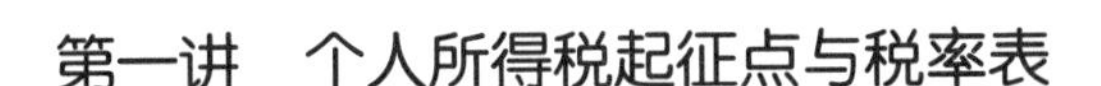

第一讲 个人所得税起征点与税率表

个人所得税是每个公民都要面对的一项重要财务问题。了解个人所得税起征点和税率表对管理个人收入、规划财务至关重要。本讲将详细介绍个人所得税起征点及税率表的相关内容。

1. 个人所得税起征点——合理确定需要纳税的最低金额

个人所得税起征点，是指个人收入达到一定的额度时，个人才开始需要缴纳所得税的金额。根据国家规定，我国个人所得税起征点为每月 5 000 元。个人年收入在该起征点以下，即不需要缴纳个人所得税。

2. 个人所得税税率表——了解需要缴纳的具体税率

个人所得税税率表有 7 个等级，分别是 3%、10%、20%、25%、30%、35%和 45%。根据个人的收入情况，相应的税率也不同。以下是个人所得税税率表的详细信息。

(1) 全年应纳税所得额不超过 36 000 元的，适用税率 3%。

(2) 全年应纳税所得额超过 36 000 元至 144 000 元的部分，适用税率 10%。

(3) 全年应纳税所得额超过 144 000 元至 300 000 元的部分，适用税率 20%。

(4) 全年应纳税所得额超过 300 000 元至 420 000 元的部分，适用税率 25%。

(5) 全年应纳税所得额超过 420 000 元至 660 000 元的部分，适用税率 30%。

(6) 全年应纳税所得额超过 660 000 元至 960 000 元的部分，适用税率 35%。

(7) 全年应纳税所得额超过 960 000 的部分，适用税率 45%。

3. 合理规划财务，减轻个人所得税负担

了解个人所得税起征点和税率表可以帮助合理规划财务，减轻个人所得税负担。以下是一些建议。

(1) 合理使用个人所得税起征点：如果您的年收入接近个人所得税起征点，可以合理规划资金，将一部分收入用于公益捐赠等合法减税方式，以降低应纳税所得额。

(2) 合法避税策略：根据法律法规规定，合法的避税策略可以在不违反法律的前提下减轻个人所得税负担。例如，合理利用法律的免税政策，投资企业、购买房地产等都可以有效降低个人所得税负担。

(3) 增加个人健康支出：一些个人健康支出可以一定程度上作为税前扣除项目，减少应纳税所得额，如购买商业健康保险、定期体检费用等。

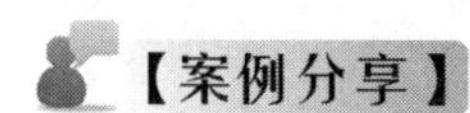
【案例分享】

小明的个人所得税

小明是一名年轻的职场新人，他的月薪是5 500元。在2018年新修正的《个人所得税法》实施前，个人所得税起征点为3 500元，税率表按照5个等级进行计算。根据旧税率表，小明需要缴纳个人所得税的金额为(5 500−3 500)×3%=60元。

然而，在2018年新修正的《个人所得税法》实施后，个人所得税起征点调高至5 000元，而且税率表也有所调整，有7个等级。小明十分好奇，他计算了一下根据新税率表，他应该缴纳的个人所得税金额。

首先，他的收入已经超过了新的起征点，因此他不再需要缴纳起征点以下的部分税款。接下来，根据新税率表，他的税率为3%，需要缴纳的税款为：(5500−5000)×3%=15元。

这个结果让小明非常高兴，因为他的个人所得税减少了45元。他可以用这笔钱购买一些生活用品或者进行娱乐活动。

小张的个人所得税

在A公司的小张，今年年终奖为30万元，他想知道自己需要向国家缴纳多少个人所得税。

首先，他查阅国家发布的个人所得税税率表。这张表显示了不同收入层次的税率规定。假设根据最新的税率表，小张的年终奖所在的收入层次需要缴纳20%的个人所得税。

其次，小张查看个人所得税起征点的设定。假设今年的起征点为8万元。那么，小张只需要计算超出8万元部分的收入，并按照20%的税率计算个人所得税即可。

计算方法如下。

30万−8万(起征点)=22万元

22万×20%(税率)=4.4万元

因此，小张需要向国家缴纳4.4万元的个人所得税。

总的来说，个人所得税起征点与税率表是了解和管理个人所得税的重要指标。合理规划财务、遵守法律法规，可以有效降低个人所得税负担。与此同时，加强对个人所得税政策的了解，不仅能合法合规地管理个人财务，也有助于个人财富的增长和资产的保值。

第二讲　工资、薪金所得个人所得税

工资和薪金是大多数人依赖的收入来源，然而，在享受这份劳动成果的同时也需要考虑相应的个人所得税问题。本讲将针对工资、薪金所得个人所得税进行详细介绍，以帮助大家更好地了解个人所得税相关政策，从而合理规划个人财务。

个人所得税，是指个人从各种收入来源获得的所得，按法定标准扣除后需要缴纳给国家的一种税费。对于工资、薪金所得来说，其应纳税额的计算方法如下。

1. 计税周期及累计计税方法

我国税法规定，个人所得税计税周期通常为每年 12 个月，每个月都需要申报纳税。在工资、薪金所得的个人所得税计算中，采用累计计税方法，即将当年每个月的收入合并计算纳税金额。

2. 工资、薪金所得个税起征点

国家政策规定，工资、薪金所得的起征点是 5 000 元，即当月收入未超过该数额时，无须纳税。

3. 工资、薪金所得税率及预扣率

我国对不同的工资、薪金所得额设定了不同的分档，并相应规定了不同的税率和预扣率。一般来说，工资、薪金所得额越高，纳税比例也会越高。

4. 个人所得税的计算方法

我国税法规定，个人所得税的核算原则是“一月计算，一月缴纳”，即每个月需要根据累计收入按照相应税率计算应纳税额，直接扣除税前工资、薪金所得金额，得出税后收入。

5. 工资、薪金所得税前扣除项目

为了减轻纳税人的税负，我国税法规定了一些计税前扣除的项目。例如，教育、住房贷款利息、赡养老人等费用可以作为专项扣除项目，减少应纳税所得额。

6. 工资、薪金所得税的纳税申报

作为纳税人，需要按照规定的时间和程序向税务机关申报纳税。针对工资、薪金所得的个人所得税，纳税人通常通过办理年度汇算清缴或者月度申报等方式进行。

了解工资、薪金所得个人所得税的基本情况，可以让我们更好地理解个人所得税的缴纳方式和计算方法。合理规划自己的收入和税款，有效地利用专项扣除政策，不仅有助于管理自己的财务，还能够最大限度地优化个人财务状况。因此，在追求事业成功的同时，也要关注个人所得税的相关政策和规定，以实现财务健康和可持续发展。

第三讲 劳务报酬所得个人所得税

劳务报酬所得，是指个人凭借提供劳动、服务或者使用其知识技能从事工作而取

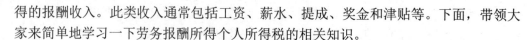

得的报酬收入。此类收入通常包括工资、薪水、提成、奖金和津贴等。下面，带领大家来简单地学习一下劳务报酬所得个人所得税的相关知识。

1. 明确劳务报酬所得个人所得税的政策

要明确掌握劳务报酬所得个人所得税的适用政策，以避免报税时出现错误或遗漏。中国税法规定，在纳税时，个人将根据不同的税率对劳务报酬所得缴纳相应比例的个人所得税。

2. 详解劳务报酬所得个人所得税的计算方法

个人所得税的计算方法是根据劳务报酬所得金额和适用的税率来决定的。中国的个人所得税采用累进税率制，根据所得金额的不同，适用不同的税率。较低的所得金额适用较低的税率，而较高的所得金额则适用较高的税率。

3. 掌握劳务报酬所得个人所得税申报流程

个人所得税申报是一项重要的工作，为了准确、无误地完成这一工作，个人应该掌握正确的申报流程。首先，需要填写相关的纳税表格，并如实报告劳务报酬所得。其次，个人需要按时缴纳所得税款，并保留相关的税务凭证。

4. 避免劳务报酬所得个人所得税的违法行为

在准确申报劳务报酬所得的同时，个人也应遵守相关的税法规定，避免违法行为。为了保持合法合规，个人应当按规定缴纳个人所得税，不得虚报、隐瞒或逃漏税。如果发现自己存在差错，应主动向税务机关申报并纠正错误。

【案例分享】

小宋的个人所得税

小宋是一名自由职业者，他主要从事网络编程工作，为不同的客户开发网站和软件。每个项目完成后，客户都会支付报酬给小宋。

最近，小宋完成了一份网站开发的工作，收到了 7 万元的报酬。我国《个人所得税法》规定，劳务报酬所得按照逐级累进税率征税。税率分为 7 个档次，分别是3%、10%、20%、25%、30%、35%和45%。

首先，自 2019 年 1 月 1 日起施行的《个人所得税法》规定，小宋在计算个人所得税时可以享受起征点。2022 年的起征点为 5 000 元。也就是说，小宋只需要计算超过 5 000 元的部分缴纳税款。

小宋的劳务报酬为 7 万元，减去 5 000 元的起征点，实际需要缴纳税款的金额为6 5000 元。

根据逐级累进税率计算，小宋的报酬分档次计算个人所得税。首先，超过 5 000

元不超过 8 000 元的部分，税率为 3%，计算结果为 300 元。其次，超过 8 000 元不超过 17 000 元的部分，税率为 10%，这部分报酬为 17 000 元−8 000 元=9 000 元，计算结果为 900 元。以此类推，小宋每个档次的税款如下。

3%税率：300 元

10%税率：900 元

20%税率：2 600 元

25%税率：2 500 元

30%税率：6 000 元

35%税率：3 500 元

45%税率：0 元(因为小宋的报酬没有超过 35%的累进税率档次)

将每个档次的税款相加，便得出小宋总共需要缴纳的个人所得税金额为 15 800 元。

小刘的个人所得税

小刘是一位自由职业者，他在一家公司做编程工作，每月获得 5 000 元的劳务报酬。为了计算劳务报酬所得个人所得税，首先需要确定所得额。

2019 年 1 月 1 日实施的《个人所得税法》第六条规定，劳务报酬所得、稿酬所得、特许权使用费所得以收入减除百分之二十的费用后的余额为收入额，所以应纳税所得额的计算公式如下：应纳税所得额=劳务报酬总额×(1−20%)

根据《个人所得税扣缴申报管理办法(试行)》规定劳务报酬的适用税率为 20%。

根据以上规定，我们可以计算小刘的劳务报酬所得个人所得税金额为

应纳税所得额=5 000 × (1−20%)=4 000 元

需缴纳的个人所得税金额=4 000×20%=800 元

因此，小刘每月需缴纳的劳务报酬所得个人所得税为 800 元。

总的来说，个人所得税是对劳务报酬所得征收的一种税款。了解劳务报酬所得个人所得税的政策、计算方法和申报流程，以及遵守税法规定是每个人应该重视的事。只有正确申报并如实纳税，才能共同为国家的发展做出贡献。

第四讲　稿酬、特许权使用费个人所得税

稿酬，是指个人通过劳动或创作取得的报酬。特许权使用费，是指个人使用他人特许权所支付的费用。

在中国，个人取得的稿酬和特许权使用费应当按照相关法律规定缴纳个人所得税。

根据《个人所得税法》，个人取得的稿酬和特许权使用费属于劳务报酬所得，应当适用劳务报酬所得税率进行征税。具体的税率根据所得金额的不同而有所不同，在

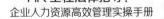

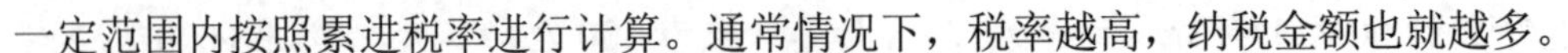

一定范围内按照累进税率进行计算。通常情况下，税率越高，纳税金额也就越多。

个人取得稿酬和特许权使用费后，需要自行申报个人所得税。个人可以通过网上申报等渠道进行申报，并按照规定的时间限期进行缴纳。如果个人未按时申报和缴纳个人所得税，将面临罚款和被追究其他法律责任。

个人所得税的征收是国家税收的重要组成，能够维持国家财政的正常运转，用于基础设施建设、公共事业发展等方面。与此同时，缴纳个人所得税也是履行公民义务的表现，共同为国家建设贡献力量。

在遵守个人所得税法律规定的前提下，个人可以通过了解相关政策和税率，合理规划自己的收入，最大限度地充分保障自己的权益。与此同时，也应该增强税收意识，自觉履行纳税义务，并为国家税收发展做出积极贡献。

【案例分享】

小王的个人所得税

小王是一名编剧，2023 年 7 月，他根据合同中约定的条款获得了稿酬。

假设小王在拍摄电视剧期间获得的稿酬总额为 10 万元。根据当前所得税政策，个人所得税的税率为综合所得适用税率。按照目前的税率档次，小王需要按照以下方式计算个人所得税。

2019 年 1 月 1 日实施的《个人所得税法》第六条规定，劳务报酬所得、稿酬所得、特许权使用费所得以收入减除百分之二十的费用后的余额为收入额。稿酬所得的收入额减按百分之七十计算。所以应纳税所得额的计算公式如下。

应纳税所得额=稿酬总额 × (1−20%) × 70%

根据《个人所得税扣缴申报管理办法(试行)》规定，稿酬所得、特许权使用费所得适用百分之二十的比例预扣率。

根据上述计算方法，小王所赚取的 10 万元稿酬应缴纳的个人所得税为：

100 000 × (1−20%) × 70% × 20%=11 200 元。

另外，如果小王使用了特许权，例如，在电视剧播出后他获得特许权使用费，那么他同样需要缴纳个人所得税。

特许权，是指根据一定期限和条件，将自己享有的权利或者权益让与他人使用，并且以此获取报酬的活动。特许权使用费包括专利使用费、商标使用费、版权使用费等。

假设小王使用特许权获得了 2 万元的使用费用及合同规定的特许期限。根据最新税收政策，特许权使用费同样需要纳税。

特许权的征税职责分摊原则是，特许权使用费由特许人负责代扣代缴个人所得税。根据最新政策，经特许权支付的所得，按照劳务报酬所得的方式计算个人所得税。

特许权使用费的个人所得税计算方法如下。

3 万元以内不需要缴纳个人所得税；超过 3 万元到 4 万元，适用税率为 3%；超过 4 万元到 8 万元，适用税率为 10%；超过 8 万元到 30 万元，适用税率为 20%；超过 30 万元，适用税率为 25%。

根据上述计算方法，小王所得到的 2 万元特许权使用费不应缴纳个人所得税

小李的个人所得税

小李经常受邀参与各种节目的演出，并通过节目的播放获得劳务报酬。此外，他还创作了一段音乐并授权给一家餐厅使用，他得到了特许权使用费收入。

特许权，是指根据一定期限和条件，将自己享有的权利或者权益让与他人使用，并且以此获取报酬的活动。特许权使用费包括专利使用费、商标使用费、版权使用费等。根据中国税法规定，个人从特许权使用费中获得的收入属于个人劳动所得。

假设小李在将其音乐授权给餐厅使用后，获得了 2 万元的特许权使用费收入另外，如果小王使用了特许权，例如在电视剧播出后他获得特许权使用费，那么他同样需要缴纳个人所得税。

特许权的征税职责分摊原则是，特许权使用费由特许人负责代扣代缴个人所得税。根据最新政策，经特许权支付的所得，按照劳务报酬所得的方式计算个人所得税。

特许权使用费的个人所得税计算方法如下：

应纳税所得额=特许权总额×(1−20%)。

稿酬应缴纳的个人所得税=应纳税所得额×20%。

根据上述计算方法，小王所得到的 2 万元特许权使用费应缴纳个人所得税为：

20000×(1−20%)×20%=800 元。

总而言之，对于个人取得的稿酬和特许权使用费来说，缴纳个人所得税是一项法定义务。个人应当自觉履行法律规定，及时申报和缴纳个人所得税，以维护自己的合法权益，共同为国家税收做出贡献。

第五讲　年度综合个人所得税

年度综合个人所得税，是指根据居民个人的工资、薪金所得、自营业务所得、劳务报酬所得、稿酬所得、特许权使用费所得、利息、股息所得、财产租赁所得、偶然所得及其他应税所得，按照法定税率计算的税款。这一税种可以体现一个国家税收政策的公平性和可持续发展的方向。

很多国家的个人所得税是最重要的税收来源之一。个人通过纳税，为国家贡献自己的一份力量，同时也享受国家提供的公共服务。年度综合个人所得税的实行与税收

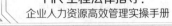

制度改革密切相关，旨在进一步完善个人所得税制度，推动社会公平正义的实现。

年度综合个人所得税的税率根据个人所得的不同而有所不同。通常来说，个人所得税税率呈阶梯状分布，即税率随着收入的增加而逐渐提高。这样的设计使高收入群体承担更大的税务责任，以促进财富的公平再分配。

除了税率的不同，各个国家还设立了一系列个人所得税减免政策或优惠措施，以鼓励投资、创业和促进民生消费。例如，一些国家提供在购买住房或教育方面的税收减免；与此同时，低收入群体或弱势群体也可以享受相应的税收优惠。

然而，年度综合个人所得税征收与管理也存在一些挑战。首先，确保纳税人的纳税意识和积极性是非常重要的。为了保障税法的实施并保持国家财政的可持续发展，各级政府应加强个人所得税宣传、教育和征收工作。其次，提高税收征管的效率和透明度也是重要因素。因此，要建立现代化的税收管理体系，采用智能化的征税方式，提高税务部门的效率，并减少行政成本。

【案例分享】

小明的年度综合个人所得税

小明是一名普通的工薪阶层员工，他在某公司工作，每个月的税前工资为 8 000 元。下面具体地计算一下，小明的年度综合个人所得税。

首先，要确定小明的全年收入。小明每个月的税前工资为 8 000 元，那么他全年的税前工资总额为 96 000 元。

其次，要计算小明的各项扣除。根据《个人所得税法》的规定，小明可以享受五险一金的个人缴纳部分的税前扣除。也就是说，他每个月要缴纳养老保险、医疗保险、失业保险、工伤保险和生育保险，他的个人缴纳部分为 800 元；此外，他还要缴纳住房公积金，个人缴纳部分为 600 元。全年的五险一金个人缴纳部分总计为：(800 元+600 元)×12=16 800 元。

此外，根据《个人所得税法》规定，个人还可以享受一些其他的扣除项目。例如，小明可能符合教育支出、赡养老人等方面的扣除条件。假设小明今年的教育支出为 5 000 元，赡养老人的支出为 3 000 元，那么他的其他扣除总额为：5 000+3 000=8 000 元。

接下来，需要计算小明的应纳税所得额。应纳税所得额的计算公式为：全年收入总额−五险一金个人缴纳部分总额−其他扣除总额−工资起征扣除。应用到小明的情况中，应纳税所得额为：96 000−16 800−8 000−5 000×12=11 200 元。

根据《个人所得税法》规定，年度综合个人所得税是按照累进税率计算的。根据最新的税率表，小明的应纳税所得额在 0～36 000 元的部分，适用 3%的税率；在 36 000～144 000 元的部分，适用 10%的税率；在 144 000～300 000 元的部分，适用 20%的税率；在 300 000～420 000 元的部分，适用 25%的税率；超过 420 000 元的部分，适用 30%的税率。

根据小明的应纳税所得额 11 200 元，可以依次计算各个税率下的税款金额。0～

36 000 元部分的税款为 11 200×3%=336 元。因此，小明年度综合个人所得税为 336 元。

最后，我们需要计算小明的实际到手收入。实际到手收入等于全年收入总额减去个人缴纳的五险一金和个人所得税。根据小明的情况，他的实际到手收入为

96 000−16 800−332 =78 868 元。

张先生的年度综合个人所得税

张先生是一家广告公司的员工，他在过去一年里的工资收入为 36 万元，年终奖为 10 万元，另外还从股票交易中获得了 2 万元的利润。此外，他还有一套位于市区的房产，并且该房产每年的租金收入为 6 万元。下面具体地计算一下张先生的年度综合个人所得税。

计算工资薪金的个人所得税：根据《个人所得税法》，工资薪金收入扣除费用后，适用累进税率进行计算。工资应纳税额=36 万元−5 000×12=30 万元，根据最新的个税税率表分段计算各区间部分应税金额为 31 200(超过 144 000 元至 300 000 元的部分)+10 800(超过 36 000 元至 144 000 元的部分)+1 080(不超过 36 000 元)，计算出其个人所得税为 43 080 元。

计算年终奖的个人所得税：年终奖收入不适用月度工资扣除标准，须按照《个人所得税扣缴申报管理办法(试行)》个人所得税税率表三计算。

级数	应纳税所得额	税率(%)	速算扣除数
1	不超过 3 000 元	3	0
2	超过 3 000 元至 12 000 元的部分	10	210
3	超过 12 000 元至 25 000 元的部分	20	1 410
4	超过 25 000 元至 35 000 元的部分	25	2 660
5	超过 35 000 元至 55 000 元的部分	30	4 410
6	超过 55 000 元至 80 000 元的部分	35	7 160
7	超过 80 000 元的部分	45	15 160

月平均奖金=100 000÷12 = 8 333 元，对应扣除这个数额对应的税率为 10%。

年终奖的个人所得税=应纳所得税额×税率−速算扣除数=100 000×10%−210=9 790 元

计算股票交易利润的个人所得税：《个人所得税法》第三条规定，利息、股息、红利所得，财产租赁所得，财产转让所得和偶然所得，适用比例税率，税率为百分之二十，可知股票交易利润所得税率为 20%。即 2 万元的股票利润个人所得税=20 000×20%×90%=4 000 元。

计算房产租金的个人所得税：根据《个人所得税法》规定，房产租金收入按 20%的税率计算，扣除 10%的费用。6 万元的房产租金收入个人所得税=60 000×20%×90%=10 800 元。

因此，张先生的年度综合个人所得税总额=工资薪金个人所得税+年终奖个人所得税+股票利润所得税+房产租金所得税=43 080+9 790+4 000+10 800=67 670 元。

总而言之，年度综合个人所得税的征收和管理是一个复杂而重要的工作。在制定个人所得税政策时，需要平衡公平性和激励性，以实现社会公正和经济可持续发展。与此同时，政府也应加强税收宣传和管理，提高纳税人的纳税意识和便利性，确保国家财政的稳定。

第六讲　全年一次性奖金个人所得税

全年一次性奖金个人所得税，是指在特定的时间期限内获得的全部奖金所需缴纳的个人所得税。这种类型的奖金通常由公司或雇主根据员工的工作表现，决定给予的一次性额外报酬。

我国的相关税法规定，个人所得是个人依法取得的各项收入，包括工资、薪金、稿费、特许权使用费等。全年一次性奖金作为特殊奖励形式，征税时也需要计算并缴纳相应的个人所得税。

依据《个人所得税法》的规定，个人所得税的综合所得征税办法是通过超额累进税率计算的方式进行的。全年一次性奖金属于非工资类收入，其个人所得税的税率为个人所得税适用税率表中将奖金归入居民个人一次性奖金的部分。而奖金所得税与个人平常的工资所得税计算超额的额度标准是不一样的，具体如下。

居民个人工资、薪金所得预扣预缴适用

级数	累计预扣预缴应纳税所得额	预扣率(%)	速算扣除数
1	不超过36 000元	3	0
2	超过36 000元至144 000元的部分	10	2 520
3	超过144 000元至300 000元的部分	20	16 920
4	超过300 000元至420 000元的部分	25	31 920
5	超过420 000元至660 000元的部分	30	52 920
6	超过660 000元至960 000元的部分	35	85 920
7	超过960 000元的部分	45	181 920

奖金所得适用

级数	应纳税所得额	税率(%)	速算扣除数
1	不超过3 000元	3	0
2	超过3 000元至12 000元的部分	10	210
3	超过12 000元至25 000元的部分	20	1 410
4	超过25 000元至35 000元的部分	25	2 660
5	超过35 000元至55 000元的部分	30	4 410
6	超过55 000元至80 000元的部分	35	7 160
7	超过80 000元的部分	45	15 160

具体计算个人全年一次性奖金个人所得税的方法如下。首先，获得奖金后，应将税前奖金金额减去个人所得税专项扣除和其他法定扣除项目。其次，根据个人所在地的税率表进行计算，确定适用的税率。最后，根据税率和计算公式，计算个人应缴纳的所得税金额。

需要注意的是，计算个人全年一次性奖金个人所得税时，还需要考虑其他因素，例如，是否享受免税政策或税收减免政策等。此外，个人所得税法律法规可能会有一定的调整和变动，个人缴纳时需依据最新的法规。

对于雇员而言，个人全年一次性奖金个人所得税是一项不可忽视的费用。了解个人所得税的计算方法和相关政策，雇员可以更合理地规划自己的财务，并避免因忽略个人全年一次性奖金个人所得税导致不必要的经济损失。

【案例分享】

小王的个人所得税

小王是一名销售员工，他在公司工作了整整一年，终于迎来了一年一度的年终奖金发放。根据公司规定，他将获得一笔全年销售额的 10%作为奖金。然而，在领取这笔奖金之前，小王需要先缴纳相应的个人所得税。

小王拿到了奖金明细单后，仔细查看了其中的计算公式。奖金金额为 90 000 元，根据《个人所得税法》，个人所得税分为 7 个等级，逐级递增。小王的奖金属于非居民个人工资、薪金所得，劳动报酬部分，需按照相关规定进行计算。

首先，计算确定小王的应纳税所得额，根据《中华人民共和国个人所得税法》规定劳务报酬所得、稿酬所得、特许权使用费所得，以每次收入额为应纳税所得额，即小王年终奖应纳税所得额为 90 000 元。

其次，确定小王年终奖收入适用的税率，小王月平均奖金=90 000 ÷ 12=7 500 元，其税率将适用税率表中的 10%计算。

所以，小王需要缴纳的个人所得税金额=应纳税所得额×税率−速算扣除数=90 000× 10%−210=8 790 元。

最后，小王实际可以获得的奖金金额=奖金额−个人所得税额=90 000−8 790=81 210 元。

小张的个人所得税

小张是一家知名企业的销售经理，经过一年的努力工作，他成功地完成了公司给他的销售任务，并获得了一笔丰厚的全年一次性奖金。小张在当月由于个人原因请事假多次，当月工资实发 2 500 元。领取奖金的同时，小张也要进行个人所得税的缴纳。

在计算个人全年一次性奖金的个人所得税时，需要先进行应纳税所得额的计算。根据相关法规规定，当取得年终奖当月工资不满 5 000 元时，应纳税所得额的计算公式为：应纳税所得额=全年一次性奖金−[个税起征点(5 000 元)−当月工资]，当当月工

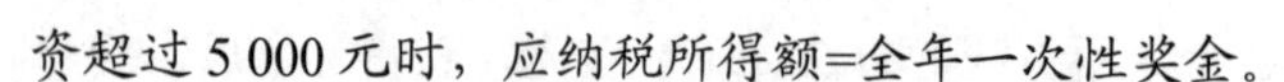

资超过5 000元时，应纳税所得额=全年一次性奖金。

假设小张的全年一次性奖金为50 000元，则他的应纳税所得额为：

50 000−(5 000−2 500)=47 500元。

根据中国税法的税率表，个税税率分为7个级别，最低为3%，最高为45%。根据应纳税所得额的不同，适用不同的税率。月平均奖金=47 500÷12=3 958元，由此可知适用扣除税率为10%，则他需要缴纳的个人所得税为：

47 500×10%−210=4 540元。

在计算个人全年一次性奖金的个人所得税后，小张需要在领取奖金时扣除该税款。即小张最终实际到手的奖金为：

50 000−4 540=45 460元。

总的来说，遵守《个人所得税法》是每个公民的责任。纳税是公民的法定义务，是支持国家发展建设的重要方式。正确缴纳个人全年一次性奖金个人所得税，既为国家提供了必要的税收支持，也维护了个人合法权益和社会的公平正义。

第七讲　企业集体降薪如何降低风险

企业集体降薪是一种常见的应对经济困难的措施。对于企业来说，这可能是一个艰难的决定，但它对于促进企业的可持续发展和避免裁员可能是必要的。然而，企业在采取集体降薪时，需要注意一些问题，以尽量降低风险。下面，简单地介绍企业集体降薪时如何才能更好地降低风险。

首先，企业决定集体降薪之前应该和员工进行充分沟通和咨询。员工也是企业的重要资产，他们的意见和建议非常重要。企业可以与员工代表进行交流，以了解员工对降薪的看法和意愿。通过进行透明的沟通和充分的讨论，可以与员工达成共识，并减少员工的不安和抵触情绪。

其次，企业需要制定一个公平、合理的降薪方案。制定降薪方案时，应根据员工薪资水平、职位等级和工作表现等因素进行综合评估。确保降薪方案公平、合理，避免出现明显的不公平。此外，降薪的幅度也需要适度，不能过于低于市场水平，以免引起员工的不满和离职。

再次，企业降薪时需要考虑员工的生活成本和基本需求。降薪会对员工的生活造成一定的影响，因此，企业应该对员工进行关怀和支持。例如，降薪前，可以提前向员工说明降薪的原因和目的，并提供必要的帮助和支持，如提供培训机会、调整工作时间等，以减轻员工的经济负担和压力。

最后，企业应该充分考虑员工的长远利益和发展。降薪只是暂时的应对措施，应该结合企业发展战略，使降薪能够与员工的职业发展相结合。例如，企业可以提供培训和晋升机会，以激励员工继续提升自己的能力并享受相应的回报。这样，降薪也可以成为员工职业发展的契机，从而降低员工的流失率。

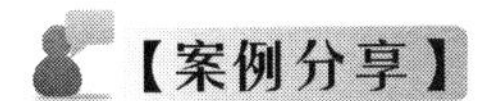
【案例分享】

A 公司的集体降薪

A 公司是一家制造业企业，受到市场需求减少的影响，销售额和利润连续两个季度下滑。为了保持企业的盈利能力和减少裁员的风险，该公司决定进行集体降薪。

首先，A 公司在执行降薪方案之前与员工进行了充分的沟通和协商。他们与员工代表团进行了多轮谈判，解释了当前的市场状况和公司的困境，并征求员工的意见和建议。最终与员工建立良好的沟通渠道，员工能够理解企业的处境，并且感到自己的声音被重视，从而提高了执行降薪方案的接受度和合作性。

其次，A 公司在制定降薪方案时考虑了员工的生计需要。他们并没有一刀切地降低每个员工的工资，而是根据员工的实际情况和工资水平确定了不同的降薪比例。例如，高管层和高薪职位的员工降薪比例相对较高，而低薪职位的员工降薪比例则相对较低。这样既能减轻员工的经济压力，也能保持员工的积极性和工作动力。

再次，为了向员工传递信心和保障，A 公司承诺经济状况恢复后会逐步恢复员工的工资水平，并且给予额外的奖励机制。这样一来，员工在接受降薪的同时也能看到未来的希望和激励，降低了员工所感受到的风险和不确定性。

最后，A 公司在降薪的过程中注重员工的参与和反馈。他们定期组织员工满意度调查，了解员工对降薪的态度和看法。如果发现员工对降薪方案有负面的情绪或者建议，公司就及时进行改进并与员工协商解决问题。这样，A 公司能够及时发现并处理潜在的风险或者不满情绪，保障员工的积极性和团队的稳定性。

某企业集体降薪后的应对措施

某企业是一家大型的设备制造公司，成立于 2003 年，注册资本达 5 000 万元，在职员工近 3 000 人。近日，由于市场需求下滑，该企业面临着销售额骤减和盈利能力下降的不利局面。为了避免大规模裁员，企业决定采取集体降薪的措施。然而，他们同时也意识到，集体降薪不当可能会引发员工不满、产生负面影响，并对企业形象和员工士气造成损害。因此，该企业制定了以下策略，以降低风险。

首先，企业在作出决策之前进行了详尽的研究和调查。他们认识到降薪是一个敏感的问题，可能影响员工的生活和工作积极性。因此，他们与员工代表团队进行了广泛的沟通和讨论，并听取员工的意见和建议，也解释了降薪的必要性和企业面临的艰难处境。通过这种方式，企业赢得了员工的理解和支持。

其次，企业采取了灵活的降薪方案。他们设计了多个降薪方案，根据员工的岗位和收入水平灵活调整降薪比例。高收入员工的降薪比例较高，以分担更多的经济压力，而低收入员工的降薪比例则相对较低。这种差异化的降薪方案减少了员工的不满和不平等感，增加了员工对企业决策的接受度。

再次，企业采取了补偿措施来缓解员工的负担。企业提供了其他激励和福利，如免费培训、弹性工作时间、额外的奖金制度等，以弥补降薪对员工的影响。这些措施不仅提高了员工对企业的忠诚度，也帮助员工提升技能和竞争力。

最后，企业保持了透明的沟通和信息共享机制。他们定期向员工提供企业的经营状况和发展前景等信息，以便员工了解企业面临的挑战和困难。与此同时，通过透明沟通，企业不仅与员工建立了良好的信任关系，也减少了谣言和猜测，进而降低了员工对降薪政策的抵触情绪。

总之，企业集体降薪是一个风险较高的决定，但如果能够妥善处理，它也可以成为企业度过经济困难时期的有效策略。企业应该遵循公平、公正、透明和关怀员工的原则，与员工充分沟通并建立共识，制定合理的降薪方案，并结合员工的长远发展，减少风险，以实现企业和员工共赢的局面。

第七节 答疑解惑

经过本章一系列知识的学习，相信很多人仍存在一些疑惑，下面以简单的示例对这些问题进行介绍。

第一讲 以例说“法”

【案例分享】

薪酬激励促进企业的发展

A 企业是一家主产程控技术领域产品的科技企业，其总部负责市场拓展、维护服务和后期技术开发，分部负责生产。公司刚成立的时候，该领域的市场基本上处于空白状态，成立不久，A 企业便打算将主要精力投入生产与市场拓展。为了更好地提高绩效，企业建立了“哑铃形”的薪资结构，即重视两头(研发和市场拓展)，中间则指管理。其理由在于，一方面，当前市场潜力大，用户会不断提出产品更新意见，若是将工作重点放在市场拓展与研发上，则有利于抓住市场机遇，保持产品优势；另一方面，兼顾管理，可以保持企业的整体发展方向正确。

在薪酬体系上，企业以中期发展目标为基准，设定了 13 岗 61 级的薪酬体系，实行年薪制。则根据不同岗位的职责大小和定期考核情况发放每月的薪资，其数额划定为月平均薪资的 65%～90%。另外，由于薪酬级数范围宽泛，员工的升降空间宽松，且设定的管理、市场、研发三线晋升通道明确，这种将员工利益与企业利益联系在一起的薪酬体系通过实践证明了其有效性。

另外，为了激励市场营销人员，该企业还为市场营销人员制定了“底薪+高提成”的薪酬制度。成功签单后，有时一单的提成就超过其年薪，这极大地激发了市场营销人员的工作热情。与此同时，该企业还提供优越的企业福利，除了“五险一金”外，所有员工既能在住房餐饮、交通、加班、工龄方面享受补贴，又能享受年假、带薪休假、生日礼金等福利。该企业的薪酬制度极大地提高了员工的工作积极性，鼓舞了员工的斗志。该企业仅用一个季度就完成了年度销售额，企业实现了稳定、迅猛的发展。

某公司的薪酬和福利管理

某公司是一家全球知名的科技公司，成立于2005年，注册资本达5 000万元，专注于开发创新的软件产品和解决方案。该公司拥有一支高效的团队，他们致力于提供最佳的技术支持和服务，从而赢得了全球客户的信任和口碑。这主要得益于该公司在薪酬和福利管理方面的创新举措，其对公司成功的贡献是巨大的。下面将具体介绍该公司的薪酬与福利制度的管理。

首先，该公司实施了一套激励制度，以吸引、留住和激励员工的工作动力。该制度基于员工的绩效表现，为他们提供了良好的薪酬和奖励机制。除了基本工资外，该公司还制订了绩效奖金和股票期权计划。绩效奖金根据员工完成的项目数量、质量和效益进行评定，这可以激发员工的工作积极性，并使其在工作中尽最大努力。此外，股票期权使员工能够参与公司的发展，进一步激励了他们的奋斗精神和责任感。

其次，该公司注重员工福利，通过建立全面的福利体系，关心员工的生活和健康。公司为员工提供完善的医疗保险，包括常规医疗、意外伤害和重大疾病等，确保员工能够得到及时的医疗保障。此外，该公司还为员工提供了灵活的工作时间和假期制度，以满足他们的个人和家庭需求。公司还制订了培训和发展计划，帮助员工不断提升技能和知识水平，并提供职业晋升的机会。

最后，该公司鼓励员工参加企业文化建设和社会公益活动。公司组织各种团队活动，例如，每年的公司运动会和志愿者活动，以增强员工的团队意识和凝聚力。此外，公司还设立了一项慈善基金，用于支持社区发展和帮助有需要的人们。这些举措旨在培养员工的社会责任感，推动了公司与社会之间的积极互动，进而提高了整体的企业形象。

总之，企业薪酬与福利管理是组织发展和员工满意度的重要保障。只有通过公平、可持续、有竞争力的薪酬管理和适当的福利待遇，企业才能吸引和留住优秀的人才，激发员工的工作动力，促进组织长期发展。因此，企业应该高度重视薪酬与福利管理，并不断完善和优化相关措施。

第二讲　总结与思考

薪酬管理应该公平、可持续和有竞争力。公平，是指薪酬体系应该建立在合理的基础上，并考虑到员工的贡献和市场行情。可持续，是指企业应该根据经济状况和业绩要求来设计薪酬方案，以保障企业长期可持续发展。有竞争力，是指企业应该了解行业内相似企业的薪酬水平，以确保能够吸引和留住优秀的人才。

福利管理也是企业员工关系管理中不可或缺的一部分。福利包括但不限于健康保险、退休计划、带薪休假、培训机会等。企业应该根据员工的需求和价值观提供适当的福利待遇。与此同时，企业也可以通过各种福利措施来提高员工的参与感和忠诚度，从而进一步增强员工的工作动力和表现。

本章主要讲解了薪酬的定义、工资核算的方法与分类、销售、客服等关键岗位薪酬的设计方案、岗位价值评估等方面的薪酬设计体系、员工福利、个人所得税等方面的内容，使大家对薪酬结构、薪酬体系的设计与薪酬激励等方面有了一定的了解与掌握，从而更好地为企业进行薪酬体系的设计，制定合理的薪酬激励措施。

第八章

企业薪酬福利导向冲锋

企业薪酬福利导向冲锋的现象日益突出。企业为了吸引和留住优秀人才，不断增加薪酬福利方面的投入。合理的薪酬福利政策不仅能够吸引和留住优秀的人才，还能够增强员工的满意度和工作积极性。

然而，企业在追求薪酬福利导向冲锋时要注意平衡企业的经济承受能力和员工的发展需求，以实现双赢。只有这样，企业才能在激烈的市场竞争中立于不败之地。

第一节 企业分配体系与薪酬包结构

在一个企业中，分配体系与薪酬包结构都是非常重要的组成。它们直接影响企业员工的积极性，也关系企业的高效发展。分配体系与薪酬包结构不仅可以增强员工的工作积极性和工作效率，还能够吸引和留住优秀的人才。因此，企业应该重视分配体系和薪酬包结构的建设，并不断对其进行完善和优化，以满足员工的发展需求，推动企业持续向前发展。

第一讲 贯彻“同贡献同报酬”的分配体系

“同贡献同报酬”，是一个公平和激励个体发展的原则，意味着应该根据每个人的贡献程度来获得相应的报酬。这一理念在现代社会中越来越受到关注，并被广泛应用于各行各业。贯彻这一分配体系有助于保障激励机制的正常运转，并激发员工的创造力和动力，推动企业持续发展。

首先，贯彻“同贡献同报酬”的分配体系可以激发员工的工作积极性和创造力。如果每个员工都能够获得与其贡献相匹配的报酬，无论是物质上的还是精神上的奖励，他们就会感受到被公平对待和对自己努力的认可。这将激励他们更加努力地工作，他们不仅是为了获得更多的报酬，也是为了实现自己的价值和成长。他们将不断思考如何提高自己的贡献度，并通过创新来增加工作的价值。

其次，贯彻“同贡献同报酬”的分配体系能够提高组织的效率和绩效。每个人都会意识到自己的付出和努力直接影响自己收入的增长。这将激发员工更加专注和投入地工作，并追求卓越的成果。他们意识到通过优化工作流程，提高工作效率及与团队合作来实现集体利益。因为每个人都有机会分享团队的成功，所以，团队协作和团队精神也将得到提升。

再次，贯彻“同贡献同报酬”的分配体系能够为员工提供一个公平的竞争环境。在这样的环境中，每个人都有机会根据自己的能力和表现来获得相应的报酬。这将鼓励员工积极、主动地参与到竞争中，不断提升自己的技能和素质。此外，该体系还能够有效地消除不健康的内耗和迎合，因为每个人都知道只有通过努力工作和不断进步才能获得理想的回报。

最后，贯彻“同贡献同报酬”的分配体系有助于形成和谐的社会关系。公平的报酬机制将使人们更加尊重他人的贡献，并愿意分享自己的成果。这更有利于创建一个充满合作与互助精神的环境，促进社会的稳定与发展。

【案例分享】

某公司的分配体系

某公司成立于 2003 年，是一家生产电线电缆、五金电器、建筑装潢材料、金属材料等的电缆公司，注册资本达 4 000 万元。近日，为了建立公平、公正的分配体系，公司决定采用“同贡献同报酬”的原则。在该公司设有两个部门，即销售部和研发部。

首先，在销售部门，公司倡导团队合作的理念，鼓励销售人员共同努力实现销售目标。为了体现“同贡献同报酬”的原则，公司根据个人的销售业绩来进行绩效评估和薪资分配。规定销售额是评估的主要指标，同时也考虑到其他因素，如客户满意度、市场拓展等。通过这种方式，激发了销售人员的工作积极性和创造力。在薪资分配上，公司给予表现出色的销售人员更高的奖金和回报，这不仅能够增强销售团队的凝聚力，还可以提高整个销售部门的业绩。

其次，在研发部门，公司注重技术创新和研发能力的提升。为了贯彻“同贡献同报酬”的原则，公司采取了不同的方法。第一，公司鼓励研发团队进行技术分享和合作，通过团队来解决技术难题和推动创新。第二，在薪资分配上，公司更关注个人的技术贡献和成果。在每年的评估中，公司都会评估个人的研发项目质量、技术水平和创新能力等关键指标。并且，公司还会设立奖励制度，用以表彰和激励那些有突出贡献和创新成果的研发人员。通过这种方式，公司根据个人的贡献来确定薪资和回报，促使研发团队更加积极、主动地参与到技术创新和项目研发中。

通过贯彻“同贡献同报酬”的分配体系，该公司的发展取得了显著成效。在销售部门，团结协作的团队合作精神促使销售业绩大幅提升，客户满意度也得到了显著的提升。而在研发部门，技术创新和研发能力的不断提升使公司在市场上保持了竞争力，并取得了多项知识产权。整个公司员工的积极性和凝聚力也得到了提高，每个人也都感受到自己的努力和贡献被公平、公正地认可。

L 公司的“同贡献同报酬”分配体系

L 公司是一家电子科技公司，以设计和制造高品质电子产品而闻名。该公司以前采用传统的薪资分配制度，员工的工资只与职位等级相关，却忽视了员工的个人绩效和贡献。这种制度导致了团队工作积极性下降和员工流失加剧。

为了改善这一情况，L 公司决定引入“同贡献同报酬”的分配体系。首先，L 公司对各个职位的贡献进行了评价，并给出了相应的工资等级。其次，通过建立透明、公平的绩效考核体系，全面评估员工的工作表现和贡献度。最后，根据评估结果，确定员工的个人绩效工资。

这样，员工的努力和贡献得到了充分的认可和激励。他们了解到，只有提高个人

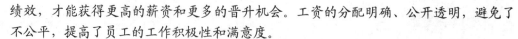

绩效，才能获得更高的薪资和更多的晋升机会。工资的分配明确、公开透明，避免了不公平，提高了员工的工作积极性和满意度。

而就在实施“同贡献同报酬”分配体系后，L公司的发展也取得了显著的突破。员工的激情和动力被充分释放，他们积极创新，有效地推动了产品设计和制造的进步。团队合作的精神增强，创造了更多的商业价值和利润。与此同时，公司也吸引到了更多的优秀人才加入，为企业的未来发展奠定了坚实的基础。

总的来说，在现代社会中贯彻“同贡献同报酬”的分配体系，是实现公平、激励和发展的关键。它鼓励员工发挥最大的潜力，提高组织效益，创造和谐的社会关系。只有建立公正的报酬机制，才能真正实现个人的价值，并为社会的繁荣和进步做出贡献。

第二讲　企业薪酬包结构、薪酬定位与薪酬调整

随着社会经济的发展和竞争的加剧，企业也越来越重视对薪酬的管理。一个科学、合理的薪酬包结构及正确的薪酬定位和调整对于企业吸引和激励人才具有重要意义。下面，简单对薪酬包结构进行介绍。

(1) 企业薪酬包结构，是指企业将薪酬分为基本工资、绩效工资、福利待遇等各个组成部分，并根据员工的不同职能和能力水平进行合理配置的体系。一个科学、合理的薪酬包结构可以帮助企业更好地激发员工的工作积极性，并提高工作效率和绩效。

(2) 薪酬定位，是指企业在行业内的薪酬水平。不同行业、不同岗位的薪酬水平是不同的，需要根据市场情况和企业实际情况进行科学定位。薪酬定位既要考虑企业自身的财务状况和发展需求，也要参考行业内的市场薪酬水平，保持与同行业竞争力的薪酬待遇，以吸引和留住优秀人才。

(3) 薪酬调整，是指企业根据员工表现、市场需求及企业发展情况进行的薪酬调整。不同员工为公司做出的贡献是不同的，因此，企业需要根据员工的工作绩效进行薪酬调整，并给予优秀的员工一定的薪酬奖励。薪酬调整还应该与企业发展相匹配，保持合理增长幅度，既能满足员工的工资增长需求，又能为企业的人才激励和发展提供保障。

实施薪酬包结构、薪酬定位和薪酬调整时，企业应该注重以下几点：首先，要建立科学、公正的绩效评估体系，确保薪酬分配的公平性和透明性；其次，要关注员工的各种需求，如提供有竞争力的薪酬待遇、健康的工作环境和良好的福利待遇等；最后，企业还应该注重员工的职业发展与培训，提供晋升和学习机会，以激励员工长期发展和忠诚度。

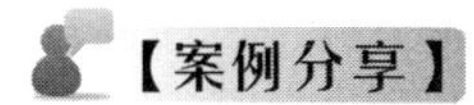

小李与小张的薪酬调整

小李与小张是同一家公司的员工。小张已经在公司工作多年，但总认为自己一直都吃力不讨好。公司设置的薪酬结构由基本工资、岗位工资、工龄工资、加班工资、技能工资、综合补贴组成。除工龄工资、加班工资和技能工资之外，其他工资都是固定的。小张的工龄工资比小李的高，小李虽然入职仅两三年，但已经取得了高级职业资格，因此其技能工资反而比小张高出几百元，这样，双方的工资相差无几，这让小张心里很不平衡。

他认为自己作为资深员工，工资居然和进公司没几年的小李的工资差不多，这让他感到非常不公平，因此他向公司提出涨薪 600 元的要求，并以辞职相威胁。公司认为开这样的先例不利于后续的员工管理，但又想挽留经验丰富的小张。因此，公司在保持总体薪酬水平大致不变的情况下，增加了绩效工资和分红，提高了技能工资的占比，降低了其他组成部分的比例。这样，年轻员工可以通过提高绩效、考取高级职业资格证书提高工资水平，资深员工可以通过一定的分红福利和考取技能证书来提高自己的工资水平，而分红往往与公司绩效挂钩。这种调整方式获得了大家的认可，员工的工作效率得到了有效提高。

某公司的薪酬调整

某公司是一家新兴的科技公司，主要从事软件开发和信息技术服务。该公司注重员工的技术能力和创新思维，虽然如此，依旧面临着激烈的市场竞争。因此，该公司设计了一套合理的薪酬包结构，旨在吸引和激励高素质的员工。

首先，该公司的薪酬包结构分为基本工资、绩效奖金和福利待遇三个部分。基本工资是根据员工的岗位等级和工作经验确定的，保障了员工的稳定收入。绩效奖金通过对员工在项目中的表现进行评估，并根据其实际工作贡献给予奖励。福利待遇包括五险一金、带薪假期、职业发展机会等，为员工提供了一系列福利。

其次，该公司的薪酬定位与调整策略主要基于员工的技术能力和工作表现。公司将员工分为几个级别，根据员工在不同级别下所需具备的技能和经验来进行薪酬定位。对于新员工，公司注重他们的学习能力和工作潜力，并给予相应的培训和发展机会。对于有一定工作经验的员工，公司注重他们的项目表现和创新能力，通过绩效评估来决定奖金和涨薪幅度。

最后，该公司定期对薪酬进行调整。每年年底，公司都会进行绩效考核和薪酬调整。绩效考核主要是评估员工的工作表现和对公司的贡献，以及对公司目标的实现程度。薪酬调整则是基于绩效评估结果和市场薪酬水平进行确定，既能激发员工的工作积极性，也能保持公司的市场竞争力。

总之，企业薪酬包结构、薪酬定位与薪酬调整是企业人力资源管理中的重要内容，对于吸引和激励人才具有至关重要的作用。企业应该根据自身的实际情况和市场需求，建立科学、合理的薪酬体系，并定期进行调整，以保持竞争力和可持续发展。

第三讲　战略补贴不计入部门成本

战略补贴，是企业为了实现战略目标而向特定部门或项目提供的资金支持。在某些情况下，企业为了鼓励创新，推动发展或扩大市场份额，会提供战略补贴。然而，是否将这些补贴计入特定部门的经营成本则是需要慎重考虑的问题。

(1) 战略补贴是为了促进特定部门或项目的发展。若将补贴计入部门成本，则可能会给管理者和员工造成误导，使其因过分关注成本控制而忽视了真正的发展需求和创新潜力。对于那些依赖补贴的部门来说，计入成本可能会限制其创新和发展能力。

(2) 对于一些创新型的部门或项目来说，成本是难以量化和衡量的。这些部门通常面临高风险和不确定性，却是企业长期发展的关键因素。如果将战略补贴作为部门成本计入，则可能会给这些重要项目带来过多压力，进而损害企业未来的发展潜力。

(3) 计入成本还可能一定程度上影响相关部门的绩效评估和激励机制。如果补贴始终被视为成本，管理者可能会陷入短期利益的思维定式，忽视长期发展和持续创新的重要性。这样做不仅会削弱企业的竞争力，还会限制员工的动力和积极性。

(4) 战略补贴应该被视为一种投资，而不是纯粹的成本。企业提供补贴是为了实现长期发展目标，并获得更高的回报。因此，将它们计入部门成本可能会导致对投资收益的错误估计。企业应该将其看作为了整个企业的利益而进行的支出，而非简单地视为某个部门的经营成本。

【案例分享】

M 公司的战略补贴

M 公司成立于 2012 年，注册资本达 3 000 万元，公司总部位于广东省深圳市，是一家以电子消费品为主的销售公司。近日，该公司面临着激烈的市场竞争，为了在市场中站稳脚跟，并保持竞争力，该公司决定采用战略补贴的手段来提高销售额。

M 公司开始为销售的一款新型数字相机提供补贴，在原价的基础上对经销商给予一定的折扣。这样，经销商能够以更低廉的价格向消费者销售该款相机，并通过这种销售方式吸引更多的消费者购买，从而扩大市场份额。

然而，在 M 公司的预算和核算过程中，他们选择不将这部分补贴费用计入各相关部门的成本。公司管理层认为这是一种策略性的支出，是为了实现长期竞争力和市场占有率的增长，并非为了实现短期利润的提升。

具体来说，M 公司将所有与这款数字相机相关的成本，如生产、研发、运营等费用计入各个部门的成本，但不包括战略补贴在内的经销商折扣。管理层认为，将战略补贴计入成本会使各部门的利润减少，从而影响员工的绩效考核和对整个企业长期发展战略的投入。

这种做法取得了显著的效果。数字相机的销量迅速上升，市场份额不断扩大。通过提供折扣和补贴，厂商吸引了更多经销商与其合作，提高了产品的知名度和市场认可度。

与此同时，M 公司还投入更多资源用于市场推广和产品创新，以进一步增加市场份额。由于战略补贴不计入部门成本，因此各部门能够保持较高的利润水平，从而为市场推广和产品创新提供了更多资源。

某企业的战略补贴

某大型制造企业为了推动企业转型升级，决定向生产部门提供战略补贴，以促使其采取新的技术和管理模式。该战略补贴将用于购买新设备、培训员工和拓展市场等。然而，公司对于这笔战略补贴是否应计入生产部门的成本进行核算存在争议。

支持战略补贴不计入部门成本的理由如下。

(1) 促进投入新技术：战略补贴的主要目的是鼓励生产部门采取新技术和管理模式，提高生产效率和竞争力。若将补贴视为部门成本，反而可能会增加其负担，降低员工创新的积极性。

(2) 长期效益优于短期损失：尽管战略补贴可能会对财务状况造成一定的负面影响，但从长远来看，提高生产部门的竞争能力将带来更多的利润，最终超过补贴的成本。

(3) 刺激整体经济增长：通过向生产部门提供战略补贴以促进企业的发展，拉动相关产业链上的需求，促进整体经济的发展，从而最终回馈到企业的其他部门。

反对战略补贴不计入部门成本的理由如下。

(1) 扭曲实际成本：战略补贴作为一项资金支出，若不计入生产部门的成本核算，就会影响财务报告的真实性。这可能导致投资者对公司财务状况的误判。

(2) 短期现金流压力：虽然战略补贴在长远来看有益于企业发展，但短期内，它可能会给企业的现金流带来一定的压力，可能对企业的资金运作造成困扰。

(3) 其他部门利益受损：不将战略补贴计入部门成本，可能会削弱其他部门的竞争力，导致企业整体盈利能力下降。

总的来说，对于战略补贴是否计入部门成本，需要根据具体情况具体分析。通常来说战略补贴是为了推动创新、发展和市场扩张，将其计入部门成本可能会有负面影响，如限制企业的发展潜力和投资回报。因此，企业在决策过程中应该综合考虑各种因素，并制定合适的政策来管理战略补贴。

第二节　推行获取分享制，多劳多得

随着社会的进步和经济的发展，传统的薪资制度暴露出一些问题，如员工积极性不高、不同员工的贡献无法更好地予以体现等。为了解决这些问题，越来越多的企业开始推行获取分享制，即多劳多得。它能够激发员工的积极性，增加企业的竞争力，并形成一种公正和合作的工作环境。只有通过共同努力和分享的机制，才能实现更高水平的发展和进步。

第一讲　推行“自下而上”的获取分享制

近年来，我国的社会经济发展迅猛，但也随之出现一些深层次的问题。贫富差距拉大、资源分配不平衡等现象逐渐凸显，这些都是亟须解决的挑战。在这样的背景下，推行“自下而上”的获取分享制就具有重要意义。下面将简单介绍如何才能推行“自下而上”的获取分享制，如图 8-1 所示。

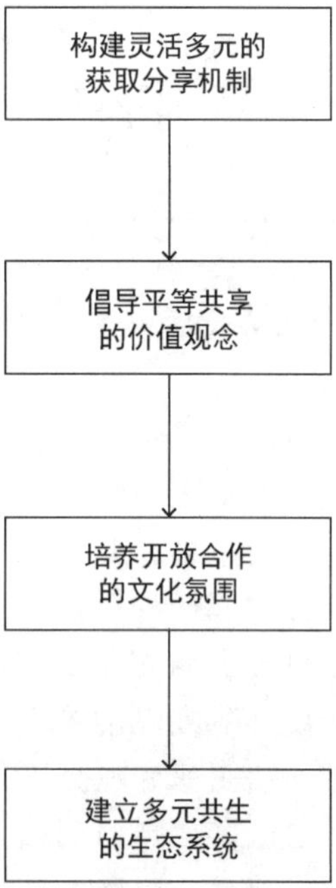

构建灵活多元的获取分享机制
↓
倡导平等共享的价值观念
↓
培养开放合作的文化氛围
↓
建立多元共生的生态系统

图 8-1　推行“自下而上”的获取分享制

1. 赋能个体，释放创造力——构建灵活多元的获取分享机制

随着社会的进步和科技的快速发展，传统的“自上而下”模式已经难以适应复杂多变的社会需求。为了实现创新与包容的新型发展模式，必须转变思维，推行“自下而上”的获取分享制。这一制度将以个体为核心，通过赋能个体、释放创造力的方式，构建一个灵活多元的获取分享机制。

2. 激发个体潜能，促进全员参与——倡导平等共享的价值观念

在“自下而上”的获取分享制中，强调个体的重要性，并致力于激发个体的潜能。每个个体都应被视为一个独立的创造者，有自己的价值和贡献。追求平等共享的价值观念，鼓励全员参与并分享各自的成果。通过搭建公开透明的平台，每个人都可以自由表达自己的观点和想法，获得公平的收益。

3. 激发创新思维，提升系统效能——培养开放合作的文化氛围

“自下而上”的获取分享制需要培养创新思维，并营造开放合作的文化氛围。通过激励个体积极创新与探索，提升整个系统的效能。鼓励跨界合作和知识共享，促进各领域的交流和碰撞，为创新提供更广阔的空间和机会。

4. 融合远近优势，实现持续发展——建立多元共生的生态系统

在推行“自下而上”的获取分享制的过程中，要注重融合远近优势，实现持续发展。无论是个体还是组织，都可以在这一生态系统中找到归属感和价值感。鼓励优质资源的共享和流动，打破壁垒和门槛，创造更加宽松和开放的合作环境。

推行“自下而上”的获取分享制是一个艰巨且必要的任务。它不仅能够实现创新与包容，还能赋能个体，释放创造力，激发创新思维，提升系统效能，促进全员参与，打破壁垒，实现持续发展。推动这一新型发展模式，可以建立一个更加公正和包容的社会，为个体和整个社会的发展提供更大的机遇与可能。

第二讲　给奋斗者“加满油”，保持奋斗热情

在当今竞争激烈的商业世界中，奋斗者是企业最重要的资产之一。他们努力工作，充满热情，并致力于实现企业的目标。然而，任何人在工作中都会有低迷的时候，这时，就需要企业给奋斗者“加满油”，帮助他们保持奋斗的热情。

首先，企业应该提供一个积极的工作环境。一个充满活力和正能量的工作场所有助于激发奋斗者的潜能。这可以通过鼓励员工进行团队合作，培养互相尊重和支持的文化来实现。此外，营造一个开放的沟通环境也非常重要。奋斗者需要知道他们的声音被听到，并且他们的观点和反馈受到重视。这将增强他们的参与感和认同感。

其次，激励机制对于保持奋斗者的热情至关重要。经济奖励是激励员工的重要方式，但并不是唯一的方式。企业可以提供晋升机会、提供专业培训和发展计划来激励员工。此外，认可和表彰工作的重要性也是非常有效的方式。企业可以制定一些奖励制度，如员工月度或季度表彰，来表扬那些有良好表现的奋斗者。

再次，企业还应该关注员工的工作和生活平衡。过度劳累和过度压力会使人丧失生活热情和工作动力。因此，企业应该倡导员工合理安排工作时间，并提供灵活的工作安排选项，如弹性工作时间或远程办公等。与此同时，企业还可以鼓励员工积极参与体育活动和倡导健康生活方式，并提供相关的福利和支持。

最后，企业应该鼓励和培养员工的创新精神。奋斗者通常是有想法和创造力的人，他们渴望在工作中展示自己的才能。因此，企业应该为员工提供展示和实践创新想法的平台。这可以通过组织创新项目、鼓励创新团队和提供资源和支持来实现。

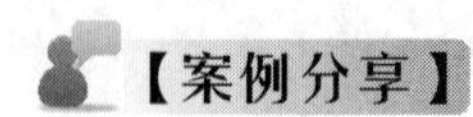

L公司的激励措施

L公司是一家知名的互联网科技公司，在行业内有着极高的声誉。公司清楚地认识到，只有拥有一支充满激情、积极向上的员工队伍，才能不断进步和发展。因此，他们采取了一系列措施来激发员工的工作热情。

首先，L公司注重营造正向的工作氛围。他们定期举办了团队建设活动，鼓励员工相互交流、分享工作经验和心得，增强团队协作意识。例如，每月的团队聚餐活动成为员工交流的良好平台，同时也能提升员工的归属感和凝聚力。

其次，L公司通过激励机制来激发员工的奋斗热情。他们制定了一系列的奖励制度，包括优秀员工奖、最佳团队奖等，以表彰那些在工作中取得突出贡献的员工。此外，他们还定期举办了荣誉颁奖典礼，并向获奖者颁发荣誉证书和实物奖励。这些措施不仅能激励个人的成就欲望，还能促进整个团队的积极竞争氛围的形成。

再次，L公司注重员工的职业发展。他们鼓励员工参加培训课程和行业会议，提供晋升机会和职业指导，帮助员工实现个人发展目标。此外，他们还鼓励员工提出自己的创新想法，并构建了创新奖励机制，以便更好地发挥员工的才华和创造力。

最后，L公司给予员工灵活且具有竞争力的薪酬待遇。他们调研市场薪酬情况，并根据员工的工作表现进行考核，给予合理的薪资和绩效奖金。此外，该企业还提供丰富多样的福利待遇，如员工活动经费、健康体检、带薪年假等，以保障员工的物质生活和工作满意度。

通过以上种种措施，L企业成功地为员工“加满油”，激励并保持了员工的奋斗热情。在他们的引领下，所有员工都能够全身心地投入工作，追求卓越并创造出卓越的业绩。正是这种致力于员工发展的文化氛围，使该企业成为业界的励志模范，吸引了大量优秀的人才加入并共同成长。

某公司的“奋斗者加油计划”

某公司是一家注重员工发展的知名企业，在助力员工保持奋斗热情方面有着杰出表现。为了鼓舞员工斗志，并激发他们的潜力，该公司提出了“奋斗者加油计划”。

首先，该公司建立了一套完善的职业发展机制。每位新入职的员工都会被安排在具体的岗位上，并有明确的晋升标准和职业目标。与此同时，公司为员工提供广泛的培训与学习机会，包括内部培训、外部研修及参与行业性的交流活动等。公司为员工提供专业知识和领导力培训，公司帮助他们不断完善自己的能力，并为未来的职业发展铺平道路。

其次，该公司注重员工的工作环境和福利待遇。公司为员工提供了宽敞、明亮的办公场所和先进的办公设施，为员工创造了舒适的工作环境。此外，公司还举办了各种活动，如团建、年会和节日庆祝等，增强了员工的凝聚力和归属感。与此同时，公司还制定了一系列完善的福利政策，为员工提供包括健康保险、休假制度和高额奖金等在内的福利，让他们在工作中感受到企业的关怀。

最后，该公司重视员工的反馈和沟通。定期开展员工满意度调查，并以结果为依据进行不断的改进。此外，公司鼓励员工与领导进行开放式对话，分享工作中的困惑和感受，同时，公司领导也积极倾听员工的意见和建议，并及时解决问题。这种良性的沟通机制有效地提升了员工的工作满意度和忠诚度。

“奋斗者加油”计划不仅帮助该公司吸引了一大批优秀的人才，更为员工提供了持续发展的机会和动力，让每个奋斗者在企业的关怀和支持下坚定地前行。在这样的企业环境中，员工始终保持着奋斗的热情和激情，不断突破自我，为实现自己的价值而努力奋斗。

以上两个案例表明，企业给予奋斗者足够的支持和关注，为他们“加满油”，进一步激发员工的工作激情和创造力。只有与企业共同成长的员工，才能在职场中实现自己的价值，并为企业的发展贡献力量。

总而言之，企业需要认识到，奋斗者是企业成功的关键。企业提供积极的工作环境、激励机制、工作、生活平衡和创新培养，可以给奋斗者“加满油”，帮助他们保持奋斗热情，并取得更好的成绩。只有这样，企业才能在竞争激烈的商业环境中脱颖而出。

第三讲　多做贡献，多拿年终奖和项目奖

做好自己的本职工作是对每个员工的基本要求，但仅仅完成任务并不能带来更多的回报。如果希望获得更多的财务奖励，如年终奖和项目奖，就需要员工多做贡献。下面，简单介绍如何才能多做贡献。

首先，多做贡献意味着超越工作要求。不满足于仅仅完成工作任务，而是要主动寻找机会扩大自己的影响力。例如，可以提出创新的想法和建议，积极参与团队会议，并参与决策。当员工展示出对工作的热情和专业能力时，将更容易被公司认可，并有机会获得额外的奖励。

其次，多做贡献也意味着帮助他人。团队合作是成功的关键，分享知识和经验不仅对他人有益，还能够展示一定的领导潜力。此外，还可以主动向其他同事提供协助，分享资源和信息，帮助团队迅速达到共同目标。这种合作精神会得到上级的注意和赞赏，为员工带来更多奖励。

再次，积极、主动地承担责任也是多做贡献的关键。面对团队中的挑战和困难，要表现出积极的态度，并积极提供解决方案。展示员工的应变能力和解决问题的意愿，会得到上级的赞誉和奖励。此外，虽然年终奖和项目奖通常是由上级发放，但同

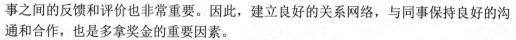

事之间的反馈和评价也非常重要。因此，建立良好的关系网络，与同事保持良好的沟通和合作，也是多拿奖金的重要因素。

最后，在追求奖励时，也不能忽视公司的整体利益。除了个人能力和努力，与公司的目标相一致、履行职责，也是至关重要的。只有在公司业绩达成的基础上，公司才可能提供更多的奖励。因此，要努力工作，与团队共同为公司的发展而努力，以实际行动证明自己是优秀员工。

【案例分享】

小李的晋升

小李是 A 公司的员工，他一直以来都非常勤奋努力，对自己的工作总是充满激情。他在岗位上不仅按时完成任务，还总是力求更好的成绩，持续提高自己的工作质量与效率。尽管同事认为他是一个工作狂，但小李始终坚信努力工作会得到回报。

他主动承担更多的工作项目，加班时间也总是比别人长。他积极思考并提出许多改进公司内部工作流程的建议，其中有些甚至得到了经理层的采纳并实施，为公司节约了大量的时间与资源。

小李凭借着他的卓越表现脱颖而出，不仅得到了丰厚的年终奖，还被评为优秀员工，并得到了额外的项目奖金。公司领导对他的付出给予了高度的认可与赞赏，并提拔他为团队的负责人。

小王的回报

小王是某互联网公司负责前端开发的员工。他非常热爱前端技术，也始终关注行业的最新动态，并积极学习新的技能和工具。他出色地完成公司每次交给他的任务，并且还主动寻找一些未分配的项目，向团队领导提出自己的建议。

在一个项目中，小王独立负责一个复杂的功能模块的开发，他投入了很多心血和时间去解决各种技术难题。最终，他不仅按时交付了高质量的工作，还结合自己的经验提出了一些优化方案，使整个项目的效率得以提高。

小王的优秀工作引起了团队领导的关注。经过一段时间的观察与评估，公司决定将卓越员工奖颁发小王，奖金为 20 000 元，以表彰他在项目中的杰出表现。此外，在公司推出一个新的项目中，小王成为项目的核心成员，参与项目建设。

总的来说，多做贡献是获得年终奖和项目奖的关键。不满足工作要求，帮助他人，承担责任，以及与公司的整体利益相一致，将帮助员工在工作中获得更多回报。所以，不断提升自己的能力和表现，向上级展示自我的价值和潜力，是成功和获得奖金的重要途径。

第三节　打破平衡，拉开价值分配差距

打破平衡并拉开差距是企业发展不可避免的。它既可能带来创新和发展，也可能导致企业不平等和不稳定。因此，努力寻求一个能够保持相对平衡的生存机制，使员工追求个人成功的同时，也能够为公司的发展做出贡献，这是企业亟须解决的问题。本节将为大家详细介绍企业如何打造一个能够保持相对平衡的生存机制。

第一讲　价值分配上要打破平衡

一个企业成功的关键之一在于拥有良好的价值分配机制。然而，随着市场的变化和竞争的日益激烈，许多企业发现自己陷入了一个困境——价值分配过于平衡，无法适应市场发展的需求。本讲将探讨如何打破这种平衡，实现更具高效性和创新力的企业价值分配，如图 8-2 所示。

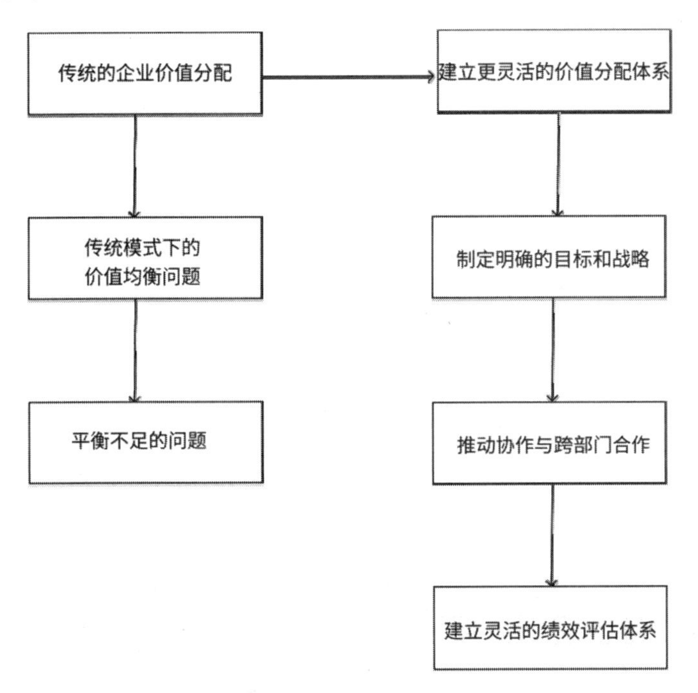

图 8-2　价值分配机制

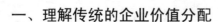

一、理解传统的企业价值分配

1. 传统模式下的价值均衡问题

在传统的企业价值分配模式中，公司通常采用传统的层级结构和分工体系。这种模式的价值几乎是均等地分配给各个部门和岗位，最终导致资源无法被优先投入更具有竞争优势的领域。例如，传统的销售团队可能获得较大份额的资源，而研发团队则可能受限于有限的资源。

2. 平衡不足的问题：创新受限

传统模式下的平衡需求往往难以满足，许多企业发现自己在创新方面受限。创新更为脆弱的部分，如研发和市场营销，又往往得不到足够的关注和资源，这使企业难以推出具有竞争力的新产品或服务。

二、突破平衡：建立更灵活的价值分配体系

1. 制定明确的目标和战略

要摆脱价值均衡的困境，企业需要制定明确的目标和战略。这意味着公司必须明确确定哪些领域是最需要资源和投资的，并将其作为重点发展的方向。例如，如果市场营销被确定为增长的关键驱动力，那么，相应的资源就应该集中在市场营销团队上。

2. 推动协作与跨部门合作

为了实现更高效的价值分配，企业需要推动部门内的协作和跨部门合作。不同部门的互动和知识共享可以带来创新和更好的资源利用。例如，销售团队和研发团队的密切合作，可以快速推出更符合市场需求的产品。

3. 建立灵活的绩效评估体系

传统的绩效评估体系过于依赖层级结构和固定指标，这会使企业价值分配上难以灵活调整。因此，建立一个灵活的绩效评估体系非常重要。例如，企业可以采用基于项目结果和创新能力的评估方法，以更好地奖励那些为企业带来核心价值的团队和个人。

【案例分享】

L公司的价值分配

L 公司是一家全球知名的在线流媒体公司，其以独特的商业模式和创新的内容制作方式而闻名于世。在早期发展阶段，L 公司面临着巨大的竞争压力，需要在资源有

限的情况下快速发展和吸引用户。然而，传统的平衡分配模式并不能满足 L 公司的需求。

为了打破这种平衡，L 公司采取了一系列创新措施。首先，他们开发了独特的内容，通过投资大量资金购买优质原创剧集，吸引用户和增加订阅量。L 公司还推出了独家的影视作品，通过与一些知名的电视制片公司合作，借助网络媒体的优势实现自主内容的制作和发布。

其次，L 公司在价值分配中给予员工更多的权益。他们通过股票期权、福利待遇和员工持股计划等激励手段，让员工与企业共享成长的红利，并鼓励员工创新和积极促进公司发展。

再次，L 公司以用户为导向，注重用户体验和满意度。他们通过不断提升技术和服务水平，改进界面设计和推荐算法，尽力满足用户的需求。这种以用户为中心的思维方式使 L 公司保持了较高的用户留存率和市场份额。

最后，L 公司在价值分配上注重社会责任。他们通过减少环境污染、支持公益事业、捐赠资金等方式回馈社会，树立了良好的企业形象。

综上所述，L 公司打破了传统的平衡分配模式，在价值分配上取得了巨大的成功。他们通过独特的内容、员工激励、用户体验和社会责任等方式，创造了自身的竞争优势，实现了业务的快速发展和利益最大化。

某公司在价值分配上打破平衡

某公司是一家知名的科技公司，多年来一直采用传统的利润分配模式，即将净利润的大部分返还给股东，员工仅拥有固定工资。然而，随着行业竞争的加剧，公司开始面临人才流失的挑战。

为了留住人才，公司决定在价值分配上打破平衡。他们制定了一个新的利润分配方案，将一部分净利润用于员工持股计划。通过这一计划，员工可以购买公司股票，并与股东共享公司的红利。

这个决策迅速在公司内部产生积极的影响。员工感到自己被重视和认可，他们不再把公司仅仅看作工作的场所，而是把公司当作自己的事业和家庭。他们开始更加积极地投入工作，为公司的发展做出了更大的贡献。

此外，员工持股计划也激发了员工的创新精神和主动性。因为他们成为公司的股东，对公司的利益和发展也更加充满动力和责任感。他们开始提出各种改进方案和创新想法，为公司带来了更多的价值。

这一改变也取得了显著效果。公司的业绩迅速提升，市场份额不断扩大，吸引了更多的投资者和合作伙伴。股价也得到了大幅的提高，员工持股计划的价值大幅增长，为员工带来了丰厚的回报。

通过打破平衡在价值分配上，该公司不仅成功留住了核心人才，还提高了员工的士气和工作效率。员工持股计划的实施，不仅让员工分享了公司的发展红利，还激发了他们的创造力和积极性，推动了公司快速发展。

总的来说，随着市场竞争的不断加剧，传统的平衡型企业价值分配模式已经无法适应市场发展的需求。为了实现更具灵活性和创新性的企业价值分配，企业需要制定明确的目标和战略，并推动协作与跨部门合作。此外，建立灵活的绩效评估体系也是关键。通过这些措施，企业能够突破平衡，实现在价值分配上的差异化与领先优势。

第二讲 缩小员工之间的收入差距

建立一个公平和公正的薪酬体系，是公司人力资源管理的重要工作。科学合理的薪酬制度不仅能有效地缩小员工之间的收入差距，还能激发员工的工作动力和积极性。本讲将探讨如何通过建立明确的工资方案、加强培训等措施来实现这一目标，如图8-3所示。

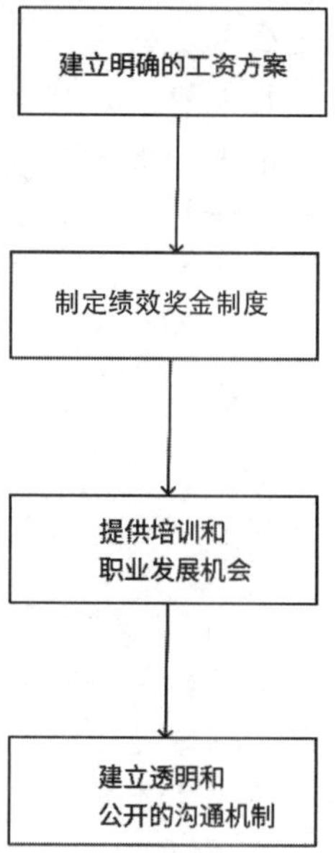

建立明确的工资方案 → 制定绩效奖金制度 → 提供培训和职业发展机会 → 建立透明和公开的沟通机制

图8-3 合理的薪酬制度

1. 建立明确的工资方案

建立公平的薪酬体系，首先要制定明确的工资方案。这意味着公司要根据员工的职位、工作内容和业绩等因素来确定员工的薪资水平。通过界定各个职位的工资范围，可以确保相同岗位的员工获得相似的薪酬待遇，减少由于个人因素造成的薪资差异。

2. 制定绩效奖金制度

除了基本薪资，公司还可以制定绩效奖金制度，以进一步缩小员工之间的收入差距。通过制定明确的绩效指标和评估体系，公司能够公正地评估员工的工作表现，并为他们提供实际可感知的经济激励。这样，高绩效的员工将获得相应的奖励，从而在收入上与其他员工缩小差距。

3. 提供培训和职业发展机会

缩小员工收入差距的另一个关键点是提供培训和职业发展机会。通过培养员工的专业技能和才能，公司可以为其提供更多的晋升机会，从而增加收入的增长空间。与此同时，公司还应该定期开展培训活动，提升员工的综合素质和工作能力，以便他们能够胜任更高级别的岗位，并相应地提升自己的薪资水平。

4. 建立透明和公开的沟通机制

为了确保员工认可和信任薪酬体系，建立透明和公开的沟通机制就是至关重要的。公司应该定期向员工说明薪酬设计的原则和标准，以及决定薪资水平的考量因素。此外，公司还应该与员工进行定期的沟通，包括对绩效和薪资的反馈，使员工对自己的付出和回报有清晰的认知，从而减少因信息不对称产生的收入差距感。

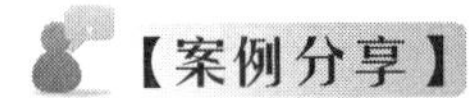

【案例分享】

H公司的薪酬差距改变

H公司是一家刚成立不久的初创公司，在市场上以其创新性产品和快速发展而闻名。然而，该公司在薪酬方面却备受争议。据在职员工透露，该公司的高层管理人员享有丰厚的薪酬待遇，而普通员工的薪资却较低，甚至无法满足基本的生活需求。

这种巨大的收入差距引发了员工的不满和抱怨。普通员工认为，他们付出了同样的努力和时间，却未能得到应有的回报。与此同时，收入不平等导致了员工之间存在着明显的阶级分化感。有些员工感觉自己被边缘化，缺乏晋升和发展的机会，从而影响了员工的工作积极性和整体工作效能。

这种巨大的薪酬差距也引发了社会的关注。人们开始质疑，一家公司是否应该在薪酬分配上更加公平、合理，并呼吁加强对企业薪酬差距的监管和调控。

面对这一情况，H公司高层管理人员意识到了公司薪酬体系的不合理，他们决定采取措施来缩小员工的收入差距。首先，他们提高了普通员工的基本工资，并为员工提供了一系列的福利待遇，如健康保险、培训机会等。其次，公司还提供了绩效奖金和晋升机会，以激励员工并给予他们晋升的机会。

随着这些措施的落实，员工的抱怨声逐渐减少，员工对公司的归属感和忠诚度也得到增强。公司的整体工作氛围也变得更加和谐和稳定。

某公司改善薪酬方案

某公司是一家大型跨国企业，在全球拥有数千名员工。过去，公司内部存在着明显的薪资差距，高级管理层的收入远高于基层员工。这导致了员工士气低落，基层员工感受到了不公平待遇，团队合作意愿下降，甚至出现了一些不满情绪。为了解决这个问题，该公司采取了以下措施。

(1) 制定公正的薪酬方案：公司内部成立了一个由高级管理层和基层员工代表组成的薪酬调整小组。他们通过深入调研和分析，制定了一项公正的薪酬方案，确保不同岗位之间的薪资差距合理且透明。

(2) 加强培训与发展机会：公司注重培养员工的技能和能力，并提供更多的培训与发展机会，以提升基层员工的综合素质。这样可以提高他们的竞争力，有望晋升到更高职位，从而实现薪资的增长。

(3) 实施绩效评估制度：公司建立了科学可行的绩效评估制度，以客观、公正的方式评估员工的表现，并根据其表现与业绩给予合理奖励。这样，无论是高级管理层

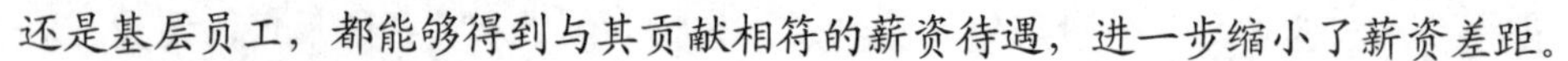

还是基层员工，都能够得到与其贡献相符的薪资待遇，进一步缩小了薪资差距。

(4) 提倡透明和沟通：公司注重透明和沟通，定期向员工说明公司业绩和财务情况，并积极听取员工的意见和建议。这种开放性的沟通可以减少员工对薪资差距的猜测和不满情绪，进而增加他们对公司的信任和认同。

通过上述措施，该公司取得了显著的成果。首先，员工士气得到提升，工作积极性明显增强，团队合作效果明显。其次，员工离职率大幅下降，基层员工转化为高级管理层的成功案例也逐渐增多。最重要的是，公司更加具有企业社会责任意识，与员工建立了和谐的关系，提高了外部声誉。

总的来说，构建公平和公正的薪酬体系，公司能够有效地缩小员工之间的收入差距。建立明确的工资方案、制定绩效奖金制度、提供培训和职业发展机会，以及建立透明和公开的沟通机制等措施，有助于增强员工的归属感和激情，实现公司与员工共同发展的目标。

第三讲　让“拉车人”比“坐车人”拿得多

在当今社会，劳动者和企业之间的关系一直是以雇佣关系为基础的。而在这个关系中，劳动者一直通过劳动为企业创造价值并获得报酬。然而，随着时间的推移和社会的进步，劳资关系的调整成为一个重要的工作。

1. 劳动力的不平等现象

1)　“拉车人”的辛劳与待遇不足

“拉车人”作为一种最基础的劳动形式，其辛勤付出所带来的巨大贡献经常被忽视。然而，由于工资问题，“拉车人”往往难以获得应有的报酬。相比之下，“坐车人”却常常能够轻松享受高额收入。

2)　劳资关系的演变与政策调整的必要性

对于劳动力的不平等现象，社会各界普遍认识到其不公平性，并共同呼吁对劳资关系进行调整。政府和企业需要积极采取措施，解决劳动力的耕耘与分配不均衡问题。

2. 让“拉车人”比“坐车人”拿得多的策略选择

让“拉车人”比“坐车人”拿得多的策略选择，如图8-4所示。

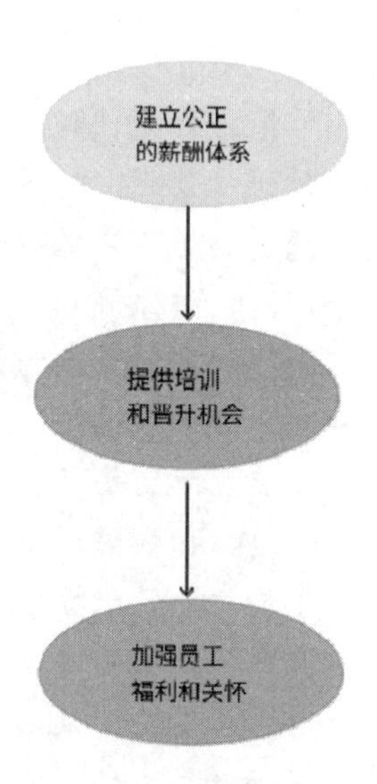

图8-4　促进劳资平衡

1）　建立公正的薪酬体系

企业可以建立公正的薪酬体系，解决“拉车人”收入不足的问题。这意味着，通过科学的评估和激励机制，并根据工作量、工作质量和工作效率等因素确定合理的薪资水平，确保“拉车人”获得与其付出相匹配的回报。

2）　提供培训和晋升机会

通过提供培训和晋升机会，企业可以帮助“拉车人”提高技能水平和能力，从而提升其价值和收入。与此同时，通过建立清晰的职业发展路径，激励劳动者在岗位上更加努力，并鼓励他们为企业的发展做出更大的贡献。

3）　加强员工福利和关怀

关怀员工的身心健康，并提供良好的工作环境和各种福利待遇，是实现劳资平衡的重要保障。企业应该关注“拉车人”的工作条件和生活需求，并提供合理的休假制度、养老保险、医疗保障等福利待遇，以增强员工的工作满意度和忠诚度。

总的来说，通过建立公正的薪酬体系、提供培训和晋升机会，以及加强员工福利和关怀，企业可以促进劳资平衡，使“拉车人”比“坐车人”拿得更多。只有在这样的劳资关系调整中，企业才能实现可持续的发展，并为劳动者创造更多机会和价值。

第四节　基层员工获得有竞争力的薪酬

在竞争激烈的市场中，提高基层员工的薪酬竞争力是企业可持续发展的重要保障。优化薪酬体系，建立以绩效为导向的薪酬制度，构建培训与晋升机制，制定透明、公正的薪酬制度，优化福利待遇和培养企业文化，企业可以因此吸引更多优秀的基层员工，并激发他们的工作潜力与创造力。只有让基层员工获得有竞争力的薪酬，才能实现企业和员工共同成长与繁荣。

第一讲　价值分配要照顾到企业的每个角落

在当今竞争激烈的商业环境中，企业需要全面重视适当的价值分配。这不仅能帮助企业保持竞争优势，还能提升股东满意度，增强员工忠诚度，并建立长期稳健的合作伙伴关系。本讲将重点研究价值分配的角落，以促进企业的整体发展，如

图 8-5 所示。

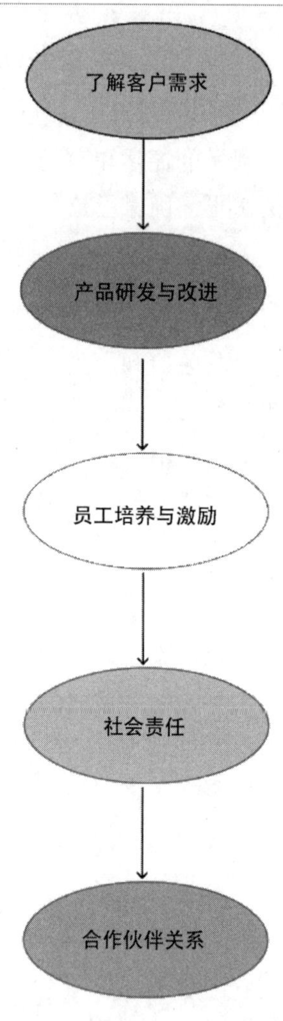

图 8-5　价值分配的角落

1. 了解客户需求，提供定制化解决方案

为了实现全面的价值分配，我们首先必须深入了解客户的需求。只有准确把握客户的“痛点”和期望，才能提供定制化的解决方案，让客户感受到真正的价值。

2. 创新思维，产品研发与改进

在价值分配的过程中，创新思维是至关重要的。持续地进行产品研发和改进，可以不断提升产品的竞争力和附加值，满足客户日益增长的需求，以保持企业在市场中的领先地位。

3. 员工培养与激励，持续发展

除了客户需求，企业的员工也是价值分配的重要考虑因素。培养和激励员工，为他们提供成长和发展的机会，企业可以激发员工的工作热情和创新能力，进而实现企业的持续发展和良好绩效。

4. 社会责任，可持续发展

企业在追求利润的同时，也需要承担社会责任，关注可持续发展。落实环保政策、参与公益事业及回馈社区，企业可以树立良好的形象，赢得股东、员工和客户的尊重和支持。

5. 合作伙伴关系，共同成长

一个成功的企业不仅需要与客户保持良好的合作伙伴关系，还需要与供应商、合作伙伴等建立紧密的合作伙伴关系。通过共同成长和互利共赢，企业可以充分利用合作伙伴的资源，从而推动产业的发展和进步。

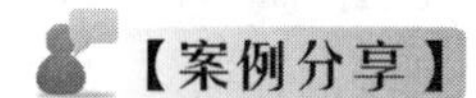
【案例分享】

A 公司的价值分配

A 公司是一家大型的物流运输企业，成立于 2003 年，注册资本达 3 000 万元，在职员工达 6500 余人。A 公司有一个专门负责物流管理的部门，该部门负责从原材料采购到成品出货的整个流程。然而，公司内部对该部门的重视程度不足，他们的工作经常被忽视。

一天，A公司接到一份大订单，要求短时间内完成生产和交付。这个任务对物流部门来说是一个巨大的挑战，因为他们需要协调各个环节的工作，确保及时供应原材料，有效组织生产和准时发货。

然而，在任务开始的早期阶段，物流部门就遇到很多困难。由于缺乏足够的支持和资源，他们无法在短时间内安排运输和物流工作。与此同时，他们在供应链中的地位相对较低，常常受到其他部门的忽视。

为了解决这个问题，物流部门的负责人决定与其他部门进行沟通并协调工作。首先，他们与采购部门对接，以确保原材料能够及时供应。其次，他们与生产部门合作，制订了一个详细的生产计划，并与仓储部门进行协商，以确保产品库存的及时补充。最后，他们与销售部门紧密合作，确保订单能够及时出货。

通过与其他部门的紧密合作，物流部门成功地完成了任务。他们及时供应所需的原材料，有效组织了生产过程，并按时发货。这不仅使客户满意，还提升了整个公司的声誉。

某餐饮企业的价值分配

某知名餐饮连锁企业在开业初期面临着市场竞争的压力与品牌培育的困境。为了摆脱这一困境，该企业决定进行全面的价值分配重新调整，并突出重视企业每个角落的需求。

第一，该企业大力提升了产品和服务的质量。他们明确了自己的竞争优势，并持续改进菜品的味道和口感。通过引进高品质食材、聘请专业的厨师团队及改进烹饪工艺等方式，保障每一道菜品的品质。与此同时，他们还注重提高服务质量，加强员工培训，确保顾客在用餐过程中享受到周到细致的服务体验。

第二，该企业注重提升供应链的效率和透明度。他们与供应商建立了长期稳定的合作关系，并优化了物流配送系统。通过实施信息技术实现供应链的数字化管理，促进了供应链各环节的紧密配合和信息共享。这一举措不仅减少了采购成本，还保障了原材料的质量和供应的稳定性。

第三，该企业加强了员工的激励机制和培训计划。他们意识到，员工是企业的重要资源，只有激发员工的积极性和创造力，才能为企业创造更多的价值。因此，他们提供具有竞争力的薪酬福利、提供职业发展机会和培训计划，吸引和留住了优秀的员工。员工的专业技能和服务意识的提升，为企业的价值创造提供了有力的支持。

第四，该企业注重履行社会责任。他们积极参与社会公益活动，关注环境保护和社区建设。该企业通过向社会传递积极的企业形象和价值观，赢得了更多的支持和认可。

总的来说，价值分配要照顾到企业的每个角落，这是企业管理中不容忽视的重要课题。合理分配资源和利益，企业能够增强员工的满意度和工作积极性，加强与合作伙伴的合作关系，树立良好的社会形象。只有将每个角落都考虑到，企业才能实现全面的发展和长久繁荣。

第二讲　给应届生开出高于行业水平的薪酬

在当今竞争激烈的就业市场中，应届生对自己的职业发展充满期待和渴望。作为雇主，给予应届生高于行业水平的薪酬不仅可以吸引优秀的人才，还能为企业带来许多好处。本讲将详细介绍如何给应届生开出高于行业水平的薪酬，并帮助企业在激烈的竞争中脱颖而出，如图 8-6 所示。

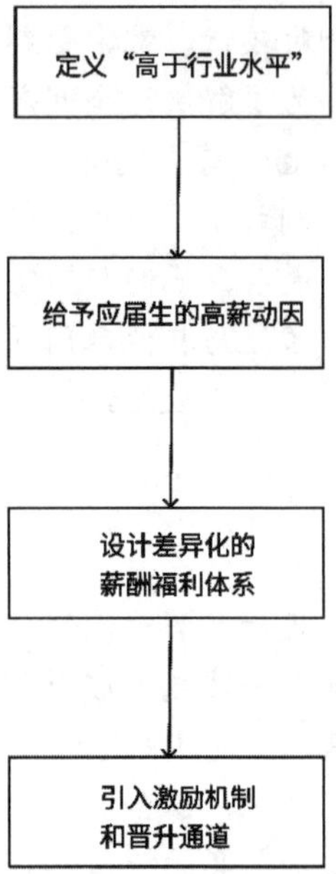

定义“高于行业水平”

给予应届生的高薪动因

设计差异化的
薪酬福利体系

引入激励机制
和晋升通道

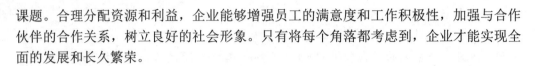

图 8-6　给应届生开出高于行业水平的薪酬

1. 定义“高于行业水平”

要为应届生提供高于行业水平的薪酬，首先就要明确什么是“高于行业水平”。这并不意味着盲目提高薪资水平，而是要根据合理调研和市场分析，制定一个符合行业趋势的高薪标准。真正了解目标人群的期望和市场需求，可以建立令人惊喜的薪酬体系。

2. 给予应届生的高薪动因

高于行业水平的薪酬可以成为吸引优秀人才的强有力动因。应届生渴望展现自身潜力并实现职业目标，而高薪报酬可以激发他们努力工作和增加投入度。此外，给予应届生高于行业水平的薪酬还能提升企业的口碑和吸引力，为企业在就业市场上赢得竞争优势。

3. 设计差异化的薪酬福利体系

要超越其他企业，就不能止步于提供高薪。差异化的薪酬福利体系可以更好地满足应届生的多元需求。除了基本工资外，还应提供具有吸引力的奖金制度、优厚的福利待遇及个性化的培训，可以真正体现对应届生价值的认可和关怀。

4. 引入激励机制和晋升通道

除了高薪报酬，激励机制和晋升通道也是吸引应届生的重要因素。这些机制可以让应届生在工作中有所期待，并感受到自身价值的提升。通过制定明确的目标和评估体系，及时给予员工回馈和晋升机会，激励应届生充分发挥个人优势，推动企业创新和进步。

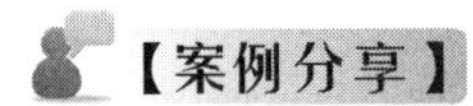

H 公司的薪酬待遇

H 公司是一家知名的互联网科技公司，作为该行业的领军企业，其一直致力于引进优秀的应届毕业生。2018 年，H 公司针对应届生进行了全面的调研分析，主要关注应届毕业生对薪酬待遇的期望和行业水平的评估。

调研结果显示，与其他行业的同龄人相比，在互联网科技行业工作的应届生更加重视工作环境、发展机会和薪酬待遇。尤其是在大城市，高昂的生活成本和激烈的竞争使应届生对薪资的要求更高。因此，公司决定采取一种积极的措施来吸引并留住这些应届生。

首先，H 公司制定了全新的薪酬政策，将实习生转正为正式员工的薪资待遇设置为行业平均水平的 1.5 倍。这一举措使公司与其他同行企业相比，在吸引应届生方面具有明显的优势。其次，企业在招聘过程中加强了宣传工作和推广工作，突出了自身提供的高薪酬待遇，吸引了更多优秀的毕业生积极申请。

经过一段时间，这项新的薪酬政策取得了巨大的成功。H 公司吸引了大量优秀的应届生人才，并成功留住了一部分。他们带来了新思维、新技术和创新能力，并为公司的发展注入了新的活力。与此同时，高于行业水平的薪酬待遇也提升了公司的声誉和品牌形象，在行业内赢得了更多关注和认可。

某公司的薪酬定制模式

某公司是一家中型的电子科技公司，一直以来都以其创新精神和员工福利而闻名。在招聘应届生时，他们坚信给予应届生更高的薪酬会激励他们更加努力地工作，为公司创造更高的价值。

首先，该公司意识到以硬实力吸引应届生的重要性。他们的岗位需求与学生的专业背景紧密结合，充分发挥了就业市场和人才供给的互动关系。通过深入了解每个应聘者的个人优势，并针对他们的特长和经验为其配备最合适的岗位，这样既能满足企业的需求，也能给予应届生发挥才华的机会。

其次，该公司独具匠心地制定了一套薪酬体系。不同于传统的以职位和经验决定薪资水平的方式，他们认为应届生的潜力与年限并非绝对相关。因此，他们将薪酬水平与个人在岗位上的表现和工作贡献相关联。薪资不再是固定不变的，而是有弹性的，根据个人的工作成果和能力进行调整。

最后，该公司还提供了一系列福利待遇，从而使其提供的薪酬不仅高于行业水平，而且更具吸引力。例如，该公司为员工提供了灵活的工作时间，鼓励员工参与培训和进修，并且注重营造良好的工作环境，为员工提供舒适的办公空间。

如果一个应届生表现优异，该公司还会将其作为重要人才培养对象，为他提供晋升的机会及更高层级的职责和薪酬待遇。通过这种激励机制，这家科技公司吸引了许多优秀的应届生加入他们，这进一步巩固了企业的实力和竞争优势。

总的来说，给予应届生高于行业水平的薪酬是一项具有策略性和前瞻性的举措。通过设计差异化的薪酬福利体系及引入激励机制和晋升通道，可以吸引并留住最优秀的应届生。这样的举措为企业带来创新和成功，从而使企业在竞争激烈的市场中脱颖而出。

第三讲　让平凡的岗位发生不平凡的改变

在竞争激烈的商业环境中，企业迫切需要利用一切资源来提高绩效。除了优秀的领导与管理团队，如何让平凡的岗位发生不平凡的改变成为一个关键问题。本讲将探讨几个关键因素和策略，以帮助企业达到这个目标，如图 8-7 所示。

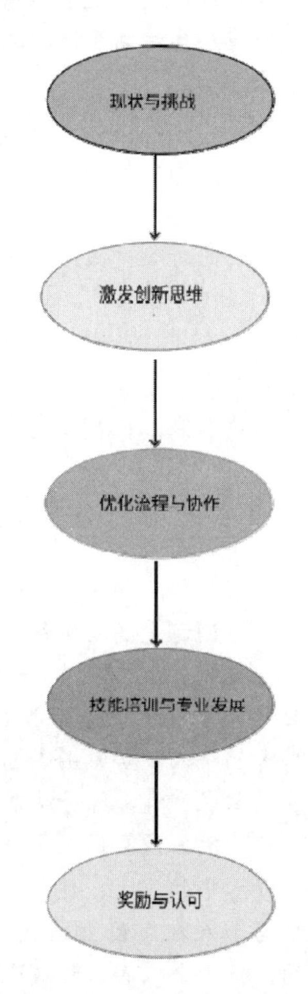

图 8-7　如何让平凡的岗位发生不平凡的改变

1. 现状与挑战：厘清现有岗位的定位和职责，明确需面对的挑战和机遇

在企业中，各岗位都有各自特定的定位和职责，而这往往容易受限于传统思维。为了让平凡的岗位发生不平凡的改变，首先需要详细研究现有情况，并认识到面临的挑战和机遇。

2. 激发创新思维：鼓励员工提出新想法，提升员工解决问题的能力

在改变平凡岗位的过程中，鼓励员工提出新创意是至关重要的。通过建立创新奖励机制，提供员工参与决策和新项目开展的机会，激励他们提出新想法和提升他们解决问题的能力。

3. 优化流程与协作：优化工作流程，提升团队合作效率

畅通的工作流程与高效的团队协作是岗位发生不平凡改变的基础。优化流程、明确责任分工、加强团队之间的沟通与合作等，可以提高团队整体效率，并使平凡的岗位创造出更大的价值。

4. 技能培训与专业发展：提升员工的技能与专业素养

给员工提供持续的技能培训与专业发展机会，是让平凡岗位获得不平凡成就的另一个关键。进行内部培训、整合外部资源，以及提供进修或跨部门交流的机会，使员工不断提升自己的技能与专业素养，为企业创造更大的价值。

5. 奖励与认可：公正评估员工表现，并进行适当的奖励与认可

在改变平凡岗位的过程中，公正评估员工的表现是至关重要的。建立公正的绩效评估体系，对表现优秀的员工给予适当的奖励与认可，可以激发员工的工作积极性和创造力，并推动公司不断发展。

【案例分享】

A企业激发平凡岗位的非凡改变

A企业是一家大型的生产制造企业，成立于2015年，注册资本达6 000万元，随着公司的不断发展，A企业目前正面临平凡岗位缺乏激情和责任感的问题，员工普遍缺乏工作积极性，导致工作效率低下。为了改变这种现状，A企业采取了一系列创新管理措施，并为员工提供了各种发展机会，使平凡岗位焕发出非凡的活力与成效。

首先，A企业在员工中营造了一种团队合作的文化氛围。每个员工都被视为团队的一分子，而不仅仅是完成工作任务的机器。企业鼓励员工之间进行交流与协作，以解决问题并互相学习。通过组建跨部门的项目小组，不仅增进了员工之间的沟通和合作，还提高了整体工作效率。

其次，A企业注重员工的培训与发展。平凡岗位的员工不仅得到了基本技能培训的机会，还得到了更广泛的专业知识和技能的提升机会。企业鼓励员工参加内、外部培训，研讨会和行业会议，并提供相应的经济支持和时间安排。这使员工在平凡岗位上能够拓宽自己的视野，提高工作质量和工作效率。

再次，A企业还创新管理模式，制定明确的目标，建立起绩效考核和激励机制。平凡岗位的员工在完成日常任务的同时，还被赋予了更多的自主权和决策权。制定奖励机制，在工作中表现出色的员工将获得额外的激励与奖励，激发他们的创新潜力和工作动力。

最后，A企业注重关爱员工的身心健康。除了提供良好的工作环境，企业还举办了一些员工关怀活动，例如，定期组织团队建设和员工互动活动等。这种关怀让员工感受到了企业对他们的重视，提升了他们的工作满意度和忠诚度。

通过以上一系列措施，A企业成功地将平凡的岗位变得不平凡起来。员工逐渐展现出更高的自主性和责任感，工作效率和工作质量也显著提升。企业在竞争激烈的市场中实现了稳定发展，并获得了业界的认可和消费者的口碑。

某企业在平凡岗位中施行不平凡的变革

某企业是一家电子产品制造商，生产线操作员被认为是公司中最平凡的岗位之一。长期以来，这些操作员往往只被视为执行任务的工具，没有太多被发掘和发展的机会。然而，随着竞争的加剧和市场需求的变化，该企业意识到必须改变这种状况。

首先，该企业实施了一项全面的培训计划，旨在提高生产线操作员的技能水平和专业素质。为操作员提供新技术和工艺的学习机会，使他们的技能得到了全面提升。其次，该企业还鼓励操作员参加相关领域的研讨会和培训班，拓宽他们的专业知识和行业视野。再次，该企业还注重营造积极的工作氛围和团队文化。他们采取了一系列措施，如定期召开员工沟通会议，鼓励员工提出改进建议和意见，并及时给予反馈。最后，公司还制定了一个奖励机制，表彰生产线岗位上表现出色的员工，并为他们提供晋升和发展的机会。

这些改变给该企业带来了显著的成果。首先，生产线操作员的工作质量和工作效率大幅提升，产品的合格率明显提升，减少了浪费和报废。其次，员工更加积极主动，他们愿意承担更多的责任和任务，并且更加关注整体生产的质量和效益。这种积极态度也传染给了其他部门和岗位，带来了更好的合作和沟通。最重要的是，这种改变为公司带来了行业的良好口碑和信誉，吸引了更多优秀的人才加入。

总的来说，让平凡的岗位发生不平凡的改变，需要企业综合考虑现状与挑战、创新思维、流程与协作、技能培训与专业发展及奖励与认可等关键因素。通过实施全面策略，企业将能够提高绩效，使岗位充满活力，从而在市场竞争中取得优势。

第五节　员工持股制财聚人散，财散人聚

在现代企业管理中，员工持股制度是一种越来越受重视的激励机制。它通过给予员工公司股权的方式，激励员工努力工作和激发员工创造力，以帮助企业实现长期发展。然而，有时候这种制度可能会出现一种现象——财散人聚。

企业需要重视员工的整体利益，并通过各种方式引导员工正确对待股权，保持良好的团队合作和企业发展的长远观念。只有这样，员工持股制度才能真正成为企业发展的“助推器”，而非阻碍。本节将详细地为大家介绍如何使员工持股制度更好地为企业发展做贡献。

第一讲　员工持股计划的演变

员工持股计划在国内外的企业中逐步受到关注和推广。员工持股计划作为一种激

励措施，是企业与员工互利共赢的体现。然而，这一计划在不同的时期和背景下有着不同的形态和发展。

最早的员工持股计划可追溯到 20 世纪初，当时的英国商人将公司股票分配给员工，以提升员工对公司的忠诚度并让员工为公司多做贡献。这种方式有助于提高员工的工作积极性和责任感，并增加员工对公司长期发展的参与感。随着时间的推移，企业逐渐将员工持股计划纳入其绩效考核体系，使其成为一种重要的薪酬和激励手段。

然而随着全球化和市场经济的发展，员工持股计划逐渐出现新的演变。在一些发达国家，员工持股计划已经成为吸引和留住优秀人才的重要手段。一方面，通过员工持股计划，员工可以通过持有公司股票分享企业的成长发展红利，获得更高的回报；另一方面，公司也可以通过员工持股计划稳定员工队伍，并在激烈的市场竞争中保持竞争力。

随着我国经济改革的不断深入，员工持股计划在国内企业逐渐兴起。起初，中国的员工持股计划主要以股权激励为主，即通过给予员工购买公司股票的机会来提升员工对企业的忠诚度和产出贡献。然而，由于中国国情和法律环境的限制，这种方式并不适用于所有企业。因此，中国的员工持股计划发展出多种形式，如员工期权、员工股份转让等。这些形式在一定程度上解决了企业与员工之间的利益平衡问题，并在推动企业改革和发展中发挥了积极作用。

尽管如此，员工持股计划在实施过程中还存在一些问题和挑战。首先，一些中小企业由于资金和管理能力的限制，无法有效地设计和实施员工持股计划，从而影响了其激励效果。其次，由于缺乏相关法律法规的支持，一些员工持股计划存在着信息不对称和风险较高的问题。最后，一些外国企业在中国实施的员工持股计划，也面临着文化差异和管理难题。

【案例分享】

L 企业的持股计划演变

L 企业是一家国有企业，成立于 20 世纪 80 年代初。初期，由于国有企业的特殊性，员工持股计划并未受到重视。企业采取的是传统的薪酬制度，员工的薪资主要由岗位级别和工龄决定，缺乏激励机制。这导致了员工的积极性和创造力不足，对企业的发展产生了一定的负面影响。

随着市场经济的发展和企业改革的推进，L 企业开始意识到员工激励的重要性。于是，在公司上市的前夕引入了第一次员工持股计划。按照计划，公司将一部分股份分配给员工，员工持有的股份将逐年解禁。此举一方面可以增强员工的归属感和责任感，另一方面也能激发员工的工作积极性和创造力。员工持股计划得到了员工的广泛参与和支持，为公司的上市铺平了道路。

然而，随着公司规模的不断扩大和股权结构的变化，原先的员工持股计划开始出现一些问题。由于持股比例较低，员工对公司决策的影响力有限。与此同时，高层管理人员通过优先购买和收购方式增加了自己的股权，导致股权集中化现象明显。这些问题威胁到了员工持股计划的公正性和可持续性。

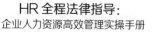

为了解决这些问题，L企业进一步完善了员工持股计划。首先，提高了员工持股比例，以便吸引更多员工参与，提高员工对决策的影响力。其次，制定了严格的股份转让规则和锁定期制度，防止高层滥用权力。最后，建立了更加透明和公正的管理机制，监管员工持股计划的实施情况，保障员工的权益。

通过以上的改进措施，L企业的员工持股计划取得了良好的效果。员工对公司的忠诚度和归属感进一步增强，工作积极性和创造力也得到了释放。与此同时，员工持股计划也在一定程度上平衡了公司内部的利益关系，促进了公司的持续稳定发展。

某公司的持股计划演变

某公司成立初期，为了激励员工积极参与公司的发展，决定实施员工持股计划。当时，公司刚刚起步，资金状况紧张，因此公司采取了较为简单的形式。公司通过向核心员工发放少量股权，并约定一定时间内完成股权激励计划，从而鼓励员工尽早实现公司业绩目标，并分享公司发展创造的价值。

随着公司规模的扩大和发展壮大，员工持股计划也得到了进一步发展。公司决定将员工持股计划向更多员工开放，并提高股权比例。公司认识到，拥有股权可以增强员工的归属感和责任感，并激发其更积极地努力工作，也能对公司的长远发展做出更大贡献。因此，公司设计了更具灵活性的员工持股计划，允许员工通过购买公司股权或通过业绩考核获得股权，这样既保护了公司的利益，又满足了员工的个人需求。

随着员工持股计划在公司有效推行，业绩逐年提升，公司市值不断增强。为了更好地激励员工，公司进一步改进了员工持股计划。首先，公司增加了每年追加的股票数量，以奖励那些对公司贡献突出且持续发展的员工。其次，公司优化了股权激励的回报机制，使员工可以根据自己表现和公司整体业绩情况选择套现股权或继续持有，更加灵活地参与到公司的经营决策中来。

随着中国金融市场的开放和公司治理的不断完善，该公司进一步改革了员工持股计划。公司充分发挥了股权激励在优秀人才吸引与留存的作用，通过股票期权、限制性股票等更复杂的方式，吸引了更多具有高技术水平和专业能力的员工。与此同时，公司还与风险投资机构合作，引入外部资本，进一步促进公司的发展。

总的来说，员工持股计划作为一种激励手段和管理工具，在中国企业中逐渐得到推广和应用。尽管初期面临着一些问题和挑战，但通过不断的改进和完善，员工持股计划将为中国企业的发展和员工的福祉做出更大的贡献。

第二讲 时间单位计划的推出

时间是企业成功的关键，因此不得不考虑在企业中推出一种创新的时间单位计划，以提高工作效率和组织绩效。下面简要介绍时间单位计划大纲，如图 8-8 所示。

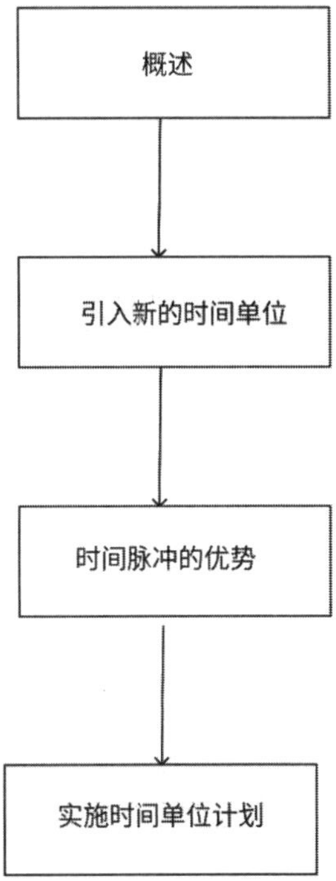

概述 → 引入新的时间单位 → 时间脉冲的优势 → 实施时间单位计划

图 8-8 时间单位计划大纲

1. 概述

时间单位计划是一种新颖的企业管理方法，旨在帮助企业更好地管理和利用时间资源。明确和规划时间的使用方式，可以保障任务按时完成，并提升员工的生产力和创造力。

2. 引入新的时间单位

引入新的时间单位——时间脉冲。时间脉冲是一个简洁且灵活的时间度量单位，可以根据不同任务的需要进行调整。它允许团队根据任务的紧急性和重要性分配时间，并确保工作按计划进行。

3. 时间脉冲的优势

引入时间脉冲给工作带来许多显著的优势。首先，时间脉冲能够准确测量任务所需的时间，避免产生不必要的延迟。其次，时间脉冲鼓励团队成员更加专注于任务，从而提高工作效率。最后，时间脉冲可以有效地避免任务的紧迫性和质量之间的冲突，确保项目按时、高质量地完成。

4. 实施时间单位计划

要实施时间单位计划，企业需要进行以下工作。

(1) 建立一个团队，该团队由优秀的项目经理和团队成员组成，以负责监督和执行时间单位计划。

(2) 为团队成员提供针对时间单位计划的培训和指导，以使他们掌握新的时间管理方法和技巧。

(3) 制定明确的目标和期望结果，在时间单位计划中制定可测量的目标和期望结果。

(4) 定期进行时间脉冲的评估和调整，以保障计划的灵活性和适应性。

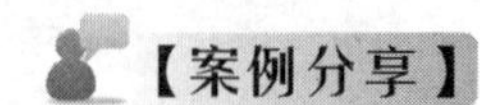

【案例分享】

某企业时间单位计划的推出

某企业是一家大型的跨国企业，成立于1998年12月，注册资本达20亿元，近日，该企业为了提高员工的工作效率和时间管理能力，特别推出了时间单位计划。这一计划旨在帮助员工更好地管理自己的时间，并有效利用时间，进而提高工作效率。

时间单位计划的推出是经过反复研究和实践的，该企业调查发现，员工常常因为时间管理不当导致工作进度落后、任务不能按时完成。因此，企业决定引进时间单位计划，帮助员工规划好自己的时间，在有限的时间内完成更多的任务。

时间单位计划的首要步骤是制订目标计划。首先，员工需要明确自己的工作目标，并将目标分解为具体的任务。其次，他们需要根据任务的重要性和紧急程度制定一个合理的时间表，明确每项任务的开始时间和截止时间。

为了让员工更好地掌握时间单位计划，该企业还举办了相关的培训课程。在这些培训课程中，专业人士会传授时间管理的技巧和方法，例如，如何制定优先级和合理安排工作时间。培训还包括一些案例分析和实践操作，让员工能够更好地理解和应用时间单位计划。

时间单位计划推出后，企业迅速获得了明显的效果。员工通过自己制订的时间单位计划，能够更有条理地进行工作，提高了工作效率和任务完成质量。此外，他们也能更好地把握时间，有效地减少了工作压力和焦虑感。

与此同时，该企业还利用时间单位计划的数据进行统计和分析。通过对每个员工的时间表进行分析，企业能够发现工作过程中的瓶颈，进一步优化流程和资源分配。这不仅有助于提高整体效率，还能够减少因为时间浪费导致的成本。

H公司时间单位计划推出的研究

H公司是一家大型制造公司，成立于2008年，注册资本达600万元，在职员工3000余人。在公司的长期发展过程中，该企业日益认识到时间管理对企业运营的重要性。针对工人的繁忙工作和高强度的工作压力问题，H公司决定引入时间单位计划来优化员工的工作效率和生活品质。

首先，H公司通过调查分析了工人的工作习惯与工作效率之间的关系，发现很多工人常常会被不必要的会议和长时间的休息打断，工作节奏缺乏规律性。于是，该企业决定实施时间单位计划，将工作时间划分为一段段短时间单位，例如，每两小时为一个单位。这样做的目的是帮助工人集中精力在短时间内完成任务，减少被打断的机会，并合理地安排休息时间。

其次，H公司构建了一个软件系统，用于监督和管理员工的时间单位计划。该系统具有提醒功能，以确保员工在每个时间单位内能够专注于工作，并及时休息。与此同时，系统还提供了任务分配和进度跟踪的功能，使管理层能够随时了解员工的工作情况。

此外，为了培养员工的时间管理技能，H 公司还组织了相关的培训课程和分享会议。通过这些活动，员工学习到如何合理规划自己的工作时间，以及如何集中注意力和提高工作效率。这不仅有助于他们更好地完成工作，还能提升员工的满意度和工作质量。

经过一段时间的实施，H 公司的时间单位计划取得了显著成效。员工逐渐适应了短时间单位的工作模式，工作效率极大提高，工作质量也得到了显著提升。与此同时，员工的健康状况也得到了改善，工作满意度明显提高，员工的离职率也显著下降。

总的来说，引入时间单位计划是企业提升时间管理和组织成果的利器。引入时间脉冲作为新的时间单位，企业可以更好地规划和管理时间资源，从而实现任务的准时完成和员工的高效率工作。认真实施这一计划并从成功案例中吸取经验和教训，将有助于提升企业的竞争力和创造力。

第三讲　持续优化激励制度，保障作战队伍的士气和工作效率

在当今竞争激烈且快节奏的商业环境中，如何保障作战队伍的士气和工作效率成为每个企业管理者亟待解决的问题。为了追求更高的绩效和团队凝聚力，一个持续优化的激励制度是公司不可或缺的。本讲将探讨如何构建激励机制，提升作战队伍的绩效，并确保他们能够在高强度和高压的环境下发挥出最佳水平。

第一步，制定明确的目标和期望。

打造成功的激励制度首先要明确目标和期望，以便作战队伍能够清楚地知道他们应该努力达成的目标。制定具体、可量化的目标，例如，销售额的提升、客户满意度的提高等，可以使员工有明确的方向感并为之努力。与此同时，管理层也需要与员工进行有效的沟通，确保他们理解和接受所设定的期望，从而增强他们的归属感和责任感。

第二步，创新激励手段，提升员工动力。

激励制度的关键在于如何激发作战队伍的积极性和工作动力。除了传统的薪资奖励，管理层应该思考更多创新的激励手段，以满足不同员工的需求和心理动力。例如，可以进行季度或年度的优秀员工表彰，提供升职机会，或者提供专业培训和发展计划等。这些激励手段既能够奖励优秀员工，又能够给予其他员工明确的目标和成长机会，从而激发他们持续进取的奋斗精神。

第三步，营造良好的团队氛围和合作文化。

除了个人激励，营造一个良好的团队氛围和合作文化也是保障作战队伍士气高涨的重要因素。管理层可以鼓励团队成员之间进行合作与共享，通过团队建设活动增进彼此之间的信任和沟通。此外，领导者的角色也是至关重要的。领导通过亲身表率，鼓励员工参与和贡献，并及时给予肯定和赞扬，可以激发他们的工作热情和自豪感。与此同时，建立一个开放和包容的反馈机制，让员工能够自由地提出意见和建议，从而不断改进和优化激励制度。

【案例分享】

某企业的激励制度

某互联网公司一直寻求提高员工积极性和工作效率的方法。近年来，公司已经实施了一系列激励制度，包括年终奖金、绩效奖金、晋升机制等。然而，随着市场竞争的加剧和员工需求的变化，原有的激励制度已经无法满足员工的期望和需求，员工流失率居高不下，作战队伍的士气也逐渐下降。经过深入调研和分析，公司发现原有的激励制度存在以下问题。

1. 激励方式单一

公司主要采取年终奖金、绩效奖金和晋升机制等物质激励措施，但这些激励措施并不能覆盖所有员工的期望和需求。

2. 绩效考核体系不完善

公司的绩效考核体系存在一定的问题，如考核标准不明确、考核过程不透明等，导致员工对考核结果存在质疑和不满。

3. 激励效果不明显

原有的激励制度并不能有效地激发员工的工作积极性和创造力，员工的工作效率和工作质量并没有得到显著提升。

为了解决这些问题，公司制定了以下的优化方案。

1. 多元化激励方式

除了给予物质激励，公司还采取了其他激励方式，如荣誉奖励、培训机会、员工持股等，以满足不同员工的个性化需求。

2. 完善绩效考核体系

公司重新设计了绩效考核体系，明确了考核标准、考核流程和考核结果反馈机制，增强了员工对考核结果的认可度和满意度。

3. 持续优化激励制度

公司定期对激励制度进行评估和调整，以确保激励制度与市场和员工需求的变化

保持一致。

实施优化方案一段时间后，该公司的激励制度得到了显著改善，员工的工作积极性和工作效率得到了有效提升，以下是实施效果的具体表现。

1. 员工流失率下降

员工的流失率明显下降，员工的稳定性得到了显著增强。

2. 作战队伍士气提升

通过多元化的激励方式和完善的绩效考核体系，员工的士气得到了显著提升，作战队伍更加团结和高效。

3. 公司业绩提升

员工的工作积极性和工作效率提高，公司业绩也因此得到了显著提升。

通过持续优化激励制度，该公司成功地提高了员工的工作积极性和工作效率，增强了企业的竞争力。未来，该公司将继续关注市场和员工需求的变化，不断优化和调整激励制度，以保持企业的竞争优势和持续发展。

H 企业的激励制度

H 公司是一家电商企业，在发展初期，为了快速积累用户和扩大市场份额，公司采取了较为简单的薪酬激励制度，即将销售业绩与个人薪酬直接挂钩。这一制度在初期确实起到了显著的激励作用，并推动了企业的快速发展。

然而，随着企业规模的不断扩大，这种单一的薪酬激励制度开始出现一些问题。首先，员工之间的不良竞争导致团队精神受损，影响了整体业绩。其次，由于忽略了员工的发展需求和职业规划，企业人才流失情况逐渐严重。

为了解决这些问题，H 公司开始对其激励制度进行优化。首先，他们引入了团队绩效奖励，鼓励团队内部的合作与共享。其次，他们增加了对员工职业发展的支持，例如，提供培训和晋升机会，以满足员工个人发展的需求。最后，该企业还引入了员工股票期权计划，使员工能够分享企业的成长发展红利和成功。

这些激励制度的优化措施很快就取得了积极效果。员工之间的竞争得到了有效缓解，团队精神得到了提升。与此同时，员工对企业的满意度和忠诚度也有了显著提高，人才流失现象得到了有效控制。企业的整体业绩也在稳步提升，为企业的长期发展奠定了坚实的基础。

总的来说，保障作战队伍的士气和工作效率需要一个持续优化的激励制度来支撑。制定明确的目标和期望，创新激励手段，以及营造良好的团队氛围和合作文化，管理层可以激发作战队伍的工作动力和凝聚力，使其超越其他团队并取得持续优异的成绩。重视激励制度的建立，为企业带来无尽的可能性和可持续的发展。

第六节　明确福利的保障意图，控制福利成本

作为一个企业，对员工福利保障的正确认识和合理安排至关重要。明确福利的保障意图，控制福利成本不仅可以提高员工的工作积极性和幸福感，还能增强企业的竞争力，促进企业可持续发展。与此同时，企业也应该重视与员工的沟通和反馈，持续改进福利保障措施，实现员工与企业共同发展的目标。

第一讲　完善员工的福利保障体系

随着时代的发展，员工福利保障体系在企业中越来越重要。全面完善员工的福利保障体系，不仅能够增加员工的工作满意度和忠诚度，进而提高企业的绩效，也能够吸引更多优秀的人才加入企业，为企业的长期发展奠定坚实的基础。下面，简单地介绍一下如何才能完善员工的福利保障体系。

首先，完善员工的福利保障体系时，企业应该为员工提供全面的社会保险，如基本养老保险、医疗保险、工伤保险、失业保险等。这些保险可以使员工遭遇意外或生病时获得合理的保障，减轻员工的经济负担，确保他们拥有更美好的未来。

其次，企业还应该提供符合员工需求的弹性工作制度。例如，可以推行弹性工作时间，在不影响工作的前提下，给员工更多的时间自主安排生活。此外，企业还可以提供远程办公的机会，为员工创造更好的工作环境和平衡工作与生活的空间。

再次，企业应该为员工提供良好的培训和晋升机会。通过组织内部培训课程、外部培训机会及定期的职业规划辅导，帮助员工提高自身的工作技能和能力。与此同时，制定公平的晋升机制，鼓励员工努力工作以获得升职的机会，激发员工的工作积极性和动力。

复次，企业可以为员工提供丰富多样的健康福利。例如，设立健身房、举办健身活动，鼓励员工保持良好的身体状态。还可以提供定期体检、健康讲座等，关注员工的身心健康，有效减少因健康问题引起的工作时间和生产损失。

最后，企业应该营造一个良好的工作环境和文化氛围。注重员工关怀，关注员工的情感需求，并提供相应的支持。营造一个积极向上、和谐友好的工作氛围，构建一个相互信任、团结合作的团队。这样的工作环境将有助于员工更好地发挥潜力，提高工作效率。

【案例分享】

某企业的福利保障

近年来，某公司业务快速发展，员工数量也在不断增加。然而，公司原有的福利制度已无法满足员工的多样化需求。经过调查和分析，公司决定对福利体系进行全面的优化升级。

1. 明确福利战略

首先，公司需要明确福利战略，以更好地构建福利体系。为此，公司进行了员工满意度调查，了解员工对福利的期望和需求。与此同时，公司还根据业务发展目标和市场竞争情况，制定了符合公司实际的福利战略。

2. 优化福利结构

针对原有福利结构不合理的问题，公司从以下几方面进行了优化。

(1) 完善社会保障：为员工提供全面的社会保险，包括养老保险、医疗保险、失业保险等。

(2) 增加激励性福利：为了激发员工的工作积极性，公司采取了股票期权计划、业绩奖金等激励措施。

(3) 关注员工健康：提供年度体检、健康讲座、健身器材等健康管理服务。

(4) 提升员工能力：通过培训、学习基金等途径，支持员工个人发展。

3. 加强福利沟通

有效的福利沟通对于提高员工的满意度至关重要。公司通过以下途径加强了福利沟通：

(1) 制定福利手册：将福利政策以手册形式发放给员工，使员工清楚自己的权益。

(2) 建立内部网站：在网站上发布福利政策、福利活动等相关信息，方便员工查询。

(3) 定期举办福利座谈会：与员工面对面交流，了解他们对福利政策的反馈和建议。

4. 评估与持续改进

为了确保福利体系的持续优化，公司建立了福利评估机制。

(1) 定期进行员工满意度调查：通过问卷、访谈等方式，了解员工对福利体系的满意度。

(2) 分析福利数据：对福利开支、员工行为等数据进行深入分析，发现潜在的问题并予以解决。

(3) 制定改进措施：根据评估结果，制定针对性的改进措施，持续提升福利水平。

通过以上措施，某公司的福利体系得到了显著改善。员工满意度调查显示，员工对福利的满意度明显提高。与此同时，公司的业务发展也取得了更大的成绩。这个案例表明，完善员工福利保障体系不仅是提高员工满意度的必要条件，也是提升企业竞争力的重要途径。

某企业的福利制度

某公司成立于 2000 年，主要从事软件开发和信息技术服务。随着业务的快速发展，员工数量迅速增加，跨区域、多元文化等特点日益突出。早期的福利体系主要以工资和基础社保为主，其尽管在吸引和留住人才方面发挥了一定的作用，但也逐渐难以满足员工的多样化需求。为了深入了解员工对现有福利保障体系的看法，公司进行了内部满意度调查。结果显示，员工在以下几方面存在不满。

(1) 绩效激励：缺乏明确的绩效评估和奖励机制，导致员工的努力无法得到应有的回报。

(2) 工作环境：工作时间长，工作压力大，导致员工的身心健康问题突出。

(3) 职业发展：缺乏清晰的职业晋升通道和培训机会，员工感觉职业发展前景不明。

针对这些问题，公司决定从以下几方面对福利保障体系进行优化。

(1) 优化绩效激励方案：建立公平、透明的绩效评估体系，设立多种奖项鼓励表现优秀员工，同时与薪酬调整、晋升机会等挂钩。

(2) 改善工作环境：实施弹性工作制度，关注员工身心健康，提供健康保险和定期健康检查，打造舒适的工作环境。

(3) 加强职业发展支持：提供更多的培训和发展机会，设立明确的职业晋升通道，让员工看到美好的职业前景。

在优化福利保障体系的过程中，公司采取了以下措施。

(1) 与人力资源专家和员工代表组成专项小组，负责方案的制定和实施。

(2) 充分调研行业的优秀实践，学习并借鉴其他企业的成功经验。

(3) 通过内部沟通平台向员工普及福利体系优化的目的和具体内容，确保员工了解并接受新政策。

(4) 在实施措施的过程中，及时收集员工反馈，对存在的问题进行改进和调整。

经过一系列努力，新的福利保障体系正式实施。为了评估实施效果，公司再次进行了员工满意度调查。结果显示，员工满意度在以下几方面有了显著提升。

(1) 绩效激励：员工对新的绩效评估和奖励机制表示认可，认为自己的努力得到了应有的回报。

(2) 工作环境：员工对工作环境的改善表示满意，身心健康问题得到有效解决。

(3) 职业发展：员工对提供的培训和发展机会表示认可，认为自己的职业发展前景更加清晰。

此外，公司的组织效能也有了明显提升，员工流失率下降，招聘成本降低，整体业务发展进入一个良性阶段。

通过完善员工福利保障体系，该公司成功提升了员工的满意度和组织效能，为企业的长期发展奠定了坚实基础。这表明，构建和维护一个具有吸引力的员工福利保障体系对于企业具有重要的意义。在未来的发展中，企业应不断关注员工需求的变化，持续优化福利保障体系，以更好地吸引和留住人才，提升组织竞争力。

总的来说，完善员工的福利保障体系对企业的发展至关重要。企业应该全面关注员工福利，并根据员工需求提供相应的保障和福利措施。只有员工身心健康、工作满意，才能够更好地为企业创造价值，实现员工与企业共同发展的目标。

第二讲　福利制度不能导致太平主义

福利制度，是指通过政府或企业为员工提供的一系列福利待遇和服务，旨在提高员工的生活质量和满足员工的基本需求。然而，尽管福利制度是为了照顾员工的权益和福祉，但过度依赖福利制度也会导致太平主义的滋生。

太平主义，是指个人追求安逸、舒适的心态和行为，对面临的挑战和困难采取回避或姑息的态度。在企业环境中，如果福利制度过于完善并不断地满足员工的需求，有些人可能会养成依赖福利的心态。这种心态往往使他们不愿意进取和努力，也缺乏积极主动与创造性，从而影响企业的发展和竞争力。

首先，福利制度不应成为员工对岗位职责逃避的借口。如果员工只是因为享受福利而不愿承担工作责任，企业的运作将无法顺利进行。人们都需要面对一些挑战和压力，这样才能在工作中得到成就感和发展。而过度关注个体福利，会导致员工对工作较为消极和不负责任。

其次，过度完善的福利制度可能会削弱企业的竞争力。企业面临的市场竞争越来越激烈，需要员工具备更多的技能和知识。然而，如果员工在舒适的福利环境下感到满足，安于现状，就会缺乏进一步学习和提升自己的动力。作为一个团队，员工应该不断适应变化的市场需求，并寻找机会提高自己的竞争力。

最后，过于完善的福利制度也可能带来负担。企业需要投入大量的资源来提供各种福利待遇，包括工资、保险、假期等。如果企业的福利成本过高，可能会限制其在其他方面的投资和发展。这对于小型企业，特别是创业企业来说是一个更大的问题，可能会阻碍它们的发展和生存能力。

因此，尽管福利制度对于员工的福祉和提高员工的生活质量具有重要的作用，但我们不能太过依赖福利制度，避免导致太平主义。企业应该通过合理平衡福利与员工发展、企业竞争力和财务可持续性等因素之间的关系，根据不同情况制定适当的福利政策。与此同时，员工也应该意识到福利只是一个补充，还是要努力工作和积极进取以实现自己的职业目标。

第三讲　福利保障要向艰苦区域倾斜

近年来，中国经济取得了长足发展，但在全国范围内，艰苦区域的发展滞后问题依然存在。为了实现社会公平和民生福祉，企业应该积极参与并倾斜福利保障政策，帮助艰苦区域实现可持续发展。

首先，企业需要重视艰苦区域的需求，并提供针对性的福利保障措施。这些区域往往资源匮乏、基础设施薄弱居民收入水平相对较低。企业可以通过提供就业机会、创造税收收入及捐款等方式提高当地居民的福利水平。与此同时，企业还可以根据当地特点和需求，开展健康保险、教育资助、环境保护等领域的公益活动，为当地居民提供更多的福利保障。

其次，企业在艰苦区域的投资应该注重产业结构的调整与优化。通过合理规划和布局，引导和促进当地企业向高技术、高附加值产业转型升级，提高经济效益和居民收入水平。与此同时，企业还可以投资支持农业、旅游等特色产业，在保护当地生态环境的前提下，推动当地经济的多元发展。

再次，企业还可以发挥创新能力，探索更加符合艰苦区域需求的福利保障模式。通过与当地政府、社会组织等合作，共同设计和实施福利保障项目，增强项目的适应性和可持续性。例如，可以通过技术创新提高当地教育资源的覆盖率，或者引入绿色生产方式，促进当地经济的绿色转型。

最后，企业在参与福利保障的同时，也应该注重责任落实和监督。只有建立、健全内部管理机制，确保福利保障措施的真实、有效，才能更好地实现企业社会责任。与此同时，企业还可以通过公开、透明的方式，向社会公众展示相关福利保障工作的进展情况，接受公众的监督和评价。

【案例分享】

某企业的福利保障

某大型能源企业在中西部地区拥有多个煤矿，这些煤矿地处偏远，工作环境艰苦。为了吸引和留住优秀员工，该公司决定实施一系列福利保障措施，以减轻员工在艰苦环境下的压力，进一步提高其生活质量。

首先，该公司加大了对艰苦区域员工的薪酬补贴力度。根据员工的工作性质和艰苦程度，给予不同岗位员工不同的补贴。此外，公司还为员工家属提供生活补贴，以减轻员工家庭的经济压力。

其次，该公司加强了对员工健康和安全的关注。除了提供必要的劳动保护用品外，还增加了体检和医疗保健讲座的次数。针对突发情况，公司制定了紧急救援机制，确保员工在遇到紧急情况时能够得到及时援助。

最后，该公司还重视员工的职业发展。在艰苦区域工作的员工可优先参加公司内部培训和晋升，以激发他们的工作热情和动力。与此同时，公司还为员工提供了多元化的职业发展路径，使员工有更多的发展空间和机会。

通过以上措施，该公司在艰苦区域的工作环境得到了显著改善，员工满意度和忠诚度也随之提高。此外，这些福利保障措施也为公司吸引了更多优秀人才，为企业的长期发展奠定了坚实基础。

A 公司的福利保障

A 公司是一家能源运营公司，其在偏远区域拥有多个油气田。由于地理位置的特殊性，这些区域的工作环境十分艰苦，因此，员工面临较高的生活压力和工作强度。因此，A 公司的决策层特别关注这些员工的福利保障情况，并采取措施向这些艰苦区域倾斜。

A 公司首先进行了一次全面的福利保障调研，了解了员工在偏远区域的各种需求。结果显示，除了常规的福利保障，如医疗保险、退休计划和家庭护理等，员工还需要一些特殊的福利保障。例如，提供稳定且良好的通信设施，以保持与家人和朋友的联系；提供定期的心理咨询服务，以缓解工作压力和孤独感；提供更多的学习和发展机会，以增加他们的职业技能。针对这些需求，A 公司采取了以下措施。

(1) 投资通信设施：公司雇用了一些专业人员，为偏远区域的员工家庭安装了高质量的通信设施，包括卫星电话、网络设备和电视等。这确保了员工能够随时与家人和朋友保持联系。

(2) 提供心理咨询服务：公司与一家专业的心理咨询公司签订了合同，为偏远区域的员工提供定期的心理咨询服务。这帮助他们缓解了工作压力和孤独感。

(3) 提供学习和发展机会：公司搭建了一个在线学习平台，为偏远区域的员工提供了广泛的学习资源。此外，他们还定期组织内部培训和研讨会，以提高员工的职业技能。

通过向艰苦区域倾斜福利保障，A 公司成功地提高了员工的工作满意度和忠诚度。员工的离职率下降，且工作效率也有所提高。与此同时，公司的声誉也得到了提升，被认为是一家关心员工的企业。

总之，福利保障要向艰苦区域倾斜是当前社会发展的必然趋势。企业应该积极参与福利保障工作，关注并满足艰苦区域的需求，通过投资、合作和创新等手段，为这些地区提供更多的帮助和支持。只有全社会共同努力，才能实现艰苦区域的可持续发展，促进社会的公平和稳定。

第七节 答疑解惑

经过本章一系列知识的学习，相信很多人仍存在一些疑惑，下面以简单的示例对这些问题进行介绍。

第一讲 以例说“法”

【案例分享】

某公司的薪酬福利

某公司是中国目前重要的特殊玻璃生产销售厂商之一。现有员工 5000 余人，全国有 15 个办事处。随着销售量的不断上升和人员规模的不断扩大，公司整体管理水平也需要提升以适应发展。公司在人力资源管理方面起步较晚，原有基础也比较薄弱，尚未形成科学的体系，尤其是薪酬福利方面的问题比较突出。公司成立初期人员较少，领导单凭一双眼、一支笔就可以分清楚给谁多少工资，但随着人员的激增，再靠过去的老办法显然不行了，这样做带有很大的个人色彩。

经调查，公司目前存在产品老化、工作流程过于烦琐、市场反应速度慢等不足之处。员工对目前公司的薪酬水平、员工之间的薪酬差距也不甚满意。由于其他人力资源管理职能不健全，所以目前公司薪酬分配的依据不足，难以反映员工真正的能力差别、岗位价值差别和贡献差别。

现在，该公司要重新设计工资方案，你认为怎样才能正确地确定员工薪酬，并制定出一个合理的薪酬管理制度。

分析如下。

1. 企业薪酬制度设计的基本要求

(1) 体现保障、激励和调节三大作用。

(2) 体现劳动的三种形态：潜在形态、流动形态和凝固形态。

(3) 体现岗位的差别：技能、责任、强度和条件。

(4) 建立劳动力市场的决定机制。

(5) 合理确定薪资水平，处理好工资关系。

(6) 确立科学、合理的薪酬结构，对人工成本进行有效的控制。

(7) 构建相应的支持系统，如机动灵活的用工系统、严格有效的绩效考核系统、学以致用的技能开发系统、动静结合的晋升调配系统。

2. 制定企业薪酬管理制度的基本依据。

(1) 对该行业、地区进行薪酬调查。确定员工薪酬原则时要做到保持一个合理的度，薪酬水平高的企业应注意75%点处甚至是90%点处的薪酬水平，薪酬水平低的企业应注意25%点处的薪酬水平，一般的企业应注意中点处的薪酬水平。

(2) 对该企业的所有岗位进行深入的分析与评价。

(3) 了解行业劳动力供求关系，如果供大于求，薪酬水平可以低一些；如果供小于求，薪酬水平可以高一些。

(4) 掌握竞争对手的人工成本的状况，并以此为基础决定本企业的薪酬水平。

(5) 明确该企业总体发展战略规划的目标和要求。

(6) 明确该企业的使命、价值观和经营理念。

(7) 掌握该企业的财务状况，切实、合理地确定企业员工的薪酬水平。

(8) 掌握该企业的生产经营特点和员工特点。

H公司的薪酬福利改革

H公司是一家中型的电商企业，注册资本达200万元，但该公司在发展的过程中出现了人才流失的问题。经过调查和分析发现，公司的薪酬水平低于市场平均水平，且薪酬结构单一，缺乏灵活性和激励性。为了解决这一问题，H公司进行了一次薪酬福利改革。

首先，H公司进行了市场调查，以了解行业内薪酬水平、结构及竞争对手的薪酬策略。根据调查结果，该企业调整了薪酬水平，使其与市场平均水平相当。

其次，H公司优化了薪酬结构，增加了绩效奖金、年终奖金、股票期权等激励性薪酬元素，使薪酬结构多样化。与此同时，该企业还根据不同岗位的特点和贡献度，设置了有针对性的薪酬项目和奖励机制。

最后，H公司还加强了福利保障，提高了员工的社保和公积金缴纳比例，增加了员工健康体检、带薪休假等福利项目，提高了员工的工作满意度和归属感。

经过这次薪酬福利改革，H公司的人才流失问题得到了有效缓解，员工满意度和工作积极性也有了显著提高。与此同时，H公司的市场竞争力和业绩也得到了提升。

总的来说，企业薪酬管理的原则是，合理确定工资水平；员工之间的工资差距应体现能力、岗位、绩效的差别；薪酬与岗位评价、能力评价与绩效考核挂钩；奖励创造新产品和改进工作流程的员工；等等。

第二讲　总结与思考

企业薪酬福利导向冲锋是一种以提升员工满意度和激发员工积极性为核心的薪酬福利管理方式。它的基本思想是合理规划和管理员工的薪酬福利，以提升员工的工作积极性和企业绩效。

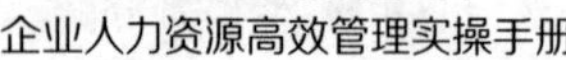
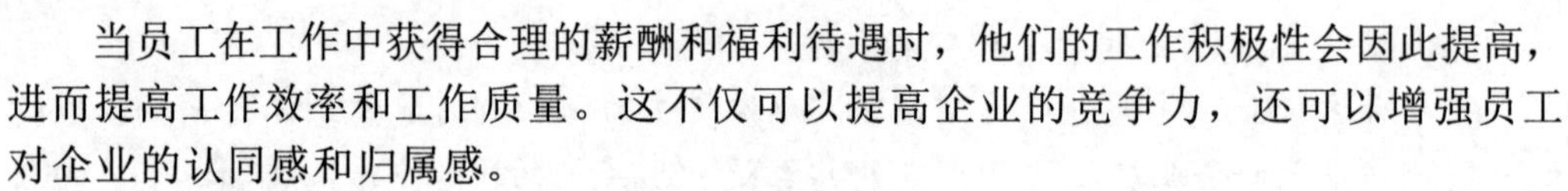

当员工在工作中获得合理的薪酬和福利待遇时，他们的工作积极性会因此提高，进而提高工作效率和工作质量。这不仅可以提高企业的竞争力，还可以增强员工对企业的认同感和归属感。

本章主要介绍了企业的分配体系与薪酬包结构，在企业推行多劳多得、获取分享制的内容，如何从价值分配上缩小差距，从而打破企业平衡，为基层员工分配合理薪酬，优化激励制度，完善企业的福利保障等方面内容，使大家对企业的薪酬福利有了更进一步的认识与了解，可以更好地为企业制订一份良好的薪酬制度与福利计划。

第九章 

企业员工关系管理

企业员工关系管理是指企业为了维护和促进员工与企业之间的良好互动和合作关系采取的一系列管理措施和方针。良好的员工关系对于企业的长远发展至关重要，它能够提高员工的满意度和忠诚度，增强员工的工作积极性和创造力，进而提升企业的竞争力和业绩。本章将带领大家一起学习企业员工关系管理的相关内容。

第一节　如何认识员工关系管理

员工关系管理是组织至关重要的一环，它涉及公司与员工之间的相互作用与关系的管理。良好的员工关系是实现组织目标和员工个人发展的重要保障。

认识和理解员工关系管理的重要性，可以使组织有效地提高员工满意度和忠诚度，增强团队合作和创新能力，在实现组织目标的同时，也为员工的个人发展提供更好的保障。

第一讲　员工关系管理的价值

员工关系管理，是指雇主与雇员之间的相互关系和交流。它是一种促进员工的满意度，增强员工的忠诚度和提高组织的业绩的管理方法。在现代企业的管理中，良好的员工关系管理是非常重要的，如图 9-1 所示。

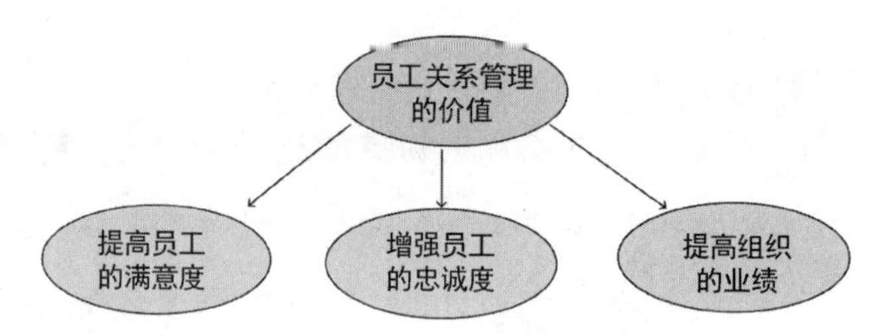

图 9-1　员工关系管理的价值

首先，良好的员工关系管理可以提高员工的满意度。员工满意度是员工对工作环境、待遇和福利等各方面的评价程度。如果员工感到被尊重、被认可和被关心，他们就会对工作更有干劲和热情。而如果员工认为自己被忽视、被冷落或者不受尊重，他们就会对工作失去兴趣，甚至产生离职的想法。因此，通过积极的员工关系管理，可以提高员工的满意度，进而提升员工的工作效率和生产力。

其次，良好的员工关系管理可以增强员工的忠诚度。员工忠诚度，是指员工对组织的承诺和归属感。如果员工感觉自己属于一个团队，并且组织关心他们的职业发展和个人成长，他们就会更加忠诚于这个组织，并愿意为这个组织付出更多的努力。相反，如果员工感到自己无法得到认可和提升机会，他们就可能对组织缺乏忠诚度，并且容易被竞争对手挖走。因此，良好的员工关系管理，可以增强员工的忠诚度，降低少员工流失率，节约组织的人力和财力资源。

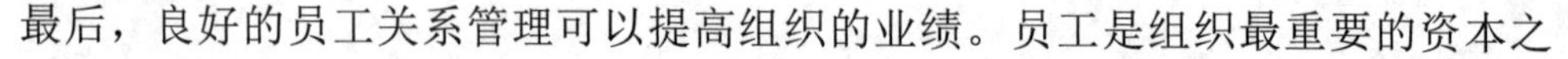

最后，良好的员工关系管理可以提高组织的业绩。员工是组织最重要的资本之

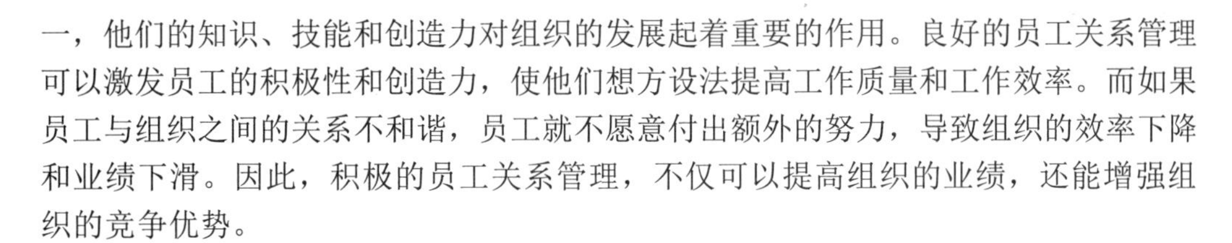

一，他们的知识、技能和创造力对组织的发展起着重要的作用。良好的员工关系管理可以激发员工的积极性和创造力，使他们想方设法提高工作质量和工作效率。而如果员工与组织之间的关系不和谐，员工就不愿意付出额外的努力，导致组织的效率下降和业绩下滑。因此，积极的员工关系管理，不仅可以提高组织的业绩，还能增强组织的竞争优势。

【案例分享】

某公司的员工关系改革

某公司是一家中等规模的企业，提供互联网营销服务。在过去的几年里，随着业务的快速发展，员工数量也在不断增加。然而，公司领导发现，虽然员工的数量在增加，但员工的满意度和留任率却没有相应地提高。

为了解决这个问题，公司进行了一次员工满意度调查。调查结果显示，许多员工感到自己的价值观与公司的价值观不符，觉得公司对他们的贡献不够重视，他们在工作中没有得到足够的支持和指导。此外，他们也认为公司的薪酬和福利制度不公平。

基于调查结果，公司决定采取措施改善员工关系。首先，他们加强了对员工价值观的传播，让员工更清楚地了解公司的价值观和战略目标。其次，他们实施了一系列人力资源政策改革，包括更公平的薪酬和福利制度，以及为员工提供更多的发展和培训机会。最后，他们还制定了一个正式的反馈机制，让员工能够定期向管理层反映他们的问题和需求。

经过一段时间的实施，该公司的员工关系得到了显著改善。员工的满意度和留任率都有了显著提高，员工的工作效率和创新能力也明显增强。此外，公司的业务连续性和客户满意度也有了相应的提高。

A 公司的员工关系改善

A 公司是一家知名的科技公司，在过去的几年里，其一直以其卓越的产品和服务引领着行业发展。然而，随着市场竞争的日益激烈，公司意识到其若想持续繁荣发展，除了进行产品创新外，有效的员工关系管理也至关重要。因此，A 公司决定实施一系列旨在改善员工关系的措施。

在此之前，A 公司的员工关系存在一些突出的问题。首先，员工之间的沟通不顺畅，导致信息传达不到位，团队协作受阻。其次，员工对公司的满意度和忠诚度不高，人员流失率居高不下。最后，公司内部的层级关系过于严格，限制了员工的职业发展。

为了解决这些问题，A 公司采取了以下措施。

(1) 加强员工沟通：公司搭建了内部通信平台，鼓励员工分享信息，交流观点。此外，定期举办团队建设活动，增强团队的凝聚力。

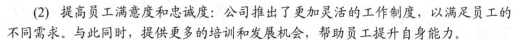

(2) 提高员工满意度和忠诚度：公司推出了更加灵活的工作制度，以满足员工的不同需求。与此同时，提供更多的培训和发展机会，帮助员工提升自身能力。

(3) 优化层级关系：公司引入了更加扁平化的管理结构，减少层级关系，使员工有更多发挥才能的空间。

A 公司实施这些措施后，员工关系得到了显著改善。员工之间的沟通也更加顺畅，团队协作效率更高。员工满意度和忠诚度也有所提高，人员流失率明显下降。最重要的是，公司的业绩也有所提升，为公司的长期发展奠定了坚实基础。

总的来说，良好的员工关系管理对于企业是非常宝贵的。它可以提高员工的满意度，增强员工的忠诚度，并且提高组织的业绩。为了实现这一目标，企业应该重视员工的福利与发展，积极倾听员工的意见和建议，并建立开放、透明和互信的工作环境。只有这样，企业才能真正实现员工与企业共同发展的目标。

第二讲　员工关系管理的内容

员工关系管理是组织中至关重要的一项工作，它涉及员工与管理层之间的相互关系和沟通。良好的员工关系管理能够促进员工积极工作，增强团队凝聚力，并有助于提高员工的工作满意度和工作绩效。以下是一些建议，帮助企业有效地管理员工关系，如图 9-2 所示。

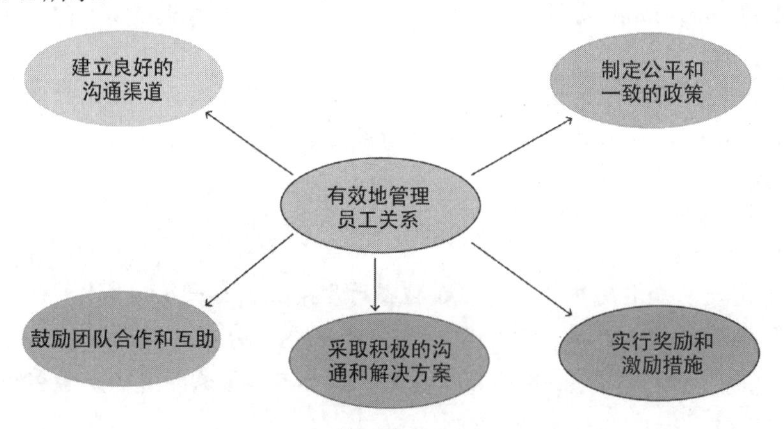

图 9-2　有效地管理员工关系

首先，建立良好的沟通渠道是关键。管理层应与员工经常保持沟通，并倾听他们的意见和建议。定期举行团队会议，与员工分享公司的最新消息和发展计划。此外，建立一个匿名反馈渠道，使员工可以自由地发表对工作环境和管理层的看法。通过这种方式，员工感到他们的声音被倾听、被重视，有助于增强员工对公司的归属感。

其次，公平和一致的政策是必要的。员工希望在工作中得到公平和一致的待遇。管理层需要制定和执行公正和透明的政策，以避免任何偏袒或不公平的行为。与此同时，应建立明确的规章制度，包括员工评估和晋升流程，以便员工能够清楚地了解奖惩和晋升的标准。

再次，鼓励团队合作和互助也是重要的。员工之间的良好关系对于组织的成功至关重要。管理层可以通过组织一些团队建设活动来促进员工之间的合作和互助。例如，组织团队拓展训练或定期举办社交活动，以增进员工之间的了解与信任，提高团队的凝聚力。

复次，奖励和激励措施也是维护良好员工关系的重要手段。适当的奖励和激励措施可以激发员工的工作积极性和创造力。管理层可以制定奖励制度，如员工月度表彰和年度奖金等，以表彰员工卓越的工作表现。此外，提供培训和发展机会，帮助员工提升自身技能和知识，也是一种有效的激励措施。

最后，处理冲突或问题时，管理层应采取积极的沟通和解决方案。如果员工之间出现冲突或问题，管理层应及时介入并与相关人员进行沟通，了解事实和各方面的意见。要倾听双方的诉求，并努力找到合理、公正的解决方案。通过这种方式，能够维护员工之间的和谐关系，并促进整个组织稳定发展。

【案例分享】

某公司的经验

某公司是一家成立十年的高科技企业，主要研发和生产电子产品。近年来，随着市场竞争的加剧，公司逐渐认识到员工关系管理的重要性。2016 年，公司决定采取一系列措施优化员工关系，提高员工的满意度和工作效率。

(1) 建立有效的沟通机制：公司设立了员工建议箱和反馈热线，鼓励员工提出问题和建议。与此同时，每月举行一次员工大会，让管理层与员工进行面对面的交流，及时了解员工的动态。

(2) 建立公平公正的薪酬体系：进行全面市场调研后，公司根据市场趋势和员工表现调整了薪酬体系，确保员工的薪酬水平和绩效评价公平、合理。

(3) 提供职业发展机会：公司为员工提供了丰富的培训和学习资源，支持员工的职业发展。此外，设立内部晋升渠道，让员工在公司内部有更多的发展机会。

(4) 营造良好的工作氛围：公司注重员工的工作环境和团队氛围，定期组织团队建设活动和文娱活动，增进员工之间的了解和合作。

经过一年的努力，该公司的员工关系管理取得了显著成效。员工满意度调查显示，员工对公司的整体满意度提高了 20%，离职率也下降了 15 个百分点。同时，公司的生产效率和质量也有了明显的提升。内部沟通和协作更加顺畅，员工的工作积极性和创新精神得到了充分激发。

该公司的员工关系管理改革成功得益于以下原因：首先，公司管理层的高度重视

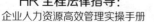

和全体员工的积极参与为改革提供了有力的支持；其次，针对公司实际情况采取的措施具有针对性和实效性；最后，注重沟通和反馈，不断改进和完善员工关系管理。然而，员工关系管理也存在一些不足之处，如对员工的个性化需求重视不够，以及部分政策执行力度需要进一步加强。为了持续提升员工关系管理水平，公司采取了以下措施。

(1) 加强对员工的关注：建立员工个人档案，了解他们的职业规划和个人需求。定期进行员工访谈，了解他们的想法和困难，并提供针对性的帮助和支持。

(2) 进一步优化薪酬体系和晋升机制：根据市场发展和公司实际情况，定期评估和调整薪酬体系，保障其公平性和激励性。与此同时，完善内部晋升渠道，建立多样化的职业发展路径，激发员工的潜能和创造力。

(3) 加强团队建设和员工关怀：加强团队建设活动和员工关怀行动，营造积极向上、团结协作的工作氛围。注重对员工的心理健康和工作压力进行管理，提供必要的心理支持和援助。

(4) 强化政策执行和监督机制：加强政策执行的监督和考核，确保各项措施落到实处。与此同时，建立奖惩机制，激励优秀员工，惩罚违规行为，保障公司政策的严肃性和执行力。

通过以上措施，该公司进一步提升了员工关系管理水平，打造了一个和谐、稳定、高效的工作环境，为公司的长期发展奠定了坚实的基础。

某科技公司的员工关系管理

某科技公司成立于 2010 年，主要开发和销售高质量的科技产品。公司在短短的几年内就在市场上取得了显著的成功，而这很大程度上得益于其独特的员工关系管理策略。

首先，该科技公司把员工视为企业最重要的资产。公司坚信，投资于员工的发展和福利，能够获得更高的回报。因此，公司为员工提供了丰富的职业发展机会，包括内部培训、导师计划和跨部门项目。这不仅有助于员工专业技能的提升，还增强了他们对公司的忠诚度和满意度。

其次，该科技公司还注重营造一个积极、开放的工作环境。公司鼓励员工提出想法和建议，并认真对待这些反馈。此外，公司还制定了一个专门的反馈机制，员工可以匿名向管理层提供反馈。这种透明度和开放性有助于建立员工对公司的信任，并促进持续改进。

再次，该科技公司还非常注重员工工作与生活的平衡。公司实施了灵活的工作制度，如允许员工根据自己的需要调整工作时间和地点。此外，公司还提供了丰富的福利，如健康保险、免费午餐和商业保险等。这些福利使员工更加满意，进而提高了他们的工作效率。

最后，该科技公司强调团队精神和企业文化的价值。公司定期举办团队建设活动和社交活动，以增强员工之间的联系和合作。此外，公司还积极推广其价值观和使命，鼓励员工畅想公司的愿景，从而增强员工的归属感和忠诚度。

总的来说，良好的员工关系管理对于公司的成功至关重要。建立良好的沟通渠道、制定公平和一致的政策、鼓励团队合作和互助、实行奖励和激励措施，以及处理冲突时采取积极的沟通和解决方案都是有效的员工关系管理策略。只有不断改进和加强员工关系管理，公司才能够营造一个和谐、稳定的工作环境，并激发员工的工作潜力和创造力。

第二节　劳动安全与卫生管理

劳动安全与卫生管理，是指在工作场所中保护员工免受伤害的综合管理系统。它包括一系列措施和政策，旨在预防事故、减少健康问题，并保障员工能够在一个安全和健康的工作环境中工作。

制定政策与规范、改善工作环境、员工培训和教育及建立沟通与反馈机制，可以保护员工免受伤害，为员工创造一个安全和健康的工作环境，从而提高企业的生产效率和员工的工作满意度。

第一讲　劳动防护管理操作

劳动防护，是指保护劳动者在工作过程中免受危险和有害因素伤害的一系列管理措施和操作。在现代社会，企业对劳动防护管理操作的重视程度越来越高，因为它直接关系员工的身体健康和企业的生产安全。下面来简单地探讨企业的劳动防护管理操作，如图 9-3 所示。

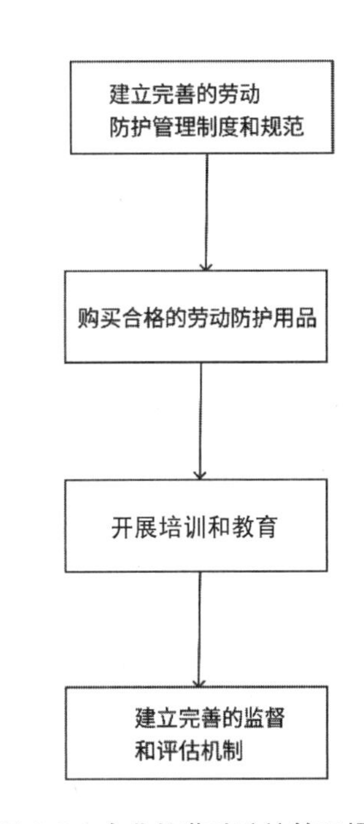

图 9-3　企业的劳动防护管理操作

首先，企业应该建立完善的劳动防护管理制度和规范，明确员工的责任和义务，规定劳动防护的措施和要求。这些制度和规范包括但不限于：劳动防护用品的选配、使用和维护要求；危险工种和危险作业的安全操作规程；应急救援及事故报告程序；等等。制度可以有效地指导员工在工作中正确使用劳动防护用品，遵守安全规程，提高自身的安全意识。

其次，企业应购买合格的劳动防护用品，并保障其数量充足。常见的劳动防护用品包括头盔、防护眼镜、口罩、耳塞、防护服等。这些劳动防护用品的选购应根据岗位特点和工作环境的不同来选用，确保能够最大限度地保障员工的安全。此外，企业还应定期对劳动防护用品进行检查和维护，并确保其功能完好。当劳动防护用品出现破损或老化时，应及时更换，以防止因设备故障造成意外伤害。

再次，培训和教育也是企业劳动防护管理操作中至关重要的一环。企业应定期开展劳动防护知识培训，培训内容包括但不限于：使用劳动防护用品的正确方法，危险识别和危险源控制，等等。此外，企业还应加强员工的安全意识培养，提高他们的自我防护能力。教育与培训的目的是让员工深入了解劳动防护的重要性，并增强他们对自己身体安全的责任感，从而主动采取防护措施，并能迅速应对突发情况。

最后，企业应建立完善的监督和评估机制，定期检查和评估劳动防护管理操作的执行情况。这可以通过组织内部的安全检查、外部的第三方评估及员工的意见反馈等方式来完成。监督和评估的目的是及时发现问题，加强对劳动防护管理操作的监管，进一步提升企业的安全生产水平。

【案例分享】

某公司的劳动防护管理操作

某科技公司是一家专注研发、生产和销售高科技产品的企业，主要涉及电子、机械、化学等多个领域。随着公司规模的不断扩大，员工数量也不断增加，劳动防护管理成为企业必须面对的重要问题。

该公司之前的劳动防护用品管理存在很多问题，如采购不规范、存放不当、发放不标准等。这些问题不仅影响了劳动防护用品的使用效果，也给员工的生产安全带来了隐患。

1. 员工劳动防护意识不强

员工对劳动防护的认识不够充分，经常出现不佩戴劳动防护用品、佩戴不正确、私自更换劳动防护用品等现象。这些行为不仅增加了发生事故的风险，也对员工的身体健康构成了潜在的威胁。

2. 劳动防护制度不完善

公司的劳动防护制度不够完善，缺乏明确的责任分工和执行标准。这导致各部门之间相互推诿，难以形成合力，使劳动防护管理工作难以有效开展。

鉴于以上两点问题，公司制定了一系列严格的劳动防护管理制度，包括采购、存放、发放、使用、更换、报废等全过程的管理制度。与此同时，明确了各部门和员工的责任和义务，确保劳动防护用品的正确使用和有效管理。另外，公司还组织了多种形式的劳动防护知识培训和教育活动，包括集中授课、现场指导、发放宣传资料等。

对员工进行培训和教育，提高员工对劳动防护的认识和意识，使员工能够正确使用和佩戴劳动防护用品。此外，公司还设立了专门的劳动防护用品检查和监督机制，并定期对劳动防护用品的使用情况进行监督检查。对于发现的问题，及时采取措施进行整改，保障劳动防护用品的有效性和可靠性。

经过上述一系列的改进措施，公司的劳动防护管理工作取得了明显的成效。具体表现在以下几方面。

1. 劳动防护用品管理更加规范

公司的劳动防护用品管理得到了全面的优化和规范，采购、存放、发放、使用等环节都得到了有效的控制和管理。这不仅提高了劳动防护用品的使用效率，也降低了事故发生的概率。

2. 员工劳动防护意识明显提升

通过培训和教育，员工的劳动防护意识和知识得到了明显提升。员工能够自觉正确地使用和佩戴劳动防护用品，这不仅减少了事故发生的可能性，还保障了生产安全。

3. 劳动防护制度更加完善

公司进一步完善了劳动防护制度，明确了各部门和员工的责任和义务，使劳动防护管理工作能够更加有效地开展。与此同时，制度的完善也使公司的管理更加规范化和科学化。

对劳动防护管理工作进行改进和实践，该公司不仅提高了管理水平和增强了员工的安全意识，也进一步提高了企业的核心竞争力。未来，公司将进一步加强劳动防护管理工作的投入，为企业的长期发展提供有力的保障。

L 公司的劳动防护管理操作

L 公司是一家专注生产、销售电子产品的企业，主要涉及电子、通信、计算机等领域。该公司一直致力于提供优质的产品和服务，同时也十分注重员工的职业安全和健康。为了进一步保障员工的职业安全和健康，该公司采取了一系列劳动防护管理操作措施。

1. 制定劳动防护管理制度和规定

L 公司制定了《劳动防护管理规定》，明确了对员工职业安全和健康的保护措施和管理要求。与此同时，还针对各个生产环节制定了相应的安全操作规程和劳动防护措施，保障员工能够安全、健康地完成工作任务。

2. 提供劳动防护用品和设备

L 公司按照国家有关标准和规定，为员工提供符合要求的劳动防护用品和设备，如安全鞋、安全帽、防护眼镜、耳塞等。此外，还对生产设备进行改造和升级，增强了设备的安全性和稳定性。

3. 开展安全教育和培训

L 公司定期开展安全教育和培训，以提高员工的安全意识和劳动防护意识。与此同时，公司还举办安全知识讲座，开展安全演练等活动，使员工掌握安全操作规程和应对突发事件的技能。

4. 定期进行安全检查和评估

L 公司定期对生产现场进行安全检查和评估，及时发现和排除安全隐患。与此同时，公司还建立了安全事故报告制度，及时处理和报告安全事故，防止类似事故再次发生。

5. 加强与其他企业的交流与合作

L 公司积极参与行业协会、安全生产监督管理部门等组织的活动，加强与其他企业的交流与合作，共同探讨解决劳动防护管理方面的问题和挑战。

采取一系列劳动防护管理操作措施后，L 公司的员工职业安全和健康得到了有效的保障。不仅员工的安全意识得到了提高，安全事故率也明显下降。与此同时，该公司的企业形象也得到了提升，吸引了更多的人才加入。

总之，劳动防护管理操作是企业保护员工身体健康和维护生产安全的重要手段。企业应建立完善的劳动防护管理制度和规范、购买合格的劳动防护用品、开展培训和教育，并建立完善的监督和评估机制，全面提升企业的劳动防护管理水平。这样不仅能够更好地保护员工，也可以为企业的可持续发展提供有力支撑。

第二讲 职业健康检查操作

职业健康检查是企业非常重视的一项工作。进行定期的健康检查，可以有效预防和控制职业病，保障员工的身体健康，提高企业的生产效率。下面简单地介绍职业健康检查操作的一般内容，如图 9-4 所示。

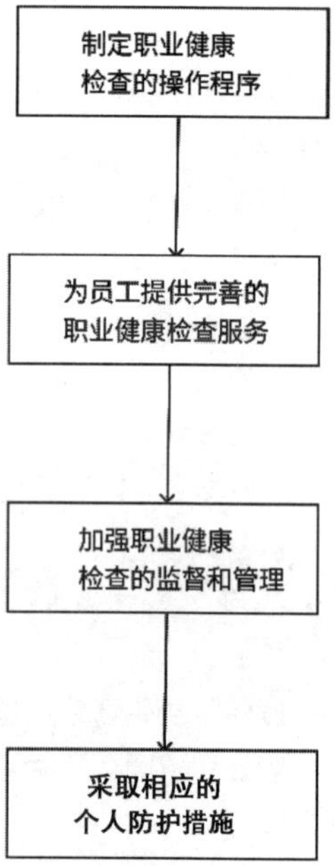

制定职业健康检查的操作程序
↓
为员工提供完善的职业健康检查服务
↓
加强职业健康检查的监督和管理
↓
采取相应的个人防护措施

图 9-4 职业健康检查操作

首先，企业要制定职业健康检查的操作程序。这包括确定检查的项目和频率、选择合适的检查机构和医生、安排好员工的检查时间和地点等。与此同时，还要明确员工在职业健康检查前应注意的事项，如禁食和停药等。

其次，企业要为员工提供完善的职业健康检查服务。这包括提供检查所需的设备和工具，如血压计、心电图仪等，并保障设备能够正常使用和进行定期维护。企业还应为员工提供必要的医疗保险或者补贴，以减轻员工的经济负担。

再次，企业要加强职业健康检查的监督和管理。定期检查员工的参与情况，及时发现并解决问题。对于不配合职业健康检查的员工需要进行教育和引导，增强他们的健康意识。此外，企业还要建立完善的档案管理制度，以保护员工的隐私和个人信息安全。

最后，企业要根据职业健康检查的结果采取相应的个人防护措施。对于有职业病相关症状的员工，要及时调整其工作岗位或提供适当的工作环境以改善病症。与此同时，加强对员工进行职业健康知识培训，以提高员工的自我保护意识和能力。

【案例分享】

某企业的职业健康检查操作

某企业在员工职业健康检查方面有着严格的规章制度和检查流程。每年，公司都会对员工进行定期的职业健康检查，以保障员工能够在安全、健康的环境中工作。下面是该企业的职业健康检查操作。

在检查前，企业会提前通知员工进行检查的时间和地点，并为员工提供相关的准备事项。例如，要求员工在检查前保持良好的睡眠，避免过度劳累；要求员工检查前空腹等。这些通知和准备事项都是为了让员工能够顺利地完成检查。

在检查时，企业会按照规定的流程进行检查。首先，员工需要提供相关的个人信息和职业史，以便医生进行诊断。其次，医生会对员工进行身体检查和问卷调查，以了解员工的身体状况和健康问题。在检查过程中，医生会对员工的身体状况进行评估，并针对发现的问题提出相应的建议和治疗方案。

在检查后，企业会对员工的检查结果进行汇总和分析，并针对发现的问题制定相应的解决方案。例如，如果发现员工存在职业病的风险，企业要采取相应的措施，如调整工作时间或提供劳动防护用品等。此外，企业还会定期对职业健康检查结果进行评估和跟踪，确保员工的身体状况得到及时关注和改善。

该企业的职业健康检查操作案例表明，企业在员工职业健康方面采取了积极的措施，为员工提供了良好的工作环境和健康保障。进行定期的职业健康检查，企业能够及时发现员工的健康问题，采取相应的措施进行干预和治疗，有效降低员工职业病的发生率，提高员工的工作效率和生产力。

H 公司的职业健康检查操作

H 公司是一家大型机器设备生产公司，成立于 2012 年，该企业对于员工的职业健康一直抱着严谨的态度，严格按照相关法律法规进行管理和操作。每年，企业都会为员工进行一次全面的职业健康检查，以确保员工身体健康，同时防范职业病。下面是H公司的职业健康检查操作。

首先，H公司会在检查前一个月向员工发出通知，告知检查的具体时间和地点，

并提醒员工做好准备。在检查的前一周，企业会再次向员工发出详细的准备事项，包括携带身份证、体检表等物品，以及饮食和运动的注意事项。

其次，检查当天，员工需要空腹前往体检地点。H公司会安排专业人员进行体检，并按照规定的流程进行各项身体检查。体检内容主要包括身高、体重、血压、心电图、血常规、尿常规等多个方面。与此同时，企业还会对员工的职业病危害因素进行评估，以确定员工所处的工作环境是否安全。

最后，检查完成后，H公司会对员工的体检结果进行统计和分析，并针对异常结果进行分类管理。对于需要进一步检查的员工，企业会及时安排复检，并确保员工的身体健康。与此同时，H公司还会根据检查结果为员工提供相应的健康指导和建议，以帮助员工改善生活习惯，防范职业病。

总之，职业健康检查是保障员工健康的重要环节，也是企业的法定责任。企业应该重视对员工的职业健康检查，并确保其规范和有效进行，从而为员工创造一个良好的工作环境，提高员工的生产效率，实现企业可持续发展。

第三节　员工意见反馈

员工意见反馈对企业非常重要。员工是企业的中流砥柱，他们是公司运转的动力和基石。因此，与员工建立良好的沟通渠道并耐心听取他们的意见是企业成功的关键。企业要重视员工的意见和建议，并采取相关措施进行改进。这种积极的沟通和合作，可以提高员工的满意度和工作效率，并构建一个积极向上、团结互助的工作环境。

第一讲　员工满意度调查操作方法

员工满意度调查是企业非常重要的一项工作。通过调查员工对工作环境、管理方式、福利待遇等方面的看法，企业可以了解员工的需求和关注点，以便改进，从而提升员工的工作积极性和满意度，进而提升企业的整体绩效。

下面是员工满意度调查的操作方法，如图9-5所示。

(1) 设计问卷：在进行员工满意度调查之前，需要先设计一份调查问卷。调查问卷应包括关于工作环境、薪酬福利、领导方式、培训发展等方面的问题。其中，问题选项可采用多项选择、单项选择或打分方式。

(2) 保证匿名性：为了让员工能够真实地表达自己的意见和看法，调查应保证匿名性。员工有时会担心对自己有影响而不敢真实回答问题，所以保证调查的匿名性是非常重要的。

(3) 定期进行：员工满意度调查并非一次性的工作，而是需要定期进行的。可以将员工满意度调查定为每年或每季度一次，以便及时掌握员工的状况，及时采取相应措施。

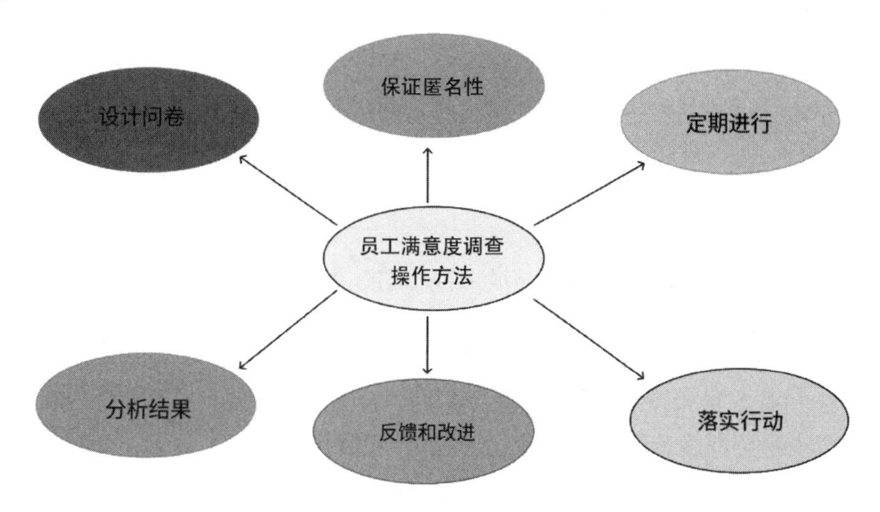

图 9-5　员工满意度调查操作方法

(4) 分析结果：收集完员工满意度调查的数据后，就要对结果进行分析。对数据进行整理、统计和分析，可以了解员工的整体满意度水平，进而找出问题所在及改进的方向。

(5) 反馈和改进：企业应该及时向员工反馈员工满意度调查的结果，并明确表示将会针对问题进行改进。与此同时，企业还需要采取相应的改进措施并跟进执行，确保员工的反馈得到妥善处理。

(6) 落实行动：根据员工满意度调查的结果，企业需要制订相关的行动计划并付诸实施。这包括改善工作环境、提高薪酬待遇、加强员工培训等，以增强员工的工作满意度和工作积极性。

通过以上系列措施，企业可以更好地了解员工的需求和关注点，及时进行相应的改进，进而提高员工的满意度和忠诚度。只有确保员工满意度有所提升，企业才能更好地发展和壮大。

第二讲　员工合理化建议操作方法

员工合理化建议操作方法旨在鼓励员工提出有益于企业发展的建议和意见，并促进企业持续改进。以下是一些员工合理化建议操作方法，可供企业参考，如图 9-6

所示。

(1) 创建开放的沟通渠道：建立员工建议箱、意见反馈平台或对话框，鼓励员工随时提出他们的建议和想法。与此同时，提供匿名反馈选项，给予员工更多自由表达的机会。

(2) 制定奖励机制：对于被采纳且能够实施的员工建议，公司应给予提出建议的员工奖励或对其进行表彰，以激励员工积极建言献策。奖励可以是一定的奖金、荣誉证书或其他形式，鼓励员工提出高质量的建议。

(3) 及时回复和反馈：公司应对员工提出的建议及时回复，并向他们反馈处理结果。这样可以增加员工的参与感和满足感，鼓励他们更多地提出建议。

(4) 组织内部讨论会：定期组织员工举行讨论会，让员工就特定问题或项目提出自己的建议。通过集思广益，公司可以获得更多创新的解决方案。

(5) 分析和总结建议：对员工提出的建议进行分析和总结，找出它们的共性和优势。通过对已实施建议的效果评估，反馈给相关员工，并举行分享会，以激励更多员工提供更好的建议。

(6) 培训和意见收集：定期为员工提供培训，进一步提升他们提建议的能力和意识。与此同时，鼓励管理层主动与员工沟通，了解他们的困惑和建议，并及时作出回应。

(7) 制订和执行改进计划：针对员工提出的重要建议，公司应制订相应的改进计划，并将其纳入日常的经营和管理。通过跟进和执行这些计划，展现公司积极改进的决心和行动，增强员工对建议采纳的信心。

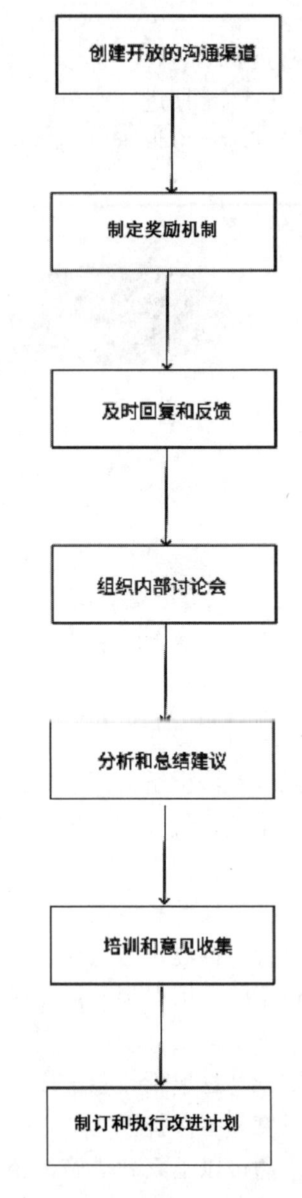

图 9-6　员工合理化建议操作方法

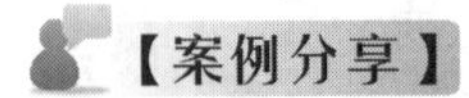
【案例分享】

某公司的员工合理化建议方案

某大型制造企业的员工数量众多，但由于管理不善，生产效率一直不高。为了改善这一状况，公司决定启动员工合理化建议方案，以激发员工的创新精神和改进意识。

首先，公司明确了建议提交和审查的流程。每个员工都可以随时提交合理化建议，提交的建议会由专门的审查委员会进行评估。为保障建议的可行性，审查委员会会进行实地考察，并详细了解建议的实施细节。

其次，公司制定了奖励机制，并对提出优秀建议的员工给予奖励。这不仅是对员工贡献的认可，同时也是一种激励，鼓励更多的员工积极参与建言献策。

在宣传推广方面，公司也做了许多工作。例如，通过内部会议向全体员工介绍建议方案的好处，鼓励员工积极参与；与此同时，公司还在公司内部网站上设立了专门板块，供员工提交建议和了解最新进展。

经过一段时间，员工的积极性被大大激发，许多好的建议被采纳并实施。其中，一些建议甚至大幅提高了生产效率，显著改善了工作环境。

A公司员工合理化建议操作方法

A公司是一家小型的制造企业，成立于2019年，近年来，面临生产效率低下、产品质量不稳定等问题。为了改善这一现状，公司决定开展员工合理化建议活动，以鼓励员工积极参与并提出改善意见。

(1) 建立接纳建议的渠道：公司设立了专门的建议箱，员工可以随时提交自己的建议。与此同时，公司还通过内部网络平台接收电子建议，保障建议的便捷性和保密性。

(2) 制定评价标准：为了保障建议的合理性和可行性，公司制定了一套评价标准，包括建议的实际操作价值、对提高效率和减少成本的作用、对产品质量的改善效果等方面。

(3) 定期评估和建议反馈：公司设立了一个由各部门经理组成的评审委员会，定期对收到的建议进行评估。对于可行的建议，评审委员会将给予肯定并颁发奖金，同时将建议付诸实践；对于暂时不可行的建议，评审委员会将给予解释和反馈，以鼓励员工继续提出意见。

(4) 公开表彰优秀建议：为了激发员工的积极性，公司定期公布优秀建议，并在公司内部和外部进行表彰。与此同时，公司将优秀建议整理成案例向其他部门推广。

经过一段时间的实施，员工合理化建议活动取得了显著成效。具体表现在以下几方面。

(1) 生产效率提升：通过员工的积极参与和持续改进，生产效率得到了显著提升。

(2) 产品质量改善：员工针对生产流程和市场反馈提出了多项产品质量改进的建议，使产品不良率大幅降低。

(3) 成本节约：通过员工的合理建议，公司节约了大量成本，例如，减少浪费，提高材料利用率等方面。

(4) 员工参与度提高：员工积极参与合理化建议活动，提高了他们的归属感和参与感。

(5) 问题解决的时效性增强：员工的及时反馈使问题得到更快解决，提高了工作效率。

总的来说，员工合理化建议操作方法的实施极大地鼓励了员工的积极性和创造力，促进企业的发展和持续改进。公司应积极倾听员工的声音，并根据实际情况不断优化操作方法，以使员工合理化建议能够充分起到推动企业发展的作用。

第三讲　员工与组织协商操作方法

员工与组织之间的协商是在互相尊重和合作的基础上进行的。它可以帮助员工和组织解决问题、达成共识，并促进双方的发展和进步。下面是一些员工与组织进行协商的操作方法，如图9-7所示。

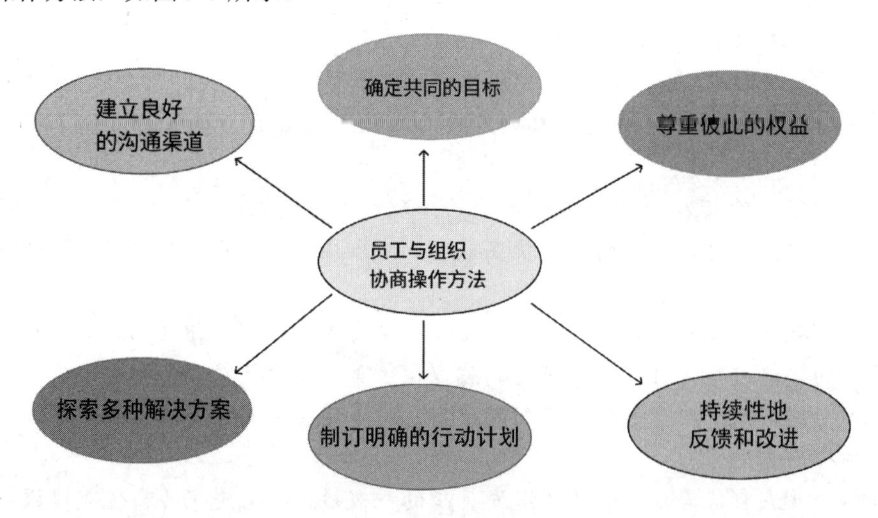

图9-7　员工与组织协商操作方法

(1) 建立良好的沟通渠道：员工与组织之间要建立开放、透明且双向的沟通渠道。双方应该经常进行面对面的交流，保持信息的畅通，并确保员工有机会表达自己的观点和建议。

(2) 确定共同的目标：员工和组织应该确定共同的目标和期望。双方应该讨论并确定可以共同努力实现的目标，这样可以更好地引导协商。

(3) 尊重彼此的权益：在协商过程中，员工和组织都应该尊重彼此的权益和需求。双方应该学会倾听彼此的意见，并理解对方的困难，以平等、公正的态度处理问题。

(4) 探索多种解决方案：在协商过程中，双方应该积极探索多种解决方案。员工和组织可以互相讨论、提出建议和妥协来寻求最合适的解决方案。

(5) 制订明确的行动计划：一旦达成共识，员工和组织应该制订明确的行动计划。双方应该明确各自的责任，并制定具体的措施来实施协商结果。与此同时，双方也要制定监测和评估机制，确保协商结果有效执行。

(6) 持续性地反馈和改进：协商过程并不是一次性的，而是一个持续的过程。员工和组织应该定期进行回顾和评估，以便及时调整和改进协商的方式和方法。

【案例分享】

H公司与员工协商的分析

H公司是一家大型制造企业，拥有数千名员工。近年来，市场竞争激烈，公司的利润率不断下降。因此，公司决定采取一系列措施来提高生产效率和降低成本。其中一项措施是取消员工的加班费，这将直接影响员工的收入。

得知公司决定后，员工感到非常不满。为此，员工代表与公司高层进行了多次协商，以寻求解决方案。

首先，员工代表向公司高层表达了员工的担忧和不满。他们认为，取消加班费会直接影响员工的收入和生活质量。与此同时，员工代表也提出了一些解决方案，例如，增加基本工资或者调整工资结构等。

H公司高层对此表示理解，但他们也提出了自己的困难和考虑，如公司的财务状况、市场竞争等。双方在相互尊重的基础上，进行了积极的沟通和协商。

在协商过程中，员工代表和公司高层共同探讨了各种可能的解决方案。他们共同分析了各种方案的利弊得失，并考虑了双方的利益和需求。

最终，双方达成了一致意见：取消加班费，但增加基本工资和福利待遇，以保障员工的生活质量。与此同时，公司也承诺将继续关注员工的生产效率和工作表现，并提供相应的奖励和采取一定的激励措施。

L公司与员工协商的分析

L企业是一家大型制造公司，占地5 000平方米，拥有4个生产基地，总资产达30亿元。L公司的员工在过去的几个月中，由于加班频繁且加班补贴未合理支付，对公司产生了强烈不满，工作积极性极大降低。为了解决这一问题，公司决定举行一次员工与组织的协商会议。

在会议准备阶段，L公司人力资源部门首先对员工反馈进行了深入的了解，明确了主要的问题。然后，他们邀请了部分员工及其代表，并与公司高管、人力资源部门负责人及工会代表共同参与这次协商会议。

会议的主题是“提高员工满意度，优化工作环境”。会议开始时，公司首先对员工的不满情绪表示理解，并向员工代表解释了加班补贴未能合理支付的原因。接着，双方就加班制度的合理性、加班补贴的计算方式及工作强度的适中度等问题进行了深入的讨论。

在协商的过程中，员工代表表达了他们对加班制度的关注，并提出了调整工作时间、减少加班次数的建议。公司则表示理解员工的压力和不满，随之提出了制定更为公平合理的加班政策、增加员工休息时间的措施。此外，公司还提出了一项针对员工的培训计划，以帮助员工更好地管理时间和缓解工作压力。

在会议的最后，员工与组织达成了共识，H 公司同意对加班制度进行调整，并优化加班补贴的计算方式。与此同时，公司还将实施一系列员工关怀计划，如定期的健康检查、心理咨询服务及家庭照顾支持等。

通过有效的协商，H 公司和员工能够更好地理解彼此的立场和需求，从而达成双赢的解决方案。这不仅有助于提高员工的工作满意度和积极性，还能为公司的长期发展创造有利条件。

总之，员工与组织的协商是一个复杂而重要的过程。建立良好的沟通渠道、确定共同的目标、尊重彼此的权益、探索多种解决方案、制订明确的行动计划及持续性地反馈和改进，员工和组织可以实现更好的合作与发展。这也有助于营造积极的工作氛围，提高员工和组织的绩效和满意度。

第四讲　员工投诉接待与处理方法

员工投诉是企业不可避免的问题。对于员工来说，他们会因为工作环境、薪酬待遇、领导态度等问题对公司感到不满，通过投诉来表达自己的不满情绪。而企业应该积极对待员工的投诉，并采取一系列合理的接待与处理措施，以维护良好的人际关系和提升工作效率。

首先，企业应建立一个开放且安全的投诉渠道，让员工能够随时随地地向相关部门反映问题，而不必担心受到报复。这可以通过设立独立的投诉专线、电子邮箱或专门的投诉平台来实现。与此同时，企业应明确规定并公示投诉的处理流程，以保障员工的投诉能够得到妥善解决。

其次，企业应尽快回应员工的投诉，给员工传达“你的声音被听到了”的信息。如果可以，尽量当面或电话与员工进行沟通，以便更好地了解问题和员工的感受。在回应投诉时，企业需要倾听并尊重员工提出的意见和感受，避免过度解读或忽视他们的诉求。

在接待和处理过程中，企业需要保持公正、客观和透明的态度。任何有关员工投诉的信息都应进行记录，并进行调查核实。这将有助于公司对问题有全面了解和公正判断。如果发现问题确实存在，企业应积极采取措施加以改善，并向员工说明后续的

处理方案与进展情况。

最后，企业在处理员工投诉之后，还要进行事后跟进和总结。通过回访员工，了解他们对处理结果的满意情况，以及对企业后续改进工作的建议。此外，企业应定期评估和改进自身的管理方式，尽量预防类似问题再次发生，从而提升员工的满意度和工作效率。

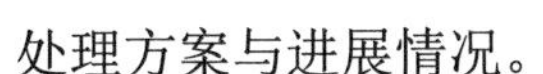

某公司的员工投诉与接待方法

某科技公司成立于 2017 年，是一家大型的集科技、生产、设备制造于一体的企业，注册资本达 30 亿元，该公司员工规模庞大，部门繁多。近期，公司收到一封匿名投诉信，信中提出了公司内部的一些问题，包括部门之间的沟通障碍、薪资待遇不公及工作环境欠佳等。公司领导层非常重视这封投诉信，立即成立了专门的处理小组进行一系列的调查与处理。

首先，公司建立了开放式的投诉机制，为员工搭建一个安全、透明的投诉平台。他们明确表示，无论投诉者是什么身份，都会对投诉进行严格保密，并认真调查每一项投诉。

其次，处理小组进行了深入的调查，收集了各方面的数据和意见。他们与各部门领导进行了沟通，了解了具体情况，同时也对员工进行了匿名调查，以便获取更真实的信息。

收集到足够的信息后，处理小组开始对投诉进行逐一分析。对于那些确实存在的问题，他们提出了改进方案。比如，对于部门间的沟通问题，他们建议加强部门的交流，定期举办跨部门会议；对于薪资待遇问题，他们进行了全面的评估，并提出了合理的调整方案；对于工作环境问题，他们也采取了一些改善措施，如优化办公布局、改善办公设备等。

再次，处理小组也对投诉者进行了回访，确保其问题得到了妥善解决。对于那些没有得到解决的问题，他们认真听取了投诉者的意见，并承诺会继续努力改进。

最后，处理小组对整个投诉处理过程进行了总结，不仅强调了员工投诉的重要性，也反思了投诉处理过程中存在的不足。他们表示，今后会更加重视员工的意见和投诉，不断改进处理方法，以更好地维护员工的权益，促进企业和谐发展。

A 公司的员工投诉与接待方法

A 公司是一家大型的互联网公司，2018 年年底经历快速扩张后，员工数量大幅增加，公司内部层级和部门划分更加复杂。尽管公司领导意识到员工关系的重要性，但在实际操作中，仍出现了许多问题。尤其在一次涉及薪酬调整的决策后，员工的不满情绪达到了顶点，公司被迫面对一场严重的员工投诉风波。

在这场风波中，A 公司首先采取的策略是开放全员邮箱，让员工能够直接向管理层表达自己的不满和诉求。这种方法虽然有助于快速了解员工的真实想法和问题，但也存在一些弊端。例如，一些员工可能会因为害怕公开表达不满，而选择保持沉默。此外，全员邮箱无法提供专业的法律咨询和指导，可能会导致一些员工在表达过程中出现不合适或违法的言论。

经历了初期的不稳定后，A 公司开始采取更加正式和系统的方法来处理员工投诉。他们设立了一个专门的员工关系小组，负责接待员工的投诉，并进行沟通和协商，以解决员工的问题。这个小组的成员不仅具有专业的法律知识，还具备良好的沟通技巧和员工关系处理能力。他们能够为员工提供专业的法律咨询，以引导他们以合适的方式表达自己不满，同时也能将公司层面的决策和考虑传递给员工。

此外，A 公司还定期举行员工反馈会议，让管理层和员工能够面对面地沟通，直接解决问题。这种会议不仅为员工搭建了一个公开、透明的沟通平台，也让公司能够更加准确地了解员工的需求和问题，从而作出更加科学的决策。

通过这些措施，A 公司成功地处理了员工投诉风波，也建立了更加健康、稳定的员工关系。由此可见，有效的员工投诉处理不仅需要开放、透明的沟通渠道，同时也需要专业、系统的处理流程。

总的来说，企业应该建立开放且安全的投诉渠道，积极回应员工的投诉，并在处理过程中保持公正、客观和透明。通过正确的接待与处理方法，企业能够更好地管理员工的投诉问题，提高员工的满意度，促进组织的健康发展。

第四节　员工援助计划

员工援助计划，是指企业为员工提供一系列的援助服务和支持，以帮助他们应对身心健康、个人困难和工作压力等问题。这些计划主要包括心理咨询、法律咨询、职业发展培训和健康管理等多个方面的服务，旨在关心员工的福祉和满足他们的各种需求。与此同时，员工援助计划也体现了企业文化的关怀和人性化管理的理念，有助于建立和谐的员工关系，提高员工工作满意度和生产力，共同促进企业长远发展。

第一讲　员工援助计划内容

员工援助计划是一种为员工提供多方位支持和帮助的企业福利政策。它旨在帮助员工解决生活和工作中的各种问题，提升他们的满意度和幸福感，从而增强员工的满意度和忠诚度，促进企业的稳定和发展。

员工援助计划包括以下内容，如图 9-8 所示。

(1) 心理咨询服务：提供专业的心理咨询师或心理健康热线电话等，帮助员工排解工作和生活中的压力，解决情绪困扰和心理问题，提高心理健康水平。

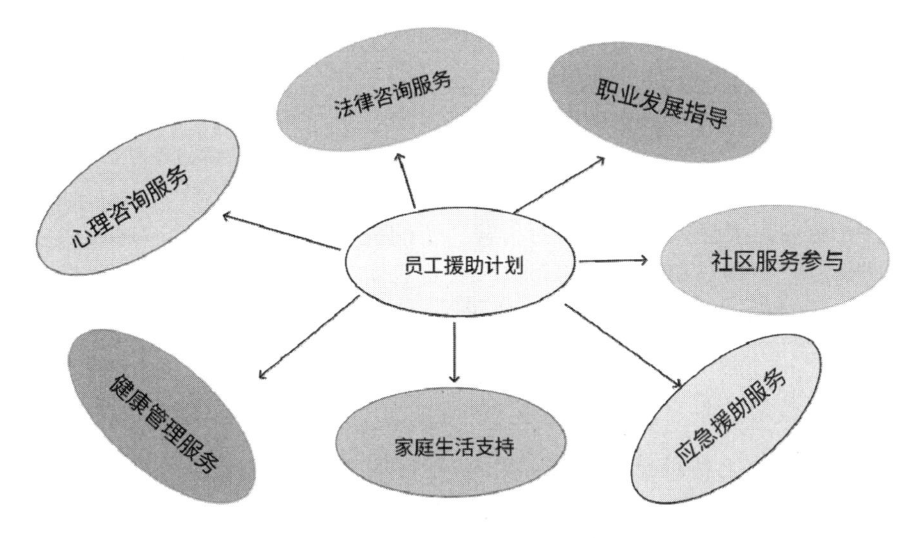

图 9-8　员工援助计划内容

(2) 法律咨询服务：提供法律专家或律师事务所的法律咨询服务，帮助员工解答与法律相关的问题，如劳动争议、合同纠纷等，以保障员工的合法权益。

(3) 职业发展指导：通过培训课程、职业规划咨询等方式，帮助员工提升职业技能和竞争力，推动个人的职业发展和晋升。

(4) 健康管理服务：提供健康咨询、体检、健康保险等服务，关注员工的健康状况，帮助员工预防疾病，提高生活质量。

(5) 家庭生活支持：为有家庭问题的员工提供家庭辅导、婚姻咨询、子女教育等服务，帮助员工解决家庭问题，维护家庭和谐。

(6) 应急援助服务：在员工遭遇突发事件或陷入困境时，要提供紧急援助，包括灾难救助、紧急救援、资金援助等，有效保障员工的人身安全和生活需求。

(7) 社区服务参与：鼓励员工参与社会公益活动，并组织企业志愿者团队，以企业员工的力量回馈社会，弘扬企业正能量。

总的来说，员工援助计划作为企业福利的重要组成，不仅有利于员工个人的成长和发展，也是企业实现可持续发展的重要策略之一。通过建立和完善员工援助计划，企业能够提升员工的忠诚度和满意度，降低员工的离职率和流失成本，增加企业的竞争力和品牌形象。与此同时，员工援助计划也有助于构建和谐的企业文化，凝聚员工的向心力和团队精神，推动企业实现可持续发展的目标。

第二讲　员工援助计划操作

高效运作的员工援助计划是企业成功发展的关键。本讲将介绍如何制订和执行一个具有竞争优势的员工援助计划，使其能够超越其他企业，如图9-9所示。

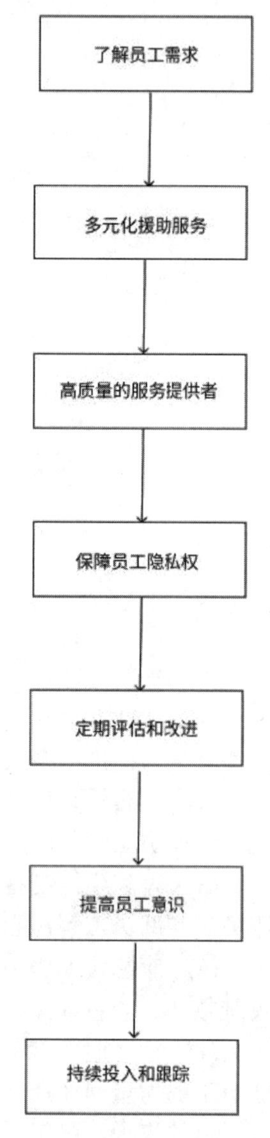

图9-9　员工援助计划操作

1. 了解员工需求——制订个性化计划

针对员工的多样化需求，制订个性化的员工援助计划至关重要。企业需要投入时间和精力了解员工的关切和问题。定期开展匿名调查和员工反馈会议，收集真实、可靠的数据。这将帮助企业为员工提供准确、全面的援助方案。

2. 多元化援助服务——满足不同需求

一个成功的员工援助计划应该提供多元化的援助服务，以满足不同员工的需求。除了传统的心理咨询和培训外，企业还要考虑增加更多元化的服务，如法律咨询、财务规划、健康管理等。提供全方位的支持，企业可以更好地帮助员工解决生活和工作中的各种问题。

3. 高质量的服务提供者——与专业机构合作

为了保障员工援助计划顺利实施，企业应与高质量的服务提供者合作。寻找经验丰富、专业可信赖的机构，如心理咨询公司、法律事务所和专业医疗机构等。这些合作伙伴的专业知识和经验将为员工提供最有效的援助。

4. 保障员工隐私权——建立保密机制

员工在使用援助计划时可能涉及个人隐私问题，因此，企业应建立严格的保密机制。确保员工的个人信息不被泄露，维护员工的隐私权。此外，企业还应鼓励员工放心执行援助计划，以充分发挥其优势。

5. 定期评估和改进——持续提高员工的满意度

为了保障员工援助计划的效果和可持续性，企业需要定期评估和改进计划。通过收集员工的反馈和意见，发现问题并及时解决。定期评估员工的满意度，并根据结果对计划进行调整和改进。

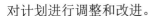

6. 提高员工意识——积极宣传和推广

除了制订一个高效的员工援助计划，企业还应积极宣传和推广该计划。通过内部会议、员工手册、企业内部网站等方式，向员工介绍援助计划的相关内容和优势。提高员工对该计划的认知度，并鼓励他们积极利用。

7. 持续投入和跟踪——保障长期有效性

最后，一个成功的员工援助计划需要企业持续投入和跟踪。不断关注员工需求和变化，以及时调整和改进计划。通过持续的投资和管理，保障员工援助计划的长期有效性和持续发展。

总的来说，制订一个具有竞争优势的员工援助计划需要企业全面了解员工的需求，并提供多元化的援助服务，进而与高质量的服务提供者合作。与此同时，保障员工隐私权，定期评估和改进计划，提高员工的意识，并持续投入和跟踪计划的效果。

第五节　劳动争议

劳动争议，是指在劳动关系中，劳动者与企业因为工资、福利、劳动条件等问题产生的纠纷。这是一种常见的社会现象，影响着劳动者的权益和企业的发展。只有通过正当的沟通和协商，才能达成令双方满意的解决方案，实现劳动关系的和谐稳定。

第一讲　劳动争议产生原因

劳动争议，是职工与企业在劳动权益、工资待遇或工作环境等方面发生的争议。这些争议往往直接影响企业的正常运营和员工的生活质量。因此，了解劳动争议产生的原因对于企业和职工都至关重要，如图 9-10 所示。

(1) 经济利益不公：经济利益不公是导致劳动争议的主要原因之一。一些企业的高管层和经理层往往享有更高的薪资待遇和福利条件，而普通员工却面临低工资、生活无保障的情况。这种不公平待遇容易引起员工的不满和不平等感，从而导致劳动争议产生。

(2) 工作环境差：良好的工作环境对于员工的工作积极性和生产力有着重要影响。然而，在一些企业，工作环境却存在问题，如缺乏安全设备、不合理的工作时间安排和过度的工作压力等。这些不良工作环境会导致员工的身体健康和心理健康受损，进而引发劳动争议。

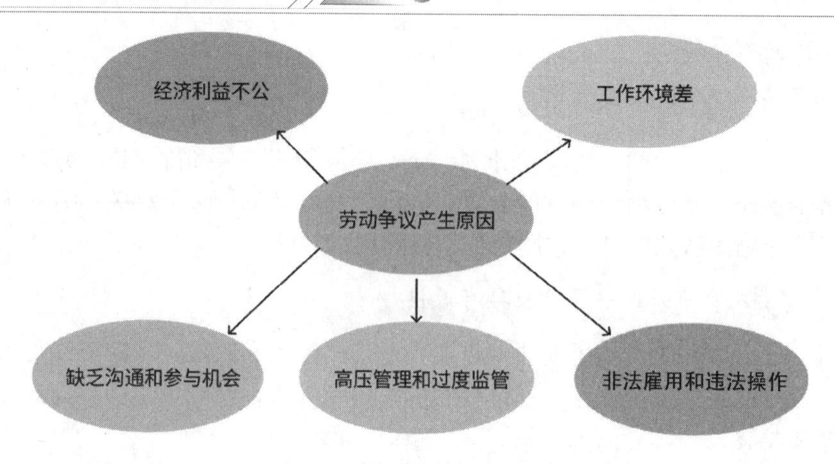

图 9-10 劳动争议产生原因

(3) 缺乏沟通和参与机会：企业缺乏有效的沟通渠道和员工参与机会，也是劳动争议产生的原因。当企业在做决策过程中忽略员工的意见和建议时，员工会感到被忽视和不被重视，从而产生不满情绪并可能引发劳动争议。

(4) 高压管理和过度监管：一些企业过度强调绩效评价和结果导向，而对员工进行高压管理和过度监管。这种管理方式容易造成员工的精神压力过大和工作负荷过重，进而导致不满情绪的产生，并可能演变成劳动争议。

(5) 非法雇佣和违法操作：一些企业为了降低成本或获取更多利润而采取非法雇佣和违法操作。如非法使用临时工、剥夺员工的劳动权益、拖欠工资款项等。这些非法行为直接损害了员工的合法权益，因而极易引起劳动争议。

【案例分享】

张三与李四的争议

A 公司职工张三和另一职工李四因工作产生矛盾，发生口角，公司领导对此事进行了调解。但是，张三对处理结果不满意，认为自己的权益受到了侵犯，于是他向劳动争议仲裁委员会提出申诉，要求李四道歉并赔偿经济损失。

劳动争议产生的原因有很多，包括劳动合同、劳动报酬、劳动安全、劳动保障等方面。在本案中，劳动报酬是劳动争议产生的原因。具体来说，可能是李四没有按照公司规定支付给张三应有的工资、加班费等，或者是在劳动合同中存在不合理的条款，导致张三的权益受到侵犯。

此外，劳动安全也是劳动争议产生的一个重要原因。如果公司没有提供必要的安全保障措施，导致张三在工作过程中受伤，那么，张三也可以提出劳动争议，要求公司承担相应的赔偿责任。

解决劳动争议的方法有很多，包括调解、仲裁、诉讼等。在本案中，公司领导对张三和李四的纠纷进行了调解，但是张三对处理结果不满意，因此他选择了向劳动争议仲裁委员会提出申诉。在仲裁的过程中，仲裁委员会对双方提供的证据进行审查、评估，最终作出仲裁决定。

小王的劳动争议

小王于 2015 年 7 月 1 日进入上海某机械制造公司，双方签订了 3 年的劳动合同。合同约定小王的工作岗位为市场营销，月薪为 1.5 万元。2017 年 1 月 1 日，公司以“小王不能胜任工作，经过调整工作岗位仍不能胜任工作”为由将其解聘。公司支付了小王一个月的工资，但拒绝支付小王未休年休假的工资。小王不服，便提起了劳动争议仲裁。

(1) 解聘原因不明确。公司在解聘员工时，应当按照法律法规的规定，并且要有明确的解雇原因。本案中，公司解聘小王的原因是“不能胜任工作，经过调整工作岗位仍不能胜任工作”，但是未提供具体的证据证明小王不能胜任工作，也未提供调整工作岗位的记录。这就导致了双方的争议。

(2) 调整工作岗位程序不规范。公司在调整员工工作岗位时，应当与员工协商，并且按照规定程序来进行。本案中，公司未与小王协商就擅自调整他的工作岗位，这违反了规定程序，进而导致了双方的争议。

(3) 拒绝支付未休年休假工资。《劳动法》规定，员工在一定时间内应当休年休假，如果公司未安排员工休年休假，则应当按照规定支付未休年休假的工资。本案中，公司未安排小王休年休假，却拒绝支付其未休年休假的工资，这违反了法律规定，也导致了双方的争议。

(4) 薪酬支付不合理。公司在解聘员工时，应当按照劳动合同约定支付员工的薪酬。本案中，公司只支付了小王一个月的工资，但是未按照劳动合同约定支付其相应的补偿金和未休年休假的工资，这违反了双方的约定，也导致了双方的争议。

总的来说，劳动争议的产生与企业的经济利益分配、工作环境、沟通机会、管理方式和合法性等因素密切相关。只有解决这些问题，建立公平、健康、平等与和谐的劳动关系，才能有效预防和解决劳动争议，促进企业的可持续发展和员工的获得感。

第二讲　劳动争议处理方式

劳动争议是现代企业管理经常出现的问题。为了保障和谐的劳动关系，企业需要采取一系列措施来处理和解决劳动争议。本讲将从以下几方面介绍企业在劳动争议处理中的方式。

1. 高效的内部沟通和协商

在企业中，高效的内部沟通和协商是解决劳动争议的关键。首先，企业应建立一

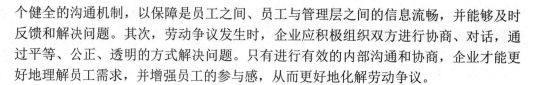

个健全的沟通机制，以保障是员工之间、员工与管理层之间的信息流畅，并能够及时反馈和解决问题。其次，劳动争议发生时，企业应积极组织双方进行协商、对话，通过平等、公正、透明的方式解决问题。只有进行有效的内部沟通和协商，企业才能更好地理解员工需求，并增强员工的参与感，从而更好地化解劳动争议。

2. 公正的制度和程序

为了确保劳动争议处理的公正性，企业需要建立健全制度和程序。首先，制定明确的规章制度，规范员工的行为准则和权益保障，避免产生不必要的争议。其次，建立公正、透明的处理程序，并严格执行。一般而言，无论是面对员工投诉还是集体劳动争议，企业都应遵循一定的程序，如听取双方陈述、核实事实、调解协商等，确保每一起劳动争议都能得到公正、合理的处理。

3. 强化员工关系管理

良好的员工关系管理是预防和解决劳动争议的重要保障。企业应积极关注员工的需求和诉求，并建立互信、互助、互利的员工关系。首先，企业可以通过加强对员工的培训，提高员工的技能水平和自我发展能力，减少潜在的争议因素。其次，及时、有效地回应员工关切，倾听员工心声，以便及时解决问题，增强员工的满意度和认同感。良好的员工关系管理使企业能够更好地预防和解决劳动争议，增强劳动关系的稳定性和和谐性。

4. 合法合规的员工参与和咨询

处理劳动争议时，企业应积极促进员工参与和咨询。首先，企业应建立一套合法合规的员工参与机制，做重大决策时广泛征求员工意见，增强员工的参与感和归属感。其次，为员工提供法律咨询和辅导服务，帮助员工了解自身权益和责任，避免因对法律规定和政策不了解引发争议。合法合规的员工参与和咨询，使企业能够减少误解和误导，以更好地化解劳动争议。

【案例分享】

小张的抗议

某科技公司 2021 年雇用了一名新员工小张，双方签订了为期两年的劳动合同。然而，2022 年年底，公司突然宣布进行大规模裁员。小张因在公司任职时间较短，因而被列入裁员名单。

然而小张对公司的裁员决定感到不满，认为自己工作表现良好，且裁员前未收到任何警告或改进意见，因此，公司单方面解除劳动合同属于非法行为。小张向公司提出了抗议，并要求恢复工作。

公司则表示，此次裁员是受经济形势所迫，是必须采取的措施。根据小张的表现，公司认为其是裁员中的一员，符合公司制度和法律法规的要求。

双方因无法通过协商解决争议，最终小张决定采取法律手段维护自己的合法权益。他咨询了律师，并在律师的帮助下向劳动争议仲裁委员会提交了申请。

仲裁委员会对案件进行了审理，并依据相关法律法规对双方争议进行了调解。在调解的过程中，公司承认了小张工作中的表现，并愿意就裁员事宜进行合理的赔偿。

最终，仲裁委员会成功调解了双方争议，不仅小张得到了合理的赔偿，公司也避免了因纠纷导致的社会负面影响。

李先生的劳动争议

某科技公司的员工李先生因对公司的薪资福利制度不满，向公司提出加薪要求。双方经过多次协商，公司不能接受加薪幅度，于是李先生决定辞职。然而，在离职的过程中，双方就赔偿金等问题产生分歧，李先生向劳动争议调解委员会申请调解。

在这起劳动争议中，公司与员工就薪资福利、赔偿金等问题存在分歧。从公司的角度来看，他们认为加薪幅度不能接受，而且根据公司规定，员工辞职无须支付赔偿金。但是，从李先生的角度来看，他认为自己的劳动价值未得到充分的认可，公司应该提高薪资福利水平。此外，他认为公司在处理离职事宜时程序不透明，导致他产生经济损失。

针对此争议，可以采用以下几种处理方式。

(1) 调解：双方可以向劳动争议调解委员会申请调解。调解委员会由劳动保障部门、工会和企业代表组成，他们将根据法律法规和双方达成的协议进行调解并促成双方和解。通过调解，最终在不影响双方关系的前提下解决争议。

(2) 仲裁：如果调解不成，双方可以申请仲裁。仲裁机构将根据相关法律法规和双方提供的证据进行裁决，仲裁结果具有法律效力。

(3) 诉讼：如果仲裁结果仍不能满足双方的诉求，可以选择向法院提起诉讼。法院将根据相关法律法规和双方提供的证据进行审判，且判决具有强制执行力。

李先生最后选择了调解方式。经过调解委员会的调解，公司同意对李先生的薪资福利进行适当的调整，并公开离职事宜的处理程序。与此同时，公司也为自己的态度向李先生道歉，表达了对员工权益的尊重。

总的来说，劳动争议处理是一个复杂而敏感的问题，需要企业从多方面进行综合考虑和处理。通过高效的内部沟通和协商、公正的制度和程序、强化员工关系管理及合法合规的员工参与和咨询，企业能够有效地预防和解决劳动争议，增强劳动关系的稳定性和企业的持续发展能力。

第三讲　劳动争议调解程序

劳动争议在企业内部是一种常见的问题，它会导致工作场所的紧张气氛和生产力的降低。为了确保良好的劳动关系和解决争议，企业需要建立一个有效的劳动争议调解程序。下面将介绍该程序的重要步骤和关键要点，如图9-11所示。

(1) 提出投诉：及时沟通是解决劳动争议的第一步。当员工认为自己受到不公平待遇或公司违反劳动法规的情况时，他们应该向企业提出书面投诉。这样可以使所有的指控都得到记录，并为调解过程提供准确的信息。

(2) 调查和收集证据：为了澄清事实并了解争议的全貌，企业应对投诉进行调查，并收集相关证据。这包括与当事人和其他目击者的面谈，以及查阅相关文件和记录。仔细的调查和充分的证据是解决劳动争议的基础。

(3) 内部调解：一旦收集到足够的证据，企业就可以举行内部调解会议。此会议应由公司的调解员主持，以保障会议的公正和中立。调解会议的目的是帮助双方就争议达成一致，并寻求可行的解决方案。在会议上，双方可以表达自己的观点，并根据调解员的引导进行适当的讨论。

(4) 纠纷仲裁：如果内部调解未能解决争议，企业可以考虑进行纠纷仲裁。这需要聘请中立的第三方仲裁员来审理案件，并作出具有约束力的裁决。纠纷仲裁通常比法律诉讼更快速和更经济、高效，因此是处理劳动争议的一种常见方法。

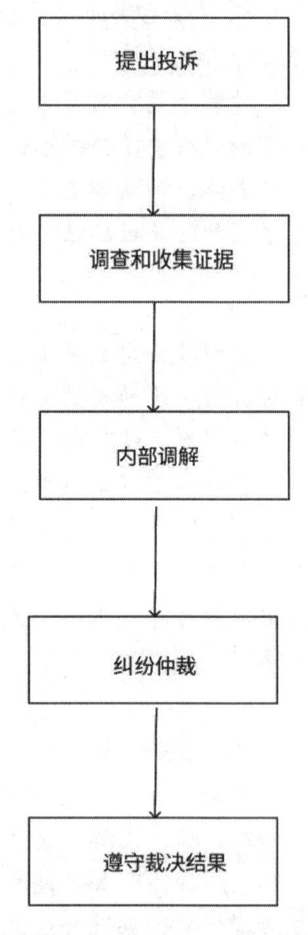

图9-11　劳动争议调解程序

(5) 遵守裁决结果：一旦纠纷仲裁裁决作出，企业和员工双方就都有义务遵守其结果。执行裁决是维护公平和合法的劳动关系的重要一环。任何违反裁决结果的行为都会导致进一步的法律后果。

【案例分享】

李某的劳动争议调解

某公司职工李某与公司发生了劳动争议，李某向所在地劳动争议仲裁委员会申请仲裁。根据其所提供的劳动争议申请书，劳动争议/仲裁委员会安排调解会议，并依法选定了调解人员。在会议中，调解人员要求双方当事人对各自提出的主张提供证据，并就是否存在劳动关系及劳动关系的起始时间、终止原因、工资支付、加班费支付、社会保险费缴纳、解除或终止劳动关系的经济补偿等问题发表意见。

李某与公司人事代表均充分阐述了各自意见。调解人员根据双方当事人提供的证据和陈述，在查明事实，分清责任的基础上，依据相关劳动法律法规认定了存在劳动关系及劳动关系的起始时间、终止原因、工资支付、加班费支付、社会保险费缴纳、解除或终止劳动关系的经济补偿等问题。

最终，调解人员对双方阐明了调解依据，人事代表认识到公司管理存在的问题，同意向李某支付加班费、解除或终止劳动关系的经济补偿等费用，并依法为李某缴纳社会保险费。

小张的劳动争议调解

某公司职工小张因工资问题与公司的人事部门产生争议，小张认为自己工作考核优秀，依据公司规章制度，应该得到工资上的提升。人事部门则认为小张的要求不合理，不能予以满足。因此双方陷入僵局，最终决定通过劳动争议调解程序来解决这一问题。

在劳动争议调解的程序中，双方需要按照一定的程序进行协商。首先，双方需要填写申请表，并提交相关的证据材料。其次，等待劳动争议仲裁委员会的安排，进行调解前的准备工作。在调解的过程中，双方需要陈述自己的观点和证据，并进行辩论和协商。劳动争议仲裁委员会将根据双方的陈述和证据，进行调解处理。

在填写申请表时，小张提交了自己的工资单、劳动合同、工作表现评估等证据材料。劳动争议仲裁委员会收到申请后，安排了一次调解前的会议，双方就争议问题进行了初步的沟通和协商。

经过劳动争议仲裁委员会的调解，双方最终达成了协议，小张的工资得到了适当的调整。

总的来说，建立一个有效的劳动争议调解程序，企业可以在合法和公正的框架下解决员工的投诉和争议。这有助于维持良好的劳动关系，并提高生产力，同时也为员工提供公平的待遇和权益保障。在处理劳动争议时，企业应始终遵循透明、公正和合法的原则，以确保合作关系可持续发展。

第四讲 劳动争议仲裁程序

解决劳动争议是维护劳动者权益和企业稳定发展的重要一环。在企业中建立一套高效且公正的劳动争议仲裁程序至关重要。

一、劳动争议仲裁程序概述

劳动争议仲裁程序，是指企业为解决劳动纠纷而设立的一套规范流程。其目的是确保双方当事人能够公平、迅速地解决争议，并最大限度地减少对企业运营的干扰。一个完善的劳动争议仲裁程序应包括以下几个关键工作。

1. 登记与调解

劳动争议发生后的首要步骤是双方当事人向企业登记争议，并由企业安排专业人员进行调解。这一工作旨在促使双方当事人就争议达成和解，避免矛盾进一步升级。

2. 仲裁申请与审理

若调解未能解决争议，劳动者有权向企业提出仲裁申请。企业应尽快组织专门的仲裁审理团队对案件进行调查、取证，并公正地审理纠纷。进行仲裁时，双方当事人应提供充分的证据来支持自己的主张。

3. 裁决结果与执行

仲裁庭根据相关法律和企业政策作出裁决，并将裁决结果告知双方当事人。企业应确保裁决及时公布，并严格执行裁决结果，以维护法律的权威和公信力。

二、劳动争议仲裁程序遵循原则

1. 公平与有效

劳动争议仲裁程序必须保障公正性和有效性，维护双方当事人的合法权益。此外，企业应不偏不倚地进行调解和审理，以避免利益冲突。

2. 专业与独立

为保障仲裁结果客观、公正，企业需设立独立的仲裁审理团队，并确保团队成员具备专业素养和丰富的实务经验。这样不仅可以提高裁决结果的可接受度，还能增强争议解决的效果。

3. 信息透明

企业应在劳动争议仲裁程序中保持信息透明，向双方当事人提供充分的资料，包括流程、要求和相关规定等。这有助于增加双方对程序的理解和认同，减少纷争。

总的来说，建立一个高效、公正的劳动争议仲裁程序对企业的可持续发展至关重要。遵循规范流程，解决劳动争议将有利于促进和谐的劳动关系，为企业发展创造一个稳定的环境。

第五讲　劳动争议诉讼程序

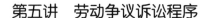

劳动争议是企业常见的问题，当员工与企业发生矛盾时，需要通过诉讼程序解决。因此，了解劳动争议诉讼程序对企业非常重要，下面详细介绍该程序。

(1) 提起诉讼：劳动争议的一方应当向当地劳动仲裁委员会提起诉讼。这一步骤需要提供相应的证据和相关文件，以支持其主张。与此同时，要确保在规定的时间提起诉讼，以避免出现时效性问题。

(2) 仲裁程序：被告收到诉讼通知后，会在指定的时间内回复。随后，劳动仲裁委员会将双方召集一起进行调解。调解的目的是尽量避免走正式的法律程序，并寻求双方公平的解决办法。如果调解失败，再进入下一步程序。

(3) 法律诉讼：如果劳动仲裁过程未能达成共识，当事人可以向人民法院提起诉讼。在法庭上，双方将提供证据和辩护意见。法官将审理案件并作出裁决。这一过程需要各方提供充分的证据来支持他们的主张。

(4) 上诉程序：如果一方对法院的判决不满意，可以在规定的时间内进行上诉。上诉将提交给上级法院，由更高一级的法官审理。上诉程序是为了保障公正和合法的判决。在上诉期间，双方需要进一步阐述自己的观点和提供新的证据。

(5) 执行判决：一旦判决生效，无论哪一方获胜，都需要执行判决。如果对方不自愿执行判决，获胜方可以向法院申请强制执行。执行过程中，法院将根据情况采取相应的措施，以确保判决有效执行。

以上内容仅供参考，具体操作和流程因地而异，建议在实际操作中咨询相关法律专业人士。

总的来说，了解和遵守劳动争议诉讼程序，企业可以更好地处理与员工的矛盾，并为双方提供公平的解决机会。在这个过程中，及时保留相关证据、尊重法律程序和接受法院的裁决都是至关重要的。通过正确处理劳动争议，企业可维护良好的劳动关系，减少潜在的法律风险，促进持续的稳定发展。

第六讲　如何减少劳动争议

近年来，劳动争议已成为困扰许多企业的一大难题。这不仅造成了生产效率的下降，还给企业带来了不必要的损失和负面的影响。为了解决这一问题，企业需要积极采取措施，建立有效的沟通机制。以下是针对该问题提供的一些建议。

1. 建立透明沟通渠道，与员工保持良好关系

企业应该建立透明的沟通渠道，使员工可以随时向管理层表达意见和关切。管理层应积极倾听员工的声音，并在决策过程中考虑他们的意见。通过与员工保持良好的

关系，企业可以有效地预防劳动争议的发生。

2. 改善工作条件，增加员工的满意度

企业可以通过改善工作条件来提高员工的满意度。这包括提供良好的工作环境、合理的工资待遇和福利制度及培训和发展机会。这些措施不仅可以提高员工的工作积极性，还能减少因工作条件不好引发的劳动争议。

3. 营造和谐团队氛围，促进员工间合作

企业应该致力于营造和谐的团队氛围。通过组织团建活动、定期举行团队交流会议等方式，加强员工之间的合作与沟通。一个合作性强的团队能够增进员工的信任和理解，从而减少劳动争议。

4. 制定公平的权益保障机制，保障员工权益

企业应该建立公平的权益保障机制，保障员工的权益得到有效的保障。制定明确的劳动合同和规章制度，并加强对员工权益的宣传和解释。与此同时，建立举报渠道和处理机制，让员工能够安全地举报违法行为或不公平待遇。这样的机制能够消除员工对劳动争议处理不公正的担忧，进而维护企业的公正形象。

总的来说，在实施上述措施的同时，企业还应及时关注员工的意见和反馈，根据实际情况进行调整和改进。只有通过改善与员工之间的沟通，提升员工满意度，促进团队合作及加强权益保障，企业才能真正减少劳动争议的发生，提高工作效率，并赢得良好的企业形象。

第七讲　劳动争议常见疑难问题解析

在劳动争议处理的过程中，常常会遇到一些疑难问题。下面就劳动争议常见疑难问题进行解析。

首先，劳动合同的问题是劳动争议较为常见的问题。劳动者与企业双方可能在合同签订时存在误解或不同的理解，导致纠纷的发生。在解决这个问题时，应当仔细审查劳动合同的内容及双方签字情况，充分了解当事人的意图和权益。与此同时，需要清楚地知道法律对于劳动合同的要求。

其次，薪资待遇问题是劳动争议中最常见的问题之一。劳动者可能会因为工资未按时支付、工资低于劳动合同规定等原因与企业产生纠纷。解决这个问题时，应当调查情况，核实工资支付是否存在问题，并依据劳动合同和相关法律进行判断和裁决。

再次，加班和休假问题也是劳动争议常见的疑难问题之一。一些企业可能会要求员工加班，但是加班费及加班时长的支付问题常常是产生争议的焦点。与此同时，员工的休假权益也是一个关注的问题。解决这个问题时，应当根据劳动合同和相关法律

规定，进行权益的保护和公平的判断。

最后，解雇和辞职也是劳动争议中经常遇到的问题。一方面，企业可能无故解雇员工或者违法操作解雇手续。另一方面，员工可能利用辞职威胁企业以达到某种目的。解决这个问题时，应当仔细审查公司解雇或者员工辞职的原因和程序，并依据相关法律进行判断和裁决。

总的来说，劳动争议的疑难问题多种多样，但是仔细调查、严格应用法律和合同作为依据是可以解决这些问题的。与此同时，在劳动争议解决的过程中，双方都应当提供确凿的证据材料，并充分尊重对方的权益和法律权威。只有这样，才能实现劳动关系的和谐、稳定。

第六节 答疑解惑

经过本章一系列知识的学习，相信很多人仍存在一些疑惑，下面以简单的示例对这些问题进行介绍。

第一讲 以例说“法”

【案例分享】

“挂靠”惹出的麻烦

2001年5月1日至2003年2月21日，小李将其所有的货车挂靠于某汽车运输公司。挂靠关系存续期间，汽车运输公司系该车辆的行车和营运的车主，该车由小李在汽车运输公司的名下从事货物运输。2001年6月15日，小李与陈某签订聘用协议，协议约定小李聘请陈某为货车的驾驶员，为小李从事货物运输，陈某的劳动报酬由小李支付。2003年1月18日，陈某驾驶该货车承运货物的途中，发生交通事故受重伤。陈某因工伤待遇问题与汽车运输公司发生争议，诉至劳动争议仲裁委员会，请求确认申诉人陈某与某汽车运输公司之间存在劳动关系。劳动争议仲裁委员会经依法审理裁决确认申诉人陈某与被诉人某汽车运输公司之间存在劳动关系。

本案争议焦点为：挂靠关系存续期间，挂靠人基于其与被挂靠人之间的民事约定聘用劳动者，该劳动者的用工主体为何方。即在本案中，小李聘请陈某驾驶挂靠车辆从事营运、为其提供有偿劳动的行为是否属于被挂靠人汽车运输公司的劳动用工行为。根据《民法典》第一千二百一十一条，以挂靠形式从事道路运输经营活动的机动车，发生交通事故造成损害，属于该机动车一方责任的，由挂靠人和被挂靠人承担连带责任；《关于贯彻执行〈中华人民共和国劳动法〉若干问题的意见》规定，中国境内的企业、个体经济组织与劳动者之间，只要形成劳动关系，即劳动者事实上已成为企业、个体经济组织的成员，并为其提供有偿劳动，适用劳动法。因此陈某与汽车运输公司之间尽管没有签订劳动合同，但陈某事实上已成为企业的成员，并为其提供有偿劳动，则属于事实劳动关系。

申诉人陈某与被诉人汽车运输公司之间虽没有签订劳动合同，但小李将其所有的货车挂靠在被诉人汽车运输公司后，被诉人汽车运输公司便在法律关系上成为该车行车的车主和营运主体。小李作为个人，其不具备劳动法律规定的作为用人单位的主体资格。被诉人汽车运输公司是一家具备独立法人资格的用人单位，小李是以被诉人汽车运输公司的名义从事汽车营运业务，其为营运业务聘用的申诉人陈某应视为被诉人汽车运输公司聘用的工作人员。

强迫辞职引发的经济补偿

小章是某公司的职工，2020年4月与公司签订了为期5年的劳动合同，2022年6月，公司更换了主要负责人，而新负责人以小章不适合工作为由，要求与小章解除劳动合同，但小章不同意。随后，公司便采取了增加小章劳动强度、减少小章奖金收入等措施对小章予以刁难。最终，在不堪忍受的情况下，小章提出，如果公司提出解除劳动合同，他本人可以签字同意。但公司坚持让小章先写辞职报告，然后由公司批准。小章坚决不同意这样做，但公司许诺：如果小章按照公司说的去做，公司可以给予小章一笔比较丰厚的生活补助费，还可以按照《劳动法》有关规定支付解除劳动合同的经济补偿金。在这样的情况下，小章于2022年8月向公司递交了辞职报告，并立即被公司批准，但此后的生活补助费和经济补偿金并未兑现。小章找公司索要，公司则以他的辞职报告为由，声称生活补助是单位对被辞退人员的抚恤，而经济补偿金在用人单位提出解除劳动合同时才支付，小章是自动辞职，所以没有上述两项待遇。小章非常气愤，向劳动争议仲裁委员会提出申诉，并提供了公司要求他递交辞职报告的证据。劳动争议仲裁委员会经审理，裁决公司支付小章3个月工资的经济补偿金，仲裁费用由公司承担。本案例关键是小章提交的辞职报告是自愿还是被迫的，如果没有相应证据，是不易证明的。

本案例中的小章掌握并提供了相应证据，从而使这一案件得到处理。劳动合同签订后，经协商可以解除，解除劳动合同一般都会涉及经济补偿金问题，即使是双方协商一致也要支付经济补偿金，这是劳动合同与民事合同一个很大区别。《劳动法》第二十四条规定："经劳动合同当事人协商一致，劳动合同可以解除。"第二十八条规定："用人单位依据本法第二十四条、第二十六条、第二十七条的规定解除劳动合同的，应当依照国家有关规定给予经济补偿。"《劳动合同法》第八十七条规定："用人单位违反本法规定解除或者终止劳动合同的，应当依照本法第四十七条规定的经济补偿标准的二倍向劳动者支付赔偿金。”根据上述规定，解除劳动合同，如果是用人单位提出的，必须要依法支付劳动者经济补偿金；如果是劳动者主动提出的，则没有相应规定。

在本案例中，本来是公司希望并促使解除劳动合同，却采取种种刁难和欺骗手段，诱使劳动者提出“辞职”，显然是作假，在规避法律，从而避免支付经济补偿金的责任。但是，小章掌握了公司强迫和诱骗自己递交辞职报告的证据，从而使本案的事实得以澄清。在被强迫和欺骗情况下，劳动者作出的意思表示不能认为是真实的，解除劳动合同的责任应由公司承担。至于支付经济补偿金的数额，小章工作了 2 年零 4 个月，2 年以外的 4 个月，按一年计算，依据是《劳动合同法》第四十七条：“经济补偿按劳动者在本单位工作的年限，每满一年支付一个月工资的标准向劳动者支付。六个月以上不满一年的，按一年计算；不满六个月的，向劳动者支付半个月工资的经济补偿。”因此，劳动争议仲裁委员会裁决公司向小章支付 3 个月工资的经济补偿金是有法律依据的。

总的来说，员工关系管理是一项复杂且至关重要的工作。只有理解员工的需求，建立良好的沟通渠道，并提供持续的职业发展和培训机会及实施公平的激励机制，企业才能建立起健康的员工关系，从而提高企业的生产效率，实现长期的发展。

第二讲　总结与思考

员工关系管理的核心是以人为本。这意味着企业需要了解并尊重员工的需求，包括薪资、职业发展、工作满意度及工作环境等方面。只有当员工的个人需求得到了满足时，他们才能全身心投入工作，从而提高生产效率。

建立并维护良好的沟通渠道是员工关系管理的核心。企业需要创建一种开放、透明的沟通环境，鼓励员工提出问题和建议。这不仅可以解决潜在的问题，还可以提高员工对企业的忠诚度。此外，定期的员工反馈调查也能帮助企业了解员工的满意度和需求，从而作出及时的调整。

本章主要介绍了企业的员工关系管理，包括员工关系管理的价值与内容，还讲授了关于劳动安全与卫生管理、员工意见反馈、员工援助计划及劳动争议方面的内容，使企业对员工关系管理有了更进一步的理解，对于劳动争议有了更好的处理方法，从而促进企业的长远发展。

第十章

构建企业增量绩效管理体系

在当今竞争激烈的市场中，构建企业增量绩效管理体系成为每个企业追求卓越的关键。企业增量绩效管理体系是一种全面评价企业绩效和促进持续发展的方法论，只有将企业增量绩效管理体系真正融入企业发展的各个环节，企业才能够实现持续增长、提升竞争力，并为社会创造更多的价值。

第一节　建立增量绩效管理体系的原因

随着现代企业的发展，绩效管理也逐渐成为提高组织效率和员工积极性的重要手段。传统绩效管理体系主要关注固定指标的评估，却忽视了对员工持续进步及个性化需求的考虑。为了更好地适应变化的经济环境和满足员工的需求，建立一个合理的增量绩效管理体系是至关重要的。

强调个人进步、适应市场变化和实现个性化管理，不仅可以提高员工的工作积极性和工作效率，还可以促进组织的创新和发展。因此，企业应该积极引入增量绩效管理体系，以推动组织和员工共同成长。

第一讲　企业制定目标面临的问题及解决方案

企业制定目标时常常会面临一系列问题和挑战。目标的制定是企业向成功迈出的重要一步，然而，缺乏正确的方法和有效的沟通，却会导致目标无法清晰、明确，并最终影响团队动力和实现企业愿景的能力。本讲将分享企业在制定目标时可能遇到的一些问题，并提供解决方案，以帮助企业超越竞争对手，取得更高的业绩，如图 10-1 所示。

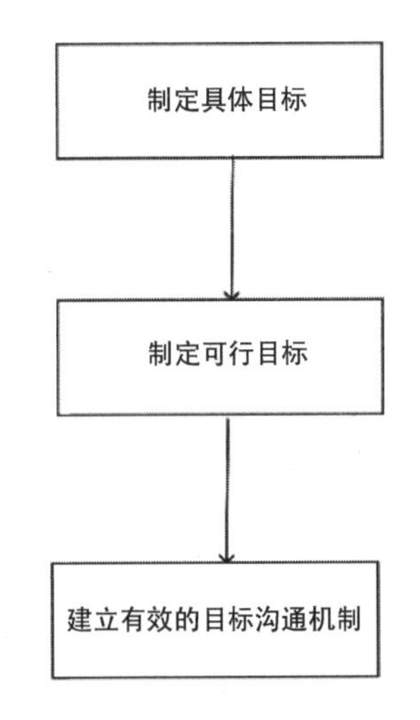

图 10-1　企业制定目标时遇到问题后的解决方案

1. 制定具体目标

当企业制定的目标过于模糊时，员工往往不知道应该朝着什么方向努力，缺乏明确的方向感。这就使团队成员很难集中精力，也就无法共同为实现目标而努力。因此，企业需要制定具体、明确并且可度量的目标，以激发团队的积极性和创造力。只有制定具体的目标，团队成员才能明白自己的职责，并为实现目标全力以赴。

2. 制定可行目标

需要注意的是，企业制定目标时应充分考虑实际情况和资源限制。如果目标过于理想化，或不符合企业实际的能力和条件，那么计划则无法落地实施。制定目标时，需明智地评估企业所拥有的资源，并与目标进行匹配。与此同时，要及时调整目标，

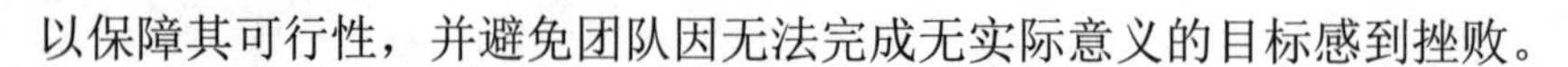

以保障其可行性，并避免团队因无法完成无实际意义的目标感到挫败。

3. 建立有效的目标沟通机制

除了制定目标外，沟通目标给团队成员带来了另一个挑战。经常出现的问题是企业无法清晰、明确地传达目标，并在团队中建立共识。因此企业制定目标时，应该积极倾听团队成员的意见，确保每个人都参与进来，并且明确了解目标的内容和意义。此外，建立有效的目标沟通机制，如团队会议、定期更新和沟通渠道等，有助于增强团队的凝聚力和共同目标的实现。

【案例分享】

某企业面临的问题及改进措施

某制造业企业是一家专注电子产品制造的大型企业，拥有丰富的生产经验和市场份额。近年来，随着市场竞争的加剧，该企业意识到需要制定科学、合理的发展目标来指导其发展。然而，在制定目标的过程中，该企业面临着以下一系列问题。

首先，该企业的目标缺乏长远规划。在制定目标时，管理层过于注重短期效益，而忽视了企业的长期发展。这导致企业在面对市场变化时，缺乏灵活性和适应性。

其次，目标制定缺乏科学性。该企业在制定目标时，缺乏科学的方法和工具，仅凭经验估算。这使目标与市场实际情况存在较大偏差，难以实现。

最后，企业在目标制定的过程中缺乏有效的沟通。管理层与员工之间缺乏有效的沟通渠道，导致员工对目标的理解和执行力度不足。这不仅影响了目标的实现，还影响了员工的工作积极性和满意度。

为了解决上述问题，该企业采取了以下措施。

(1) 制定长远规划：企业管理层重新审视了市场环境和内部资源，制定了长远的发展规划。该规划不仅注重短期的经营效益，还重视企业的长期发展和市场变化。

(2) 引入科学方法：该企业引进了专业的目标制定方法和工具，如 SWOT 分析、KPI 指标等。这些方法和工具可以帮助企业更准确地分析市场趋势和内部资源情况，以制定科学、合理的目标。

(3) 加强内部沟通：管理层通过各种渠道与员工进行沟通，让他们了解企业的目标、战略及自己在其中的作用。这不仅提高了员工对目标的认知度和执行力，还促进了目标的实现。

经过以上的改进措施，该企业取得了明显的效果。首先，企业的长远规划使发展目标更加明确、合理，有助于提高企业的市场竞争力。其次，科学的目标制定方法和工具使目标更加贴合市场实际需求，增强了实现的可行性。最后，通过加强内部沟通，员工对目标的理解和执行力得到了提升，推动了目标的顺利实现。

H 公司面临的问题及改进措施

H 公司是一家中型的电子商务公司，自成立以来一直发展迅速，业务规模也逐渐扩大。为了保持持续的发展，该企业决定制定一份新的五年发展规划，其中，包括年度目标和季度目标。然而，在制定目标的过程中，企业遇到了以下问题。

(1) 目标制定过高或过低：制定年度目标和季度目标时，该企业发现目标制定得过高或过低的情况较为普遍。有时候，管理层过于乐观，将目标制定得过高，导致员工觉得无法完成，从而员工士气低落、跳槽率上升；有时候，目标设定得过于容易，员工又感到没有挑战性，缺乏动力。

(2) 缺乏共识：在制定目标的过程中，该企业发现各部门的目标缺乏协调和统一。甚至同一个部门的不同团队之间也存在目标不一致的情况。这就导致了在实现目标的过程中，各个部门难以形成合力，影响整体目标的实现。

(3) 缺乏科学的测量指标：该企业在制定目标时，往往只关注业务规模、收入等易于量化的指标，而对于一些难以量化的指标，如客户满意度、员工满意度等则缺乏科学的测量方法。这导致企业在实现目标的过程中，忽略了某些重要的非财务指标，影响了企业的长期发展。

针对以上问题，H 公司采取了以下一系列改进措施。

(1) 制定合理、可实现的目标：在制定目标时，该企业引入了 SWOT 分析、PEST 分析等工具，对市场环境、企业内部能力进行全面分析。与此同时，采用 SMART 原则(具体、可衡量、可实现、相关、有时限)来制定目标，保障目标的合理性和可实现性。

(2) 加强跨部门沟通与协调：为了公司与员工达成共识，H 公司加强了跨部门沟通与协调。通过定期召开部门间会议、开展团队建设活动等方式，增进彼此了解，促进信息共享，确保各部门在实现目标过程中能够形成合力。

(3) 引入科学测量方法：针对非财务指标的测量问题，H 公司引入了平衡计分卡等工具，将财务、客户、内部业务流程、学习与成长四个指标纳入考核体系。通过进行指标的测量，企业能够更全面地了解目标的实现情况，并及时调整战略规划。

通过实施一系列的改进措施，H 公司的目标制定得更加科学、合理。员工士气明显提高，跳槽率也有所降低；各部门之间的协调性增强，整体目标的实现更加顺利。企业的五年发展规划得到了有效执行，进一步为企业的长期发展奠定了坚实基础。

总的来说，在一个复杂多变的商业环境中，企业制定目标面对各种问题和挑战。然而，通过制定具体、可行的目标，充分考虑实际条件和资源限制，并建立有效的目标沟通机制，企业可以增加成功的概率，超越竞争对手，取得更高的业绩。目标的明确不仅能够激励团队成员，还有助于提升企业整体的执行力和凝聚力。因此，企业应重视解决目标的制定问题，并优化目标的制定过程，以带领企业走向更加成功的未来。

第二讲 公司执行增量绩效管理的案例分析

【案例分享】

A公司执行增量绩效管理的案例分析

A 公司引入增量绩效管理体系，成功提升了员工的工作积极性和绩效表现，从而取得了显著的业绩改善。

一、背景介绍

A 公司是一家中型制造企业，并拥有多个部门和上百名员工。在过去的几年里，公司的发展一直处于停滞状态，且员工缺乏工作积极性，导致公司业绩没有提升。

二、问题分析

(1) 缺乏明确的工作目标和绩效指标，导致员工不知道应该如何努力工作。

(2) 绩效评估方式单一，只依赖年度考核，无法准确反映员工全年的工作表现。

(3) 缺乏有效的激励机制，员工没有足够的动力来提高自己的绩效。

三、解决方案

1. 引入增量绩效管理体系，制定具体的目标和绩效指标

(1) 制定年度目标和季度目标，明确每个员工的工作职责和预期业绩。

(2) 制定量化的绩效指标，用于衡量员工的工作表现和业绩提升情况。

2. 建立频繁的绩效评估机制

(1) 采用季度性绩效评估，及时了解员工的工作进展和问题。

(2) 根据绩效评估结果进行奖罚，对绩效出色的员工给予奖金或晋升机会，对表现不佳的员工进行培训或给予处分。

3. 设计激励机制，提高员工的工作积极性

(1) 根据绩效评估结果为员工提供相应的薪资增长空间。

(2) 建立激励奖励制度，并为表现出色的员工提供额外的福利或荣誉。

四、执行效果

(1) 员工工作积极性大幅提升，绩效水平明显提高。

(2) 公司整体业绩逐年提升，市场份额也稳步增长。

(3) 员工满意度有所提高，降低了员工流失率。

五、结论与启示

通过引入增量绩效管理体系，A 公司成功地激发了员工的工作积极性，并最终实现了业绩的显著改善。这一案例为其他公司提供了成功的范例，说明增量绩效管理可以有效地激发员工的工作热情，并提高整体绩效水平。在实施的过程中，关键是制定明确的目标和绩效指标，并建立频繁的绩效评估机制与激励机制。

H公司执行增量绩效管理的案例分析

H 公司是一家新兴的互联网公司，近年来，业务发展迅速，员工数量不断增加。然而，公司发现，传统的绩效管理方法无法满足业务发展的需求，且员工之间过于激烈的竞争导致团队合作出现裂痕。为了解决这一问题，公司决定引入增量绩效管理。

增量绩效管理的基本思想是关注员工在工作中所取得的进步和成果，尤其是那些能够推动企业整体发展的关键绩效指标。在实施增量绩效管理时，H 公司重点关注以下几方面。

(1) 制定合理的增量目标：公司根据业务发展需求和员工的能力状况，为员工制定具有一定挑战性的增量目标。这些目标不仅包括传统的财务指标，还涵盖了客户满意度、市场占有率等非财务指标。

(2) 建立透明的反馈机制：公司引入了定期的绩效评估机制，让员工了解自己的工作表现及与目标的差距。与此同时，公司鼓励员工相互反馈，共同提升团队绩效。

(3) 实施激励性的奖励制度：为了鼓励员工努力实现增量目标，公司建立了与绩效挂钩的奖励制度。这包括薪酬、晋升机会、培训课程等福利措施。

实施增量绩效管理后，公司取得了显著的成效，包括以下几方面。

(1) 员工业绩显著提升：通过制定合理的增量目标，员工更加明确自己的工作方向。在透明的反馈机制和激励性奖励制度的支持下，员工的工作积极性和创造力得到了充分释放，员工业绩得到了显著提升。

(2) 团队合作氛围浓厚：增量绩效管理强调团队合作的重要性，鼓励员工相互支持和分享。在实施过程中，员工逐渐认识到团队合作对于个人和公司发展的重要性，团队氛围变得更加和谐。

(3) 企业竞争力提升：通过引入增量绩效管理，公司形成了一套更加科学、有效的绩效管理体系。这一体系不仅有助于提升员工的个人能力，还进一步增强了公司的整体竞争实力，为未来的发展奠定坚实基础。

总的来说，增量绩效管理帮助企业关注员工工作中所取得的进步和成果，从而推动整体业绩的提升。制定合理的增量目标，建立透明的反馈机制和实施激励性的奖励制度，企业能够有效激发员工的积极性和创造力，营造浓厚的团队合作氛围，提升企业竞争力。

第二节 如何实施增量绩效管理体系

绩效管理对一个组织的发展和商业成功是至关重要的。传统的绩效管理方法通常是在年底进行一次全面的评估，但随着时间的推移，人们越来越意识到这种方法的局限性。为了更好地满足现代商业环境的需求，许多组织开始采用增量绩效管理体系。适当地实施增量绩效管理，组织可以提高员工的工作能力，激发员工的潜力，从而取得更好的商业业绩。

第一讲　增量绩效管理的定义及内涵

增量绩效管理是一种现代化的绩效管理方法，旨在通过逐步改进和持续迭代的方式提高组织和个人的绩效水平。它强调将绩效管理过程与组织的战略目标紧密结合，以实现长期业绩的持续增长。

1. 增量绩效管理的定义

增量绩效管理，也称为“增强绩效管理”，是一种着重提高员工现有工作表现水平的绩效管理方法。它关注的是员工在现有职责和任务的基础上，如何能更有效地工作，并取得更高的绩效。与传统的绩效管理方法不同，增量绩效管理不仅关注员工的弱点，还强调如何增强和提升他们的现有能力和表现。

2. 增量绩效管理的内涵

增量绩效管理的核心理念是将绩效管理过程从传统的年度考核转变为持续的、动态的过程。它采用多次评估和反馈的方法，可以及时地发现问题并进行调整。它不再仅将绩效看作一个孤立的时间点，而是将其看作一个连续的过程，如图 10-2 所示。

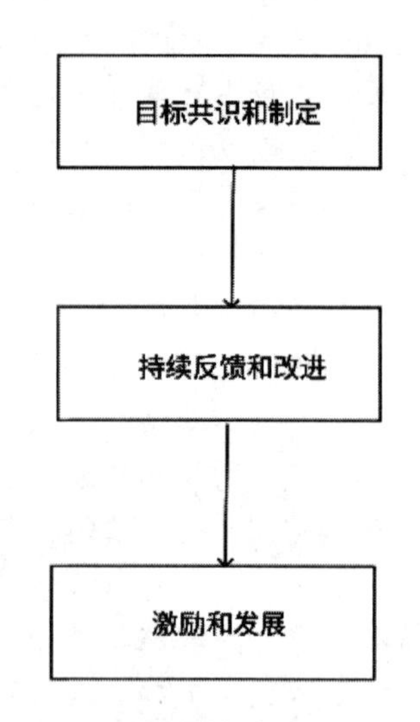

图 10-2　增量绩效管理的内涵

增量绩效管理的第一个内涵是目标共识和制定。在这个过程中，组织制定了明确的整体战略目标，并将其分解为具体的部门目标和个人目标。通过与员工进行沟通和互动，达成目标的共识，保障每个人都清楚地知道自己的工作与组织目标的关系。

增量绩效管理的第二个内涵是持续反馈和改进。在传统的绩效管理中，反馈通常只在年度考核时。然而，在增量绩效管理中，反馈是一个持续的过程。领导者和员工进行定期的沟通和反馈，及时发现问题和机会，并采取相应的改进措施。与此同时，组织也要不断地从中吸取经验和教训，不断改进绩效管理的策略和方法。

增量绩效管理的第三个内涵是激励和发展。增量绩效管理强调激励和奖励正面绩效，并提供发展机会来提高员工的能力和技能。建立公平、公正的奖励制度，激励员工在持续改进和创新方面做出贡献。与此同时，组织也要为员工提供培训和发展机会，使他们能够不断提升自己的绩效水平。

【案例分享】

某企业增量绩效管理策略的实施

某企业是一家大型制造企业，成立于2015年，注册资金达30亿元。近年来，面临着市场竞争加剧、成本压力增大和客户需求变化等多重挑战。为了应对这些挑战，公司决定采用增量绩效管理策略来提高业绩、优化资源和提升员工动力。

实施增量绩效管理策略时，该公司采取了以下关键步骤。

(1) 明确绩效目标：公司根据市场需求和战略目标，制定了明确的绩效目标，包括降低成本、提高生产效率和质量等。

(2) 制订绩效计划：各部门根据公司的总体目标，制定了具体的绩效计划，包括关键绩效指标(KPI)和相应的目标值。

(3) 分配资源：公司根据绩效计划的需要合理分配资源，保障各部门具备实现目标所需的资金和人力。

(4) 定期评估和反馈：公司建立了定期评估机制，并对各部门的绩效进行跟踪和评估，及时提供反馈，以便各部门调整行动计划。

(5) 激励和奖励：公司根据绩效评估结果，对表现优异的部门和个人给予相应的激励和奖励，同时鼓励员工提出创新建议。

经过一段时间增量绩效管理策略的实施，该制造企业取得了显著的成果。

(1) 成本得到有效控制，生产效率和质量显著提高。

(2) 员工积极参与绩效管理，主动性和创新能力得到激发。

(3) 企业整体业绩提升，市场份额得到扩大。

增量绩效管理策略在该制造企业的成功实施，证明了其在实践中的有效性。通过明确绩效目标、制订绩效计划、分配资源、定期评估和反馈及激励和奖励等步骤，企业可以更好地应对市场挑战，提高员工的工作动力和实现整体业绩的提升。

A公司的增量绩效管理

A公司是一家大型的互联网公司。近日，A公司为了提高员工的工作积极性和业绩，决定引入增量绩效管理策略。在此之前，公司一直采用传统的绩效评价方式，每年进行一次评价，评价结果与员工的薪酬和晋升机会紧密相关。然而，这种方式缺乏对员工实际表现的及时反馈和激励，无法有效提高员工的工作积极性和业绩。

实施增量绩效管理策略时，A公司采取了以下措施。

(1) 制定明确的绩效目标。根据公司的战略目标，制定明确的绩效目标，使员工了解公司的期望和要求，同时也为员工的绩效评价提供依据。

(2) 建立实时反馈机制。公司引入实时反馈机制，以让员工及时了解自己的工作表现，从而及时调整和改进工作方式和方法。

(3) 制订激励计划。公司根据员工的绩效表现，制订了一系列激励计划，包括奖金、晋升机会、培训机会等，以鼓励员工不断提高自己的能力和业绩。

实施增量绩效管理策略后，A公司员工的工作积极性和业绩均得到显著提高。具体表现在以下几个方面。

(1) 员工满意度提高。实时反馈机制让员工可以及时了解自己的工作表现，有效提高了员工的工作满意度和归属感。

(2) 业绩提升。激励计划鼓励员工不断提高自己的能力和业绩，有效提高了公司的整体业绩水平。

(3) 企业竞争力增强。实施增量绩效管理策略后，A公司有效提高了员工的工作积极性和业绩，增强了企业的竞争力和市场地位。

总而言之，增量绩效管理是一种有效的企业管理策略，能够提高员工的工作积极性和业绩，实现企业与员工共同成长和发展。在实际应用中，企业需要根据实际情况和战略目标，制定具体的绩效目标和激励计划，同时建立实时反馈机制，确保员工了解自己的工作表现，及时调整和改进工作方式和方法。企业不断优化和改进增量绩效管理策略，能够有效提高其竞争力和市场地位。

第二讲　实施增量绩效管理体系的步骤

在现代企业管理中，绩效管理已经成为一项重要的管理工具。随着市场竞争的加剧，企业对绩效管理的要求也越来越高。因此，实施增量绩效管理体系成为很多企业的必然选择，下面将介绍实施增量绩效管理体系的步骤，如图10-3所示。

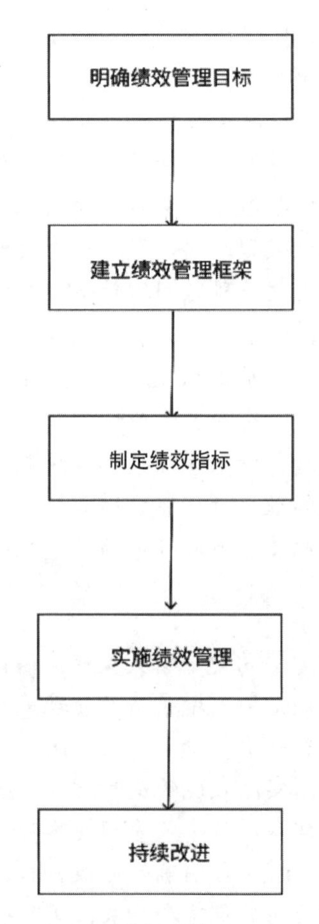

图10-3　实施增量绩效管理体系的步骤

第一步，明确绩效管理目标。

企业在实施增量绩效管理体系之前，首先要明确绩效管理的目标和意义。这个目标应该是具体、明确、可衡量的，并且与企业的整体战略目标一致。只有明确了绩效管理的目标，才能为后续的工作提供一个清晰的方向。

第二步，建立绩效管理框架。

明确了绩效管理的目标之后，企业需要建立一套完善的绩效管理框架，该框架应包括绩效评估、绩效考核、绩效奖励、绩效沟通等环节。这个框架不仅要考虑企业的实际情况，还要符合企业的文化和价值观。

第三步，制定绩效指标。.

制定绩效指标是实施增量绩效管理体系的核心工作。企业需要根据实际的经营特点和市场竞争情况，制定一套符合实际的绩效指标体系。这个指标体系主要包括财务指标、非财务指标、个人指标和团队指标等多方面，同时还要能够反映企业的战略目标和核心价值。

第四步，实施绩效管理。

制定绩效指标之后，企业就要开始实施绩效管理了。在这个过程中，需要注意的是，要注重绩效管理的公正性和科学性，保障绩效评估的客观性和准确性。同时，还需要注重绩效管理的沟通和反馈，及时向员工传达绩效评估的结果和奖惩措施。

第五步，持续改进。

绩效管理是一个不断优化和改进的过程。企业需要不断地收集和分析绩效数据，寻找不足之处，并根据实际情况对绩效管理体系进行调整和优化。只有通过不断的持续改进，企业的绩效管理水平才能不断提升，并为企业的发展提供有力支持。

【案例分享】

某公司增量绩效管理体系的实施

某公司是一家中型的生产制造企业，成立于 2016 年，注册资本达 1000 万元，目前在职员工有 600 余人，公司占地面积达 500 亩。在过去的一段时间里，该公司经历了一次重要的业务转型。为了适应新的市场环境和更好地执行公司战略，公司高层决定引入增量绩效管理体系。通过这一体系，希望提高员工的工作积极性和工作质量，从而推动公司持续发展。

以下是该公司在实施增量绩效管理体系过程中所采取的几个关键步骤。

第一步，明确绩效指标。

实施增量绩效管理体系的第一步，就是该公司明确了绩效指标。这些指标不仅包括传统的财务指标，如销售额和利润率，还包括非财务指标，如客户满意度和员工保留率。通过明确绩效指标，确保所有员工都了解公司的目标和期望，从而更好地调整自己的工作重点。

第二步，制订绩效计划。

确定绩效指标后，该公司开始制订具体的绩效计划。这一步骤需要制订每个员工的个人目标和团队目标，以确保他们的工作与公司的整体战略一致。制订绩效计划时，该公司强调了增量绩效的概念，鼓励员工在达成目标的过程中寻找创新的方法。

第三步，绩效周期管理。

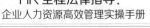

在实施增量绩效管理体系的过程中，该公司采用了定期评估和反馈的方法。制定了明确的绩效周期，并在每个周期结束时对员工的表现进行评估。评估过程包括员工的自评、上级评价和同事互评，以保障评价的公正性和准确性。通过这种方式，该公司能够及时发现员工工作中的问题，并在下一周期中进行改进。

第四步，奖励与激励制度。

为了鼓励员工积极参与增量绩效管理体系，该公司制定了相应的奖励与激励制度。对于表现优秀的员工，公司不仅提供物质奖励，如奖金和晋升机会，还设置了非物质奖励，如公开表扬和提供更多的发展机会。通过实行这些奖励措施，希望能够激发员工的工作热情和创造力，从而推动公司整体业绩的提升。

第五步，持续改进与优化。

在增量绩效管理体系的实施过程中，该公司始终关注反馈和持续改进。每个绩效周期结束后，公司会组织团队对整个过程进行总结和评估，分析存在的问题并探讨改进措施。此外，公司还会定期与员工进行沟通，以了解他们的想法和建议，从而不断优化绩效管理体系。

通过以上五个步骤，该公司成功地引入了增量绩效管理体系，并取得了显著的成果。员工的工作积极性和工作质量都得到了提高，公司的业务转型也得到了有效支持和推动。

A企业实施增量绩效管理体系的步骤

A 企业是一家在市场上具有重要影响力的跨国公司，其业务领域涵盖多个行业。近年来，随着市场竞争的加剧，企业绩效管理在企业发展中的重要性日益凸显。为了提高企业的整体绩效，A 企业决定引入增量绩效管理体系。该体系是一种基于团队合作和目标管理的先进绩效管理方法，其核心理念是提高员工绩效以推动企业整体绩效的提升。

在实施增量绩效管理体系之前，A 企业首先进行了广泛的前期准备工作。这些工作包括以下几方面。

(1) 组织内部培训：让员工了解增量绩效管理体系的基本理念、方法和实践，为后续的实施工作打下基础。

(2) 制订实施计划：明确实施目标和计划，确定实施时间表和责任人，保障实施工作的顺利进行。

(3) 收集数据：收集与绩效相关的数据和信息，以便在实施过程中进行参考和评估。

前期准备工作完成后，A 企业开始构建增量绩效管理体系。具体步骤如下。

(1) 制定绩效指标：根据企业的战略目标和业务重点，制定相应的绩效指标。绩

效指标应当具有可衡量性、可达成性和可对比性，以便对员工的绩效进行客观的评价。

(2) 制定绩效目标：根据制定的绩效指标，为员工制定具体的绩效目标。绩效目标应当具有一定的挑战性，同时又要在员工的可控范围内。

(3) 制订绩效计划：员工明确绩效目标后，要制订相应的绩效计划。绩效计划包括员工的任务、时间表、资源等方面的内容。

(4) 建立绩效评估体系：根据制定的绩效指标和目标，建立相应的绩效评估体系。评估体系应包括评估标准、评估周期、评估方法等内容。

构建完增量绩效管理体系后，A 企业开始正式实施该体系。具体步骤如下。

(1) 执行绩效计划：按照制订的绩效计划，员工执行自己的工作任务。与此同时，企业为员工提供必要的支持和资源，以确保员工能够顺利完成任务。

(2) 进行中期评估：在实施过程中，对员工的绩效进行中期评估。评估结果作为后续调整和完善绩效计划的重要依据。

(3) 调整和完善：根据中期评估的结果，对原有的绩效计划进行必要的调整和完善，使绩效计划与实际工作相符合，从而提高员工的绩效。

(4) 完成年度评估：实施周期结束后，对员工的绩效进行年度评估。评估结果将作为员工年度奖励和晋升的重要依据。

通过实施增量绩效管理体系，A 企业在员工绩效提升和企业整体发展方面取得了显著的成效。具体表现在以下几方面。

(1) 提高了员工的工作积极性和主动性。

(2) 优化了企业资源的配置，提高了资源 使用效率。

(3) 增强了企业的市场竞争力和品牌影响力。

总的来说，实施增量绩效管理体系是企业提高绩效和竞争力的必然选择。企业需要明确绩效管理目标，建立绩效管理框架，设定绩效指标，实施绩效管理和持续改进等，建立一个符合实际情况和企业特点的绩效管理体系，从而提高企业的绩效和竞争力。

第三节　答疑解惑

经过本章一系列知识的学习，相信很多人仍存在一些疑惑，下面以简单的示例对这些问题进行介绍。

第一讲　以例说“法”

【案例分享】

A 公司的绩效考核

1. A 公司的绩效考核操作方式和过程

(1) 每月月初由各部门制订本部门月度工作计划，计划落实到每个员工身上，经主管领导签字认可后生效。该计划包括工作事项、月进度目标、完成时间、责任人、实际完成情况等。

(2) 每月月末，部门负责人填写月计划表中的“实际完成情况”栏，部门员工按照实际完成工作量填写“员工月考绩评分表”，并按得分标准自评，部门负责人再根据实际情况进行评分。

(3) 由公司领导组成的考核小组召开考核会议，各部门负责人在会上陈述当月工作完成情况，并由主管领导先进行评定并提出建议，再由考核小组集体议定最终分值，这就是该部门该月的部门分值。员工的月度考核是基于部门考核分值，由其主管领导及部门经理进行考核。主管领导及部门经理的当月分数比照部门分值产生。主管领导的月考核分值由其所主管部门的综合分数平均产生。每个员工年度收入的 75%与考核结果挂钩。

(4) 年终，由员工填写“员工考核表”，总结一年来的工作，部门经理和主管对其进行综合评价，并将结果告知本人，员工对考核结果如有异议，可以向部门经理直至考核小组提出申诉。

(5) 对于部门主管以上的领导干部，年终由主管领导召集其下属员工开会共同听取其述职报告，再由员工及上级领导根据其一年来的表现填写“年度领导干部考核评议表”，汇总后按领导、同级、下属分别权重为 2∶3∶5 的比例加权平均得出总分。

部门月考核总分=主管领导评分×30%+考核组长评分×20%+考核小组其他成员平均分×50%

干部年度考核综合分=月度考核平均分×50%+同级、下级及协调部门评议分×30%+上级评分×20%

(6) 全体员工共分 4 组分别计分排序：普通员工、主管级干部、部门经理及高层领导，每组按考核结果分 5 个等级，每一等级各占一定的比例，如下表所示。

等级	A	B	C	D	E
比例	10%	20%	其他	5%	1%～3%

A 等级的人有机会获得晋升，而 E 等级的人将被淘汰(或降级)。此外，年终还评

选出先进员工、优秀干部、先进部门等个人和集体，并给予一定的奖励，这一荣誉将记入员工档案，并作为未来晋升的依据。

2. 关于考核体系的几点说明

(1) 考核的标准是各部门、子公司的职位说明书、月度工作计划及年度工作计划，这三项指标共同构成了 A 公司考核工作的基础和依据。职位说明书和月度工作计划相结合，构成了考核工作的标准体系。年度考核又是在这一体系基础上对员工品行、能力等综合素质的总结和认定。A 公司的管理层深知，建立什么样的评价标准就意味着这个组织体系鼓励自己的员工成为什么样的人。因此，公司的这套评价体系既注重平常工作的检查，也注重年度工作的总结。具体来说，每月的考核重点是员工业绩，年度考核重点是员工的综合素质。

(2) 《月度考核办法》《年度考核办法》《干部年度民主评议办法》和《试用员工转正考核办法》等几个文件构成的考核体系规范文本，每个部分各有不同的侧重。例如，月度考核检查月度工作，并为月度工资的浮动提供依据。年度考核重点是检查员工年度工作完成情况和岗位职责履行情况，对员工的品行、工作态度、工作能力和工作业绩等进行鉴定。干部年度民主评议目的在于加强公司干部队伍建设，对干部进行全面、客观、公正的评价，提高干部素质。考核增进了上、下级间的沟通，促进了员工成长，为调整工作岗位和工资等人事决策提供了参考资料。

(3) 为了保证考核的客观、公正，专门设立了由公司总经理亲自担任组长的考核小组，各小组负责成员包括各部门负责人及员工代表。各部门月考核分由集体议定而非个人意志。

(4) A 公司绩效实行全员考核，从总经理到普通员工都要参加考核，分为 4 组进行，每组考核的结果分为 5 个等级，且每组第一等级的人有机会获得提升，最后一等级的人将被淘汰或降级。晋升的原则是第一等级的人不一定都晋升，但晋升的人一定在第一等级行列。

这些规定都在具体操作中得以实施，某年年度考核后，考核总分数名列最后的中层干部将被降到下一级岗位工作。某年又有 4 名中层干部被降级使用，另外 2 名德才兼备的中层干部得到晋升。

此外，这些升降变化还反映在具体的工资级别和福利待遇中，不仅工资跟着上浮或下调，就连职级待遇、公司中的认股额度等都有相应的调整，即升职的人要补足持股款，降职的人则要退回多出部分的股款。

某公司增量绩效管理体系的构建

某公司是一家 2009 年成立的大型互联网公司，近年来，随着业务的快速发展，员工数量不断增加，公司规模日益庞大，因此，原有的绩效管理体系已经不能满足公

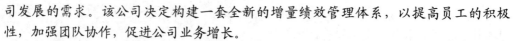

司发展的需求。该公司决定构建一套全新的增量绩效管理体系，以提高员工的积极性，加强团队协作，促进公司业务增长。

在原有的绩效管理体系中，KPI 考核占据了重要地位，然而，过分依赖 KPI 导致出现了以下问题。

(1) 员工过分追求 KPI，忽视团队合作，影响了整体业绩。

(2) KPI 无法充分反映员工的综合素质，如沟通能力、领导力等。

(3) 缺乏明确的职位晋升标准，员工的积极性受挫。

针对原有体系的问题，该公司采取了以下措施构建增量绩效管理体系。

(1) 引入增量概念：将员工绩效与公司增长目标挂钩，强调价值创造和贡献。

(2) 制定个性化考核指标：根据员工岗位职责和公司战略目标，制定个性化的考核指标，既关注 KPI 也关注综合素质。

(3) 建立目标追踪机制：定期检查和评估员工目标的完成情况，及时调整目标或提供辅导。

(4) 制定明确的晋升标准：结合增量绩效和综合素质，制定明确的职位晋升标准，激励员工努力提升自己。

为保障增量绩效管理体系的实施效果，该公司采取了以下措施。

(1) 培训宣导：对全体员工进行培训宣导，让员工充分了解新体系的意义、流程和操作方法。

(2) 提供辅导支持：为员工提供一对一的辅导，帮助他们更好地理解和应对新的考核方式。

(3) 制定实施细则：根据实际情况，制定具体的实施细则，保障考核过程的公平、公正。

(4) 定期评估与调整：每隔一段时间对新的绩效管理体系进行评估，及时发现问题并做出调整。

经过一段时间，该公司的增量绩效管理体系取得了以下成效。

(1) 员工积极性提高：新的绩效管理体系让员工更加明确自己的目标和价值，提高了工作积极性。

(2) 团队协作增强：员工在追求个人目标的同时，更加注重团队协作，整体业绩得到提升。

(3) 综合素质受重视：考核指标的个性化设计及公司对员工综合素质的重视，让员工更加注重自身综合能力的提升。

(4) 晋升机制更加公平：明确的晋升标准和公开透明的晋升流程，让员工感到晋升更加公平、公正。

该公司通过构建增量绩效管理体系，成功提高了员工积极性，加强了团队协作，促进了业务增长。未来，该公司将继续不断完善和优化增量绩效管理体系，以更好地适应公司的发展需求，推动公司持续、健康发展。

总的来说，构建增量绩效管理体系可以帮助企业更好地追踪和推动业绩的持续改进，从而实现企业的长期增长目标。

第二讲　总结与思考

增量绩效管理体系是一种基于绩效管理的创新性方法，旨在提高员工的工作效率和组织的整体绩效。该体系的核心思想是通过制定可量化、可比较的绩效指标，对员工工作中的表现进行评估和奖励，以激励员工更加努力地工作，并提高组织的绩效。

增量绩效管理体系具有以下几个重要的特点。

(1) 基于绩效的奖励机制：该体系的核心是建立基于绩效的奖励机制，对员工的绩效进行评估，根据评估结果对员工进行奖励或惩罚，以激励员工更好地工作。

(2) 可量化的绩效指标：该体系制定了可量化、可比较的绩效指标，对员工工作中的表现进行评估和比较，以更好地评估员工的工作表现。

(3) 动态调整的机制：该体系具有动态调整的机制，可以根据组织的实际情况和需要进行动态调整，以保障绩效管理的有效性和适应性。

(4) 重视员工参与和反馈：该体系重视员工的参与和反馈，通过员工参与绩效指标的制定和评估过程，增加员工的参与感和责任感，同时，通过反馈机制帮助员工更好地了解自己的工作表现和需要改进的地方。

本章主要讲授了企业建立增量绩效管理体系的原因及如何实施增量绩效管理体系两方面内容，具体从企业制定目标所面临的问题及解决方案与公司执行增量绩效管理的案例分析，以及增量绩效管理的定义、内涵、步骤出发，使企业对构建良好的增量绩效管理体系有了更为清楚的认识。

第十一章 

企业人力绩效辅导与沟通

在现代企业管理中，人力资源是企业最宝贵的资产。为了提高企业的绩效，培养和引导员工的能力成为重要的课题。而在这个过程中，人力绩效辅导与沟通则起着至关重要的作用。

通过沟通明确工作目标、激发员工的工作积极性，建立良好人际关系和促进团队合作。进行沟通时，企业需要注重双向交流、及时频繁的沟通，并注重简洁、明了。只有做到这些，企业才能更好地引导和培养员工，提升整体绩效水平。

第一节　肩负起绩效教练的责任

肩负起绩效教练的责任是企业成功的关键。一个优秀的绩效教练应该具备指导和支持团队成员的能力，追求卓越的文化，并进行定期的评估和反馈。通过实施这些责任，企业能够培养出高效能的团队，并为企业的成功提供重要的支持。

第一讲　管理者对员工绩效的影响

在如今竞争激烈的商业环境下，企业的成功离不开高效的员工绩效。管理者对员工绩效起着至关重要的作用。他们的管理风格、领导能力和决策方式都会直接或间接地影响员工的工作表现。本讲将探讨管理者对员工绩效的影响，并提供一些相关的建议，如图 11-1 所示。

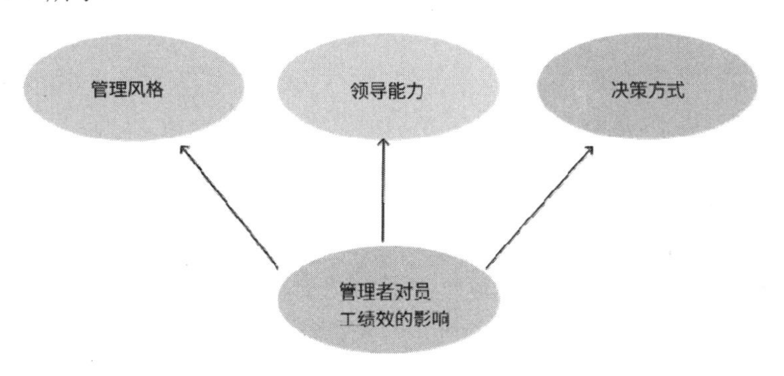

图 11-1　管理者对员工绩效的影响

首先，管理者的管理风格对员工绩效有着直接的影响。管理者的管理风格分为权威型、民主型和自由型等不同类型。权威型管理者通常以指令式的方式告诉员工应该怎么做，这种管理风格可能会导致员工感到压力和紧张，从而对绩效产生不利的影响。相反，民主型管理者更加注重与员工的沟通和共同决策，这种管理风格能够增加员工的参与感和投入度，从而提升绩效。而自由型管理者则倡导员工自主决策和创新，这种管理风格会激发员工的积极性和创造力，对绩效产生积极影响。

其次，管理者的领导能力对员工绩效也起着重要作用。领导能力包括战略规划、目标设定、团队建设和激励措施等方面。管理者应该具备清晰的愿景和战略规划能力，能够为员工制定明确的目标，并提供适当的资源和支持。团队建设是管理者培养员工合作精神和凝聚力的关键，通过采取有效的团队建设措施，可以增强员工之间的协作能力，提升绩效。激励措施是管理者影响员工绩效的另一个重要因素，适当的激

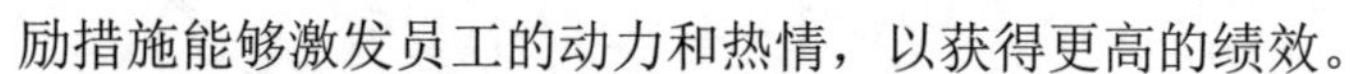

励措施能够激发员工的动力和热情，以获得更高的绩效。

最后，管理者的决策方式也会对员工绩效产生影响。管理者面临各种问题和挑战时，所作的决策会直接影响员工的工作和表现。一个明智的决策能够为员工提供清晰的方向和指导，避免资源浪费和冲突。与此同时，管理者应该鼓励员工参与决策过程，让他们提出意见和建议，这种参与感能够增强员工的归属感和责任感，促进绩效的提升。

【案例分享】

臭鼬工厂的两位领导风格

Kelly Johnson 和 Ben Rich 是洛克希德马丁公司高科技研发项目部门臭鼬工厂的两位前任领导，他们在业界享有极高的声誉。两人的领导风格虽然迥然不同，却都在任职期间创造了臭鼬工厂项目研发的诸多奇迹。

Kelly Johnson 出生于密歇根州的一个瑞典移民家庭。他 13 岁时就赢得他的第一个飞机设计奖。在密执安大学读书期间，他曾解决了洛克希德公司 Model 10 飞机的气动稳定性问题。Kelly Johnson 是航空业的传奇人物，一生领导完成了 40 多架飞机项目，其中包括 U2 侦察机、SR-71 黑鸟飞机等。鉴于他的贡献，Kelly Johnson 2003 年荣登世界航空 100 年最重要、最具贡献的航空人物的第八名。

创立臭鼬工厂之后，Kelly Johnson 表现出了极为强势和雷厉风行的领导风格。他把自己的领导风格称为“down-to-brass-tracks”(触及本质)，主张对下属严格管理，要求下属任何时候都要做到“Be quick, be quiet, and be on time”(迅速、安静、准时)。他的技术专长和领导风格使下属对他既“敬”又“畏”。然而，每当出现艰难而富有挑战性的项目时，公司和军方都会不约而同地选择他。因为这位坏脾气的科学家总能一眼看出问题，并按时、高质量地完成项目。在 Kelly Johnson 高龄退休时，他却选择了与其性格迥然不同的 Ben Rich 作为自己的接班人。

Ben Rich 深知自己不是像 Kelly Johnson 那样的科学天才，因此决策时他总是依靠自己的团队。上任后他的第一个行动就是放松管制，让手下自己决定具体的工作程序和方法，而他自己总是用幽默的俏皮话在一旁做啦啦队。尽管 Ben Rich 并不回避批评他人，但他更多的是依靠称赞来激励士气。员工对他的评价是——完美的管理者：善于应对艰难的局面，保护自己的团队，争取更多的项目和资金，充分展示团队的价值。

下属对上述两位前任领导的评价是：“Kelly 用他的坏脾气来管理，而 Ben 则用他糟糕的俏皮话来管理。”

Kelly Johnson 属于专权型的领导。这种类型的领导者在管理中一般都是一个人作决策，更加集权。Kelly Johnson 的专业能力极强，能够单独解决问题，并一眼看出问题的关键所在，且比任何其他团队的决策都要有效。因此，他往往单独作出决策后，就命令下属执行其决策和安排，在这个过程中，下属不参与决策的制定。此时，下属只要听从 Kelly Johnson 的工作安排，完成工作任务就能够实现工作目标。当组织遇到巨大的危机，需要进行重大变革时，这种领导方式的效果就会更好。

Ben Rich 属于放任型的领导。这种类型的领导者给予员工极大的自由，完全让员工自己根据情况做出决策和行动方案并实施。Ben Rich 在专业方面不如 Kelly Johnson，但他的管理、个人魅力等是比较有优势的，与此同时，Kelly Johnson 结束他的领导任期后，下属团队也具备了一定的工作经验与较高的能力，领导者仅仅需要为员工提供充分的决策信息，并做好对外联系工作即可。

A 公司的管理方式

A 公司是一家全球领先的科技公司，其在中国区的业务发展迅速，但也面临着一系列的员工绩效问题。中国区的员工在执行工作任务时展现出的效率和准确性明显低于其他地区，这一现象引起了管理层的高度关注。经过一系列的调查和研究，管理层发现这与中方的管理方式有着密切关系。

在 A 公司中国区的管理团队中，中方管理者扮演了举足轻重的角色。然而，他们的管理行为在一定程度上影响了员工的绩效。首先，很多中方管理者在沟通中倾向于采取高命令、低支持的沟通风格，这使员工在沟通中感到压力和不安，无法充分表达自己的观点和想法。其次，部分中方管理者面对员工的绩效问题时，采取了不当的反馈方式和奖惩机制，这不仅打击了员工的积极性，还影响了员工的工作态度。

这种管理行为一定程度上影响了员工的绩效。在面对管理者的压力和不当反馈时，员工逐渐失去了对工作的热情和动力，工作绩效普遍降低。与此同时，员工的离职率也呈现上升趋势，进一步恶化了公司的人力资源状况。

面对这一问题，A 公司中国区的管理者需要采取一系列措施来提高员工绩效。首先，管理者需要改变沟通方式，采取更为支持和鼓励的态度，让员工在沟通中感受到被尊重和被认可。其次，建立合理的奖惩机制，以员工的绩效和贡献为基础，给予他们适当的奖励和晋升机会。与此同时，加强对员工的培训和教育，以提升他们的专业技能和团队协作能力，使他们能够更好地完成工作任务。

通过这些措施，A 公司中国区的员工绩效得到了显著提升。员工的离职率下降，工作满意度和投入度明显提高。与此同时，公司的业务也得到了进一步发展，取得了更多的市场成果。

总的来说，管理者对员工绩效的影响不可忽视。他们的管理风格、领导能力和决策方式都会直接或间接地影响员工的工作表现。因此，企业应该重视培养管理者的相关能力，提供相应的培训和支持，从而实现员工绩效的持续提升。与此同时，管理者应该关注员工的需求和问题，并通过有效的管理手段激发他们的潜力，实现持续的发展。

第二讲　直接主管要负起绩效教练的责任

直接主管在企业中扮演着非常重要的角色，他们有自己的日常工作，还要承担起绩效教练的责任。绩效教练是指直接主管通过培养、指导和提升员工的能力，帮助员工实现个人绩效目标，如图 11-2 所示。

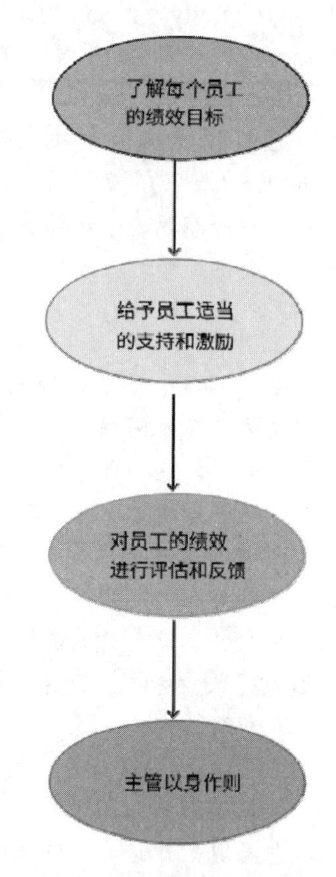

图 11-2　通过直接主管培养员工

首先，直接主管应该了解每个员工的绩效目标，并与他们共同制订实现这些目标的计划。只有明确了目标并制订合理的计划，员工才能够有针对性地开展工作，提高工作效率和工作质量。直接主管要根据员工的能力和经验，制订相应的培训和发展计划，帮助员工提升自己的专业知识和技能，进一步实现绩效目标。

其次，直接主管需要给予员工适当的支持和激励，使他们积极投入工作。鼓励和表扬是有效的激励手段，可以激发员工的工作积极性和责任心。与此同时，直接主管也应该关注员工的困难和问题，及时提供帮助和支持，使员工能够顺利完成工作任务。如果员工出现绩效不达标的情况，直接主管应该主动与其沟通，并找出问题的原因，制定相应的改进措施，帮助员工提升绩效。

再次，直接主管需要及时对员工的绩效进行评估和反馈。进行定期的绩效评估，可以帮助员工了解自己的工作表现和存在的问题，及时调整工作计划和方法。直接主管要注重个人的反馈，并具体指出员工的优点和不足，给予针对性的建议和指导。与此同时，直接主管也要听取员工的意见和建议，以便更好地理解他们的需求和解决困难，改善工作环境和条件。

最后，直接主管应该以身作则，成为员工的榜样和引领者。他们要展现出高效、负责、积极的工作态度，不仅要完成自己的工作任务，还要关注团队的整体绩效。直接主管应该与员工保持良好的沟通和合作，共同解决问题，实现绩效目标。只有直接主管自身具备较高的绩效水平，才能更好地激励员工，帮助他们取得卓越的绩效。

【案例分享】

小张的绩效教练

某大型企业有一名年轻的员工小张，工作表现一直很优秀，深受领导和同事的赞赏。但最近，小张的业绩却出现了明显的下滑，不仅无法达到公司的考核标准，而且其工作态度也变得消极。经过多次沟通和了解，领导发现小张业绩的下滑与他的直接主管小李有很大关系。

小张的业绩下滑主要是由于他的直接主管小李没有履行好绩效教练的职责。具体表现在以下几方面。

(1) 缺乏有效的沟通：小李没有及时与小张沟通，不清楚他在工作中遇到的困难和问题，也没有给予必要的指导和帮助。

(2) 缺乏正确的评估：小李没有对小张的工作表现进行正确的评估，也没有帮助他找到问题所在，更没有制订出合适的改进计划。

(3) 缺乏有效的反馈：小李没有对小张的工作给予及时、具体、有用的反馈，没有让他知道自己哪些方面需要改进，也没有指导他如何改进。

从小张的案例中可以看到直接主管作为绩效教练的重要性。作为绩效教练，直接主管应该承担起以下职责。

(1) 及时沟通：直接主管应该与员工保持及时、有效的沟通，了解他们工作中遇到的问题和困难，并给予必要的指导和帮助。

(2) 正确评估：直接主管应该对员工的工作表现进行正确的评估，帮助他们找到问题所在，制订出合适的改进计划。

(3) 有效反馈：直接主管应该对员工的工作给予及时、具体、有用的反馈，让他们知道自己哪些方面需要改进，并指导他们如何去改进。

某公司的绩效评估改善

某公司是一家跨国公司，主要经营业务包括网络通信设备行业软件的开发、销售渠道的拓展，员工最近对他们的绩效评估感到不满。他们认为，他们没有得到足够的指导，也不知道如何提高自己的绩效。公司的管理层注意到了这个问题，于是决定采取一些措施来改善这种情况。

管理层决定让直接主管接受培训，成为绩效教练。在培训中，主管们学习了如何与员工进行有效的沟通，如何提供具体的反馈和指导，以及如何帮助员工制订个人发展计划。

主管完成培训后，他们开始在员工的绩效评估中扮演更积极的角色。他们定期与员工会面，讨论员工的表现，提供反馈和建议，并帮助员工制定目标。员工现在知道了他们应该怎么做才能提高自己的表现，并且他们也感到更加有动力去实现这些目标。

经过一段时间，员工的满意度有了明显的提高。员工认为，他们现在得到了足够的指导和支持，他们的工作能力也有了显著的提高。公司的管理层也注意到了这个变化，并且对直接主管表示了感谢。

总的来说，作为绩效教练，直接主管的职责不仅仅是管理员工的日常工作，更重要的是帮助他们提升工作能力和业绩。进行有效的沟通、正确的评估和有效的反馈等，直接主管可以帮助员工发现问题、解决问题，提高工作效率和业绩。在这个过程中，直接主管的角色不仅是管理者，更是教练和导师。因此，直接主管需要具备更多的能力和技能，如沟通技巧、评估能力和反馈能力等。只有这样，直接主管才能更好地履行绩效教练的职责，帮助员工提升业绩，实现企业的目标。

第三讲　直接主管教练式辅导，激发员工潜能

直接主管教练式辅导是一种激发员工潜能的重要方法，它在企业的发展中起到了至关重要的作用。这种辅导方式通过直接主管与员工的合作和信任来推动个人和团队的发展，从而为企业的可持续发展打下坚实的基础，如图 11-3 所示。

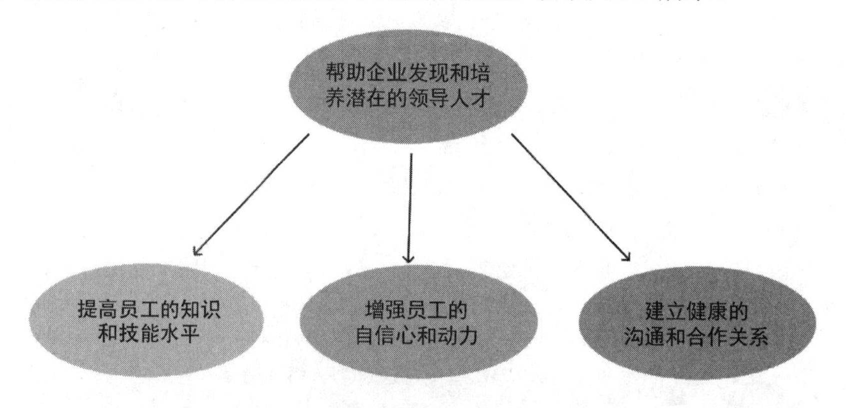

图 11-3　直接主管教练式辅导的作用

首先，直接主管教练式辅导能够提高员工的知识和技能水平。通过与员工进行一对一的交流和指导，直接主管可以准确地了解员工的能力和需求，并帮助他们制订个人发展计划。通过针对性的培训和指导，员工的技能和知识水平都得到了提升，这有助于员工更好地适应工作环境，并发挥其潜能。

其次，直接主管教练式辅导可以增强员工的自信心和动力。直接主管的支持和赞扬可以增强员工的自信心，使他们对自己的能力和价值有更清晰的认识。与此同时，直接主管通过给予正面反馈和认可，激发了员工的动力和积极性，使他们更加积极投入到工作中，进而实现个人和团队的共同目标。

再次，直接主管教练式辅导还有助于建立健康的沟通和合作关系。在辅导的过程

中，直接主管与员工之间建立了良好的沟通渠道和信任关系。通过这种密切的合作关系，员工可以更加自由地表达自己的意见和想法，同时直接主管也可以更好地理解员工的需求和困难。这有助于促进团队成员之间相互认同和合作，从而提高团队的凝聚力和工作效率。

最后，直接主管教练式辅导能够帮助企业发现和培养潜在的领导人才。通过与员工密切合作，直接主管可以更好地了解员工的能力和潜力，并为他们提供更多的机会和挑战。这种个性化的辅导方式能够挖掘和培养员工的领导潜力，并为企业未来的发展储备更多的人才资源。

【案例分享】

李某的教练式辅导

某互联网公司的产品经理李某接手一个新的项目后，却遇到了团队配合不顺畅、产品需求不明确等问题。面对这些挑战，他决定尝试直接主管教练式辅导的方法。

首先，李某与每位团队成员进行了一对一的沟通，以了解他们的想法和困难。在这个过程中，他不仅倾听他们的诉求，还根据每个人的实际给予了相应的指导和建议。例如，对于沟通能力欠缺的成员，他提供了沟通技巧的培训；对于缺乏自信的成员，他给予了积极的鼓励和支持。

其次，李某制订了一份详细的计划，明确了每个成员的任务和责任。与此同时，他还安排了每周的团队会议，让团队成员有机会分享进展、解决问题和互相学习。

最后，李某持续关注团队成员的工作情况，并及时提供支持和指导。当他发现团队成员小王在遇到困难时出现消极情绪，便主动与小王沟通，并帮助她排解情绪，并提供相关的资源和建议。

经过一段时间的实践，李某的团队逐渐步入正轨。团队成员之间的配合更加默契，产品需求也逐渐明确。在这个过程中，每个成员的工作能力都得到了很大的提升，不仅工作效能提高了，而且个人的能力和信心也得到了提升。

从世界杯来看教练式领导力

2001 年中国男子足球队第一次在世界杯出线的情景记忆犹新。那一刻，举国欢腾。而帮助中国人实现 44 年梦想的人是时任国家队主教练的米卢。被称为“神奇教练”的米卢，是中国队出线的功臣。他寓教于乐的欢乐足球教练法，使足球竞技回归到游戏的本质。在重要赛事来临前，他善于调整每个球员的心态到最佳的位置，因此他也有“心理按摩师”的称号。教练对体育项目来说是不可或缺的，教练的指导方式对企业界的启示在哪里呢。

实际上，自从 20 世纪 AT&T 公司将美国网球教练添·高威(TimothyGallway)请到公司给经理讲课获得很好的反馈以来，教练式的领导方式就逐步在波音、宝洁、爱立

信、美孚等公司蔓延开来。在教练式领导被广泛采用的美国，一项调查显示，在所有实行教练制度的公司中，77%的管理者认为，采取有系统的教练能够降低职员的流失率及改善整体表现。在中国，也有越来越多的公司高管开始采用教练式领导法。

总的来说，直接主管教练式辅导是一种有效激发员工潜能的方法。通过提高员工的技能和知识水平、增强员工的自信心和动力、建立健康的沟通和合作关系，以及帮助企业发现和培养潜在的领导人才，直接主管教练式辅导助力企业实现成功。在今天竞争激烈的商业环境中，企业应积极采用这种辅导方式，为员工的个人成长和企业的发展创造良好条件。

第二节　做好绩效反馈与沟通

在现代社会中，绩效反馈与沟通对于个人和组织的发展都非常重要。绩效反馈与沟通可以帮助员工了解他们目前的表现情况，以使企业更好地提供改进和成长的机会。与此同时，它也能促进团队合作和整体绩效的提高。

及时、双向、情境适应的反馈和沟通，可以建立积极的工作环境，激发员工的工作动力和创造力，从而实现个人和企业的共同成长。

第一讲　绩效辅导例行化

企业在竞争激烈的市场环境中，追求卓越的绩效是实现可持续发展的关键。为了最大限度地提高企业的经营效益，引入绩效辅导例行化成为一种有效的方式。本讲将深入探讨绩效辅导例行化在企业中的重要性和具体实施步骤，如图11-4所示。

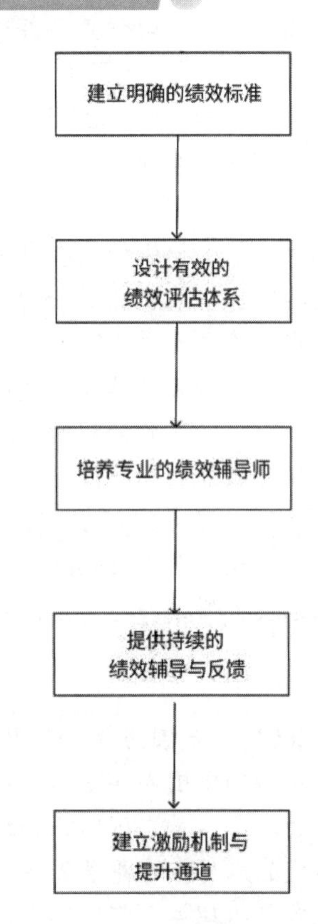

图11-4　绩效辅导例行化实施步骤

绩效辅导，是指通过明确定义工作目标、持续评估员工表现，并提供专业指导和支持，以促进员工的个人成长和工作绩效的提升。而例行化绩效辅导则强调将这一过程规范化和常态化，使其成为企业运作的一部分。

1. 建立明确的绩效标准

企业在实施例行化绩效辅导前，首先需要制定明确的绩效标准。这包括明确的工作目标、达成标准及评估方法等。只有明确的绩效标准才能为员工提供明确的方向和指导，并使其朝着共同的目标努力。

2. 设计有效的绩效评估体系

为了保障例行化绩效辅导实现预期效果，企业需要设计一套有效的绩效评估体系。这包括制定评估指标，建立评估周期和流程，并提供相应的评估工具和培训。只有进行客观、全面的评估，才能准确了解员工的工作表现并提出改进建议。

3. 培养专业的绩效辅导师

企业作为例行化绩效辅导的关键角色，需要培养一支专业的绩效辅导师队伍。绩效辅导师应具备良好的沟通能力、人际关系技巧和专业知识，以能够与员工建立良好的合作伙伴关系，并提供个性化的指导和支持。

4. 提供持续的绩效辅导与反馈

例行化绩效辅导需要给予员工持续的辅导与反馈。这包括定期的绩效谈话、实时的工作指导和及时的成果反馈。与员工保持密切的沟通和反馈，企业能够及时发现问题并采取相应的措施加以解决，进而使团队保持良好的工作状态。

5. 建立激励机制与提升通道

为了促使员工积极参与绩效辅导例行化，企业要建立相应的激励机制与提升通道。这包括给予表现优秀的员工适当的奖励和晋升机会，让员工知道自己的价值及提升和成长空间，从而增强他们对绩效辅导的积极性和主动性。

【案例分享】

某电商公司的绩效辅导例行化

某电商公司是一家以线上销售为主的综合性电商平台，近年来，随着市场竞争的加剧，公司管理层发现员工的绩效存在明显差异，有的员工能够高效地完成工作任务，有的员工却经常出现工作失误。为了解决这个问题，公司引入了绩效辅导机制，并对员工的工作进行评估和指导。

在实施绩效辅导的过程中，公司发现存在以下问题。

(1) 辅导内容不清晰。公司没有明确规定辅导的内容和重点，导致辅导内容过于宽泛，没有针对性。

(2) 辅导方式不合适。公司采取了一对一的辅导方式，但这种方式并不适合所有员工，且效率低下。

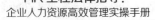

(3) 辅导频率不合理。公司的辅导频率过低，导致员工的问题得不到及时解决。

针对以上问题，公司决定将绩效辅导例行化。具体措施如下。

(1) 明确辅导内容。公司根据员工的岗位职责和工作任务，制定了具体的辅导内容和辅导重点，使辅导更具针对性。

(2) 多样化辅导方式。公司采取多种辅导方式，如一对一面谈、小组讨论、在线课程等，使员工可以根据自己的需要选择适合自己的辅导方式。

(3) 定期辅导。公司规定了定期辅导的时间和频率，使员工能够及时得到指导和帮助，以提高工作效率和工作质量。

通过实施绩效辅导例行化，公司取得了以下成果。

(1) 提高了员工的工作效率和工作质量。通过及时的辅导和指导，员工能够迅速解决工作中遇到的问题，从而提高了工作效率和工作质量。

(2) 增强了员工的自我管理能力。员工通过参与辅导过程，能够更好地了解自己的工作表现和存在的问题，并制订相应的改进计划，增强了员工的自我管理能力。

(3) 为企业创造了更高的价值。通过提高员工的工作效率和工作质量，企业能够更好地实现战略目标，创造更高的价值。

某公司的绩效辅导例行化

某公司是一家新兴的科技公司，近日，该公司为了提高员工的工作效率和绩效，开始将绩效辅导例行化。该公司采取的措施如下。

首先，公司要求部门经理每周安排一定的时间，对员工进行辅导。在辅导的过程中，经理要关注员工的工作进展，对员工的表现进行及时反馈，并根据员工的工作需要提供必要的指导和建议。

其次，公司规定在每个季度开始时，部门经理要与员工共同制订季度工作计划，明确工作目标和任务。在季度末，经理要与员工进行总结和评估，进一步分析员工的工作表现和成果，并根据实际情况，对下一季度的工作计划进行调整。

最后，公司还要求部门经理定期对员工进行培训。经理要根据员工的工作表现和个人能力，为员工提供有针对性的培训和发展机会，帮助员工提升技能和知识水平。

通过以上措施，该科技公司不仅提高了员工的工作效率和绩效，还增强了员工的职业发展能力。绩效辅导例行化，使公司的绩效管理机制更加完善、更加规范，也为企业的长远发展奠定了坚实的基础。

总的来说，在竞争激烈的商业环境中，绩效辅导例行化，对企业来说是一项重要的战略举措。只有通过规范化和常态化的绩效辅导，企业才能更好地激发员工的潜力和创造力，不断提升团队的整体绩效，取得持续的成功。因此，各企业应积极引入绩效辅导例行化，并根据实际情况进行灵活的调整和改进，以提升企业的竞争力和可持续发展能力。

第二讲　通过绩效反馈激励员工

提高企业业绩的关键是保持员工的工作积极性和工作动力。绩效反馈制度就是一种有效的激励方式，帮助企业激发员工的潜力和努力，进而实现更大的成功。本讲将探讨如何通过绩效反馈来激励员工努力工作，并展示其对企业的积极影响，如图 11-5 所示。

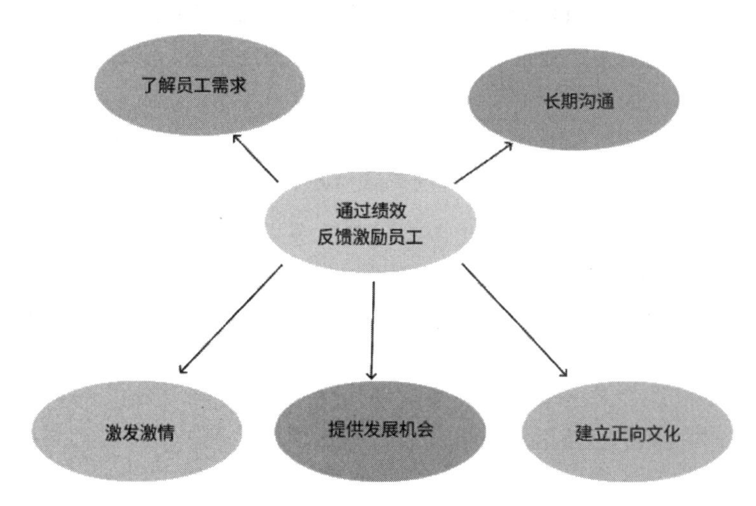

图 11-5　通过绩效反馈激励员工

1. 了解员工需求——个性化的绩效反馈

作为企业的管理者，了解员工的需求和期望对公司的发展是非常重要的。进行个性化的绩效反馈，根据每个员工的特点和目标制定相应的评估标准，从而更加精确地了解员工的表现和进步。

2. 长期沟通——及时反馈与指导

定期与员工进行沟通和反馈是建立良好绩效反馈机制的关键。员工需要知道他们工作中做得好的方面，以及需要改进或加强的地方。及时地给予反馈和指导，可以帮助员工更加明确自己的目标，纠正存在的错误，提高工作效率和工作质量。

3. 激发激情——公开表彰和奖励机制

激发员工的激情是企业绩效反馈的另一个重要目标。除了私下的反馈和指导外，公开表彰和奖励也是一种有效的方式。将员工的优秀表现展示给其他同事和上级，这不仅可以增强员工的自豪感和归属感，还能提升他们的工作积极性和投入度。

4. 提供发展机会——长期职业规划

进行绩效反馈，企业可以给员工提供发展的机会和平台。这包括培训课程、专业认证、项目负责等。员工需要知道自己在企业的未来发展路径，并且拥有与之相应的挑战和机遇。这种长期职业规划将激励员工为企业的可持续发展而努力工作。

5. 建立正向文化——共享成功和成果

最后，一个成功的绩效反馈制度需要建立在正向的工作文化之上。企业应该鼓励员工分享成功和成果，并且创造一个支持合作和团队精神的环境。这样不仅能提升员工之间的竞争力和创造力，还能增强企业的凝聚力和创新力。

【案例分享】

A公司的绩效反馈

A公司是一家在线零售公司，近年来，其业务发展迅速，销售收入持续增长。然而，随着业务规模的不断扩大，公司发现员工的工作效率并没有随之提高，反而有下降的趋势。为了解决这个问题，公司决定引入绩效反馈机制来激励员工提高工作效率。

首先，A公司设计了一套全面的绩效评估体系，该体系包括定性和定量的考核指标。指标的设计涵盖各个部门和各级员工，以确保公平和公正。与此同时，公司也明确了每个员工的绩效目标，以便他们在工作中有一个明确的方向。

其次，A公司定期进行绩效评估，并及时给予员工反馈。在反馈中，员工不仅会了解自己的绩效情况，还会得到如何提高绩效的具体建议。此外，公司还制定了一个名为"优秀员工奖"的激励机制，对表现优异的员工进行奖励，以激发员工的工作积极性。

实施绩效反馈机制后，A公司发现员工的工作效率有了显著提高。员工的满意度也随之上升，员工流失率明显下降。更重要的是，这也推动了公司的业务发展，实现了持续的业绩增长。

L公司的绩效管理策略

L公司是一家高端电子产品制造企业，其产品在市场上具有较高的竞争力。然而，在过去的一段时间里，L公司的销售业绩却出现了下滑。为了改善这一状况，公司决定通过实施绩效管理策略来激励员工，以提高销售业绩。

第一步：制定明确的目标。

公司为销售团队制定了明确的目标，包括销售额、客户满意度等关键绩效指标。这不仅让员工明确了努力的方向，也为他们提供了一个共同的愿景，有助于凝聚团队精神。

第二步：提供及时反馈。

L 公司决定建立一个实时反馈系统。每位销售员可以通过内部通信工具查看自己的销售数据和客户满意度调查结果。此外，领导也会定期与员工进行一对一的沟通，讨论员工的业绩表现，以及需要改进的地方。这种及时的反馈有助于员工了解自己的优点和不足，从而调整工作策略。

第三步：奖励优秀表现。

为了激励员工，L 公司制定了一套奖励机制。销售员根据他们的销售数据和客户满意度获得相应的奖金。此外，公司还设立了月度、季度和年度销售冠军的奖励，以表彰在销售和客户满意度方面表现出色的员工。

第四步：提供职业发展机会。

为了增加员工的工作动力，L 公司为优秀的销售员提供了更多的职业发展机会。表现优秀的员工有机会晋升、参加内部培训课程及接触更高级别的客户。这不仅是对员工能力的肯定，也为他们提供了更广阔的发展空间。

实施这些绩效管理策略后，L 公司的销售业绩有了显著的提升。员工的参与度提高了，客户满意度也有所上升。更重要的是，员工之间的竞争变得更加良性，团队协作能力也得到了增强。

总的来说，通过绩效反馈激励员工，企业可以打造一个有活力和成长空间的工作环境。了解员工需求，长期沟通，激发激情，提供发展机会，建立正向文化，这些步骤将使员工感受到被重视和被认可，进而努力为企业的繁荣和持续发展做出积极的贡献。

第三讲　用绩效沟通促进员工成长

在竞争激烈的商业环境中，企业领导者越来越重视促进员工的成长与发展。作为一种有效的管理工具，绩效沟通被广泛应用于企业中，它不仅可以为员工提供明确的目标和反馈，还可以激发他们的潜力并推动整体业绩的提升，下面简单介绍如何用绩效沟通促进员工成长，如图 11-6 所示。

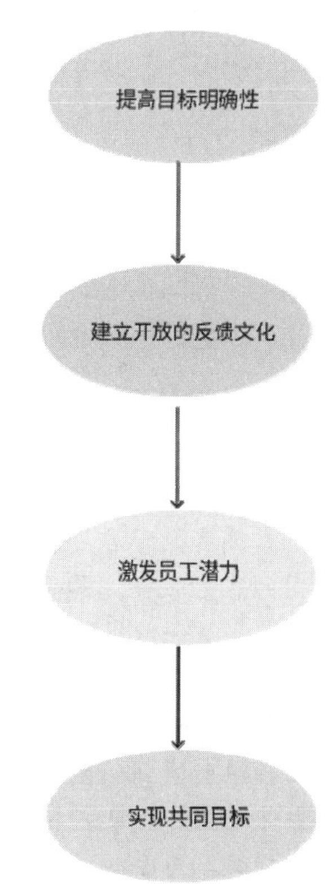

图 11-6　用绩效沟通促进员工成长

1. 提高目标明确性

良好的绩效沟通可以帮助员工更清晰地明确他们的工作目标，并明确自己在团队中的角色和职责。通过与领导进行定期沟通和反馈，员工可以获得准确的方向指引，从而更有针对性地制订行动计划，提高工作效率。

2. 建立开放的反馈文化

在企业中，一个健康的文化氛围对员工的成长至关重要。绩效沟通提供了一个开放的反馈渠道，使员工能够接受真实、公正的评估，并及时了解自己的优点和不足之处。领导者应该鼓励员工相互进行积极的反馈和交流，从而为个人和团队的成长创造良好的环境。

3. 激发员工潜力

通过绩效沟通，企业可以及时发现员工的潜力并激发员工的潜力。领导者应该关注员工的才华和特长，并提供相应的培训和发展机会。这不仅可以增强员工的信心和动力，还能够为企业培养更多的高绩效人才，进而为组织的可持续发展奠定基础。

4. 实现共同目标

绩效沟通不仅是对个人绩效的评估，也是推动整个团队实现共同目标的重要手段。在每次绩效评估中，领导者应该与员工一起总结过去的工作成果，并制定新的目标和计划。通过与员工共同讨论，制定出符合员工个人发展需求和企业战略方向的目标，这样可以更好地凝聚团队的力量，使企业可持续发展。

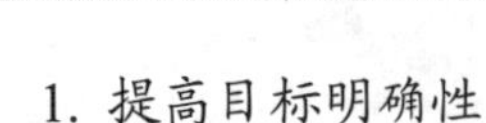
【案例分享】

李某的绩效沟通

在一家拥有数百名员工的大型科技公司中，有一个团队经理李某。他的团队主要负责公司的客户服务。尽管李某的团队成员都十分优秀，但他们的业绩一直不尽如人意。为了改善这一状况，李某决定引入更频繁、更有效的绩效沟通机制。

第一步，李某与每一位团队成员举行了单独的会议，听取他们的工作反馈，了解他们的工作需求和挑战。在这个过程中，他不仅了解了团队成员的个人目标，也知道了他们工作中所遇到的困难。

第二步，基于这些反馈，李某制订了一套个性化的绩效发展计划，为每个团队成员制定了明确的目标和时间表。与此同时，他也确保这些目标既具有挑战性，又符合个人的能力和兴趣。

第三步，李某持续进行一对一的绩效沟通，每季度评估进度，并根据需要进行调整。他在沟通中不仅强调了每个团队成员的成就，也提供了必要的支持和指导。

经过一段时间的实施，李某的团队业绩有了显著的提升。更重要的是，团队成员的士气和工作满意度也有了显著的提高。

L 公司的绩效沟通

L 公司是一家位于中国的中型电子商务企业。近年来，随着市场竞争的加剧，公司意识到需要不断提升员工的技能和潜力来保持竞争优势。然而，进行一次员工满意度调查后，公司发现，员工普遍对自己的工作表现和职业发展感到迷茫。

针对这一问题，L 公司决定采用绩效沟通的方法来改善员工的工作状况。他们首先进行了一轮面向全体员工的绩效评估，通过绩效评估，每个员工都了解到了自己的工作表现及与同事的比较。然后，每个部门内部的上级领导与下属员工进行了一对一的绩效沟通会议。

在会议上，领导根据员工的绩效评估结果，对其表现进行了详细的分析，并指出了需要改进的地方。与此同时，领导也听取了员工的想法和困惑，并对员工提出的建议和问题进行了回答。这种双向的沟通方式不仅让员工了解了自己的不足，同时也让他们感受到了公司对他们的重视和关心。

经过这次绩效沟通之后，L 公司再次进行了一次员工满意度调查。结果发现，员工的满意度得到了显著的提升，他们对自己工作表现和职业发展的认识也更加清晰。此外，员工也表现出了更强的归属感和工作热情。

总的来说，绩效沟通作为一种有效的管理方法，对于促进员工成长和企业发展具有重要的作用。企业领导应该重视绩效沟通的实践，营造积极的文化氛围，激发员工的潜力，并与他们携手努力，共同实现个人和组织的成功。只有持续地进行绩效沟通，企业才能在激烈的市场竞争中脱颖而出，超越其他竞争对手，实现长久稳定的发展。

第三节　绩效辅导重点关注人群

绩效辅导是企业非常重要的管理方法，它可以帮助员工提高工作能力，达到目标。在进行绩效辅导时，需要特别关注前 20%和后 20%的员工，因为他们对组织的发展和绩效影响最大。

通过对不同员工进行辅导，我们可以激发并提升优秀员工的能力，帮助绩效较低的员工提升工作能力，并激励中间 60%的员工持续发展。这样一来，整个组织的工作效率和绩效将得到有效提升。

第一讲　识别每个人的绩效水平

在竞争激烈的商业世界中，企业的成绩与每个员工的绩效息息相关。那么，如何识别和评估员工的绩效，则成为企业发展的一个重要环节。本讲将介绍几个关键的方面，以帮助企业提升员工绩效，如图 11-7 所示。

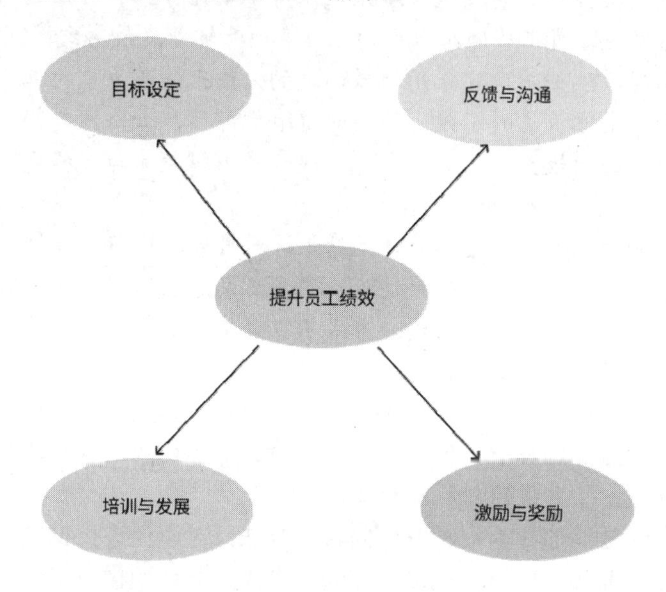

图 11-7　提升员工绩效

1. 目标设定——明确员工期望

一个员工要取得良好的绩效，首先要设定清晰的目标。清晰而明确的目标能够激发员工的工作动力，并提供衡量绩效的标准。设定具体、可衡量和可达成的目标，可以为员工提供明确的方向，使他们在工作时更加专注和高效。

2. 反馈与沟通——促进改进与成长

良好的反馈与沟通是提高员工绩效的关键工作。管理者应及时提供积极的反馈，表扬员工的优点和成就，同时提供建设性的指导和建议。通过开放的沟通渠道，员工可以更好地提升自己的绩效，得到帮助的同时改善和发展自己的职业能力。

3. 培训与发展——提升员工专业能力

员工的绩效水平也与其专业能力密切相关。企业给员工提供培训和发展机会，可以帮助他们提升技能、知识和经验，从而增强他们的工作能力。持续的学习和发展使员工保持竞争力，并具备适应不断变化的商业环境的能力。

4. 激励与奖励——激发员工动力

适当的激励与奖励能够有效地激发员工的工作动力，并提高他们的绩效水平。除了物质奖励外，企业还可以提供职业晋升机会、认可和公开赞扬等方式来激励员工。激励与奖励制度能够使员工感受到自己的努力得到了认可，并增强他们的工作积极性。

【案例分享】

某公司的员工绩效评估

某公司是一家快速发展的互联网企业，员工数量庞大，且部门设置繁多。近年来，公司管理层发现，虽然公司的整体业务发展迅速，但员工的个人绩效却参差不齐，且缺乏有效的评估机制。为了解决这一问题，公司决定对员工绩效进行评估。

项目启动后，公司选择了一个具有代表性的部门进行试点。该部门拥有 30 名员工，涵盖了员工不同的职位和技能水平。项目团队首先对部门的业务流程进行了详细的分析，明确了各个岗位的核心职责和关键绩效指标。

制定评估标准时，项目团队遵循公正、客观、可衡量的原则。针对每个岗位的 KPI，团队制定了具体的评估标准，包括完成时间、质量、成本等多个方面。与此同时，团队还注重将主观评价和客观数据相结合，以保障评估结果的全面性和准确性。

评估过程中，项目团队采取了多种数据来源，包括员工的自我评价、上级领导的评价、同事的评价及客户反馈等。这些数据来源的多元化使评估结果更加客观和全面。

经过一个月的评估，项目团队获得了大量员工绩效的数据。通过对这些数据进行分析，团队发现员工的绩效水平存在明显的差异。其中，30%的员工表现优秀，50%的员工表现良好，剩余 20%的员工表现一般或较差。

根据评估结果，项目团队为每位员工提出了个性化的发展建议。对于表现优秀的员工，公司提供更多的挑战机会和晋升机会，以帮助他们实现更高的职业目标。对于表现良好的员工，公司鼓励他们继续保持，并提供相应的培训和辅导。对于表现一般的员工，公司则安排专门的导师进行辅导，并给予更多的培训机会。与此同时，公司还将定期对员工的绩效水平进行评估，以保障改进措施的有效性。

通过对员工进行绩效评估，公司成功地识别了每位员工的绩效水平，并为他们提供了针对性的发展建议。这一举措不仅有助于提升公司的整体业绩，还为员工的个人职业发展提供了有力支持。与此同时，这也为公司选拔和任用人才提供了更加客观和准确的依据。

A公司的评估方法

A 公司是一家新兴的科技有限公司，其主要业务是开发和销售高科技产品。在过去的几年里，公司经历了快速增长，产品线不断扩大，员工数量也在增加。然而，随着业务的发展，管理层意识到只有更好地评估员工的绩效，才能作出更明智的人事决策。

A 公司的传统评估方法主要是基于员工的年度绩效评估和目标设定。然而，这种评估方法存在一些问题。首先，年度评估周期太长，不能及时提供有关员工绩效的反馈。其次，目标设定缺乏透明度，员工不清楚如何实现设定的目标。

为了解决这些问题，A 公司决定采用一种新的评估方法。首先，该评估方法缩短了评估周期，引入了季度评估和实时反馈。这样可以让员工更及时地了解自己的表现，并在需要时采取行动。

其次，A 公司优化了目标设定过程。现在，制定的目标更加具体、明确和可衡量，并与公司的战略目标紧密相关。此外，员工和经理每个季度都会进行会议，沟通目标的进展情况，以及需要采取的行动。

除了以上改进措施之外，A 公司还引入了一种名为“绩效曲线”的新评估方法。每个季度，员工将被评估并被归类为“高潜力”“中等潜力”或“需要改进”的类别。这一评估方法是基于员工的绩效表现、目标达成情况及其发展潜力进行的。

通过这些改进措施，A 公司不仅提高了员工对评估过程的满意度，还能够更准确地识别每位员工的绩效水平。这有助于管理层做出更明智的人事决策，如晋升、奖金分配和培训计划。

总的来说，识别每个人的绩效水平对企业的成功至关重要。明确的目标设定、良好的反馈与沟通、培训与发展及激励与奖励等措施，可以使企业有效提升员工的绩效水平。只有通过高效的团队合作和每个员工的卓越表现，企业才能超越其他竞争对手，取得更大的成功。

第二讲　关键人才的绩效反馈与沟通

在现代企业中，拥有优秀的关键人才是保持竞争力的关键。然而，仅仅招聘到优秀的人才是不够的，还必须建立一种有效的绩效反馈与沟通机制，以确保这些人才能够发挥其最大潜力。本讲将探讨如何在企业中进行关键人才的绩效反馈与沟通，以提高其工作能力和整体价值，如图 11-8

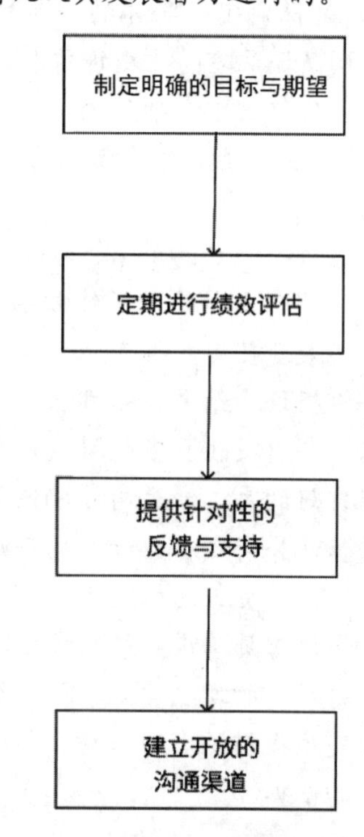

图 11-8　关键人才的绩效反馈与沟通

所示。

1. 制定明确的目标与期望

为了进行有效的绩效反馈与沟通，企业应制定明确的目标与期望。这些目标和期望要具体、可衡量，并与企业的战略目标相一致。只有在明确目标的基础上，才能准确评估关键人才的绩效，并提供准确且有建设性的反馈。

2. 定期进行绩效评估

关键人才绩效反馈与沟通的第二个关键步骤是定期进行绩效评估。通过进行定期评估，企业可以了解关键人才工作中的表现，并对其提出正面和建设性的反馈。这不仅可以帮助关键人才了解自己的优势，还可以让企业及时发现并解决员工工作中的潜在问题，以提高其整体绩效水平。

3. 提供针对性的反馈与支持

进行绩效反馈时，企业应该提供针对性的反馈与支持。这意味着企业要具体指出关键人才工作中的优点和需要改进之处，并给予针对性的建议和支持。只有这样，关键人才才能更清楚地了解自己的发展方向，并得到必要的支持以提高自己的能力和贡献价值。

4. 建立开放的沟通渠道

建立开放的沟通渠道对于关键人才的绩效反馈至关重要。因此，企业应该提供一个安全、开放和包容的环境，让关键人才能够自由表达意见和想法。通过积极倾听和有效沟通，企业能够更好地了解关键人才的需求和挑战，并及时采取行动以满足他们的期望，并改善工作环境。

【案例分享】

A 公司的绩效反馈

A 公司是一家专注互联网科技领域的创新型企业，其核心竞争力是拥有一支高素质、充满激情且具备创新精神的核心团队。近年来，随着市场竞争的加剧，公司意识到要保持竞争力，就必须进一步提升员工绩效，特别是关键人才的绩效。

A 公司决定采取一种以绩效反馈和沟通为主的人才管理策略。首先，公司制定了明确的绩效评估标准，以目标和绩效为导向，确保公平公正。其次，公司建立了一套完善的绩效反馈机制，包括定期的绩效评估会议及一对一的对话，以让员工了解自己的工作表现，并给予他们改进的建议。

在这个过程中，领导与员工的有效沟通至关重要。领导不仅要表达对员工绩效的期望，也要倾听员工的反馈，以了解他们的工作需求和困难。只有这样，公司才能打造一种开放、诚实和有利于人才成长的文化。

经过一段时间的实施 A 公司的策略取得了显著的效果。员工的满意度和敬业度显著提高，关键人才的留任率也有所提升。更重要的是，公司的整体业绩实现了持续增长，为未来的发展奠定了坚实的基础。

某公司的绩效反馈与沟通

某公司是一家成立已久的科技公司，在过去的几年中，由于市场环境的改变和公司业务的快速发展，员工数量不断增加，员工的职业素养和技能水平也因此得到了显著提升。然而，随着业务越来越复杂和市场竞争的加剧，公司发现，员工的绩效出现了明显的波动，尤其是一些关键岗位的表现不尽如人意。

公司决定采取措施，提升员工绩效，特别是针对关键岗位的员工。人力资源部门负责策划和执行针对这些员工的绩效反馈与沟通。

第一步，人力资源部门与各部门的经理合作，制定明确的目标和期望。这些目标包括个人的业务目标、技能发展目标及行为准则。与此同时，明确评价标准和评估过程，使员工能够清楚地了解他们的工作表现将会如何被评估。

第二步，实施绩效评估。在这个过程中，部门经理通过定期的评估会议，对员工的进度、成就和困难进行深入的了解，同时提供实时的反馈和指导。此外，员工也可以通过自我评估和同事评估，从多个角度了解自己的工作表现。

第三步，进行绩效反馈与沟通。评估结束后，部门经理和员工进行一对一的面对面会议。会议中，经理详细地解释员工的评级，肯定他们优点和成绩的同时，也提出需要改进的地方。与此同时，员工也有机会提出他们对自己工作表现的问题和困惑。这样的反馈会议提供了一个开放的沟通渠道，让员工了解自己的工作表现，同时也促进了个人和团队的共同成长。

总的来说，在竞争激烈的商业环境中，关键人才的绩效反馈与沟通是企业保持竞争力的关键。通过建立明确的目标与期望、定期进行绩效评估、提供针对性的反馈与支持及建立开放的沟通渠道，企业可以帮助关键人才发挥其最大潜力，超越其他对手，并在市场中不断取得成功。

第三讲　绩效未达标的 PIP 沟通计划

公司经营者发现员工绩效未达标，需要启动绩效改进计划(PIP)。为了提升员工的工作能力和激励其实现工作目标，一份有效的沟通计划就显得尤为重要。下面简单地介绍一下沟通计划的步骤，如图 11-9 所示。

1. 识别问题：病因分析和解释

首先，我们需要知道员工未能达到预期的绩效标准的原因。只有深入了解其工作环境、资源配备和能力、水平等方面的问题，我们才能找出问题的病因，并给员工解释清楚。

2. 设定目标：明确期望和可衡量的目标

与员工一起制定新的、具体可行的目标是改进绩效的重要一步。这些目标应该是可衡量的，并与公司的整体战略目标相一致。明确目标能够帮助员工更好地理解期望，并为其提供明确的工作方向。

3. 制订行动计划：指导和支持员工

制订一份详细的行动计划，该计划涵盖员工所需的具体步骤和资源支持。这些步骤要能够帮助员工解决存在的问题并实现期望的目标。与此同时，也需要提供相关的培训和培养机会，以提升员工的知识和技能水平。

4. 建立检查点：监控和评估进展

在绩效改进计划的实施过程中，需要建立检查点以监控员工的进展情况。定期进行评估和反馈，可以及时发现问题并提供必要的支持和调整建议。

5. 启动沟通：使用清晰且积极的语言

在正式启动绩效改进计划之前，需要准备一份简洁明了、积极向上的沟通信函。信函应该让员工感受到公司的关心和支持，并激励他们努力改善自己的工作表现。

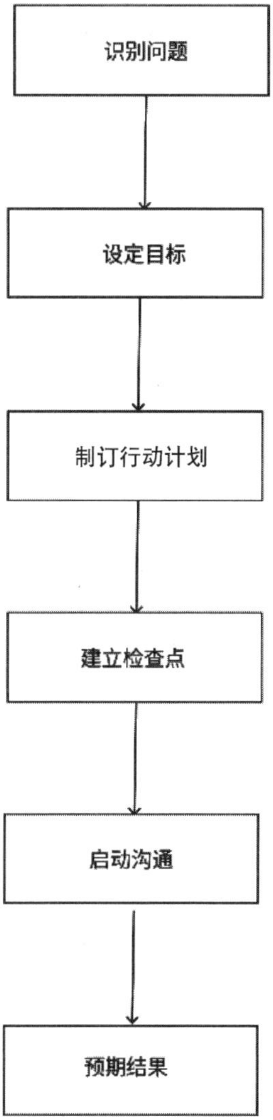

识别问题
设定目标
制订行动计划
建立检查点
启动沟通
预期结果

图 11-9　沟通计划的步骤

6. 预期结果：激励和奖励

最后，希望通过绩效改进计划激励员工充分发挥自己的潜力，并在工作中取得优异的成绩。与此同时，员工实现目标后，也要给予其相应的奖励和认可，以表彰他们的努力和成就。

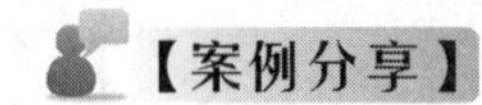

【案例分享】

兴通公司的PIP沟通计划

兴通有限公司是一家从事铸造和机械加工的民营企业。2008年，兴通公司开始为一家客户加工工业机器人零部件，客户对其生产效率和质量提出了非常严格的要求。该公司副总经理回忆说：“这是一家欧洲客户，当时我们的设备有限、技术也欠缺，在设备利用率上与欧洲相比差距较大。而客户又不断提出提升加工效率的要求，这令我们犯了难。”

“2008年到2011年，为了提升加工效率，我们自己尝试过很多方法。但由于对刀具知识的了解不够全面，我们仅仅对加工过程的某一部分或某一段程序进行了优化，收效并不明显。后来，客户向我们推荐了山特维克可乐满。”

兴通与客户，以及山特维克可乐满共同组成项目团队展开技术攻关。机加工车间主任说：“我们与山特维克可乐满团队合作改善的第一个零件是4531。原来加工4531需要53把刀具，而我们的机床只能安装40把刀具，所以加工这个零件就需要使用2台设备。山特维克可乐满对我们的设备和刀具进行了细致、全面的评估，并将数据整理成报告，这样整个加工流程非常清晰，瓶颈工序一目了然，最终通过对刀具优化和使用非标刀具组合，将刀具总数控制在40把之内，这样单台机床就能够完成该零件的全部加工。”

山特维克可乐满常州地区销售工程师和技术人员经常拜访兴通，了解了客户所面对的难题后，他们及时向经理汇报并很快组建了包括国际客户经理、效率提升项目主管、地区技术支持工程师等在内的团队，通过PIP沟通计划为兴通量身打造了一整套解决方案。

“我们始终站在客户的角度替客户考虑。”山特维克可乐满苏州地区销售工程师说道，“兴通的客户与我们的团队经过多次沟通，在实际调研数据的基础上对刀具的保留、更换、加工程序、走刀方式、改造时间、费用和预期效果分别进行讨论，最后制定出最合适的解决方案。”

结果令人惊喜。通过PIP沟通计划，仅零件4531的加工效率就提升了40个百分点；零件63215原来每班产量21件，改进后产量增加至29件/班；零件85169原来每班产量7件，改进后产量增加至10.5件/班，生产成本降低了33%。兴通和他们的客户对结果都感到非常满意。

2015年，中国制造业整体增速放缓，这给兴通这样的上游零部件加工企业造成了不小的影响。兴通董事长说：“眼下我们最关注的就是降本增效，以及如何充分利用好我们的设备。”他补充道：“通过山特维克可乐满的帮助，我们获得了更多客户和订单。其实，不光兴通是绩效改进计划的受益者，我们的客户也能分享绩效改进计划所带来的成果。我们与山特维克可乐满建立了长期战略合作伙伴关系，并且已经将‘绩效改进计划’推广至多个项目。”

这就是山特维克可乐满 PIP 沟通计划实现“三方共赢”的最佳呈现。

某公司的 PIP 沟通计划

近年来，某公司业绩出现下滑，为了提升业绩，公司决定采取一系列改革措施。其中，人力资源部门也开始着手对员工绩效进行优化。在最近的一次评估中，人力资源部门发现，员工小张连续两次绩效未达到公司标准，需要进行 PIP 沟通计划。

小张是一名入职不久的新员工，虽然工作态度认真，但是业务能力和工作效率方面存在明显不足。公司规定，员工连续两次绩效未达标准就需要进行 PIP 沟通，以帮助员工改进绩效。

人力资源部门负责人张经理决定与小张进行一次 PIP 沟通。在沟通前，张经理详细了解了小张的工作情况和小张之前的工作表现，并准备了一份 PIP，PIP 列出了小张需要改进的方面和具体的改进措施。

在沟通过程中，张经理首先向小张解释了公司的绩效标准和评估结果，然后与小张一起分析了其之前工作的表现，并指出了其工作需要改进的方面。小张听了张经理的意见，并表示愿意按照计划进行改进。

为了保障 PIP 有效执行，张经理和小张共同制订了一份详细的改进计划，包括改进的目标、具体的行动步骤、时间表和评估标准。与此同时，张经理还为小张提供了一些培训和资源支持，以帮助他更好地完成改进计划。

在执行 PIP 的过程中，小张按照计划逐步改进自己的工作，并在张经理的指导下不断调整自己的工作。与此同时，张经理也定期对小张的改进进度进行评估，并及时提出反馈和建议。

经过一段时间的努力，小张的绩效有了明显的提升，公司的业绩也有所改善。在后续的评估中，小张的绩效达到了公司的标准，并获得了公司的表彰和奖励。

总的来说，绩效未达标的 PIP 沟通计划是一项战略性任务，需要精心制定和执行。精心制订一份让员工感到受到重视和支持的 PIP 沟通计划，激励员工克服困难，提高绩效，从而提升整体团队的工作效能。

第四节　因人而异的绩效辅导

绩效辅导是企业管理不可或缺的一部分。通过进行因人而异的绩效辅导，企业可以激发员工的潜力，提升整体绩效水平，并为企业的长期发展奠定良好的基础。只有在以员工为中心的绩效辅导下，企业才能真正因材施教，将每个员工的能力发挥到最大限度。

第一讲　绩效辅导的注意事项

绩效辅导是企业管理的关键环节之一，它可以帮助员工提高工作绩效，进而推动企业业绩的提升。然而，在进行绩效辅导时，企业需要注意以下几方面，如图 11-10 所示。

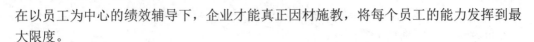

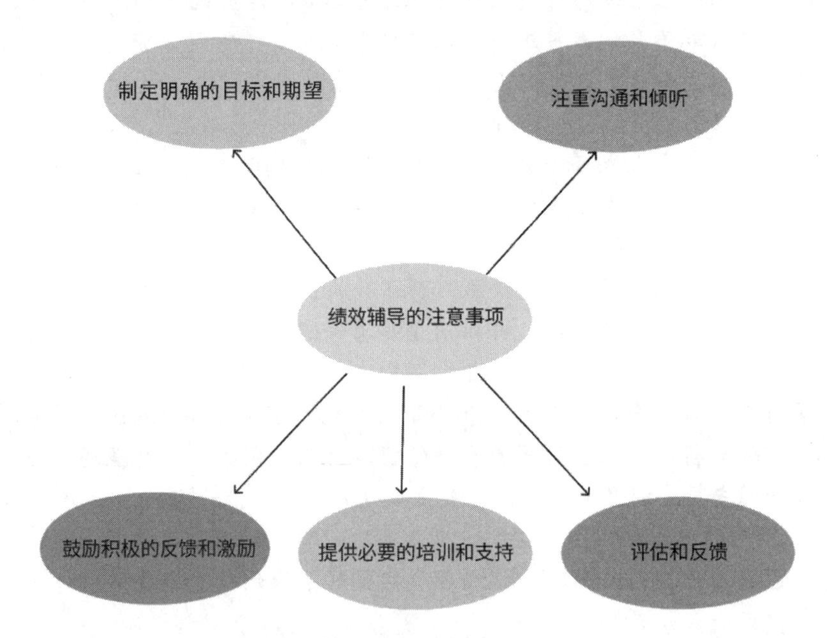

图 11-10　绩效辅导的注意事项

(1) 制定明确的目标和期望。企业在进行绩效辅导前，应该和员工一起制定明确的工作目标，并明确期望员工在绩效辅导过程中达到什么样的绩效水平。这样可以让员工知道辅导的目的和意义，更积极地参与辅导。

(2) 注重沟通和倾听。绩效辅导过程中，企业应该注重与员工进行沟通和倾听他们的声音。通过与员工交流，了解他们工作中遇到的问题和困难，以及对绩效辅导的期望和需求。只有真正了解了员工的需求，才能为员工提供针对性的辅导和帮助。

(3) 鼓励积极的反馈和激励。在绩效辅导过程中，企业应该及时给予员工正面的反馈和激励。当员工取得一定的进展或有出色的表现时，应该及时给予表扬和鼓励，使其感受到自己的努力和付出得到了企业认可。这种正面激励可以激发员工的工作积极性，增强其对工作的投入和动力。

(4) 提供必要的培训和支持。有些员工在绩效辅导过程中可能会遇到一些技能和知识上的瓶颈，企业应该根据员工的需要提供相应的培训和支持。通过培训，员工可以不断提升自己的能力，提高绩效水平。

(5) 评估和反馈。评估和反馈是绩效辅导的关键环节之一。企业应该制定科学、合理的评估方法，对员工的绩效进行评估，并及时给予反馈。通过评估和反馈，员工可以了解自己的绩效水平，找到改进的方向，进而促进自身的成长和发展。

总之，绩效辅导对于企业和员工来说都具有重要意义，企业在进行绩效辅导时需要注意以上事项，以保障辅导的有效性和实效性。只有通过良好的辅导，员工才能发挥出更大的潜力，推动企业持续发展。

第二讲　针对不同问题给予针对性的辅导

随着企业的不断发展壮大，常常面临各种各样的问题。这些问题有时让员工感到不知所措，但其实只要给予针对性的辅导，就能够找到解决问题的方法。下面简单地介绍几个解决办法。

(1) 要认识到每个问题的特点和原因。有些问题可能是员工沟通不畅造成的，这时可以通过开展沟通技巧培训来帮助员工更好地表达自己的意见和需求。有些问题可能是员工缺乏专业知识造成的，这时要提供专业培训课程来帮助员工增加知识储备。还有一些问题可能是员工之间的矛盾和合作关系不好造成的，这时可以组织团建活动或者进行团队合作培训来促进员工之间的合作和团结。

(2) 根据问题的严重性和紧迫性来确定辅导的方式。对于那些较为严重或者紧急的问题，可以采取一对一的个别辅导方式，与员工进行深入的交流，并根据具体情况提供针对性的建议和解决方案。对于那些问题较为普遍或者不那么紧迫的情况，可以组织集体培训或者讲座，向全体员工传授相关知识和技巧，提高他们解决问题的能力和水平。

(3) 与员工建立良好的沟通和反馈机制。在绩效辅导的过程中，应该鼓励员工积极参与，并且给予他们足够的空间和时间来表达自己的观点和看法。与此同时，也需要及时收集员工的反馈意见，并根据这些意见来调整和改进我们的辅导方式和方法。只有与员工保持紧密的联系，才能更好地了解他们的工作需求和问题，并提供更加有针对性的辅导。

【案例分享】

A 公司的专业辅导

A 公司是一家中等规模的企业，近年来，随着市场竞争的加剧，公司面临着一系列挑战。为了提高企业竞争力，A 公司决定寻求专业辅导，以解决公司在战略规划、团队协作、创新能力等方面的问题。

(1) 战略规划：辅导机构与A公司高层管理人员进行了深入的交流，了解了公司的优势、劣势、机遇和挑战。与此同时，辅导机构对市场环境也进行了全面分析，为A公司制定了一份具体的战略规划，包括明确的市场定位、切实可行的目标、有竞争力的差异化策略等。

(2) 团队协作：通过问卷调查和团队建设活动，辅导机构发现A公司的团队协作存在以下问题：沟通不畅、责任不明确、团队成员之间缺乏信任。针对这些问题，辅导机构提出了一系列改进措施，包括建立有效的沟通机制、明确团队成员的角色和责任、培养团队意识和团队精神等。

(3) 创新能力：为了提高A公司的创新能力，辅导机构采取了多项措施。首先，鼓励A公司员工提出创新想法，营造良好的创新氛围；其次，组织内部培训，提升员工的技能和知识水平；最后，引入外部资源，为A公司提供新的创新思路和合作伙伴。

经过一段时间，A公司在战略规划、团队协作和创新能力方面取得了显著成果。战略规划使公司的市场定位更加精准，目标更加明确，差异化策略更加有效。在团队协作方面，团队成员之间的沟通更加顺畅，责任更加明确，信任度更高。在创新能力方面，A公司员工提出了很多有价值的创新想法，公司内部培训提高了员工的技能和知识水平，引入外部资源拓展了合作伙伴关系。

某公司的针对性辅导

某科技公司发现其员工满意度较低，人才流失现象也较为严重。为了解决这一问题，该公司进行了员工调查，以了解员工的工作需求和关注点。然后，公司提供了针对性的辅导，具体包括以下内容。

(1) 优化工作环境，提高员工的工作舒适度。

(2) 强化员工激励制度，提高员工的工作积极性和满意度。

(3) 提供职业发展机会，满足员工的职业发展需求。

此外，公司还建立了有效的沟通机制，加强了员工与公司的联系。经过针对性辅导，该公司的员工满意度和留任率得到了显著提高。

总之，针对不同问题给予针对性的辅导是企业发展过程中非常重要的工作。只有通过合理的辅导方法和策略，才能帮助员工更好地解决问题，提高个人和组织的综合素质和竞争力。希望未来的企业能够充分认识到辅导的重要性，并且不断完善和创新辅导方式，为员工提供更多的帮助和支持。

第三讲　不同性格的员工绩效沟通与反馈策略

在一个企业中，员工的绩效是保障组织稳定发展的重要因素。然而，不同员工拥有不同的性格特点和工作习惯，这对绩效沟通和反馈提出了挑战。因此，企业需要针对不同性格的员工制定相应的策略，以最大限度地促进员工的个人成长和组织的整体发展。

1)　外向型员工绩效沟通与反馈策略

外向型员工通常喜欢与他人交流合作，倾向于在集体中发光发热。与这类员工进行绩效沟通时，可以采取以下策略，如图 11-11 所示。

(1)　积极表扬：外向型员工渴望被认可和赞美，因此，沟通中应及时肯定他们的工作表现，并给予合理的奖励或晋升机会。

(2)　面对面沟通：这类员工更加倾向于面对面交流，因此，应该安排定期的会议或面谈，与他们进行绩效评估和目标设定，以便充分发挥他们的个人潜力。

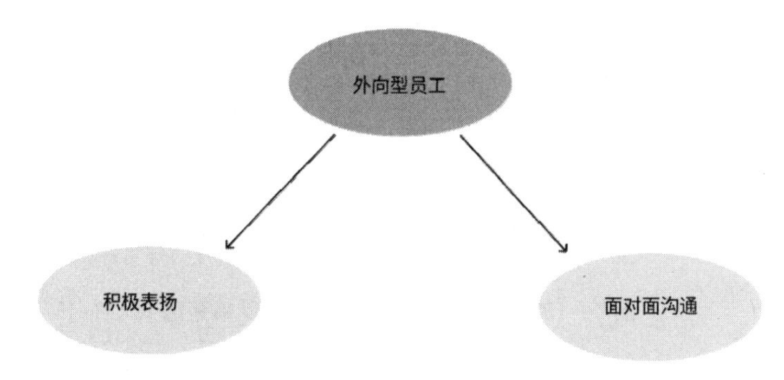

图 11-11　外向型员工绩效沟通与反馈策略

2)　内向型员工绩效沟通与反馈策略

与外向型员工相比，内向型员工则更喜欢独立工作，倾向于在安静的环境中进行思考和处理任务。为了有效地与他们进行绩效沟通和反馈，企业可以采取以下策略，如图 11-12 所示。

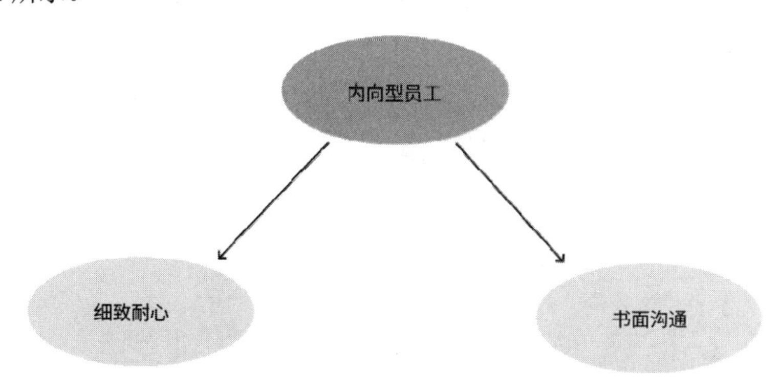

图 11-12　内向型员工绩效沟通与反馈策略

(1)　细致耐心：对于内向型员工，应该给予更多的耐心和理解，鼓励他们自愿分享自己的工作进展和遇到的问题，并及时提供帮助和指导。

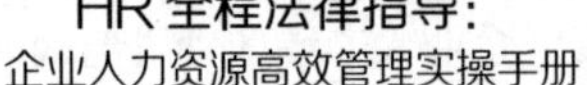

(2) 书面沟通：内向型员工更加倾向于书面沟通，因此，给予他们反馈时，可以以书面形式进行，例如，通过电子邮件或备忘录。这种方式可以给他们足够的时间和空间来思考和回应。

3) 多动型员工绩效沟通与反馈策略

多动型员工充满活力，他们喜欢接受新的挑战和任务。与这类员工进行绩效沟通时，应采取以下策略，如图11-13所示。

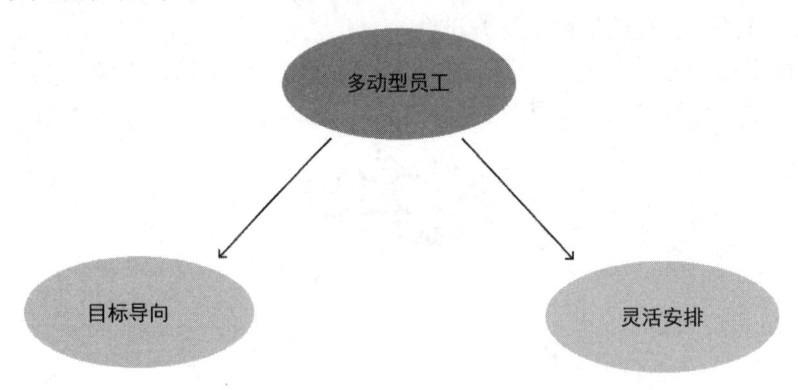

图11-13 多动型员工绩效沟通与反馈策略

(1) 目标导向：多动型员工需要有清晰的目标来激发他们的斗志，因此，绩效沟通时要明确说明他们的目标和期望，并提供相应的支持和资源。

(2) 灵活安排：这类员工通常需要更灵活的工作安排，以适应他们的高能量和高任务处理能力。因此，工作分配时要注意给予他们适当的挑战和变化。

4) 稳健型员工绩效沟通与反馈策略

稳健型员工要注重细节和稳定性，他们喜欢按部就班地完成工作。与这类员工进行绩效沟通时，可以采取以下策略，如图11-14所示。

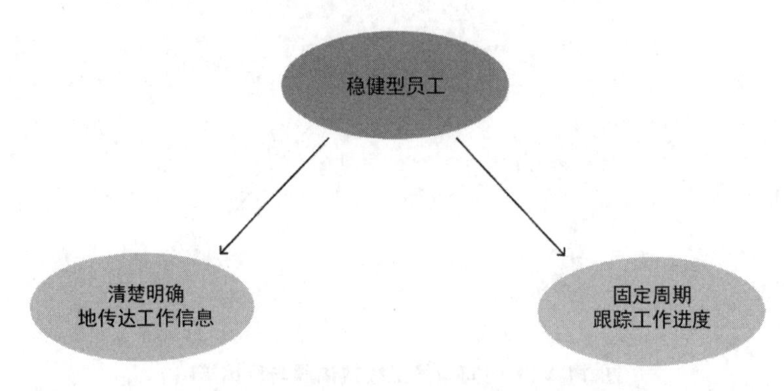

图11-14 稳健型员工绩效沟通与反馈策略

(1) 清楚明确地传达工作信息：稳健型员工需要明确的指导和追踪，以保障他们

的工作达到预期目标。因此，沟通时要清楚地说明他们的工作标准和绩效期望。

(2) 固定周期跟踪工作进度：这类员工更喜欢有规律的工作安排和绩效评估周期，因此，应定期安排面谈和回顾会议，以跟踪他们的工作进展并给予必要的反馈。

【案例分享】

小李的绩效沟通

小李是一位内向型的员工，他平时很少与同事交流，也不大愿意在会议中发表自己的意见。当他遇到问题时，他通常会独自解决，而不是寻求帮助。他的主管张经理发现这个问题后，决定与小李进行一次绩效沟通。

张经理在与小李进行绩效沟通时，采取了以下策略。

(1) 私人空间：张经理选择了一个私人场所，以便小李能够感到舒适和放松。而且他也没有使用正式的会议室，因为这可能会让小李感到紧张和不安。

(2) 鼓励发言：张经理鼓励小李发表自己的看法和感受，并认真听取他的意见。张经理在使用语言和肢体语言方面都非常注意，让小李有被尊重和被重视的感觉。

(3) 明确目标：张经理向小李明确了公司的目标和期望，并解释了他在实现这些目标中的角色。这使小李更好地理解了自己的职责，并知道自己应该做什么。

(4) 积极反馈：张经理在绩效反馈中给予了小李积极的反馈，肯定了他的努力和成就。这有助于增强小李的工作自信心，同时也激励他更加努力地工作。

通过以上策略，张经理成功地与小李建立了有效的绩效沟通和反馈机制，帮助他更好地发挥了潜力。

小张的绩效沟通

小张是一位外向型的员工，他喜欢与同事交流，也愿意在会议中发表自己的意见。他的主管王经理发现，小张工作中经常出现失误，并且需要经常进行纠正。因此，王经理决定与小张进行一次绩效沟通。

王经理在与小张进行绩效沟通时，采取了以下策略。

(1) 直接反馈：由于小张性格外向，王经理便直接向他反馈了工作中存在的问题和失误。这使小张能够清楚地了解自己的不足之处，并知道需要改进的地方。

(2) 具体化问题：王经理将小张的问题具体化，让他知道哪些方面需要改进。例如，王经理会指出小张在某个项目中犯了一个错误，或者在某个会议中的表现不够出色。

(3) 提供解决方案：王经理向小张提供了一些解决方案，以帮助他改进自己的工作。这使小张能够更好地解决问题，并且知道如何去执行。

(4) 鼓励思考：王经理鼓励小张自己思考如何解决问题。这有助于提高小张的思考能力和解决问题的能力，同时也让他更有责任感和主动性。

通过以上策略，王经理成功地与小张建立了有效的绩效沟通和反馈机制，也帮助他更好地认识自己的问题，并提供了一些解决方案。

总的来说，不同性格的员工需要提供针对性的绩效沟通与反馈策略。企业应该根据员工的个人特点，采取相应的沟通和反馈措施，以促进员工的个人成长和组织的整体发展。通过有效的绩效沟通和反馈，员工能更好地理解自己的职责和更努力地投入工作，提升企业的业绩和竞争优势。

第五节 答疑解惑

经过本章一系列知识的学习，相信很多人仍存在一些疑惑，下面以简单的示例对这些问题进行介绍。

第一讲 以例说“法”

【案例分享】

某公司的绩效辅导与沟通

某公司是一家从事电子商务运营的公司，近年来，随着市场竞争的加剧，公司为了提高自己的竞争力，决定对人力资源管理进行改革，其中一项重要的措施就是实施绩效辅导与沟通。

该公司实施绩效辅导与沟通是为了提高员工的绩效，通过对员工的工作表现进行评估和反馈，帮助员工了解自己工作的不足之处，并提供相应的支持和辅导，以提升员工的工作能力和业绩。与此同时，通过与员工进行沟通，也可以增强员工对公司的归属感和满意度，提高员工的工作积极性。

在实施绩效辅导与沟通的过程中，该公司采取了以下措施。

(1) 制定明确的绩效评估标准。公司根据实际情况制定了明确的绩效评估标准，包括工作质量、工作效率、团队合作等方面，以使员工能够了解自己的工作要求和目标，同时也方便对员工的工作表现进行评估。

(2) 实施定期的绩效评估与反馈。公司定期对员工的工作表现进行评估，并向员工提供反馈意见，以帮助员工了解自己的工作表现和需要改进的地方。与此同时，公司也根据员工的工作表现，为员工提供相应的培训和辅导。

(3) 建立有效的沟通机制。公司建立了有效的沟通机制，包括员工座谈会、领导约谈、匿名信箱等，方便员工向公司反映问题和意见，同时也能够更好地了解员工的工作需求和想法。

(4) 对优秀员工进行奖励和激励。公司对表现优秀的员工进行奖励和激励，以鼓励员工继续发挥自己的优势，也能够提高员工的工作积极性和满意度。

通过以上措施，该公司的绩效辅导与沟通工作取得了一定的成效。不仅员工的工作能力和业绩得到了提升，也使员工对公司的归属感和满意度得到了提高。此外，公司也通过与员工的沟通，了解到了员工的真实需求和想法，为公司的决策提供了更有针对性的参考依据。

某企业提高员工绩效的措施

某企业是一家以销售为主的企业，员工数量不多，因此销售任务十分繁重。企业的销售经理小赵发现，公司的销售业绩一直徘徊不前，员工的工作效率也不高。经过调查，他发现员工工作中存在以下问题。

(1) 缺乏工作动力，工作热情不高。

(2) 沟通能力有限，往往不能和客户进行有效的沟通。

(3) 缺少销售技巧，无法达成销售目标。

面对这些问题，小赵意识到他需要帮助员工提高绩效，以提高销售业绩。于是他决定进行员工辅导，帮助员工解决这些问题。

辅导方式如下。

1. 制订计划

小赵首先制订了员工辅导计划。他根据员工工作中的问题，制订了以下三个阶段的计划。

第一阶段：激发员工的工作热情。在这个阶段，小赵计划通过培训和讲座等方式，让员工了解企业的发展历程和企业的文化，激发员工的工作热情。

第二阶段：提高员工的沟通能力。在这个阶段，小赵计划通过演讲、模拟销售等方式，培训员工的沟通技巧，提高员工的销售能力。

第三阶段：加强员工的销售技巧。在这个阶段，小赵计划通过实际销售案例分析、销售技能培训等方式，提高员工的销售技巧，进而提高员工的销售业绩。

2. 实施计划

经过计划，小赵开始实施员工辅导计划。

第一阶段：激发员工的工作热情。在这个阶段，小赵邀请企业的创始人来公司演讲，更好地让员工了解企业的发展历程和企业的文化。此外，他还组织员工参加多种活动，如户外拓展、团队建设等，激发员工的工作热情。

第二阶段：提高员工的沟通能力。在这个阶段，小赵组织员工参加演讲比赛，锻炼员工的沟通能力。他还在销售过程中，模拟客户对话，帮助员工了解客户需求，提高员工的销售能力。

第三阶段：提高员工的销售技巧。在这个阶段，小赵分析了多个销售案例，并带领员工一起分析案例，一起学习销售技巧。他还邀请销售专家来公司为员工讲解销售

技巧，以提高员工的销售业绩。

3. 评估结果

经过三个阶段的辅导计划，小赵对员工的绩效又进行了评估。他发现，员工的工作热情明显提高，沟通能力和销售技巧也有了显著的提升。同时销售业绩也在短时间内有了明显的提高。

通过以上案例，可以发现，提高员工绩效的关键在以下几方面。

1. 制订计划

制订计划是提高员工绩效的第一步。制订计划时，需要考虑员工的具体问题和企业的发展需要，制订相应的培训计划。

2. 根据实际情况制订不同阶段的计划

员工面临的问题各不相同，因此需要根据实际情况制订不同阶段的计划。制订计划时，需要充分考虑员工的实际情况，制订符合员工实际需要的计划。

3. 实施计划

制订计划只是提高员工绩效的第一步，实施计划同样重要。实施计划时，需要采取多种培训方式，如培训课程、讲座、模拟销售等，以帮助员工全面提高综合素质。

4. 评估结果

评估结果是提高员工绩效过程中的最后一步。通过评估结果，我们可以了解员工绩效的具体提升情况，为下一步的工作奠定基础。

提高员工绩效是企业发展的关键因素之一。通过对员工进行辅导，可以帮助他们提高绩效。进行员工辅导时，需要充分考虑员工的实际情况，制订相应的培训计划，并采取多种培训方式，以促进员工全面提高综合素质。同时，需要注意评估结果，了解员工绩效的具体提升情况，为下一步的工作奠定基础。

第二讲　总结与思考

绩效辅导，是指通过一系列的指导和支持，帮助员工实现个人和组织的目标。而绩效沟通则是这个过程中最重要的部分，它涉及员工和领导之间进行开放、诚实的交流，以共享绩效信息，理解和解决可能出现的问题。

绩效辅导和沟通对于提高员工的工作效率和工作质量，以及提升组织的工作表现具有关键的作用。首先，有效的辅导和沟通能够帮助员工更好地理解组织的目标和期望，以便他们能够更有效地完成工作。其次，有效的辅导和沟通能够提供个性化的支持和指导，帮助员工发现并改正错误，提高他们的技能和效率。最后，良好的沟通能够建立更好的工作关系，增强员工的归属感和满意度，进而激发员工的工作热情。

本章主要探讨了管理者对员工绩效的影响，包括管理风格、领导能力与决策方式，使企业明白管理者对员工绩效具有重要影响。此外，还介绍了利用主管对员工绩效起到正确的教练作用，从而激发员工潜能；在绩效的反馈与沟通方面，着重介绍了如何利用绩效来激励员工，促进员工不断成长，也介绍了在进行绩效辅导时要重点关注前 20%和后 20%的员工的原因与方法；在对员工进行绩效辅导时，不能一概而论，要应因人而异，针对不同问题、不同性格的员工，进行有针对性的辅导。只有正确地对员工的绩效进行辅导与沟通，企业才能实现高效而稳定的发展。

第十二章 

多元化的企业人力精神激励

多元化是现代企业发展的趋势，它能够使企业吸引各种不同背景和经验的员工，提供更广泛的视角和创新思维。然而，要将这些多样性转化为企业的竞争优势，就需要采取有效的人力精神激励措施。

鼓励员工展示个性和特长、建立平等和开放的沟通文化、提供公平的晋升机会和奖励制度、培养跨文化意识和能力，企业可以激发员工的工作动力和创新能力，提高企业的整体绩效。

第一节　利用荣誉感激发更大的责任感

随着社会的发展和进步及竞争日益加剧，企业发展不仅要注重利润和效益，还要注重企业的社会责任。作为企业的一分子，每个员工都应该有强烈的责任感，并将其转化为积极的行动，以为企业的发展做出贡献。

荣誉感是激发员工责任感的重要动力之一。企业应该重视培养、激发员工的荣誉感，并将其转化为积极的行动，使每个人都能够为企业的发展做出真正的贡献。只有这样，企业才能够不断进步，可持续发展。

第一讲　用好集体荣誉感与个人荣誉感

荣誉感是一种强烈的自我认同感和责任感，它既涉及个人的尊严和自豪感，也涉及集体的团队凝聚力和声誉。在一个企业中，集体荣誉感和个人荣誉感相辅相成，彼此相互促进，对企业的发展起到了重要作用，如图 12-1 所示。

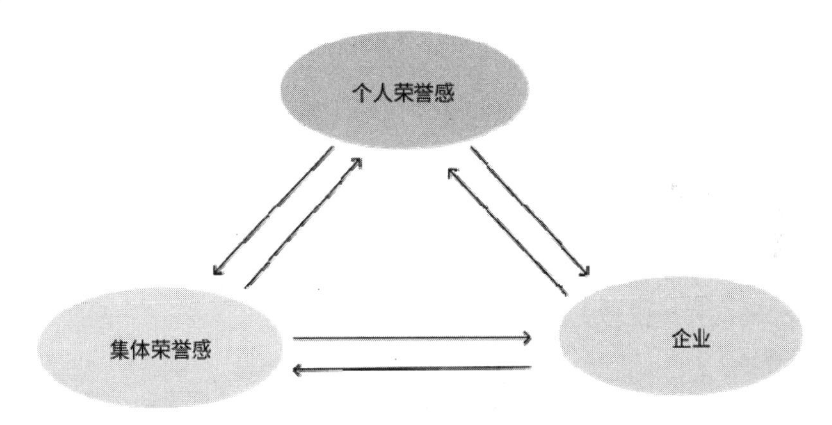

图 12-1　企业、个人荣誉感与集体荣誉感关系

首先，集体荣誉感对企业至关重要。一个具有强烈集体荣誉感的企业，员工能够从其所在的团队中获得认同感和自豪感。当员工将集体的利益置于个人的利益之上时，致力于共同的目标和使命，他们就会为企业的成功而奋斗，并积极投入工作。与此同时，集体荣誉感也可以增强员工的凝聚力和协作能力，并形成紧密的团队合作，助力企业在激烈的市场竞争中取得优势。

其次，个人荣誉感与企业的发展也息息相关。个人荣誉感，是指员工对自己工作中取得的成就和贡献感到自豪。当员工感到被重视和被认可时，他们会更加积极、主动地投入工作，努力提升自己的专业能力与工作素质。个人荣誉感的培养有助于塑造积极向上、拥有高素质员工的企业形象，能够吸引更多的优秀人才加入。与此同时，个人荣誉感也可以激发员工的创新能力和竞争力，促进企业长期稳定发展。

在使用集体荣誉感和个人荣誉感的过程中，企业管理层发挥着重要的作用。首先，管理者应该树立榜样，通过自身的行为举止和言传身教来影响员工的价值观和态度，激发他们的集体荣誉感和个人荣誉感。其次，管理者还应该建立公平和公正的评价机制，确保每个员工都能够公平地获得认可和奖励，从而培养个人荣誉感。最后，企业需要为员工提供良好的工作环境和发展机会，鼓励他们不断学习和进步，以实现个人的自我价值。

【案例分享】

某公司的荣誉感策略

某互联网公司在市场竞争激烈的情况下，决定加强员工的荣誉感以提高公司的竞争力。于是公司制定了一系列策略，包括公开表彰优秀员工，推出内部竞赛，以及强化团队建设等，以激发员工对企业的归属感和荣誉感。

1. 集体荣誉感的建立

该公司首先建立集体荣誉感来凝聚团队。他们开展了几次团队建设活动，让员工共同完成一些具有挑战性的任务，以增进彼此的信任和合作精神。此外，公司还设立一个内部网站，以展示各部门员工的优秀事迹和贡献，这不仅让员工感到了自豪，还激发了其他人的工作热情。

2. 个人荣誉感的提升

与此同时，该公司也重视提升员工的个人荣誉感。他们设立了多种奖项，如“年度最佳员工”“创新先锋”等，定期对表现出色的员工进行表彰。这些奖项不仅是对员工个人成绩的认可，还彰显了公司对员工贡献的重视。

3. 业务效果

实施这些策略后，公司的业务效果显著提高。员工的满意度和生产效率也都有所提升，员工的离职率也大幅下降。此外，公司的产品研发速度加快，客户满意度也有所提高，公司在竞争激烈的市场中脱颖而出。

A 公司的荣誉感措施

A 公司是一家新兴的互联网公司，近年来，公司快速发展，逐渐在市场上占据一席之地。为了继续保持领先地位，公司决定推出一个新的项目，目的是为客户提供更优质的服务。在项目启动会上，CEO 强调了公司对该项目的期望，鼓励员工精诚合作，共同努力，并为公司的声誉和客户的满意度而努力。

在项目实施的过程中，尽管大部分员工都积极参与，但团队内部还是出现了一些分歧。一方面，一些员工认为，他们的团队应该得到额外的奖励，因为他们在这个项目中付出了大量的努力。另一方面，有些人认为，个人应该因为他们在项目中的关键贡献而得到认可。这种分歧使团队内部的氛围变得紧张起来，最终项目的进度也受到了影响。

为了解决这个问题，A 公司决定采取一些措施。首先，公司明确了对团队和个人贡献的认可标准，使员工知道了什么样的行为和成果会得到公司的认可。其次，公司制定了一个正式的奖励机制，对优秀团队和个人进行奖励，同时也强调了团队合作的重要性。最后，公司还加强了团队建设活动，以增强团队成员之间的相互理解和合作。

实施这些措施后，团队内部的氛围明显改善，员工的积极性和工作效率也得到了提升。此外，正式的奖励机制使员工了解到他们的努力和贡献是受到公司重视的。最重要的是，这些措施强化了公司的价值观，使员工更加明确了公司的期望和自身的责任，增强了整个团队的荣誉感。

总之，集体荣誉感和个人荣誉感都是企业发展的重要推动力。在一个具有强烈荣誉感的企业中，员工能够共同进步、相互支持，并为企业创造更大的价值。而建立和维护好集体荣誉感与个人荣誉感，离不开企业管理者的正确引导和创造条件。只有通过集体荣誉感与个人荣誉感的结合，企业才能在激烈竞争中脱颖而出，进而取得可持续的发展。

第二讲　奋斗的背后是希望和快乐

奋斗是一个艰难而快乐的过程，而企业的发展道路更是充满了挑战与机遇。在这个竞争激烈的商业环境中，企业家必须拥有坚定的信念和坚持不懈的精神，才能克服一切困难，并找到成功的路径。

在企业的奋斗中，蕴藏着无比强大的希望。当企业创始人心怀梦想，并为之奋斗时，他们渴望实现自己的目标，改变社会，为社会提供更好的产品和服务。这个希望是他们的动力，推动他们不断努力，踏上成功的征程。

当企业团队齐心协力，共同为一个共同目标而努力奋斗时，他们也会感受到背后的快乐。团队之间的合作与配合将激发出无限的创造力和活力。在团队奋斗的过程中，他们相互鼓励，相互支持，通过每个人的努力，最终达到了预设的目标。这种共同创造成功的喜悦和快乐，是每个企业人都渴望的。

然而，企业奋斗的道路并非一帆风顺，困难和挑战总是伴随着前行。这些困难和挑战既有外部环境的压力，也有内部因素的限制。面对这些困难和挑战时，坚定的信念和勇敢的决断就变得尤为重要。只有坚守初心，克服困难，才能实现企业的目标和梦想。

在企业的征途中，领导者的重要作用不容忽视。他们需要具备良好的领导能力和长远的战略眼光，指导团队前进。与此同时，他们应该注重团队成员的成长与发展，激发员工的工作热情和创造力。只有塑造积极、向上的企业文化，鼓励员工持续发展，才能够构建一个强大而卓越的企业。

【案例分享】

李某的奋斗历程

某公司是一家大型科技公司，成立于2015年，注册资本为3 000万元，目前在职员工有 6 000 余人，在该公司有一支年轻的研发团队，他们负责为公司研发新一代产品。团队成员从早到晚都埋头苦干，有的人甚至牺牲了个人生活。然而，他们内心深处却充满希望。

团队负责人李某是个对科技充满热情的年轻人。他从小就对科技创新感兴趣，因此努力考入了一所知名大学学习计算机科学与技术。毕业后，他进入这家科技公司，成为研发团队的一员。他深知自己肩负着团队和公司的期望，因此时刻都在不断学习和进步。

在一次新产品研发的过程中，李某和他的团队遇到了前所未有的困难。他们在技术上遇到了阻碍，导致产品无法如期完成。然而，他们并没有就此放弃，而是相互鼓励，夜以继日地攻克难关。在这个过程中，他们体验到了奋斗的快乐。

经过长时间的艰苦努力，团队终于成功地解决了技术问题，并按时完成了新产品的研发。当他们看到自己的劳动成果在实际应用中取得成功时，内心充满了希望和快乐。

这次经历让李某更加明白，企业的奋斗不仅是为了达成业务目标，也是为了实现自己的价值和追求。他在困难面前不屈不挠，带领团队取得成功，不仅赢得了团队的尊重和信任，还获得了公司的赞誉和职务的提升。

王某的奋斗历程

简单科技的创始人王某，是一个充满激情和野心的年轻人，他总是坚持自己的梦想并为之付出一切。在他的领导下，公司从最初的只有两名员工发展到现在拥有500多名员工的规模。

王某对员工的关心和照顾是公司成功的关键。他为员工提供了良好的工作环境、丰厚的福利及广阔的职业发展空间。此外，他还经常与员工进行交流，以了解他们的需求和建议，进而不断改进公司的工作流程和环境。

在王某的带领下，公司的业绩持续增长，市场占有率逐年提升。员工的收入和工作满意度也随之提高。他们都感到自己在为一个有价值和意义的公司工作，这给他们带来了希望和快乐。

然而，公司的发展并不是一帆风顺的。在过去的几年里，公司遇到了许多挑战，如市场竞争激烈、客户需求多变等。但在王某的领导下，公司不仅克服了这些困难，还通过改进和创新，取得了现在的成功。

在奋斗的过程中，王某始终坚持自己的信念，即员工的快乐和希望是企业发展的基础。他认为，只有员工感到快乐和充满希望，他们才能发挥最大的潜力，为公司创造更大的价值。

总之，奋斗的背后是希望和快乐。企业家的奋斗不仅仅是为了创造个人利益，更是为了实现梦想，为社会做出贡献。在这个过程中，他们渴望成功的希望，感受团队合作的快乐。然而，要想实现这些希望和快乐，就必须具备坚定的信念、不懈的奋斗和良好的领导能力。只有这样，企业才能够走向成功，创造出美好的未来。

第三讲　奋斗是为了让你们站在成功的领奖台上

企业的成功是奋斗的结果。每个企业都渴望在竞争激烈的市场中脱颖而出，成为行业的领导者。而这种卓越的地位只能通过不断的奋斗实现。在这个以创新和变革为驱动力的时代，只有不断超越自我，企业才能在市场上占据一席之地，如图 12-2 所示。

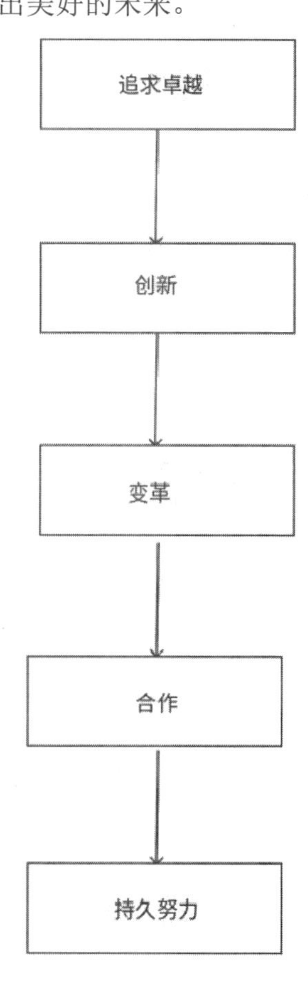

图 12-2　企业不断奋斗的方法

1. 追求卓越，引领行业潮流

卓越是企业长盛不衰的核心要素。企业不仅要满足现有需求，更要具备前瞻性和创造力，要勇于突破常规。只有在不断追求卓越的过程中，企业才能成为引领行业潮流的领导者。

2. 创新，开辟新的商业路径

在快速变化的商业环境中，企业要保持创新的动力。创新是企业延续生命力的重要途径，它能够帮助企业发现新的商业机会，开辟新的商业路径。只有不断地推陈出新，企业才能在竞争中快速发展，并在领奖台上赢得一席之地。

3. 变革，挑战自我极限

企业只有勇于面对挑战并积极变革，才能不断超越自己的极限。变革不仅仅是调整业务模式，更是一种思

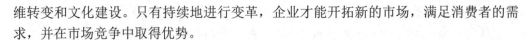

维转变和文化建设。只有持续地进行变革，企业才能开拓新的市场，满足消费者的需求，并在市场竞争中取得优势。

4. 合作，共同成就辉煌

没有人可以孤军奋战，成功需要团队的协作。合作是企业走向辉煌的基石。通过有效的沟通和协作，团队成员能够充分发挥各自的优势，形成合力，并达到共同的目标。只有团结一心，企业才能挑战极限，站在成功的领奖台上。

5. 持久努力，走向辉煌

辉煌的背后是坚持不懈的努力。成功的企业不是一蹴而就的，它需要日复一日的坚持和努力。只有在面临困难和压力时保持积极向上的态度，勇往直前，企业才能在竞争中不断成长，最终走向辉煌。

【案例分享】

李某的奋斗

李某是一家企业的一名销售人员，在刚开始工作的第一年，他并没有任何的销售业绩，这让他感到非常沮丧和失望。但是，他没有就此放弃，而是选择继续努力，因此他每天都会拜访客户，了解他们的需求，并努力向他们推销产品。

到了第二年，李某的努力终于得到了回报。他的销售业绩迅速增长，从最初的零销售业绩到现在的每个月都有稳定的销售额。慢慢地，他开始成为销售团队中的佼佼者，并得到了公司的认可和赞扬。

李先生的成功

A 公司是一家生产高端家居用品的企业，其创始人李先生是一位充满激情与执着的企业家。在他的领导下，A 公司从一家小作坊发展成行业内的佼佼者，其产品远销国内外。李先生的成功并非偶然，而是他多年奋斗的结果。

李先生早年在一家知名的家居企业工作，积累了丰富的行业经验。工作中，他发现很多企业注重规模而忽视质量，因此他萌生了创办一家注重品质与创新的企业的想法。2000 年，李先生辞去工作，创办了 A 公司。创业初期，李先生遇到了很多困难，如资金紧张、市场竞争激烈等。但他坚持自己的理念，努力工作、不断尝试和创新，最终克服了这些困难。

为了保证产品质量，李先生亲自负责原材料的采购和生产过程的监督。他每天工作 10 小时以上，从不懈怠。在他的带领下，A 公司的产品质量逐渐得到了消费者的认可，订单数量也不断增加。在拓展市场方面，李先生采取了不同的策略。他不仅注重品牌宣传，还通过各种渠道提高 A 公司的知名度。与此同时，他不断开发新产品，满足消费者的需求。在李先生不懈的努力下，A 公司逐渐在市场上站稳了脚跟。

A 公司取得成功后，李先生没有忘记他的员工。他深知，没有员工的支持和付出，就没有公司的今天。因此，他采取了一系列措施，让员工分享公司的成功。首先，他提高了员工的薪酬待遇，并为员工提供了更好的福利。其次，他为员工提供了更多的发展机会，鼓励他们发挥自己的潜力。最后，他还积极参与公益事业，回馈社会。

在李先生的领导下，A 公司的员工充满激情与信心。他们深知，只有不断努力、追求卓越，才能在竞争激烈的市场中立于不败之地。在 A 公司的发展历程中，李先生的奋斗精神不仅让公司取得了成功，也影响了公司的每一位员工。他们学会了如何面对困难、迎接挑战，并在工作中实现自己的价值。

总的来说，只有追求卓越、持续创新、勇于变革、积极合作和持久努力，企业才能在竞争中脱颖而出，引领行业潮流，赢得成功。这条通往成功的道路并不容易，但只要坚持不懈，终将会站在那属于自己的领奖台上，享受辉煌的成就。

第二节　敢于表彰，让“遍地英雄下夕烟”

每个企业都有自己的规模和领域，都有自己的使命和目标。然而，在茫茫的商海中，很少有企业敢于表彰那些平凡而又伟大的英雄，让他们成为“遍地散落的夕烟”。

只有敢于表彰平凡又伟大的英雄，企业才能够真正实现自己的价值与使命。与此同时，通过表彰激发出更多人的潜能，企业也将获得更多的成就与发展。因此，只有勇敢地表彰每一位敢于创新、努力奉献的员工，让“遍地英雄下夕烟”，企业才能绽放出耀眼的光芒。

第一讲　把英雄的盘子画大，敢于表彰

在任何一个企业，员工都是最宝贵的财富和资源。没有员工的辛勤付出和奉献，企业就无法持续发展和壮大。因此，正确评价和表彰员工的贡献至关重要。如图 12-3 所示。

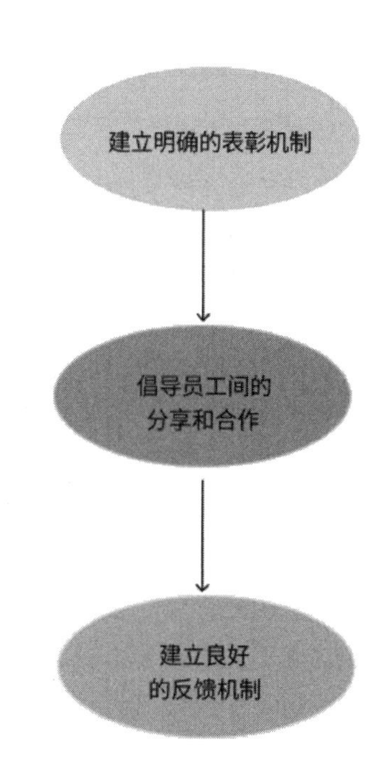

图 12-3　正确评价和表彰员工的贡献

然而，许多企业的领导层总是忽略对员工的表彰和肯定，导致员工士气低落、工作积极性不高，最终出现人才流失的情况。为了避免这样的情况，企业要敢于把英雄的盘子画大，大力表彰那些为企业做出杰出贡献的员工。

首先，企业需要建立明确的表彰机制。这个机制应当公正、透明，能够全面、客观地评估员工的贡献，并给予相应的奖励和表彰。与此同时，这个机制应该注重激励员工的内在动力，让员工真正觉得自己的付出得到了公司的认可和回报，从而激发员工进一步努力工作。

其次，企业需要倡导员工间的分享和合作。每个员工都有自己的专长和优势，只有分享和合作，才能充分发挥团队的力量，实现更大的目标。企业可以组织讲座、交流会等活动，鼓励员工分享自己的经验和成果，以激发其他人的学习和创新意愿。此外，企业也可以定期举办团队活动和培训课程，促进员工之间的互动和合作。

最后，企业需要建立良好的反馈机制。及时、有效地给予员工反馈，不仅可以帮助他们及时了解自己的不足之处，也可以肯定他们的成绩和努力。反馈应当客观、真实，并且提供明确的改进意见，帮助员工提高工作绩效。除了直接领导层的反馈，企业还可以建立一套 360° 评估体系，包括同事间的评价和客户的评价，这样员工才能全面地了解自己的优势和劣势，从而更好地调整自己的工作方式。

【案例分享】

某公司加大英雄表彰的策略

某互联网公司经历了初创期的艰难后，逐渐在市场中崭露头角。该公司领导深知，要想在竞争激烈的市场中立足，就必须激发员工的创新精神。然而，公司过去采用的是平均主义的绩效评估体系，导致员工缺乏动力追求卓越。为了改变这一现状，公司决定采取加大英雄表彰力度，敢于表彰的策略。

首先，公司制定了明确的表彰标准和程序。评估员工绩效时，公司采用 360 度反馈评价法，确保评价的公正性和客观性。与此同时，为了确保员工能够了解自己的工作表现，公司定期发布员工绩效排名榜。

其次，公司加大了对优秀员工的奖励力度。除了给予物质奖励外，公司还为优秀员工颁发荣誉称号，如“本月最佳员工”或“年度最佳员工”。此外，公司还将这些员工的照片和事迹张贴在公司的显著位置，以此激励其他员工追求更高的业绩。

为了使表彰更具吸引力，公司还组织了一系列活动。例如，在年度表彰典礼上，公司邀请了优秀的员工发表获奖感言，分享他们工作中的成功经验。这不仅为其他员工提供了学习和借鉴的机会，还增强了获奖员工的自豪感和归属感。

通过实施这些措施，该互联网公司的员工开始更加关注自己的工作表现，积极追求卓越。在公司文化的熏陶下，员工也逐渐形成了你追我赶、互相学习的良好氛围。公司的业绩也随之蒸蒸日上，成为业内的一匹黑马。

A 公司的奖励措施

A 公司是一家大型互联网公司，在面临市场竞争激烈和员工流失严重的双重压力下，公司决定推出一项新的员工奖励计划。该计划旨在表彰那些在业务发展、产品创新和服务优化等方面做出突出贡献的员工，以提高员工的归属感和忠诚度，进而推动公司业绩的提升。

首先，A 公司扩大了奖励的范围，奖励不再局限于传统的绩效标准，还包括了员工的创新、团队合作和客户满意度等方面。此外，公司还提高了奖励的等级，使奖励更具吸引力。这些调整都有助于激发员工的工作积极性，鼓励他们为企业发展投入更多的精力和时间。

其次，A 公司选择了一种大胆的方式来呈现这些奖励。他们设计了一系列奖励证书和奖杯，其设计和布局都彰显出企业对员工的认可和感激。这些奖励证书和奖杯不仅在公司的年度晚会上颁发，也会在公司的官方网站和社交媒体平台上公开展示，让那些未获得奖励的员工感受到公司对优秀员工的重视。

最后，A 公司加大了奖励的宣传力度。员工奖励计划推出之前，公司通过内部通信向员工介绍了该计划的目的和实施细节，激发了员工的参与热情。计划实施的过程中，公司通过社交媒体和内部通信定期公布获奖员工名单，以让全体员工都能了解到他们的同事做出了哪些贡献，进而激发更多的竞争和合作。

这一员工奖励计划极大地提升了员工的士气和增强了员工的工作积极性。员工的离职率明显下降，与此同时，公司业绩也有了显著的提升。公司的业务发展更加迅速，产品创新和服务质量也得到了显著的提升。

总而言之，敢于把英雄的盘子画大，大力表彰员工是一个企业成功发展的关键因素。只有让员工觉得自己的付出和努力得到了公司的认可和回报，他们才会更加努力地投入到工作中，为企业的繁荣做出更大的贡献。因此，公司要珍视每一个员工，并且建立起公正、透明的表彰机制，鼓励员工进行分享和合作，及时、有效地给予员工反馈。只有这样，企业才能不断壮大，持续取得辉煌的成就。

第二讲　给艰苦地区的奋斗者颁发纪念章

企业给艰苦地区的奋斗者颁发纪念章，是对这些无私奉献、为边远贫困地区付出真诚努力的人们的褒奖和致敬。这些奋斗者凭借坚韧不拔的意志和无私的奉献精神，在艰苦的环境中默默地奋斗着，为社会的发展做出了巨大贡献。

艰苦地区的奋斗者常常面临环境恶劣、条件艰苦、资源匮乏等种种困难和挑战，如图 12-4 所示。然而，正是有了这些奋斗者的坚守，这些地区才有了一线希望。他们忍受着孤独、寂寞和压力，以实际行动表达自己对这些地区的热爱之情，为当地的发展带来了新的希望和活力。

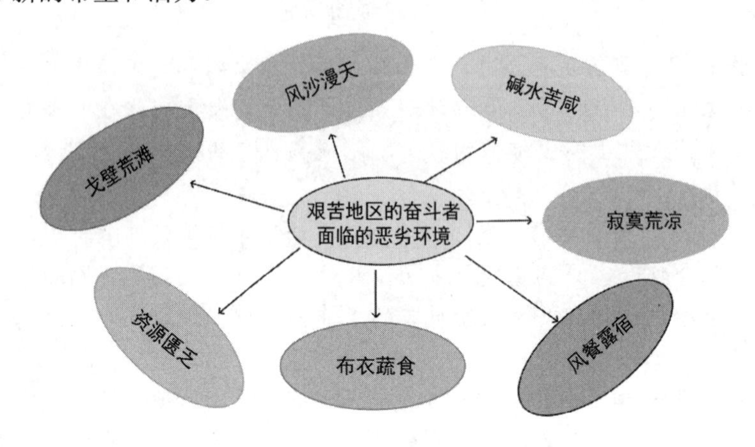

图 12-4　艰苦地区的奋斗者面临的恶劣环境

企业决定给艰苦地区的奋斗者颁发纪念章，彰显了对他们的尊重和感激之情。纪念章不仅代表了企业对他们所做出的巨大贡献的认可和赞赏，同时也鼓励了更多的人加入这项崇高的事业中来。与此同时，纪念章的颁发也在某一定程度上起到了榜样的作用，为身边的人树立了一个向着正确方向奋斗的目标。

艰苦地区的奋斗者是社会进步和发展的中坚力量。纪念章的颁发不仅是对他们个人努力的肯定，也是对整个奋斗群体默默付出的认可。他们作出的努力使人们看到了更加美好的未来，也激励着更多的人关注和参与到艰苦地区的发展中来。

纪念章不仅是一种荣誉，也是奋斗者精神的象征。它代表着坚韧和勇敢，代表着在这艰难的环境中永不放弃的信念。企业希望通过这样的举措，将这种坚守和付出的精神传递给更多的人。纪念章的颁发是对奋斗者辛勤付出的肯定，也是对他们精神力量的高度赞扬。

企业给艰苦地区的奋斗者颁发纪念章，是一种社会责任的体现。它不仅鼓励着这些奋斗者坚持下去，也让更多的人看到了艰苦地区的希望和未来。企业应当积极关注、支持和参与到这个过程中来，并为创造更加美好的明天贡献自己的力量。

【案例分享】

某公司的表彰活动

某知名科技公司为了向艰苦地区默默奋斗的员工表示敬意，决定举办一场特别的活动。公司决定为这些员工颁发一枚特别的纪念章，以激发他们的工作热情和团队精神，同时增强公司内部的社会责任感。

1. 活动策划

在活动策划阶段，公司首先明确了对申请人的要求，即规定只有在艰苦地区连续工作满三年的员工才有资格申请。这一要求旨在强调对当地环境的适应和贡献，以让受奖者感受到公司对其付出的认可。

接下来，公司便设计了一款精美的纪念章，上面刻有“坚韧不拔，共创辉煌”的字样，寓意员工在艰苦环境下仍能坚持信念，追求卓越。与此同时，公司还为获奖者提供了一次与公司高层领导共进晚餐的机会，让他们感受到公司对他们的关怀与尊重。

2. 活动执行

在活动执行阶段，公司通过内部宣传让员工了解此次活动，并设立了专门的申请通道。员工可根据自身情况提交申请材料，包括工作证明、同事评价等。经过严格的筛选和评审，最终选出符合条件的获奖者。

在颁奖典礼上，公司邀请了高层领导、媒体代表及员工家属共同见证这一美好时刻。在庄重的音乐声中，领导为获奖者颁发了纪念章，并对其工作和精神表示了赞扬。这一举动不仅让获奖者感到自豪，同时也激励了其他员工在艰苦地区积极奋斗。

此次活动结束后，公司收到了员工积极的反馈。员工纷纷表示，他们感到自己的付出得到了公司的认可，工作热情也得到了极大的激发。此外，该活动还提高了公司内部的社会责任感，让员工更加清楚公司的社会使命。

更重要的是，这次活动引起了广泛的社会关注。媒体纷纷报道这一事件，宣传公司在关注和激励艰苦地区员工方面的举措。这不仅提升了公司的公众形象，还为其他企业树立了良好的榜样。

A 公司向艰苦地区的员工颁发纪念章

A 公司是一家大型跨国公司，销售网点遍布全球多个国家。他们在一个贫穷且气候恶劣的国家和地区设立了销售网点。这里的员工不仅要面对基础设施不足、生活条件艰苦的环境，还要应对不稳定的消费者群体和市场环境。然而，他们始终坚持以最好的服务态度和技术水准来展示公司的形象。

为了表彰这些员工的付出，A 公司决定颁发纪念章。这不仅是对他们艰苦努力的认可，也是对他们在困难环境中仍能保持敬业精神的赞扬。公司通过精心设计纪念章，真诚地表达了对员工的敬意和感谢。

颁发纪念章的仪式在一个集会中进行，公司高层、当地员工和部分媒体参加了这次活动。当公司领导将纪念章佩戴在员工胸前时，全场响起了热烈的掌声。这一瞬间，员工的脸上都洋溢着自豪和满足。

此次活动后，员工的士气得到了极大的提升。他们感到自己的付出得到了公司的认可，也感受到了公司对他们的关心和尊重。在工作和生活中，他们更加充满热情，并以更高的标准要求自己。与此同时，公司也赢得了当地社区和消费者的好评，并为品牌形象增添了新的光彩。

总的来说，在纪念章的加持下，企业应当更加珍惜并传承这种奋斗精神。只有通过对奋斗者给予认可和赞颂，才能激励更多的人追求卓越、勇往直前。企业应当不遗余力地为奋斗者提供更多的支持和资源，让他们可以更好地开展工作，为艰苦地区的发展贡献更大的力量。

第三讲　将最高荣誉奖颁给有重大贡献的人

在每个企业，都有那么一些员工或合作伙伴，他们为公司的发展做出了重大贡献。无论是通过创新性的思维、出色的工作表现还是卓越的领导能力，这些人都为企业带来了巨大的成就。因此，将最高荣誉奖颁给这些有重大贡献的人是理所应当的，因为它既是对他们个人努力的认可，也是对企业团队共同努力的肯定，如图 12-5 所示。

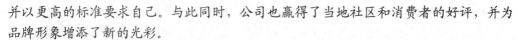

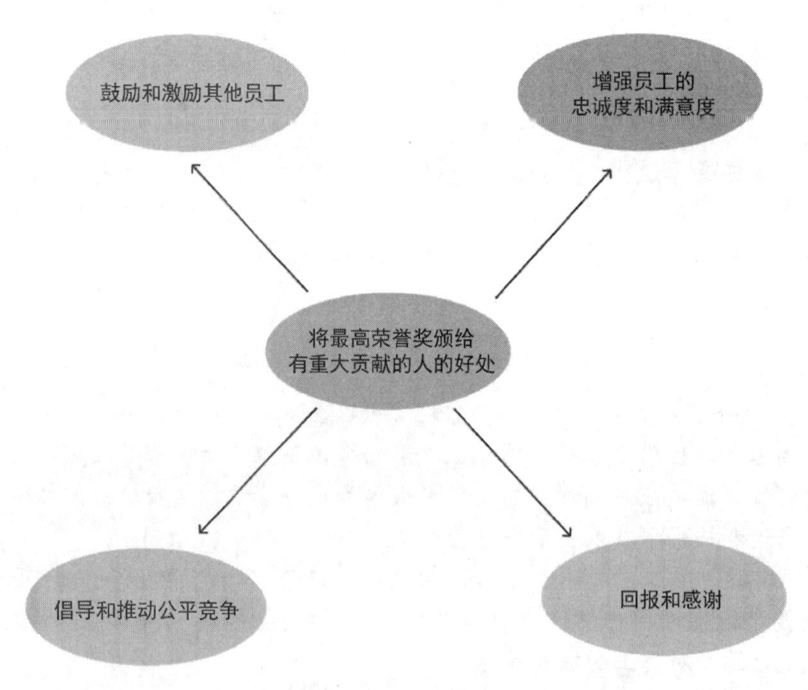

图 12-5　将最高荣誉颁给有重大贡献的人的好处

首先，将最高荣誉奖颁给有重大贡献的人是为了鼓励和激励其他员工。当员工看到那些被颁发最高荣誉奖的同事取得成功时，也会激励他们努力工作，并希望得到最高荣誉奖。这种榜样的力量可以激发团队其他成员的工作积极性和创造力，从而推动整个企业向前发展。

其次，将最高荣誉奖颁给有重大贡献的人可以增强员工的忠诚度和满意度。当员工感到自己的努力和付出得到了公司的认可和赞赏时，他们会更有动力继续为企业做出贡献。这种积极的心态和忠诚度有助于打造良好的企业文化和团队精神。

再次，将最高荣誉奖颁给有重大贡献的人也是一种倡导和推动公平竞争的方式。在一个企业，如果有些员工明显比其他人表现得更出色，却没有得到适当的认可和奖励，就会产生不公平感，并可能对整个团队的士气和合作产生负面影响。通过颁发最高荣誉奖来表彰那些真正有卓越表现的人，可以激励其他人更努力地工作，并营造竞争性的工作环境。

最后，将最高荣誉奖颁给有重大贡献的人也是一种对员工的回报和感谢。员工通过自己的努力和创新使企业获得了成功，他们为公司带来了业绩和利润的增长。因此，给予他们最高荣誉奖是对他们所做贡献的最大肯定，也是一种让他们感到自己被重视和被赏识的方式。

【案例分享】

某公司的最高荣誉奖

某科技公司成立于2016年，注册资本达3 000万元，自创立以来一直致力于研发创新的人工智能技术。在公司内部，他们设立了一个最高荣誉奖——智慧星球贡献奖。这个奖项每年颁发一次，旨在表彰那些在研发、销售、客户服务等方面做出重大贡献的员工。

2023年，该科技公司的“智慧星球贡献奖”授予给了研发部门的李某。李某在过去的几年里，带领团队开发出多项具有领先技术的产品，并为公司在市场上赢得了巨大的竞争优势。他的团队开发的其中一款产品还在全球范围获得了科技界的知名奖项。

在颁发“智慧星球贡献奖”给李某时，公司做了充分的宣传和准备。首先，公司通过内部通信向全体员工介绍了李明和他的团队所取得的成就。其次，他们在公司的年度会议上，由公司的CEO亲自颁发这个奖项。颁发奖项的同时，公司还通过社交媒体、官方网站等渠道进行了直播和报道，让更多的人了解这个奖项和获奖者。

自颁发“智慧星球贡献奖”后，公司明显看到了积极的变化。员工的士气得到了极大的提升，他们开始更加重视团队合作和创新。许多员工都表示，他们受到了李某及其团队的影响，也想在自己的工作中做出更大的贡献。

此外，这个奖项还提高了员工的归属感和对公司的信任。员工意识到，他们的努力和贡献得到了公司的认可和赞赏。这使员工更加愿意为公司付出，同时也对公司的未来发展抱有更高的期望。

通过颁发“智慧星球贡献奖”，该科技公司很好地激发了员工的积极性和创新能力。这不仅有助于公司提升业绩，还加强了员工与公司之间的联系和信任。在未来的

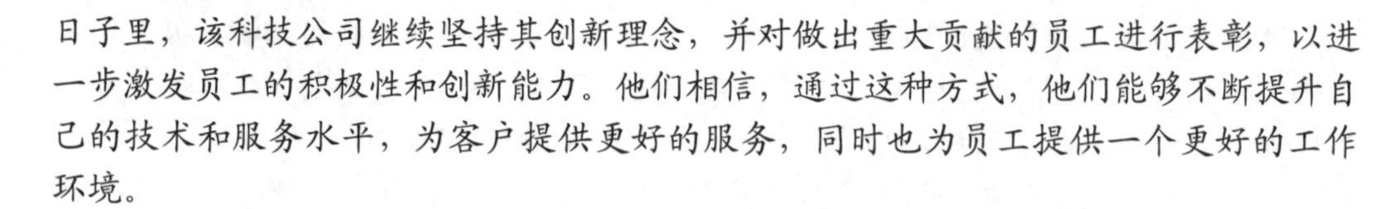

日子里，该科技公司继续坚持其创新理念，并对做出重大贡献的员工进行表彰，以进一步激发员工的积极性和创新能力。他们相信，通过这种方式，他们能够不断提升自己的技术和服务水平，为客户提供更好的服务，同时也为员工提供一个更好的工作环境。

创新科技的“创新者奖”

创新科技是一家久负盛名的科技公司，公司实力雄厚，人员众多。在公司中，最高荣誉奖被命名为“创新者奖”，这个奖项旨在表彰在技术创新、领导力和业绩方面表现出色的员工或团队。每年的颁奖典礼都是公司重要的活动，吸引了公司内部和行业内的众多重要人物参加。

在 2018 年的“创新者奖”中，公司决定将这个奖项授予一位名叫李华的工程师。李华是公司的资深员工，他在公司开发新产品的过程中发挥了关键作用，使这个产品最终成为市场上非常成功的产品，也让公司的业绩有了显著的提升。此外，李华还经常提出创新性的想法和建议，帮助公司解决了许多技术难题。

当公司领导宣布将“创新者奖”颁给李华时，整个会场都沸腾了。李华走上台，高兴地接受了这份崇高的荣誉，并发表了感人的获奖感言。他说：“我非常感谢公司对我的认可和信任，这个奖项对我来说意义重大。我希望能够继续为公司做出更多的贡献。”

将最高荣誉奖颁发给李华不仅是对他个人的认可和赞赏，同时也激发了其他员工的工作积极性和创新能力。他们看到了公司对员工努力和成就的重视，这让他们更有动力去努力工作，发挥自己的创新能力。在接下来的几个月中，公司收到了许多员工的提案和建议，这些提案不仅有助于公司的发展，也提高了员工的工作满意度。

总之，把最高荣誉奖颁发给那些做出重大贡献的人对企业是至关重要的。它不仅能鼓励和激励其他员工，增强员工的忠诚度和满意度，还能倡导和推动公平竞争，以及回报和感谢有重大贡献的人。通过这样的举措，企业可以建立积极向上的工作环境，从而获得更大的成功。

第三节　在欣赏和宽容中不断成长

健康的企业文化是每个企业持续发展的基石，它能够帮助员工和企业实现共同的目标，并为持续的创新和发展提供必要的条件。然而，在现实生活中，每个成员都有自己独特的思维方式和价值观，这就会导致冲突和分歧。为了保持团队的和谐与高效的工作环境，企业需要在欣赏和宽容中不断成长、发展。

欣赏他人的贡献，并保持对不同意见的宽容，企业可以培养出积极向上的团队，并推动创新和成长。只有学会欣赏并宽容他人，员工才能不断地提升自我，从而为企业的未来发展打下坚实的基础。

第一讲　欣赏优点，包容差异性

一个多元化的社会中，企业会面临来自不同背景、文化和观念的员工。如何欣赏每个员工的优点，并包容其差异性，成为企业管理者面临的重要课题。本讲将探讨企业为什么需要欣赏员工的优点，以及包容员工的差异性，如图 12-6 所示。

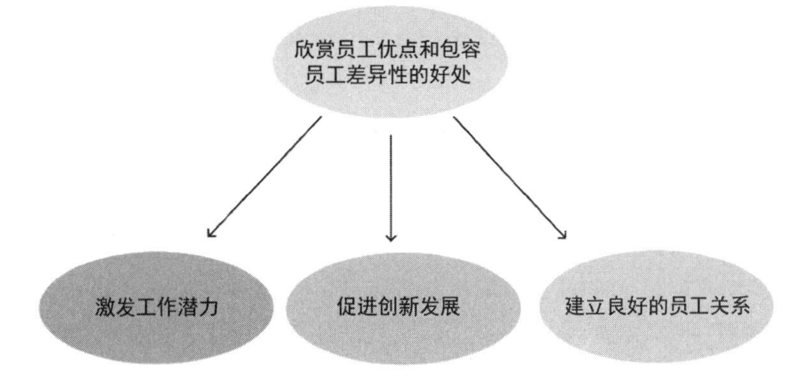

图 12-6　欣赏员工优点和包容员工差异性的好处

首先，欣赏员工的优点和包容员工的差异性有助于激发员工的工作潜力。每个员工都有其独特的才能和技能，如果能够为员工提供一个尊重并优化这些优点的工作环境，将会有利于激发他们的创造力和工作动力。一个充满正能量和鼓励的工作环境能够激发员工的工作激情，从而提高其工作效率和绩效，为企业创造更多的发展机遇。

其次，欣赏员工的优点和包容员工的差异性能够为企业带来多元化的思维和创新，促进创新发展。当企业拥有不同文化和背景的员工时，他们会为企业带来独特的想法、观点和经验。尊重和包容这些差异性，企业可以获得不同的视角和想法，这有助于解决问题和推动创新发展。多元化的团队能够迅速适应变化，并提出新颖的解决方案，使企业更具竞争力。

最后，欣赏员工的优点和包容员工的差异性还有助于建立良好的员工关系。当员工感到自己的价值和所做贡献被认可和被欣赏时，他们会感到被尊重和被重视。这种积极的工作氛围有利于建立良好的员工关系和团队合作。鼓励各个成员充分发挥个人优势，相互学习和合作，企业可以营造一个和谐、积极向上的团队氛围，进而提升员工的忠诚度和满意度。

然而，要打造这种欣赏优点和包容差异性的企业文化，并不是一件容易的事情。企业管理者需要树立正确的价值观，重视员工的平等和自由，尊重个人的差异和选

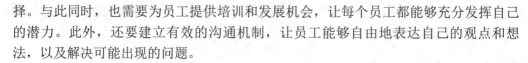

择。与此同时，也需要为员工提供培训和发展机会，让每个员工都能够充分发挥自己的潜力。此外，还要建立有效的沟通机制，让员工能够自由地表达自己的观点和想法，以及解决可能出现的问题。

【案例分享】

A企业的包容与开放

A企业是一家互联网科技公司，公司倡导开放、创新、包容的企业文化。公司自成立以来，一直注重人才的选拔、培养与激励。在招聘的过程中，他们秉持“欣赏优点，包容差异性”的原则，注重应聘者的专业技能和综合素质，而不仅仅是学历和工作经验。

首先，在招聘时，公司会通过多维度的考察，挖掘应聘者的独特优势和潜力。除了常规的面试和笔试，还会引入情境模拟、技能实操等环节，以便更准确地评估应聘者的实际能力和个性特点。与此同时，公司还会对应聘者的价值观和团队协作精神进行考察，以确保招聘到的人才既能胜任岗位，又能融入公司文化。

其次，员工入职后，公司会为其提供一系列的培训和发展机会，助力员工实现职业成长。培训内容既包括专业技能的提升，也关注员工个人兴趣和特长的发挥。此外，公司还会定期组织团队建设活动，以加强员工间的沟通与合作，鼓励员工在团队中发挥各自的优势，实现互补与共赢。

最后，为了进一步激发员工的潜能，公司设立了多样的激励机制。除了常规的薪酬福利和晋升机会，公司还制订了创新奖励和员工认可计划，对工作中有独特优势和突出贡献的员工给予表彰和奖励。

这家企业在人力资源管理的工作上充分体现了“欣赏优点，包容差异性”的原则。通过招聘、培训、激励等一系列举措，公司组建了一支充满活力、创新、包容的团队。在这样的氛围下，员工能够充分发挥自己的优势，实现个人价值，同时也有助于企业提升竞争力，实现可持续发展。

华瑞科技的人力资源管理

华瑞科技是一家大型互联网公司，该公司在组建团队的过程中，一直秉持着“欣赏优点、包容差异性”的理念。该公司坚信，只有充分了解并利用每位员工的独特优势，同时包容他们的不足，才能实现团队的最高效率和公司的持续发展。

华瑞科技的人力资源管理实践表明，“欣赏优点、包容差异性”是提升员工满意度、促进创新和打造高效团队的关键。

(1) 欣赏优点：华瑞科技注重发现并认可员工的独特优势。无论是技术专长、领导能力还是人际沟通技巧，只要是员工的优点，公司都会给予充分的肯定和鼓励。这种积极的反馈有助于员工树立自信心，提高工作积极性，同时也让员工感到自己的价值得到了公司的认可。

(2) 包容差异性：华瑞科技明白，每位员工都有自己的独特性。公司接受并尊重这些差异，无论是性别、年龄、种族、性格还是工作风格。这种包容性的做法有利于创建一个多元、开放的工作环境，从而提高员工的满意度和归属感。

(3) 华瑞科技的包容性还体现在其对员工缺点的处理上。公司不鼓励员工追求完美，而是接受员工的不足并帮助员工改进自己的不足。这种做法让员工感到公司是他们的支持者，而不是批评者。

通过“欣赏优点、包容差异性”，华瑞科技成功地打造了一个高效率、高满意度的工作环境。公司的员工队伍建设取得了显著成效，团队的创新能力和工作效率都得到了显著提升。与此同时，这种理念也在公司内部形成了良好的文化氛围，为公司的长期发展奠定了坚实的基础。

总的来说，企业需要欣赏员工的优点，并包容员工的差异性，这对激发员工的工作潜力、促进创新发展、建立良好的员工关系都有重要作用。与此同时，打造这种文化需要管理者的正确引导和积极参与。相信在一个充满包容和欣赏的企业环境下，每位员工都能够得到尊重和发展，共同推动企业发展。

第二讲　宽容，是走向成功之道

宽容，是一种能够让企业走向成功的重要保障。在现代竞争激烈的商业环境中，宽容不仅体现了企业核心价值观，也是推动企业发展的关键因素，下面简单地介绍一下企业宽容的意义，如图 12-7 所示。

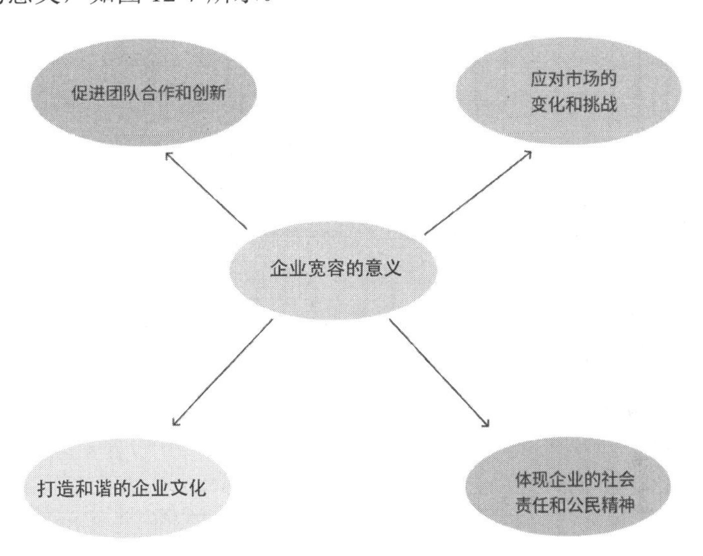

图 12-7　企业宽容的意义

首先，宽容可以促进团队合作和创新。在一个宽容的企业文化中，员工不会因过分批评或处罚感到恐惧。相反，他们会更加愿意表达自己的想法，并提出改进的建议。这种开放性和包容性的工作氛围可以激发员工的创造力，并鼓励他们大胆尝试新的方法和方案，从而推动企业持续发展。

其次，宽容可以使企业更好地应对市场的变化和挑战。在竞争激烈的商业环境中，企业必须具备应变能力和具有很强的适应性。只有拥有宽容的态度，企业才能更好地接受和适应不同的观点、意见和需求，及时调整自己的策略和运营模式。这样一来，企业就能够更好地抓住机遇，应对挑战，保持竞争优势。

再次，宽容也有助于打造和谐的企业文化。一个宽容的企业文化可以减少员工之间的摩擦和矛盾，增进团队合作和协作。当员工感到他们的意见和贡献得到公司的尊重和认可时，他们会更加乐于与他人合作，共同为企业的目标努力。这种和谐的工作环境将极大地提高员工的工作满意度和归属感，促进员工持续发展和个人成长。

最后，宽容还体现了企业的社会责任和公民精神。企业作为社会组成的一部分，不仅要追求利润最大化，还应该承担起关爱员工、回报社会的责任。通过宽容的态度和行为，企业能够树立良好的社会形象，赢得良好的企业声誉。这将有助于企业在市场竞争中获得消费者的信任和支持，进一步推动企业可持续发展。

【案例分享】

L公司的宽容之道

L公司是一家科技有限公司，以提供高质量的技术解决方案为主营业务，拥有一支年轻、富有活力的团队。然而，就在公司稳步发展之际，一次突如其来的员工离职事件引起了管理层的关注。

这位离职的员工叫李华，是公司的程序开发骨干。他因对公司的技术方向不满，选择离职并创办了自己的公司。L公司的管理层在惋惜之余，决定采取宽容的态度，与李华保持良好的关系，希望未来能够合作。

李华离职后，L公司并没有对李华进行公开批评或惩罚。相反，他们不仅肯定了李华在公司的工作贡献，还向其他员工传达了公司对不同意见的宽容态度。这一举措让员工明白，即使对公司的决策有不同看法，也不会受到公司的责备。

几年后，李华的公司逐渐发展起来，且业务范围与L公司重叠。然而，在这期间，两家公司并未展开恶性竞争。相反，他们达成了合作协议，共同开发一些项目。L公司的宽容态度赢得了李华的尊重，也进一步让两家公司的关系更为和谐。

随着时间的推移，L公司的宽容文化逐渐深入人心。员工也不再害怕表达自己的想法或提出改进建议。公司的创新力得到了极大的提升，业绩也逐年增长。最终，L公司成为一家受人尊敬的行业领导者。

A 公司的成功之道

A 公司是一家在电子产品行业颇具规模和影响力的企业。在过去的几年里，该公司坚持宽容的管理理念，不仅实现了企业的快速发展，同时也赢得了员工和市场的广泛认可。

A 公司的宽容管理理念主要体现在以下几方面。

1) 多元化的团队建设

A 公司注重组建多元化的团队，并鼓励员工提出不同的想法和意见。这使公司在产品研发和市场推广方面具有独特的优势，同时也为员工提供了更广阔的发展空间。

2) 给员工充分的自由和创新空间

公司鼓励员工在工作中尝试新的想法，不拘泥于传统的思维定式。在这种环境下，许多员工都能够在工作中实现自我突破，同时公司的产品也不断推陈出新。

3) 建立开放的沟通渠道

A 公司倡导开放的沟通文化，鼓励员工提出问题和建议。公司领导定期组织研讨会和交流活动，以让员工有机会分享经验和知识，从而提高整个团队的绩效。

通过实施宽容的管理理念，A 公司取得了显著的成绩。公司的市场份额逐年增长，产品品质也得到了广大消费者的认可。此外，公司的员工满意度和留任率也处于行业领先水平。

总的来说，宽容是企业走向成功之道的关键。企业应该塑造宽容的企业文化，促进团队合作和创新，应对市场的变化和挑战，建立和谐的工作环境，承担起社会责任。只有宽容，企业才能够在激烈的商业竞争中持续发展，取得长期的成功。

第三讲　在不断试错中成长为英雄

在竞争激烈的商业环境中，许多企业都希望成长为英雄。然而，要实现这一目标并不容易。成功的企业不是一蹴而就的，它们需要具有不断试错、勇于创新和持续学习的品质，如图 12-8 所示。

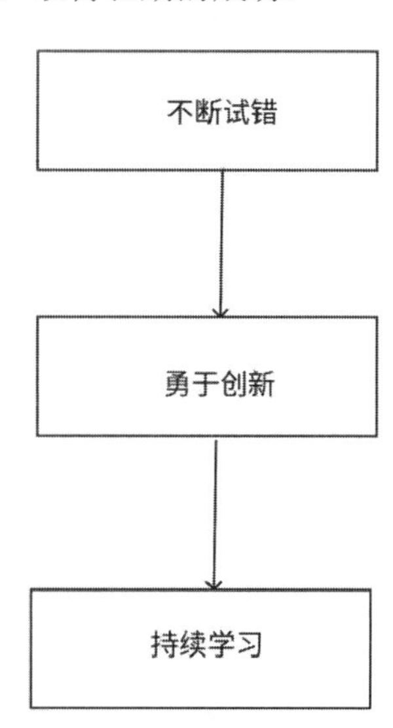

图 12-8　企业怎样成长为英雄

首先，企业在成长的过程中无法避免试错。试错不仅仅只是发生错误，更是一种宝贵的学习机会。企业应该允许员工犯错，并给予他们自由开发创新的空间。试错的关键是及时识别问题并从错误中吸取教训，然后迅速调整策略并尝试新的方法。

其次，企业需要勇于创新，如此才能成长为英雄。创新是企业走向成功和突破竞争的关键因素。企业领导层应该鼓励员工提出新颖的理念和观点，并提供支持和资源来实施这些想法。创新可以在产品、服务、营销等各个方面展现，只有持续创新，企业才能保持竞争优势并实现长远发展。

最后，企业必须具备持续学习的品质。随着外部环境的持续变化和新技术的不断涌现，只有持续学习，接受新知识、新技能，并将其应用到实践中，企业才能跟上时代的步伐。培养学习型组织文化，鼓励员工持续学习和自我提升，以适应快速变化的市场需求。

在企业不断试错、勇于创新和持续学习的过程中，它们可以成长为英雄。这些英雄企业不仅能够实现盈利，还能够影响和改变社会。他们的成功得益于领导者的正确引导、员工的努力和创造力，以及健康的企业文化。

【案例分享】

A 公司的成功

A 公司是一家新兴的电商企业，成立时只是一个小型企业，没有任何知名度。为了吸引更多的用户，企业开始进行各种营销活动，如打折、赠送礼物等。这些活动虽然吸引了一些用户，但是企业的利润却大幅下降。

A 公司意识到，他们需要改变营销策略。于是，他们开始尝试不同的营销方式，如通过社交媒体推广、开展线上促销活动等。这些新的营销方式虽然提高了企业的知名度和增加了用户数量，但也带来了一些新的问题。例如，用户对促销活动的反应并不一致，有人喜欢，而有人则觉得过于烦琐。

于是 A 公司又尝试了其他解决方法，如优化网站体验、提高产品品质等。这些方法虽部分解决了问题，但是企业发现，他们还是需要更多的改进。最终，他们开始研究竞争对手的策略，学习他们的优点，同时也不断尝试新的策略。

在这个过程中，A 公司经历了很多失败。但是，他们并没有放弃。每次失败后，他们都会总结经验和教训，不断调整策略。通过不断的试错和改进，企业最终找到了适合自己的发展方式。

现在，A 公司已经成为行业的领导者，拥有大量的用户和很高的知名度。他们的成功并非偶然，而是在不断试错和改进中逐渐取得的。

H 公司的成长历程

H 公司是一家初创企业，成立于 2010 年，主营业务为互联网科技。公司成立初期，面临资金短缺、人才匮乏、市场竞争力弱等诸多困难。经过一段时间的发展，H 公司逐渐认识到，只有不断试错，才能找到最适合自己的发展道路。

在 H 公司的成长历程中，有几个关键的试错事件起到了重要作用。首先，公司在产品研发阶段尝试了多种不同的产品设计和功能，通过市场反馈不断进行调整和优化。经过多次试错，H 公司发现了一款具有竞争力的产品，并加大了对该产品的研发力度。其次，在制定市场策略阶段 H 公司多次尝试不同的推广手段和渠道，最终找到了最适合自身产品的市场定位和目标客户。

在不断试错的过程中，H 公司逐步形成了自己的企业文化和价值观。公司领导鼓励员工敢于尝试、敢于创新，将试错视为企业发展的重要环节。这种企业文化的形成，不仅吸引了大量优秀人才的加入，还提升了员工的凝聚力和归属感。

经过多年的努力，H 公司终于在互联网科技行业中崭露头角，成为佼佼者。统计数据显示，H 公司的市场份额在过去几年内持续增长，收入和利润也实现了稳步提升。此外，H 公司还获得了多项行业大奖和认可，成为其他企业学习的榜样。

总之，企业在不断试错中成长为英雄需要勇于面对错误和挑战，勇于创新，并持续学习。只有不断努力和追求卓越，才能在市场竞争中脱颖而出，成为企业中的佼佼者。这样的企业不仅为自己创造了成功，同时也为社会的进步和发展做出了贡献。

第四节　用好负向激励，激发员工斗志

在企业中，激发员工的斗志是提高生产效率和促进企业发展的重要因素。而如何激发员工斗志则成为企业管理者需要思考和解决的课题。除了正向激励，负向激励也有一定的作用，只是需要正确运用。

企业只有帮助员工意识到问题，促使员工反思和主动寻求改进，同时提高员工的韧性和适应能力，才可以实现更高效的生产和更好的发展。然而，企业需谨慎使用负向激励，以避免产生负面影响。只有正确把握负向激励的态度和方法，才能真正调动员工的积极性和斗志，并为企业创造更大的价值。

第一讲　用自我批评激发员工改进

在现代商业世界中，企业要想保持竞争力，就必须不断改进和创新。然而，许多企业往往陷入惯性思维和舒适区，导致无法持续进步。为了激发员工的改进意识和积极性，企业可以采取自我批评的方式进行反思和改进。

首先，企业领导层应该树立榜样，坚持自我批评。作为企业的领导者，他们应该勇于面对团队和组织的问题，并勇于承担责任。坦诚地反思自己的错误和不足，领导者可以打造一个开放和包容的文化，使员工在鼓励状态下去面对自己的问题和错误。这样的自我批评精神渗透到整个企业，会为员工提供一个改善和创新的环境。

其次，企业应该鼓励员工参与自我批评的过程。员工是企业最宝贵的资源，他们

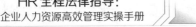

一般都在一线工作，并且能够提出许多宝贵的观察建议。因此，企业应该认真倾听员工的声音，并建立相应的反馈机制。例如，可以组织定期的员工调查或开展小组讨论，鼓励他们分享自己的批评和建议。积极倾听员工的意见，企业可以及时发现问题并采取纠正措施，从而实现进一步的改进。

最后，企业还可以采取多样的激励措施来促使员工进行自我批评和改进。员工通常会因为害怕被责备或失去工作而回避自我批评。因此，企业应该创造一个安全和支持的环境，让员工有勇气面对自己的不足。可以奖励那些展示了自我批评精神和积极改进的员工，鼓励其他员工向他们学习。此外，企业还可以提供培训和发展机会，帮助员工提高技能和能力，并进一步激发他们改进的动力。

【案例分享】

A公司的自我批评

A公司是一家大型的科技公司，该公司有一个名为“创新部”的团队，负责为公司开发新的技术和产品。然而，近期他们的业绩一直不尽如人意。产品的质量不稳定，研发进度也总是缓慢。公司高层决定采取一些措施来改变这种状况。

在一次团队会议上，高层领导为每位成员发放了一份调查问卷，要求他们对团队的表现进行自我评价。这让团队成员感到很意外，因为他们一直认为自己的工作表现良好。但是，当他们开始认真思考时，他们才认识到自己的不足之处。

在接下来的几次会议中，领导进行了一些小组讨论，让员工表达自己的评价结果，并解释为什么觉得自己表现不佳。有些员工认为他们在沟通上有问题，导致信息传递不准确；有些员工则认为他们在团队协作方面存在问题，无法形成合力。

通过进行讨论，员工意识到了自己的问题，并且开始思考如何解决这些问题。为了改进自己的表现，他们制订了一些具体的计划。例如，他们决定加强沟通技巧的培训，提高团队之间的协作能力，以及加强自我监督和反馈机制。

这些改变很快产生了积极的效果。员工之间的沟通变得更加顺畅，团队协作也更加默契。最重要的是，团队的业绩有了显著的提升。在这个过程中，自我批评起到了关键的作用，它帮助团队成员认识到自己的不足，并激励他们不断改进。

H公司的自我批评

H公司是一家新兴的科技公司，一直致力于提升产品质量和客户满意度。然而，某次大型项目失败后，公司管理层意识到，员工的自我批评能力很大程度上影响了团队的成长。于是，公司决定推行自我批评机制，以促进员工的个人发展和团队协作。

在实施自我批评之初，H公司领导层通过培训和宣传，向员工灌输自我反思的重要性。他们鼓励员工面对错误和挑战时，不仅要接受现实，还要深入分析问题的根源，从而找到改进的方法。此外，公司还建立了一些机制，如匿名反馈系统，鼓励员工提出真实的意见和建设性的建议。

为了使自我批评文化深入人心，H 公司采取了以下措施。

(1) 引导员工制订个人发展计划。员工需要根据自己的优势和不足，制订可实现的目标和行动计划。这有助于员工在实践中不断成长，提高自我批评的意识和能力。

(2) 定期开展团队讨论和评估。团队成员需要分享自己工作中遇到的问题和困难，并共同寻找解决方案。这不仅能够提高团队凝聚力，还能培养员工的反思和合作能力。

(3) 鼓励员工挑战权威。公司倡导员工在面对问题时，要敢于质疑和挑战现有的做法。这有助于激发员工的创新精神，推动公司在竞争中保持领先。

通过实施自我批评，H 公司的员工在改进自己的工作方面取得了显著成效。员工的个人能力和团队协作能力都得到了显著提升，公司的产品质量和客户满意度也都有了明显提高。与此同时，公司的企业文化也得到了优化，为公司的长期发展奠定了坚实的基础。

总之，通过自我批评激发员工改进是企业实现持续发展的重要手段。领导层需要树立榜样，员工需要积极参与，并且企业应该提供多样化的激励措施来支持员工的改进。通过共同努力，企业可以不断改进和创新，保持竞争力并在市场中取得成功。

第二讲　用“最差奖大会”强化质量意识

近年来，随着市场竞争的日益加剧，企业如何提升产品质量和服务质量已经成为一项重要的课题。许多企业开始采取创新的方式来激励员工参与质量管理，并借此强化他们的质量意识。其中，一个非常有趣而富有创意的方法就是举办“最差奖大会”。

“最差奖大会”可以视为一种对质量问题进行深入分析和改进的机制。通常情况下，该活动的组织者会邀请员工进行匿名投票，选出在一定时间内表现最差的产品、服务或部门。然后，在一次庄重的会议中，获奖者将被公布并接受责任，同时也有机会进行自我反省和改进。

这个激励机制的核心理念是获得“最差奖”的员工不会被视为失败者，而是被视为推动改变和提高整体质量的先锋。通过公开承认错误和不足，员工开始明确自己在质量管理中的角色和责任，并且激发自我改进的动力。

具体来说，“最差奖大会”能够带来以下几方面好处，如图 12-9 所示。

首先，“最差奖大会”为员工提供了一个公开讨论和反思的平台，让员工能够相互交流、分享经验和相互学习。他们可以将个人的失败与团队或公司中的其他人分享，从而共同探讨问题出现的原因，并寻求解决方案。

其次，该机制可以强化员工的责任感和使命感。被评为“最差”的员工不仅感受到挫折，还能意识到自己在公司中的责任和对质量意识的重视。这种压力可以激发员

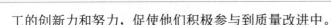

工的创新力和努力，促使他们积极参与到质量改进中。

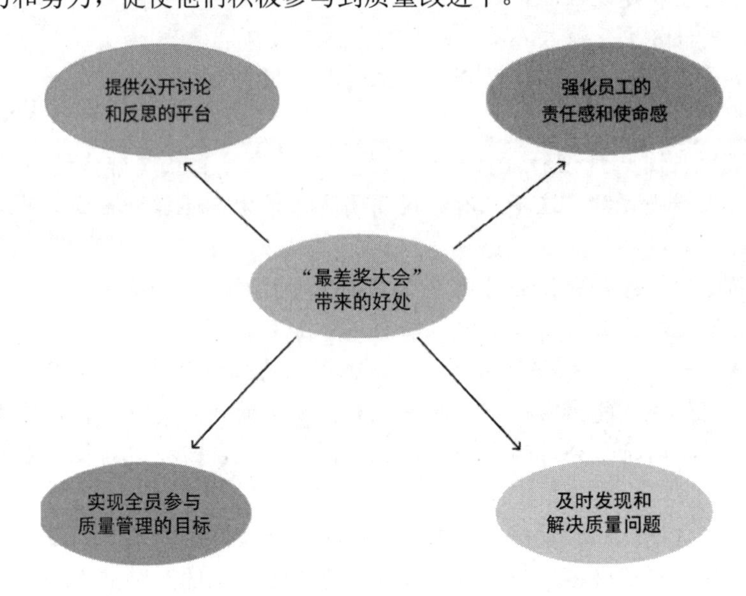

图 12-9 “最差奖大会”带来的好处

再次，通过“最差奖大会”，企业能够实现全员参与质量管理的目标。每个员工都有机会参与投票并对公司的整体质量情况发表看法。这种参与感可以增强员工的凝聚力和归属感，同时也有利于打造一个开放和透明的企业文化。

最后，通过“最差奖大会”，企业能够及时发现和解决质量问题。得知自己被评为“最差”后，员工会更加注重自身的行为和工作方式，并积极寻求提高质量的方法。这有助于加快产品和服务的改进速度，提高客户满意度，并有效减少成本和损失。

在举办“最差奖大会”之前，企业需要制定明确的规则和目标，并将其与整体质量管理体系相结合。此外，企业还应该注重细化奖励机制，保障奖项的公正和诚信。

【案例分享】

A 公司的“最差奖大会”

A 公司决定举办一次“最差奖大会”，以激励员工提高产品质量。大会将在一个月后举行，所有生产线的员工都要参加。

在大会开始之前，A 公司将发布一份公告，详细说明评选标准，并要求员工在一个月内努力工作，以避免获得“最差奖”。评选标准将包括产品质量、工作效率、安全记录等方面。

在大会上，每条生产线都将提交一份报告，介绍他们在过去一个月中所做的努力和工作成果。然后由公司领导、生产线经理和其他相关人员组成的评委会根据评选标准，评选出“最差奖”的得主。

在颁发“最差奖”之前，公司领导将向所有员工展示过去一个月每条生产线的平均得分和排名。这将使员工更加清楚地了解他们在整个公司中的表现，并激励他们更努力地工作。

最后，A 公司领导将颁发“最差奖”，并为获奖者提供一些有意义的奖励。与此同时，公司领导也将鼓励获奖者未来更加努力工作，以证明他们的实力和能力。

通过这种方式，“最差奖大会”可以作为一种积极的方式来增强团队或个人的质量意识。它不仅可以激励员工更加努力地工作，还可以促进团队合作和竞争，以实现更高的生产效率和更好的产品质量。

H 公司的“最差奖大会”

H 公司是一家设备生产公司，该公司在生产过程中发现有些员工对产品质量不够重视，导致产品不合格率较高。为了解决这一问题，公司决定开展一次“最差奖大会”。在大会上，每个部门都会选出一个最差的产品或服务，并对其进行展示和评价。这些最差的产品或服务由制造或者提供服务的员工自己展示，并接受领导和同事们的评价。

“最差奖大会”的效果超出了 H 公司的预料。大会上，员工不仅深刻地认识到了产品或服务的质量问题，还对企业和客户造成的影响有了更深入的理解。与此同时，这一活动还激发了员工的竞争意识，大家都不希望自己的部门被评为“最差”，从而不断提高产品或服务的质量。

此外，H 公司还通过“最差奖大会”发现了出现质量问题的根本原因。例如，某个部门在展示其最差产品时，发现问题的根本是生产流程的不完善。于是，该部门针对这一问题进行了流程优化和质量改进，最终有效地降低了产品不合格率。

“最差奖大会”不仅提高了员工的质量意识，还促进了企业文化的转变。以前，员工对质量问题不够重视，而现在，大家更加注重细节，追求卓越。与此同时，这一举措还增强了员工对企业的归属感和荣誉感，大家也更加愿意为企业的发展贡献自己的力量。

总而言之，“最差奖大会”是一个独特而具有创造力的方式，不仅可以帮助企业强化质量意识，还能激发员工参与质量管理的积极性。通过“最差奖大会”，企业可以发现问题、解决问题，并打造一个务实、开放和创新的企业文化。

第三讲　负向激励对管理者也同样适用

在企业管理理论中，激励是一个被广泛讨论的话题。人们普遍认为，正向激励是提高员工绩效和推动企业发展的有效方式。然而，有时候也不能忽视负向激励的作用，特别是对管理者而言。

负向激励是指引入一些负面因素来改变员工的行为。这些因素可能包括降薪、警告、惩罚甚至是解雇。而与正向激励相对的是，负向激励的目的是纠正员工的不良行为，促使其进行自我反省并改进自己的表现，如图 12-10 所示。

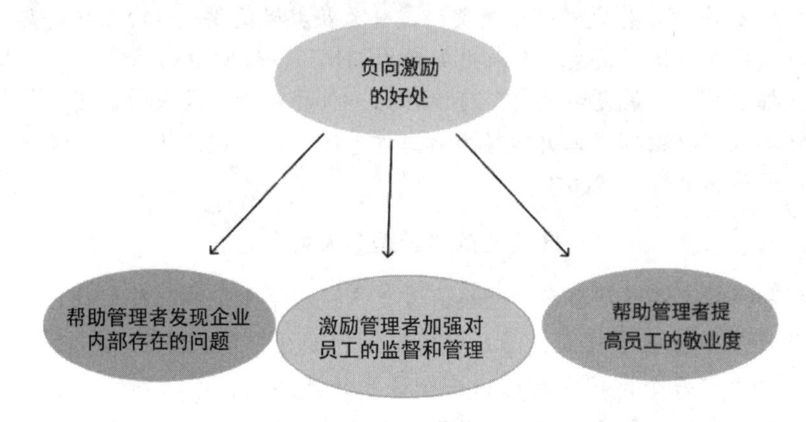

图 12-10　负向激励的好处

首先，负向激励可以帮助管理者发现企业内部存在的问题。当员工出现某些不良行为时，管理者可以采取负向激励措施及时发现这些问题并解决。比如，当一个部门的绩效明显下滑时，管理者可以通过降低相关人员的薪水或调整他们的任务来引起他们的重视，然后找出问题所在并加以解决。

其次，负向激励可以有效地激励管理者加强对员工的监督和管理。不可否认的是，正向激励对员工的工作积极性有着重要作用，但有时候员工也可能会误解或滥用正向激励，导致其工作效率下降。这就需要管理者采取负向激励，向员工发出一个警示信号，让他们明白不当行为将会受到惩罚。通过这种方式，管理者能够更好地规范员工的行为，保障企业的正常运营。

最后，负向激励也可以帮助管理者提高员工的敬业度。有些员工缺乏对工作的紧迫感，他们会出现拖延、消极和不负责任的行为。当这种情况发生时，负向激励可以使员工认真审视自己的行为，并鼓励他们做出积极改变。这也可以促使员工深入思考自己的职业生涯和个人发展，激励他们专心投入工作。

然而，需要明确的是，负向激励并不是解决问题的唯一方式，它应该与正向激励相结合，形成一个全面的激励体系。在实际应用中，管理者则需要根据具体情况和员工个人需求，灵活运用不同种类的激励手段。只有这样，才能更好地激发员工的潜力，增强企业的竞争力。

【案例分享】

某公司的负向激励

某互联网公司的研发团队，由于团队成员在重要项目上出现了严重的失误，导致项目进度大幅滞后，成本增加。为了解决这一问题，公司对研发团队采取了负向激励，具体措施如下。

(1) 批评和自我批评：公司要求团队成员在会议上公开进行自我批评，并对他们的失误进行公开批评。这种做法不仅有助于让团队成员认识到自己的错误，同时也能够激发他们的羞耻感，从而让他们更加努力工作。

(2) 扣减奖金和工资：公司对研发团队的失误进行了相应的惩罚，采取了扣减奖金和工资的措施。这种做法可以让团队成员对自己的错误带来的后果负责，从而激励他们更加努力工作。

(3) 强化责任意识：公司在公开批评和惩罚的同时，也强调了团队成员的责任意识。这可以让团队成员更加明确自己的职责和使命，从而更加专注于工作。

通过上述负向激励措施，该研发团队不仅认识到了自己的错误，还积极采取措施进行改正。在后来的项目中，团队成员表现得更加积极、主动，团队协作也更加默契，整个团队的效率和绩效也都得到了显著提升。

李总的负向激励

近年来，某公司业绩不断下滑，公司决定对内部管理进行改革。新上任的李总经过深入调研，发现主要问题是部门之间的协作不畅。为了解决这个问题，李总制定了一系列新的管理制度和流程，明确规定了各个部门的职责和义务。然而，尽管有明确的制度规定，各部门仍然各自为政，导致项目进度缓慢，客户满意度下降。

李总深感困惑，为什么明确的制度规定无法得到有效执行？在一次员工会议上，他提出了这个问题。一位年轻员工的话令他豁然开朗：“如果做得好也不会有什么奖励，但做得不好就会被批评或惩罚。我们宁愿不做什么，也不愿意冒险被批评或惩罚。”

由此李总意识到，问题可能出在负向激励上。于是，他决定改变一下管理方式。首先，他取消了对协作不佳的部门的批评和惩罚，转而奖励那些积极协作的部门。其次，他加强了对员工行为的引导和鼓励，营造了一种积极、向上的工作氛围。这些措施实施后不久，公司的协作状况就有了明显改善，业绩也随之提升。

总的来说，负向激励对管理者来说同样重要。它可以帮助管理者发现问题，加强对员工的监督和管理，并促使员工提高敬业度。合理使用负向激励，管理者可以更好地引导员工的行为，并推动企业发展。

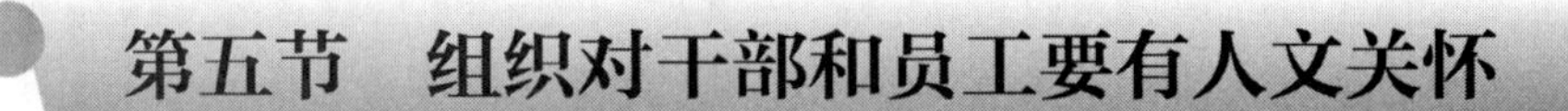

第五节　组织对干部和员工要有人文关怀

在当今竞争激烈的商业环境中，企业要想保持竞争力和实现可持续发展，除了注重提高产品质量、技术创新和市场营销外，也需要给予干部和员工更多的人文关怀。

只有关心干部和员工的职业发展、身心健康、家庭和个人生活及情感需求，企业才能建立一支高效、稳定且积极向上的团队，从而推动企业持续发展和获得成功。

第一讲　真诚且不打折扣的沟通

在当今竞争激烈的商业环境中，企业之间的沟通不仅限于产品和服务的推广，还包括建立良好的合作关系和社会形象，而真诚且不打折扣的沟通成为企业发展不可或缺的一环，如图 12-11 所示。

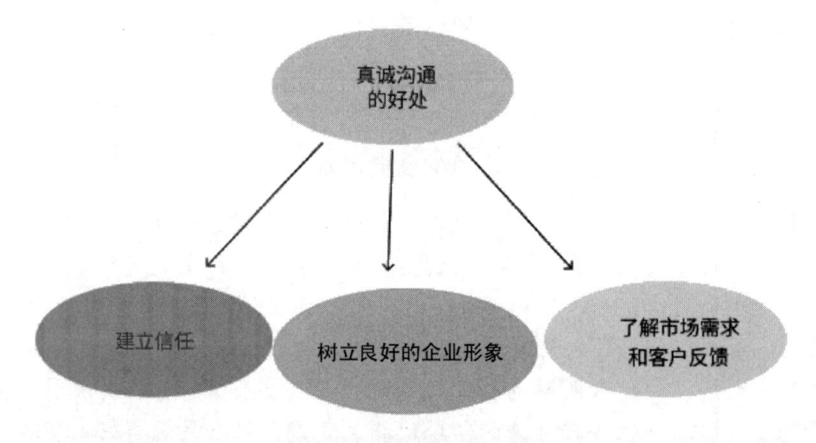

图 12-11　真诚沟通的好处

首先，真诚的沟通能够建立信任。企业要想与客户和合作伙伴建立长期的合作关系，信任是基础。无论是内部沟通还是外部沟通，都需要以真实、坦诚的态度来交流。过度夸大产品的性能或承诺一些无法实现的事情，只会让对方产生误解和不信任感，最终导致合作关系破裂。相反，认真地面对问题，积极寻求解决方案，并及时向对方传递信息，不仅增加彼此的信任，还能带来更好的共赢局面。

其次，真诚的沟通能够树立良好的企业形象。企业的形象是品牌价值的重要组成。一个真诚、透明的企业形象能够吸引更多的关注，并给消费者和合作伙伴留下积极的印象。与消费者进行沟通时，企业应该真实地传递产品信息，真诚地回答消费者提出的问题，避免虚假宣传和误导。与合作伙伴沟通时，企业应该始终保持开放和透明，与对方建立信任和友好的合作关系，增强合作伙伴对企业的认同感和忠诚度。这样一来，企业形象就能获得更多的认可和支持。

最后，真诚的沟通使企业能够更好地了解市场需求和客户反馈。只有真实地与合作伙伴和消费者进行沟通，企业才能更准确地把握市场动向和客户需求，进而找到更好的产品改进和创新方向。与此同时，企业应该积极倾听客户的反馈意见，及时进行调整和改善。这种真诚的反馈机制会增强企业与客户的互动性，提高企业的竞争力。

总之，真诚且不打折扣的沟通在企业的发展中起着重要作用。只有真实、坦诚地与客户和合作伙伴沟通，企业才能够建立信任，树立良好的形象，并更好地了解市场需求。因此，企业在进行各种沟通时，应该始终抱着真诚的态度，注重信息的透明传递，以实现企业可持续发展的目标。

第二讲　协助下属解决各种难题

在现代企业中，一个领导者的领导才能往往体现在他团队的表现上。为了保障团队高效运作，领导者需要学会协助下属解决各种难题。只有共同努力和合作，团队才能克服困难并取得成功。

首先，作为领导者，要懂得挖掘下属的潜力。每个人都有自己独特的才能和优势，领导者的任务就是让下属发挥这些优势，帮助其工作达到最佳状态。通过与下属的交流和观察，可以发现他们在某些领域的潜力。了解他们的技能和兴趣，并将任务分配给合适的员工，可以提升工作的效率和质量。

其次，要建立一个积极和支持性的工作环境。这就需要鼓励下属提出问题并提供解决问题方案的机会。领导者应该创造一个开放的氛围，让下属感到安全而不被批评或指责。与此同时，也要展示领导者愿意提供帮助和支持的态度，鼓励下属互相帮助和分享经验。

再次，在协助下属解决难题时，沟通是至关重要的。领导者应该与下属保持密切的联系，以了解他们的困惑和进展。进行定期的会议和讨论，可以及时解决问题，并给予下属必要的指导和支持。此外，也要确保领导者的指示和期望清晰、明确，避免产生误解和混乱。

最后，领导者应该鼓励下属积极探索解决问题的方法。不同的人有不同的思维方式和解决问题的能力。领导者应该鼓励下属思考创造性的解决方案，并尝试各种可能的途径。通过多样化的思维和方法，可以提高解决问题的效率和成功率。

【案例分享】

下属工作效率低下问题的处理

一位下属的工作效率一直很低，总是无法按时完成任务。领导可以采取以下

措施。

(1) 提供支持和帮助：可以给予下属更多的支持和帮助，如提供培训、指导或合理分配任务。

(2) 分析原因：了解下属工作效率低下的原因，如是否是工作流程不合理、工作量过大或某些个人原因。

(3) 制订改进计划：根据原因分析，制订相应的改进计划，如优化工作流程、调整工作量或提供额外的培训和支持。

下属面临的工作压力问题的处理

一位下属面临着较大的工作压力，经常出现焦虑和情绪波动。领导可以采取以下措施。

(1) 提供支持和鼓励：给予下属支持和鼓励，帮助他缓解压力，让他感到被理解和被支持。

(2) 分析压力来源：了解下属面临工作压力的来源，如是不是因为工作量过大、工作要求过高或与同事或上级的关系问题。

(3) 制订应对计划：根据压力来源，制订相应的应对计划，如调整工作量、提供额外的支持和培训或协助解决人际关系问题。

总而言之，协助下属解决各种难题是一个领导者的重要任务。通过挖掘下属的潜力、建立积极和支持性的工作环境、加强沟通和激励创新等方法，领导者可以帮助团队充分发挥自己的能力，迎接挑战，取得成功。这种团队合作和协作的精神将会成为企业取得长期发展和竞争优势的关键。

第三讲　尊重知识，尊重个性

在一个企业，尊重知识和尊重个性是成功的重要因素。尊重知识意味着认可和珍视员工所拥有的专业知识、技能和经验；而尊重个性则体现了对员工独特性格、思维方式和观点的理解和尊重。对企业来说，尊重知识和尊重个性并不是可有可无的，而是必不可少的，如图 12-12 所示。

首先，尊重知识是企业创造力和创新力的重要源泉。每个员工都是知识的宝库，他们拥有不同的专业背景和技能，只有集思广益，才能够激发团队的创造力和创新力。企业应该为员工提供学习和成长的机会，鼓励他们不断提升自我，并充分利用员工所具备的知识优势，以实现持续创新和发展。

其次，尊重个性是构建和谐工作环境的基石。每个人都是独一无二的，有着各自不同的价值观、兴趣爱好和工作风格。企业应该尊重员工的个性差异，给他们提供展示自我的机会和空间。员工在获得尊重的同时，也会愿意为企业奉献更多的努力和创造力。只有建立一个充分尊重个性的工作环境，才能够激发员工的潜能和激情，最终实现个人与企业的共同成长。

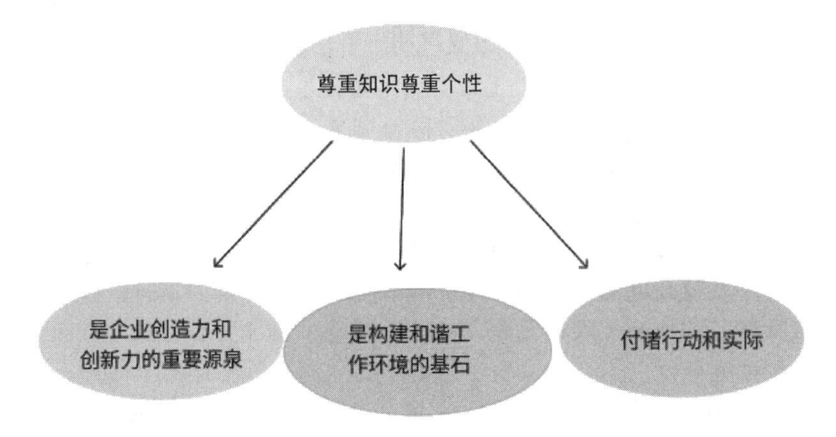

图 12-12　尊重知识，尊重个性

最后尊重知识和尊重个性不仅仅是言辞上的赞美和肯定，更需要付诸行动和实际。例如，企业可以通过培训和专业发展计划提高员工的知识水平；鼓励员工提出自己的想法和建议，营造开放和包容的工作氛围。另外，企业还可以实施适当的奖励制度，以激励员工积极学习和创新，并认可他们的个性和贡献。

【案例分享】

汇丰集团对知识的尊重

汇丰集团是一家全球知名的金融服务集团，一直以来，他们深知知识的重要性。因此，汇丰集团始终坚持尊重知识，尊重个性，将员工的知识和才能视为企业最宝贵的财富。

在汇丰集团，每个员工都是独一无二的个体。他们每个人都有自己的知识、技能和个性，这些都是他们为企业做出贡献的支撑。汇丰集团的人力资源政策旨在激发每个人的潜能，让他们能够充分发挥自己的才能。

比如，有一位年轻的程序员，他非常擅长编程，但并不擅长人际交往。而在汇丰集团，他得到了充分的尊重和支持。他的上级领导认识到他的编程技能对企业非常重要，因此特意为他提供了更多的技术培训和发展机会。这不仅让他感到被尊重，也极大地提高了他的工作积极性和效率。

此外，汇丰集团还积极促进员工个性发展。他们鼓励员工展示自己的个性，创建开放的工作环境，让员工能够自由地表达自己的观点和想法。这种尊重个性的文化，让汇丰集团吸引了大量有个性、有才华的人才。

通过尊重知识，尊重个性，汇丰集团建立了一支强大的人才团队，为企业的持续发展提供源源不断的动力。这不仅提高了企业的竞争力，也增强了企业的社会影响力。

H公司尊重知识的行动

H公司是一家科技型公司，员工多为硕士及以上学历的高素质人才。公司领导深知，要想在激烈的市场竞争中脱颖而出，就必须充分发挥每个员工的专业特长和个性优势。因此，H公司在管理过程中充分尊重知识，尊重个性，打造了一个鼓励创新、包容多元文化的工作环境。

首先，H公司尊重知识，实行扁平化管理，鼓励员工根据专业背景和工作经验提出自己的见解。在项目决策中，领导充分听取员工意见，共同商讨最佳方案。这种管理模式不仅激发了员工的主人翁意识，而且每位员工都能为公司的发展出谋划策，提高了企业的整体竞争力。

其次，H公司尊重个性，鼓励员工发挥自身优势，打造多元化的团队。在人员配置方面，公司根据员工的专业特长和个性特点，为员工安排合适的工作岗位，使每个员工的优势都能得到充分发挥。这种用人策略不仅提高了员工的工作满意度，还有助于营造一个多元、包容的文化氛围。

然而，尊重知识和尊重个性并非一蹴而就的，需要企业付出持续的努力。例如，有些员工可能对此持有不同的意见，认为这种管理方式会导致工作氛围过于宽松，影响工作效率。针对这些问题，公司领导通过沟通和解释，帮助员工理解了这种管理方式的意义和价值，从而达成共识。

事实证明，尊重知识和尊重个性的管理方式取得了显著的成效。H公司的业务取得了长足的发展，人才流失率也远低于行业平均水平。更重要的是，员工在工作中展现出了极高的创造力和创新精神，为企业创造了丰厚的价值。

总之，尊重知识和尊重个性是企业取得成功的重要因素。企业应该意识到每个员工都是一个宝藏，他们所拥有的知识和个性都是企业发展的核心竞争力。只有在尊重知识和尊重个性的基础上，才能够创建和谐的工作环境，并实现个人和企业共同成长和发展。

第六节　开展各类活动，丰富组织生活

在现代企业，为了增强员工的凝聚力和情感共鸣，提高工作效率和团队合作能力，开展各类活动是一种常见的做法。这些活动不仅能给员工带来身心上的放松，也是增进员工之间相互了解和信任的好机会。通过丰富组织生活，企业可以提升整体的工作氛围和企业文化，进而促进员工个人发展和公司的长远发展。

第一讲　组织家属随行，感受亲情文化

在现代社会，工作已成为人们生活最重要的一部分。然而，由于工作的繁忙和压力，家庭成员之间的沟通和联系变得越来越少。为了弥补这种缺失，许多企业开始组织家属随行，让员工的家人与他们共同体验工作环境，感受亲情文化，如图 12-13 所示。

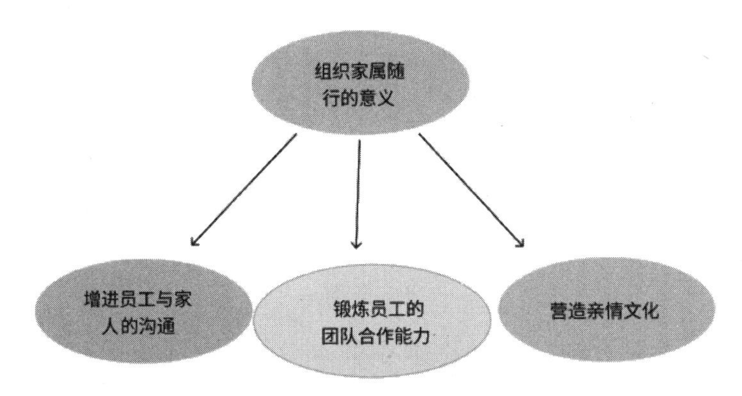

图 12-13　组织家属随行的意义

首先，组织家属随行可以增进员工与家人的沟通。在忙碌的日常工作中，员工一般没有足够的时间陪伴家人。而当家人和员工一同参观公司、了解工作内容时，他们就会更加理解员工的工作状况，并能够更好地沟通交流。通过这种方式，企业不仅拉近了员工与家人之间的关系，也增强了员工对家庭的归属感。

其次，组织家属随行还有助于锻炼员工的团队合作能力。在工作中，团队合作是非常重要的一个要素。当家属与员工在同一个团队工作时，员工需要更加注重与家人的配合、协作。通过面对困难和解决问题，员工和家人能够更好地互相支持和帮助，从而提升团队合作的能力。

最后，组织家属随行也有助于营造亲情文化。许多企业都强调“家庭氛围”，鼓励员工将公司视作他们的第二个家。当员工的家人积极参与到企业的生活中时，他们会感受到企业的关怀和重视。这种关怀不仅表现在企业为家属提供的福利待遇上，也反映在企业文化和价值观的传播上。组织家属随行活动，可以加强员工对企业的认同并激发员工的归属感。

总的来说，企业组织家属随行一方面提高了员工的福利，另一方面促进了企业文化的发展。它不仅有助于增进员工与家人的沟通和联系，也可以提升员工的团队合作能力，并且营造一种亲情文化。通过这种方式，企业可以营造积极向上的团队氛围，提高员工的工作满意度和忠诚度，从而推动企业持续发展。

第二讲 开展有意义的纪念活动

随着社会的发展和进步，纪念活动逐渐受到人们的重视与关注。作为一种有意义的活动，纪念活动不仅可以让人们对历史事件或伟人有深入了解，还能促进情感交流、增强凝聚力，对企业更是可以起到宣传和品牌建设的作用。因此，开展有意义的纪念活动既符合企业的目标，又能带来长远的影响，如图 12-14 所示。

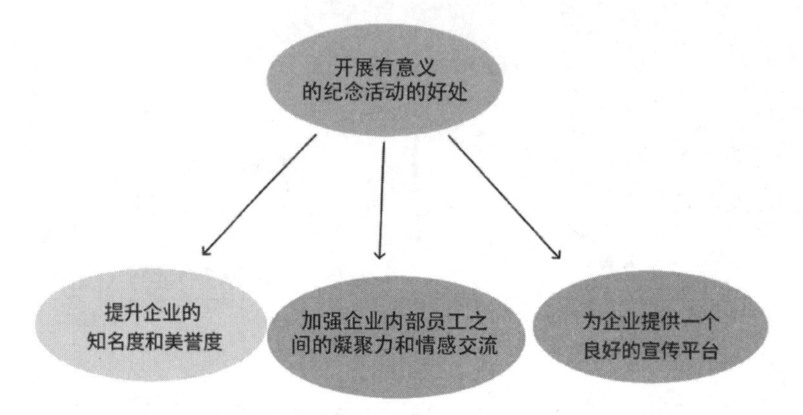

图 12-14 开展有意义的纪念活动的好处

首先，开展有意义的纪念活动可以提升企业的知名度和美誉度。对重大历史事件或企业创始人等进行纪念，企业可以向外界展示自己对历史文化的尊重和对社会责任的认识。这样能够让企业在公众心中形成良好的形象，提高其知名度和美誉度，进而吸引更多的客户和合作伙伴。

例如，某企业在创立 30 周年之际，开展了一场以创始人为主题的纪念活动，通过展厅展示和座谈会等形式，让公众对该企业的发展历程和理念有了进一步了解，进而提升了企业的品牌认知度和市场竞争力。

其次，开展有意义的纪念活动还能加强企业内部员工之间的凝聚力和情感交流。企业作为一个大家庭，员工的团结和凝聚力对企业的发展至关重要。开展有意义的纪念活动，可以让员工更好地理解企业的历史、文化和价值观念，增强彼此之间的认同感和凝聚力。

例如，某企业在每年的创业纪念日举办一场全员参与的主题活动，通过比赛、合唱等形式，让员工相互交流、分享经验，进一步加强团队合作精神和上、下级之间的沟通。

最后，开展有意义的纪念活动可以为企业提供一个良好的宣传平台，让企业的核心价值观得以传播。通过纪念活动，企业可以将自己的企业文化融入其中，让公众更加了解企业的核心价值观和社会责任。

例如，某企业在国际女性节举办了一场座谈会，邀请了多位行业女性领军人物进行分享与交流，向外界展示了企业对女性权益和平等的重视，进而提升了企业在社会上的形象和声誉。

综上所述，开展有意义的纪念活动对企业是十分重要的。这不仅可以提升企业的知名度和美誉度，还能够加强员工之间的凝聚力和情感交流，并为企业提供一个宣传自身核心价值观的平台。因此，在日常经营过程中，企业应该积极地关注和参与各种有意义的纪念活动，从而实现企业的可持续发展和品牌建设目标。

第三讲　从艰苦的环境中找到快乐

在现代竞争激烈的商业社会，企业经常面临许多压力和困境。然而，一些企业却能够在艰苦的环境中找到快乐，用积极的态度和灵活的思维方式克服困难。这些企业之所以能够从艰苦的环境中获得快乐，是因为它们拥有以下几个关键因素。

首先，这些企业具备积极的企业文化和价值观。他们鼓励员工相互支持、合作和信任，并将快乐视为企业的重要价值。在这些企业内部，员工被视为企业最宝贵的资产，而不仅仅是工作的执行机器。这种文化使员工能够体验到工作的乐趣，同时也能够在压力下保持积极的心态。

其次，这些企业注重员工的发展和培训。他们认识到员工的个人成长对于企业的成功至关重要。因此，企业提供各种培训和发展机会，帮助员工提升自己的技能和知识水平。这不仅能够为员工提供充实和有意义的工作经验，也能为企业创造更好的业绩。

再次，这些企业重视员工的工作生活平衡。他们鼓励员工保持健康的生活方式，提供灵活的工作时间和福利措施。这种对员工福祉的关注使员工能够在压力下保持良好的身心状态，并更加积极地应对困难和挑战。

最后，这些企业善于创造积极的工作氛围。他们鼓励员工分享并庆祝成功，同时也能接受失败并从中吸取经验、教训。这样的工作环境可以增强员工的凝聚力和忠诚度，使他们更愿意为企业付出更多的努力。

【案例分享】

Mimir 的艰苦环境

位于非洲撒哈拉以南马里的一家小型企业，面临着极度艰苦的环境和各种挑战。这家企业叫“Mimir”。Mimir 生产有机肥料，旨在帮助当地农业恢复土地肥力，提高农作物产量。然而，他们面临的问题远不止这些。

首先，他们必须面对极端的气候条件。在马里，一年四季都炎热且干燥，这种气候给生产和物流带来了极大的困难。其次，基础设施落后，缺乏必要的设备和技术，也是他们需要克服的一个难题。最后，当地的经济环境也不容乐观，货币贬值、物价飞涨等问题使企业的运营更加艰难。

然而，Mimir 的团队并没有被这些困难和挑战击倒。他们坚信，只要坚持下去，一定能找到解决的办法。面对炎热的气候条件，他们选择了在清晨进行生产，以避免在烈日下工作。对于基础设施和技术的缺乏，他们选择了自主研发和改造设备，以此提高效率和降低成本。与此同时，他们还积极与当地的农民合作，提供技术指导，以帮助他们提高农作物的产量。

在这个过程中，Mimir 的员工找到了属于他们的快乐。他们觉得，能够帮助当地农民改善生活，是他们工作的最大价值。他们的坚韧和乐观精神也赢得了社会的广泛赞誉。

“挑战者”的快乐

“挑战者”是一家在建筑行业的初创公司。该公司的创始人是一位有着丰富经验的设计师，他深知在建筑行业取得成功需要付出艰苦的努力。创业初期，由于资金短缺，团队必须在非常艰难的环境下工作。因此，他们常常需要在繁忙的工作日程中挤出时间寻找新的业务机会，同时还要应对不断出现的技术难题。

然而，尽管环境艰苦，团队还是找到了快乐。他们开始欣赏并利用创新思维去解决他们之前可能从未遇到过的问题。他们发现，正是这些挑战使他们不断地前进，获得了更大的成长。

在艰难的工作过程中，团队成员之间的关系也变得更加紧密了。他们开始在业余时间一起出去聚餐，或者一起参与其他活动，这进一步增强了他们的团队精神。他们学会了相互支持，相互鼓励，这在艰难的环境中尤为重要。

在这个过程中，团队成员开始找到一种满足感，那就是看到他们的努力正在转化为实际的成果。他们的设计被选中，他们的建议被采纳，这都给他们带来了巨大的快乐。这种满足感与他们的工作环境无关，而是来自他们所取得的成就。

最终，挑战者公司因其创新的设计和优质的服务而在建筑行业取得成功。他们的故事证明了，即使在艰苦的环境中，也可以找到快乐。对他们来说，快乐不仅来自物质的成功，还来自克服困难和实现目标的过程。

总之，企业要从艰苦的环境中找到快乐，就需要具备积极的企业文化和价值观，注重员工的发展和培训，重视员工的工作生活平衡，并创造积极的工作氛围。只有这样，企业才能在压力和困境中找到工作的快乐，并取得长期的成功。

第七节 答疑解惑

经过本章一系列知识的学习，相信很多人仍存在一些疑惑，下面以简单的示例对这些问题进行介绍。

第一讲 以例说“法”

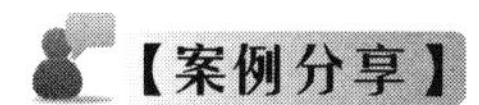

某公司的人力精神激励

某知名多元化企业，业务涉及多个领域，员工具有不同的文化背景和专业技能。近年来，该公司为了更好地适应市场需求和满足发展需要，着力推进企业内部管理的改革与创新，尤其是在人力精神激励方面进行了积极的探索与实践。

该企业在人力精神激励方面采取了多种措施，其中最重要的就是建立了一套科学、合理的评价体系。该体系以员工的工作表现、创新能力、团队协作等为主要评价指标，并为员工提供了一个公平、客观的评估标准。与此同时，企业还实行了多样化的奖励机制，如红包奖励、荣誉证书、晋升机会等，以激发员工的工作积极性和创造力。此外，企业还注重员工的培训与发展，为员工提供了各种培训机会和晋升渠道，促进了员工的成长与进步。

这些人力精神激励措施对企业的发展产生了积极的影响。首先，员工的工作积极性和创造力得到了有效激发，为企业创造了许多优秀成果和业绩。其次，企业的凝聚力和向心力都得到了显著提升，员工之间的合作与协调也更加顺畅，有效地推动了企业发展。最后，企业的声誉和形象也得到了提高，为企业的长期发展奠定了坚实的基础。

A 公司的员工激励

A 公司在 2003 年首次进入《财富》世界 500 强前 100 名，以年营业收入 650 亿美元位列百强。A 公司的崛起固然与国家经济社会发展的大好形势有关，此外也与 A 公司自身的人力资源管理，特别是员工激励的作用密不可分。

1. 卓有成效的物质激励

A 公司对员工的物质激励在全国已经非常出名了。简而言之，公司愿意并敢于给予丰富的薪酬。哪怕负债累累、资金紧张的情况下，A 公司仍提供高于行业平均水平的薪酬待遇，并且执行每年平均超过 10%的工资薪酬提升。特别值得一提的是，A 公司大胆实施的股权激励政策，公司的董事长仅仅持有公司 1.4%的股权，其余股权由8.4 万名 A 公司员工持有。员工持股是对员工长期激励的有效办法，员工与 A 公司之间的关系由雇佣关系变为合作伙伴关系，使公司的效益与每位员工的薪酬密切相关。据报道，2015 年 A 公司用于支付员工工资和奖金的数额达 148.5 亿美元，占 A 公司当年收入额的 23.6%，而同行业的平均水平仅为 12%。

与此同时，A 公司采用同贡献、同报酬的薪酬分配体系，最大限度地激发员工潜能。该体系的核心在于按照员工对 A 公司的贡献度大小，而不是职位等级划分薪酬。与此同时，这一体系还打破了工龄工资的限制，鼓励新员工多努力，多做贡献，这有利于保持 A 公司员工的工作积极性。

2. 鼓励创新的精神激励

在 A 公司中，技术研发工程师占公司员工的 1/2，而企业研发是一项高投入、高风险的业务。为了最大化激励员工研发热情和研发创造力，A 公司坚持将不低于年收入 10%的资金用于高精尖领域的研发，今后 30 年内这一个比例还将继续增长到20%。同时为了避免因为研发失败的风险打击工程师研发热情和研发创造力，A 公司规定，拥有基础科学研究的 30%研发投入中，允许 50%的失败率，也就是说，在研发项目论证中，只要有一半机会是可以成功的，这一项目就可以继续开展下去。这实际上是对员工自主性的保护。此外，在精神激励方面，A 公司的奖励丰富多样，荣誉部门专门负责对员工进行考核、评奖。

在 A 公司，只要员工在某个方面取得了一定的进步就有机会获得相应的奖励和荣誉。A 公司专门为此成立了荣誉部，专门负责对员工进行考核、评奖，目的是挑选创新榜样。金牌奖是奖励为公司持续商业成功做出重大和突出贡献的团队和个人，是公司授予员工的最高荣誉。金牌奖每年年末评选一次，获奖代表可以获得与公司高层合影的机会。重大、及时的荣誉激励是为了奖励在公司发展的特殊节点做出突出贡献、表现出色的团队和个人。A 公司的荣誉奖有两个特点。一是获奖面广、获奖人数多，所以员工甚至会在不知不觉中得知自己获得了公司的某种奖励。二是只要员工有自己的特点，工作有自己的业绩，员工就能得到荣誉奖，包括新员工进步奖、项目完成奖等。

A 公司还借鉴了 AT&T 和贝尔实验室的模式，依靠知识型员工对自由工作的本能渴望发展科学研究工作，这已经成为 A 公司事业成功的重要保障。事实证明，鼓励创新的员工激励制度，为 A 公司吸引、培养和挽留了一大批优秀的科技和管理人才，形成了 A 公司丰富的人力资源储备。

3. 刚柔并济的文化激励

作为一家民族企业，A 公司很好地吸收了中国传统文化的精华，同时积极借鉴国外著名企业的现代管理经验，在结合 A 公司企业家创业思维的基础上产生 A 公司自己的管理理念、管理思想和管理文化。A 公司的核心文化有两种。一种是作为 A 公司企业文化之魂的“狼”文化，其核心是互助、团结协作、集体奋斗，这是A公司文化之魂。这一文化包含多个内容：对于专业领域敏锐的嗅觉，对于事业不屈不挠、永不疲倦的进取精神，对于企业群策群力的团队精神。实事求是地讲，A公司的“狼”文化适合大部分年轻人，特别是青年大学生。因为A公司能够提供的不仅有高薪，还有一个可以充分展现、发挥自我的大舞台。这种文化氛围的激励是对人自我实现需要的满足，也是A公司的目标与员工个人目标达成一致的契合点，实际上是一种双赢的结果。

另一种是“家”的氛围，A公司一直强调企业就是家的理念，让员工感觉在为家服务。A公司成立了各种俱乐部，旨在丰富员工的生活，提升员工生活的品质。俱乐部为A公司员工提供了互相交流的机会，有利于增进同事关系，满足了员工的社会需求和归属需求。

A公司的激励体系和制度，既满足了员工基本的物质需求，也满足了员工精神需求和文化需求。应该说，A公司在多个层面上满足了员工的需求。马斯洛需求层次理论的不同层次需求在A公司的人力资源管理过程中基本上都可以给予关注和满足。员工持股满足了员工生理需求和安全需求，体面工作的提供和可观的经济收入保障了员工社会需求的满足，宽松的科学研究工作环境保障了尊重需求的满足，“狼”文化的理念和“家”氛围的营造有利于员工自我实现需求的最大化满足。

总的来说，多元化的企业人力精神激励是企业发展的重要保障，而建立科学、合理的评价体系和多样化的奖励机制，关注员工的培训与发展，是实现人力精神激励的关键。与此同时，企业还应该根据自身实际情况，因地制宜地制定符合自身特点的激励措施，以不断提升企业的核心竞争力。

第二讲 总结与思考

多元化不仅指企业涉足不同的业务领域，也包括在人力资源的多样性上有所作为。这包括性别、年龄、种族、文化背景、工作经验和技能等多方面的多样性。这种多元性可以为组织带来更广泛的思想、创新和视角，从而提高组织的竞争力。

然而，多元化的实施并非一帆风顺。在多元化的团队中，往往存在不同的工作方式、价值观和沟通风格，这给团队管理和精神激励带来了挑战。例如，年轻的员工可能更注重自我实现和成长，而年长的员工可能更看重组织的稳定性和受到尊重。这种差异需要管理者具有敏锐的洞察力和灵活的应对策略。

本章主要讲授了利用荣誉感激发员工更大的责任感，包括集体荣誉感与个人荣誉感的关系、奋斗的意义和途径；对英雄要敢于表彰；要让员工在欣赏和宽容中不断成长。另外，还介绍了如何利用负向的激励手段激发员工的斗志；对组织对干部和员工也要有人文关怀方面也进行了适当的介绍，让企业明白了只有真诚的沟通，帮助下属解决难题，才能推动企业持续发展。

第十三章

企业用机会牵引和激活人才

机会是企业牵引和激活人才的关键因素之一。在竞争激烈的商界，企业要想留住优秀人才，就必须为他们提供发展机会。这些机会不仅可以满足员工的成长需求，提高他们的工作动力和凝聚力，还能够为企业的发展提供源源不断的人才支持。因此，企业应该重视机会的营造和提供，建立一个良好的人才培养和发展体系，以不断提升自身的竞争力。

第一节　给机会、给通道，牵引人才发展

人才是企业发展的核心竞争力。为了拥有更多的创新和竞争优势，企业需要优秀的人才来实现发展的目标。然而，优秀的人才并不是那么容易得到的，他们需要被识别、培养和发展。

给予人才发展机会、建立良好的沟通渠道及培养和吸引人才，企业能够不断提高自身的竞争力和创新能力，最终实现可持续发展的目标。只有注重人才的发展和利用，企业才能在激烈的市场竞争中立于不败之地。

第一讲　机会牵引人才，让人才脱颖而出

众所周知，人才是企业最宝贵的资源，机会则是让人才脱颖而出的重要因素之一。在竞争激烈的商业环境中，企业要创造有利条件和提供机会来吸引和留住顶尖人才。

机会是一种能够引导、支持和激发人才潜力的力量。首先，企业可以通过培训和学习来帮助员工不断提升知识和技能水平。这种机会可以是内部培训课程、专业认证或外部学习机会，如参加工作坊、研讨会和行业会议。通过这些机会，员工可以不断学习和发展，成为行业的专家和领导者。

其次，企业可以通过项目和挑战性工作为人才提供发展空间。当人才面临挑战时，他们会通过解决问题和实现目标来展示他们的才华和能力。这些机会可以是跨部门合作项目、领导或参与团队创新项目。通过这样的机会，员工可以展示自己的能力，积累工作经验，提升职业素养。

最后，企业还可以为员工提供晋升和职业发展机会。员工在企业获得晋升的机会，这不仅可以肯定他们的努力和成就，还可以激励其他员工朝着同样的方向努力。与此同时，企业也应该为员工提供职业规划和咨询，帮助他们制定个人发展目标，并提供相应的培训和指导。

除了上述措施，企业还可以提供丰厚的薪资福利、良好的工作环境和平等的就业机会等，以吸引和留住人才。企业可以根据员工的业绩和贡献给予适当的薪资激励，并提供灵活的工作时间和福利待遇，如健康保险、年假和培训补贴等。此外，企业还可以打造一个公平和包容的文化，为员工提供平等的晋升和职业发展机会。

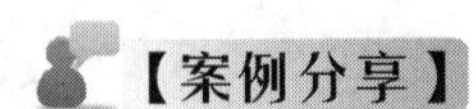

【案例分享】

李某的表现

李某是一名大学毕业生，在校期间他就展现出了卓越的计算机技能和编程能力。毕业后，他进入了一家大型科技公司工作。在公司，李某一直努力工作，不断学习新技能和知识。然而，受公司的规模和层级结构所限，他很难有更多的机会发挥自己的潜力。

直到有一天，公司启动了一个全新的项目，需要组建一支高效的开发团队。李某看到这个机会后，决定向公司领导展示自己的能力和才华。他利用自己的技能和知识，开发出了一个独特的解决方案。这个方案不仅极大提高了公司的工作效率，同时也为公司节省了大量的成本。

李某的表现引起了公司同事和领导的极大关注。公司领导看到了他的潜力和价值，决定给他更多的机会来发挥自己的才能。李某得到了更多的资源和支持，开始了自己的项目，并成功地为公司带来了巨大的收益。

小张的成功

H公司成立初期，创始人就制定了一条规定：每个员工都有机会参与公司的项目，每个项目都是一个机会。只要员工有足够的才能和决心，就可以抓住机会，展现自己的才华。

不久，机会就来了。公司接到了一个大项目，需要一个有创新思维的人才来领导。这个项目对公司的未来发展至关重要，公司所有员工都对此充满了热情和期待。

公司的一位年轻员工小张，一直默默无闻地工作，他对这个项目充满了兴趣和信心。他决定抓住这个机会，展示自己的才华。

小张花费了大量时间和精力，研究项目的细节和市场状况。他不断思考、尝试、失败、再思考。他把自己的想法和同事分享，虚心接受批评和建议。

最终，小张成功地制定了一个创新的方案，得到了公司领导的高度认可。他的方案不仅成功地完成了项目，还为公司带来了额外的收益。

总之，机会是企业吸引人才、激发创造力和实现持续发展的关键。提供培训、挑战性工作、晋升和职业发展机会等，都有利于员工的个人成长和发展，同时也为企业创造了一支充满活力和高效的工作团队。只有给予人才机会，他们才能脱颖而出，为企业创造更大的价值。

第二讲 “三优先三鼓励”政策

近年来，我国政府积极推行“三优先三鼓励”政策，旨在促进企业创新发展，提

升市场竞争力。本讲将详细介绍这一政策对企业的影响与帮助。

1. 优先发展实体经济——提升企业价值

1)　瞄准实体经济，企业获得更强的支持

随着“三优先三鼓励”政策的实施，我国政府开始高度重视实体经济的发展，不断完善相关措施和政策。这些支持政策将有助于企业在市场上取得更大突破，提升品牌价值和市场份额，如图 13-1 所示。

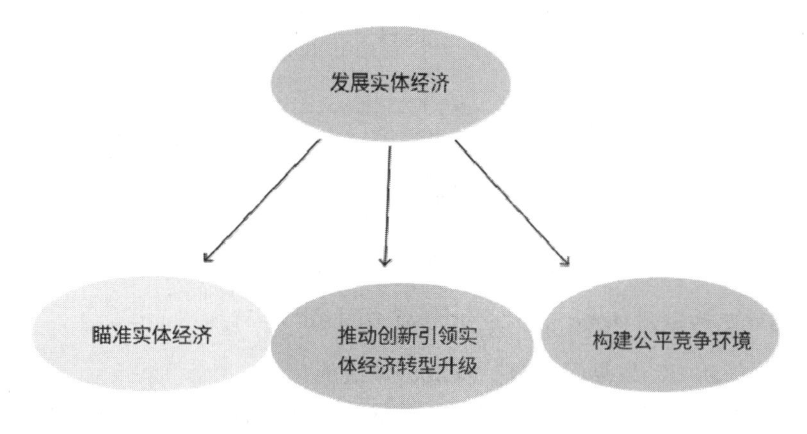

图 13-1　发展实体经济的要素

2)　推动创新引领实体经济转型升级

政府积极鼓励企业加大创新力度，促进实体经济的转型升级。加强知识产权保护，提供财税优惠等措施，激发企业的创新活力，促进技术进步和产业升级。

3)　构建公平竞争环境，激发企业活力

政府致力于构建公平竞争的市场环境，并为企业提供更加公正的竞争机会。这样的环境将激发企业的创造力、创新能力，推动市场更加健康有序地发展。

2. 优先保障中小微企业——培育新的经济增长点(见图 13-2)

1)　关注中小微企业，促进就业增长

政府在实施“三优先三鼓励”政策时，特别关注中小微企业的发展。通过减税降费、简化审批流程等措施，为中小微企业提供良好的经营环境，增加就业机会，扩大经济规模。

2)　金融支持中小微企业，优化融资服务

政府加大对中小微企业的金融支持力度，优化融资服务，降低融资成本。这不仅可以帮助中小微企业解决融资难题，还可以增强企业发展的可持续性和竞争力。

3)　加强规范管理，提高中小企业发展质量

政府积极加强对中小微企业的规范管理，促进其提升发展质量。加大资金、技

术、人才等方面的支持力度，帮助中小微企业实现良性循环发展，使其成为经济结构调整的重要力量。

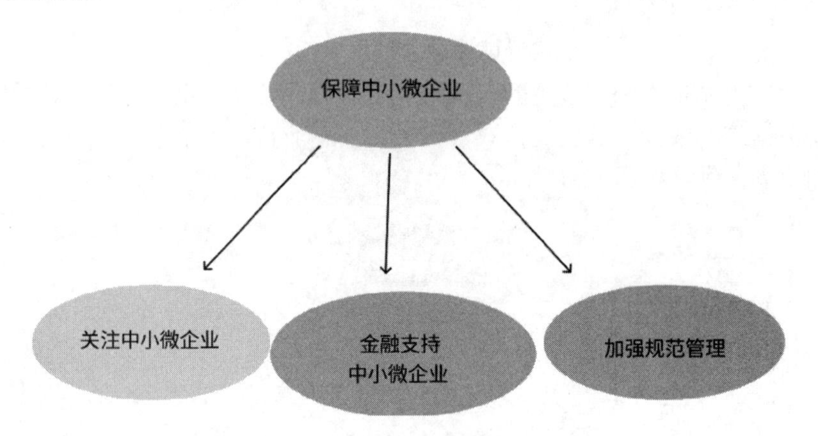

图 13-2　保障中小微企业的要素

3. 优先保护知识产权——提升企业创新力(见图 13-3)

1)　打造创新驱动发展示范区，释放创新潜能

我国政府致力于建设创新驱动发展示范区，为企业提供了丰富的创新资源和有力的政策支持，以进一步释放企业的创新潜能。这将推动科技创新与经济发展相互促进，实现创新发展的“加速度”。

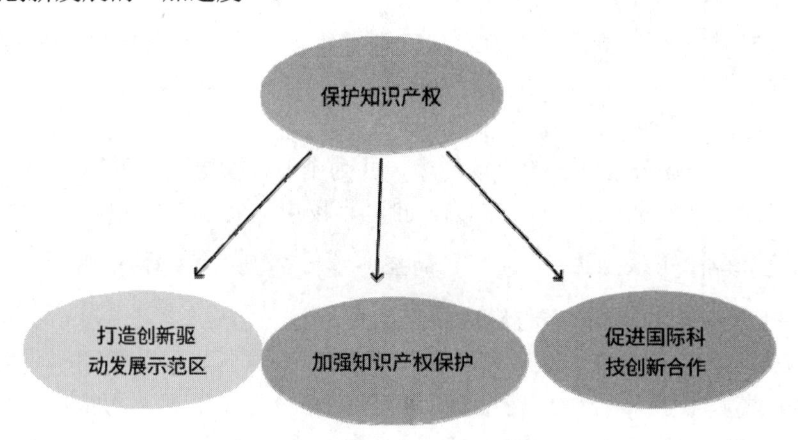

图 13-3　保护知识产权的要素

2)　加强知识产权保护，维护企业合法权益

政府高度重视知识产权保护，加大执法力度，提高违法成本，以更好地维护企业的合法权益。这不仅有助于激发企业的创新活力，也提升了企业在市场竞争中的地位和信誉。

3)　促进国际科技创新合作，拓展企业发展空间

政府鼓励企业积极参与国际科技创新合作，以拓展企业的发展空间。通过开展技术交流、合作研发等活动，加强企业之间的相互学习和合作，提升企业的全球竞争力。

4. 三鼓励

三鼓励包括以下内容。

(1)　鼓励企业拓展国际市场：通过出口退税、国际市场开发资助等政策，激励企业走出国门，参与国际竞争。

(2)　鼓励企业产学研合作：建立企业与高校、研究机构的合作机制，促进科技成果的转化和应用。

(3)　鼓励企业履行社会责任：通过政策引导和激励措施，鼓励企业在追求经济效益的同时，注重社会责任和可持续发展。

“三优先三鼓励”政策的实施为企业提供了更广阔的发展空间，提升了企业的核心竞争力和创新动力。企业应充分利用政策红利，不断加强自身建设，积极参与市场竞争，在不断的挑战中取得可持续发展的良好成绩。

第三讲　“炸开”金字塔塔尖，让人才辈出

在如今竞争激烈的商业环境中，每个企业都渴望拥有一支优秀的团队。然而，如何培养更多的人才，让企业“炸开”金字塔塔尖，在市场中脱颖而出呢？下面，来探讨一些方法，如图 13-4 所示。

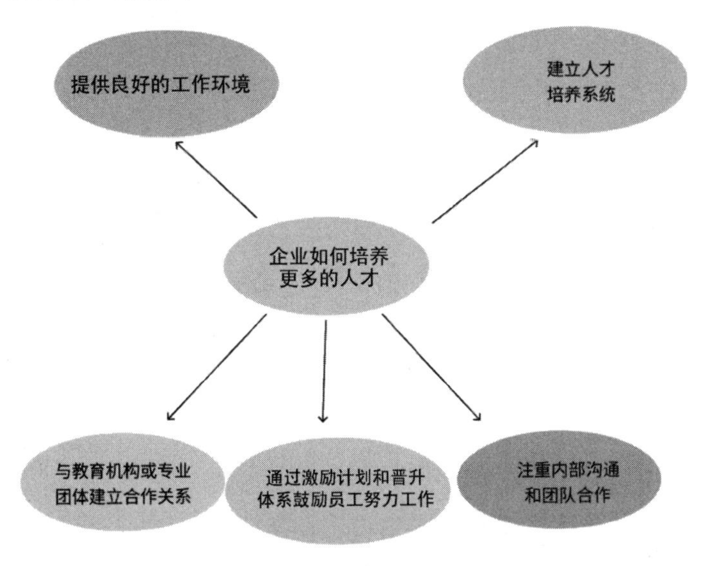

图 13-4　企业如何培养更多的人才

首先，为了吸引和留住人才，企业需要提供一个良好的工作环境。这包括提供具有竞争力的薪酬和福利，创造一个积极和互相尊重的公司文化，以及为员工提供晋升和发展的机会。只有员工感受到企业对他们的关心和重视，他们才会愿意为企业付出努力。

其次，企业需要建立一个人才培养系统。这个系统应包括对新员工的培训和导师系统，帮助新员工更快地适应和融入新环境，并熟悉和掌握所需的专业知识和技能。另外，企业还可以为员工提供培训和继续教育的机会，让员工不断学习和成长，以应对不断变化的商业环境。

再次，企业也可以与教育机构或专业团体建立合作关系。与高校、职业培训机构或行业协会等合作，企业可以获取更多的人才资源。这种合作包括与教育机构共同开展课程或项目，提供实习和就业机会，以及共享知识和资源。通过合作，企业可以更早地发掘潜在的人才，并为他们提供更好的发展机会。

复次，企业还可以通过激励计划和晋升体系鼓励员工努力工作。这些激励措施可以是基于绩效的奖金制度，可以是提供晋升机会和更多的责任。激励措施可以激发员工的动力，促使他们更加努力工作，并为企业创造更多的价值。

最后，企业要注重内部沟通和团队合作。一个良好的内部沟通系统可以让员工更好地了解企业的目标和战略，以及工作进展。与此同时，鼓励团队合作可以帮助员工更好地合作和协调，共同完成困难的任务。通过有效的沟通和团队合作，企业可以激发员工的创造力和潜力，并创造更好的业绩。

总的来说，要让企业“炸开”金字塔塔尖，培养更多的人才，企业需要提供良好的工作环境，建立人才培养系统，与教育机构或专业团体合作，通过激励计划和晋升体系鼓励员工努力工作，以及注重内部沟通和团队合作。这些措施将有助于吸引、发展和留住更多的人才，为企业的长期发展奠定坚实的基础。

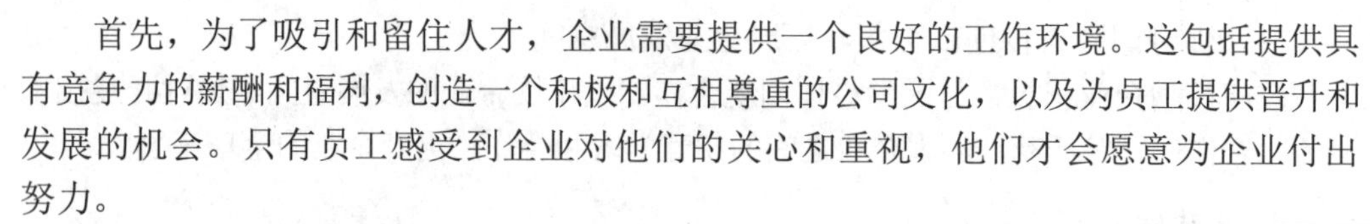

第二节　融入公司，与公司共同成长

企业的发展离不开每一位员工的努力和付出。员工能够真正融入公司，并与公司共同成长，通过积极的态度、良好的团队合作、不断的学习和自我提升、发现和解决问题及积极参与和贡献，不仅可以实现个人的职业发展，还能够为企业的发展做出更大的贡献。只有员工与企业相互支持、相互成就，才能共同创造更加美好的未来。

第一讲　融小我于大我，适应公司管理变革

随着时代的发展和竞争的加剧，企业管理也在不断变革。在新的管理模式中，将

个体的小我融入整体的大我，已经成为企业成功的关键之一。这种管理理念的核心是基于共同目标、团队合作和个人奉献。

在现代企业里，每个员工都是一个小我，拥有独特的个性和能力。然而，单纯依赖个人的能力是很难在激烈的市场竞争中脱颖而出的。因此，企业要将每个小我的力量整合到大我中。拥有统一的目标和价值观，员工可以更好地协同工作，共同追求企业的发展目标。

融小我于大我不仅仅是简单的资源整合，更重要的是培养员工间的合作意识和团队精神。只有当每个员工都认识到自己的成长和成功与整个团队密不可分时，才能够在工作中真正发挥自己的潜力。因此，企业管理变革的一个重要环节就是增强员工的团队合作意识，并通过培训和激励机制来激发他们的工作积极性和创造力。

在适应管理变革的过程中，企业也要为员工提供更多的学习和成长机会。随着科技的不断进步，知识的更新速度也越来越快，员工只有不断学习和提升自己的能力才能适应新的挑战。因此，企业应该建立完善的培训体系，并为员工提供学习和成长的平台，帮助他们不断提升自身的价值和竞争力。

企业管理变革是一个全员参与的过程，这需要每个员工的理解和支持。因此，企业领导者需要与员工进行沟通和协调，共同制定变革的方向和目标。并且，在变革的过程中，领导者要以身作则，成为员工的榜样和引领者，为员工树立正确的价值观和行为模式。

【案例分享】

小王的改变

小王在一家中型公司担任初级项目经理，最近该公司决定采用敏捷开发方法来提高产品开发效率。这种新的管理方法对小王来说是个挑战，因为她习惯了传统的命令和控制模式，而敏捷开发方法强调团队合作和开放沟通。

在最初的几周里，小王感到很困惑。她不知道该如何适应这种新的工作方式，而且她担心自己会失去现有的职位。但是，随着时间的推移，小王开始认识到，敏捷开发方法实际上可以帮助她和团队更好地完成任务。

为了适应这种新的管理方式，小王将自己的个人需求放在次要位置，将更大的公司目标放在首位。她学会了与团队成员进行更加开放的交流，并重视他们的意见。此外，她还发现，通过与团队成员的密切合作，她能够更好地理解公司的目标，并且更加积极地参与实现这些目标。

在这个过程中，小王也发展了她的领导能力。她学会了如何鼓励和引导团队成员，并且在面临挑战时能够保持冷静和灵活。这些技能不仅帮助她适应了新的工作方式，也使她在公司和团队中获得了更多的尊重和认可。

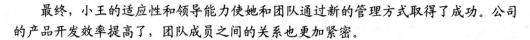

最终，小王的适应性和领导能力使她和团队通过新的管理方式取得了成功。公司的产品开发效率提高了，团队成员之间的关系也更加紧密。

小张的能力

小张在一家大型制造公司工作，最近，该公司决定引入精益生产方法以提升效率。然而，这个改变对小张来说并不容易，他已经习惯旧的工作方式，对新的生产流程感到困惑和不安。

刚开始，小张对精益生产还持怀疑态度，他担心自己不能掌握新的知识和技能。也觉得自己只是公司里的一个小员工，无法影响公司的决策。这种想法让他感到很沮丧。

然而，随着公司内部对精益生产的推广，小张开始意识到，如果自己不适应这个变革，可能会被淘汰。于是，他决定接受挑战，积极地参与公司的转型。

他开始学习新的生产流程，向同事和上级请教，并参与公司组织的培训课程。在这个过程中，他逐渐理解了精益生产的意义，看到了公司因为精益生产发生的改变。这让他对公司的未来充满了希望。

小张的态度转变使他从一个抵制变革的人变成了一个推动变革的人。他开始向同事分享自己的学习经验，并帮助他们理解和适应新的生产流程。同时他的积极态度和行动赢得了上级的赞赏，他也因此得到了更多的机会和责任。

在精益生产的实施过程中，小张不仅学会了新的技能和知识，还提升了自己的适应能力和团队协作精神。他的经历体现了个人如何适应公司和市场的变化，提升自己的能力和价值。

总之，将“融小我于大我”的理念贯彻到企业的管理中，对企业的发展至关重要。统一的目标、加强团队合作和提供学习成长机会，企业可以激发员工的潜力，提高整体的绩效和竞争力。而领导者的角色则是确保变革的顺利进行，并为员工树立正确的行为示范。只有这样，企业才能在管理变革中取得成功，成为市场竞争中的佼佼者。

第二讲　干一行、爱一行，成为一个领域的专家

企业的竞争日益激烈，要想在竞争激烈的市场中立足，只有成为一个领域的专家，才能取得持久的发展和成功。然而，想要成为专家并非易事，需要付出艰苦的努力和持续的学习。

首先，要“干一行”。这意味着需要选择一个行业或领域投身其中，并尽最大努力成为行业中的佼佼者。不同的行业有不同的特点和要求，因此需要仔细分析自己的兴趣和优势，选择适合自己的领域。无论是金融、科技还是教育，只有对所从事的工作充满热情，才能不断超越自我并获得成长。

其次，要“爱一行”。“爱”，意味着对所从事的工作有深厚的热爱和关注。对工作充满热情时，就能把它当作一种乐趣，而不仅仅是为了谋生。无论面对什么困难和挑战，都要保持积极的心态，并找到解决问题的方法。只有持续投入，才能在竞争激烈的市场中立于不败之地。

最重要的是，要成为一个领域的专家，这要求我们不断努力和学习。我们应该时刻关注行业中的新动态和最新的发展趋势，并及时调整自己的知识结构和技能。参加培训、阅读相关的书籍和研究报告，可以不断提升专业素养，拓宽视野。除了理论知识，还需要实践经验，这意味着要虚心学习并接受不同的观点和意见。只有不断地实践和总结经验，才能逐渐成为行业的专家。

【案例分享】

李某的成长

李某从小就对计算机科学有着浓厚的兴趣，还在读高中的时候，他就开始自学编程，大学四年他选择了计算机科学与技术专业，并且积极地参与各种相关的项目和比赛。

毕业后，李某进入了一家知名的互联网公司，开始了他的职业生涯。他一直坚持着一个信念，那就是“干一行，爱一行”。无论是写代码、做项目，还是解决各种技术问题，他都全力以赴，用心去解决。他相信，只有真正热爱自己的工作，才能作出卓越的成就。

事实证明，他的信念是正确的。在公司工作的几年里，他从一个普通的程序员逐渐成长为一名技术专家。他在公司内部开设了一门关于最新技术的课程，以帮助同事提升技术能力，这进一步体现了他在技术领域的专业性和领导力。

成为技术专家后，李某并没有满足。他开始利用业余时间，参与一些开源项目的开发，进一步提升他的技术能力。同时，他也开始在行业内的会议和论坛上发表演讲，分享他的经验和见解，这引起了更大的反响。

现在的李某，不仅在技术能力上有了显著的提升，同时也成为行业内的一位领导者。他的“干一行，爱一行”的态度，不仅使他在职业生涯中取得了成功，也赢得了他人的尊重和认可。

李晓的成功

李晓是葡萄酒领域首屈一指的专家，然而最初他对葡萄酒并无特别的兴趣，在一次偶然的机会中，他品尝到了一款珍贵的葡萄酒，那种丰富多样的口感和香气让他震撼。从那一刻起，他对葡萄酒产生了浓厚的兴趣。他阅读了大量关于葡萄酒的书籍，到世界各地的葡萄酒产区旅行，甚至自学了法语和意大利语，只为更深入地理解葡萄酒的文化和历史。经过多年的努力，他最终成了国内知名的葡萄酒专家，并在多个知名酒店和餐厅担任葡萄酒顾问。

总的来说，干一行，爱一行，成为一个领域的专家是一种追求卓越的态度和能力。无论在哪个行业，这些原则都是适用的。只有专注于某一领域，把握时代的脉搏并不断超越自我，才能在企业中取得成功。

第三讲　将转身视为职业发展的机会

在当今竞争激烈的商业环境中，企业只有不断适应不断变化的市场需求和技术创新，才能成为行业的佼佼者。然而，这种快速的转变并不是容易的，往往需要组织内部员工的积极参与和持续学习。因此，将转身视为职业发展的机会，对企业是至关重要的，如图 13-5 所示。

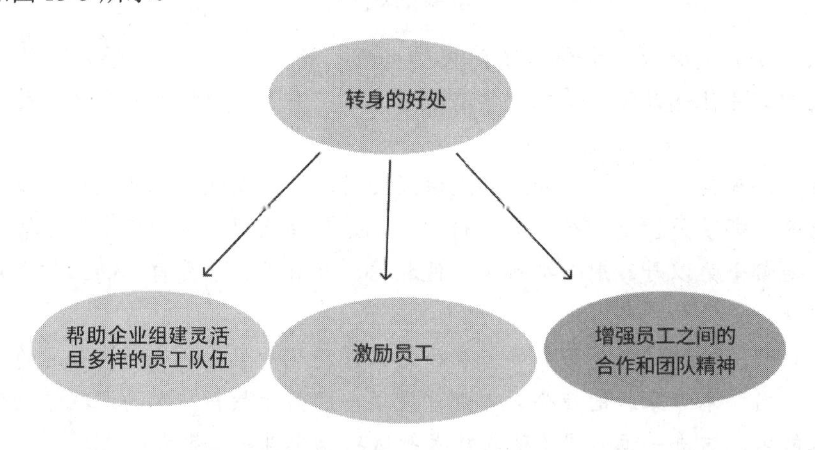

图 13-5　转身的好处

首先，将转身视为职业发展的机会可以帮助企业组建一个灵活且多样的员工队伍。随着技术和市场的发展，某些岗位可能会消失，而新的岗位则可能会出现。如果员工能够意识到这一点，并愿意接受转身，那么他们就能够更好地适应公司的变化，也能掌握多种技能，使公司在市场上保持竞争优势。

其次，将转身视为职业发展的机会可以激励员工。当员工意识到自己有机会通过转身改变职业路径，他们就会感到更有动力去工作。这种积极的态度和工作热情将为企业带来更高的生产力和效率。此外，员工也会感到被重视和被关心，因为公司愿意为他们提供新的培训和发展机会。

最后，将转身视为职业发展的机会也有助于增强员工之间的合作和团队精神。当员工通过转身获得新的技能和知识时，他们可以更好地与其他团队成员合作，互相支持和补充。这不仅有助于提高团队的绩效，还能够促进员工之间的交流和学习。

然而，要充分利用将转身视为职业发展的机会，企业需要提供相应的支持和资源。这包括提供培训和发展计划，以及营造一个积极的学习文化。与此同时，企业也应该向员工传达转身的重要性，并激励他们主动寻找新的机会和挑战的热情。

【案例分享】

李某的转身

李某是一名销售专员，他在一家知名科技公司工作已有五年的时间。尽管他在销售领域积累了丰富的经验，但他最近意识到自己的工作进入了瓶颈期，职业发展遇到了困难。

在这种背景下，公司进行了一次部门调整，将销售和市场营销组成一个新的部门。李某对此感到不安，他不确定自己能否适应新的改变。然而，他决定接受挑战，把握这次转身的机会。

为了适应新的工作环境，李某开始参加各种市场营销培训，学习新技能，并努力理解新的工作流程。此外，他还不忘与团队成员保持沟通，了解他们的需求和期望。通过这些努力，他逐渐融入新的团队，并开始发挥出自己的优势。

在新的岗位上，李某不仅拓展了自己的技能，还进一步认识到了团队协作的重要性。他发现，与销售不同的是，市场营销更注重品牌建设和团队协作。这让他对公司的业务有了更全面的了解，同时也提升了自己的团队协作能力。

随着时间的推移，李某逐渐成为新部门的中坚力量。他的领导能力也得到了公司领导的认可，他也因此得到了晋升。他在新的职位上继续发挥自己的优势，为公司创造了更多的价值。

小李的职业规划

小李是一名经验丰富的软件工程师，他在一家知名科技公司工作了五年。然而，他突然接到公司的裁员通知，因此，他被迫要重新寻找工作。小李为此感到非常沮丧，他不知道自己应该何去何从。

在重新审视自己的职业规划时，小李意识到这可能是一个转变和提升自己的机会。于是他开始思考自己的兴趣和技能，并探索新的职业领域。通过自我反思和探索，他发现自己对数据科学和人工智能有浓厚的兴趣。

小李开始学习数据科学和人工智能的相关知识，并申请了相关职位的空缺。在面试过程中，他不仅展示了自己的技术能力，还展示了他的商业洞察力和领导力。最终，他成功地获得一个数据科学家的职位，而且薪资和福利都超过了他之前作为软件工程师的待遇。

在新的职位上，小李积极学习新的技术和方法，并与团队成员进行交流和合作。他的分析和解决方案得到了公司和客户的高度认可。此外，他还参与了一些开源项目，为公司做出了贡献。

总的来说，将转身视为职业发展的机会对于个人和企业来说都具有重要意义。企业应该将员工视为公司最宝贵的资源，并为他们提供转身的机会和支持。这样企业就能组建一支灵活、创新且高效的团队，从而推动企业的持续发展和成功。

第三节　英雄是打出来的

在我国历史的长河中，有很多英雄，他们以其崇高的品质和出色的勇敢行为谱写了一曲曲可歌可泣的壮丽篇章。而在企业界，也有着伟大的英雄，他们在竞争激烈的商业战场上，用顽强的毅力与智慧在困难和挑战面前不屈不挠地向前奋进。

上甘岭战役是我国近现代史上一次具有重要影响的战役。在这场艰苦而残酷的战斗中，我军面临着种种考验，但正是在这个惨烈的战场上，涌现出了一批无畏无惧、顶天立地的英雄。同样，企业界也充满了竞争，外部竞争激烈，内部压力巨大，只有那些能够以英雄的胆识去应对挑战，去奋发向前的企业，才能在市场中立于不败之地。

英雄，是在困境中诞生的。在商业发展的历程中，没有哪家企业能够一帆风顺，没有哪家企业没有过一次次挫折和困难考验。每家企业的成功，背后都有一群敢于冲破重重障碍的员工，他们像战士一样奋勇向前。就像上甘岭的英雄一样，他们在具有压倒性优势的对手面前，永不言败，以坚如磐石的信念和强大的毅力最终赢得了胜利。

英雄，是靠智慧与智谋成就的。在企业竞争中，智慧是非常重要的关键要素。只有那些能够巧妙运用战略和策略，以智慧化解危机和风险的企业，才能在市场中占据先机。就像上甘岭战役一样，我军虽然在实力上处于劣势，但通过智慧和特殊的战略，成功地阻击了强敌的进攻。企业界的英雄也同样如此，他们把握市场机会，灵活运营，创新思维和勇敢的决策，在恶劣环境中寻找到了成功的出路。

英雄，是通过奋斗与牺牲铸就的。上甘岭战役的胜利，是无数烈士的鲜血和生命之力。正如企业界的英雄，他们时刻以成功为目标，全身心地投入到工作中，不断学习和进步。他们在挫折和失败中寻找经验和教训，在努力追求卓越的道路上，付出了巨大的努力和牺牲。

【案例分享】

小明的行动

某大型企业的研发部门，负责开发一款重要的新产品。这款产品将决定企业的未来，因此管理层对该项目非常重视。项目初期遇到了很多困难和挑战。首先，研发团队发现市场需求与企业的战略目标不一致。其次，技术难题无法解决，例如，产品稳定性不足和性能不够高等问题。最后，还面临着严格的上市时间和预算限制。

在这个关键时刻，一名名叫小明的年轻工程师站了出来。虽然他并没有什么特别的天赋或背景，但他有一颗勇敢而坚定的心。他主动请缨，带领团队攻克技术难题，并制定了一系列切实可行的解决方案。

在解决市场需求问题时，小明深入了解了客户的需求，并重新调整了产品方向，使之更符合市场需求。此外，他还组织了一支市场调查团队，并对竞争对手的产品进行了详细分析，根据市场趋势对产品进行了优化。

在解决预算和时间限制方面，小明与上级领导进行了深入的沟通，详细说明了项目的困难和需要的资源。他不仅成功争取到了更多的预算支持，还通过优化流程和合理分配工作时间，保障了项目按时完成。

经过几个月的艰苦努力，小明的团队终于成功开发出新产品。该产品在市场上取得了巨大成功，为企业带来了丰厚的利润和声誉。小明也因此成为企业的英雄，被领导和同事赞誉为“上甘岭上打出来的英雄”。

张师傅的勇敢

某公司是一家大型制造企业，生产线上有很多工人，其中有一位张师傅。他是一位经验丰富、技术过硬的老工人，但他的性格很孤僻，不善于与人交流。工作中，他总是独自一人解决问题，也不与同事合作。这导致了他的工作效率低下，生产质量也不稳定。

然而，一次突发事件改变了张师傅的工作态度和价值观。一天晚上，工厂突然停电，生产线上的所有机器都停了下来。此时是非常严峻的时刻，如果不能及时解决停电问题，将会给公司带来巨大的经济损失。

在这个关键时刻，张师傅站了出来。他带领一些同事，手动检查生产线上的每一个环节，最终找出了问题。他们花费了数小时的时间，终于让生产线恢复了正常运转。这次事件让张师傅成为公司里的英雄，他的领导和同事也纷纷向他表示赞赏和感谢。

这次事件对张师傅的影响非常大。他意识到，只有通过团队合作和集体智慧，才能在困难面前取得成功。从此以后，他开始改变自己的工作方式和态度，积极与同事合作，共同解决问题。他的工作效率和生产质量也得到了显著提高。

因此，可以毫不夸张地说，英雄是打出来的，正是战场上培养和铸就了英雄的气质。而在企业界，也是同样的道理。面对激烈的市场竞争和各种风险挑战，只有那些拥有英雄品质的企业，才能够在波澜壮阔的商海中傲然立足，书写属于自己的辉煌篇章。

第一讲 坚持到底就是胜利

坚持是一种强大的力量，可以促使员工克服困难，实现公司目标。正如托马斯·爱迪生所说："天才是1%的灵感加上99%的汗水。"企业要想在竞争激烈的市场中立于不败之地，坚持到底是非常重要的，如图13-6所示。

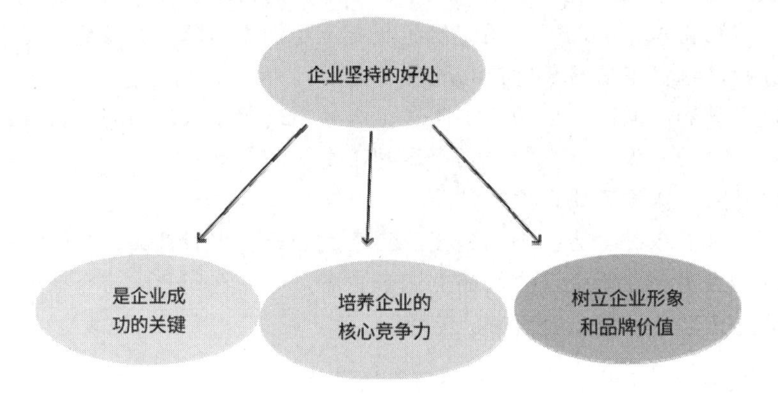

图13-6 企业坚持的好处

首先，坚持是一个企业成功的关键。成功不是一蹴而就的，而是长期的付出和坚持成就的。一个企业需要经历许多的困难和挑战，只有坚持到底，才能克服这些难题，走向成功。比如，一个新创企业可能会面临市场认可度低、资源匮乏等问题，只有坚持下去，发展壮大，才能在市场中立足并获得成功。

其次，坚持能够培养企业的核心竞争力。一个企业的核心竞争力是其在市场上与其他竞争者竞争的优势。要想建立起强大的核心竞争力，就必须坚持不懈地不断创新和提升创新能力。世界上最成功的企业，例如，苹果、谷歌等，都是通过不断地研发和创新取得成功的。它们不断改进产品、服务，满足消费者的需求，从而赢得市场份额。

最后，坚持能够树立企业形象和品牌价值。在市场经济中，企业的形象和品牌价值很重要。如果一个企业能够坚持自己的核心价值观和品牌理念，并将其融入企业的各个方面，如产品设计、服务质量等，就必定能够赢得客户的认可和信任，从而实现成功。例如，可口可乐的品牌形象一直是快乐和活力的象征，它通过不断的投入和创新，坚持自己的品牌形象，成为全球知名的饮料品牌。

【案例分享】

李总的坚持

李总是一位创业者，他2010年创立了一家网络公司。当时，网络营销和电子商务正在快速发展，李总看到这个机会后，决定创办一家公司来帮助中小企业开展网络营销和电子商务。

起初，公司面临许多困难。李总遇到了很多问题，包括资金短缺、找不到合适的员工、难以获得客户等。因此，他不得不投入大量时间和精力来寻找投资、招聘员工、推销产品。虽然困难重重，但他始终没有放弃，他相信自己的想法是正确的，并且愿意为了这个想法付出一切。

经过几年的艰苦努力后，李总的公司终于开始取得一些成功。他的客户数量不断增加，公司的收入也在逐年增长。更重要的是，他的员工也更加有信心，并且对公司的未来充满了希望。

然而，就在公司取得一些成功后，李总又遇到了一个新的挑战。他的主要竞争对手开始以更低的价格提供类似服务。这个挑战使李总的公司业务变得更加困难。于是他的客户开始流失，公司的收入也开始下降。

面对这个挑战，李总并没有放弃。他决定坚持自己的理念，并通过不断提高服务质量，加强品牌宣传，增加产品创新等来应对竞争。他告诉员工，他们必须更加努力，如此才能保持公司的竞争优势。

经过一段时间的努力后，李总的公司终于重新回到了正轨。他的客户对他的公司更加满意，并且愿意为他的公司提供更多的业务。公司的收入和利润又开始逐年增长。

某公司的坚持之路

某公司自 2010 年创立以来，从一家创业公司发展成全球科技巨头，其成功的秘诀之一就是坚持到底。无论是在产品研发、市场拓展，还是在经营管理上，该公司都秉持着坚持不懈的精神。

首先，在产品研发方面，该公司始终坚持创新，追求卓越品质。以手机为例，每一次的迭代更新都在上一代的基础上进行了大量的改进和创新，满足了消费者的多元化需求。正是这种对产品质量的执着追求，使该公司在竞争激烈的手机市场中始终保持领先地位。

其次，在市场拓展方面，公司坚持不懈地追求市场份额，不断地扩大品牌影响力。从中国市场出发，该公司逐步走向全球，在印度、东南亚等地都取得了显著的成绩。在每个市场，公司都深入了解当地消费者的需求，积极调整战略，始终保持灵活应变的能力。

最后，在经营管理方面，公司始终坚持以人为本，尊重员工，并激发他们的潜力。公司高层深知，企业的竞争力源于员工的创造力。因此，公司为员工提供了广阔的发展空间和良好的工作环境，并鼓励他们进行创新尝试，从而推动企业的持续发展。

然而，坚持到底并不意味着盲目执着。面对困境和挑战时，公司始终保持冷静，审慎分析形势，最后作出明智的决策。比如，受新冠疫情的影响，全球供应链遭受重创，此时公司并未盲目扩大生产，而是根据市场需求调整供应链策略，保障了企业的稳健运营。

总之，坚持到底就能胜利的道理同样适用于企业。要想在竞争激烈的市场中生存并取得成功，企业必须具备坚韧不拔的精神，勇于坚持自己的目标和价值观。只有坚持到底，才能在逆境中迎难而上，实现企业的长期发展和成功。

第二讲 出成绩的地方也要出人才

在当今竞争激烈的社会中，企业的发展和壮大离不开人才。而一个能够取得优秀业绩的企业，则更需要拥有一支高素质的团队。因此，出成绩的地方也要出人才，这是企业发展的重要保障，如图13-7所示。

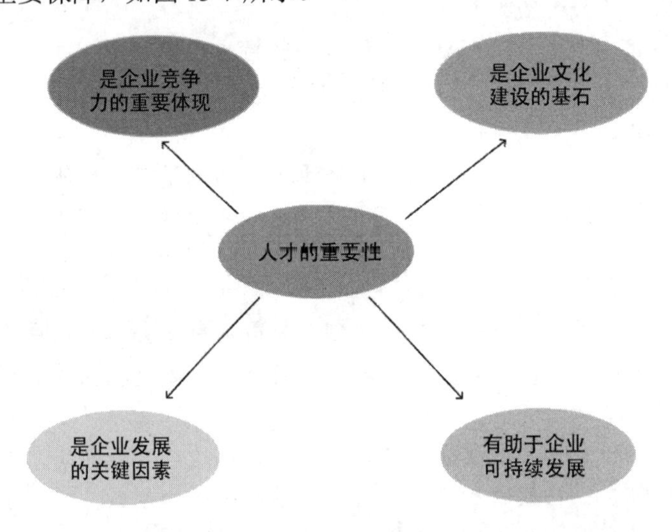

图13-7 人才的重要性

首先，人才是企业发展的关键因素之一。一般而言，企业都是依托人才来推动创新和发展的。具备丰富经验和专业知识的员工不仅能够有效地解决问题，还能为企业带来新的机遇和突破。相反，人才匮乏的企业会陷入停滞或倒退，无法适应市场的变化和需求的改变。

其次，人才是企业竞争力的重要体现。随着时代的发展，技术水平日新月异，市场需求不断变化，企业要不断提高自己的竞争力，而这离不开高素质的人才。有能力的人才能够更好地适应市场的需求，掌握新技术、新理论，从而为企业赢得更多的市场份额。人才对企业竞争力的提升作用是显著的。

再次，人才是企业文化建设的基石。一个成功的企业离不开良好的企业文化，而企业文化的塑造离不开高素质的人才。他们可以成为企业文化的传承者，引领企业进一步发展和壮大。与此同时，他们也能够为企业树立一个积极向上、团结合作的形象，以吸引更多的优秀人才加入企业。

最后，人才的培养和发展有助于企业可持续发展。一个能够长久存在的企业需要有雄厚的人才储备以应对外部环境的变化和挑战。通过进行人才的培养和发展，企业能够保持自身的竞争力，实现可持续发展。

【案例分享】

A 公司的人才培养

A 公司是一家软件开发公司，公司在多个领域都有很大的影响力。然而，随着公司业务的不断扩张，公司发现储备的人才已经不能满足业务发展的需要。于是，公司开始寻找和培养人才，逐渐形成了一套完整的人才培养体系。

首先，A 公司从内部开始挖掘人才。通过员工绩效评价、技能测试等手段，公司发现了一些有潜力的员工。其次，公司对这些员工进行了针对性的培训和指导，帮助他们提升技能和知识。最后，公司还通过轮岗、挂职等方式让员工在不同的岗位上锻炼，提高他们的综合素质和能力。

除了内部培养外，A 公司还积极从外部引进优秀的人才。通过社会招聘、校园招聘等方式，公司吸引了大量的优秀毕业生和行业精英。与此同时，公司还与多家高校和研究机构建立了合作关系，进行合作研发、共建实验室等，引进和培养了更多的优秀人才。

通过这些措施，公司的业务得到了快速的发展，同时也培养了一批高素质的人才。这些人才不仅在公司内部发挥了重要的作用，也为公司的长远发展提供了强有力的支撑。

H 公司的人才培养

H 公司是一家互联网公司，自成立以来一直致力于打造国内领先的互联网平台。在市场竞争激烈的背景下，该公司意识到，要想在市场竞争中立于不败之地，除了在产品研发、市场营销等方面取得成绩外，还必须注重人才的培养。

首先，H 公司在招聘环节注重人才的选拔。他们不仅看重应聘者的学历和经验，还注重应聘者的潜力和能力。面试时，该公司会通过各种方式了解应聘者的思维能力、解决问题能力、团队合作能力等方面，以保障招聘到的人才具备足够的综合素质。

其次，H 公司还为员工提供了完善的培训。新员工入职后，该公司会为他们提供一系列的培训课程，包括专业技能培训、团队协作培训、沟通能力培训等。这些培训旨在帮助员工更好地适应公司文化，提高自身能力，从而更好地服务公司。

最后，H 公司还注重员工的职业发展——为员工提供了多种职业发展路径，包括技术路线、管理路线、业务路线等。员工可以根据自己的兴趣和能力选择适合自己的发展路径，进而实现个人价值的最大化。

通过以上措施，H 公司在取得优秀业绩的同时，也培养了一批高素质的人才。这些人才不仅在 H 公司的业务领域有着深厚的专业素养，还具备较强的团队协作能力和创新精神。他们成为 H 公司持续发展的中坚力量，也为公司赢得了良好的市场声誉。

总之，出成绩的地方也要出人才，这对企业发展非常重要。人才不仅是企业发展的关键因素，也是企业竞争力的重要体现。而且，他们还能够为企业文化的塑造和可持续发展做出积极贡献。因此，企业应该高度重视人才的引进、培养和发展，为企业可持续发展打下坚实的基础。

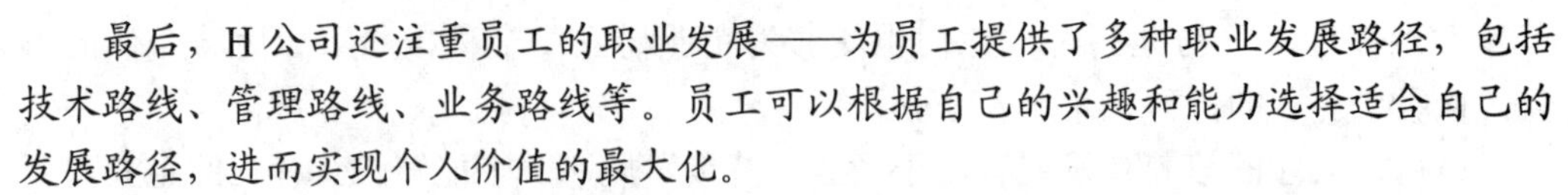

第四节　实施能上能下和末位淘汰机制

实施灵活的晋升与降级制度及执行末位淘汰机制对于推动企业持续发展具有关键性作用。这两种机制有助于提高企业的竞争力和执行效率，增强团队的凝聚力和执行力。但同时也需要注意平衡各方利益，保障公平、公正的实施，如此才能使其真正发挥良好效果，推动企业持续繁荣和发展。本节将详细介绍这两种机制。

第一讲　干部不能终身制，要能上能下

近年来，随着市场经济的快速发展，企业管理机制也得到了改革与完善。

在过去，许多企业实行的是干部终身制，即使干部表现不佳或出现了失误，也很难被解雇或调整岗位。这种干部终身制为企业带来了一系列的问题与挑战，如图 13-8 所示。

首先，干部终身制导致了管理人员懈怠和缺乏责任心。由于没有被调整岗位或解雇的风险，一些干部工作中便不再积极努力，逐渐沦为“巡视员”，只注重自己的权力与地位，忽视了对企业整体利益的追求。这不仅影响了企业的创新及发展，还增加了企业的运营成本和经营风险。

其次，干部终身制抑制了人才的流动和激励。一个有活力和竞争力的企业要不断吸纳优秀的新人才并为员工提供晋升机会，以保持组织的壮大和创新力的持续提升。然而，干部终身制却限制了新人才的进入与高层管理岗位的轮换，造成人才流失，使企业难以保持持续的竞争优势。

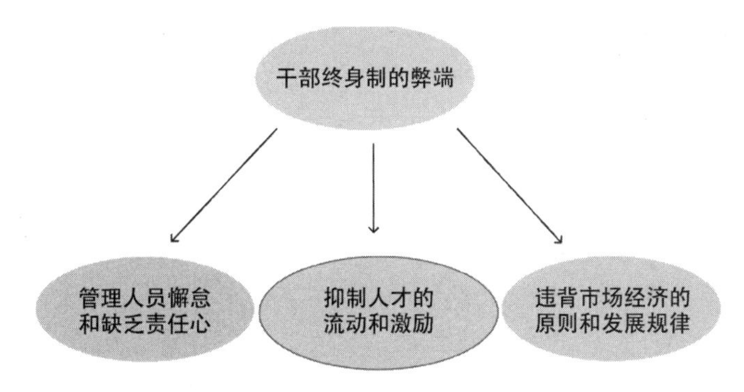

图 13-8　干部终身制的弊端

最后，最重要的是，干部终身制违背了市场经济的原则和发展规律。市场经济要求企业不断进行内部调整和优化，及时处理不称职或失职的干部，保障组织的活力和灵活性。只有适应市场需求的企业管理机制，才能顺利应对市场竞争和变革，保持企业的可持续发展。

为解决干部终身制导致的问题，企业应当实行能上能下的管理机制。该机制要求干部任职期间必须持续胜任工作，如果出现疏漏或失误，应及时通过内部调整或解雇等方式进行处理。与此同时，企业还需要建立公正、透明和有效的评估机制，通过考核和竞争确定干部升迁或调整岗位，为优秀的年轻人才提供广阔的发展空间。

要实施能上能下的管理机制，企业管理者首先就应提高自身的管理素质与能力，不断丰富知识和经验，做到公正、客观和有效地评估和处理干部问题。与此同时，企业还要加强对干部的培训和发展，提供广泛的学习和成长机会，以激励他们不断提升自己的能力和水平。

【案例分享】

某公司的管理改革

某啤酒企业在 M 省的销售业绩一直不尽如人意，销售业绩逐年下滑，甚至原有的市场份额都难以维系。为了改变这种状况，该企业决定对省级销售公司进行重组。重组后，该企业的省级销售公司总经理拥有丰富的社会资源和关系网络，使该企业在与经销商的谈判中更具优势。不久，该企业就获得了一笔超大的订单，销售额大幅增长。这使该企业内部的干部员工都很高兴，觉得新领导能为公司带来转机。

然而，好景不长。由于啤酒行业的竞争激烈，该企业虽然订单数量增加，但实际的利润并未明显增长。与此同时，省级销售公司内部管理的问题日益突出，一些销售骨干因与新领导相处不睦而离职。这让企业总部感到困惑和担忧。

在企业总部的支持下，专门针对省级销售公司的调查小组为此成立。深入调查后，调查小组发现问题出在管理机制上。原来，该省级销售公司虽然人事制度规定“能者上，平者让，庸者下”，但实际上一直论资排辈进行提拔。由于该公司领导职位有限，许多优秀的年轻员工便得不到晋升机会。与此同时，因为干部考核制度不健全，员工的实际能力和业绩往往被忽视。这导致一些能力一般、业绩平平的员工却占据了重要岗位，而一些优秀的员工却因为与领导关系不好得不到重用。

针对这些问题，企业总部决定对省级销售公司进行全面改革。首先，他们调整了人事制度，建立了以能力、业绩和潜力为选拔依据的干部选拔制度，真正实现了“能者上，平者让，庸者下”的干部选拔机制。其次，该公司还加强了对员工的考核和培训，提高了员工的整体素质和业务水平。最后，为了加强内部监督和民主决策，该公司还建立了职工代表大会和总经理信箱，广泛听取员工和经销商的意见和建议。

这一系列改革措施使省级销售公司的管理逐渐规范化、科学化。与此同时，员工的工作积极性和创造力也得到了充分激发。在接下来的几个月里，该公司陆续推出了多款新品啤酒，成功开拓了新市场，销售额和利润都有了显著增长。

经过这次改革，省级销售公司内部的氛围发生了巨大变化。领导与员工之间的关系更加和谐，员工之间也形成了良好的竞争与合作关系。与此同时，公司的业绩也得到了明显提升。这使企业总部更加坚定了推行干部制度改革的决心，并在其他区域进行了类似的改革。

某公司的干部选拔制度

某公司是一家生产电子产品的大型企业，管理上一直采用干部终身制。这种制度导致了公司内部一些干部缺乏进取心，工作敷衍，不思进取。同时，一些年轻有为的员工却因为晋升无望而流失。

为了改变这种局面，公司决定推行干部选拔制度，打破干部终身制，让有能力、有干劲的员工有晋升机会。在选拔过程中，公司注重员工的实际能力和业绩，而非仅仅看重其资历和背景。

在推行新制度的过程中，公司遇到了一些困难。首先，一些老干部对这种变革感到不满，认为自己的权益受到了侵犯。其次，一些年轻员工对新制度抱有过高的期望，对选拔的标准和流程不够了解。

为了解决这些问题，公司采取了一些措施。首先，对于老干部的不满情绪，公司进行沟通和解释，让他们理解新制度对于企业和个人发展的重要性。与此同时，公司也为这些老干部提供了一些转岗和培训的机会，帮助他们更好地适应新的变化。

其次，对于年轻员工，公司加强了培训和指导，让他们更好地了解选拔的标准和流程，提高他们的实际能力和业绩。与此同时，公司也制定了一些奖励机制，鼓励年轻员工积极参与工作和团队活动。

经过一段时间，实行的新制度取得了显著的效果。公司的干部队伍得到了全面的优化，年轻有为的员工得到了更多的晋升机会，员工的工作积极性和团队凝聚力也都得到了提高。公司的生产效率和产品质量也有了显著的提升，企业的整体竞争力得到了增强。

总而言之，企业不能实行终身制的干部管理模式。干部应该能上能下，这有助于保持企业的活力和竞争力，促进组织创新与进步。只有通过有效的管理机制和人才流动，企业才能在市场经济中获得成功并持续发展。

第二讲　实施末位淘汰制，让惶者生存

全球市场竞争日趋激烈，企业也随之面临着严峻的挑战和压力。为了在竞争激烈的市场中脱颖而出，一些企业开始采取更具竞争力的经营策略。其中一种策略就是实施末位淘汰制。末位淘汰制，是指根据员工的绩效表现，淘汰工作表现较差的员工，使组织保持高效运转。然而，实施末位淘汰制时，也需要考虑到被淘汰员工的权益。

末位淘汰制确实可以提高企业整体的竞争力。通过淘汰工作表现较差的员工，可以减少企业的成本开支和低效能的员工资源。与此同时，这也有利于优秀员工的发展和晋升，激励员工提高自己的工作能力。这种制度，有助于形成一个良好的竞争环境，促进员工之间良性竞争，从而提升整体企业的竞争力和生产力。

然而，在末位淘汰制的实施过程中，也需要注意平衡员工权益和企业利益。首先，应该系统地规划和执行这一制度，保障公平、公正、透明地对员工进行评估和淘汰。这样一来，可以减少因主观因素导致的不公平情况的发生，提高员工对制度的接受度，增强员工对企业的忠诚度。此外，还应该为被淘汰的员工提供适当的援助和资源，帮助他们尽快找到新的就业机会或转行培训，避免社会不稳定因素的出现。

尽管末位淘汰制可以提高公司竞争力，但是也不能过分依赖这种手段。企业在制定人力资源管理策略时，应该综合考虑员工的绩效、潜力、培训和发展计划等各方面的因素，形成全面而合理的人力资源战略。此外，企业也应该注重提升员工的整体素质和能力，倡导学习型组织的理念，鼓励员工不断进取和自我提升，以促使企业在竞争中持续发展。

实施末位淘汰制是企业面对市场竞争采取的一种应对策略，其目的是提高整体竞争力和效率。然而，在实施这一制度时，企业应该坚持公平、公正、透明的原则，同时为被淘汰员工提供适当的支持和援助。只有在合理平衡员工权益和企业利益的前提下，才能实现末位淘汰制的积极效果，让惶者生存。

第三讲　淘汰平庸干部，用人力资源管理抵御外部打压

在当今竞争激烈的市场中，企业需要优秀的管理团队来应对各种挑战和打压。然而，平庸的干部会成为企业发展的拖累和瓶颈。因此，淘汰平庸干部并用人力资源管

理抵御外部打压成为企业生存和发展的重要课题，如图 13-9 所示。

首先，企业应该始终保持平衡的人力资源结构。一个强大的管理团队是企业成功的关键因素。制定明确的职位要求和选拔标准，企业可以吸引并筛选出合适的人才。与此同时，建立一套严格的考核机制，不仅可以检验干部的绩效，也能激励他们持续提升自己。如果发现某个干部存在明显的能力缺陷或绩效不达标，企业应果断采取措施，包括培训提升、岗位调整或者辅导指导等，以保障管理岗位良好运作。

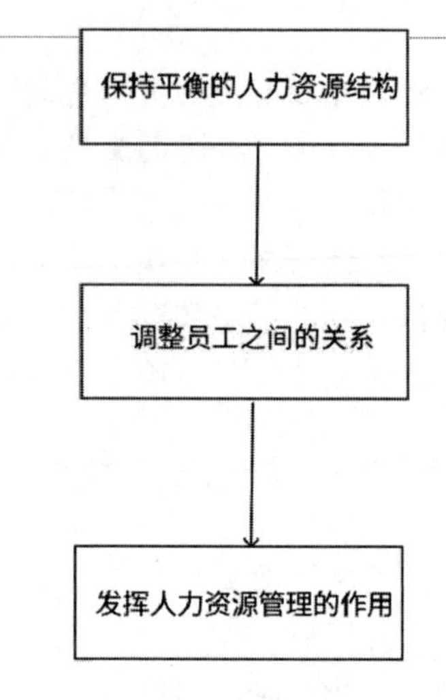

图 13-9　淘汰平庸干部并用人力资源管理抵御外部打压

其次，企业需要积极调整员工之间的关系。在企业内部，形成良好的团队协作和相互支持的工作氛围非常重要。只有建立彼此之间充满信任和尊重的文化，干部之间才能通力合作，互相帮助，共同应对外部的挑战和打压。与此同时，企业应鼓励和支持员工参与各种培训和学习机会，提升他们的综合素质，进一步增强他们面对外界冲击和竞争的能力。

最后，企业在面对外部打压时，也要发挥人力资源管理的作用。第一，企业应密切关注市场动态和竞争对手的举动，以及时调整组织架构和干部配置，应对市场的变化和竞争的压力。第二，企业应建立灵活的激励机制，制定合理的薪酬体系和晋升途径，激励干部主动适应变化，进一步提高个人能力和绩效水平。第三，企业还要认识到市场环境中的机遇和挑战，积极培养和引进具备创新精神和适应能力的干部，为企业提供源源不断的发展动力。

【案例分享】

A 公司的人力资源改革

A 公司是一家大型国有企业，在过去的几年里，企业面临严峻的市场竞争和外部压力。为了追求短期利益，A 公司引进了一批平庸的干部，这些干部缺乏创新思维和进取精神，致使企业内部氛围沉闷，员工士气低落。与此同时，市场竞争日益激烈，客户需求日益多样化，对 A 公司的挑战越来越大。

面对这种困境，A 公司决定采取措施淘汰平庸干部，重新激活企业。他们首先对人力资源管理策略进行了改革。具体措施如下。

(1) 建立科学的招聘体系：A 公司提高了招聘标准，优化了面试流程，保障新员工具备较高的能力和潜力。与此同时，他们引入了外部专家对招聘流程进行评估和优化，保障招聘活动的公正性和有效性。

(2) 建立明确的晋升通道：A 公司制订了明确的职业发展计划，为员工提供了晋升机会和职业发展空间。这不仅激励了员工努力工作，还提高了他们的工作满意度和忠诚度。

(3) 建立激励机制：A 公司引入了绩效考核制度，对表现优秀的员工给予奖励。与此同时，他们制订了员工培训计划，提高员工技能和知识水平，增强他们的竞争力。

(4) 营造积极的企业文化：A 公司领导积极推动企业文化的变革，鼓励员工提出创新想法和解决问题的方法。这不仅激发了员工的主动性和责任感，还提高了企业的创新能力和应变能力。

通过实施这些改革措施，A 公司的人力资源状况得到了显著改善。平庸干部被淘汰，高素质人才被引进，企业面貌焕然一新。员工的士气和忠诚度也极大提高，企业的竞争力和生命力逐渐恢复。

在面临外部打压时，A 公司通过淘汰平庸干部，利用人力资源管理抵御外部压力，成功实现了企业转型和升级。

H 公司的人力资源优化行动

H 公司是一家知名的互联网公司，近年来，实现了快速的发展。然而，随着业务的不断扩张，公司的管理团队也暴露出一些问题。其中，一些中层干部在工作中表现平庸，不作为、不担当，导致公司内部存在很多“庸懒散”的员工，这严重阻碍了企业的发展。为了解决这个问题，H 公司决定进行一场大规模的人力资源优化行动，淘汰平庸干部，打造一支高效、有战斗力的管理团队。

人力资源优化行动的具体措施和方法如下。

(1) 制定明确的用人标准。H 公司重新审视了自身的战略和发展目标，制定了明确的用人标准。公司根据岗位需求和业务发展需要，明确每个岗位的职责和技能要求，使干部选拔有明确的依据。

(2) 实行公开透明的选拔机制。H 公司引入了公开透明的选拔机制，通过多轮面试、测评等手段，全面了解候选人的能力和素质。与此同时，公司还通过公示、投票等环节，让更多员工参与到选拔中来，保障选拔的公正性和公平性。

(3) 加强干部考核和激励机制。H 公司加强了对管理团队的考核和激励机制，实施了严格的绩效考核制度。与此同时，公司还设置了多种激励措施，如晋升、加薪、奖金等，鼓励干部担当作为，发挥更大的作用。

(4) 为员工提供良好的培训和发展机会。H 公司重视员工的培训和发展，并且为干部提供了良好的培训和发展机会。公司开设了多种课程和学习渠道，让干部不断提升自己的能力和素质，为公司的长远发展提供有力保障。

通过上述措施，H 公司成功地淘汰了平庸干部，实现了人力资源的优化。公司的管理团队更加年轻化、有活力和有战斗力，公司的内部管理也更加高效、规范和有序。与此同时，这也为公司提供了一个抵御外部打压的有力武器，使公司在激烈的市场竞争中立于不败之地。

总之，淘汰平庸干部并用人力资源管理抵御外部打压对企业至关重要。建立合适的选拔机制、培养人才和营造良好的工作氛围，企业能够保障干部队伍的整体素质和战斗力。与此同时，面对外部冲击时，灵活调整组织架构和干部配置，激励干部积极应对挑战，也是企业保持竞争优势不可或缺的策略。

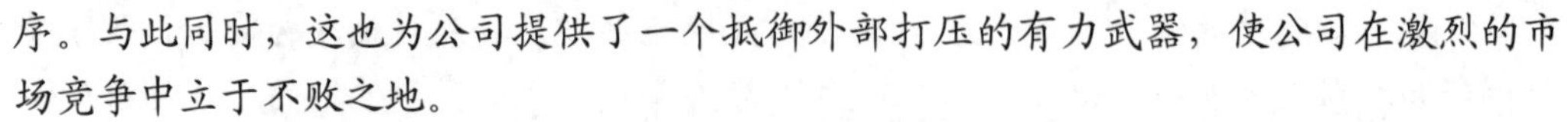

第五节　岗位轮换和易岗易薪，向太平意识宣战

岗位轮换和易岗易薪，是企业为了提升员工的综合素质和激励员工积极主动融入工作环境而采取的一种人力资源管理策略。这不仅有助于员工个人的成长和发展，也能够增强企业的竞争力和创新能力。只有摒弃太平意识，不断追求进步和创新，企业才能实现更好的发展和成功。

第一讲　定期轮岗，保障组织活力

现代企业在发展的过程中，需要不断增强组织的灵活性和活力，以适应不断变化的市场环境。而定期轮岗作为一种管理手段，已被越来越多的企业采纳，成为保障组织活力的重要措施。

定期轮岗，是指将员工在特定时间内从一个部门或岗位调到另一个部门或岗位，使其能够接触到新的工作内容、新的工作环境，以及不同的团队成员。这种轮岗可以是跨部门、跨岗位，甚至跨地区的，旨在为员工创造更多的学习和成长机会，如图 13-10 所示。

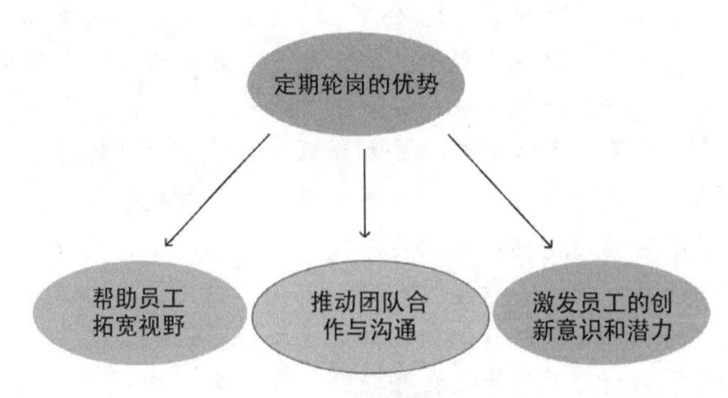

图 13-10　定期轮岗的优势

首先，定期轮岗可以帮助员工拓宽视野。接触不同的工作内容和市场需求，员工

能够更全面地了解企业的运营模式和发展战略。与此同时，他们也可以学习和借鉴其他部门的先进经验和管理方法，提升自己的能力和素质。

其次，定期轮岗可以推动团队合作与沟通。当员工在不同的岗位工作时，会意识到团队合作的重要性，并进一步加深对其他岗位工作的理解和尊重。这样就能够更好地协调各部门之间的工作关系，进而提高组织的整体效能。

最后，定期轮岗还可以激发员工的创新意识和潜力。在新的工作环境中，员工会面临新的挑战和机遇，这就需要员工需要不断地学习和适应。这种不断拓展自己的能力和思维方式可以激发员工的创新意识和潜力，为企业带来新的发展动力。

当然，实施定期轮岗也并非没有困难。企业需要充分考虑员工的个人意愿和能力，轮岗前进行合适的培训和准备。与此同时，企业还需要建立完善的轮岗制度和评估机制，保障轮岗的公平性和可执行性。

【案例分享】

L 公司的岗位轮换计划

L 公司是一家大型的跨国公司，主要经营电子产品的生产与销售。随着业务的快速发展，企业逐渐意识到岗位轮换对提高员工的职业素养和增强组织的灵活性至关重要。因此，企业人力资源部制订了一项全面的岗位轮换计划。

首先，L 公司在每个部门选取了一些关键岗位，计划三年内进行轮换。这些岗位包括项目经理、产品经理、销售主管等。其次，企业制定了一份详细的轮岗时间表，并规定了每个岗位的轮岗时间和具体的工作内容。最后，企业还制订了一份详细的培训计划，包括对新岗位的培训和对接班人的培训。

在实施岗位轮换计划的过程中，企业遇到了一些困难。首先，员工对岗位轮换持有不同的态度，有的人支持，有的人反对。针对这个问题，企业进行了大量的沟通和宣传，让员工充分了解岗位轮换的重要性和优势。此外，企业还提供了一些补贴和奖励，鼓励员工积极参与岗位轮换。

其次，L 公司实施岗位轮换计划时还遇到了一些技术上的问题。例如，不同部门之间的业务流程存在较大的差异，需要员工进行学习和适应。针对这个问题，企业开展了一系列的技术培训，以帮助员工快速适应新的工作环境。

实施岗位轮换计划后，L 公司的业绩得到了显著的提升。首先，员工的综合素质有了提高，员工对公司的业务有了更全面的了解。其次，企业的组织结构更加灵活，能够快速响应市场的变化。最后，企业的创新力得到了提升，能够不断推出新的产品和服务。

总之，L 公司通过实施岗位轮换计划，提高了员工的职业素养，增强了组织的灵活性，也提升了企业的业绩。因此，岗位轮换是一种有效的策略，值得广大企业借鉴。

A公司的轮岗制度

A公司是一家在电子产品制造领域具有领先地位的跨国企业，其中国区分公司拥有约3 000名员工。过去几年，由于市场竞争加剧，公司意识到只有加强内部管理，提升组织活力才能应对挑战。为了达到这个目标，公司决定在中国区分公司实施定期轮岗制度。

实施轮岗制度前，A公司首先明确了轮岗的目的和原则，即通过岗位轮换，促进员工技能提升，增强组织的活力和稳定性。与此同时，公司确保轮岗制度的公平、透明和员工自愿参与。

接下来，A公司对所有岗位进行评估，确定了适合轮岗的岗位及相应的轮岗时间和周期。此外，A公司还制定了一套完整的轮岗流程，包括岗位需求分析、员工匹配、培训和考核等。

轮岗制度实施一年后，公司对制度的效果进行了评估。评估结果显示，轮岗制度在提升员工技能、增强组织活力和促进部门交流方面取得了显著成效。具体表现在以下几方面。

(1) 提升员工技能：通过岗位轮换，员工能够接触不同类型的业务，不仅拓宽了技能范围，还提升了综合素质。

(2) 增强组织活力：员工在轮岗过程中有了新的视野和思维，使整个组织更具活力和创新性。

(3) 促进部门交流：轮岗制度有助于加强部门之间的沟通和协作，提高了团队合作效率。

然而，在实施轮岗制度的过程中，A公司也遇到了一些挑战。例如，部分员工可能因为不适应新的工作环境产生压力。另外，岗位轮换也可能会对部门的稳定性和工作效率产生一定的影响。为了应对这些挑战，公司采取了以下措施。

(1) 提供必要的培训和支持：在员工轮岗前，公司会为他们提供相应的培训，帮助他们更好地适应新的工作环境。

(2) 加强沟通和反馈：公司在员工轮岗过程中积极与他们沟通，了解他们的工作需求和困难，并及时给予指导和帮助。

(3) 制定应急预案：为了减少岗位轮换对部门稳定性和工作效率的影响，公司提前制定了应急预案，保障出现突发情况时能够及时应对。

通过实施定期轮岗制度，A公司成功地增强了组织活力，提升了员工技能和综合素质，同时也促进了部门之间的交流与合作。虽然实施定期轮岗的过程中遇到了一些挑战，但公司通过提供培训、加强沟通和制定应急预案等措施有效地应对了这些挑战。

总之，定期轮岗作为一种保障组织活力的手段具有重要意义。通过帮助员工拓宽视野，推动团队合作与沟通，激发员工的创新意识和潜力，企业能够更好地适应变化，增强组织的竞争力和活力。因此，企业应该积极倡导和实施定期轮岗制度，并为员工提供更广阔的发展空间，同时也为企业的可持续发展打下坚实的基础。

第二讲　易岗易薪，适配岗位价值

在企业运营的过程中，招聘和薪酬一直是重要的环节。由于各行各业的需求不同、市场竞争的压力及员工个性化，企业需要精确地对不同岗位进行薪资定制，以吸引和留住高素质人才。易岗易薪作为一种新兴的人力资源管理方法，旨在实现岗位与薪酬的高度适配，如图 13-11 所示。

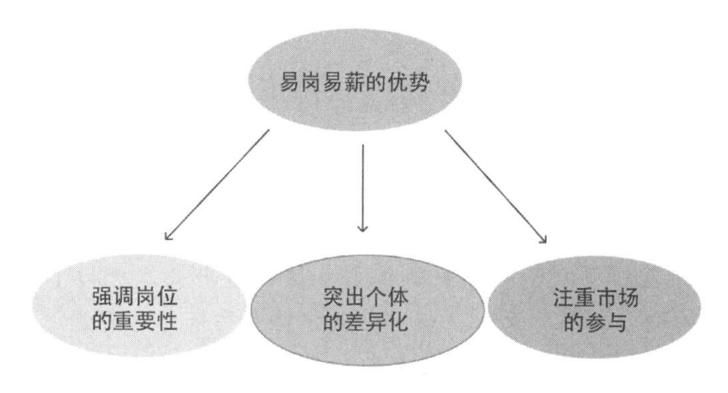

图 13-11　易岗易薪的优势

首先，易岗易薪强调了岗位的重要性。传统的招聘和薪资体系往往只注重职位的描述和薪资的设定，而忽视了不同岗位之间的价值差异。易岗易薪通过深入分析岗位职责和对应的贡献确定岗位的价值评估准则，并将其纳入薪资设定的考量因素。这样一来，企业就能更加准确地为不同岗位制定薪资，使员工感到自己的价值得到认可和回报。

其次，易岗易薪突出了个体的差异化。每个员工都是独特的，拥有不同的技能、经验和背景。有些岗位对某种特定的技能要求较高，而有些岗位则更加注重团队合作与沟通。易岗易薪综合评价个体的素质和能力，将其与岗位需求进行匹配，从而确定相应的薪资水平。这种个性化的薪酬设计不仅能激励员工发挥各自的优势，也能增强员工对企业的归属感和忠诚度。

最后，易岗易薪注重市场的参考。随着行业竞争的加剧和人才配置的全球化趋势，了解市场上类似岗位的薪酬水平就显得尤为重要。易岗易薪对市场薪酬数据进行调研和比较，以保障企业的薪酬水平具有竞争力，既能吸引优秀人才，也能有效地留住现有员工。

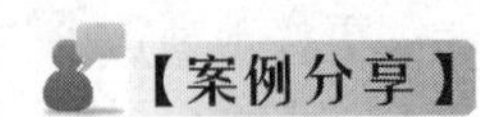

某公司的易岗易薪

近年来，某科技公司业务迅速发展，员工数量也不断增加。为了更好地激励和留住人才，该公司决定引入易岗易薪薪酬管理模式。以下是实施过程中的关键步骤及效果。

1. 岗位评估

实施易岗易薪之前，该公司首先对所有岗位进行了评估。评估小组由各部门负责人、员工代表和人力资源专家组成。他们分析岗位职责、工作难度、能力要求等因素，为每个岗位打分。最终，根据评估结果确定了不同岗位的价值等级。

2. 制定薪酬体系

基于岗位评估结果，该公司制定了相应的薪酬体系。不同岗位的价值等级对应不同的薪酬水平，并随时根据市场情况进行定期调整。此外，公司还制定了奖金制度，以激励员工提高业绩。

3. 员工沟通与培训

为了确保员工理解并接受新的薪酬体系，该公司与员工进行了广泛的沟通与培训。各部门负责人向员工解释岗位价值评估的依据和结果，人力资源部门也组织了专题培训，帮助员工理解易岗易薪的实施意义和操作流程。

易岗易薪实施后，该公司的发展取得了显著的成效。员工的工作积极性和满意度显著提高，人才流失率明显降低。与此同时，公司的业务发展也得到了有力的人才支持，为未来的发展奠定了坚实基础。

H公司薪酬体系的调整

H公司是一家新兴的科技公司，在职员工达500余人，注册资本为600万元。近年来，该公司的业务迅速发展，为了更好地激励员工，公司决定调整薪酬体系。传统的岗位评估方法仅根据岗位等级确定薪酬，但这种方法未能充分反映不同岗位的实际价值。为了解决这个问题，公司决定采用易岗易薪的理念，即根据岗位的实际价值进行评估和定价。

在实施易岗易薪的过程中，H公司首先进行了全面的岗位评估，并重新定义了各个岗位的责任、难度和所需技能。评估小组由各部门负责人和员工代表组成，以保障评估结果的公正性和准确性。

评估结束后，H公司便根据评估结果调整了薪酬体系。一些原本等级较低的岗位由于实际价值增加，薪酬水平得到了相应的提升。与此同时，一些等级较高的岗位由于实际价值下降，薪酬水平也相应降低。这一调整使薪酬体系更加公正和透明，有效激发了员工的工作积极性。

实施易岗易薪后，H 公司的薪酬体系发生了显著变化。原本等级较低的岗位，有部分由于实际价值增加，薪酬水平超过了原本等级较高的岗位。这种变化不仅体现了岗位的实际价值，还帮助公司吸引和留住了更多优秀人才。与此同时，易岗易薪还增强了员工对薪酬体系的认同感，提高了员工的工作满意度。

总之，易岗易薪作为一种深度适配岗位价值的人力资源管理方法，能够为企业实现科学招聘和精确定制薪酬提供有力支持。只有重视岗位的价值、关注个体的差异化和参考市场情况，企业才能更好地管理人力资源，提高员工的满意度和工作效能。今后，希望更多的企业借鉴易岗易薪的理念和方法，建立符合自身需求的人力资源管理体系，实现可持续发展和竞争优势。

第三讲 和公司共患难，自愿降薪度过“寒冬”

在全球化市场的今天，科技发展日新月异，企业面临着巨大的压力和挑战。然而，在这个艰难时刻，真正伟大的企业并不会被困难击倒，而是能够与员工共克时艰，相互支持，携手度过“寒冬”。

首先，“团结一心”是应对困境的首要任务。只有企业内部的员工同心协力，共同向着一个共同的目标努力，才能更好地应对当前的挑战。员工应该摒弃个人英雄主义，将个整个企业的利益置于个人的利益之上，以团结的力量推动企业向前发展。

其次，“共渡难关”强调了公司与员工之间的合作和支持是至关重要的。在这个特殊的时期，许多企业遇到了经济困境，为了保障企业的生存与发展，降低员工的薪资便成为不可避免的选择。然而，这并不意味着员工应该失去信心或感到沮丧。相反，应该明白这是一个共同的决策，旨在帮助企业渡过难关。只有员工与公司紧密合作，并通过减薪来分担经济压力，才能共同度过“寒冬”，共同为企业创造更加光明的未来。

团结一心，共渡难关，是每个企业面临困境时都应该秉持的精神。加强内部沟通和员工参与，可以建立起强大的团队合作精神，让每个人都感受到自己的价值与意义。与此同时，也要建立一个公平的制度，确保每个员工在降薪过程中都得到公正对待。只有这样，员工才能真正与公司共患难，共同度过“寒冬”，并在困境中取得更大的突破。

【案例分享】

张某的自愿降薪

张某在一家互联网公司担任销售部门的销售经理。然而 2019 年，公司遭遇了经济危机，销售额大幅下滑，公司的经营因此陷入了困境。

面对公司的困境，张某主动向公司提出自愿降薪的申请。他深知公司目前的困境，也深知自己的职业发展不应该只注重个人的利益，还应该在公司需要的时候，勇于承担起自己的责任。

于是，张某与公司签订了自愿降薪的协议，将原本的年薪降低了 30%。他告诉自己，这是他对公司的贡献，也是他对自己的考验。

2020—2021 年，张某努力工作，不断为公司创造价值。在他的带领下，团队不畏艰难，不断探索新的销售模式，最终取得了显著的业绩。

在这两年中，张某不断积累经验，提高自己的能力。他坚信，只有在困难中，自己才能真正成长。

最终，公司的困境逐渐缓解后，张某又获得了更高的薪资待遇。他感到自己的付出得到了回报，也对未来的职业发展充满了信心。

L 公司的经济危机

L 公司是一家老牌的销售公司，几年前，公司遭遇了严重的经济危机。由于市场环境变化，公司的销售额和利润大幅下滑。面对这一突如其来的打击，公司领导层决定采取措施以渡过难关。

首先，L 公司管理层进行了市场分析和策略调整，试图提高销售额和利润。然而在短期内，这些措施并不能立即解决公司的经济问题。在这个关键时刻，一部分员工自愿提出降低薪水的申请，以帮助公司渡过难关。

这个提议得到了公司领导层的重视。经过一番讨论，L 公司决定接受员工的降薪申请，并对员工的忠诚和付出表示感激。这一决定不仅体现了员工和公司之间的团结与信任，也为公司赢得了更多的生存空间和时间。

总的来说，无论环境有多艰难，只要企业内部的员工能够团结一心，用自己的行动诠释着“和公司共患难，自愿降薪度过‘寒冬’”的精神，相信企业与员工共同努力一定会迎来一片新的曙光。当企业渡过难关，回到繁荣的轨道时，员工将从中获得更多的成长和收获，并与公司一同分享胜利的喜悦。

第六节　在自我批判中，不断超越自我

自我批判是个人和企业成长的关键。通过不断进行自我反思和审视，可以发现自己的不足之处，并采取措施来提高自己。本节将探讨如何通过自我批判不断超越自我，使企业走向成功。

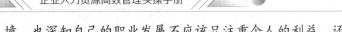

第一讲　在自我批判中成长

自我批判是企业发展的关键。通过不断进行深入反思和评估，企业能识别并改进其短板，从而实现持续的提升和创新。只有勇于接受自己的不足，并锐意改进，企业才能在竞争激烈的市场中立于不败之地。下面将简要介绍企业如何在自我批判中更好地成长。

1. 自我批判的益处与优势

自我批判对企业有诸多益处与优势。首先，它可以帮助企业识别问题和风险，避免走向错误的方向。其次，自我批判使企业反思自身的操作和管理方式，寻找提升效率和质量的方法。最后，自我批判还可以激发员工创新思维，推动企业向更高层次发展。

2. 如何进行自我批判

实施自我批判需要有一套系统而有效的方法。首先，企业领导者要营造一个开放、透明的文化氛围，鼓励员工表达观点和提出反馈。其次，合理利用数据和实证分析，评估企业的运营情况和业绩表现。在自我批判的过程中，也要注重收集他人的意见和建议，不断进行比较和对话。最重要的是，企业要秉持客观、公正的态度，直面问题，并制定可行的改善方案。

3. 自我批判的必要性与挑战

自我批判对企业发展至关重要，而且这个过程充满了必要性与挑战。首先，企业需要克服自满情绪和自以为是的态度，真正接受外界的反馈和批评。其次，自我批判会暴露出企业内部的问题和矛盾，需要有足够的勇气和决心去解决。最后，制定改进方案时，企业要权衡各种利益和考虑长远效益，以实现全面而可持续的发展。

【案例分享】

某科技公司的自我批判

几年前，某科技公司还是市场上的领导者，专营智能手机相关产品。然而，随着市场的快速发展和竞争的加剧，该公司开始失去其竞争优势。销售业绩下滑，市场份额减少，客户满意度也下降。面对这种情况，公司管理层决定进行自我批判，以图重新获得市场主导地位。

他们首先进行了一次全面的内部审查。这个过程包括收集所有部门和员工的反馈，从一线销售人员到高级管理层。他们不仅查找产品、销售策略和市场策略中的问题，还深入了解企业文化和内部沟通的问题。这种深入的自我批判让所有人都开始清醒地认识到公司所面临的问题。

接下来，该公司开始对这些问题进行改革。首先他们改进了产品设计和功能，以更好地满足消费者的需求。其次，他们调整了销售策略，以更有效地与竞争对手竞争。再次，他们重新制定了市场策略，以更好地吸引潜在客户。最后，他们重视员工的反馈，采取措施提高员工的工作满意度和士气。

在自我批判的过程中，该公司不仅找到了解决问题的方法，还借此机会营造了自己的企业文化。他们树立了一种勇于承认错误和持续改进的企业精神，这不仅使他们在市场上恢复了竞争力，也赢得了员工和消费者的尊重。

A公司的自我批判

A公司是一个互联网科技公司，专注于移动应用开发。在过去的几年里，A公司经历了飞速的发展，其产品和服务在全球得到了广泛的认可。然而，即使有这样的成功，也并不意味着A公司没有需要改进的地方。

2019年，A公司推出了一款新的社交应用。这款应用被寄予了厚望，但是实际的市场反应却远没有达到公司的预期。尽管公司在营销和推广上投入了大量的资源，但用户留存率却始终不高。经过深入的自我批判和分析，A公司找到了问题所在。

首先，他们发现应用的用户体验并不理想。尽管应用的功能丰富，但是其操作复杂，让许多用户感到困惑。其次，应用并没有真正满足用户的需求。虽然A公司进行了市场调研，但是他们并没有深入理解用户的“痛点”，也没有根据这些“痛点”对应用进行优化。

找到问题后，A公司便立刻开始了改进工作。他们重新设计了应用的用户界面，使其操作更加简单明了。与此同时，他们也对应用的功能进行了调整，使其更能满足用户的需求。在经过这些改进后，A公司的社交应用软件终于获得了用户的广泛认可。

总的来说，通过自我批判，企业可以实现持续成长和超越其他竞争对手的目标。无论是识别问题、拥抱变革还是推动创新，自我批判都将成为引领企业走向成功的关键因素。只有在不断变化的商业环境中不断进行自我审视，企业才能始终保持活力和竞争优势。秉持深入反思和持续改进的精神，企业将不断成长并取得辉煌的成就。

第二讲　不断清零，不断超越自我

在当今竞争激烈的商业环境中，企业要想在市场竞争中立于不败之地，就必须始终保持持续创新的精神。传统的成功模式会带来短期的成就，但随着时间的推移，市场需求和消费者的喜好一直在不断变化。因此，企业不能只满足于过去的辉煌，而要不断寻求突破，以保持竞争优势。

1. 投资研发，培养人才

为了实现持续创新，企业需要投入大量资源用于研发和创新工作。这包括招募具有创造力和高素质的员工，并提供良好的培训和发展机会。只有这样，企业才能吸引并留住优秀的人才，激发他们的潜力，并为企业的创新发展提供源源不断的动力。

2. 客户体验，超越期望

企业的成功离不开客户的支持和信任。为了赢得客户的忠诚度和口碑，企业必须不断努力提供卓越的客户体验。这意味着不仅要满足客户的期望，更要超越客户的期望。只有深入了解客户的需求，并提供独特而优质的产品和服务，企业才能在竞争激烈的市场中脱颖而出。

3. 数据驱动，智慧决策

随着技术的发展，数据逐渐成为企业决策的重要依据。企业应充分利用现代技术工具，收集和分析大量数据，以更好地了解市场趋势、客户需求及业务运营情况。基于数据的洞察和智慧决策，企业可以更加准确地预测未来，并作出相应的调整和战略规划，从而保持企业的持续发展和竞争力。

4. 风险控制，灵活应对

企业的发展不可避免地会面临各种风险和挑战。然而，成功的企业并不是完全消除风险，而是善于控制风险，并能灵活地应对风险。企业需要建立健全的风险管理体系，制定有效的危机应对措施，以保障在市场波动和变化中能够稳步前行，并克服各种困难。

5. 企业责任，社会担当

一个企业除了追求经济效益，还应肩负起社会责任。企业应积极回馈社会，关注环保、公益事业及员工福利等方面，建立良好的企业形象和声誉。履行社会责任，企业不仅推动了社会的进步和发展，也为自身赢得了更广阔的发展空间和稳定的可持续发展。

【案例分享】

H公司的自我超越

H 公司是一家成立于 2010 年的互联网公司。公司成立初期，专注于提供网站建设和网络营销服务。然而，由于市场竞争日趋激烈，H 公司很快意识到，如果想取得长期的成功，必须不断清零，不断超越自我。

从 2011 年开始，H 公司开始不断扩展业务范围。它先后进入了在线教育和移动应用开发领域。每一次进入新领域，该公司都会从零开始，学习和掌握新的技能和知识。这使该公司总是能够在不断变化的市场中保持竞争力。

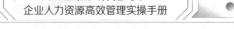

除了扩展业务范围，H 公司还注重提高其服务质量。它不断优化其网站建设和网络营销服务，使客户能够获得更好的体验和效果。与此同时，该公司还注重提升员工能力和素质，定期举办培训课程和分享会，鼓励员工学习和分享自己的经验和技能。

H 公司的企业文化也是其成功的关键。该公司强调团队合作和个人创新。每一位员工都被视为公司的宝贵财富，都有机会发挥自己的才能和潜力。这种企业文化使该公司能够吸引和留住优秀的员工，从而不断提高其业务水平。

最终，H 公司的努力得到了回报。它的客户满意度不断提高，业务规模也不断扩大。该公司的年收入和利润逐年增长，市场价值也在不断攀升。由此可见，只有不断清零，不断超越自我，才能在激烈的市场竞争中保持领先地位。

L 公司的不断清零

L 公司是一家以生产高端电子产品为主的企业，其业务包括智能手机、平板电脑等。随着市场竞争的加剧，该公司意识到，要想保持市场领先地位，就必须采取更加先进的管理方法和经营策略。因此，L 公司决定采用“不断清零，不断超越自我”的管理理念，以提高企业的整体素质和竞争力。

首先，L 公司每个季度都会对销售数据进行全面分析，以了解市场需求和销售趋势。其次，公司会对生产计划进行重新调整，以保障产品的供应和需求的平衡。最后，公司还会对产品质量进行持续改进，以提高客户满意度和产品竞争力。

为了实现“不断清零，不断超越自我”的管理理念，L 公司还在内部实施了一些具体的措施。例如，公司会定期组织员工进行业务培训和学习，以提高员工的业务素质和技能水平。此外，L 公司还会引入一些先进的技术和管理工具，以提高生产效率和管理效率。

通过采用“不断清零，不断超越自我”的管理理念，L 公司成功地提高了自身的整体素质和竞争力。公司的销售额逐年增加，客户满意度也不断提高。与此同时，L 公司的产品质量和管理水平也得到了广泛的认可和赞誉。

总的来说，只有不断清零，不断超越自我，企业才可以踏上成功的道路，并实现长期的繁荣和成就。只有坚守创新精神，重视人才培养，提供卓越的客户体验，数据驱动决策，灵活应对风险及履行社会责任，企业才能在不断变化的市场中保持竞争优势，赢得更大的商业成就。

第七节　答疑解惑

经过本章一系列知识的学习，相信很多人仍存在一些疑惑，下面以简单的示例对这些问题进行介绍。

第一讲　以例说“法”

【案例分享】

某公司激活人才的措施

某科技公司是一家专注于软件开发和信息技术的企业，随着公司业务的快速发展，对人才的需求也越来越迫切。然而，招聘过程中，该公司发现很多应聘者虽然具备较高的技能水平，但在面对实际工作挑战时，往往缺乏足够的经验和机会来展现自己的能力。

为了解决这个问题，该科技公司开始注重机会牵引和激活人才的方式。通过对市场和竞争对手进行调研，该公司发现了以下一些问题。

(1) 传统的招聘方式过于重视学历和经验，忽视了应聘者的实际能力和潜力。

(2) 公司在员工职业发展方面投入不足，导致员工缺乏成长的机会和动力。

(3) 公司的团队文化和创新能力不够，无法吸引和留住优秀人才。

针对这些问题，该科技公司采取了以下措施。

(1) 建立实习和培训机制。

公司与多所高校和培训机构建立合作关系，为实习生提供更多的机会和资源。与此同时，公司还为员工提供了技能培训和晋升机会，以帮助员工不断提升自己的能力和价值。

(2) 加强团队文化和创新能力。

公司鼓励员工跨部门合作，建立良好的团队氛围和协作关系。与此同时，公司还投入了更多的资源在创新项目上，鼓励员工提出新的想法和解决方案。

(3) 提高薪酬福利水平和加强员工关怀。

公司提高薪酬福利水平和加强员工关怀，增强员工的归属感和忠诚度。例如，公司为员工提供健康保险、免费午餐、年度体检等福利。

通过以上措施，该科技公司取得了以下显著的效果。

(1) 人才流失率明显降低，员工的满意度和忠诚度不断提高。

(2) 公司的业务发展得到了强有力的支持，市场竞争力不断提升。

(3) 公司在行业内赢得了良好的口碑，吸引了更多的优秀人才加入。

该科技公司通过实施机会牵引和激活人才的策略，成功地吸引了更多优秀的人才，并为公司的业务发展提供了强有力的支持。由此可见，企业要想在人才市场中取得优势，就要注重为员工提供更多的机会和激励，以激发他们的潜力和创造力，从而推动企业持续发展。

海尔公司的牵引机制

海尔员工在公司的牵引机制是非常主动的，员工动，则公司动。为此，公司和管理者竭尽所能、采取措施，尽可能地为员工创造机会，用机会去牵引他们的主观能动性，牵引他们自主自发地产出知识型成果。用机会牵引人才，最重要的一点是要让人才看到机会、看到自己在公司的发展前景。

海尔某代表处人力资源部曾与工程部几名递交辞职申请的员工进行深入的交流。通过访谈与分析，他们发现“对个人发展前景不乐观”在辞职原因中占了最大比重。可能这些员工起初抱着雄心壮志、满腔热血奔赴海尔，但在海尔工作一段时间后，他们找不到自己的位置，或是工作并没有给他们带来成就感，这样一来，他们便慢慢对自己的能力产生怀疑，对自己在海尔的未来发展失去了信心。

之所以出现这样的情况，第一个原因是该海尔代表处在员工招聘中存在不足。比如，人力资源部门没有明确“应该招聘最适合岗位的人而不是最优秀的人”。海尔的某些岗位，其人力资源配置出现了“高配”现象，这正是招聘单纯追求高素质、高学历导致的。这部分员工被招进来之后，所处岗位本身的技术要求相对较低，使这部分员工身上的正向激励和引导不足，员工自然也就打不起精神，缺乏工作积极性。

第二个原因就是该海尔代表处没有注重员工在公司内部的职业生涯规划，也不够重视进行梯队建设激发团队活力。职业生涯规划是主管与员工共同探讨员工在公司内部的职业发展历程，明确发展目标，实现员工在公司内部的自我发展与自我实现的一个过程。根据马斯洛需求层次理论，在海尔这样的高科技企业中，在公司一定时间的工作后，许多员工低层次的需求已经基本或部分得到满足，为此，他们更关注的是自己的未来发展，其中便包括企业内部职位的晋升与发展。

企业通过结合企业文化与发展等方式，对员工有针对性地进行职业生涯规划，这能够起到十分重要的作用。因为进行职业生涯规划，相当于在员工面前放了一把职业发展的“梯子”，引导员工树立渐近式的发展目标，从而使整个员工队伍逐渐趋于稳定和成熟。

针对这样的现象和原因，该海尔代表处人力资源部门工作的小赵深入地分析道：“在很多人眼中，薪酬待遇是企业吸引和留住优秀人员最常用、最好用的因素，但不少人也忽视了，有时候薪酬待遇恰恰会变成最不堪一击的手段，因为那是员工追求的较低层次的需求。”经过对社会中同类型企业的薪酬调查和分析，小赵发现，许多优秀企业为员工做好职业生涯规划后，即便他们提供给员工的薪酬待遇并不是最高的，甚至是明显偏低的，但那些企业员工的精神面貌、员工队伍稳定性却是很多高薪企业无法比拟的。这正是因为员工在这样的企业中能看到自己的发展前景，从而很乐意为企业服务。

其实在一些情况下，企业并不是真的缺少机会供人才发展，也就是说，很多时候，事实情况并不像员工自己想象的那样。尤其是在海尔这一类高科技公司中，产品的前途和个人的发展前途客观来说还是远大的，关键是机会在哪里，员工并不清楚。在这样的情况下，“牵引”更显重要。企业应该从制度着手，加强牵引。不妨来看看海尔代表处的人力资源部门面对员工“对个人发展前景不乐观”之类的辞职是怎样应对的。

小赵和自己的同事经过细致的分析和研究，便开始在工程部进行员工职业规划与梯队建设，也出台了一系列政策，并采取了配套措施。

第一，培育第二梯队，通过梯队建设激发团队活力。海尔公司在该地区的技术支援队伍包括两部分：深圳海尔技术支援队伍和该代表处海尔技术支援队伍。两支队伍的业务工作基本是融为一体的，但区域经理、项目经理、产品经理等职位基本上由深圳海尔的工程师来担任。然而，随着该代表处技术队伍的发展、壮大，队伍中已经涌现出一批各类产品的技术专家，并且已经能够独立挑起网上维护与技术支持的重担。针对这样的现象，人力资源部门决定加强第二梯队建设，从而促进技术专家与技术管理人才进一步成长。基于这一理念，人力资源部门还提出了代表处海尔工程部第二梯队建设的“一一三五工程”：成熟一个区域经理，培养一个区域经理，培养三个产品经理，成熟五个技术专家，并具体到个人。这一举措无疑强有力地牵引了该代表处海尔的技术人员继续成长，也让他们找到了自己进一步发展的目标。

第二，建立内部岗位调度制度，为优秀员工内部流动创造条件，为员工在公司内部的生涯发展提供职业发展通道。对于任职资格达标，且在现岗位业绩显著希望调动岗位的员工，公司可以在有职位空缺的前提下，提供内部岗位调动机会。这一举措无疑为员工拓宽自己的职业发展道路创造了条件。

第三，建立主管与员工的职业生涯规划沟通制度。在这一制度下，主管每年都会与员工就个人在公司内部的职业发展进行双向交流。

第四，推行任职资格认证。这一举措的目的是鼓励员工“干一行，爱一行”，在个人工作的领域成为专家。公司提供同一职位的不同专业水平阶梯，并辅之以相应的薪酬政策，因此，员工个人的职业生涯除了晋升至管理岗位外，还能选择向专业技术领域深入发展的途径。

第五，对于行政后勤服务员工，该代表处同样考虑通过岗位技能等级制度评定来实现员工的职业发展规划。

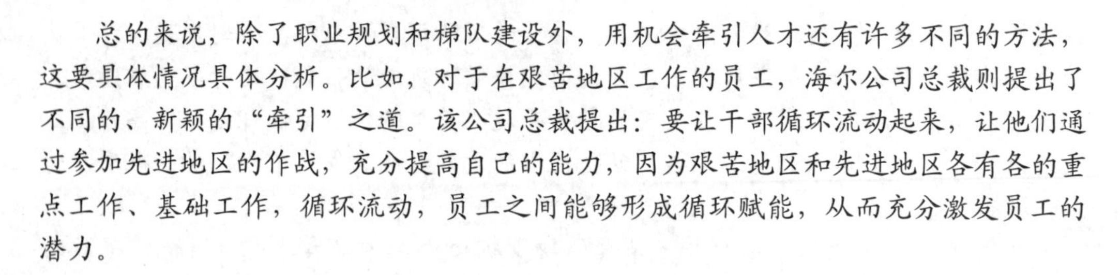
总的来说，除了职业规划和梯队建设外，用机会牵引人才还有许多不同的方法，这要具体情况具体分析。比如，对于在艰苦地区工作的员工，海尔公司总裁则提出了不同的、新颖的“牵引”之道。该公司总裁提出：要让干部循环流动起来，让他们通过参加先进地区的作战，充分提高自己的能力，因为艰苦地区和先进地区各有各的重点工作、基础工作，循环流动，员工之间能够形成循环赋能，从而充分激发员工的潜力。

第二讲　总结与思考

机会牵引，是指通过提供职业发展机会、激励制度和工作满足感等方式，吸引和留住优秀人才。企业要为员工提供成长和发展的空间，让员工感到自己的工作有价值，并能够参与到公司的决策过程中。这样，员工不仅能够获得个人成就感，也能为企业的成功做出贡献。

企业通过机会牵引和激活人才提升整体竞争力，实现长期成功。在实施策略方面，企业要关注职业发展规划、激励机制、培训与发展、工作环境营造等方面，为员工提供支持和资源，激发他们的潜力。与此同时，企业还要鼓励创新、提供挑战和发展机会，让员工在工作中展现出更高的能力。

本章主要讲授了企业如何利用机会来牵引和激活人才。首先，介绍了通过机会、通道等方面的待遇来牵引人才的发展，着重介绍“三优先三鼓励”政策的含义与意义。其次，介绍了个人与公司共同成长的要点，包括如何适应公司的管理变革、如何成为一个领域的专家及如何正确对待个人在企业中的转身。再次，对末位淘汰机制也进行了重点的解释和阐述。复次，岗位轮换与易岗易薪方式打破了管理人员岗位固化、人员惰性，激发了管理人员工作积极性。最后，介绍自我批判对员工成长的作用，从而促进企业长远发展。